黑龙江统计年鉴

STATISTICAL YEARBOOK OF HEILONGJIANG

1999

（总第十三期）

黑龙江省统计局　编

中国统计出版社

(京) 新登字 041 号

图书在版编目（CIP）数据

黑龙江统计年鉴　1999/黑龙江省统计局编
北京：中国统计出版社，1999
ISBN　7－5037－2983－X

Ⅰ．黑…
Ⅱ．黑…
Ⅲ．统计资料－黑龙江－1999－年鉴
Ⅳ．C832．35－54

中国版本图书馆 CIP 数据核字（1999）第 17687 号

中国统计出版社出版
（北京西城三里河月坛南街 75 号　100826）
黑龙江省统计局印刷厂印刷
*
787×1092 毫米　16 开本　32．5 印张　114 万字
1999 年 8 月第一版　1999 年 8 月哈尔滨第一次印刷
印数：1－1000 册
*
国内定价：200 元

《黑龙江统计年鉴－1998》
编 委 会 和 编 辑 工 作 人 员

一、编委会

主　　编：贺全宾

副 主 编：姚钟凯　李志范　李玉涛　刘树胜

编　　委：(按姓氏笔划为序)

卜一民　王　炜　王　森　王中光　王雁南　古毅明
许　航　何玉彬　李树斌　张玉平　张树维　赵　仁
葛　新　矫永魁

二、编辑部

总 编 辑：王　森

副总编辑：杜国信　徐　涛

编　　辑：付庆武　张军勇　邵培霖　徐　卫　刁洪滨

英文编辑：徐　涛

三、参加编写人员

王玉昭　顾宝芳　刘文元　崔耀志　高福东　高晓洁　张跃文
马立巍　管延辉　郭秀兰　魏书慧　孙佳滨　赵春贵　刘长虹
高艳玲　王占先　宋福荣　解培斌　刘淑敏　李　涛　赵宗瑛
刘悦秋　赵秋梅　孙崇智　刘加权　荣道平　李　敏　胡　萍
魏文婷　韩翠英　张建人　郎　杰　戚　萍　霍淑芬　杜迎春
邢　冰　刘　波　姜　誉　邢乐春　孔祥燕　陶百兴　侯建华
金秀芝　徐玉芳

编 辑 说 明

一、《黑龙江统计年鉴－1999》是一部全面反映黑龙江省经济和社会发展状况的资料性工具书。本书收录了全省及各地、市、县1998年经济和社会各方面的统计数据，部分指标扩展到1978年，主要指标延伸到1952年。

二、全书主体共分17个部分，即：1．行政区划和自然资源；2．综合；3．人口、从业人员和职工工资；4．固定资产投资；5．能源生产和消费；6．财政、金融、保险；7．物价指数；8．人民生活；9．城市概况；10．农业；11．工业；12．建筑业；13．交通运输和邮电通信业；14．批发、零售贸易和餐饮业；15．对外经济贸易和国际旅游业；16．教育、科技和文化；17．体育、卫生及其他事业。另附：1．各县（市）主要指标；2．各类开发区情况；3．东北三省国民经济主要指标；4．四十个部门投入产出表（1997）。

三、本年鉴的资料大部分来自年度统计报表，一部分来自抽样调查和普查，还有一部分来自专业部门年报或有关资料。

四、由于统计制度的变动和农业普查数据的衔接，1998年工业部分除11－1，11－2表外统计口径均为全部国有和年销售收入500万元及以上非国有工业企业，与往年不可比。1998年职工人数统计口径为在岗职工，不含离岗职工，工资总额和平均工资亦然。农业中产值和畜牧业资料1990年以后为与农业普查衔接数据。使用时请注意各表中的注解。

五、由于数据来源和计算方法不同，一些指标分地区数据相加不等于全省数，请使用时注意。

六、本年鉴的符号使用说明："空格"表式该项统计数据不详，或数据太小，不足本表单位；"#"表示其中主要项。

《黑龙江统计年鉴》编辑部

1999年8月

目　　录

一、行政区划和自然资源

二、综　合

三、人口、从业人员和职工工资

四、固定资产投资

五、能源生产和消费

六、财政、金融、保险

七、物价指数

八、人民生活

九、城市概况

十、农　业

十一、工 业

十二、建筑业

十三、交通运输和邮电通信业

十四、批发、零售贸易和餐饮业

十五、对外经济贸易和国际旅游业

十六、教育、科技和文化

十七、体育、卫生和其他事业

BRIEF CONTENTS

一　行政区划和自然资源

ADMINISTRATIVE DIVISION AND NATURAL RESOURCES

1-1 行 政 区 划

（1998年底）　　单位:个

行　　署	城　　市			市辖区	县	镇	乡
	合　计	地级市	县级市				
2	31	11	20	67	47	475	736

市(地区)	县　级　市	县	区
哈尔滨市	阿城市 双城市 尚志市 五常市	呼兰县、宾县、方正县、依兰县、巴彦县、木兰县、通河县、延寿县	道里区、南岗区、道外区、太平区、香坊区、动力区、平房区
齐齐哈尔市	讷河市	龙江县、依安县、泰来县、甘南县、富裕县、克山县、克东县、拜泉县	龙沙区、建华区、铁峰区、昂昂溪区、富拉尔基区、碾子山区、梅里斯达斡尔族区
鸡 西 市	密山市 虎林市	鸡东县	鸡冠区、恒山区、城子河区、滴道区、梨树区、麻山区
鹤 岗 市		绥滨县、萝北县	向阳区、工农区、南山区、兴安区、东山区、兴山区
双鸭山市		集贤县、友谊县、宝清县、饶河县	尖山区、岭东区、宝山区、四方台区
大 庆 市		林甸县、肇源县、肇州县、杜尔伯特蒙古族自治县	萨尔图区、龙凤区、让胡路区、红岗区、大同区
伊 春 市	铁力市	嘉荫县	伊春区、南岔区、友好区、西林区、翠峦区、新青区、美溪区、金山屯区、乌马河区、汤旺河区、乌伊岭区、五营区、带岭区、上甘岭区、红星区
佳木斯市	同江市 富锦市	桦南县、桦川县、汤原县、抚远县	永红区、向阳区、前进区、东风区、郊区
七台河市		勃利县	新兴区、桃山区、茄子河区
牡丹江市	绥芬河市 海林市 宁安市 穆棱市	东宁县、林口县	东安区、阳明区、爱民区、西安区、
黑 河 市	北安市 五大连池市	嫩江县、逊克县、孙吴县	爱辉区
绥化地区	绥化市 安达市 肇东市 海伦市	望奎县、兰西县、青冈县、庆安县、明水县、绥棱县	
大兴安岭地区		呼玛县、塔河县、漠河县	新林区、呼中区、松岭区、加格达奇区

1－2 自然状况和资源

项　　目	单　　位	1998年	项　　目	单　　位	1998年
一、自然状况			蚂蚁河	亿立方米	10.1
1.土地总面积	万平方公里	45.4	牡丹江	亿立方米	69.1
土地总面积构成			汤旺河	亿立方米	49.6
山　地	%	24.7	嫩　江	亿立方米	661.5
丘　陵	%	35.8	4.矿产资源(保有储量)		
平　原	%	37.0	铁矿石	亿吨	2.6
水面及其他	%	2.5	铜　矿	万吨	313.7
2.气　候			铅　矿	万吨	51.9
年平均气温	摄氏度	6.5	锌　矿	万吨	177.0
年降水量	毫米	594	镁矿石	万吨	891.3
年日照总时数	小时	2487	镍　矿	万吨	1.3
年无霜期	天	153	钨矿(WO3)	万吨	15.9
二、自然资源			煤	亿吨	230.0
1.土地资源			矽线石	万吨	716.8
耕地面积	万公顷	924.0	熔剂用灰岩	万吨	3112
草地面积	万公顷	753.2	冶金用白云岩	万吨	3309
#可利用草地	万公顷	608.2	硫铁矿	万吨	237.8
2.林木资源			化肥用蛇纹岩	万吨	7880
活立木总蓄积量	亿立方米	15.0	泥　炭	万吨	2225
森林面积	万公顷	1895.0	磷矿石	万吨	4305
林木蓄积量	亿立方米	14.2	石　墨	万吨	11119
森林覆盖率	%	42.4	长　石	万吨	15507
3.水利资源			沸　石	万吨	12098
地表水资源量	亿立方米	846.7	颜料黄土	万吨	195
地下水资源量	亿立方米	291.9	玻璃用砂	万吨	1402
水资源总量	亿立方米	998.4	陶瓷土	万吨	18397
主要江河年径流量			膨润土	万吨	4646
呼玛河	亿立方米	98.3	铸石用玄武岩	万吨	26212
逊毕拉河	亿立方米	30.5	岩棉用玄武岩	万吨	7277
穆棱河	亿立方米	10.8	饰面用花岗岩	万立方米	3413
挠力河	亿立方米	12.4	珍珠岩	万吨	2950
绥芬河(东宁)	亿立方米	11.9	火山灰	万吨	4980
松花江	亿立方米	1050.5	饰面用大理岩	万立方米	526
呼兰河	亿立方米	20.1	水泥用大理岩	亿吨	19.2
拉林河	亿立方米	15.5	玻璃用大理岩	亿吨	2.7

注:林木资源为1997年年末数。

1－3　主要城市平均气温

1998 年　　　　单位:摄氏度

月　份	哈尔滨	齐齐哈尔	鸡　西	鹤　岗	双鸭山	大　庆	黑　河	佳木斯	牡丹江	伊　春
全年平均	**6.1**	**5.4**	**5.4**	**4.3**	**5.2**	**5.7**	**1.0**	**4.9**	**6.0**	**2.3**
1　月	－18.8	－19.2	－18.1	－19.4	－18.8	－18.1	－26.3	－19.3	－17.4	－24.9
2　月	－7.9	－8.0	－8.2	－8.6	－8.2	－7.4	－14.3	－9.4	－8.0	－12.1
3　月	0.2	－0.5	－0.6	－1.5	－2.1	－0.5	－4.3	－1.2	0.3	－3.1
4　月	12.4	10.4	10.7	9.2	10.4	10.8	6.1	10.1	11.6	8.2
5　月	17.3	17.2	16.0	15.3	16.4	17.0	13.4	16.4	16.1	13.8
6　月	20.9	19.5	19.4	19.0	20.0	20.0	17.4	20.3	20.2	17.8
7　月	23.7	24.2	21.8	22.1	22.9	23.7	21.8	22.8	22.1	21.6
8　月	21.3	21.2	19.3	18.3	19.5	21.1	18.8	19.5	20.6	18.5
9　月	16.3	16.0	15.3	14.7	15.3	16.3	12.7	15.2	15.8	13.4
10　月	8.9	7.3	8.9	7.4	8.7	8.0	3.3	8.1	8.9	6.0
11　月	－8.5	－9.9	－7.9	－10.2	－9.2	－9.0	－15.2	－9.0	－6.9	－13.0
12　月	－12.6	－13.2	－12.7	－15.1	－13.7	－13.1	－21.8	－14.4	－11.5	－18.8
极端最高	33.7	35.3	34.3	32.0	32.6	33.6	35.1	32.5	34.4	31.3
极端最低	－28.6	－29.2	－27.9	－29.0	－28.8	－30.0	－37.3	－29.6	－26.9	－38.3

1－4　主要城市降水量

1998 年　　　　单位:毫米

月　份	哈尔滨	齐齐哈尔	鸡　西	鹤　岗	双鸭山	大　庆	黑　河	佳木斯	牡丹江	伊　春
合　计	**659**	**516**	**440**	**689**	**609**	**606**	**582**	**654**	**518**	**556**
1　月	2	1	2	1	3	1	3	1	4	2
2　月	3		4	6	1	1	8	3	6	1
3　月	20	8	5	10	20	11		13	8	18
4　月	5	20	11	19	18	11	20	26	23	29
5　月	39	36	44	40	50	32	67	47	73	62
6　月	98	93	92	120	59	114	159	100	40	112
7　月	88	95	54	98	161	109	130	210	103	62
8　月	250	224	109	293	164	241	67	176	112	112
9　月	91	69	84	62	99	43	42	43	110	101
10　月	43	52	17	23	19	33	68	19	18	34
11　月	16	8	11	12	9	7	5	10	18	16
12　月	5	3	7	5	6	3	13	6	3	7

1－5 主要城市日照时数

1998 年　　单位:小时

月　份	哈尔滨	齐齐哈尔	鸡　西	鹤　岗	双鸭山	大　庆	黑　河	佳木斯	牡丹江	伊　春
合　计	**2382.7**	**2588.5**	**2618.0**	**2391.9**	**2504.7**	**2423.1**	**2499.9**	**2345.8**	**2405.4**	**2436.7**
1　月	152.9	204.3	211.6	196.0	201.5	200.9	169.6	156.8	178.0	191.2
2　月	188.9	192.8	210.7	218.7	216.3	204.5	214.0	189.3	180.8	221.5
3　月	249.8	268.9	251.9	284.1	257.4	274.6	265.9	221.6	257.2	274.2
4　月	221.6	235.7	239.1	258.3	247.8	250.6	240.8	231.4	244.6	262.5
5　月	274.8	275.6	289.9	248.7	273.2	246.8	257.8	270.9	268.8	254.7
6　月	249.4	274.7	262.4	195.9	231.6	239.7	246.8	238.8	247.7	229.3
7　月	213.2	227.0	228.9	190.1	199.9	174.9	218.7	209.1	182.1	217.6
8　月	173.4	170.6	128.3	75.2	130.7	145.1	183.8	105.4	128.4	118.7
9　月	210.4	231.1	245.1	215.6	229.5	200.6	220.7	222.0	231.2	210.9
10　月	175.8	185.9	216.9	185.8	204.9	176.5	148.1	187.7	216.1	154.3
11　月	135.2	157.0	176.6	174.6	165.9	149.8	173.5	165.4	132.8	156.2
12　月	137.3	164.9	156.6	148.9	146.0	159.1	160.2	147.4	137.7	145.6

主要统计指标解释

森林面积　指生长着乔木和竹林,郁闭度在0.3以上(不包括0.3)的林地面积,即有林地面积。它是反映森林资源总面积的重要指标。森林面积包括天然林面积和人工林面积。但不包括灌木林地和疏林地面积。

森林覆盖率　通常是指森林面积占土地总面积之比,一般用百分数表示。但国家规定在计算森林覆盖率时,森林面积还包括灌木林面积、农田林网树占地面积以及四旁树木的覆盖面积。森林覆盖率,是反映一个国家或地区森林资源和绿化水平的重要指标。计算公式:

$$\text{森林覆盖率}(\%)=\frac{\text{森林面积}}{\text{土地总面积}}\times 100\%$$

本《年鉴》内所列森林覆盖率是按有林地面积计算的。

活立木总蓄积量　指全部土地上树木蓄积的总量。包括森林蓄积、疏林蓄积、散生木蓄积和四旁树蓄积。

森林蓄积量　指森林面积上生长着的林木树干材积总量。它是反映一个国家或地区森林资源总规模和水平的重要指标。

草地面积　指牧区和农区用于放牧牲畜或割草,植被盖度在5%以上的草原、草坡、草山等面积。包括天然和人工种植或改良的草地面积。

矿产保有储量　指探明的矿产储量(包括工业储量和远景储量)扣除已开采部分和地下损失量后的年底实有储量。它反映国家矿产资源的现状。

二 综合

GENERAL SURVEY

2－1　法人单位数

单位:个

类别	法人单位			# 单产业法人单位		
	1996年	1997年	1998年	1996年	1997年	1998年
总　计	**117134**	**116137**	**115522**	**106550**	**105689**	**105463**
农林牧渔业	3924	3997	4118	3510	3585	3606
采掘业	2265	2268	2262	2077	2092	2105
制造业	27711	27371	26918	26473	26202	25829
电力、煤气及水的生产和供应业	375	368	377	290	289	298
建筑业	3440	3477	3533	3092	3139	3232
地质勘察业、水利管理业	691	694	691	638	641	639
交通运输、仓储及邮电通信业	1977	1936	1737	1575	1552	1400
批发和零售贸易、餐饮业	22400	21751	21452	19606	18998	18912
金融、保险业	1872	1862	1893	1073	1063	1078
房地产业	811	780	783	723	695	704
社会服务业	4594	4525	4462	4292	4227	4189
卫生、体育和社会福利业	2855	2845	2856	2723	2711	2726
教育、文化艺术和广播电影电视业	6005	6002	6076	5185	5169	5276
科学研究和综合技术服务业	1338	1389	1401	1254	1291	1299
国家机关、政党机关和社会团体	35629	35503	35581	32996	32884	33004
其他行业	1247	1369	1382	1043	1151	1166

2－2　产业活动单位数

单位:个

类别	产业活动单位			# 多产业法人所属的产业活动单位		
	1996年	1997年	1998年	1996年	1997年	1998年
总　计	**165561**	**162924**	**160039**	**59011**	**57235**	**54576**
农林牧渔业	7830	7784	7535	4320	4199	3929
采掘业	2864	2868	2794	787	776	689
制造业	31224	30792	29796	4751	4590	3967
电力、煤气及水的生产和供应业	813	808	807	523	519	509
建筑业	4271	4317	4115	1179	1178	883
地质勘察业、水利管理业	1417	1395	1303	779	754	664
交通运输、仓储及邮电通信业	4926	4860	4252	3351	3308	2852
批发和零售贸易、餐饮业	35381	33740	33763	15775	14742	14851
金融、保险业	7111	7134	7287	6038	6071	6209
房地产业	992	963	944	269	268	240
社会服务业	6984	6843	6488	2692	2616	2299
卫生、体育和社会福利业	3968	3901	3751	1245	1190	1025
教育、文化艺术和广播电影电视业	16472	16217	15955	11287	11048	10679
科学研究和综合技术服务业	1593	1632	1529	339	341	230
国家机关、政党机关和社会团体	38149	37925	38122	5153	5041	5118
其他行业	1566	1745	1598	523	594	432

2－3　规模以上法人企业单位数

1998 年　　　　单位:个

类　别	法人单位	类　别	法人单位
总　计	**4688**	港、澳、台商独资经营企业	7
按登记注册类型分		港、澳、台商投资股份有限公司	6
内资企业	4533	外商投资企业	78
国有企业	2065	中外合资经营企业	61
集体企业	1498	中外合作经营企业	5
股份合作企业	109	外资企业	9
联营企业	29	外商投资股份有限公司	3
国有联营企业	4	按隶属关系分	
集体联营企业	11	中　央	524
国有与集体联营企业	10	省	452
其他联营企业	4	地(市)	1360
有限责任公司	415	县	1363
国有独资公司	51	街　道	76
其他有限责任公司	364	镇	67
股份有限公司	210	乡	351
私营企业	207	居委会	1
私营独资企业	68	村委会	38
私营合伙企业	7	其　他	456
私营有限责任公司	119	按行业分	
私营股份有限公司	13	采掘业	200
其他企业		制造业	1819
港、澳、台商投资企业	77	电力、煤气及水的生产和供应业	184
合资经营企业(港或澳台资)	61	建筑业	1874
合作经营企业(港或澳台资)	3	批发和零售贸易、餐饮业	611

注:规模以上是指:工业(采掘业、制造业和电力、煤气及水的生产和供应业)为年销售收入 500 万元及以上的企业;建筑业为资质等级四级以上企业;批发业为年销售额 2000 万元及以上,年末从业人员 20 人及以上的企业;零售业为年销售额 500 万元及以上,年末从业人员 60 人及以上的企业;餐饮业为年营业额 200 万元及以上,年末从业人员 40 人及以上的企业。

2－4　各地区法人单位数

1998 年　　单位：个

类　别	合　计	哈尔滨	齐齐哈尔	鸡　西	鹤　岗	双鸭山	大　庆
总　计	**115522**	**32753**	**18527**	**6459**	**3115**	**4695**	**6738**
农林牧渔业	4118	1026	686	231	89	140	227
采掘业	2262	353	139	504	138	222	6
制造业	26918	8685	4422	1313	543	764	1602
电力、煤气及水的生产和供应业	377	93	47	18	10	20	16
建筑业	3533	1250	478	153	155	110	291
地质勘察业、水利管理业	691	157	113	53	18	34	34
交通运输、仓储及邮电通信业	1737	490	234	114	50	70	95
批发和零售贸易、餐饮业	21452	6996	4365	1049	449	794	1214
金融、保险业	1893	508	223	102	107	84	166
房地产业	783	374	76	43	27	29	30
社会服务业	4462	1727	703	212	93	181	212
卫生、体育和社会福利业	2856	703	470	132	83	137	147
教育、文化艺术和广播电影电视业	6076	1388	944	316	183	293	336
科学研究和综合技术服务业	1401	588	191	49	24	40	41
国家机关、政党机关和社会团体	35581	8070	5243	2072	1139	1696	2168
其他行业	1382	345	193	98	7	81	153

2－4　续表　　1998 年　　单位：个

类　别	伊　春	佳木斯	七台河	牡丹江	黑　河	绥　化	大兴安岭
总　计	**3738**	**8678**	**2430**	**9412**	**5515**	**11268**	**2194**
农林牧渔业	50	419	72	237	313	574	54
采掘业	65	134	280	226	116	48	31
制造业	671	1520	320	2767	977	3030	304
电力、煤气及水的生产和供应业	15	35	5	48	24	35	11
建筑业	114	274	60	272	110	218	48
地质勘察业、水利管理业	17	86	18	54	21	83	3
交通运输、仓储及邮电通信业	45	170	33	102	129	159	46
批发和零售贸易、餐饮业	331	1465	357	1686	894	1591	261
金融、保险业	107	145	74	112	76	137	52
房地产业	11	49	34	40	27	37	6
社会服务业	76	312	80	269	238	298	61
卫生、体育和社会福利业	72	249	53	213	177	373	47
教育、文化艺术和广播电影电视业	140	527	130	516	400	804	99
科学研究和综合技术服务业	28	114	16	106	63	114	27
国家机关、政党机关和社会团体	1943	3033	876	2638	1924	3675	1104
其他行业	53	146	22	126	26	92	40

2－5　各地区产业活动单位数

1998 年　　单位：个

类别	合计	哈尔滨	齐齐哈尔	鸡西	鹤岗	双鸭山	大庆
总计	**160039**	**46475**	**22838**	**9224**	**3741**	**7598**	**9713**
农林牧渔业	7535	1970	1050	328	89	408	553
采掘业	2794	426	131	602	155	240	19
制造业	29796	9591	4372	1487	631	1006	1901
电力、煤气及水的生产和供应业	807	216	120	25	10	26	68
建筑业	4115	1501	501	190	164	144	335
地质勘察业、水利管理业	1303	326	207	67	18	66	104
交通运输、仓储及邮电通信业	4252	1005	570	220	120	220	223
批发和零售贸易、餐饮业	33763	11439	6071	1865	644	1854	1802
金融、保险业	7287	1826	931	514	305	302	421
房地产业	944	395	108	51	31	41	50
社会服务业	6488	2316	1050	302	104	312	337
卫生、体育和社会福利业	3751	850	502	174	89	217	212
教育、文化艺术和广播电影电视业	15955	4520	1450	989	185	840	1230
科学研究和综合技术服务业	1529	612	203	53	24	52	70
国家机关、政党机关和社会团体	38122	9001	5316	2259	1165	1784	2250
其他行业	1598	481	256	98	7	86	138

2－5　续表　　1998 年　　单位：个

类别	伊春	佳木斯	七台河	牡丹江	黑河	绥化	大兴安岭
总计	**5427**	**11163**	**3516**	**13100**	**7854**	**16138**	**3252**
农林牧渔业	140	590	146	429	708	971	153
采掘业	115	148	303	331	146	56	122
制造业	974	1774	440	3028	1096	3166	330
电力、煤气及水的生产和供应业	56	52	27	65	68	56	18
建筑业	117	290	70	350	148	249	56
地质勘察业、水利管理业	24	135	23	72	84	170	7
交通运输、仓储及邮电通信业	136	498	113	321	277	351	198
批发和零售贸易、餐饮业	657	2318	551	2588	1280	2268	426
金融、保险业	331	525	229	647	383	735	138
房地产业	22	56	42	53	40	40	15
社会服务业	139	503	142	408	412	321	142
卫生、体育和社会福利业	110	304	64	283	283	523	140
教育、文化艺术和广播电影电视业	458	700	325	1337	671	2960	290
科学研究和综合技术服务业	36	109	30	117	79	114	30
国家机关、政党机关和社会团体	2052	3052	990	2934	2138	4034	1147
其他行业	60	109	21	137	41	124	40

2－6　国民经济和社会发展总量指标

指　　标	单　位	1978年	1985年	1990年	1995年	1997年	1998年
人口、就业							
总人口	万人	3129.6	3357.0	3543.0	3701.0	3751.0	3773.0
从业人员数	万人	1006.9	1288.6	1433.8	1543.1	1647.6	1700.0
#职工人数	万人	577.2	767.1	856.2	834.9	797.0	607.3
城镇失业人数	万人		45.0	45.5	48.0	50.0	49.0
国民核算							
总产出	亿元	337.2	705.9	1651.0	4281.9	5692.6	5988.1
国内生产总值	亿元	174.8	355.0	715.2	2014.5	2708.5	2832.8
第一产业	亿元	41.0	77.1	160.3	388.2	484.8	463.1
第二产业	亿元	106.6	205.1	362.7	1054.8	1449.3	1506.8
第三产业	亿元	27.2	72.9	192.2	571.6	774.4	863.0
固定资产投资							
全社会固定资产投资	亿元	27.0	111.8	162.9	487.5	669.9	801.6
#国有单位	亿元	25.5	89.2	134.6	379.9	531.0	606.5
#基本建设	亿元	21.4	48.0	67.1	198.7	344.3	308.5
更新改造	亿元	4.1	16.0	35.2	112.8	117.5	219.5
地方财政、金融							
财政收入	亿元	63.3	37.4	76.6	101.3	150.6	179.3
财政支出	亿元	31.5	44.6	92.7	174.6	233.6	280.8
金融机构各项存款	亿元	81.9	145.1	469.8	1555.9	2409.5	2713.2
金融机构各项贷款	亿元	84.6	276.8	697.5	1776.4	2524.4	2854.9
物价指数(上年＝100)							
居民消费价格总指数	%		111.8	105.7	116.1	104.4	100.4
商品零售价格总指数	%	100.2	111.7	104.9	114.3	102.2	98.4
农业生产资料价格指数	%		106.7	104.3	123.1	100.6	96.0
农副产品收购价格总指数	%	102.4	104.7	106.4	119.7	99.8	95.9
能源生产与消费(标准煤)							
能源生产总量	万吨	10287	12709	13616	14014	12803	13389
能源消费总量	万吨	3339	4581	5540	6261	6636	6695
农　业							
耕地面积	万公顷	845.8	893.1	883.1	899.5	922.4	924.0
乡村劳动力	万人	422.9	489.3	538.2	583.5	688.1	904.3
农林牧渔业总产值	亿元	60.9	114.3	245.4	623.6	772.3	736.3
粮食产量	万吨	1477.5	1405.0	2312.5	2592.5	3104.5	3008.5
猪牛羊肉产量	万吨	31.9	31.5	46.0	70.3	100.1	112.2
工　业							
工业总产值	亿元	212.1	391.9	863.5	1978.7	2703.1	2688.4
轻工业	亿元	61.6	131.3	290.0	634.1	942.2	950.1
重工业	亿元	150.6	260.6	573.5	1344.6	1760.9	1738.3
原煤产量	万吨	3710.0	6246.0	8263.0	7937.6	7547.2	7092.4

2－6　续表

指　标	单　位	1978年	1985年	1990年	1995年	1997年	1998年
原油产量	万吨	5038.0	5529.0	5562.0	5601.5	5609.0	5593.8
天然气产量	亿立方米	34.7	25.0	22.5	25.9	23.5	23.3
木材产量	万立方米	1561.0	1667.0	1499.0	1123.6	1152.4	922.4
运输邮电							
货运量	万吨	20659	22999	40062	37739	59250	55336
#铁　路	万吨	8592	11341	12921	13607	14290	12248
公　路	万吨	7888	6735	22239	19281	40023	38291
客运量	万人	13369	20338	22799	23499	45731	47628
#铁　路	万人	7707	11625	9855	11881	9604	10070
公　路	万人	5560	8562	12840	11506	36008	37439
邮电业务总量	亿元	1.5	2.1	4.8	27.5	58.2	83.9
批发零售贸易业							
商品购进总额	亿元	71.8	144.8	322.4	884.3	858.9	387.6
商品销售总额	亿元	78.6	143.8	333.0	1001.8	921.7	1412.6
商品库存总额	亿元	52.5	80.5	166.7	281.4	321.4	129.8
社会消费品零售总额	亿元	61.8	156.7	310.1	682.7	880.2	949.7
对外经济贸易							
进出口总额	亿美元	0.5	5.2	14.9	34.3	35.8	38.1
出口额	亿美元	0.5	4.2	10.9	21.0	20.0	20.3
进口额	亿美元		1.0	4.0	13.3	15.8	17.8
实际利用外资额	亿美元		0.2	1.2	7.5	10.4	8.7
#外商直接投资	亿美元			0.3	4.5	7.3	5.3
教育文化							
在校学生数							
普通高等学校	万人	3.3	6.6	8.0	11.4	11.6	12.5
中等专业学校	万人	3.6	6.0	6.6	10.0	11.8	12.4
普通中学	万人	258.6	201.8	180.1	179.1	198.1	215.2
小　学	万人	495.8	467.8	397.7	372.9	370.5	344.9
出版图书	万册.张	10512	16513	12342	11342	12803	10587
出版杂志	万册	1361	2795	5302	6718	7124	7579
出版报纸	万份	13797	49649	56480	69115	72789	74120
职工工资、居民收入							
职工平均货币工资	元	721	1104	1850	4145	4889	6238
城镇居民可支配收入	元		742.4	1211.2	3375.2	4090.7	4268.5
农民人均纯收入	元	172.0	397.8	759.9	1766.3	2308.3	2253.1
城乡居民储蓄存款余额	亿元	9.2	70.1	308.8	1091.1	1689.7	1906.7
人均储蓄存款	元	29.5	208.9	871.5	2948.1	4504.7	5053.5
卫　生							
医院床位	万张	9.2	9.5	11.0	11.6	11.5	11.4
医　生	万人	4.5	5.6	7.2	7.5	7.7	7.6

注：金融机构各项存、贷款1980年和1985年为银行机构数，邮电业务总量按1990年不变价格计算，其他价值量指标均按当年价格计算。

2－7 国民经济和社会发展指标发展速度

指　标	1998年为下列各年%					1979－1998平均每年增长%
	1978年	1985年	1990年	1995年	1997年	
人口、就业						
总人口	120.6	112.4	106.5	101.9	100.6	0.9
从业人员数	168.8	131.9	118.6	110.2	103.2	2.7
#职工人数	105.2	79.2	70.9	72.7	76.2	0.3
城镇失业人数		108.9	107.7	102.1	98.0	0.7
国民核算						
总产出	498.7	306.5	212.3	139.4	110.4	8.4
国内生产总值	424.1	264.6	192.7	131.7	108.3	7.5
第一产业	265.1	206.9	148.3	119.4	100.0	5.0
第二产业	404.0	237.5	205.4	133.8	110.0	7.2
第三产业	829.4	430.6	211.6	137.3	111.5	11.2
固定资产投资						
全社会固定资产投资	2968.9	717.0	492.1	164.4	119.7	18.5
#国有单位	2378.4	679.9	450.6	159.6	114.2	17.2
#基本建设	1441.6	642.7	459.8	155.3	89.6	14.3
更新改造	5353.7	1371.9	623.6	194.6	186.8	22.0
地方财政、金融						
财政收入	283.3	479.4	234.1	177.0	119.1	5.3
财政支出	891.4	629.6	302.9	160.8	120.2	11.6
金融机构各项存款	3312.8	1869.9	577.5	174.4	112.6	19.1
金融机构各项贷款	3374.6	1031.4	409.3	160.7	113.1	19.2
能源生产与消费(标准煤)						
能源生产总量	130.2	105.4	98.3	95.5	104.6	1.3
能源消费总量	200.5	146.2	120.9	106.9	100.9	3.5
农　业						
耕地面积	109.2	103.5	104.6	102.7	100.2	0.4
乡村劳动力	213.8	184.8	168.0	155.0	131.4	3.9
农林牧渔业总产值	276.3	209.8	152.3	118.6	100.1	5.2
粮食产量	203.6	214.1	130.1	116.0	96.9	3.6
猪牛羊肉产量	351.7	356.2	243.9	159.6	112.1	6.5
工　业						
工业总产值	515.1	313.9	211.9	142.3	110.1	8.5
轻工业	837.1	419.2	260.3	159.0	115.0	11.2
重工业	367.7	254.5	187.5	132.6	107.0	6.7
原煤产量	191.2	113.6	85.8	89.4	94.0	3.3
原油产量	111.0	101.2	100.6	99.9	99.7	0.5
天然气产量	67.1	93.2	103.6	90.0	99.1	－2.0
木材产量	59.1	55.3	61.5	82.1	80.0	－2.6

2-7　续表

指　标	1998年为下列各年%					1979-1998平均每年增长%
	1978年	1985年	1990年	1995年	1997年	
运输邮电						
货运量	267.9	240.6	138.1	146.6	93.4	5.1
#铁　路	142.6	108.0	94.8	90.0	85.7	1.8
公　路	485.4	568.5	172.2	198.6	95.7	8.2
客运量	356.3	234.2	208.9	202.7	104.1	6.6
#铁　路	130.7	86.6	102.2	84.8	104.9	1.3
公　路	673.4	437.3	291.6	325.4	104.0	10.0
邮电业务总量	5727.5	4012.8	1757.1	305.5	144.2	22.4
批发零售贸易业						
商品购进总额	539.8	267.7	120.2	43.8	45.1	8.8
商品销售总额	1797.2	982.3	424.2	141.0	153.3	15.5
商品库存总额	247.2	161.2	77.9	46.1	40.4	4.6
社会消费品零售总额	1536.7	606.1	306.3	139.1	107.9	14.6
对外经济贸易						
进出口总额	8407.2	747.8	255.5	111.2	106.4	24.8
出口额	4486.5	493.0	187.2	97.1	101.6	20.9
进口额		1830.0	438.1	133.3	112.5	25.1
实际利用外资额		4980.5	738.8	116.0	84.0	35.1
#外商直接投资		23291.6	2077.3	117.3	71.6	52.1
教育文化						
在校学生数						
普通高等学校	376.4	189.8	156.6	110.2	108.1	6.9
中等专业学校	343.6	207.5	187.0	123.9	104.6	6.4
普通中学	83.2	106.6	119.5	120.2	108.6	-0.9
小　学	69.6	73.7	86.7	92.5	93.1	-1.8
出版图书	100.7	64.1	85.8	93.3	82.7	
出版杂志	556.9	271.2	142.9	112.8	106.4	9.0
出版报纸	537.2	149.3	131.2	107.2	101.8	8.8
居民收入						
城镇居民可支配收入		157.1	160.8	111.5	103.4	3.5
农民人均纯收入	385.4	217.1	150.4	108.6	99.1	7.0
城乡居民储蓄存款余额	20660.9	2718.9	617.5	174.8	112.8	30.5
人均储蓄存款	17130.5	2419.1	579.9	171.4	112.2	29.3
卫　生						
医院床位	123.9	120.0	103.6	98.3	99.1	1.1
医　生	168.9	135.7	105.6	101.3	98.7	2.7

注：1.本表总产出、国内生产总值、农业总产值、工业总产值、邮电业务总量、城镇居民可支配收入农民人均纯收入按可比价格计算，其他价值量指标按当年价格计算。

2.城镇失业人数、进口额、实际利用外资额和城镇居民人均可支配收入均为1986-1998年平均增长%。

2－8　国民经济和社会发展结构指标

单位:%

指　　标	1990年	1995年	1997年	1998年
人口城乡结构				
市　镇	48.0	53.7	53.9	54.0
乡　村	52.0	46.3	46.1	46.0
人口性别结构				
男	51.1	51.0	51.0	51.0
女	48.9	49.0	49.0	49.0
从业人员产业结构				
第一产业	39.7	36.8	35.3	48.6
第二产业	35.2	34.3	31.0	22.7
第三产业	25.1	28.9	33.6	28.6
国内生产总值结构				
第一产业	22.4	19.2	17.9	16.3
第二产业	50.8	52.4	53.5	53.2
第三产业	26.8	28.4	28.6	30.5
固定资产投资的资金来源结构				
国家预算内投资	9.4	3.3	1.7	2.8
国内贷款	15.3	16.7	22.9	14.9
利用外资	7.5	6.7	3.5	2.7
自筹及其他投资	67.8	73.3	71.8	79.6
固定资产投资的经济类型结构				
国有经济	82.6	77.9	79.3	75.7
集体经济	3.4	3.4	3.5	3.5
城乡个人	14.0	10.3	10.3	11.9
其他经济		8.4	7.0	9.0
农林牧渔业总产值结构				
农　业	74.9	74.1	73.9	70.3
林　业	3.1	2.4	2.2	2.4
牧　业	20.0	21.5	21.8	25.1
渔　业	2.0	2.0	2.0	2.2
工业总产值结构				
国　有	80.5	65.2	54.3	42.3
非国有	19.5	34.8	45.7	57.7
工业总产值轻重工业结构				
轻工业	33.6	32.0	34.9	35.3
重工业	66.4	68.0	65.1	64.7

2－8　续表　　单位:%

指　　标	1990年	1995年	1997年	1998年
货运量结构				
铁　路	32.3	36.1	24.1	22.1
公　路	55.5	51.1	67.5	69.2
水　运	1.3	1.7	1.3	1.2
管道输油(气)	10.9	11.2	7.1	7.5
客运量结构				
铁　路	43.2	50.6	21.0	21.2
公　路	56.3	49.0	78.7	78.6
水　运	0.4	0.2	0.1	0.1
民用航空	0.1	0.3	0.2	0.2
社会消费品零售总额结构				
国有经济	48.4	32.6	26.6	23.7
集体经济	26.1	13.6	11.1	10.4
个体经济	19.9	38.2	45.2	48.1
其他经济	5.6	9.2	17.2	17.8
出口商品结构				
初级产品	49.1	32.4	27.9	24.0
工业制成品	50.9	67.6	72.1	76.0
进口商品结构				
生产资料	90.2	92.1	96.8	97.2
生活资料	8.3	6.1	3.2	2.8
其　　他	1.4	1.8		
在校学生结构				
大学生	1.3	1.9	2.0	2.1
中学生	33.1	34.4	34.1	40.1
小学生	65.6	63.7	63.9	57.8
专任教师结构				
高等学校	4.2	4.4	4.1	4.1
中等学校	39.2	39.0	39.8	40.8
小　学	56.6	56.6	56.1	55.1
城镇居民消费结构				
食品类	51.1	48.2	45.9	43.5
衣着类	19.7	18.9	16.2	15.6
用品及其他	23.1	25.1	29.6	32.6
居　住	6.1	7.8	8.3	8.3
农村居民消费结构				
食品类	56.6	55.0	54.8	55.0
衣着类	10.1	9.4	9.5	8.2
用品及其他	15.9	20.1	21.3	21.4
居　住	17.4	15.5	14.4	15.4

2－9　国民经济和社会发展比例和效益指标

指　标	1980年	1985年	1990年	1995年	1997年	1998年
人口、就业						
出生率(‰)	13.49	15.04	18.11	13.23	12.02	11.68
死亡率(‰)	4.86	4.76	6.35	5.33	5.17	5.32
自然增长率(‰)	8.63	10.28	11.76	7.90	6.85	6.36
负担少儿系数(%)		48.45	38.32	32.59	28.97	27.71
负担老人系数(%)		5.89	5.48	6.36	7.08	7.02
每一从业人员负担人口(人)	1.96	1.61	1.47	1.40	1.28	1.22
三次产业从业比例(第一产业＝100)						
第二产业	68.8	85.0	88.7	93.4	87.9	46.8
第三产业	44.9	57.4	63.4	84.1	95.2	58.9
城镇登记失业率(%)	3.2	2.7	2.2	2.6	2.8	3.0
国民核算						
三次产业增加值比例(第一产业＝100)						
第二产业	237.1	266.0	226.3	271.7	298.9	325.4
第三产业	62.7	94.6	119.9	147.2	159.7	186.4
固定资产投资						
全社会固定资产投资相当于GDP比例(%)	17.4	31.5	22.8	24.2	24.7	28.3
全社会固定资产交付使用率(%)		83.1	86.9	85.4	83.2	95.0
全社会房屋建筑竣工率(%)	58.0	74.9	78.4	68.8	72.1	69.4
财　政						
人均地方财政收入(元/人)	53.5	111.9	217.2	274.8	402.7	476.5
地方财政收入相当于GDP比例(%)	7.7	10.5	10.7	5.0	5.6	6.3
地方财政支出相当于GDP比例(%)	11.7	12.6	13.0	8.7	8.6	9.9
利用外资						
实际利用外资占签约额比例(%)		19.1	287.2	46.8	116.7	96.8
能　源						
能源生产弹性系数	0.15	0.85	0.47	0.14	－0.96	0.54
能源消费弹性系数	0.43	0.08	0.53	0.88	0.59	0.11
每万元GDP消耗的能源(吨)	16.80	12.90	7.75	3.10	2.44	2.36
农　业						
人均耕地面积(公顷)	0.27	0.27	0.25	0.24	0.25	0.24
农业从业者人均耕地面积(公顷)		2.10	1.90	1.87	1.59	1.22
每公顷耕地农业机械化总动力(千瓦)	0.81	1.06	1.33	1.36	1.57	1.47
每公顷耕地用电量(千瓦小时)	171.9	160.7	199.3	261.5	282.4	259.5
每公顷耕地化肥施用量(折纯量,公斤)	40.9	47.1	86.6	121.1	132.0	127.4
每公顷耕地生产的农业产值(元)	979.9	1279.8	2778.8	6932.7	8372.7	7689.7
农业从业者人均农产品产量(公斤)						
粮　食		3301	4985	5399	5782	4492
油　料		66.7	37.1	41.6	33.9	25.2
亚　麻		34.8	48.1	66.6	24.4	13.4
甜　菜		741.0	1362.0	1042.9	833.9	463.2
烤　烟		16.4	41.6	21.0	30.4	12.4
肉　类		82.0	120.5	188.0	217.4	187.7
水产品		15.6	31.9	52.7	60.2	53.3

2－9　续表

指　　标	1980 年	1985 年	1990 年	1995 年	1997 年	1998 年
工　业						
独立核算企业效益						
资金利税率(%)	28.2	29.6	15.8	11.8	9.3	6.9
产值利税率(%)	29.9	32.4	17.4	16.0	17.1	14.3
国有独立核算企业效益						
资金利税率(%)	29.6	31.3	19.0	12.8	10.6	9.0
产值利税率(%)	32.0	36.6	21.9	18.7	20.2	18.7
建筑业						
技术装备率(元/人)	1699	2006	2083	3961	4769	6583
产值利税率(%)			5.0	4.3	2.9	3.3
全员劳动生产率(增加值元/人)				10146.0	11556.0	12860.0
交通运输和邮电通信业						
铁路网密度(公里/万平方公里)	106	103	119	116	158	159
公路网密度(公里/万平方公里)	982	1002	1093	1075	1093	1096
铁路货运密度(吨/公里)	19573	24228	23948	25859	19947	16959
公路货运密度(吨/公里)	1547	1481	4482	3949	8064	7694
国内商业、对外贸易						
人均消费品零售额(元)	259	469	879	1852	2354	2524
进出口总额相当于 GDP 比例(%)	1.0	4.2	10.0	14.2	11.0	11.2
金　融						
金融机构存款相当于 GDP 比例(%)	44.6	40.9	65.7	77.2	89.0	95.8
金融机构贷款相当于 GDP 比例(%)	55.8	78.0	97.5	88.2	93.2	100.8
银行现金支出相当于现金收入比例(%)	103.8	105.0	106.1	102.9	102.5	101.8
教育、科技、卫生及其他						
学龄儿童入学率(%)	94.5	97.7	99.0	98.9	98.8	98.1
专任教师负担系数						
高等学校	4.2	4.9	5.0	6.9	7.4	8.1
中等学校	17.4	16.4	13.4	13.6	14.5	15.3
小　学	25.8	22.6	18.4	17.4	17.2	16.3
教育事业费支出相当于 GDP 比例(%)				1.2	1.1	1.3
研究与发展经费支出相当于 GDP 比例(%)			0.3	0.2	0.2	0.4
离婚率(%)		2.3	3.1	4.0	4.4	4.0
人均储蓄存款余额(元)	59	209	872	2948	4505	5054
职工保险福利费相当于工资总额比例(%)	14.3	23.0	29.6	29.3	28.2	32.9
离退休退职职工相当于在职职工比例(%)	6.0	11.7	14.2	18.8	20.5	28.4
每万人拥有医生数(人)	16.3	16.8	20.4	20.4	20.6	20.2
每万人拥有医院床位数(张)	29.1	28.4	31.1	31.3	30.6	30.1
县及县以上医院床位使用率(%)	81.2	83.9	82.8	56.8	53.3	49.8

注:1.GDP 为国内生产总值的英文缩写。

2.1998 年独立核算工业企业效益指标口径为全部国有和年销售收入 500 万元以上非国有企业,国有独立核算工业企业效益指标口径为全部国有工业企业。

2－10　国内生产总值

单位:亿元

指　　标	1978年	1980年	1985年	1990年	1995年	1996年	1997年	1998年
国内生产总值	**174.8**	**221.0**	**355.0**	**715.2**	**2014.5**	**2402.6**	**2708.5**	**2832.8**
第一产业	41.0	55.3	77.1	160.3	388.2	465.8	484.8	463.1
第二产业	106.6	131.1	205.1	362.7	1054.8	1281.0	1449.3	1506.8
工　业	100.6	122.5	180.9	323.9	949.1	1160.0	1304.9	1332.0
建筑业	6.1	8.6	24.2	38.8	105.7	121.0	144.4	174.8
第三产业	27.2	34.7	72.9	192.2	571.6	655.8	774.4	863.0
农林牧渔服务业				1.5	5.8	6.4	7.3	8.6
地质勘查业、水利管理业				2.1	7.2	8.0	9.0	11.4
交通运输、仓储、邮电通讯业	9.6	12.2	20.1	34.5	86.4	104.1	143.2	160.1
批发和零售贸易、餐饮业	5.0	6.5	15.3	48.0	174.6	197.3	231.1	246.6
金融、保险业	3.4	3.5	11.8	40.2	104.3	118.2	109.2	115.3
房地产业	1.5	1.7	4.0	11.0	32.8	36.4	45.6	53.0
社会服务业	0.9	1.8	3.8	10.2	29.8	39.3	52.0	68.7
卫生、体育、社会福利业	1.0	1.1	2.8	6.9	25.4	27.6	32.8	34.6
教育、文艺、广播电影电	2.9	3.7	5.7	15.4	32.2	37.6	47.6	58.1
科学研究和综合技术服务业	0.7	0.9	3.2	2.1	9.1	9.8	11.5	13.5
国家政党机关、社会团体	2.0	2.4	4.4	15.8	50.7	56.6	65.2	72.1
其　他	0.3	0.8	1.9	4.5	13.3	14.7	19.9	21.2
人均国内生产总值	564	694	1062	2028	5465	6468	7243	7530

注:本表按当年价格计算,1990年以前的农林牧渔服务业和地质堪查、水利管理业增加值含在科学研究和综合技术服务业中。(2－10、2－11、2－12表同)

2－11　国内生产总值构成

单位:%

指　　标	1978年	1980年	1985年	1990年	1995年	1996年	1997年	1998年
国内生产总值	**100.0**	**100.0**	**100.0**	**100.0**	**100.0**	**100.0**	**100.0**	**100.0**
第一产业	23.5	25.0	21.7	22.4	19.3	19.4	17.9	16.3
第二产业	61.0	59.3	57.8	50.7	52.4	53.3	53.5	53.2
工　业	57.5	55.4	51.0	45.3	47.1	48.3	48.2	47.0
建筑业	3.5	3.9	6.8	5.4	5.2	5.0	5.3	6.2
第三产业	15.5	15.7	20.5	26.9	28.4	27.3	28.6	30.5
农林牧渔服务业				0.2	0.3	0.3	0.3	0.3
地质勘查业、水利管理业				0.3	0.4	0.3	0.3	0.4
交通运输、仓储、邮电通讯业	5.5	5.5	5.7	4.8	4.3	4.3	5.3	5.7
批发和零售贸易、餐饮业	2.9	2.9	4.3	6.7	8.7	8.2	8.5	8.7
金融、保险业	1.9	1.6	3.3	5.6	5.2	4.9	4.0	4.1
房地产业	0.9	0.8	1.1	1.5	1.6	1.5	1.7	1.9
社会服务业	0.5	0.8	1.1	1.4	1.5	1.6	1.9	2.4
卫生、体育、社会福利业	0.6	0.5	0.8	1.0	1.3	1.1	1.2	1.2
教育、文艺、广播电影电视业	1.7	1.7	1.6	2.2	1.6	1.6	1.8	2.1
科学研究和综合技术服务业	0.4	0.4	0.9	0.3	0.5	0.4	0.4	0.5
国家政党机关、社会团体	1.1	1.1	1.2	2.2	2.5	2.4	2.4	2.5
其　他	0.2	0.4	0.5	0.6	0.7	0.6	0.7	0.7

2－12　国内生产总值指数

1978年＝100

指　　标	1980年	1985年	1990年	1995年	1996年	1997年	1998年
国内生产总值	**113.3**	**160.3**	**220.1**	**322.1**	**356.0**	**391.6**	**424.1**
第一产业	104.1	128.1	178.8	222.0	248.9	265.1	265.1
第二产业	117.4	170.1	196.7	301.9	333.6	367.3	404.0
工　业	116.3	159.2	185.2	285.6	314.7	344.6	374.2
建筑业	136.2	352.8	385.3	577.1	648.0	745.2	895.0
第三产业	117.5	192.6	391.8	604.0	660.1	743.9	829.4
农林牧渔服务业							
地质勘查业、水利管理业							
交通运输、仓储、邮电通讯业	116.6	149.4	198.1	284.8	334.7	407.0	478.6
批发和零售贸易、餐饮业	118.1	218.4	528.5	999.0	1082.9	1187.9	1287.7
金融、保险业	96.0	249.0	654.0	855.6	922.4	892.9	958.1
房地产业	108.7	195.5	414.9	555.1	586.8	633.2	747.8
社会服务业	190.8	318.7	668.7	1011.5	1120.7	1307.9	1530.2
卫生、体育、社会福利业	105.1	202.3	392.4	656.6	678.3	720.4	770.8
教育、文艺、广播电影电视业	119.3	144.8	300.3	383.5	426.0	489.0	544.3
科学研究和综合技术服务业	129.4	350.4	477.8	860.1	894.5	1021.5	1216.6
国家政党机关、社会团体	110.4	155.0	431.4	667.7	707.8	764.4	858.4
其　他	283.0	512.8	961.9	1523.7	1593.8	3662.6	4014.2
人均国内生产总值	110.3	148.8	193.7	271.1	297.3	324.9	349.6

注:本表按可比价格计算。

2－13　国内生产总值指数

上年＝100

指　　标	1980年	1985年	1990年	1995年	1996年	1997年	1998年
国内生产总值	**110.0**	**106.0**	**105.8**	**109.6**	**110.5**	**110.0**	**108.3**
第一产业	112.1	87.4	141.8	109.0	112.1	106.5	100.0
第二产业	108.1	112.3	97.4	110.2	110.5	110.1	110.0
工　业	107.2	111.9	97.7	110.0	110.2	109.5	108.6
建筑业	122.8	115.3	94.7	111.9	112.3	115.0	120.1
第三产业	113.3	120.0	97.7	109.0	109.3	112.7	111.5
农林牧渔服务业				112.2	104.4	109.7	99.3
地质勘查业、水利管理业				104.3	105.5	106.7	106.2
交通运输、仓储、邮电通讯业	105.5	112.4	82.7	108.8	117.5	121.6	117.6
批发和零售贸易、餐饮业	107.3	145.4	92.6	105.5	108.4	109.7	108.4
金融、保险业	121.2	135.3	89.6	113.0	107.8	96.8	107.3
房地产业	104.0	119.2	125.6	109.1	105.7	107.9	118.1
社会服务业	163.1	103.8	119.3	113.0	110.8	116.7	117.0
卫生、体育、社会福利业	106.9	117.4	114.0	112.5	103.1	106.2	107.0
教育、文艺、广播电影电视业	118.8	101.1	116.7	103.8	111.1	114.8	111.3
科学研究和综合技术服务业	120.3	118.5	109.6	114.5	104.0	114.2	119.1
国家政党机关、社会团体	117.4	103.3	124.8	111.4	106.0	108.0	112.3
其　他	229.3	110.6	116.8	117.8	104.6	229.8	109.6
人均国内生产总值	108.7	105.2	104.6	108.7	109.7	109.3	107.6

注:本表按可比价格计算。

2－14　各地区国内生产总值、构成和指数

1998 年

地　区	国内生产总值	第一产业	第二产业	工　业	建筑业	第三产业	#运输仓储邮电业	#批零贸易餐饮业	人均国内生产总值（元）
绝对数(亿元)									
哈尔滨	816.2	173.0	250.1	207.1	43.0	393.1	67.5	129.9	8505
齐齐哈尔	262.6	84.8	83.3	64.9	18.4	94.5	28.5	22.1	4770
鸡　西	107.8	32.5	41.0	33.4	7.6	34.3	8.0	8.7	5570
鹤　岗	60.6	17.7	22.8	17.1	5.7	20.2	3.3	6.5	5473
双鸭山	82.4	25.1	30.5	26.1	4.4	26.8	5.3	7.3	5566
大　庆	611.6	21.6	512.8	485.1	27.7	77.2	14.3	15.3	25028
伊　春	65.4	10.3	30.9	28.1	2.8	24.2	7.9	4.0	4960
佳木斯	130.4	47.1	29.6	22.2	7.4	53.7	13.7	11.7	5532
七台河	49.1	7.2	24.8	21.2	3.6	17.2	4.1	4.5	5890
牡丹江	185.6	29.4	75.6	67.2	8.4	80.7	18.4	19.3	7002
黑　河	78.7	30.4	17.7	11.3	6.4	30.6	3.5	10.9	4730
绥　化	310.3	121.1	74.9	61.4	13.5	114.3	27.2	31.7	5817
大兴安岭	38.9	4.4	17.9	16.3	1.6	16.6	4.8	3.4	7168
构成(%)									
哈尔滨	100.0	21.2	30.6	25.4	5.3	48.2	8.3	15.9	
齐齐哈尔	100.0	32.3	31.7	24.7	7.0	36.0	10.9	8.4	
鸡　西	100.0	30.2	38.0	31.0	7.1	31.8	7.4	8.1	
鹤　岗	100.0	29.2	37.6	28.2	9.4	33.3	5.4	10.7	
双鸭山	100.0	30.5	37.0	31.7	5.3	32.5	6.4	8.9	
大　庆	100.0	3.5	83.8	79.3	4.5	12.6	2.3	2.5	
伊　春	100.0	15.7	47.2	43.0	4.3	37.0	12.1	6.1	
佳木斯	100.0	36.1	22.7	17.0	5.7	41.2	10.5	9.0	
七台河	100.0	14.7	50.5	43.2	7.3	35.0	8.4	9.2	
牡丹江	100.0	15.8	40.7	36.2	4.5	43.5	9.9	10.4	
黑　河	100.0	38.6	22.5	14.4	8.1	38.9	4.4	13.9	
绥　化	100.0	39.0	24.1	19.8	4.4	36.8	8.8	10.2	
大兴安岭	100.0	11.3	46.0	41.9	4.1	42.7	12.3	8.7	
指数(上年＝100)									
哈尔滨	110.7	107.0	110.5	110.8	108.7	112.5	111.8	113.7	110.5
齐齐哈尔	107.0	95.6	111.9	107.1	130.8	115.2	116.5	115.7	106.6
鸡　西	110.1	103.6	116.5	114.3	125.1	108.1	112.1	111.9	109.2
鹤　岗	109.3	101.8	114.3	111.1	126.7	110.5	105.3	108.8	109.3
双鸭山	109.7	106.0	109.4	107.0	123.6	113.8	110.6	111.8	110.1
大　庆	108.5	77.5	110.1	108.1	147.4	113.4	123.6	107.8	107.9
伊　春	110.6	111.7	109.4	107.9	132.6	112.4	121.4	107.1	110.9
佳木斯	111.3	108.4	109.5	108.0	116.1	115.5	144.9	115.2	110.7
七台河	108.5	102.6	109.4	108.8	112.9	109.7	108.5	118.7	108.0
牡丹江	110.2	101.7	112.8	112.7	114.1	110.3	109.3	110.4	109.5
黑　河	104.5	94.4	105.0	91.5	139.5	118.3	148.6	118.3	103.5
绥　化	108.7	106.6	108.3	106.9	115.1	111.0	109.1	102.7	108.2
大兴安岭	108.6	127.7	103.4	103.1	106.8	112.0	113.7	106.4	109.1

注：绝对数按当年价格计算，指数按可比价格计算。

2-15 总产出和指数

年份	总产出	第一产业	第二产业	工业	建筑业	第三产业	#运输仓储邮电业	#批零贸易餐饮业
绝对数(亿元)								
1952	44.1	16.4	21.3	17.9	3.4	6.4	1.8	3.4
1957	77.5	23.9	39.5	35.0	4.4	14.2	3.9	6.3
1962	96.0	22.4	54.0	49.7	4.3	19.6	6.8	7.0
1965	147.5	24.9	98.1	88.5	9.5	24.5	7.9	8.9
1970	215.9	35.0	151.5	136.8	14.6	29.4	10.0	10.6
1975	286.3	56.4	194.0	176.1	17.9	36.0	10.6	10.2
1978	337.2	60.9	232.9	212.1	20.7	43.4	12.4	11.0
1980	409.3	85.6	271.9	244.2	27.7	51.8	16.2	13.6
1985	705.9	114.3	464.1	392.0	72.1	127.5	31.8	35.0
1990	1651.0	245.4	980.7	863.5	117.2	424.9	76.9	139.2
1991	1855.8	247.7	1125.0	983.7	141.3	483.1	89.2	163.7
1992	2157.5	285.2	1291.0	1103.1	187.9	581.3	100.9	201.2
1993	2656.4	330.6	1621.6	1394.4	227.3	704.3	114.8	235.1
1994	3468.6	537.9	2081.9	1797.1	284.8	848.9	138.9	276.9
1995	4281.9	670.0	2577.7	2236.7	341.0	1034.2	187.7	308.5
1996	5104.9	805.7	3080.6	2697.6	383.0	1218.6	224.0	372.0
1997	5692.6	844.6	3463.5	2990.1	473.4	1384.5	236.2	431.0
1998	5988.1	815.7	3635.9	3072.2	563.7	1536.5	252.4	467.5
指数(1978年=100)								
1957	26.7	46.3	17.4	16.9	22.4	35.7	36.9	58.7
1962	27.6	38.9	21.0	21.0	21.3	38.3	56.8	46.1
1965	43.1	54.6	36.1	35.1	43.9	55.6	68.1	75.3
1970	65.7	83.4	58.8	57.6	68.8	67.0	88.8	92.2
1975	84.3	94.2	80.5	80.1	84.6	83.9	94.6	88.8
1978	100.0	100.0	100.0	100.0	100.0	100.0	100.0	100.0
1980	112.9	109.1	114.8	112.3	134.1	110.5	124.4	114.9
1985	162.7	131.6	171.0	164.1	228.6	179.0	195.7	162.3
1990	234.9	182.7	246.0	243.1	270.8	276.6	271.6	267.6
1991	220.4	168.9	226.6	227.4	223.3	282.5	248.2	269.4
1992	235.1	182.9	244.2	241.5	265.3	283.7	253.4	300.2
1993	252.0	187.3	261.8	257.5	294.8	319.2	303.3	346.1
1994	284.7	214.8	289.3	281.7	346.3	374.4	344.8	410.9
1995	357.8	255.9	270.8	352.5	522.3	463.2	464.6	525.9
1996	404.0	288.4	421.2	403.7	567.7	516.0	534.2	603.2
1997	451.7	308.3	477.6	453.8	676.1	572.8	606.3	684.0
1998	498.7	311.7	536.8	505.5	798.5	636.4	688.7	753.8

注:绝对数按当年价格计算,指数按可比价格计算。

2－16　按支出法计算的国内生产总值

年　份	国内支出总　值	#最终消费	居民消费	农业居民	非农业居民	政府消费	#资本形成总　额	固定资产形成总额	存货增加
绝对数(亿元)									
1952	26.0	17.4	16.6	9.5	7.0	0.8	6.9	4.2	2.7
1957	44.4	33.2	31.2	15.6	15.6	2.0	11.9	8.1	3.9
1962	54.6	42.0	41.5	16.7	24.8	0.5	4.5	6.3	－1.8
1965	78.9	56.4	47.6	18.5	29.1	8.8	12.3	12.1	0.2
1970	111.2	75.8	65.5	30.7	34.8	10.3	18.8	12.2	6.6
1975	141.5	97.3	81.6	35.1	46.4	15.7	29.4	20.1	9.3
1978	174.8	103.2	93.8	35.5	58.3	9.4	41.2	26.9	14.3
1980	221.0	132.3	119.5	50.0	69.6	12.7	48.0	38.0	10.0
1985	355.0	209.2	190.4	74.7	115.7	18.8	136.2	109.9	26.3
1990	715.2	435.9	366.2	129.0	237.2	69.8	272.8	169.3	103.6
1991	824.2	538.8	447.2	151.2	296.0	91.6	280.1	196.2	83.9
1992	964.0	617.7	518.9	169.8	349.1	98.8	338.6	246.2	92.4
1993	1203.2	763.2	633.4	207.4	426.0	129.7	431.4	335.0	96.4
1994	1617.8	1019.2	853.2	265.0	588.2	166.1	566.2	435.7	130.5
1995	2006.5	1201.5	976.6	295.3	681.3	224.9	724.5	558.8	165.7
1996	2341.6	1413.7	1112.2	327.7	784.4	301.6	867.0	653.6	213.4
1997	2640.2	1552.6	1200.5	350.4	850.2	352.1	918.3	724.4	193.9
1998	2832.8	1624.2	1232.4	340.1	892.3	391.8	1097.3	865.3	232.0
构成(%)									
1952	100.0	66.9	63.9	36.7	27.0	3.1	26.5	16.2	10.4
1957	100.0	74.8	70.2	35.1	35.1	4.5	26.9	18.2	8.8
1962	100.0	76.9	76.0	30.6	45.4	0.9	8.2	11.5	－3.3
1965	100.0	71.5	60.3	23.5	36.9	11.2	15.6	15.3	0.3
1970	100.0	68.2	58.9	27.6	31.3	9.3	16.9	11.0	5.9
1975	100.0	69.5	57.7	24.8	32.8	11.1	20.8	14.2	6.6
1978	100.0	59.0	53.7	20.3	33.4	5.4	23.6	15.4	8.2
1980	100.0	59.9	54.1	22.6	31.5	5.8	21.7	17.2	4.5
1985	100.0	58.9	53.6	21.0	32.6	5.3	38.4	31.0	7.4
1990	100.0	61.0	51.2	18.0	33.2	9.8	38.1	23.7	14.5
1991	100.0	65.4	54.3	18.4	35.9	11.1	34.0	23.8	10.2
1992	100.0	64.1	53.8	17.6	36.2	10.3	35.1	25.5	9.6
1993	100.0	63.4	52.6	17.2	35.4	10.8	35.9	27.8	8.0
1994	100.0	63.0	52.7	16.4	36.4	10.3	35.0	26.9	8.1
1995	100.0	59.9	48.7	14.7	34.0	11.2	36.1	27.9	8.3
1996	100.0	60.4	47.5	14.0	33.5	12.9	37.0	27.9	9.1
1997	100.0	58.8	45.5	13.3	32.2	13.3	34.8	27.4	7.3
1998	100.0	57.3	43.5	12.0	31.5	13.8	38.7	30.5	8.2

注:本表按当年价格计算。

2－17　最终消费和资本形成总额指数

年　份	最终消费	居民消费			政府消费	资本形成总　额	固定资产形成总额	存货增加
			农业居民	非农业居民				
1978年=100								
1957	38.0	39.4	46.7	35.2	24.8	33.1	34.5	144.3
1962	40.3	43.8	43.7	43.8	5.0	10.3	22.3	27.4
1965	56.4	52.5	52.9	52.1	96.6	29.7	42.2	1.3
1970	75.1	71.5	87.5	62.1	112.7	46.6	46.5	43.1
1975	95.3	88.0	99.8	81.2	169.2	72.6	76.1	65.5
1978	100.0	100.0	100.0	100.0	100.0	100.0	100.0	100.0
1980	118.6	117.9	133.9	108.5	126.1	114.6	138.5	69.8
1985	150.8	150.0	172.2	137.5	172.0	273.9	326.2	169.0
1990	197.5	182.6	197.4	184.6	316.1	438.1	418.2	447.7
1991	227.7	207.8	219.7	212.8	389.4	423.2	450.9	347.0
1992	240.7	223.0	232.9	229.8	381.2	462.9	496.4	375.1
1993	265.7	243.5	269.2	242.5	444.1	492.6	547.5	370.2
1994	281.7	259.5	280.0	261.9	458.4	533.0	602.3	384.3
1995	304.2	274.3	289.2	280.2	548.7	597.4	670.3	438.9
1996	328.9	291.6	303.4	299.8	638.6	679.3	758.1	505.1
1997	347.6	302.1	314.3	310.9	728.6	740.4	871.8	477.3
1998	361.9	307.5	306.2	323.3	824.1	867.8	1033.1	540.3
上年=100								
1957	109.0	109.4	94.5	124.5	102.9	195.3	91.8	100.0
1962	94.7	94.9	84.7	102.1	82.0	57.5	90.6	100.0
1965	107.9	104.8	116.9	98.8	128.3	96.0	99.7	27.6
1970	117.7	119.0	139.0	106.4	110.3	116.8	117.5	115.2
1975	102.7	101.3	102.9	100.2	110.3	121.3	111.7	149.1
1978	99.8	106.3	105.0	107.1	61.7	149.4	112.3	395.8
1980	111.3	111.3	121.5	104.9	111.3	105.9	131.9	61.1
1985	104.3	104.0	101.9	106.1	114.7	112.6	112.7	112.2
1990	106.6	106.4	105.2	111.1	107.8	105.4	102.0	110.6
1991	115.3	113.8	111.3	115.3	123.2	96.6	107.8	77.5
1992	105.7	107.3	106.0	108.0	97.9	109.4	110.1	108.1
1993	110.4	109.2	115.6	105.5	116.5	106.4	110.3	98.7
1994	106.0	106.6	104.0	108.0	103.2	108.2	110.0	103.8
1995	108.0	105.7	103.3	107.0	119.7	112.1	111.3	114.2
1996	108.1	106.3	104.9	107.0	116.4	113.7	113.1	115.1
1997	105.7	103.6	103.6	103.7	114.1	109.0	115.0	94.5
1998	104.1	101.8	97.4	104.0	113.1	117.2	118.5	113.2

注:本表按可比价格计算。

2－18　各地区按支出法计算的国内生产总值和指数

1998年

地　区	国内支出总　值	#最终消费	居民消费	政府消费	#资本形成总　额
绝对数(亿元)					
哈尔滨	822.3	533.1	430.4	102.6	308.4
齐齐哈尔	252.7	167.8	141.3	26.5	85.6
鸡　西	107.8	70.7	59.1	11.6	56.3
鹤　岗	59.5	31.1	26.4	4.7	29.0
双鸭山	81.4	43.8	36.7	7.0	35.1
大　庆	611.6	102.3	85.4	16.9	194.0
伊　春	71.0	50.7	46.8	3.9	14.1
佳木斯	133.4	85.3	68.1	17.2	56.3
七台河	51.2	28.4	24.9	3.5	23.4
牡丹江	180.6	101.0	83.2	17.9	75.2
黑　河	78.2	45.5	35.3	10.2	28.6
绥　化	305.1	179.1	152.7	26.4	97.2
大兴安岭	38.4	26.4	21.5	4.9	12.0
指数(上年＝100)					
哈尔滨	110.7	112.2	113.1	107.8	109.8
齐齐哈尔	105.0	104.9	103.7	112.1	105.0
鸡　西	111.2	110.6	110.2	112.7	134.5
鹤　岗	109.2	108.7	112.7	90.6	121.7
双鸭山	107.9	105.5	105.7	104.3	110.1
大　庆	107.5	107.4	107.8	105.5	109.9
伊　春	108.0	117.6	117.7	116.6	101.1
佳木斯	111.8	105.6	103.2	116.7	134.2
七台河	109.4	106.3	106.4	105.6	118.5
牡丹江	109.3	100.2	95.4	128.8	122.6
黑　河	104.5	103.7	102.5	108.5	107.3
绥　化	109.3	107.5	107.1	109.8	113.1
大兴安岭	111.4	103.3	104.3	99.2	133.1

注:绝对数按当年价格计算,指数按可比价格计算。

2－19 工农业总产值和指数

年份	工农业总产值	农业总产值	工业总产值	轻工业	重工业
绝对数(亿元)					
1978	273.0	60.9	212.1	61.6	150.6
1980	329.8	85.6	244.2	75.3	168.9
1985	506.3	114.3	392.0	131.3	260.6
1990	1108.9	245.4	863.5	290.0	573.5
1995	2602.3	623.6	1978.7	634.1	1344.6
1996	3115.0	740.8	2374.2	821.5	1552.7
1997	3475.4	772.3	2703.1	942.2	1760.9
1978	3424.7	736.3	2688.4	950.1	1738.3
构成(%)					
1978	100.0	22.3	77.7	22.6	55.2
1980	100.0	26.0	74.0	22.8	51.2
1985	100.0	22.6	77.4	25.9	51.5
1990	100.0	22.1	77.9	26.2	51.7
1995	100.0	24.0	76.0	24.4	51.7
1996	100.0	23.8	76.2	26.4	49.8
1997	100.0	22.2	77.8	27.1	50.7
1978	100.0	21.5	78.5	27.7	50.8
指数(1978年＝100)					
1980	110.9	108.9	112.5	126.4	105.3
1985	154.1	131.7	164.1	199.7	144.5
1990	219.3	181.4	243.1	321.6	196.1
1995	315.6	233.0	361.9	526.5	277.2
1996	359.8	257.7	416.2	630.8	311.0
1997	400.1	276.0	467.9	727.9	343.6
1998	432.1	276.3	515.1	837.1	367.7
指数(上年＝100)					
1978	111.2	120.2	108.6	107.6	109.0
1980	105.9	108.6	105.5	116.6	100.7
1985	106.7	92.7	110.9	107.9	112.5
1990	106.1	125.1	101.8	105.3	99.8
1995	112.5	106.3	114.4	117.9	112.4
1996	114.0	110.6	115.0	119.8	112.2
1997	111.2	107.1	112.4	115.4	110.5
1998	108.0	100.1	110.1	115.0	107.0

注:绝对数按当年价格计算,指数按可比价格计算。

主要统计指标解释

法人单位是指具备以下条件的单位：

(1)依法成立，有自己的名称、组织机构和场所，能够独立承担民事责任；

(2)独立拥有和使用(或授权使用)资产，承担负债，有权与其他单位签定合同；

(3)会计上独立核算，能够编制资产负债表。

法人单位包括具有法人资格的企业、事业单位、机关、社会团体和经法定程序批准设立的其他单位。

产业活动单位指具备以下条件的单位：

(1)在一个场所从事一种或主要从事一种社会经济活动；

(2)相对独立组织生产经营或业务活动；

(3)能够掌握收入和支出等业务核算资料。

登记注册类型分为以下几种：

(1)国有企业　指企业全部资产归国家所有，并按《中华人民共和国企业法人登记管理条例》规定注册的非公司制的经济组织。不包括有限责任公司中的国有独资公司。

(2)集体企业　指企业资产归集体所有，并按《中华人民共和国企业法人登记管理条例》规定登记注册的经济组织。

(3)股份合作企业　指以合作制为基础，由企业职工共同出资入股，吸收一定比例的社会资产投资组建，实行自主经营，自负盈亏，共同劳动，民主管理，按劳分配与按股分红相结合的一种集体经济组织。

(4)联营企业　指两个及两以上相同或不同所有制性质的企业法人或事业单位法人，按自愿、平等、互利的原则，共同投资组成的经济组织。

联营企业包括国有联营企业、集体联营企业、国有与集体联营企业和其他联营企业。

(5)有限责任公司　指根据《中华人民共和国登记管理条例》规定登记注册，由两个以上，五十个以下的股东共同出资，每个股东以其所认缴的出资额对公司承担有限责任，公司以其全部资产对其债务承担责任的经济组织。

有限责任公司包括国有独资公司以及其他有限责任公司。

①国有独资公司是指国家授权的投资机构或者国家授权的部门单独投资设立的有限责任公司。

②其他有限责任公司是指国有独资公司以外的其他有限责任公司。

(6)股份有限公司　指根据《中华人民共和国公司登记管理条例》规定登记注册，其全部注册资本由等额股份构成并通过发行股票筹集资本，股东以其认购的股份对公司承担有限责任，公司以其全部资产对其债务承担责任的经济组织。

(7)私营企业　指由自然人投资设立或由自然人控股，以雇佣劳动为基础的营利性经济组织。包括按照《公司法》、《合伙企业法》、《私营企业暂行条例》规定登记注册的私营有限责任公司、私营股份有限公司、私营合伙企业和私营独资企业。

①私营独资企业是指按《私营企业暂行条例》的规定，由一名自然人投资经营，以雇佣劳动为基础，投资者对企业债务承担无限责任的企业。

②私营合伙企业是指按《合伙企业法》或《私营企业暂行条例》的规定，由两个以上自然人按照协议共同投资、共同经营、共负盈亏，以雇佣劳动为基础，对债务承担无限责任的企业。

③私营有限责任公司是指按《公司法》、《私营企业暂行条例》的规定，由两个以上自然人投资或由单个自然人控股的有限责任公司。

④私营股份有限公司是指按《公司法》的规定，由五个以上自然人投资，或由单个自然人控股的股份有限公司。

(8)其他内资企业　指上述第(1)条至第(7)条之外的其他内资经济组织。

(9)与港澳台商合资经营企业　指港澳台地区投资者与内地的企业依照《中华人民共和国中外合资经营企业法》及有关法律的规定，按合同规定的比例投资设立、分享利润和分担风险的企业。

(10)与港澳台商合作经营企业　指港澳台地区投资者与内地企业依照《中华人民共和国中外合作经营企业法》及有关法律的规定，依照合作合同的约定进行投资或提供条件设立、分配利润和分担风险的企业。

(11)港澳台商独资经营企业　指依照《中华人民共和国外资企业法》及有关法律的规定，在内地由港澳台地区投资者全额投资设立的企业。

(12)港澳台商投资股份有限公司　指根据国家有关规定，经外经贸部依法批准设立，其中港、澳、台商的股本占公司注册资本的比例达25%以上的股份有限公司。凡其中港、澳、台商的股本占公司注册资本的比例小于25%的，属于内资企业中的股份有限公司。

(13)中外合资经营企业　指外国企业或外国人与中国内地企业依照《中华人民共和国中外合资经营企业法》及有关法律的规定，按合同规定的比例投资设立、分享利润和分担风险的企业。

(14)中外合作经营企业　指外国企业或外国人与中国内地企业依照《中华人民共和国中外合作经营企业法》及有关法律的规定，依照合作合同的约定进行投资或提供条件设立、分配利润和分担风险的企业。

(15)外资企业　指依照《中华人民共和国外资企业法》及有关法律的规定，在中国内地由外国投资者全额投资设立的企业。

(16)外商投资股份有限公司　指根据国家有关规定，经外经贸部依法批准设立，其中外资的股本占公司注册资本的比例达25%以上的股份有限公司。凡其中外资股本占公司注册资本的比例小于25%的，属于内资企业中的股份有限公司。

国有经济控股　指在企业的全部资本中，国家资本(股本)占较高比例，并且由国家实际控制的企业。本项限法人企业中除集体企业、股份合作企业、港澳台商独资经营企业、外资企业、私营企业以外的各类企业填报。

国有经济控股情况分为以下三种：

(1)国有绝对控股　指在企业的全部资本中，国家资本(股本)所占的比例大于50%的企业(含50%的企业)，国有绝对控股企业包括纯国有企业。

(2)国有相对控股(含协议控制)　指在企业的全部资本中，国家资本(股本)所占的比例虽未大于50%，但相对大于企业中的其他经济成分所占比例的企业(相对控股)；或者虽不大于其他经济成分，但根据协议规定，由国家拥有实际控制权的企业(协议控制)。

(3)其他　指除以上两种情况以外的企业。

总产出　是常住单位在一定时期内生产的所有货物和服务的全部价值，包括转移价值和新增价值，总产出用生产者价格估价。

国民生产总值　是按市场价格计算的国民生产总值的简称。它是一个国家所有常住单位在一定时期内收入初次分配的最终成果。一国常往单位从事生产活动创造的增加值在初次分配过程中主要分配给该国的常住单位，但也有一部分以劳动者报酬和财产收入等形式分配给该国的非常住单位，同时，国外生产所创造的增加值也有一部分以劳动者报酬和财产收入等形式分配给该国的常住单位。从而产生了国民生产总值概念，它等于国内生产总值加上来自国外的劳动者报酬和财产收入减去付给国外的劳动者报酬和财产收入。与国内生产总值不同，国内生产总值是一个生产概念，而国民生产总值则是个收入概念。

国民生产总值同社会总产值、国民收入的区别，从核算范围看，社会总产值和国民收入都只计算物质生产部门的劳动成果，而国民生产总值除计算物质生产部门劳动成果外，还计算非物质生产部门的劳动成果。从这三个指标的价值构成看，社会总产值计算了社会产品的全部价值；国民生产总值计算在生产产品和提供劳务过程中增加的价值，即增加值，不计算中间产品和中间劳务投入的价值；而国民收入除了不计算中间产品价值外，还不包括固定资产折旧价值，即只计算净产值。

国内生产总值　是按市场价格计算的国内生产总值的简称。它是一个国家(地区)所有常住单位在一定时期内生产活动的最终成果。国内生产总值有三种表现形态，即价值形态、收入形态和产品形态。从价值形态看，它是所有常住单位在一定时期内所生产的全部货物和服务价值超过同期投入的全部非固定资产货物和服务价值的差额，即所有常住单位的增加值之和；从收入形态看，它是所有常住单位在一定时期内所创造并分配给常住单位和非常住单位的初次分配收入之和；从产品形态看，它是最终使用的货物和服务减去进口货物和服务。在实际核算中，国内生产总值的三种表现形态表现为三种计算方法，即生产法、收入法和支出法。三种方法分别从不同的方面反映国内生产总值及其构成。

按支出法计算的国内生产总值　指一个国家(或地区)所有常住单位在一定时期内用于最终消费、资本形成总额，以及货物和服务的净出口总额，它反映本期生产的国内生产总值的使用构成。

最终消费　指常住单位在一定时期内对于货物和服务的全部最终消费支出，也就是常住单位为满足物质、文化和精神生活的需要，从本国经济领土和国外购买的货物和服务的支出。它不包括非常住单位在本国经济领土内的消费支出。最终消费分为居民消费和政府消费。

(一)居民消费：指常住住户在一定时期内对于货物和服务的全部最终消费支出。居民关于货物的最终消费支出在货物的所有权发生变化时记录，关于服务的最终消费支出在服务提供的时候记录。居民消费支出按市场价格计算，即按居民支付的购买者价格计算，货物的购买者价格是购买者取得交货所支付的价格，它包括购买者支付的运输和商业费用。居民消费支出除了直接以货币形式购买的货物和服务的消费支出外，还包括以其他方式获得的货物和服务的消费支出，即所谓的虚拟消费支出。居民虚拟消费支出包括如下几种类型:单位以实物报酬及实物转移的形式提供给劳动者的货物和服务;住户生产并由本住户消费了的货物和服务,其中的服务仅指住户的自有住房服务;金融机构提供的金融媒介服务;保险公司提供的保险服务。

(二)政府消费:指政府部门为全社会提供的公共服务的消费支出和免费或以较低的价格向居民住户提供的货物和服务的净支出,前者等于政府服务的产出价值减去政府单位所获得的经营收入的价值,政府服务的产出价值等于它的经常性业务支出加上固定资产折旧;后者等于政府部门向居民住户提供的货物和服务的市场价值减去向居民住户收取的价值。

资本形成总额　指常住单位在一定时期内获得减去处置的固定资产和存货的净额,包括固定资产形成总额和存货增加两项。

(一)固定资本形成总额:指常住单位在一定时期内购置、转入和自产自用的固定资产价值,扣除固定资产销售和转出后的价值。可分为有形固定资产形成总额和无形固定资产形成总额。有形固定资产形成总额包括一定时期内完成的建筑工程、安装工程和设备工器具购置(减处置)价值,以及土地改良、新增役、种、奶、毛、娱乐用牲畜和新增经济林木价值。无形固定资产形成总额包括矿藏的勘探、计算机软件、娱乐和文学艺术品原件等获得减处置。

(二)存货增加:指常住单位在一定时期内存货实物量变动的市场价值即期末价值减期初价值的差额。存货增加可以是正值,也可以是负值,正值表示存货上升,负值表示存货下降。它包括生产单位购进的原材料、燃料和储备物资等存货,以及生产单位生产的产成品、在制品和半成品等存货。

货物和服务净出口　指货物和服务出口减货物和服务进口的差额。出口包括常住单位向非常住单位出售或无偿转让的各种货物和服务的价值;进口包括常住单位从非常住单位购买或无偿得到的各种货物和服务的价值。由于服务活动的提供与使用同时发生,因此服务的进出口业务并不发生出入境现象,一般把常住单位从国外得到的服务作为进口,非常住单位从本国得到的服务作为出口。货物的出口和进口都按离岸价格计算。

净出口　指出口与进口的差额。出口包括常住单位向非常住单位出售或无偿转让的各种货物和服务的总值;进口包括常住单位从非常住单位购买或无偿得到的各种货物和服务的总值。由于服务活动提供与使用同时发生,因此服务的进出口业务并不发生出入境现象,应把常住单位从国外得到的服务作为进口,反之,非常住单位从我国得到的服务作为出口。

劳动者报酬　劳动者报酬是指劳动者因从事生产活动所获得的全部报酬。它包括劳动者获得的各种形式工资、奖金和津贴,即包括货币形式的,也包括实物形式的,它还包括劳动者所享受的公费医疗和医药卫生费、上下班交通补贴和单位支付的社会保险费等。单位支付的社会保险费,就是单位直接支付给负责社会保险的政府单位(一般指劳动部门)的社会保险金或为本单位职工离退休、发生死亡、伤残、医疗保险等而支付的保险费。对于个体经济来说,其所有者所获得的劳动报酬和经营利润不易区分,这两部分统一作为劳动者报酬处理。

生产税净额　指生产税减生产补贴后的差额。生产税指政府对生产单位生产、销售和从事经营活动以及因从事生产活动使用某些生产要素,如固定资产、土地、劳动力所征收的各种税、附加费和规费。具体包括销售税金及附加、增值税、管理费中开支的各种税、应交纳的养路费、排污费和水电费附加、烟酒专卖上缴政府的专项收入等。生产补贴与生产税相反,是政府对生产单位的单方面收入转移,因此视为负生产税处理,包括政策亏损补贴、粮食系统价格补贴、外贸企业出口退税收入等。

固定资产折旧　指一定时期内为弥补固定资产损耗,按照核定的固定资产折旧率提取的固定资产折旧,或按国民经济核算统一规定的折旧率虚拟计算的固定资产折旧。它反映了固定资产在当期生产中的转移价值。各种类型企业和企业管理的事业单位的固定资产折旧指实际计提并计入成本费用中的折旧费;不计提折旧的单位,如政府机关、非企业化管理的事业单位和居民住房的固定资产折旧则是按照统一规定的折旧率和固定资产原值计算的虚拟折旧。原则上,固定资产折旧应按固定资产的重置价值来计算,但是我国目前尚不具备对全社会固定资产进行重估价的基础,所以暂时只能采用上述方法来计算。

营业盈余　指常住单位创造的增加值扣除劳动者报酬、生产税净额和固定资产折旧后的余额。它相当于企业的营业利润加上生产补贴,但要扣除从利润中开支的工资和社会以及从税后利润中提取的公益金等。

当年价格　指报告期的实际价格,如工厂的出厂价格,农产品的收购价格,商业的零售价格等。按当年价格计算,是指一些以货币表现的物量指标,如工农业总产值、国民生产总值等,按照当年的实际价格来计算总量。使用当年价格计算的数字,是为了使国民经济各项指标互相衔接,便于考察当年社会经济效益,便于对生产和流通、生产和分配、生产和消费进行经济核算和综合平衡。

按当年价格计算的价值指标，在不同年份之间进行对比时，因为包含有各年间价格变动的因素，不能确切地反映实物量的增减变动，必须消除价格变动因素后，才能真实反映经济发展动态。因此，在计算增长速度时都使用可比价格计算的数字。

可比价格　指在不同时期的价值指标对比时，扣除了价格变动的因素，以确切表示物量的变化。按可比价格计算有两种方法：一种是直接按产品产量乘其不变价格计算；一种是用物价指数换算。

平均每年增长速度　在我国计算平均增长速度有两种方法，一种是习惯上经常使用的“水平法”，又称几何平均法，是以间隔期最后一年的水平同基期水平对比来计算平均每年增长(或下降)速度的。另一种是“累计法”，又称代数平均法和方程法，是以间隔期内各年水平的总和同基期水平对比来计算平均每年增长(或下降)速度的。

在一般正常情况下，两种方法计算的平均每年增长速度比较接近，但在经济不平衡出现大起大落时，两种方法计算的结果差别较大。本《年鉴》内所列的平均每年增长速度，都是用“水平法”计算的。

各个计划时期　表内所用各个“时期”代表的年份如下：恢复时期为 1950 年到 1952 年；第一个五年计划时期(简称一五时期)为 1953 年到 1957 年；第二个五年计划时期(简称二五时期)为 1958 年到 1962 年；第三个五年计划时期(简称三五时期)为 1966 年到 1970 年；第四个五年计划期(简称四五时期)为 1971 年到 1975 年；第五个五年计划时期(简称五五时期)为 1976 年到 1980 年；第六个五年计划时期(简称六五时期)为 1981 年到 1985 年；第七个五年计划时期(简称七五时期)为 1986 年到 1990 年；第八个五年计划时期(简称八五时期)为 1991 年到 1995 年。

三次产业　根据社会生产活动历史发展的顺序对产业结构的划分，产品直接取自自然界的部门称为第一产业，对初级产品进行再加工的部分称为第二产业。为生产和消费提供各种服务的部门称为第三产业。它是世界上通用的产业结构分类，但各国的划分不尽一致。我国的三次产业划分是：

第一产业：农业(包括种植业、林业、牧业和渔业)。

第二产业：工业(包括采掘工业、制造业、自来水、电力、蒸气、热水、煤气)和建筑业。

第三产业：除第一、第二产业以外的其他各业。由于第三产业包括的行业多、范围广，根据我国的实际情况，第三产业可分为两大部门；一是流通部门，二是服务部门。具体又可分为四个层次：

第一层次：流通部门，包括交通运输业、邮电通讯业、批发、零售贸易业、饮食业、物资供销和仓储业。

第二层次：为生产和生活服务的部门，包括金融、保险业，地质普查业，房地产、公用事业，居民服务业，咨询服务业和综合技术服务业，农、林、牧、渔、水利服务业和水利业，公路、内河(湖)航道养护业等。

第三层次：为提高科学文化水平和居民素质服务的部门，包括教育、文化、广播电视，科学研究、卫生、体育和社会福利事业等。

第四层次：为社会公共需要服务的部门，包括国家机关、政党机关、社会团体，以及军队和警察等。

国民经济核算体系　是联合国向各国推荐的统计制度。它以国民经济作为一个整体，是用帐户形式，进行系统核算的体系，是宏观经济管理、计划、预测和决策的重要手段。

1947 年联合国发表关于《国民收入的测算及社会帐户的建立》的报告后，1953 年联合国制定了《国民经济核算帐户体系和辅助表》(简称旧 SNA)，标志着规范化的国民经济核算体系的诞生。1968 年，联合国在完善国民收入和生产核算的同时，引进投入产出核算、资金流量核算、国际收支核算和资产负债核算，从而形成了比较完整的国民经济核算体系，即新 SNA。可以清晰地描述国民经济循环全过程。

1993 年联合国统计委员会通过了新修订的 SNA，我国目前正在实现向新国民经济核算体系的全面过渡。

三　人口、从业人员和职工工资

POPULATION, EMPLOYMENT AND WAGE

3－1 人口数和构成

年底数 单位:万人

年份	总人口	按性别分		性别比(女性=100)	按城乡分			
		男	女		市镇	比重(%)	乡村	比重(%)
1952	1110.5	599.5	511.0	117.3	319.8	28.8	790.7	71.2
1957	1478.5	796.8	681.7	116.9	545.1	36.9	933.4	63.1
1962	1893.5	1001.8	891.7	112.3	811.2	42.8	1082.3	57.2
1965	2133.9	1116.8	1017.1	109.8	805.6	37.8	1328.3	62.3
1970	2522.6	1306.9	1215.7	107.5	907.3	36.0	1615.3	64.0
1975	2958.1	1528.7	1429.4	106.9	1078.8	36.5	1879.3	63.5
1978	3129.6	1614.2	1515.4	106.5	1122.9	35.9	2006.7	64.1
1979	3168.7	1629.2	1539.5	105.8	1181.4	37.3	1987.3	62.7
1980	3203.8	1642.4	1561.4	105.2	1232.7	38.5	1971.1	61.5
1981	3239.3	1660.3	1579.0	105.1	1275.3	39.4	1964.0	60.6
1982	3281.1	1677.9	1603.2	104.7	1309.4	39.9	1971.7	60.1
1983	3306.0	1692.0	1614.0	104.8	1356.8	41.0	1949.2	59.0
1984	3331.0	1706.0	1625.0	105.0	1398.0	42.0	1933.0	58.0
1985	3357.0	1718.2	1638.8	104.8	1440.5	42.9	1916.5	57.1
1986	3385.0	1733.6	1651.4	105.0	1485.3	43.9	1899.7	56.1
1987	3424.0	1753.0	1671.0	104.9	1536.0	44.9	1888.0	55.1
1988	3466.0	1774.4	1691.6	104.9	1589.9	45.9	1876.1	54.1
1989	3510.0	1796.6	1713.4	104.9	1646.5	46.9	1863.5	53.1
1990	3543.0	1812.0	1731.0	104.7	1699.2	48.0	1843.8	52.0
1991	3575.0	1827.5	1747.5	104.6	1753.2	49.0	1821.8	51.0
1992	3608.0	1844.0	1764.0	104.5	1809.1	50.1	1798.9	49.9
1993	3640.0	1861.1	1778.9	104.6	1866.2	51.3	1773.8	48.7
1994	3672.0	1873.0	1799.0	104.1	1924.9	52.4	1747.1	47.6
1995	3701.0	1887.5	1813.5	104.1	1985.9	53.7	1715.1	46.3
1996	3728.0	1901.3	1826.7	104.1	2007.5	53.8	1720.5	46.2
1997	3751.0	1912.0	1839.0	104.0	2021.8	53.9	1729.2	46.1
1998	3773.0	1923.5	1849.5	104.0	2037.4	54.0	1735.6	46.0

注:1982 年及以前为公安部门数,1982 年以后为人口普查或抽样调查推算数(其中城乡人口按 1982 年和 1990 年人口普查比例推算)。

3-2 人口出生率、死亡率、自然增长率

单位:‰

年份	全省			市			县		
	出生率	死亡率	自然增长率	出生率	死亡率	自然增长率	出生率	死亡率	自然增长率
1957	36.59	10.45	26.14	48.33	9.50	38.83	33.01	10.74	22.27
1962	35.46	8.62	26.84	38.94	8.08	30.86	33.79	8.87	24.92
1965	40.38	8.00	32.38	40.11	6.08	34.03	40.47	8.67	31.80
1970	34.80	5.81	28.99	30.78	5.21	25.57	36.04	6.00	30.04
1975	21.93	5.43	16.55	16.21	5.11	11.10	23.70	5.53	18.17
1978	16.84	4.68	12.16	14.12	4.91	9.21	17.64	4.61	13.03
1979	15.40	4.33	11.07	14.55	4.58	9.97	15.66	4.25	11.41
1980	13.49	4.86	8.63	11.74	4.77	6.97	14.07	4.89	9.18
1981	13.07	4.83	8.24	12.09	4.80	7.29	13.41	4.84	8.57
1982	15.52	4.88	10.64	15.41	4.80	10.61	15.55	4.91	10.64
1983	17.54	5.49	12.05	15.32	5.36	9.96	18.04	6.39	11.65
1984	14.44	4.67	9.77	13.23	3.99	9.24	15.79	5.30	10.49
1985	15.04	4.76	10.28	13.39	5.22	8.17	16.86	3.86	13.00
1986	16.31	5.45	10.86	13.91	5.90	8.01	17.44	5.17	12.27
1987	19.00	5.00	14.00						
1988	17.12	4.41	12.71	14.33	3.97	10.36	18.69	4.48	14.21
1989	18.84	5.47	13.37	17.45	5.36	12.09	19.25	6.34	12.91
1990	18.11	6.35	11.76	15.43	5.92	9.51	20.71	6.79	13.92
1991	15.89	5.70	10.19	12.30	5.42	6.88	17.05	5.73	11.32
1992	16.25	6.12	10.13	12.88	5.40	7.48	17.65	6.55	11.10
1993	15.90	5.52	10.38	15.37	5.88	9.49	16.10	5.65	10.45
1994	15.15	5.47	9.68	14.91	5.06	9.85	15.39	6.18	9.21
1995	13.23	5.33	7.90	12.09	5.30	6.79	13.72	5.34	8.38
1996	12.40	5.05	7.35	12.28	5.02	7.26	12.43	5.06	7.37
1997	12.02	5.17	6.85	11.46	5.02	6.44	12.91	5.35	7.56
1998	11.68	5.32	6.36	10.24	4.67	5.57	13.31	6.07	7.25

3-3 人口年龄构成系数

年份	人口数(人)	0-14岁	15-64岁	65岁及以上	总负担系数(%)	负担少儿	负担老人
1985	77374	24289	50134	2951	54.33	48.45	5.89
1990	54938	14642	38202	2094	43.81	38.32	5.48
1991	55306	15329	37730	2247	46.58	40.63	5.96
1992	54982	15004	37701	2277	45.84	39.80	6.04
1993	40214	9740	28871	1603	39.29	33.74	5.55
1994	40947	9691	29549	1707	38.57	32.80	5.78
1995	414160	97141	298055	18964	38.95	32.59	6.36
1996	40556	8725	29726	2105	36.43	29.35	7.08
1997	40142	8550	29504	2088	36.06	28.97	7.08
1998	39946	8216	29650	2080	34.73	27.71	7.02

注:人口数为抽样调查样本数(3-4表同)。少儿指0-14岁,老人指65岁及以上人口。

3－4 分年龄和性别人口数

1998 年　　　　单位：人

年龄(岁)	合计	男	女	性别比（女性＝100）	年龄构成（%）
总计	**39946**	**20439**	**19507**	**104.8**	**100.0**
0－4	1875	958	917	104.5	4.7
5－9	2932	1557	1375	133.2	7.3
10－14	3409	1760	1649	106.7	8.5
15－19	3219	1677	1542	108.8	8.1
20－24	3192	1579	1613	97.9	8.0
25－29	4251	2170	2081	104.3	10.6
30－34	4274	2193	2081	105.4	10.7
35－39	3741	1904	1837	103.7	9.4
40－44	3425	1755	1670	105.1	8.6
45－49	2822	1430	1392	102.7	7.1
50－54	1811	876	935	93.7	4.5
55－59	1502	745	757	98.4	3.8
60－64	1413	719	694	103.6	3.5
65－69	1003	539	464	116.2	2.5
70－74	586	322	264	122.0	1.5
75－79	295	160	135	118.5	0.7
80－84	125	60	65	92.3	0.3
85－89	52	28	24	116.7	0.1
90 及以上	19	7	12	58.3	0.1

3－5 各地区人口数

1998 年底　　　　单位：万人

地区	总人口	按性别分		性别比	按城乡分	
		男性	女性	（女性＝100）	市镇	乡村
全省	**3773.0**	**1923.5**	**1849.5**	**104.0**	**2037.4**	**1735.6**
哈尔滨	921.8	468.7	453.1	103.4	352.4	569.4
齐齐哈尔	550.2	280.4	269.8	103.9	202.7	347.5
鸡西	193.4	98.6	94.8	103.9	46.4	147.0
鹤岗	110.9	56.4	54.5	103.5	15.0	95.9
双鸭山	147.3	75.3	72.0	104.5	46.3	101.0
大庆	245.1	124.3	120.8	103.0	76.7	168.4
伊春	131.7	66.6	65.1	102.3	42.5	89.2
佳木斯	236.5	120.5	116.0	103.9	83.3	153.2
七台河	83.4	43.0	40.4	106.6	31.4	52.0
牡丹江	265.6	135.1	130.5	103.5	142.7	122.9
黑河	167.0	86.1	80.9	106.3	40.0	127.0
绥化	535.0	272.6	262.4	103.9	242.5	292.5
大兴安岭	54.0	27.8	26.2	106.3	30.9	23.1

注：各地区为公安年报数，全省为抽样调查推算数（下表同）。

3－6 各地区人口自然变动情况

1998年

地　区	年平均人口（万人）	出生人口（人）	出生率（‰）	死亡人口（人）	死亡率（‰）	自然增长率（‰）
全　省	**3762.0**	**439402**	**11.68**	**200138**	**5.32**	**6.36**
哈尔滨	918.4	83579	9.10	45178	4.92	4.18
齐齐哈尔	550.6	43512	7.90	28620	5.20	2.70
鸡　西	193.0	16306	8.45	10418	5.40	3.05
鹤　岗	110.9	9956	8.98	6185	5.58	3.40
双　山	148.0	15187	10.26	7779	5.25	5.01
大　庆	244.4	19867	8.13	9168	3.75	4.38
伊　春	131.9	14180	10.75	7832	5.94	4.81
佳木斯	235.7	21025	8.92	11744	4.98	3.94
七台河	83.4	8661	10.38	3292	3.95	6.43
牡丹江	265.1	23969	9.04	10161	3.83	5.21
黑　河	166.3	20617	12.40	8447	5.08	7.32
绥　化	533.3	45976	8.62	22393	4.20	4.42
大兴安岭	54.2	4875	8.99	1693	3.12	5.87

3－7 按三次产业分从业人员和构成

年底数

年　份	从业人员合计（万人）	第一产业	第二产业	#工业	第三产业	构成(%) 第一产业	第二产业	第三产业
1952	376.8	279.0	53.1	44.8	44.7	74.0	14.1	11.9
1957	449.9	302.2	80.3	67.1	67.4	67.2	17.8	15.0
1962	543.3	326.2	118.6	101.2	98.5	60.0	21.8	18.1
1965	598.8	348.3	129.8	105.9	120.7	58.2	21.7	20.2
1970	725.4	416.2	184.8	163.7	124.4	57.4	25.5	17.1
1975	881.4	491.3	244.0	213.9	146.1	55.7	27.7	16.6
1978	1006.9	530.0	294.5	253.6	182.4	52.6	29.2	18.1
1980	1080.7	505.6	348.0	304.6	227.1	46.8	32.2	21.0
1985	1289.6	531.5	451.9	373.6	306.2	41.2	35.1	23.7
1990	1436.2	568.7	504.7	437.8	362.8	39.6	35.1	25.3
1991	1481.9	565.8	530.0	458.6	386.1	38.2	35.8	25.9
1992	1483.4	545.5	540.1	464.4	397.8	36.8	36.5	26.7
1993	1500.2	572.6	535.2	460.4	392.4	38.2	35.7	26.2
1994	1515.2	557.5	535.9	459.8	421.8	36.8	35.4	27.8
1995	1543.1	567.5	529.8	453.9	445.8	36.8	34.3	28.9
1996	1557.8	559.3	534.8	455.9	463.7	35.9	34.3	29.8
1997	1647.6	582.0	511.5	433.8	554.1	35.3	31.0	33.6
1998	1700.0	826.5	386.7	316.3	486.8	48.6	22.7	28.6

注：1998年从业人员中不包括离岗职工（下同）。

3-8 分行业从业人员

年底数　　单位:万人

行　　业	1985年	1990年	1991年	1992年	1993年
总　计	**1288.6**	**1433.8**	**1479.6**	**1481.4**	**1500.2**
农、林、牧、渔业	531.5	568.7	565.8	545.6	572.6
采掘业	105.5	130.8	134.5	134.5	152.2
制造业	260.3	295.2	311.3	316.6	296.3
电力、煤气及水的生产和供应业	7.9	11.8	12.8	13.3	11.9
建筑业	73.0	66.9	71.4	75.8	74.8
地质勘查业、水利管理业	6.7	7.3	8.4	8.5	4.9
交通运输、仓储及邮电通信业	51.2	64.0	67.0	68.2	60.4
批发和零售贸易、餐饮业	111.8	122.0	129.7	138.3	152.6
金融、保险业	5.2	7.8	8.5	8.8	9.7
房地产业	2.6	3.2	3.8	4.1	4.0
社会服务业	19.8	26.6	27.9	28.6	28.1
卫生、体育和社会福利业	17.4	19.3	21.2	21.6	19.1
教育、文化艺术和广播电影电视业	53.4	58.8	63.3	63.9	56.0
科学研究和综合技术服务业	4.0	5.7	5.8	6.0	6.4
国家机关、政党机关和社会团体	31.1	40.5	42.8	42.6	41.0
其他行业	7.2	5.2	5.4	5.1	10.2

3-8　续表　　年底数　　单位:万人

行　　业	1994年	1995年	1996年	1997年	1998年
总　计	**1515.2**	**1543.1**	**1557.8**	**1647.6**	**1700.0**
农、林、牧、渔业	562.3	571.8	559.3	653.2	831.7
采掘业	153.4	153.3	149.0	132.6	95.9
制造业	294.0	288.0	292.8	286.5	206.1
电力、煤气及水的生产和供应业	12.5	12.6	14.1	14.7	14.2
建筑业	76.0	75.8	78.9	77.7	70.5
地质勘查业、水利管理业	4.2	3.8	3.6	6.5	6.8
交通运输、仓储及邮电通信业	64.4	64.6	68.6	71.2	67.5
批发和零售贸易、餐饮业	168.1	186.5	190.4	201.8	191.1
金融、保险业	10.2	9.8	10.6	11.8	11.8
房地产业	4.4	4.3	4.4	4.0	5.3
社会服务业	30.7	39.0	49.9	45.5	46.3
卫生、体育和社会福利业	20.0	19.4	20.6	19.1	19.4
教育、文化艺术和广播电影电视业	59.0	57.4	60.4	54.3	54.7
科学研究和综合技术服务业	6.6	5.8	5.8	5.6	5.3
国家机关、政党机关和社会团体	41.4	41.4	40.5	38.7	39.3
其他行业	8.0	9.6	8.9	24.4	34.1

3－9 分行业、类型从业人员

1998年底　　　　单位:万人

行　　业	国有单位	城镇集体单位	其他单位	城镇私营经济	城镇个体经济	乡村从业人员
总　计	**479.6**	**97.9**	**50.6**	**30.0**	**162.0**	**880.0**
农、林、牧、渔业	62.0	2.5	0.3	0.7	5.8	760.3
采掘业	80.2	9.3	6.0	0.2	0.2	
制造业	77.8	37.7	31.5	9.6	15.2	34.3
电力、煤气及水的生产和供应业	12.9	0.5	0.8			
建筑业	23.5	20.0	3.3	1.3	0.8	21.5
地质勘查业、水利管理业	6.5	0.3				
交通运输、仓储及邮电通信业	32.3	2.9	0.7	0.2	15.6	15.8
批发和零售贸易、餐饮业	34.5	13.0	5.6	14.7	99.5	23.8
金融、保险业	9.1	1.9	0.7			
房地产业	4.3	0.7	0.4			
社会服务业	17.1	5.4	1.0	2.2	20.5	
卫生、体育和社会福利业	17.8	1.0			0.6	
教育、文化艺术和广播电影电视业	53.8	0.2			0.8	
科学研究和综合技术服务业	4.9	0.3	0.1			
国家机关、政党机关和社会团体	39.1	0.2				
其他行业	3.7	2.1	0.1	1.0	2.9	24.3

3－10 各地区按三次产业分从业人员和构成

1998年底

地　区	从业人员合计(万人)	第一产业	第二产业	#工业	第三产业	构成(%)第一产业	构成(%)第二产业	构成(%)第三产业
全　省	**1700.0**	**826.5**	**386.7**	**316.3**	**486.8**	**48.6**	**22.7**	**28.6**
哈尔滨	446.9	195.0	116.4	88.4	135.4	43.6	26.1	30.3
齐齐哈尔	257.7	165.8	34.4	27.5	57.5	64.3	13.3	22.3
鸡　西	72.7	31.0	22.3	20.5	19.3	42.7	30.8	26.6
鹤　岗	36.9	9.5	15.5	14.0	11.9	25.8	42.0	32.3
双鸭山	48.1	22.8	11.6	9.9	13.7	47.4	24.1	28.5
大　庆	141.0	57.8	37.0	28.9	46.2	41.0	26.2	32.8
伊　春	41.1	7.2	26.7	25.0	7.3	17.5	64.8	17.6
佳木斯	92.4	47.3	16.7	13.6	28.4	51.2	18.1	30.7
七台河	35.2	13.5	11.4	10.4	10.4	38.3	32.3	29.4
牡丹江	117.5	51.4	30.3	27.2	35.7	43.8	25.8	30.4
黑　河	64.4	33.7	7.8	6.9	22.9	52.4	12.1	35.6
绥　化	226.9	144.8	29.9	21.6	52.2	63.8	13.2	23.0
大兴安岭	23.7	2.7	14.6	13.4	6.3	11.5	61.7	26.8
农垦总局	73.0	43.9	10.7	8.7	18.3	60.2	14.7	25.1
其　他	22.7	0.1	1.4	0.3	21.2	0.3	6.4	93.4

3－11 各地区从业人员

1998年底　　单位:人

类　　别	全　省	哈尔滨	齐齐哈尔	鸡　西	鹤　岗	双鸭山	大　庆	伊　春
总　　计	**17000409**	**4468887**	**2576640**	**726783**	**368821**	**481223**	**1410427**	**411431**
国有单位	4795503	1093597	419998	219382	143594	148990	470769	246875
集体单位	978748	467825	91443	58853	33269	29323	39044	60575
其他单位	505563	206475	55176	11107	10286	7537	36408	13107
内资企业	423333	170036	48873	8098	9961	7130	32353	6362
股份合作企业	40577	16607	587	1669	631	2280	7077	206
联营企业	7618	4030		13		21	72	86
有限责任公司	186851	32197	24294	5203	7347	3553	17352	1940
股份有限公司	183633	117202	23992	1213	1983	1276	7852	4130
其他企业	4654							
港澳台投资企业	43763	18507	3491	956	82	71	3634	3857
外商投资企业	38467	17932	2812	2053	243	336	421	2888
城镇私营经济	299973	100938	23364	17947	21542	6073	45779	3867
城镇个体经济	1620390	287122	238374	78878	56762	53078	171703	9791
乡村劳动力	8800232	2312930	1748285	340616	103368	236222	646724	77216

注:“其他”是指哈尔滨铁路局和军队后勤人员(以下同)。

3－11　续表　　1998年底　　单位:人

类　　别	佳木斯	七台河	牡丹江	黑　河	绥　化	大兴安岭	农垦总局	其　他
总　　计	**923928**	**351704**	**1174481**	**643605**	**2268935**	**236533**	**729760**	**227251**
国有单位	239989	60421	292406	156170	314595	146185	615281	227251
集体单位	41234	17444	59168	10697	40660	22269	6944	
其他单位	21457	65315	39994	6035	19161	1138	12367	
内资企业	15784	65177	30601	4841	11698	822	11597	
股份合作企业	531	345	2300	713	761	684	6186	
联营企业		16	722	958	943		757	
有限责任公司	9092	64062	12757	2982	6048	24		
股份有限公司	6161	754	14822	188	3946	114		
其他企业							4654	
港澳台投资企业	3832		2289	558	6432		54	
外商投资企业	1841	138	7104	636	1031	316	716	
城镇私营经济	11712	3922	18338	10934	26443	1737	7377	
城镇个体经济	93310	55751	145006	122751	184080	35993	87791	
乡村劳动力	516226	148851	619569	337018	1683996	29211		

3－12 分行业全部职工人数

年底数 单位:万人

年份	合计	农、林、牧渔业	采掘业	制造业	电力、煤气及水的生产和供应业	建筑业	地质勘查业、水利管理业	交通运输仓储及邮电通信业
1978	577.2	128.3	93.3	149.1	5.4	35.8	5.1	33.7
1980	629.8	110.8	88.5	192.5	5.9	40.5	5.1	37.0
1985	767.1	106.2	104.5	234.4	7.9	65.1	6.7	43.9
1990	856.2	104.8	129.4	265.1	11.8	57.8	7.3	54.3
1991	872.1	81.8	133.0	278.6	12.8	60.8	8.4	56.2
1992	880.3	80.0	132.9	281.7	13.3	64.5	8.4	56.7
1993	864.0	97.5	148.9	256.9	11.8	59.3	4.8	44.3
1994	853.5	90.8	148.7	253.7	12.4	57.4	4.2	43.7
1995	834.9	87.8	148.6	241.6	12.5	56.9	3.8	43.1
1996	814.6	61.9	144.2	244.0	13.9	58.9	3.6	44.6
1997	797.0	60.8	132.1	233.5	14.6	57.2	6.5	44.7
1998	607.3	55.4	95.3	145.2	14.1	45.9	6.8	35.5

3－12 续表 年底数 单位:万人

年份	批发和零售贸易、餐饮业	金融保险业	房地产业	社会服务业	卫生、体育和社会福利业	教育、文化艺术和广播电影电视业	科学研究和综合技术服务业	国家机关、政党机关和社会团体
1978	55.8	2.0	2.1	6.1	10.9	30.0	2.3	17.3
1980	61.2	3.4	2.1	16.1	11.9	32.7	3.1	19.0
1985	88.8	5.0	2.6	16.6	14.8	36.6	3.9	30.1
1990	92.2	7.6	3.2	21.6	16.4	41.6	5.1	38.0
1991	96.9	8.0	3.8	22.8	18.0	45.4	5.2	40.4
1992	96.7	8.3	4.1	22.7	18.5	46.2	5.6	40.7
1993	96.9	8.8	4.0	20.9	15.9	40.5	5.8	38.2
1994	96.1	9.4	4.4	21.8	16.7	42.5	6.0	39.1
1995	93.9	9.8	4.1	22.2	16.6	42.0	5.4	39.1
1996	90.0	10.5	4.3	24.9	17.8	45.7	5.3	38.5
1997	87.8	11.2	4.0	26.9	18.4	48.8	5.5	38.3
1998	51.2	11.1	5.1	22.9	18.6	50.3	5.2	38.9

3－13 分行业全部职工人数

1998 年底　　　　单位：人

行　　业	合　计	国有单位	城镇集体单　位	其他单位
总　　计	**6073485**	**4606718**	**967424**	**499343**
一、国有单位按隶属关系分				
1.中　央	1090923	1090923		
2.省、自治区、直辖市	1393281	1393281		
3.地　区	964547	964547		
4.县及县以下	1155430	1155430		
5.其　他	2537	2537		
二、按企业、事业、机关分				
1.企　业	4720249	3271401	949524	499324
#地　方	2249794	2249794		
2.事　业	966012	949868	16125	19
#地　方	899180	899180		
3.机　关	387224	385449	1775	
#地　方	366821	366821		
三、按国民经济行业分				
1.农、林、牧、渔业	553539	524993	25140	3406
农　业	407453	389716	15914	1823
林　业	48571	47094	1477	
畜牧业	39633	37765	285	1583
渔　业	7406	7342	64	
农、林、牧、渔服务业	50476	43076	7400	
2.采掘业	953333	800453	92409	60471
3.制造业	1452262	766958	372618	312686
4.电力、煤气及水的生产和供应业	141092	128166	4811	8115
5.建筑业	458606	228374	197252	32980
土木工程建筑业	368608	180944	162720	24944
线路、管道和设备安装业	76248	46131	26108	4009
建筑物的装修装饰业	13750	1299	8424	4027
6.地质勘查业、水利管理业	68262	65342	2909	11
地质勘查业	51657	48781	2876	
水利管理业	16605	16561	33	11
7.交通运输、仓储及邮电通信业	354961	320626	28174	6161
铁路运输业	146385	146280		105
公路运输业	37276	25563	8858	2855
管道运输业	784	784		
水上运输业	6384	6164	182	38
航空运输业	3577	1978		1599
交通运输辅助业	55319	37128	17709	482
其他交通运输业	50			50
仓储业	45661	44552	1048	61
邮电通信业	59525	58177	377	971
8.批发和零售贸易、餐饮业	511591	329344	128699	53548
食品、饮料、烟草和家庭用品批发业	171587	143802	19588	8197
能源、材料和机械电子设备批发业	70232	47674	15066	7492
其他批发业	32672	19901	11813	958
零售业	220812	110154	77590	33068
商业经纪与代理业	819	638	136	45
餐饮业	15469	7175	4506	3788

3－13 续表 1998年底 单位:人

行业	合计	国有单位	城镇集体单位	其他单位
9.金融、保险业	111052	85306	18665	7081
金融业	102014	78985	18665	4364
保险业	9038	6321		2717
10.房地产业	51491	41231	6786	3474
房地产开发与经营业	14190	6293	5811	2086
房地产管理业	36389	34115	944	1330
房地产代理与经纪业	912	823	31	58
11.社会服务业	229029	165030	53897	10102
公共服务业	112174	95925	14712	1537
居民服务业	20618	7665	12130	823
旅馆业	36862	25097	8344	3421
租赁服务业	1231	639	217	375
旅游业	2783	1406	279	1098
娱乐服务业	1250	446	397	407
信息、咨询服务业	7629	4972	1387	1270
计算机应用服务业	1626	366	433	827
其他社会服务业	44856	28514	15998	344
12.卫生、体育和社会福利业	186414	177011	9373	30
卫　生	175771	166844	8897	30
体　育	2990	2990		
社会福利保障业	7653	7177	476	
13.教育、文化艺术及广播电影电视业	502866	501236	1563	67
教　育	466231	465231	985	15
#普通高等教育	45229	45229		
普通中学	149600	149527	73	
小　学	197134	197134		
文化艺术业	21047	20662	369	16
广播电影电视业	15588	15343	209	36
14.科学研究和综合技术服务业	52042	48293	3029	720
科学研究业	25083	24816	240	27
自然科学研究	22179	21926	231	22
社会科学研究	1573	1568		5
其他科学研究	1331	1322	9	
综合技术服务业	26959	23477	2789	693
气　象	2419	2419		
地　震	133	133		
测　绘	1720	1706	14	
技术监督	7691	7002	381	308
环境保护	2229	2190	39	
技术推广和科技交流服务业	1593	1329	169	95
工程设计业	8098	7096	861	141
其他综合技术服务业	3076	1602	1325	149
15.国家机关、政党机关和社会团体	388726	387177	1549	
#国家机关	365887	364347	1540	
政党机关	18437	18437		
16.其他行业	58219	37178	20550	491
#企业管理机构	29463	16659	12422	382

3－14 分行业女职工人数

年底数

行　　业	1978年	1985年	1990年	1995年	1997年	1998年
女职工合计(万人)	**212.8**	**288.0**	**329.2**	**321.0**	**306.6**	**222.6**
农、林、牧渔业	44.1	37.3	38.1	32.0	21.5	19.6
采掘业	19.2	24.5	36.3	43.7	35.8	24.2
制造业	74.9	107.6	120.9	110.1	105.2	61.3
电力、煤气及水的生产和供应业	1.9	2.6	3.3	3.9	4.4	4.5
建筑业	11.0	18.2	15.7	14.5	16.3	12.2
地质勘查业、水利管 理 业	1.0	1.3	1.8	0.9	1.6	1.5
交通运输仓储及邮电通信业	7.7	11.4	14.7	11.9	12.7	9.1
批发和零售贸易、餐 饮 业	25.1	43.3	45.9	43.6	40.9	23.1
金融保 险 业	0.7	1.6	2.7	3.8	4.5	4.5
房地产业	0.4	0.9	1.0	1.3	1.4	1.5
社会服务业	4.4	8.3	10.9	10.7	13.0	11.4
卫生、体育和社会福利业	5.8	8.1	9.2	9.8	11.0	11.0
教育、文化艺术和广播电影电视业	13.0	15.3	18.2	19.9	23.9	25.0
科学研究和综合技术服务业	0.7	1.2	1.7	1.8	1.8	1.7
国家机关、政党机关和社会团体	2.9	6.4	8.8	9.6	9.4	9.6
其他行业				3.5	3.2	2.3
女职工占全部职工比重(%)	**36.9**	**37.5**	**38.4**	**38.4**	**38.5**	**36.7**
农、林、牧渔业	34.4	35.1	36.4	36.4	35.4	35.5
采掘业	20.6	23.4	28.0	29.4	27.1	25.4
制造业	50.2	45.9	45.6	45.6	45.1	42.2
电力、煤气及水的生产和供应业	35.2	32.9	28.0	31.2	30.1	31.7
建筑业	30.7	28.0	27.2	25.4	28.5	26.5
地质勘查业、水利管 理 业	21.6	19.4	24.7	23.7	24.6	22.4
交通运输仓储及邮电通信业	22.8	26.0	27.1	27.6	28.4	25.6
批发和零售贸易、餐 饮 业	45.0	48.8	49.8	46.4	46.6	45.1
金融保 险 业	35.0	32.0	35.5	38.7	40.5	40.7
房地产业	19.0	34.6	31.3	31.7	32.5	29.8
社会服务业	72.1	50.0	50.5	48.2	48.3	49.9
卫生、体育和社会福利业	53.2	54.7	56.1	59.0	59.8	59.2
教育、文化艺术和广播电影电视业	43.3	41.8	43.8	47.3	49.0	49.7
科学研究和综合技术服务业	30.4	30.7	33.3	33.3	33.3	32.9
国家机关、政党机关和社会团体	16.8	21.3	23.2	24.6	24.5	24.6
其他行业				46.9	45.7	40.3

3－15 城镇私营和个体经济分行业从业人员数

年底数 单位:人

年 份	合 计	农、林、牧渔业	采掘业	制造业	建筑业	交通运输仓储及邮电通信业
1978	5200		231	148		11
1980	49140		612	8138	339	467
1985	294020		937	45921	5859	22142
1990	360716		892	43715	3035	26793
1991	374614		877	42996	3040	25943
1992	489394		1024	50181	3692	36545
1993	638252		1447	66760	6397	45840
1994	850504	6789	1810	91675	10020	69363
1995	1229506	19798	2445	156782	14436	88765
1996	1370509	19776	2853	175648	14847	107035
1997	1565775	45115	3142	190811	15865	126885
1998	1920363	65477	3958	248302	20958	158577

3－15 续表 年底数 单位:人

年 份	批发和零售贸易、餐饮业	社会服务业	卫生、体育和社会福利业	教育、文化艺术和广播电影电视业	其 他
1978	4783	27			
1980	30287	9075	163	54	
1985	184609	32605	1346	573	
1990	227124	43625	4090	8637	2805
1991	246522	42782	4154	6314	1986
1992	328645	52069	4366	7135	5737
1993	431970	64904	5109	9540	6285
1994	565431	77671	5358	10676	11711
1995	763758	156228	4929	1551	20814
1996	834621	177102	5807	7425	25395
1997	950286	186397	6332	5899	35043
1998	1142600	227036	6332	7750	39373

3－16 各地区按登记注册类型分全部职工人数

1998 年底 单位:人

地区	全部职工人数	国有单位	城镇集体单位	其他单位	#内资	股份合作
全省	**6073485**	**4606718**	**967424**	**499343**	**417957**	**39996**
哈尔滨	1742852	1076676	461560	204616	168540	16469
齐齐哈尔	552469	407275	90810	54384	48127	587
鸡西	286821	217255	58630	10936	8088	1669
鹤岗	185730	142574	32918	10238	9913	631
双鸭山	183377	147210	28732	7435	7033	2264
大庆	541967	467501	38920	35546	31581	7067
伊春	317287	243877	60338	13072	6349	206
佳木斯	299766	237225	41184	21357	15692	531
七台河	141455	59139	17122	65194	65056	343
牡丹江	386935	288197	58870	39868	30552	2297
黑河	169916	153259	10641	6016	4835	713
绥化	356289	299133	39974	17182	9772	349
大兴安岭	168525	145141	22252	1132	822	684
农垦总局	526376	508536	5473	12367	11597	6186
其他	213720	213720				

3－16 续表 1998 年底 单位:人

地区	联营	有限责任公司	股份有限公司	其他	港澳台商投资	外商投资
全省	**7517**	**183901**	**181889**	**4654**	**43427**	**37959**
哈尔滨	3937	31788	116346		18324	17752
齐齐哈尔		23592	23948		3487	2770
鸡西	13	5202	1204		956	1892
鹤岗		7335	1947		82	243
双鸭山	20	3540	1209		71	331
大庆	68	17218	7228		3563	402
伊春	86	1937	4120		3852	2871
佳木斯		9047	6114		3827	1838
七台河	16	63965	732			138
牡丹江	720	12740	14795		2273	7043
黑河	957	2977	188		555	626
绥化	943	4536	3944		6383	1027
大兴安岭		24	114			310
农垦总局	757			4654	54	716
其他						

3-17 各地区按行业分全部职工人数

1998年底　　单位:人

地区	农、林、牧渔业	采掘业	制造业	电力、煤气及水的生产和供应业	建筑业	地质勘查业、水利管理业	交通运输仓储及邮电通信业	批发和零售贸易、餐饮业
全省	**553539**	**953333**	**1452262**	**141092**	**458606**	**68262**	**354961**	**511591**
哈尔滨	33509	79719	617294	32191	196562	8039	87605	181977
齐齐哈尔	36267	1846	208062	17004	42687	3660	17266	55997
鸡西	10429	128122	37168	6696	13655	994	7814	23966
鹤岗	6493	94339	17245	2574	10606	393	6694	8719
双鸭山	13376	63259	15689	4028	12382	879	9972	15296
大庆	18992	133220	86116	19084	61391	42917	16717	29435
伊春	3511	157700	77194	5788	15254	194	4075	12892
佳木斯	17610	10605	82246	14621	21434	3031	14780	30482
七台河	7519	74094	13242	2407	5126	989	3238	7381
牡丹江	20402	67474	116145	12454	13471	1839	12922	36320
黑河	23642	21773	23331	5276	5191	825	14015	17200
绥化	21384	14988	78154	6410	23370	4249	10596	53456
大兴安岭	3561	101656	22946	4329	11332	253	3115	2827
农垦总局	336268	3910	54711	8230	17419		4822	19445
其他	576	628	2719		8726		141330	16198

3-17　续表　　1998年底　　单位:人

地区	金融保险业	房地产业	社会服务业	卫生、体育和社会福利业	教育、文化艺术和广播电影电视业	科学研究和综合技术服务业	国家机关、政党机关和社会团体	其他
全省	**111052**	**51491**	**229029**	**186414**	**502866**	**52042**	**388726**	**58219**
哈尔滨	34762	25706	92427	54270	152011	29204	101918	15658
齐齐哈尔	12762	4368	20651	21406	58201	3651	46252	2389
鸡西	5231	1140	5524	5689	20244	736	18486	927
鹤岗	4009	1051	6228	3855	11195	490	11778	61
双鸭山	4594	587	5174	5008	15458	525	15670	1480
大庆	7964	3909	29000	14827	39595	6155	25786	6859
伊春	4677	381	3935	3955	8397	644	16517	2173
佳木斯	7791	1628	12035	12544	32054	2031	30754	6120
七台河	3195	642	3506	2384	7872	467	8808	585
牡丹江	9302	1646	10279	13285	34155	1886	28159	7196
黑河	5237	462	4843	7671	18051	1348	20608	443
绥化	9223	1153	7381	18810	59600	2373	43986	1156
大兴安岭	2305	273	943	1471	4455	538	7224	1297
农垦总局			26018	14500	32891	1474	6688	
其他		8545	1085	6739	8687	520	6092	11875

3－18 各地区国有单位职工人数

1998 年，按行业分　　单位：人

地　区	农、林、牧渔业	采掘业	制造业	电力、煤气及水的生产和供应业	建筑业	地质勘查业、水利管理业	交通运输仓储及邮电通信业	批发和零售贸易、餐饮业
全　省	**524993**	**800453**	**766958**	**128166**	**228374**	**65342**	**320626**	**329344**
哈尔滨	28902	75599	291803	29682	62161	7971	71607	86086
齐齐哈尔	35974	344	123162	15425	18324	3618	13524	38225
鸡　西	6815	96020	24298	5406	7215	994	5663	16457
鹤　岗	4730	74474	6980	1838	5366	393	5925	6370
双鸭山	12013	58070	5883	2410	5773	849	6854	9642
大　庆	18394	124582	60077	16035	49373	40230	14300	15857
伊　春	3477	147347	24094	5773	9133	194	3439	12089
佳木斯	17451	9911	48604	13816	10281	2985	13130	24594
七台河	7519	5978	7578	2407	1541	949	2400	5273
牡丹江	12257	66795	55319	12308	8327	1839	11010	23948
黑　河	23576	21444	16884	4097	2302	818	13689	13941
绥　化	17187	14652	51842	6410	14279	4249	10443	39953
大兴安岭	3561	101350	2266	4329	9705	253	3027	2364
农垦总局	332561	3259	45449	8230	15868		4285	18347
其　他	576	628	2719		8726		141330	16198

3－18 续表　　1998 年，按行业分　　单位：人

地　区	金融保险业	房地产业	社会服务业	卫生、体育和社会福利业	教育、文化艺术和广播电影电视业	科学研究和综合技术服务业	国家机关、政党机关和社会团体	其　他
全　省	**85306**	**41231**	**165030**	**177011**	**501236**	**48293**	**387177**	**37178**
哈尔滨	24620	17221	47892	48164	150727	26249	101291	6701
齐齐哈尔	8741	4065	15686	20203	58088	3629	46166	2101
鸡　西	4000	1132	3896	5534	20239	670	18373	543
鹤　岗	3060	794	5933	3243	11172	476	11778	42
双鸭山	3710	525	4317	4925	15450	506	15636	647
大　庆	7223	3909	25614	14689	39461	5968	25786	6003
伊　春	3989	381	3209	3876	8397	644	16506	1329
佳木斯	6365	1601	8121	12182	32028	1914	30666	3576
七台河	2204	554	2767	2377	7872	467	8677	576
牡丹江	7838	634	9448	13229	34155	1886	28100	1104
黑　河	4366	444	4247	7478	18051	979	20535	408
绥　化	7051	1153	6924	18404	59563	2373	43671	979
大兴安岭	2139	273	907	1468	4455	538	7212	1294
农垦总局			24984	14500	32891	1474	6688	
其　他		8545	1085	6739	8687	520	6092	11875

3-19 各地区城镇集体单位职工人数

1998年,按行业分　　单位:人

地　区	农、林、牧渔业	采掘业	制造业	电力、煤气及水的生产和供应业	建筑业	地质勘查业、水利管理业	交通运输仓储及邮电通信业	批发和零售贸易、餐饮业
全　省	**25140**	**92409**	**372618**	**4811**	**197252**	**2909**	**28174**	**128699**
哈尔滨	4535	4070	185350	1997	122747	68	12993	64020
齐齐哈尔	293	698	41417	109	19515	42	3129	15646
鸡　西	3614	31711	7066	866	4240		2151	6465
鹤　岗	1763	19487	4605		2660		650	1594
双鸭山	1363	5175	5939	183	5558	19	2966	4817
大　庆	598	8638	5703	836	9719	2687	1729	3568
伊　春	34	10353	41889	15	4678		464	744
佳木斯	159	272	16152	805	8422	46	1563	5470
七台河		10264	1364		1356	40	452	1769
牡丹江	8145	507	25902		4640		1763	9635
黑　河	50	142	3288		2827	7	76	2319
绥　化	4139	188	10917		8802		153	12226
大兴安岭		306	19966		1427			333
农垦总局	447	598	3060		661		85	93
其　他								

3-19　续表　　1998年,按行业分　　单位:人

地　区	金融保险业	房地产业	社会服务业	卫生、体育和社会福利业	教育、文化艺术和广播电影电视业	科学研究和综合技术服务业	国家机关、政党机关和社会团体	其　他
全　省	**18665**	**6786**	**53897**	**9373**	**1563**	**3029**	**1549**	**20550**
哈尔滨	4204	6111	36812	6076	1232	2252	627	8466
齐齐哈尔	3080	238	4938	1203	113	15	86	288
鸡　西	1209	8	577	155	5	66	113	384
鹤　岗	949	257	295	612	23	4		19
双鸭山	884	62	789	83	8	19	34	833
大　庆	741		3386	138	134	187		856
伊　春	618		609	79			11	844
佳木斯	1374	15	3769	362	26	117	88	2544
七台河	933	64	733	7			131	9
牡丹江	1464	31	576	56			59	6092
黑　河	871		391	193		369	73	35
绥　化	2172		457	406	22		315	177
大兴安岭	166		36	3			12	3
农垦总局			529					
其　他								

3－20 各地区城镇私营和个体经济分行业从业人员数

1998 年底　　单位:人

地　区	合　计	农、林、牧渔业	采掘业	制造业	建筑业	交通运输仓储及邮电通信业
全　省	**1920363**	**65477**	**3958**	**248302**	**20958**	**158577**
哈尔滨	388060	1191	425	42475	4605	24139
齐齐哈尔	261738	17728	81	18220	901	15288
鸡　西	96825	5767	376	12178	224	2235
鹤　岗	78304	15	208	19806	2713	1078
双鸭山	59151	7235	1626	4511	997	4349
大　庆	217482	9499	10	27118	1406	23826
伊　春	13658	1333	67	3847	92	368
佳木斯	105022	3851	28	13130	377	8975
七台河	59673	138	110	6511	1440	10117
牡丹江	163344	6599		26493	1523	10434
黑　河	133685	1341	9	11095	791	14443
绥　化	210523	190		46796	4648	29120
大兴安岭	37730	386	5	2649	400	2304
农垦总局	95168	10204	1013	13473	841	11901
其　他						

3－20　续表　　1998 年底　　单位:人

地　区	批发和零售贸易、餐饮业	社会服务业	卫生、体育和社会福利业	教育、文化艺术和广播电影电视业	其他行业
全　省	**1142600**	**227036**	**6332**	**7750**	**39373**
哈尔滨	260229	36132	1950	3267	13647
齐齐哈尔	163468	38689	625	408	6330
鸡　西	59160	14029	547	784	1525
鹤　岗	48002	5584	569	187	142
双鸭山	32741	6887	297	122	386
大　庆	123844	28653	180	124	2822
伊　春	7023	509	152	214	53
佳木斯	60819	12677	434	584	4147
七台河	36457	3742	694	156	308
牡丹江	96293	18577	180	1224	2021
黑　河	89840	14390	330	162	1284
绥　化	97948	28117	182	518	3004
大兴安岭	22720	7783	192		1291
农垦总局	44056	11267			2413
其　他					

3－21　分行业全部职工工资总额

单位:亿元

年　份	合　计	农、林、牧渔　　业	采掘业	制造业	电力、煤气及水的生产和供应业	建筑业	地质勘查业、水利管理业	交通运输仓储及邮电通信业
1978	39.1	6.5	7.6	10.2	0.3	2.9	0.4	2.8
1980	49.6	7.7	8.5	14.1	0.6	3.6	0.6	3.4
1985	82.5	9.2	13.5	23.7	1.0	8.3	1.1	5.5
1990	153.6	13.8	27.8	44.3	2.7	12.2	2.1	11.3
1991	175.4	11.4	33.1	51.1	3.2	14.4	2.8	13.0
1992	197.0	11.7	36.4	56.5	3.8	17.5	3.0	15.2
1993	224.7	13.6	46.9	59.4	4.4	19.7	1.4	17.0
1994	282.4	18.8	52.8	71.3	6.2	22.4	1.7	22.3
1995	328.5	24.0	59.8	80.9	8.4	26.2	1.6	27.6
1996	363.0	24.4	69.1	85.3	10.7	27.5	1.7	31.7
1997	382.8	24.5	58.4	90.3	12.4	28.7	5.9	35.4
1998	377.8	23.9	50.7	80.9	13.7	27.9	7.3	32.3

3－21　续表

单位:亿元

年　份	批发和零售贸易、餐饮业	金　融保险业	房地产业	社　会服务业	卫生、体育和社会福利业	教育、文化艺术和广播电影电视业	科学研究和综合技术服务业	国家机关、政党机关和社会团体	其他行业
1978	3.6	0.1	0.1	0.5	0.7	1.8	0.2	1.3	
1980	4.3	0.2	0.2	1.1	0.9	2.5	0.3	1.6	
1985	7.9	0.6	0.4	1.5	1.7	4.2	0.5	3.5	
1990	13.5	1.5	0.6	3.4	3.2	8.6	1.1	7.6	
1991	15.8	1.7	0.8	4.0	3.8	10.1	1.2	9.0	
1992	16.8	2.3	1.0	4.7	4.6	11.7	1.5	10.4	
1993	19.7	3.1	1.1	5.0	4.7	12.6	1.8	12.5	1.9
1994	23.3	6.5	1.9	6.4	7.1	19.1	2.9	17.7	1.9
1995	26.2	7.3	2.0	7.7	8.5	22.2	3.0	20.9	2.1
1996	27.4	8.7	2.4	9.4	10.1	26.1	3.3	22.9	2.3
1997	28.7	10.8	2.1	13.2	11.2	30.5	3.8	24.2	2.7
1998	26.9	11.7	3.8	13.7	13.7	36.0	4.4	27.8	3.2

3－22　分行业全部职工平均工资

单位:元

年　份	合　计	农、林、牧渔　业	采掘业	制造业	电力、煤气及水的生产和供应业	建筑业	地质勘查业、水利管理业	交通运输仓储及邮电通信业
1978	721	521	812	685	861	783	913	776
1980	821	708	962	732	912	900	1049	922
1985	1104	891	1295	1009	1211	1277	1624	1297
1990	1850	1355	2147	1671	2311	2160	2599	2287
1991	2070	1449	2491	1833	2532	2431	2785	2522
1992	2295	1521	2739	2007	2840	2761	3032	2917
1993	2661	1435	3264	2389	3827	3057	2893	3959
1994	3375	2071	3715	2898	5034	3717	3968	5228
1995	4145	2774	4321	3628	6952	4526	4372	6605
1996	4564	4113	4997	3611	7939	4557	4590	7307
1997	4889	4038	4666	3903	8483	4936	9074	7986
1998	6238	4378	5425	5498	9783	6053	10568	9163

3－22　续表

单位:元

年　份	批发和零售贸易、餐饮业	金　融保险业	房地产业	社　会服务业	卫生、体育和社会福利业	教育、文化艺术和广播电影电视业	科学研究和综合技术服务业	国家机关、政党机关和社会团体
1978	650	702	559	698	732	739	628	760
1980	759	773	823	764	789	797	905	886
1985	925	1186	1347	1006	1166	1182	1229	1194
1990	1544	1989	2017	1687	1995	2096	2152	2037
1991	1730	2155	2159	1852	2151	2241	2393	2263
1992	1839	2815	2470	2177	2479	2568	2708	2591
1993	2108	3610	3025	2478	2994	3153	3113	3293
1994	2504	7013	4373	3024	4231	4545	4903	4557
1995	3072	7532	4857	3575	5165	5356	5672	5394
1996	3131	8283	5719	3846	5281	5764	6230	5944
1997	3369	9808	5304	4968	6219	6362	7070	6396
1998	5224	10501	7564	5997	7328	7213	8598	7250

3－23 分行业职工平均工资

1998 年　　单位:元

行　　业	合　计	国有单位	城镇集体单　位	其他单位
总　计	**6238**	**6536**	**4074**	**7598**
一、国有单位按隶属关系分组				
1.中　央	10255	10255		
2.省、自治区、直辖市	4931	4931		
3.地　区	6080	6080		
4.县及县以下	5292	5292		
5.其　他	3308	3308		
二、按企业、事业、机关分组				
1.企　业	6101	6452	4058	7598
#地　方		4656		
2.事　业	6600	6632	4712	5737
#地　方		6521		
3.机　关	7021	7020	7103	
#地　方		6925		
三、按国民经济行业分组				
1.农、林、牧、渔业	4378	4442	2769	4824
农　业	4460	4501	3139	4832
林　业	4503	4537	3462	
畜牧业	3621	3579	3389	4812
渔　业	3247	3240	4141	
农、林、牧、渔服务业	4352	4772	1964	
2.采掘业	5425	5526	4751	5053
3.制造业	5498	5675	3418	7481
4.电力、煤气及水的生产和供应业	9783	9352	11902	15142
5.建筑业	6053	7181	4368	7998
土木工程建筑业	5358	6035	4207	7730
线路、管道和设备安装业	9505	11817	5648	7203
建筑物的装修装饰业	5811	5316	3537	10323
6.地质勘查业、水利管理业	10568	10512	11829	6273
地质勘查业	12370	12396	11937	
水利管理业	5329	5335	2273	6273
7.交通运输、仓储及邮电通信业	9163	9478	4761	11331
铁路运输业	11389	11388		14071
公路运输业	6126	6647	4542	6012
管道运输业	12618	12618		
水上运输业	6379	6461	3896	5053
航空运输业	22130	21324		23123
交通运输辅助业	5735	6109	4817	7925
其他交通运输业	5440			5440
仓储业	4741	4744	4712	2705
邮电通信业	11632	11680	7712	9949
8.批发和零售贸易、餐饮业	5224	5346	3494	8570
食品、饮料、烟草和家庭用品批发业	5069	5101	4031	7017
能源、材料和机械电子设备批发业	5936	6154	4618	7190
其他批发业	4828	4994	4441	6159
零售业	5131	5419	2980	9060
商业经纪与代理业	6471	7299	1551	9600
餐饮业	5846	4548	3794	10765

3－23　续表　　　　1998年　　　　单位:元

行　　　业	合　计	国有单位	城镇集体单　位	其他单位
9.金融、保险业	10501	10825	8546	11725
金融业	10525	10857	8546	12924
保险业	10220	10419		9750
10.房地产业	7564	7333	8910	8365
房地产开发与经营业	7987	6629	9570	9035
房地产管理业	7443	7482	6050	7396
房地产代理与经纪业	6622	6615	5452	7375
11.社会服务业	5997	6418	4263	8264
公共服务业	6952	7152	5872	5012
居民服务业	4322	6089	3046	6162
旅馆业	5167	5218	3789	7819
租赁服务业	6736	5741	7138	8216
旅游业	10416	6816	13358	14039
娱乐服务业	10527	7808	4456	17886
信息、咨询服务业	6809	6815	5919	7763
计算机应用服务业	6757	6734	5706	7371
其他社会服务业	4544	5060	3562	6273
12.卫生、体育和社会福利业	7328	7436	5305	8600
卫　生	7377	7476	5513	8600
体　育	6564	6564		
社会福利保障业	6501	6843	1395	
13.教育、文化艺术及广播电影电视业	7213	7214	6843	8478
教　育	7230	7231	6883	9667
#普通高等教育	8389	8389		
普通中学	7412	7413	6849	
小　学	6654	6654		
文化艺术业	7498	7510	6616	12438
广播电影电视业	6289	6280	7136	6222
14.科学研究和综合技术服务业	8598	8755	6422	6969
科学研究业	9878	9878	10352	5385
自然科学研究	10002	10000	10542	5476
社会科学研究	9058	9076		5000
其他科学研究	8509	8529	5556	
综合技术服务业	7421	7587	6076	7033
气　象	7005	7005		
地　震	8326	8326		
测　绘	8391	8448	1429	
技术监督	8068	8172	6549	7531
环境保护	6764	6843	2359	
技术推广和科技交流服务业	5411	5609	3414	6211
工程设计业	7736	7863	6578	8008
其他综合技术服务业	6261	6408	6134	5777
15.国家机关、政党机关和社会团体	7250	7250	7293	
#国家机关	7224	7224	7275	
政党机关	7586	7586		
16.其他行业	5717	6462	4300	9198
#企业管理机构	5514	6264	4393	8695

3－24　各地区全部职工平均工资

1998年,按行业分　　　　单位:元

地　区	农、林、牧渔　业	采掘业	制造业	电力、煤气及水的生产和供应业	建筑业	地质勘查业、水利管理业	交通运输仓储及邮电通信业	批发和零售贸易、餐饮业
全　省	**4378**	**5425**	**5498**	**9783**	**6053**	**10568**	**9163**	**5224**
哈尔滨	4985	4744	5927	11212	5465	6680	7631	5706
齐齐哈尔	3849	4607	5200	11869	4409	5635	6349	3879
鸡　西	3901	4278	4844	9564	7717	5991	8947	5013
鹤　岗	3761	5081	4017	10479	5389	5456	6324	4739
双鸭山	4015	3783	4650	11345	4879	4210	6238	4601
大　庆	3827	13092	10885	13059	10829	13690	11320	5973
伊　春	3298	3182	2605	3889	3771	5690	5139	2795
佳木斯	4301	4094	4510	9032	5408	5062	6210	4234
七台河	4131	5113	5187	6848	5579	5838	7409	4709
牡丹江	3130	3753	5106	8625	5135	5429	8135	4655
黑　河	2328	3784	2976	9150	3673	7246	6594	4930
绥　化	3963	3280	3953	6223	5201	4162	6855	4285
大兴安岭	4669	3961	2109	6671	3220	8617	11364	4982
农垦总局	4702	4778	4817	5153	5833		6713	5687
其　他	9233	10206	12201		9360		11580	10245

3－24　续表　　　　1998年,按行业分　　　　单位:元

地　区	金　融保险业	房地产业	社　会服务业	卫生、体育和社会福利业	教育、文化艺术和广播电影电视业	科学研究和综合技术服务业	国家机关、政党机关和社会团体	其　他
全　省	**10501**	**7564**	**5997**	**7328**	**7213**	**8598**	**7250**	**5717**
哈尔滨	11905	7239	5496	8531	7902	8313	8066	4976
齐齐哈尔	9145	5493	4749	5797	6330	6827	6436	4739
鸡　西	9711	6270	5737	6378	7059	8147	6688	6175
鹤　岗	9328	5755	4420	6786	7294	7119	7067	6410
双鸭山	8405	4669	4700	5580	5661	5639	5932	5328
大　庆	15476	11285	11519	10479	10008	14583	9929	6300
伊　春	9672	5535	4453	7199	6960	6706	6886	4166
佳木斯	8936	5846	4294	7103	6207	6670	6241	4177
七台河	9016	5758	4824	6803	5742	6411	6968	6462
牡丹江	9692	5970	5330	6690	6524	6696	6826	5409
黑　河	10001	5275	5743	6826	7005	7268	7118	6679
绥　化	8133	5679	4657	5369	5794	5854	5750	5650
大兴安岭	11025	6502	5352	7174	7946	8442	7964	7456
农垦总局			4955	5211	6645	6096	7507	
其　他		9841	9638	10519	10757	11137	12483	7588

3－25 各地区国有经济职工平均工资

1998年,按行业分　　单位:元

地　区	合　计	农、林、牧渔　业	采掘业	制造业	电力、煤气及水的生产和供应业	建筑业	地质勘查业、水利管理业	交通运输仓储及邮电通信业
全　省	**6536**	**4442**	**5526**	**5675**	**9352**	**7181**	**10512**	**9478**
哈尔滨	6971	5210	4920	5686	11103	7667	6698	7757
齐齐哈尔	5718	3854	4390	5409	11142	4461	5663	7102
鸡　西	5626	4231	4497	4821	92213	8034	5991	9992
鹤　岗	5602	4578	5085	5436	9147	4639	5456	6608
双鸭山	4598	3983	3472	4737	6496	4107	4191	6377
大　庆	11615	3630	13258	12679	12906	11448	13772	11368
伊　春	3937	3289	3283	3441	3889	39926	5690	5754
佳木斯	5554	4312	3843	4176	8803	5324	5136	6680
七台河	5930	4131	6799	5012	6848	4331	5877	8421
牡丹江	5444	3960	3748	4433	8681	4442	5429	8941
黑　河	5289	2321	3741	2851	8751	4685	7287	6671
绥　化	5116	4179	3274	4005	6223	5350	4162	6888
大兴安岭	4666	4669	3967	3362	6671	2778	8617	11580
农垦总局	5009	4703	5035	4824	5153	5779		6979
其　他	11029	9233	10206	12201		9360		11580

3－25　续表　　1998年,按行业分　　单位:元

地　区	批发和零售贸易、餐饮业	金　融保险业	房地产业	社　会服务业	卫生、体育和社会福利业	教育、文化艺术和广播电影电视业	科学研究和综合技术服务业	国家机关、政党机关和社会团体
全　省	**5346**	**10825**	**7333**	**6418**	**7436**	**7214**	**8755**	**7250**
哈尔滨	5735	12183	6423	6311	8889	7910	8540	8064
齐齐哈尔	4122	9211	5034	5177	5936	6337	68841	6440
鸡　西	5218	10655	6226	6044	6441	7060	7238	6688
鹤　岗	4833	9776	7245	4472	7025	7297	7164	7067
双鸭山	4773	8442	4838	4606	5596	5660	5638	5933
大　庆	5506	15915	11285	11345	10467	10003	14678	9929
伊　春	2757	9912	5535	3877	7207	6960	6706	6885
佳木斯	4513	9293	5874	4774	7206	6210	6840	6238
七台河	4880	9591	5963	4935	6817	5742	6411	7004
牡丹江	4879	9837	5759	5401	6695	6524	6696	6824
黑　河	5205	10356	5491	5959	6875	7005	8128	7115
绥　化	4579	8363	5679	4691	5404	5795	5854	5739
大兴安岭	5144	11272	6502	5452	7169	7946	8442	7965
农垦总局	5667			4980	521	6645	6096	7507
其　他	10245			9638	10519	10757	11137	12483

3－26 各地区城镇集体经济职工平均工资

1998年,按行业分　　　　单位:元

地　区	合　计	农、林、牧、渔业	采掘业	制造业	电力、煤气及水的生产和供应业	建筑业	地质勘查业、水利管理业	交通运输仓储及邮电通信业
全　省	**4074**	**2769**	**4751**	**3418**	**11902**	**4368**	**11829**	**4761**
哈尔滨	3673	3001	1807	3415	10255	3636	4609	4379
齐齐哈尔	4005	3259	2729	4173	13235	3734	3214	2905
鸡　西	4513	2549	3512	4497	13726	8323		6134
鹤　岗	4382	1847	5029	1931		4879		3287
双鸭山	5488	4292	7687	4525	7354	5332	3692	5761
大　庆	9907	9633	10815	7452	13790	9652	12503	12649
伊　春	2023	4235	1277	1804	4133	3222		1837
佳木斯	3991	3126	6637	3315	12808	4831	261	2428
七台河	5155		5015	3517		7242	4850	4558
牡丹江	4530	1906	4274	4898		6424		3285
黑　河	3617	5000	1795	2668		2927	2571	4013
绥　化	3902	3126	2608	2835		4924		4642
大兴安岭	2241		1925	1895		5571		
农垦总局	3096	3022	2828	2860		5546		1218
其　他								

3－26　续表　　　　1998年,按行业分　　　　单位:元

地　区	批发和零售贸易、餐饮业	金融保险业	房地产业	社会服务业	卫生、体育和社会福利业	教育、文化艺术和广播电影电视业	科学研究和综合技术服务业	国家机关、政党机关和社会团体
全　省	**3494**	**8546**	**8910**	**4263**	**5305**	**6843**	**6422**	**7293**
哈尔滨	3254	9978	9371	3659	5727	6862	6027	8329
齐齐哈尔	3244	8715	11907	3395	3564	2593	2067	4702
鸡　西	4594	6500	12500	3970	4118	4800	17379	6681
鹤　岗	4756	7887	1166	3440	5535	5565	3000	
双鸭山	4333	8247	3183	5177	4433	6375	5667	5353
大　庆	4685	11277		12790	11662	11421	11663	
伊　春	3205	8038		6201	6835			7727
佳木斯	3130	7342	3000	3249	3666	2192	3974	7398
七台河	4320	7612	3625	4410	2143			4558
牡丹江	3892	8925	5581	4405	5375			7525
黑　河	3455	8316		3425	4938		4986	7741
绥　化	3364	7361		4132	3791	4955		7330
大兴安岭	3979	7861		2806	9667			7333
农垦总局	6810			1983				
其　他								

3－27　各地区全部职工平均工资

1998年，按经济类型分　　　　单位：元

地　区	全部职工平均工资	国有单位	城镇集体单位	其他单位	#股份合作企业	#联营企业	#港澳台投资企业	#外商投资企业
全　省	**6238**	**6536**	**4074**	**7598**	**8053**	**5122**	**7278**	**7519**
哈尔滨	6487	6971	3673	10083	12131	5630	10245	7863
齐齐哈尔	5475	5718	4005	6073	4224		5421	12738
鸡　西	5405	5626	4513	5468	5883	7462	3130	4958
鹤　岗	5406	5602	4382	5962	4813		4378	3951
双鸭山	4867	4598	5488	8135	5765	3550	4382	4348
大　庆	11177	11615	9907	6908	4482	11397	7576	10759
伊　春	3590	3937	2023	3548	4170	2558	1651	3637
佳木斯	5417	5554	3991	6667	4408		5263	13604
七台河	5433	5930	5155	5034	5123	3125		2362
牡丹江	5392	5444	4530	6286	4856	3753	7527	5894
黑　河	5191	5289	3617	5445	3813	4943	5411	3553
绥　化	4945	5116	3902	4652	3676	3618	5014	5503
大兴安岭	4362	4666	2241	4787	4863			4577
农垦总局	5003	5009	3096	5797	6000	5790	9283	7500
其　他	11029	11029						

3－28　城镇失业率

年底数　　　　单位：万人

项　目	1980年	1985年	1990年	1995年	1997年	1998年
城镇登记失业人员总数	76.2	45.0	45.5	48.0	50.0	49.0
登记失业率(%)	3.2	2.7	2.2	2.6	2.8	3.0
全年新就业总数	53.0	21.3	23.8	21.3	22.0	23.0

主 要 统 计 指 标 解 释

人口数 指一定时点、一定地区范围内的有生命的个人总和。

年度统计的年末人口数是指每年12月31日24时的人口数。

市镇总人口和乡村总人口 一般是按常住人口划分的。

市镇总人口 指市、镇辖区内的全部人口。

乡村总人口 指县(不含镇)的全部人口。

市 指经国家批准成立"市"建制的城市。

镇 指经省、自治区、直辖市批准的镇。1963年以前为常住人口在2 000人以上,非农业人口占50%以上的。1964年起改为常住人口在3 000人以上,非农业人口占70%以上,或常住人口在2 500人以上,不满3 000人,非农业人口占85%以上的。1984年后又调整为,凡县级地方国家机关所在地;或总人口在2 000人以上的乡,乡政府驻地非农业人口超过2 000人的;或总人口在20 000人以上的乡,乡政府驻地非农业人口占全乡人口10%以上;或少数民族地区、人口稀少的边远地区、山区和小型工矿区、小港口、风景旅游、边境口岸等地。非农业人口虽不足2 000人,确有必要,都可建镇。

出生率(又称粗出生率) 指在一定时期内(通常为一年内)平均每千人所出生的人数的比率一般用千分率表示。计算公式:

$$出生率=\frac{年出生人数}{年平均人数}\times 1000‰$$

出生人数是指活产婴儿,即胎儿脱离母体时(不管怀孕月数),有过呼吸或其他生命现象。

年平均人数是年初、年末人口数的平均数,也可用年中人口数代替。

死亡率 指在一定时期内(通常为一年内)一定地区的死亡人数与同期平均人数(或期中人数)之比,一般用千分率表示,计算公式:

$$死亡率=\frac{年死亡人数}{年平均人数}\times 1000‰$$

人口自然增长率 在一定时期内(通常为一年内)人口自然增长数(出生人数减死亡人数)与平均人数(或期中人数)之比,一般用千分率表示,计算公式:

$$人口自然增长率=\frac{本年出生人口数-本年死亡人口数}{年平均人口}\times 1000‰$$

人口自然增长率=人口出生率-人口死亡率

老年负担系数 指社会劳动人口与老年人口的比例。计算公式:老年负担系数=老年人口÷劳动人口×100%

少年负担系数 指社会劳动人口与少年儿童的比例。计算公式:少年负担系数=少年儿童人口÷劳动人口×100%

从业人员 指从事一定社会劳动并取得劳动报酬或经营收入的人员。包括:(1)全部职工;(2)城镇私营企业从业人员;(3)城镇个体劳动者;(4)农村社会劳动者;(5)其他社会劳动者。这一指标反映了一定时期内全部劳动力资源的实际利用情况,是研究我国基本国情国力的重要指标。各单位的从业人员是指在各级国家机关、政党机关、社会团体及企业、事业单位中工作,并取得劳动报酬的全部人员。包括职工、再就业的离退休人员、民办教师以及在各单位中工作的外方人员和港、澳、台方人员。各单位的从业人员反映了各单位实际参加生产或工作的全部劳动力。

职工 指在国有经济、城镇集体经济、联营经济、股份制经济、外商和港、澳、台投资经济、其他经济单位及其附属机构工作,并由其支付工资的各类人员。

合同制职工 指各单位根据国务院国发(1986)77号文件和国务院令第99号的规定,通过签订有固定期限劳动合同、无固定期限劳动合同和以完成一项工作为期限劳动合同所使用的职工。包括实行全员劳动合同制单位的全部职工。

其他从业人员 指劳动统计制度规定不作职工统计但实际参加社会劳动并取得劳动报酬的人员。各单位的其他从业人员是指单位中除职工以外的全部参加单位生产或工作并取得劳动报酬的人员。包括再就业的离退休人员、民办教师以及在各单位中工作的外方人员和港、澳、台方人员。

工资总额 是指各单位在一定时期内直接支付给本单位全部职工的劳动报酬总额。

工资总额的计算原则应以直接支付给职工的全部劳动报酬为根据。各单位支付给职工的劳动报酬以及其他根据有关规定支付的工资,不论是计入成本的还是不计入成本的,不论是按国家规定列入计征奖金税项目的,还是未列入计征奖金税项目的,不论是以货币形式支付的还是以实物形式支付的,均应列入工资总额的计算范围。

工资总额包括计时工资、计件工资、奖金、津贴和补贴、加班加点工资、特殊情况下支付的工资。

城镇登记失业人员 指有非农业户口，在一定的劳动年龄内（16岁以上及男50岁以下，女45岁以下），有劳动能力，无业而要求就业，并在当地就业服务机构进行求职登记的人员。

城镇登记失业率 是从另外一个侧面反映城镇劳动者就业程度的指标。它的计算公式：

$$城镇登记失业率=\frac{城镇登记失业人员}{\begin{matrix}城镇社会\\从业人员\end{matrix}+\begin{matrix}城镇失\\业人员\end{matrix}}\times 100\%$$

劳动力资源 亦称劳动资源、人力资源。在劳动年龄以内，具有劳动能力的人口及不足劳动年龄和超过劳动年龄，实际参加社会劳动的人口总和。劳动年龄是劳动力资源的重要标志，目前联合国公布的劳动年龄标准一般为男性16–59岁，女性16–54岁。从事井下、高空、高温、特别繁重的体力劳动或其他有害身体健康的劳动的人，男、女的最高年龄还要低5至10岁。我国从1994年开始，对其进行了调整，即上限规定为16岁，下限不做规定，有劳动能力的从事社会劳动的人口均统计在劳动力资源中。

职工平均工资 指企业、事业、机关单位的职工在一定时期内平均每人所得的货币工资额。它表明一定时期职工工资收入的高低程度，是反映职工工资水平的主要指标。计算公式为：

$$职工平均工资=\frac{报告期实际支付的全部职工工资总额}{报告期全部职工平均人数}$$

职工平均实际工资 指扣除物价变动因素后的职工平均工资。计算公式为：

$$职工平均实际工资=\frac{报告期职工平均工资}{报告期城镇居民消费价格指数}$$

四　固定资产投资

INVESTMENT IN FIXED ASSETS

4－1 全社会固定资产投资

指　　标	1985年	1990年	1995年	1997年	1998年
一、投资总额(万元)	**1117940**	**1629027**	**4875249**	**6698604**	**8016137**
#住　宅	211223	304487	939952	1158448	1648657
1.按登记注册类型分					
国　有	891885	1346428	3799225	5309568	6065194
集　体	57076	55123	160570	232742	281223
#农　村	32654	40222	80187	161008	208056
个　体	168979	227476	503146	690265	952135
#农　村	145350	176836	400000	526784	680000
其他类型			412308	466029	717585
2.按管理渠道分					
#基本建设	479741	670746	1986885	3443314	3084878
更新改造	159598	351763	1127866	1174769	2194693
房地产开发		63490	473651	452431	587290
其他投资	247808	260429	704766	779218	989085
3.按资金来源分					
国家预算内资金	175541	153049	159081	116080	225163
国内贷款	100926	249727	814730	1536614	1191676
利用外资	113854	121844	328755	235318	218324
煤代油资金	43201	25381			
自筹及其他资金	684418	1079026	3572683	4810592	6380974
4.按构成分					
建筑安装工程	705750	1209087	3144887	4435508	5293229
设备、工器具购置	350746	327965	1366879	1709419	2039517
其他费用	61444	91975	363483	553677	683391
二、新增固定资产(万元)	**928813**	**1416432**	**4165688**	**5572085**	**7614712**
三、房屋建筑面积(万平方米)					
施工面积	3002	2643	3439	3480	4715
竣工面积	2249	2071	2365	2509	3271
#住　宅	1523	1525	1637	1828	2324

注:1.1990－1992年房地产开发数据仅指商品房投资。

2.1997年及以后投资总额中不含基本建设、更新改造和其他投资计划总投资50万元以下项目(下同)

4－2　按登记注册类型分的全社会固定资产投资

1998 年

指　　标	国　有	集　体	#农　村	个　体	#农　村	股份合作
一、投资总额(万元)	**6065194**	**281223**	**208056**	**952135**	**680000**	**6258**
#住　宅	918929	46336	18866	561345	345046	3211
1.按管理渠道分						
#基本建设	2748587					2501
更新改造	2046101					416
其他投资	915977	56634				66
房地产开发	354529	16533				3275
2.按资金来源分						
国家预算内资金	185584	29449	27149			20
国内贷款	998843	48956	41617			897
债　券	83902					
利用外资	127975	4885	4885			
自筹投资	3866997	131511	90493	659136	659136	3447
其他投资	801893	66422	43912	292999	20864	1894
3.按构成分						
建筑安装工程	3993052	182352	122757	741047	468912	4812
设备、工器具购置	1548462	77175	68384	211088	211088	718
其他费用	523680	21696	16915			728
4.按隶属关系分						
#中　央	3474927	3775				
地　方	2573422	271640	208056	952135	680000	4411
5.按建设性质分						
#新　建	1376037	103812	74141			1528
扩　建	3546616	142199	131092	334954	334954	969
改　建	412239	6516	682			66
二、新增固定资产(万元)	**5793611**	**246822**	**183396**	**949446**	**677311**	**3368**
三、房屋建筑面积(万平方米)						
施工面积	2343	278	163	1579	1054	13
#住　宅	1353	95	29	1270	816	10
竣工面积	1342	215	157	1508	983	29
#住　宅	899	67	29	1249	795	1

4－2　续表　　　　　　　　　　1998年

指　　标	联　营	有限责任公司	股份有限公司	港澳台商投资	外商投资	其他
一、投资总额(万元)	**8901**	**219537**	**255111**	**121157**	**65898**	**40723**
#住　宅	2131	31649	44973	17754	7612	14717
1.按管理渠道分						
#基本建设	1531	112887	137874	27269	45524	8705
更新改造	3892	48092	44444	41098	10010	640
其他投资	1196	4583	2849	2791	1566	3423
房地产开发	2282	53975	69944	49999	8798	27955
2.按资金来源分						
国家预算内资金		530	2601		6979	
国内贷款	3079	50563	46564	33980	5840	2954
债　券			20000			
利用外资		32453	3258	31983	15977	1793
自筹投资	1895	114508	116384	29077	22795	24067
其他投资	3927	21483	66304	26117	14306	11909
3.按构成分						
建筑安装工程	4635	97193	135546	65198	34323	35071
设备、工器具购置	3509	69452	47070	49655	27753	4635
其他费用	757	52892	72495	6304	3822	1017
4.按隶属关系分						
#中　央		4488	72108	1700	13551	
地　方	7555	202758	142726	84415	46334	27693
5.按建设性质分						
#新　建	2379	106028	120832	18638	47938	6904
扩　建	1560	34199	26662	31106	7313	2419
改　建	2680	18885	33693	21065	1489	813
二、新增固定资产(万元)	**7803**	**85586**	**306709**	**78193**	**107724**	**35450**
三、房屋建筑面积(万平方米)						
施工面积	76	119	156	138	39	44
#住　宅	28	680	90	35	15	24
竣工面积	3	56	66	40	11	27
#住　宅	2	34	42	11	6	13

4－3 国有单位按各种分组的固定资产投资

指　　标	1985年	1990年	1995年	1997年	1998年
一、投资总额(万元)	**891885**	**1346428**	**3799225**	**5309568**	**6065194**
#住　宅	124342	148394	599294	638862	918929
1.按管理渠道分					
基本建设	479741	670746	1844607	3249083	2748587
更新改造	159598	351763	1030959	1058788	2046101
房地产开发		63490	273227	275695	354529
其他投资	252546	260429	650432	726002	915977
2.按资金来源分					
国家预算内资金	175158	153016	152694	95701	185584
国内贷款	85253	245145	652824	1265749	998843
债　　券			4690	33086	83902
利用外资	113685	121844	257364	176143	127975
煤代油资金	43201	25381			
自筹资金	269806	721489	2284877	3163982	3866997
其他资金	204782	79553	446776	574907	801893
3.按构成分					
建筑安装工程	587553	932189	2491744	3553915	3993052
设备、工器具购置	251091	322915	995155	1270069	1548462
其他费用	53241	91324	312326	485584	523680
4.按隶属关系分					
中　央	566463	824480	2278847	3394780	3474927
地　方	325422	521948	1520378	1914788	2590267
5.按建设性质分					
#新　建	186433	196631	721305	1435469	1376037
扩　建	522150	856759	2264808	2994305	3546616
改　建	104796	177169	375714	384018	412239
二、新增固定资产(万元)	**707820**	**1154743**	**3252210**	**4338426**	**5793611**
三、房屋建筑面积(万平方米)					
施工面积	1681	1244	1865	1699	2343
竣工面积	963	737	1107	1060	1342
#住　宅	480	377	710	721	899

4－4 国有单位按行业分的固定资产投资

行业	1985 年	1990 年	1995 年	1997 年	1998 年
投资总额(万元)	**891885**	**1346428**	**3799225**	**5309568**	**6065194**
农、林、牧、渔业	23028	39798	101766	95040	127566
采掘业	390994	562554	1234996	1645064	1636788
制造业	228796	315383	633923	674279	648229
电力、煤气及水的生产和供应业	33719	134051	314050	740643	515113
建筑业	14018	2773	15769	23591	29220
地质勘查业、水利管理业	4287	5265	21740	25017	72485
交通运输、仓储及邮电通信业	62535	108713	711747	1252254	1766764
批发和零售贸易、餐饮业	19358	21645	62038	53814	69543
金融、保险业	3468	7308	39415	58109	47227
房地产业	5653	4594	9767	9546	16493
社会服务业	16607	6291	38710	88354	86578
卫生、体育和社会福利业	7133	11052	29594	18402	25776
教育、文化艺术及广播电影电视业	31253	35239	101030	96922	124906
科学研究和综合技术服务业	6214	3494	6076	3710	9512
国家机关、政党机关和社会团体	21794	24358	137757	208059	461138
其他行业	23028	63910	340847	316764	391856
构成(投资总额＝100)					
农、林、牧、渔业	2.6	3.0	2.7	1.8	2.1
采掘业	43.8	41.8	32.5	31.0	27.0
制造业	25.7	23.4	16.7	12.7	11.3
电力、煤气及水的生产和供应业	3.8	10.0	8.3	13.9	8.5
建筑业	1.6	0.2	0.4	0.4	0.5
地质勘查业、水利管理业	0.5	0.4	0.6	0.5	1.2
交通运输、仓储及邮电通信业	7.0	8.1	18.7	23.6	29.1
批发和零售贸易、餐饮业	2.2	1.6	1.6	1.0	1.1
金融、保险业	0.4	0.5	1.0	1.1	0.8
房地产业	0.6	0.3	0.3	0.2	0.3
社会服务业	1.9	0.5	1.0	1.7	1.4
卫生、体育和社会福利业	0.8	0.8	0.8	0.3	0.4
教育、文化艺术及广播电影电视业	3.5	2.6	2.7	1.8	2.1
科学研究和综合技术服务业	0.7	0.3	0.2	0.1	0.2
国家机关、政党机关和社会团体	2.4	1.8	3.6	3.9	7.5
其他行业	2.5	4.7	9.0	6.0	6.5

4－5 国有单位按构成和建设性质分的固定资产投资

单位:万元

时期(年份)	投资总额	#住宅	按构成分			按建设性质分		
			建筑安装工程	设备、工器具购置	其他费用	#新建	#扩建	#改建
"六五"时期	3213856	465823	2195121	835524	183211	833546	1485203	754839
1981	405626	79277	290737	102012	12877	142969	134443	118614
1982	534780	90233	389876	114562	30342	130215	163259	237341
1983	654130	86760	437691	172182	44257	203984	272524	170584
1984	727435	85211	489264	195677	42494	169945	392827	123504
1985	891885	124342	587553	251091	53241	186433	522150	104796
"七五"时期	6126250	616715	3955169	1692275	478806	1250485	3142498	1361717
1986	1010991	116014	629575	302181	79235	242724	556005	148904
1987	1155431	114223	720827	339636	94968	286530	154135	645479
1988	1321352	117680	822431	374154	124767	290349	765310	206893
1989	1292048	120404	850147	353389	88512	234251	810289	183272
1990	1346428	148394	932189	322915	91324	196631	856759	177169
"八五"时期	13843165	2246639	9450842	3112576	1279747	2441458	8431205	1514254
1991	1625612	199206	1091536	389782	144294	202504	1041403	228793
1992	2158734	339319	1442453	498591	217690	385428	1215578	275542
1993	2907165	549063	2090525	530900	285740	524842	1640100	309003
1994	3352429	559757	2334584	698148	319697	607379	1997883	325202
1995	3799225	599294	2491744	995155	312326	721305	2536241	375714
"九五"时期	15650455	2133527	10352885	3890029	1407541	3730705	8933710	1195302
1996	4275693	575736	2805918	1071498	398277	919199	2392789	399045
1997	5309568	638862	3553915	1270069	485584	1435469	2994305	384018
1998	6065194	918929	3993052	1548462	523680	1376037	3546616	412239

4－6 各地区国有单位按构成和建设性质分的固定资产投资

1998年　　单位:万元

地区	投资总额	#地方	按构成分			按建设性质分		
			建筑安装工程	设备、工器具购置	其他费用	#新建	#扩建	#改建
全省	**6065194**	**2573422**	**3993052**	**1548462**	**523680**	**1376037**	**3546616**	**412239**
哈尔滨	1188687	809220	843371	249997	95319	307552	430162	128550
齐齐哈尔	235782	145771	145937	62811	27034	6294	170605	4789
鸡西	116530	74140	96757	18354	1419	19432	47017	17618
鹤岗	86609	75708	67939	14826	3844	34533	32125	8856
双鸭山	116580	71579	84963	8172	23445	31029	39269	37717
大庆	1932742	126314	1378927	438783	115032	22614	1690805	48329
伊春	99920	84107	73741	14496	11683	54083	21155	15162
佳木斯	123755	79672	71374	41782	10599	21701	62446	12441
七台河	45202	32686	33659	9576	1967	6757	17258	3136
牡丹江	331475	173215	166068	78151	87256	104860	186209	1505
黑河	150912	120475	124703	18663	7546	92975	23650	30620
绥化	142068	100085	96143	43139	2786	4070	126468	1761
大兴安岭	46970	4045	29504	8447	9019	32775	4356	6467
不分地区	1447962	676405	779966	541265	126731	637362	695091	95288

4－7 城镇集体单位固定资产投资

指　　标	1985 年	1990 年	1995 年	1997 年	1998 年
一、投资总额(万元)	**24422**	**14901**	**80383**	**71734**	**73167**
#住　宅	3624	3355	42731	32817	27470
1.按资金来源分					
国家预算内资金	274	29	325	1075	2300
国内贷款	9614	5091	25427	11496	7339
利用外资	169		1520		
自筹和其他资金	14365	9781	53111	59163	63528
2.按构成分					
建筑安装工程	14081	9200	69568	52749	59595
设备、工器具购置	9734	5050	7811	9503	8791
其他费用	607	651	3004	9482	4781
3.按建设性质分					
#新　建	3562	2888	13913	11701	29671
扩　建	13567	2004	15423	21960	11107
改　建	3451	6489	2371	2679	5837
4.按行业分					
农、林、牧、渔业	224	55	129	695	140
工　业	18082	10430	24451	18184	18344
建筑业	1094	448	2163	7760	5990
地质勘查业、水利管理业					
交通运输、仓储及邮电通信业	564	396	1073		300
批发和零售贸易、餐饮业	2006	2506	6037	3490	13875
金融、保险业		297	17	10286	7477
房地产业	791	26			728
社会服务业			273	188	1719
卫生、体育和社会福利业	45	62	210	165	55
教育、文化艺术及广播电影电	35	60	823		
科学研究和综合技术服务业	99		375		
国家机关、政党机关和社会团	875	396		3010	6579
其他行业	607	225	44832	27956	17960
二、新增固定资产(万元)	**19360**	**15137**	**62651**	**63344**	**63426**
三、房屋建筑面积(万平方米)					
施工面积	84	32	110	112	115
竣工面积	49	23	49	59	58
#住　宅	17	10	33	39	38

4－8 城镇集体单位工业各行业固定资产投资

单位：万元

行业	1985年	1990年	1995年	1997年	1998年
总计	**18082**	**10430**	**24451**	**18184**	**18344**
一、采掘业	3453	1533	1559	3567	1320
煤炭采选业	37	205	902	2556	1130
石油和天然气采运业					
非金属矿采选业			33	1011	190
木材及竹材采运业	3416	1328	624		
二、制造业	14370	8805	22892	14617	17024
食品加工业	257		3788	337	150
食品制造业		272	1421	161	1030
饮料制造业	862	178	3014	1520	140
纺织业	637	802	175		50
服装业	809	525	380	310	
皮革、毛皮、羽绒制品业	181	41	223		300
木材加工业	823	333	1833	926	3042
家具制造业	238	89		833	443
造纸及纸制品业	177	205	29	1587	710
印刷业	31	110		130	660
文教体育用品制造业			42	12	371
石油加工及炼焦业			50	570	74
化学原料及化学制品制造业	1422	730	5035	2092	454
医药制造业	89	583	764		
化学纤维制造业	27	130			
橡胶制品业	101	252	5		
塑料制品业	3437	369	506	65	2474
非金属矿物制品业	596	431	445	575	950
黑色金属冶炼及压延加工业	224	340	150	450	3200
有色金属冶炼及压延加工业	39	17	4127	150	
金属制品业	1448	1000	40	494	20
普通机械制造业	1141	1553	210	2013	1336
专用设备制造业					850
交通运输设备制造业	89	60		230	130
电气机械及 器材制造业	547	108	295	862	280
仪器仪表及文化、办公用机械制造业	206	15	250	500	60
电子及通信设备制造业	55	68		400	
其他制造业	937	594	110	400	300
三、电力、煤气及水的生产和供应业	259	92			
电力、蒸汽、热水生产和供应业	259	92			

4－9 各地区城镇集体单位固定资产投资和房屋建筑面积

1998年

地区	投资额（万元）	建筑安装工程	设备、工器具购置	其他费用	房屋建筑面积（平方米）施工面积	#住宅	竣工面积	#住宅
全省	**73167**	**59595**	**8791**	**4781**	**1146646**	**650984**	**581890**	**379586**
哈尔滨	22558	18220	2018	2320	657300	366133	243344	194694
齐齐哈尔	4335	3692	417	226	87078	57554	47985	26575
鸡西								
鹤岗	6135	5550	135	450	48559	36590	20314	13250
双鸭山	4370	3429	394	547	46068	39915	25428	21915
大庆	15379	11595	3784		62364	4580	62364	4580
伊春	3043	2821	222		24462		6500	
佳木斯	1624	1568		56	23600	22000	23600	22000
七台河	2787	2511	38	238	38117	17838	20117	4838
牡丹江	5575	4006	760	809	66790	43220	44780	30580
黑河	4254	3231	903	120	49236	33968	44386	31968
绥化	3107	2972	120	15	43072	29186	43072	29186
大兴安岭								

4－10 农村个体固定资产投资和私人建房

年份	投资额（万元）	#竣工房屋投资	#住宅	#购置生产性固定资产投资	竣工房屋建筑面积（万平方米）	#住宅	竣工房屋造价（元/平方米）	#住宅
1985	145350	58235	58209	87115	865.3	865.3	67.3	67.3
1986	113848	49658	24832	64190	684.0	570.3	72.6	43.5
1987	123706	46499	37711	77207	633.5	549.0	73.4	68.7
1988	143122	56196	44660	86926	670.6	527.9	83.8	84.6
1989	164362	59644	54720	104718	625.2	570.0	95.6	96.0
1990	176780	107240	99670	69540	1006.0	931.5	106.6	107.0
1991	175187	106282	78296	68905	1043.0	689.0	101.9	113.6
1992	168431	73315	68145	95116	613.0	501.0	119.6	136.0
1993	147695	48258	43922	99437	314.0	259.0	153.7	169.6
1994	241567	83780	75021	143886	496.6	391.7	168.7	191.5
1995	400000	141183	137985	237412	819.4	646.3	172.3	213.5
1996	499293	321333	317260	144447	1078.3	969.9	298.0	327.1
1997	526784	270961	267301	163526	826.1	719.4	328.0	371.6
1998	680000	349770	345046	211088	982.5	795.4	356.0	433.8

4－11 农村集体经济固定资产投资

指　　标	1985 年	1990 年	1995 年	1997 年	1998 年
一、投资总额(万元)	**32654**	**40278**	**80187**	**161008**	**208056**
按资金来源分					
国家资金			5742	21010	27149
银行、信用社贷款	6059	9054	11947	32206	41617
自有资金	18621	17251	45107	70030	90493
群众集资			14013	29680	38353
其他资金	7974	13973	3378	8082	10444
按行业分					
农、林、牧、渔业	1120	13283	13872	38400	49621
工　业	7227	8663	38987	77360	99964
建筑业		112	441		
地质勘查业、水利管理业			3881	7376	9531
运输邮电业		857	2782	1680	2171
批发和零售贸易、餐饮业			5725	5002	6465
卫生、社会福利业	10921	1584	1556	2980	3851
文化、教育事业		12966	11731	25778	33310
社会服务业			379		
科学研究和综合技术服务业				810	1047
其他行业	13386	2813	833	1622	2096
二、新增固定资产(万元)	**32654**	**40278**	**76226**	**141924**	**183396**
三、房屋建筑面积(万平方米)					
施工面积	122	112	65	126	163
竣工面积	110	75	63	121	157
#住　宅	14			23	29

注：1985 和 1990 年其他行业投资含地质勘查水利管理业、批发和零售贸易、餐饮业和社会服务业投资。

4－12 城镇和工矿区私人建房

1998 年

项　　目	城镇工矿区个数(个)	建房户数(户)	竣工房屋建筑面积(万平方米)	#住　宅	竣工房屋价值(万元)	#住　宅
总　计	**165**	**61834**	**525**	**454**	**272135**	**216299**
市	30	19721	187	149	106658	81139
县城	40	15609	169	146	85790	67235
镇	85	21701	160	152	74623	63668
工矿区	10	4803	9	7	5064	4257
在总计中：农业户建房		20711	140	131	73220	67801
市		3722	29	29	19516	19516
县城		6604	50	47	25404	24794
镇		10385	61	55	28300	23491
工矿区						

4－13 基本建设投资

指　　标	1985年	1990年	1995年	1997年	1998年
一、投资总额(万元)	**479741**	**670746**	**1986885**	**3443314**	**3084878**
#住　宅	98840	71152	364647	356842	468267
1.按资金来源分					
国家预算内资金	167762	149378	145043	87834	176622
国内贷款	36766	142523	407311	1021273	746009
利用外资	56530	109417	217763	162691	96544
股票和债券			3377	30027	152836
自筹资金	145302	218237	919729	1746758	1409641
其他资金	73381	51191	293662	394731	503226
2.按构成分					
建筑安装工程	342618	498208	1389404	2441567	2278322
设备、工器具购置	93478	123790	356116	628287	407657
其他费用	43645	48748	241365	373460	398899
3.按隶属关系分					
#中央项目	309712	418183	956705	1947429	1052085
地方项目	170029	252563	1030180	1495885	2007482
4.按项目规模分					
大中型项目	238946	379252	918145	2122345	965137
小型项目	240795	291494	1068740	1320969	2119741
5.按建设性质分					
#新　建	183071	182349	752994	1447514	1632208
扩　建	223393	26585	1018606	1671036	1022476
改　建	20319	423239	73185	117118	167269
二、新增固定资产(万元)	**365823**	**573180**	**1541655**	**2710010**	**3194697**
三、建设项目个数(个)					
施工项目	3017	2245	1829	1855	2265
#大中型项目	34	46	38	37	31
全部建成投产项目	1968	1558	1112	1101	1604
#大中型项目	5	10	3	8	8
四、房屋建筑面积(万平方米)					
施工面积	1275	710	961	1167	1687
#住　宅	626	272	697	611	761
竣工面积	677	411	403	706	896
#住　宅	365	180	321	417	516

4－14 各行业基本建设投资

行业	1985 年	1990 年	1995 年	1997 年	1998 年
投资总额(万元)	**479741**	**670746**	**1986885**	**3443314**	**3084878**
农、林、牧、渔业	17922	29884	87269	88393	117239
采掘业	116529	210984	396963	951396	199302
制造业	138637	105023	343688	433081	282278
电力、煤气及水的生产和供业	31330	138922	294239	680522	637903
建筑业	13673	2157	16119	23395	34379
地质勘查业、水利管理业	4228	5217	21740	24656	60485
交通运输、仓储及邮电通信业	35952	70373	286650	604053	797322
批发和零售贸易、餐饮业	15882	17330	86763	74441	104144
金融、保险业	3424	7308	39415	61141	50143
房地产业	5653	4594	9767	9858	16503
社会服务业	15245	5759	66269	119462	105455
卫生、体育和社会福利业	6616	11005	29474	18402	26856
教育、文化艺术及广播电影电视业	30239	34811	100584	98570	125042
科学研究和综合技术服务业	5777	3423	6226	3230	17145
国家机关、政党机关和社会团体	21162	23536	134093	207392	448609
其他行业	17472	420	67626	45322	62073
构成(投资总额＝100)					
农、林、牧、渔业	3.7	4.5	4.4	2.6	3.8
采掘业	24.3	31.5	20.0	27.6	6.5
制造业	28.9	15.7	17.3	12.5	9.2
电力、煤气及水的生产和供应业	6.5	20.7	14.8	19.8	20.7
建筑业	2.8	0.3	0.8	0.7	1.1
地质勘查业、水利管理业	0.9	0.8	1.1	0.7	2.0
交通运输、仓储及邮电通信业	7.5	10.5	14.4	17.5	25.8
批发和零售贸易、餐饮业	3.3	2.6	4.4	2.2	3.4
金融、保险业	0.7	1.1	2.0	1.8	1.6
房地产业	1.1	0.7	0.5	0.3	0.5
社会服务业	3.2	0.9	3.3	3.5	3.4
卫生、体育和社会福利业	1.4	1.6	1.5	0.5	0.9
教育、文化艺术及广播电影电视业	6.3	5.2	5.1	2.9	4.1
科学研究和综合技术服务业	1.2	0.5	0.3	0.1	0.6
国家机关、政党机关和社会团体	4.4	3.5	6.7	6.0	14.5
其他行业	3.8	0.1	3.4	1.3	2.0

4－15 工业各行业基本建设投资

单位:万元

行　　业	1985年	1990年	1995年	1997年	1998年
总　　计	**286496**	**454929**	**1034890**	**2064999**	**1119483**
一、采掘业	116529	210984	396963	951396	199302
煤炭采选业	46698	77639	88583	142143	40750
石油和天然气开采业	46435	110483	279419	780200	126909
黑色金属矿采选业	53				
有色金属矿采选业	1561	7971	593	520	205
非金属矿采选业	409	1375	1276	245	600
其他矿采选业		542	15		
木材及竹料采运业	21373	12974	27077	28288	30838
二、制造业	138637	105023	343688	433081	282278
食品加工业	631	1903	34469	43430	12729
食品制造业	8968	7151	31731	883	4501
饮料制造业	2073	1520	4426	12357	11283
烟草加工业	239	723	1620	2247	10110
纺织业	7516	13559	2909	2615	1684
服装及纤维制品制造业	62	123		2731	1841
皮革毛皮羽绒及其制品业	58				900
木材加工及竹藤棕草制品业	978	2348	25135	22000	15415
家具制造业	330	19		230	
造纸及纸制品业	1772	4242	11458	10074	3404
印刷业、记录媒介的复制	146	24	2941	3230	2138
文教体育用品制造业	7	1332	1529	100	360
石油加工及炼焦业	4278	6286	113314	103845	80928
化学原料及化学制品制造业	71349	30102	17501	77854	37090
医药制造业	404	7169	1315	1783	293
化学纤维制造业	1477		1374	753	600
橡胶制品业	835	172	4726	3466	8355
塑料制品业	466	353	1077	814	2813
非金属矿物制品业	8309	8108	17471	8238	6345
黑色金属冶炼及压延加工业	1163	1838	6227	250	1601
有色金属冶炼及压延加工业	1247			6844	65
金属制品业	260	173	57	1180	2853
普通机械制造业	18622	9352	7667	11868	26288
专用设备制造业			9764	2892	3313
交通运输设备制造业	4715	6169	14245	40566	32826
武器弹药制造业				2510	3121
电气机械及器材制造业	1863	509	16707	2046	915
电子及通信设备制造业	275	188	11488	66248	8813
仪器仪表及文化办公用机械制造业	481	590	150	2027	1344
其他制造业	113	1070	4387		350
三、电力、煤气及水的生产和供应业	31330	138922	294239	680522	637903
电力、蒸汽、热水生产和供应业	28598	109066	240813	651599	602312
煤气的生产和供应业	1196	18556	25700	18646	7191
自来水的生产和供应业	1536	11300	27726	10277	28400

4－16 各行业按构成和建设性质分的基本建设投资

1998 年　　　　单位:万元

行　　业	合　计	按构成分			按建设性质分		
		建筑安装工　程	设备、工器具购置	其他费用	# 新建	# 扩建	# 改建
总　计	**3084878**	**2278322**	**407657**	**398899**	**1632208**	**1022476**	**167269**
农、林、牧、渔业	117239	79627	24845	12767	86533	19315	494
农　业	106910	71004	23879	12027	77779	18687	494
林　业	270	140	130		140		
畜 牧 业	2729	1234	820	675	1795	360	
渔　业							
农林牧渔服务业	7330	7249	16	65	6819	268	
采掘业	199302	154498	21751	23053	27010	165349	4090
煤炭采选业	40750	25869	621	14260	7173	31249	
石油和天然气开采业	126909	110758	16151			126909	
黑色金属矿采选业							
有色金属矿采选业	205	185	20		100		
非金属矿采选业	600	324	112	164	600		
其他矿采选业							
木材及竹材采运业	30838	17362	4847	8629	19137	7191	4090
制造业	282278	179663	79919	22696	66292	158191	10737
食品加工业	12729	7245	4859	625	7238	4521	
食品制造业	4501	1671	2364	466	3921	337	
饮料制造业	11283	3467	7486	330	22	3117	8136
烟草加工业	10110	6205	3790	115		9310	
纺织业	1684	1624	20	40	370	500	
服装及其它纤维制品制造业	1841	368	1473		1681	160	
皮革、毛皮、羽绒及其制品业	900	630	270		900		
木材加工及竹、藤、棕、草制品业	15415	4838	7796	2781	14473	872	
家具制造业							
造纸及纸制品业	3404	2933	182	289	437	472	
印刷业、记录媒介的复制	2138	2130		8	700	798	
文教体育用品制造业	360	360					
石油加工及炼焦业	80928	59063	15979	5886		72455	
化学原料及化学制品制造业	37090	25873	4220	6997	6653	30437	
医药制造业	293	293			293		
化学纤维制造业	600	600				600	
橡胶制品业	8355	3171	2269	2915		8355	
塑料制品业	2813	2013	800			950	
非金属矿物制品业	6345	3288	2707	350	4960	170	
黑色金属冶炼及压延加工业	1601	1581		20	176	236	
有色金属冶炼及压延加工业	65	65					
金属制品业	2853	998	1855		2350	503	
普通机械制造业	26288	14381	10516	1391	12025	1981	2601
专用设备制造业	3313	3093	20	200	668	488	
交通运输设备制造业	32826	28025	4700	101	632	20694	
武器弹药制造业	3121	3073		48			
电气机械及器材制造业	915	781		134		915	
电子及通信设备制造业	8813	290	8523		8793	20	
仪器仪表及文化、办公用机械制造业	1344	1254	90			300	
其他制造业	350	350					
电力、煤气及水的水生产和供应业	637903	284508	131528	221867	497544	102587	15771

4－16 续表 1998年 单位:万元

行业	合计	按构成分			按建设性质分		
		建筑安装工程	设备、工器具购置	其他费用	# 新建	# 扩建	# 改建
电力蒸气热水的生产和供应业	602312	258295	127249	216768	486717	81416	12771
煤气生产和供应业	7191	2690	218	4283	6642	549	
自来水的生产和供应业	28400	23523	4061	816	4185	20622	3000
建筑业	34379	31456	290	2633	7686	7066	450
地质勘查业、水利管理业	60485	56283	1003	3199	44372	13124	1155
地质勘察业	1813	1679		134	390	78	650
水利管理业	58672	54604	1003	3065	43982	13046	505
交通运输、仓储及邮电通信业	797322	639523	84731	73068	518287	194422	70265
铁路运输业	17617	12015	2227	3375			14009
公路运输业	411887	386593	238	25056	348352	21686	41569
管道运输业							
水上运输业	3452	240	3212				240
航空运输业	3275	1120	1480	675		3275	
交通运输辅助业	80876	66863	979	13034	63008	2887	14281
其他交通运输业	17627	127		17500	17627		
仓储业	15267	12290	1144	1833	1814	12155	
邮电通信业	247321	160275	75451	11595	87486	154419	166
批发和零售贸易、餐饮业	104144	82111	19238	2795	51964	40260	636
食品饮料烟草和家庭日用品批发业	40767	37536	1402	1829	16039	22020	
能源材料和机械电子设备批发业	4013	3765	159	89	944	2877	
其他批发业	850	826	24		158	368	
零售业	53678	35977	16984	717	31024	14995	636
商业经纪与代理业	280	280					
餐饮业	4556	3727	669	160	3799		
金融、保险业	50143	43390	459	6294	18982	17636	531
金融业	43213	37646	344	5223	17241	12916	531
保险业	6930	5744	115	1071	1741	4720	
房地产业	16503	15978	74	451	5711	4756	
房地产开发与经营业	5452	5184	34	234	4375	740	
房地产管理业	11051	10794	40	217	1336	4016	
社会服务业	105455	81272	13220	10963	59607	29488	12925
卫生、体育和社会福利业	26856	24868	1034	954	5431	16709	158
卫生	25212	23287	1034	891	4100	16501	158
体育	878	815		63	670	208	
社会福利保障业	766	766			661		
教育、文化艺术及广播电影电视业	125042	110816	8568	5658	24214	72470	1532
教育	97923	87702	5261	4960	19618	55107	812
文化艺术业	14289	13614		675	4596	6233	720
广播电影电视业	12830	9500	3307	23		11130	
科学研究和综合技术服务业	17145	16371	616	158	12934	1279	
科学研究业	8811	8167	591	53	5252	1101	
综合技术服务业	8334	8204	25	105	7682	178	
国家机关、政党机关和社会团体	448609	423110	13607	11892	167461	162094	48525
其他行业	62073	54848	6774	451	38180	17730	

4－17 各行业按登记注册类型和隶属关系分的基本建设投资

1998 年 单位:万元

行业	按登记注册类型分				按隶属关系分		
	# 国有	# 股份合作	# 股份有限公司	# 外商投资	# 中央	# 地方	# 省
总计	**2748587**	**108787**	**137874**	**45524**	**1052085**	**2007482**	**968666**
农、林、牧、渔业	117231				130	117109	104453
农业	106910					106910	101578
林业	270				130	140	
畜牧业	2729					2729	1909
渔业							
农林牧渔服务业	7322					7330	966
采掘业	198702		600		177485	21217	20307
煤炭采选业	40750				33912	6838	6223
石油和天然气开采业	126909				126909		
黑色金属矿采选业							
有色金属矿采选业	205					205	
非金属矿采选业			600				
其他矿采选业							
木材及竹材采运业	30838				16664	14174	14084
制造业	216543	4184	16299	29742	145420	132201	7988
食品加工业	1697	1551	9255	50	1501	11228	269
食品制造业	1722					3105	931
饮料制造业	2363		60	724		11283	22
烟草加工业	10110				9162	948	600
纺织业	900					1684	
服装及其它纤维制品制造业	160			1681		1841	
皮革、毛皮、羽绒及其制品业						900	
木材加工及竹、藤、棕、草制品业	1406		458	13551	13551	1864	14
家具制造业							
造纸及纸制品业	2708	100				3304	733
印刷业、记录媒介的复制	1898		240			2138	798
文教体育用品制造业				360		360	
石油加工及炼焦业	80528	400			79025	1903	1503
化学原料及化学制品制造业	36033	957			1998	35092	742
医药制造业				293		293	293
化学纤维制造业						600	
橡胶制品业	4670		3685			8355	
塑料制品业	2367	446			446	2367	
非金属矿物制品业	1215	730		3900		5785	270
黑色金属冶炼及压延加工业	1601					1601	236
有色金属冶炼及压延加工业						65	
金属制品业	2350			260	2200	653	
普通机械制造业	23167		2601	400	1190	22497	
专用设备制造业	2802				380	2933	1307
交通运输设备制造业	32826				32826		
武器弹药制造业	3121				3121		
电气机械及器材制造业	915					915	
电子及通信设备制造业	290			8523	20	8793	270
仪器仪表及文化、办公用机械制造业	1344					1344	
其他制造业	350					350	
电力、煤气及水的水生产和供应业	488947	78956	70000		400773	236200	168397

4－17　续表　　1998年　　单位:万元

行　业	按登记注册类型分				按隶属关系分		
	#国　有	#股份合作	#股　份有限公司	#外商投资	#中　央	#地　方	#省
电力蒸气热水的生产和供应业	454286	78026	70000		400773	201539	168397
煤气生产和供应业	6261	930				6261	
自来水的生产和供应业	28400					28400	
建筑业	28994	218	4387		5197	28982	3421
地质勘查业、水利管理业	60485				1218	59267	31219
地质勘察业	1813				1218	595	595
水利管理业	58672					58672	30624
交通运输、仓储及邮电通信业	779642	180	17500		238866	540956	431211
铁路运输业	17617				16896	721	490
公路运输业	411707	180				411887	343677
管道运输业							
水上运输业	3452				3452		
航空运输业	3275				3275		
交通运输辅助业	80876					80876	45292
其他交通运输业	127		17500			127	
仓储业	15267				8730	6537	944
邮电通信业	247321				206513	40808	40808
批发和零售贸易、餐饮业	64310	25249	3280	2808	3362	99987	5106
食品饮料烟草和家庭日用品批发业	33790	3083	2400	339	1862	38822	834
能源材料和机械电子设备批发业	3423	590				4013	1949
其他批发业	850					850	158
零售业	25210	21576	880	380	1500	52178	2165
商业经纪与代理业	280					280	
餐饮业	757			2089		3844	
金融、保险业	47227		2008		43750	6393	4303
金融业	40405		2008		38045	5168	3078
保险业	6822				5705	1225	1225
房地产业	16493		10			16503	3941
房地产开发与经营业	5442		10			5452	3941
房地产管理业	11051					11051	
社会服务业	84676		50	5881	4668	100521	6484
卫生、体育和社会福利业	25576		700		1082	25774	6856
卫　生	23932		700		582	24630	6436
体　育	878					878	420
社会福利保障业	766				500	266	
教育、文化艺术及广播电影电视业	124906				18432	106440	29544
教　育	97787				17432	80321	20056
文化艺术业	14289				1000	13289	788
广播电影电视业	12830					12830	8700
科学研究和综合技术服务业	9512		540	7093	2183	14962	5431
科学研究业	8271		540		2173	6638	5261
综合技术服务业	1241			7093	10	8324	170
国家机关、政党机关和社会团体	448016				9519	438897	137499
其他行业	37327		22500			62073	2506

4－18 各行业基本建设项目和新增固定资产

1998 年

行业	施工项目（个）	#本年新开工	全部建成投产项目（个）	项目建成投产率（%）	投资总额（万元）	新增固定资产（万元）	固定资产交付使用率（%）
总计	**2265**	**1635**	**1604**	**70.8**	**3084878**	**3194697**	**103.6**
农、林、牧、渔业	134	122	115	85.8	117239	103417	88.2
农业	115	107	104	90.4	106910	95841	89.7
林业	1	1			270	130	48.1
畜牧业	4	4	2	50.0	2729	1483	54.3
渔业							
农林牧渔服务业	14	10	9	64.3	7330	5963	81.3
采掘业	54	23	23	42.6	199302	159373	80.0
煤炭采选业	15	8	8	53.3	40750	11270	27.7
石油和天然气开采业	1				126909	126909	100.0
黑色金属矿采选业							
有色金属矿采选业	2		1	50.0	205	300	146.3
非金属矿采选业	1	1			600	436	72.7
其他矿采选业							
木材及竹材采运业	35	14	14	40.0	30838	20458	66.3
制造业	156	86	106	68.0	282278	407738	144.4
食品加工业	17	10	11	64.7	12729	7728	60.7
食品制造业	9	5	5	55.6	4501	3744	83.2
饮料制造业	7	4	4	57.1	11283	1808	16.0
烟草加工业	7	6	4	57.1	10110	8370	82.8
纺织业	4	3	4	100.0	1684	2984	177.2
服装及其它纤维制品制造业	2		1	50.0	1841	320	17.4
皮革、毛皮、羽绒及其制品业	1	1	1	100.0	900	900	100.0
木材加工及竹、藤、棕、草制品业	6	2	5	83.3	15415	3568	23.1
家具制造业							
造纸及纸制品业	9	5	8	88.9	3404	6675	196.1
印刷业、记录媒介的复制	5	2	5	100.0	2138	2958	138.3
文教体育用品制造业	1		1	100.0	360	1869	519.2
石油加工及炼焦业	6	4	3	50.0	80928	154921	191.4
化学原料及化学制品制造业	9	5	7	77.8	37090	116746	314.8
医药制造业	1		1	100.0	293	700	238.9
化学纤维制造业	1		1	100.0	600	600	100.0
橡胶制品业	2		1	50.0	8355	20814	249.1
塑料制品业	4	3	2	50.0	2813	1346	47.9
非金属矿物制品业	8	8	6	75.0	6345	5503	86.7
黑色金属冶炼及压延加工业	4	3	3	75.0	1601	1167	72.9
有色金属冶炼及压延加工业	1		1	100.0	65	270	415.4
金属制品业	5	3	4	80.0	2853	2593	90.9
普通机械制造业	11	5	6	54.5	26288	4747	18.1
专用设备制造业	12	7	7	58.3	3313	3970	119.8
交通运输设备制造业	12	3	7	58.3	32826	38709	117.9
武器弹药制造业	4	3	3	75.0	3121	3541	113.5
电气机械及器材制造业	1	1			915		
电子及通信设备制造业	3	1	2	66.7	8813	9143	103.7
仪器仪表及文化、办公用机械制造业	3	1	2	66.7	1344	1694	126.0
其他制造业	1	1	1	100.0	350	350	100.0
电力、煤气及水的水生产和供应业	100	69	52	52.0	637903	909690	142.6

4－18 续表 1998年

行业	施工项目(个)	#本年新开工	全部建成投产项目(个)	项目建成投产率(%)	投资总额(万元)	新增固定资产(万元)	固定资产交付使用率(%)
电力蒸气热水的生产和供应业	69	51	41	59.4	602312	898548	149.2
煤气生产和供应业	6	1			7191	4416	61.4
自来水的生产和供应业	25	17	11	44.0	28400	6726	23.7
建筑业	55	47	38	69.1	34379	29341	85.3
地质勘查业、水利管理业	61	42	29	47.5	60485	31339	51.8
地质勘察业	7	6	1	14.3	1813	850	46.9
水利管理业	54	36	28	51.9	58672	30489	52.0
交通运输、仓储及邮电通信业	249	195	167	67.1	797322	637827	80.0
铁路运输业	9	7	7	77.8	17617	11011	62.5
公路运输业	34	25	18	52.9	411887	328318	79.7
管道运输业							
水上运输业	1	1	1	100.0	3452	3212	93.0
航空运输业	2	1	1	50.0	3275	6300	192.4
交通运输辅助业	36	30	26	72.2	80876	32091	39.7
其他交通运输业	2	2	1	50.0	17627	127	0.7
仓储业	30	27	13	43.3	15267	17061	111.8
邮电通信业	135	102	100	74.1	247321	239707	96.9
批发和零售贸易、餐饮业	138	103	102	73.9	104144	116996	112.3
食品饮料烟草和家庭日用品批发业	64	51	44	68.8	40767	26354	64.7
能源材料和机械电子设备批发业	8	6	7	87.5	4013	4323	107.7
其他批发业	4	4	3	75.0	850	719	84.6
零售业	57	39	45	79.0	53678	83651	155.8
商业经纪与代理业	1	1	1	100.0	280	280	100.0
餐饮业	4	2	2	50.0	4556	1669	36.6
金融、保险业	89	62	63	70.8	50143	38017	75.8
金融业	75	50	53	70.7	43213	34458	79.7
保险业	14	12	10	71.4	6930	3559	51.4
房地产业	28	17	23	82.1	16503	18557	112.5
房地产开发与经营业	10	4	9	90.0	5452	9105	167.0
房地产管理业	18	13	14	77.8	11051	9452	85.5
社会服务业	105	74	71	67.6	105455	124288	117.9
卫生、体育和社会福利业	75	59	53	70.7	26856	25760	95.9
卫　生	67	54	50	74.6	25212	25354	100.6
体　育	5	4	2	40.0	878	245	27.9
社会福利保障业	3	1	1	33.3	766	161	21.0
教育、文化艺术及广播电影电视业	355	238	265	74.7	125042	120152	96.1
教　育	319	223	237	74.3	97923	95709	97.7
文化艺术业	21	9	17	81.0	14289	11262	78.8
广播电影电视业	15	6	11	73.3	12830	13181	102.7
科学研究和综合技术服务业	28	17	20	71.4	17145	10710	62.5
科学研究业	18	10	14	77.8	8811	9583	108.8
综合技术服务业	10	7	6	60.0	8334	1127	13.5
国家机关、政党机关和社会团体	608	463	459	75.5	448609	431402	96.2
其他行业	30	18	18	60.0	62073	30090	48.5

4－19　各地区按构成分的基本建设投资

1998年　　单位:万元

地　区	合　计	# 住　宅	按构成分		
			建筑安装工　程	设备、工器具　购　置	其他费用
全　省	**3084878**	**468267**	**2278322**	**407657**	**398899**
哈尔滨	867606	145458	638056	162473	67077
齐齐哈尔	144537	36889	109908	16073	18556
鸡　西	68258	26122	66484	988	786
鹤　岗	119255	17247	74354	13259	31642
双鸭山	120258	14325	89969	4622	25667
大　庆	317231	76165	279973	22809	14449
伊　春	66709	7182	54416	2270	10023
佳木斯	76990	26071	61343	10161	5486
七台河	101523	9304	43915	32647	24961
牡丹江	218831	26348	121014	21564	76253
黑　河	125390	31681	113065	8192	4133
绥　化	99677	36635	88024	10243	1410
大兴安岭	24351	2428	14073	2821	7457
不分地区	734262	12412	523728	99535	110999

4－20　各地区按建设性质和隶属关系分的基本建设投资

1998年　　单位:万元

地　区	按建设性质分			按隶属关系分	
	# 新　建	# 扩　建	# 改　建	# 中　央	# 地　方
全　省	**1632208**	**1022476**	**167269**	**1052085**	**2007482**
哈尔滨	425988	283063	51391	188690	655691
齐齐哈尔	7905	118182		46191	97663
鸡　西	8390	38147	6531	17231	51027
鹤　岗	99244	9556	8419	74536	44719
双鸭山	34885	38886	34775	43290	76968
大　庆	34957	220396	18580	215976	101055
伊　春	54083	6668	4248	4972	61557
佳木斯	23351	31413	494	25643	50597
七台河	83405	8066	2634	3828	97422
牡丹江	104860	99182	8136	122307	96524
黑　河	92029	17094	15885	19655	105735
绥　化	4459	84738	1761	19548	80129
大兴安岭	21620	1508	166	19582	4769
不分地区	637032	65577	14249	250636	483626

4－21 各地区按资金来源分的基本建设投资

1998年　　单位:万元

地　区	按资金来源分					
	国家预算内资金	国内贷款	债　券	利用外资	自筹资金	其他投资
全　省	**176622**	**746009**	**96544**	**152836**	**1409641**	**503226**
哈尔滨	43108	204850	39329	24678	430995	124646
齐齐哈尔	10138	33381	548	9584	54699	36187
鸡　西	2111	2673			40508	22966
鹤　岗	5927	23813	22096	160	21545	45714
双鸭山	5189	51521		4129	43433	15986
大　庆	6230	63190		68723	140838	38250
伊　春	7776	6138	501		45615	6679
佳木斯	8486	2632	2603	1115	38287	23867
七台河	479	24713		29753	38201	8377
牡丹江	2361	49071		4476	129263	33660
黑　河	15860	16471	476	48	57396	35139
绥　化	7127	12313	20	220	42678	37319
大兴安岭	13668	523	1769		7293	1098
不分地区	48161	254721	29203	9950	318888	73339

4－22 各地区按登记注册类型分基本建设投资

1998年　　单位:万元

地　区	国　有	联　营	有限责任公司	股份有限公司	港澳台商投资	外商投资	其　他
全　省	**2748587**	**1531**	**108787**	**137874**	**27269**	**45524**	**15306**
哈尔滨	735221	951	22836	53449	16020	30866	8263
齐齐哈尔	139999		1802	660	1364	712	
鸡　西	68237						21
鹤　岗	47725		350	70000		380	800
双鸭山	109156		3747	5130		2089	136
大　庆	299745		1350	4350		10093	1693
伊　春	66709						
佳木斯	70499		750		1749		3992
七台河	24754		76648				121
牡丹江	206000	580	170	3685	8136	260	
黑　河	125390						
绥　化	97263		1134	600		400	280
大兴安岭	23627					724	
不分地区	734262						

4－23 各地区按行业分的基本建设投资

1998 年　　　　单位:万元

地　区	农、林、牧、渔业	采掘业	制造业	电力煤气及水的生产和供应业	建筑业	地质勘查业水利管理业	交通运输仓储及邮电通信业	批发和零售贸易餐饮业
全　省	**117239**	**199302**	**282278**	**637903**	**34379**	**60485**	**797322**	**104144**
哈尔滨	6150	1080	116234	135109	10057	4415	111323	50000
齐齐哈尔	360	600	47335	7608	2182	2900	28523	4794
鸡　西		2089	2481	7019	987	399	23644	839
鹤　岗	274	6223		76372	114	342	14807	1018
双鸭山	420	34200	1204	1561	2907	6442	44815	7159
大　庆		126909	68351	18491	9330	288	13740	9979
伊　春	550	8221	593		100	1198	42183	1646
佳木斯	734	105	3719	10241	2785	10141	17619	7362
七台河			4543	78197	1117	505	3496	2291
牡丹江	60	1980	23247	94660	3240	2609	44015	2662
黑　河	2414	3351	2371	15208		5571	13826	6489
绥　化	4474		9807	11988	1080	1705	23855	9747
大兴安岭		14544	724	1695			4490	
不分地区	101803		1669	179754	480	23970	410986	158

4－23 续表　　　　1998 年　　　　单位:万元

地　区	金融、保险业	房地产业	社会服务业	卫生、体育和社会福利业	教育、文化艺术及广播电影电视业	科学研究和综合技术服务业	国家机关政党机关和社会团体	其他行业
全　省	**50143**	**16503**	**105455**	**26856**	**125042**	**17145**	**448609**	**62073**
哈尔滨	11163	8595	68101	11477	67775	5268	215144	45715
齐齐哈尔	3595	752	2227	2984	10810	470	29397	
鸡　西	1495		731	671	6064		21524	315
鹤　岗	2468		2486	2000	1254		11897	
双鸭山	615	508	1336	460	1322	94	17215	
大　庆	13361	450	4400	2020	5762	7143	25625	11382
伊　春	2745	210	1877	268	2274		4844	
佳木斯	676	320	5902	805	5064	770	10687	60
七台河	907		3092	1001	927		5447	
牡丹江	4803	885	4538	1330	11140	67	23595	
黑　河	5333	1560	9869	1681	4660	139	49733	3185
绥　化	2105	3016	222	1099	5454		23709	1416
大兴安岭	710	207	158				1823	
不分地区	167		516	1060	2536	3194	7969	

4－24 各地区基本建设房屋建筑面积

1998 年

地 区	施工面积（平方米）	#住 宅	竣工面积（平方米）	#住 宅	房屋建筑面积竣工率（%）	#住 宅
全 省	**16872206**	**7606745**	**8964387**	**5157637**	**53.1**	**67.8**
哈尔滨	5085226	2408808	3031009	1569697	59.6	65.2
齐齐哈尔	2076853	896381	847792	484178	40.8	54.0
鸡 西	647153	434095	426775	270345	66.0	62.3
鹤 岗	539114	305455	355717	199881	66.0	65.4
双鸭山	617908	342734	319728	160145	51.7	46.7
大 庆	1327793	710329	926746	592624	69.8	83.4
伊 春	2390408	117437	206534	100063	8.6	85.2
佳木斯	701187	465985	451170	288526	64.3	61.9
七台河	363686	168034	168172	99414	46.2	59.2
牡丹江	1073350	568177	611662	312479	57.0	55.0
黑 河	810722	437857	553329	379512	68.3	86.7
绥 化	825614	564468	756865	530788	91.7	94.0
大兴安岭	85828	51910	53443	42910	62.3	82.7
不分地区	327364	135075	255445	127075	78.0	94.1

4－25 各地区基本建设项目和新增固定资产

1998 年

地 区	施工项目（个）	#本年新开工	全部建成投产项目（个）	项目建成投产率（%）	投资总额（万元）	新增固定资产（万元）	固定资产交付使用率（%）
全 省	**2265**	**1635**	**1604**	**70.8**	**3084878**	**3194697**	**103.6**
哈尔滨	615	382	449	73.0	867606	789654	91.0
齐齐哈尔	241	166	140	58.1	144537	190928	132.1
鸡 西	134	105	90	67.2	68258	52421	76.8
鹤 岗	68	51	39	57.4	119255	240858	202.0
双鸭山	125	86	80	64.0	120258	101582	84.5
大 庆	145	119	108	74.5	317231	348445	109.8
伊 春	81	48	49	60.5	66709	26337	39.5
佳木斯	147	96	102	69.4	76990	67855	88.1
七台河	57	44	40	70.2	101523	20997	20.7
牡丹江	170	120	108	63.5	218831	560362	256.1
黑 河	179	142	137	76.5	125390	66968	53.4
绥 化	141	129	114	80.8	99677	85547	85.8
大兴安岭	22	15	15	68.2	24351	11646	47.8
不分地区	140	132	133	95.0	734262	631097	86.0

4－26 各行业基本建设新增固定资产

行　业	1985年	1990年	1995年	1997年	1998年
绝对数(万元)	**365823**	**573180**	**1541655**	**2710010**	**3194697**
农、林、牧、渔业	15447	20456	61381	72949	103417
采掘业	86642	181487	424820	792541	159373
制造业	118952	88935	191962	418977	407738
电力、煤气及水的生产和供应业	17268	106754	92380	402345	909690
建筑业	10340	2311	16905	23804	29341
地质勘查业、水利管理业	3073	9237	7041	14455	31339
交通运输、仓储及邮电通信业	23355	48676	292771	479354	637827
批发和零售贸易、餐饮业	8922	19728	75216	41705	116996
金融、保险业	1815	6731	32999	45421	38017
房地产业	4274	2590	5832	5711	18557
社会服务业	9533	5862	36519	74394	124288
卫生、体育和社会福利业	5899	12075	25610	19419	25760
教育、文化艺术及广播电影电视业	24510	39308	95090	87844	120152
科学研究和综合技术服务业	4637	3984	4258	2857	10710
国家机关、政党机关和社会团体	15974	24543	120259	192632	431402
其他行业	15182	503	58612	35602	30090
构成(总计=100)					
农、林、牧、渔业	4.2	3.6	4.0	2.7	3.2
采掘业	23.7	31.7	27.6	29.2	5.0
制造业	32.5	15.5	12.5	15.6	12.8
电力、煤气及水的生产和供应业	4.7	18.6	6.0	14.8	28.5
建筑业	2.8	0.4	1.1	0.9	0.9
地质勘查业、水利管理业	0.8	1.6	0.5	0.5	0.9
交通运输、仓储及邮电通信业	6.4	8.5	19.0	17.7	20.0
批发和零售贸易、餐饮业	2.4	3.4	4.9	1.5	3.7
金融、保险业	0.5	1.2	2.1	1.7	1.2
房地产业	1.2	0.5	0.4	0.2	0.6
社会服务业	2.6	1.0	2.4	2.7	3.9
卫生、体育和社会福利业	1.6	2.1	1.7	0.7	0.8
教育、文化艺术及广播电影电视业	6.7	6.9	6.2	3.2	3.8
科学研究和综合技术服务业	1.3	0.7	0.3	0.1	0.3
国家机关、政党机关和社会团体	4.4	4.3	7.8	7.2	13.5
其他行业	4.2	0.1	3.8	1.3	0.9

4-27 工业各行业基本建设新增固定资产

单位:万元

行　　业	1985 年	1990 年	1995 年	1997 年	1998 年
总　　计	**222862**	**377176**	**709162**	**1613863**	**1476801**
一、采掘业	86642	181487	424820	792541	159373
煤炭采选业	33700	51735	124106	163387	11270
石油和天然气开采业	31891	110483	279267	603030	126909
黑色金属矿采选业	53				
有色金属矿采选业	1024	7695	693		300
非金属矿采选业	328	1078	37	245	436
其他矿采选业		112	15		
木材及竹材采运业	19646	10384	20702	25879	20458
二、制造业	117712	88935	191962	418977	407738
食品加工业	138	3139	26625	46215	7728
食品制造业	7695	9394	28924		3744
饮料制造业	733	205	897	8020	1808
烟草加工业	259	341	1620	1897	8370
纺织业	6244	7648	2909	3127	2984
服装及其他纤维制品制造业	45	168		2010	320
皮革毛皮羽绒及其制品业	63				900
木材加工及竹藤棕草制品业	901	3985	1656	6321	3568
家具制造业	44	10		200	
造纸及纸制品业	1689	486	7566	12299	6675
印刷业、记录媒介的复制	309	24	2520	1411	2958
文教体育用品制造业	14	927		1409	1869
石油加工及炼焦业	3095	1008	39751	132058	154921
化学原料及化学制品制造业	69233	35278	3299	34664	116746
医药制造业	114	2315	896	744	700
化学纤维制品业	366		1240	1031	600
橡胶制品业	751	172	332	1140	20814
塑料制品业	421	165	1223	270	1346
非金属矿物制品业	5256	3129	4376	65108	5503
黑色金属冶炼及压延加工业	1336	1913	8567		1167
有色金属冶炼及压延加工业	462			6844	270
金属制品业	276			455	2593
普通机械制造业	14358	12866	5987	13007	4747
专用设备制造业			12818	2127	3970
交通运输设备制造业	2499	3669	15583	32217	38709
武器弹药制造业				2739	3541
电气机械及器材制造业	845	443	12649	3225	
电子及通信设备制造业	66	8	7861	39076	9143
仪器仪表及文化办公用机械制造业	357		150	1363	1694
其他制造业	143	1642	4513		350
三、电力、煤气及水的生产和供应业	18508	106754	92380	402345	909690
电力、蒸汽、热水的生产和供应业	16528	103016	47137	384482	898548
煤气的生产和供应业	740	2279	23677	1818	4416
自来水的生产和供应业	1240	1459	21566	16045	6726

4－28 基本建设新增主要产品生产能力

能力名称	单位	建设规模	本年施工规模		新增生产能力	
			合计	本年新开工	累计新增	本年新增
原油开采	万吨/年	304	304	304	304	304
发电机组容量	万千瓦	193	152	2	87	46
水力发电	万千瓦	61	20	2	55	14
火力发电	万千瓦	132	132		32	32
输电线路长度(11万伏及以上)	公里	2637	2625	838	2502	1807
变电设备能力(11万伏及以上)	万千伏安	380	380	117	290	272
卫生陶瓷	万件/年	30	30		30	30
合成氨	吨/年	150000	150000		150000	150000
农用氮、磷、钾化学肥	吨/年	2000	2000	2000	2000	2000
钾肥	吨/年	2000	2000	2000	2000	2000
塑料树脂及共聚物	吨/年	50000	50000		50000	50000
肉加工品	吨/年	40000	40000		40000	40000
#熟肉加工	吨/年	40000	40000		40000	40000
酒	吨/年	33000	33000	3000	3000	3000
啤　酒	吨/年	33000	33000	3000	3000	3000
机制纸及纸板	万吨/年	4	4	1	4	4
新建公路	公里	543	516	320	231	205
改建公路	公里	704	647	537	496	446
#高速公路	公里	99	99	99	99	99
长途电缆	延长公里	2574	2574	2574	2574	2574
市内电话自动交换机	门	31896	31896	31896	31896	31896
水库容量(总库容)	亿立方米	8	8	1	1	1
有效灌溉面积	万亩	174	146	81	44	42
除涝面积	万亩	3416	2124	95	1481	195
粮食仓库	万公斤	129182	91862	83512	46152	22702
高等院校:学生席位	个	3100	3100	1300	1500	1500
中等学校:学生席位	个	78771	78771	51996	65447	65447
小学校:学生席位	个	44746	44746	33200	38284	38284
其他学校:学生席位	个	7422	7422	5682	1572	1572
宾馆、旅馆、招待所客房数	间	633	633	116	225	225
宾馆、旅馆、招待所客房数	平方米	36072	36072	6509	8913	8913
城市自来水供水能力	万吨/日	47	46	22	16	14
城市自来水管道长度	公里	240	147	55	34	30
城市道路扩建长度	公里	164	164	164	93	93
城市道路扩建面积	万平方米	422	422	422	107	107
城市排水管道铺设长度	公里	86	62	62	63	55
城市防洪堤长度	公里	431	261	247	102	74

4－29 在建基本建设大中型项目

1998年

建设项目名称	开工时间（年、月）	投产时间（年、月）	计划总投资（万元）	累计完成投资（万元）	#本年完成	累计新增固定资产（万元）
哈尔滨哈依煤气工程	1990.08		158544	207978	4283	193388
哈尔滨工程大学211工程	1996.01		17000	3771	2201	
哈尔滨马家沟机场开发区集中供热工程	1993.07		51397	19476	5055	11
哈尔滨文昌污水处理厂	1996.06		12111	8311	2612	
哈尔滨市双太电子实业有限公司	1993.11		206457	169459	8523	122341
哈尔滨市建成精细化工厂	1994.10	1998.11	17698	20097	1998	19987
哈尔滨电站集团增加大型机电设备	1997.12		99927	12700	11200	
哈尔滨第三发电厂二期扩建工程	1990.10		512628	428814	67891	242514
黑龙江省方正林业造纸厂	1990.07	1998.11	45989	45989	137	45989
黑龙江兴隆中密度纤维板有限公司	1995.12		32381	31968	13551	
黑龙江化工厂15万吨合成氨改扩建工程	1995.12	1998.12	114788	114788	29339	114788
齐齐哈尔北方洁具五金件制造公司洁具项目	1996.10	1998.09	13646	13646	2200	13646
鸡西矿务局基建处建荣华立井	1981.01		214496	205554	474	169906
鹤岗电厂一期工程	1992.12		302401	277062	70000	196560
双鸭山矿务局矿山建设	1990.12		243963	186509	30700	76132
宝清县龙头桥水库	1997.06		56000	8762	6364	2422
大庆石油管理局基本建设工程	1996.03		1156392	1156392	126909	1156392
大庆石油化工总厂基本建设项目	1993.09		313851	328761	52565	327715
大庆新华电厂油改煤项目	1988.04	1998.11	90470	90470	12771	90470
七台河电厂新建工程	1997.11		427239	139251	75691	2812
桦林轮胎股份有限公司50万套子午胎工程	1994.11		45600	6352	3685	
黑龙江省水电建设管理局牡丹江莲花水电站	1992.11	1998.12	470232	470232	85441	470232
黑龙江省沾河林业局森工经营	1968.01		29382	35076	2000	28099
五大连池市山口水利枢纽工程	1995.07		19533	25810	6700	85
大兴安岭林业集团公司基本建设	1965.05		136845	111807	14544	94999
世界银行贷款粮食流通项目	1994.08		98744	90487	5252	16316
黑龙江省送变电工程	1991.05		642184	559235	179754	559235
黑龙江省三江平原治理	1982.04		198000	87670	23970	47179
鹤大公路牡丹江至宁安段	1997.04	1998.09	30158	30160	15160	30160
鹤大公路七台河至鸡西段	1997.05	1998.10	57810	57015	38810	57015
同三公路集贤至佳木斯段	1998.05		94051	65357	65357	

4－30 更新改造投资

指　　标	1985 年	1990 年	1995 年	1997 年	1998 年
一、投资总额(万元)	**159598**	**351763**	**1127866**	**1174769**	**2194693**
1.按资金来源分					
国家预算内资金	6707	3557	7557	2754	8337
国内贷款	47360	87383	249146	281493	299498
债　券			536	1166	
利用外资	289	12427	75680	64929	47921
自筹资金	102290	218755	759054	791551	1795213
其他资金	2952	29641	35894	32876	43724
2.按构成分					
建筑安装工程	71502	154428	419595	421757	868408
设备、工器具购置	81376	175143	661126	685485	1268689
#用于更新的设备	17824		125495	1262	68122
其他费用	6720	22192	47145	67527	117596
3.按隶属关系分					
#中　央	75235	160895	707035	815596	1765871
地　方	84363	190868	420831	359173	417084
4.按工程用途分					
增　产	48287	161608	659997	501564	681517
节约能源	6787	14661	31290	58061	20339
其他节约	420		3188	9737	3636
增加品种	17543	42206	67132	113988	306484
提高产品质量	10585	18196	65340	26747	45953
三废治理	2676	2918	14850	5386	6580
其　他	73300	112174	286069	459286	1130184
5.按建设性质分					
#新　建	1581	14282	34899	25573	39224
扩　建	80819	190966	795316	850828	1740936
改　建	54642	132709	275875	277759	289939
二、新增固定资产(万元)	**122601**	**299932**	**966253**	**939511**	**1800116**
三、房屋建筑面积(万平方米)					
施工面积	237	242	166	109	305
#住　宅	70	89	24	24	190
竣工面积	133	155	121	62	187
#住　宅	48	72	19	22	110

4－31 各行业更新改造投资

行　　业	1985年	1990年	1995年	1997年	1998年
投资总额(万元)	**159598**	**351763**	**1127866**	**1174769**	**2194693**
农、林、牧、渔业	5106	9914	13824	5787	10028
采掘业	36737	102091	231726	72529	738221
制造业	90159	197454	462523	477316	597862
电力、煤气及水的生产和供应业	3925	6429	20011	60251	23175
建筑业	345	616	51	428	226
地质勘查业、水利管理业	59	48		361	
交通运输业、仓储及邮电通讯业	17405	29832	388428	550401	808464
批发和零售贸易、餐饮业	1038	3479	3619	1090	3388
金融、保险业	44				
房地产业					
社会服务业	1362	532	3716	5119	502
卫生、体育和社会福利业	517	47	120	100	200
教育、文化艺术及广播电影电视业	1014	428	746	100	
科学研究和综合技术服务业	437	71		480	
国家机关、政党机关和社会团体	632	822	690	727	12627
其他行业	818		2412	80	
构成(总计＝100)					
农、林、牧、渔业	3.2	2.8	1.2	0.5	0.5
采掘业	23.0	29.0	20.5	6.3	33.6
制造业	56.5	56.1	41.0	40.6	27.2
电力、煤气及水的生产和供应业	2.5	1.8	1.8	5.1	1.1
建筑业	0.2	0.2			
地质勘查业、水利管理业					
交通运输业、仓储及邮电通讯业	10.9	8.5	34.4	46.9	36.8
批发和零售贸易、餐饮业	0.8	1.0	0.3	0.1	0.2
金融、保险业					
房地产业					
社会服务业	0.9	0.2	0.3		
卫生、体育和社会福利业	0.3			0.4	
教育、文化艺术及广播电影电视业	0.6	0.1	0.1		
科学研究和综合技术服务业	0.3				
国家机关、政党机关和社会团体	0.4	0.2	0.1	0.1	0.6
其他行业	0.5		0.2		

4－32 行业按构成和建设性质分的更新改造投资

1998 年　　　　单位：万元

行　　业	投资额	按构成分			按建设性质分		
		建筑安装工　程	设备、工器具购置	其他费用	# 新建	# 扩建	# 改建
总　计	**2194693**	**868408**	**1208689**	**117596**	**39224**	**1740936**	**289939**
农、林、牧、渔业	10028	4299	5729			6360	851
农　业	10028	4299	5729			6360	851
林　业							
畜 牧 业							
渔　业							
农林牧渔服务业							
采掘业	738221	486889	234436	16896	1772	592274	29205
煤炭采选业	27153	14957	10464	1732	1772	3113	22268
石油和天然气开采业	694100	465820	216155	12125		579250	
黑色金属矿采选业	20	20					20
有色金属矿采选业	685	185	149	351		185	500
非金属矿采选业	6985	943	3887	2155		5265	1600
其他矿采选业							
木材及竹材采运业	9278	4964	3781	533		4461	4817
制造业	597862	205177	311229	81456	10678	438150	144725
食品加工业	16795	7641	9054	100	330	10354	6041
食品制造业	17671	3849	12885	937	4326	10382	2963
饮料制造业	29969	10050	19904	15		14180	15379
烟草加工业	12192	3290	8143	759		5957	6235
纺织业	13288	656	12185	447		11577	1711
服装及其它纤维制品制造业	103	40	63			103	
皮革、毛皮、羽绒及其制品业	656	120	535	1		656	
木材加工及竹、藤、棕、草制品业	5140	1701	3339	100	3192		1798
家具制造业	7824	3824	4000			4873	2951
造纸及纸制品业	49619	11418	31486	6715		49109	510
印刷业、记录媒介的复制	430	173	255	2		150	280
文教体育用品制造业	276	5	271			106	170
石油加工及炼焦业	52745	28743	19165	4837		14775	37970
化学原料及化学制品制造业	195655	66210	81765	47680	430	191970	2873
医药制造业	18021	8035	7477	2509		15560	2461
化学纤维制造业	13550	1650	10000	1900		13400	150
橡胶制品业	13259	3018	5168	5073		11166	2093
塑料制品业	10062	2662	6690	710	128	8344	1540
非金属矿物制品业	30504	12132	14449	3923	80	24110	6314
黑色金属冶炼及压延加工业	25915	12408	13457	50		4176	21739
有色金属冶炼及压延加工业	3514	2651	614	249			500
金属制品业	3526	1016	1897	613	360	3153	
普通机械制造业	11675	766	9698	1211		4205	7470
专用设备制造业	10253	1856	8104	293	569	2948	6736
交通运输设备制造业	39744	16417	22037	1290	1263	26724	11757
武器弹药制造业	2091	575	1516				2091
电气机械及器材制造业	6126	2967	3137	22		3133	2993
电子及通信设备制造业	3387	4	1373	2010		3387	
仪器仪表及文化、办公用机械制造业	2472		2472			2252	
其他制造业	1400	1300	90	10		1400	
电力、煤气及水的水生产和供应业	23175	13064	7107	3004	2218	6678	14279

4－32　续表　　　　1998 年　　　　单位:万元

行业	投资额	按构成分			按建设性质分		
		建筑安装工程	设备、工器具购置	其他费用	#新建	#扩建	#改建
电力蒸气热水的生产和供应业	21933	12233	6696	3004	2218	5436	14279
煤气生产和供应业							
自来水的生产和供应业	1242	831	411			1242	
建筑业	226	23	203			138	
地质勘查业、水利管理业							
地质勘察业							
水利管理业							
交通运输、仓储及邮电通信业	808464	148946	643714	15804	22997	695176	88221
铁路运输业	71029	36208	28621	6200			71029
公路运输业	99		99				
管道运输业							
水上运输业							
航空运输业							
交通运输辅助业	1379	1379					1379
其他交通运输业							
仓储业	630	190	440				630
邮电通信业	735327	111169	614554	9604	22997	695176	15183
批发和零售贸易、餐饮业	3388	1948	1090	350	1145	1945	298
食品饮料烟草和家庭日用品批发业	1463	638	825		1145	145	173
能源材料和机械电子设备批发业	200	200				200	
其他批发业							
零售业	725	460	265			600	125
商业经纪与代理业							
餐饮业	1000	650		350		1000	
金融、保险业							
金融业							
保险业							
房地产业							
房地产开发与经营业							
房地产管理业							
社会服务业	502	312	190				162
卫生、体育和社会福利业	200	200				200	
卫　生	200	200				200	
体　育							
社会福利保障业							
教育、文化艺术及广播电影电视业							
教　育							
文化艺术业							
广播电影电视业							
科学研究和综合技术服务业							
科学研究业							
综合技术服务业							
国家机关、政党机关和社会团体	12627	7550	4991	86	414	15	12198
其他行业							

4－33 各行业按经济类型和隶属关系分的更新改造投资

1998 年　　　　单位:万元

行　　业	按登记注册类型分				按隶属关系分		
	#国　有	#其他有限责任公司	#股　份有限公司	#外商投资	中　央	地　方	#省属
总　　计	**2046101**	**23496**	**44444**	**10010**	**1765871**	**417084**	**108365**
农、林、牧、渔业	10028				90	9938	9938
农　　业	10028				90	9938	9938
林　　业							
畜 牧 业							
渔　　业							
农林牧渔服务业							
采掘业	721255	1430	185		704944	33127	21102
煤炭采选业	10492	1430			7959	19044	14209
石油和天然气开采业	694100				694100		
黑色金属矿采选业	20					20	
有色金属矿采选业	500		185			685	500
非金属矿采选业	6865					6985	
其他矿采选业							
木材及竹材采运业	9278				2885	6393	6393
制造业	467436	22066	44259	10010	280945	305329	38620
食品加工业	6725	7740				16795	2331
食品制造业	9802		4775	60	4176	13495	1717
饮料制造业	14856		1269	1900		29969	
烟草加工业	12192				12007	185	
纺织业	2699			1341		13288	
服装及其它纤维制品制造业	103					103	
皮革、毛皮、羽绒及其制品业	576		50			656	
木材加工及竹、藤、棕、草制品业	1188	470		3072	111	5029	927
家具制造业			373			4873	
造纸及纸制品业	38879	204				49619	10536
印刷业、记录媒介的复制	280	130				430	
文教体育用品制造业	106					276	
石油加工及炼焦业	52244	501			50366	2379	
化学原料及化学制品制造业	187420	4785	1545	340	170000	25655	1814
医药制造业	10065	1368	3650	2728		17873	810
化学纤维制造业	13550					13550	13400
橡胶制品业	8724		4535			13259	
塑料制品业	8069	772	1093			9340	
非金属矿物制品业	25609	444	548			30504	1241
黑色金属冶炼及压延加工业	5350	934	19631			25915	1958
有色金属冶炼及压延加工业	3514				3514		
金属制品业	3166	360			13	3513	
普通机械制造业	4885		6790		110	4775	
专用设备制造业	8104	1580		569		9684	3886
交通运输设备制造业	39624	120			38557	1187	
武器弹药制造业	2091				2091		
电气机械及器材制造业	3283	438				5718	
电子及通信设备制造业	460	2220				3387	
仪器仪表及文化、办公用机械制造业	2472					2472	
其他制造业	1400					1400	
电力、煤气及水的水生产和供应业	23175				8683	14492	2997

4-33 续表 1998年 单位:万元

行业	按登记注册类型分				按隶属关系分		
	#国有	#其他有限责任公司	#股份有限公司	#外商投资	中央	地方	#省属
电力蒸气热水的生产和供应业	21933				8683	13250	2997
煤气生产和供应业							
自来水的生产和供应业	1242					1242	
建筑业	226				88	138	
地质勘查业、水利管理业							
地质勘察业							
水利管理业							
交通运输、仓储及邮电通信业	808464				771121	37343	35335
铁路运输业	71029				71029		
公路运输业	99					99	
管道运输业							
水上运输业							
航空运输业							
交通运输辅助业	1379					1379	125
其他交通运输业							
仓储业	630					630	
邮电通信业	735327				700092	35235	35210
批发和零售贸易、餐饮业	2188					3388	173
食品饮料烟草和家庭日用品批发业	1463					1463	173
能源材料和机械电子设备批发业						200	
其他批发业							
零售业	725					725	
商业经纪与代理业							
餐饮业						1000	
金融、保险业							
金融业							
保险业							
房地产业							
房地产开发与经营业							
房地产管理业							
社会服务业	502					502	
卫生、体育和社会福利业	200					200	200
卫　生	200					200	200
体　育							
社会福利保障业							
教育、文化艺术及广播电影电视业							
教　育							
文化艺术业							
广播电影电视业							
科学研究和综合技术服务业							
科学研究业							
综合技术服务业							
国家机关、政党机关和社会团体	12627					12627	
其他行业							

4－34 各行业更新改造项目和新增固定资产

1998 年

行业	施工项目(个)	#本年新开工	全部建成投产项目(个)	项目建成投产率(%)	投资总额(万元)	新增固定资产(万元)	固定资产交付使用率(%)
总计	**1347**	**1061**	**1095**	**81.3**	**2194693**	**1800116**	**82.0**
农、林、牧、渔业	11	10	10	90.9	10028	8508	84.8
农业	11	10	10	90.9	10028	8508	84.8
采掘业	100	64	80	80.0	738221	647959	87.8
煤炭采选业	49	40	41	83.7	27153	24238	89.3
石油和天然气开采业	10	10	9	90.0	694100	612500	88.2
黑色金属矿采选业	1		1	100.0	20	20	100.0
有色金属矿采选业	2	1	2	100.0	685	594	86.7
非金属矿采选业	3	3	2	66.7	6985	1720	24.6
其他矿采选业							
木材及竹材采运业	35	10	25	71.4	9278	8887	95.8
制造业	420	269	263	62.6	597862	301695	50.5
食品加工业	18	15	10	55.6	16795	10907	64.9
食品制造业	19	16	13	68.4	17671	11417	64.6
饮料制造业	31	21	25	80.7	29969	31956	106.6
烟草加工业	9	4	2	22.2	12192	9217	75.6
纺织业	14	9	13	92.9	13288	15407	116.0
服装及其它纤维制品制造业	1	1			103		
皮革、毛皮、羽绒及其制品业	3	2	3	100.0	656	656	100.0
木材加工及竹、藤、棕、草制品业	14	12	13	92.9	5140	3709	72.2
家具制造业	3	2	3	100.0	7824	7804	99.7
造纸及纸制品业	12	5	7	58.3	49619	8846	17.8
印刷业、记录媒介的复制	3	2			430		
文教体育用品制造业	3		1	33.3	276	170	61.6
石油加工及炼焦业	53	40	35	66.0	52745	34072	64.6
化学原料及化学制品制造业	30	18	18	60.0	195655	21170	10.8
医药制造业	22	13	12	54.5	18021	8137	45.1
化学纤维制造业	2	1	2	100.0	13550	16550	122.1
橡胶制品业	3		2	66.7	13259	17940	135.3
塑料制品业	16	14	11	68.8	10062	8485	84.3
非金属矿物制品业	30	20	21	70.0	30504	23019	75.5
黑色金属冶炼及压延加工业	18	12	12	66.7	25915	25394	98.0
有色金属冶炼及压延加工业	4	2	4	100.0	3514	3629	103.3
金属制品业	4	1	3	75.0	3526	5623	159.5
普通机械制造业	30	12	5	16.7	11675	2957	25.3
专用设备制造业	14	10	7	50.0	10253	7111	69.4
交通运输设备制造业	32	14	21	65.6	39744	20374	51.3
武器弹药制造业	14	14	14	100.0	2091	2091	100.0
电气机械及器材制造业	10	6	1	10.0	6126	2705	44.2
电子及通信设备制造业	3	1	2	66.7	3387	1347	39.8
仪器仪表及文化、办公用机械制造业	3		2	66.7	2472	2	0.1
其他制造业	2	2	1	50.0	1400	1000	71.4
电力、煤气及水的水生产和供应业	48	35	39	81.3	23175	25083	108.2

4－34　续表　　　　1998年

行　　业	施工项目（个）	#本年新开工	全部建成投产项目（个）	项目建成投产率（%）	投资总额（万元）	新增固定资产（万元）	固定资产交付使用率（%）
电力蒸气热水的生产和供应业	44	31	37	84.1	21933	24222	110.4
煤气生产和供应业							
自来水的生产和供应业	4	4	2	50.0	1242	861	69.3
建筑业	1	1	1	100.0	226	223	98.7
地质勘查业、水利管理业							
地质勘察业							
水利管理业							
交通运输、仓储及邮电通信业	739	657	683	92.4	808464	801250	99.1
铁路运输业	158	138	147	93.0	71029	70198	98.8
公路运输业					99	99	100.0
管道运输业							
水上运输业							
航空运输业							
交通运输辅助业	2	2	2	100.0	1379	1379	100.0
其他交通运输业							
仓储业	2	2	1	50.0	630	770	122.2
邮电通信业	577	515	533	92.4	735327	728804	99.1
批发和零售贸易、餐饮业	12	10	8	66.7	3388	2243	66.2
食品饮料烟草和家庭日用品批发业	5	5	2	40.0	1463	318	21.7
能源材料和机械电子设备批发业	2	2	2	100.0	200	200	100.0
其他批发业							
零售业	2	1	2	100.0	725	725	100.0
商业经纪与代理业							
餐饮业	3	2	2	66.7	1000	1000	100.0
金融、保险业							
金融业							
保险业							
房地产业							
房地产开发与经营业							
房地产管理业							
社会服务业	2	2	2	100.0	502	502	100.0
卫生、体育和社会福利业	1	1	1	100.0	200	200	100.0
卫　生	1	1	1	100.0	200	200	100.0
体　育							
社会福利保障业							
教育、文化艺术及广播电影电视业							
教　育							
文化艺术业							
广播电影电视业							
科学研究和综合技术服务业							
科学研究业							
综合技术服务业							
国家机关、政党机关和社会团体	13	12	8	61.5	12627	12453	98.6
其他行业							

4－35 各地区按构成和建设性质分的更新改造投资

1998年　　单位:万元

地　区	合　计	#住　宅	按构成分			按建设性质分		
			建筑安装工程	设备、工器具购置	其他费用	#新　建	#扩　建	#改　建
全　省	**2194693**	**209713**	**868408**	**1208689**	**117596**	**39224**	**1740936**	**289939**
哈尔滨	269975	2452	104376	153814	11785	4465	162106	98104
齐齐哈尔	67081		12804	52452	1825		62004	5077
鸡　西	28546		10386	17930	230	11042	7390	10114
鹤　岗	9307		2752	5199	1356	6819	1675	623
双鸭山	12583		6023	6329	231	2598	6450	3385
大　庆	940404	190760	558874	321712	59818		794313	31241
伊　春	28681	336	14645	12786	1250		15183	12766
佳木斯	62910		11039	43289	8582	569	49838	12277
七台河	25525		7699	16192	1634		11076	14339
牡丹江	101984		23653	68794	9537		96602	5251
黑　河	22237		8692	10471	3074	946	6556	14735
绥　化	68709		14880	52036	1793	1505	66216	988
大兴安岭	16203	238	9499	5955	749	10950	5165	
不分地区	540548	15927	83086	441730	15732	330	456362	81039

4－36 各地区按登记注册类型分的更新改造投资

1998年　　单位:万元

地　区	国　有	联　营	有限责任公司	股份有限公司	港澳台商投资	外商投资	其　他
全　省	**2046101**	**3892**	**23496**	**44444**	**41098**	**10010**	**25652**
哈尔滨	221783	2680	9468	30242	2330	3072	400
齐齐哈尔	59661		820	371	6229		
鸡　西	25945			386	2155	60	
鹤　岗	8131		1056				120
双鸭山	6468	1212	4139	100		148	516
大　庆	935892		909	1200	823		1580
伊　春	24437			1273	2951		20
佳木斯	40936		2480	185	9933	569	8807
七台河	9302		2014				14209
牡丹江	92703			4828	3112	1341	
黑　河	22237						
绥　化	43755		2610	5859	13565	2920	
大兴安岭	14303					1900	
不分地区	540548						

4－37 各地区按工程用途分的更新改造投资

1998年 单位:万元

地 区	按工程用途分						
	增 产	节约能源	其他节约	增加品种	提高产品质 量	三废治理	其 他
全 省	**681517**	**20339**	**3636**	**306484**	**45953**	**6580**	**1130184**
哈尔滨	178429	3835	2428	25757	18068	2605	38853
齐齐哈尔	11505	2110	86	8117	6844	143	38276
鸡 西	1206	110		4448	450		22332
鹤 岗	1641	92		806		8	6760
双鸭山	2839	45		3857	923	40	4879
大 庆	369712	2200	4	170506	6699	2176	389107
伊 春	4260	1071	37	1844	376	40	21053
佳木斯	48575	45		8646	4964		680
七台河	16821	722		1742		62	6178
牡丹江	15891	3780		41691	4926		35696
黑 河	8862	3366		945			9064
绥 化	10038	630		31825	1120	170	24926
大兴安岭	2085	4		4198			9916
不分地区	9653	2329	1081	2102	1583	1336	522464

4－38 各地区按隶属关系和资金来源分的更新改造投资

1998年 单位:万元

地 区	按隶属关系分		按资金来源分				
	#中 央	#地 方	国家预算内资金	国内贷款	利用外资	自筹资金	其他投资
全 省	**1765871**	**417084**	**8337**	**299498**	**47921**	**1795213**	**43724**
哈尔滨	147126	116059	4400	63169	617	186394	15395
齐齐哈尔	38818	27541	255	11468	111	51118	4129
鸡 西	22031	6515		3811		23765	970
鹤 岗	6365	2942	889	2413		5601	404
双鸭山	2847	9438	50	3947		5190	3396
大 庆	907833	32163	50	81507	40000	818847	
伊 春	10661	15069		7021		19904	1756
佳木斯	18440	43901		22599	283	38377	1651
七台河	7356	18169		2260		23265	
牡丹江	35953	66031	500	57600	108	36898	6878
黑 河	10782	11455		2090		19247	900
绥 化	22435	46274		31198	6802	23690	7019
大兴安岭	14303	1900	674	3715		11814	
不分地区	520921	19627	1519	6699		531104	1226

4－39 各地区按行业分的更新改造投资

1998 年　　单位:万元

地　区	农、林、牧、渔业	采掘业	制造业	电力煤气及水的生产和供应业	建筑业	地质勘查业水利管理业	交通运输仓储及邮电通信业	批发和零售贸易餐饮业
全　省	**10028**	**738221**	**597862**	**23175**	**226**		**808464**	**3388**
哈尔滨		90	157404	5596			94530	
齐齐哈尔			30546	916			35619	
鸡　西		8479	5874	521			13672	
鹤　岗		120	2203	50			6760	
双鸭山		2482	6774	437			2690	200
大　庆		694100	216266	708			29116	
伊　春		5314	9935	1952	138		10686	270
佳木斯		185	43053	1233			18439	
七台河		15593	2576				7356	
牡丹江		6366	64149	1378			30091	
黑　河		2107	2317	7456			10357	
绥　化			41873	1656			22435	2745
大兴安岭	90	2885	6076	1272	88		5792	
不分地区	9938	500	8816				520921	173

4－39 续表　　1998 年　　单位:万元

地　区	金融、保险业	房地产业	社会服务业	卫生、体育和社会福利业	教育、文化艺术及广播电影电视业	科学研究和综合技术服务业	国家机关政党机关和社会团体	其他行业
全　省			**502**	**200**			**12627**	
哈尔滨			340				12015	
齐齐哈尔								
鸡　西								
鹤　岗							174	
双鸭山								
大　庆			162				52	
伊　春							386	
佳木斯								
七台河								
牡丹江								
黑　河								
绥　化								
大兴安岭								
不分地区				200				

4－40 各地区更新改造项目和新增固定资产

1998 年

地　区	施工项目（个）	#本年新开工	全部建成投产项目（个）	项目建成投产率（%）	投产总额（万元）	新增固定资产（万元）	固定资产交付使用率（%）
全　省	**1347**	**1061**	**1095**	**81.3**	**2194693**	**1800116**	**82.0**
哈尔滨	212	130	152	71.7	269975	214103	79.3
齐齐哈尔	92	63	60	65.2	67081	57539	85.8
鸡　西	62	49	55	88.7	28546	27580	96.6
鹤　岗	22	16	14	63.6	9307	9075	97.5
双鸭山	55	49	42	76.4	12583	8029	63.8
大　庆	106	95	85	80.2	940404	680234	72.3
伊　春	75	39	54	72.0	28681	25667	89.5
佳木斯	65	40	49	75.4	62910	49615	78.9
七台河	28	22	25	89.3	25525	22005	86.2
牡丹江	68	45	50	73.5	101984	63551	62.3
黑　河	31	24	27	87.1	22237	26524	119.3
绥　化	91	77	71	78.0	68709	66399	96.6
大兴安岭	8	6	5	62.5	16203	11675	72.0
不分地区	432	406	406	94.0	540548	538120	99.5

4－41 各地区更新改造房屋建筑面积

1998 年

地　区	施工面积（平方米）	#住　宅	竣工面积（平方米）	#住　宅	房屋建筑面积竣工率（%）	#住　宅
全　省	**3045809**	**1900676**	**1872896**	**1096471**	**61.5**	**57.7**
哈尔滨	364542	26756	289456	26756	79.4	100.0
齐齐哈尔	28389		16066		56.6	
鸡　西	22970		7238		31.5	
鹤　岗						
双鸭山	11830		2480		21.0	
大　庆	1954749	1706300	1185270	956300	60.6	56.0
伊　春	61014	11840	16596		27.2	
佳木斯	75259		44442		59.0	
七台河	6528		6528		100.0	
牡丹江	163249		48220		29.5	
黑　河	900		900		100.0	
绥　化	93687		67737		72.3	
大兴安岭	31368	3487	8154	3487	26.0	100.0
不分地区	231324	152293	179809	109928	77.7	72.2

4－42 大中型工业企业更新改造项目、投资额及新增固定资产

1998 年

行业	企业个数（个）	施工项目（个）	全部建成投产项目（个）	项目建成投产率（%）	投资额（万元）	新增固定资产（万元）	固定资产交付使用率（%）
总计	**369**	**568**	**382**	**67.3**	**1359258**	**974737**	**71.7**
采掘业	55	100	80	80.0	738221	647959	87.8
煤炭采选业	19	49	41	83.7	27153	24238	89.3
石油和天然气开采业	8	10	9	90.0	694100	612500	88.2
黑色金属矿采选业	1	1	1	100.0	20	20	100.0
有色金属矿采选业	2	2	2	100.0	685	594	86.7
非金属矿采选业	4	3	2	66.7	6985	1720	24.6
其他矿采选业							
木材及竹材采运业	21	35	25	71.4	9278	8887	95.8
制造业	281	420	263	62.6	597862	301695	50.5
食品加工业	17	18	10	55.6	16795	10907	64.9
食品制造业	17	19	13	68.4	17671	11417	64.6
饮料制造业	23	31	25	80.7	29969	31956	106.6
烟草加工业	5	9	2	22.2	12192	9217	75.6
纺织业	11	14	13	92.9	13288	15407	116.0
服装及其它纤维制品制造业	1	1			103		
皮革、毛皮、羽绒及其制品业	3	3	3	100.0	656	656	100.0
木材加工及竹、藤、棕、草制品业	9	14	13	92.9	5140	3709	72.2
家具制造业	3	3	3	100.0	7824	7804	99.7
造纸及纸制品业	11	12	7	58.3	49619	8846	17.8
印刷业、记录媒介的复制	3	3			430		
文教体育用品制造业	2	3	1	33.3	276	170	61.6
石油加工及炼焦业	8	53	35	66.0	52745	34072	64.6
化学原料及化学制品制造业	25	30	18	60.0	195655	21170	10.8
医药制造业	20	22	12	54.5	18021	8137	45.1
化学纤维制造业	2	2	2	100.0	13550	16550	122.1
橡胶制品业	3	3	2	66.7	13259	17940	135.3
塑料制品业	13	16	11	68.8	10062	8485	84.3
非金属矿物制品业	28	30	21	70.0	30504	23019	75.5
黑色金属冶炼及压延加工业	8	18	12	66.7	25915	25394	98.0
有色金属冶炼及压延加工业	2	4	4	100.0	3514	3629	103.3
金属制品业	5	4	3	75.0	3526	5623	159.5
普通机械制造业	11	30	5	16.7	11675	2957	25.3
专用设备制造业	14	14	7	50.0	10253	7111	69.4
交通运输设备制造业	20	32	21	65.6	39744	20374	51.3
武器弹药制造业	1	14	14	100.0	2091	2091	100.0
电气机械及器材制造业	8	10	1	10.0	6126	2705	44.2
电子及通信设备制造业	3	3	2	66.7	3387	1347	39.8
仪器仪表及文化、办公用机械制造业	3	3	2	66.7	2472	2	0.1
其他制造业	2	2	1	50.0	1400	1000	71.4
电力、煤气及水的水生产和供应业	33	48	39	81.3	23175	25083	108.2
电力蒸气热水的生产和供应业	29	44	37	84.1	21933	24222	110.4

4－43 更新改造限额以上项目投资额和新增固定资产

1998 年

项　　目	施工项目（个）	全部建成投产项目（个）	项目建成投产率（%）	投资总额（万元）	新增固定资产（万元）	固定资产交付使用率（%）
总　计	**53**	**17**	**32.1**	**940386**	**592740**	**63.0**
按隶属关系分						
中央项目	20	9	45.0	780960	506446	64.8
地方项目	33	8	24.2	159426	86294	54.1
#省　属	5	2	40.0	24552	19596	79.8
地市属	22	5	22.7	104416	45969	44.0
县　属	5	1	20.0	29889	20230	67.7
按建设性质分						
#新　建	2			4745	499	10.5
扩　建	38	12	31.6	891969	554359	62.1
改　建	13	5	38.5	43672	37882	86.7
按国民经济行业分						
石油和天然气开采业	6	5	83.3	562480	480880	85.5
非金属矿采选业	1			5265		
食品加工业	1			5860		
食品制造业	1			4176		
饮料制造业	2	1	50.0	10014	10180	101.7
烟草加工业	3			6057	1748	28.9
纺织业	1	1	100.0	110	110	100.0
木材加工及竹、藤、棕、草制品	1	1	100.0	77	77	100.0
造纸及纸制品业	5			46328	4646	10.0
石油加工及炼焦业	1	1	100.0	5600	5907	105.5
化学原料及化学制品制造业	3	1	33.3	171920	5079	3.0
医药制造业	3			10617	654	6.2
化学纤维制造业	1	1	100.0	13400	16400	122.4
橡胶制品业	2	1	50.0	11166	15727	140.8
非金属矿物制品业	3			20448	11450	56.0
黑色金属冶炼及压延加工业	2	1	50.0	20785	19631	94.5
金属制品业	2	1	50.0	3053	5100	167.1
专用设备制造业	3			3171	1183	37.3
交通运输设备制造业	8	3	37.5	28046	8588	30.6
电气机械及器材制造业	1			2143		
电子及通信设备制造业	1			2220	180	8.1
仪器仪表及文化、办公用机械制	1			2250		
电力、煤气及水的生产和供应业	1			5200	5200	100.0

4-44 在建更新改造限额以上项目

1998年

项目名称	开工时间（年、月）	投产时间（年、月）	计划总投资（万元）	累计完成投资（万元）	#本年完成	累计新增固定资产（万元）
哈尔滨中药二厂异地改造双加工程	1995.05		18822	7625	2310	
哈尔滨世一堂制药厂综合制剂车间改造	1998.05		3339	2267	2267	
哈尔滨电表仪器厂引进电子式电度表制造技术	1997.10		5000	3550	2250	2250
哈尔滨制药厂双加工程	1996.01		19981	17540	6040	13780
哈尔滨工量具企业集团公司精密复杂刀具技改	1996.01	1998.12	5100	5100	1760	5100
哈尔滨市大众食品有限责任公司欧式产品工程	1998.05		8000	5860	5860	
黑龙江敏感技术产业集团有限公司	1995.12		11932	10228	2220	4962
哈尔滨啤酒厂4万吨啤酒技术改造	1996.05		5315	5315	34	5315
哈尔滨啤酒厂年产5万吨技术改造	1998.01	1998.09	9980	9980	9980	9980
哈尔滨亚麻纺织公司一期“双加”工程	1995.10	1998.12	16048	16048	110	16048
哈尔滨轻型车厂小解放换型改造	1998.01		5300	2808	2808	
哈尔滨东安发动机制造公司涡浆五	1993.10	1998.03	10545	9833	1140	9833
哈尔滨东安发动机制造公司双加	1995.12	1998.03	19980	16868	625	16868
哈尔滨东安发动机制造公司凸轮轴	1996.10		5635	5135	1003	5005
哈尔滨东安发动机制造公司集中供热锅炉房	1996.12	1998.12	4954	4954	2254	4954
哈尔滨东安发动机制造公司4G1发动机项目	1998.09		150000	1240	1240	
哈尔滨飞机制造公司汽车生产线改造	1998.06		19800	18377	18377	
阿城钢铁集团	1994.06	1998.11	35000	53000	19631	53000
黑龙江龙涤集团有限公司	1997.01	1998.06	16400	16400	13400	16400
五常东亚电子有限公司	1997.04		9192	4503	2143	
齐齐哈尔造纸有限公司化机浆技改项目	1998.05		13747	2122	2001	1527
黑龙江齐化化工有限责任公司离子膜烧碱改造	1996.08	1998.04	5072	5847	357	5847
中国第一重型机械集团公司大型船用曲轴项目	1997.01		6394	2143	1918	
黑龙江斯达造纸有限公司3150纸机工程	1997.04		8000	2800	1114	
鸡西市机电局2万吨螺旋钢管生产线	1997.06		3705	4172	1293	
黑龙江柳毛碳素公司万吨电极工程	1997.03		4930	3635	2155	
大庆石油管理局矿区建设工程	1998.03		207417	207417	207417	125817
大庆石油管理局油气田系统工程	1998.03	1998.12	57445	57445	57445	57445
大庆石油管理局炼化及综合利用工程	1998.03	1998.12	167917	167917	167917	167917
大庆石油管理局产能建设工程	1998.03	1998.12	105670	105670	105670	105670
大庆石油管理局后勤辅助工程	1998.03	1998.12	17031	17031	17031	17031
大庆石油管理局计算机工程	1998.08	1998.12	7000	7000	7000	7000
大庆石化乙烯改扩建48万吨/年改造工程	1996.05		387913	281000	170000	4722
大庆林源炼油厂柴油加氢	1997.05	1998.12	9941	5907	5600	5907
黑龙江省西林钢铁公司(45C°线材)	1995.03		5873	5661	1154	
黑龙江省伊春市金山屯林业局造纸厂(改、扩)	1995.11		11098	10935	2251	
黑龙江省朗乡林业局刨花板厂	1996.10	1998.12	4817	4817	77	3976
佳木斯工农玻璃厂浮法生产线工程	1996.08		25357	24369	15987	9250
约翰佳联有限公司合资生产经营联合收割机	1997.07		11036	782	569	712
佳木斯纸业集团有限公司“八万五”技改工程	1990.11		99201	96190	8807	54172
黑龙江省富锦卷烟厂转产打叶复烤技术改造	1998.06		6292	100	100	
黑龙江省富锦市钢圈厂“一号工程”技术改造	1994.01		4100	4859	599	3008
黑龙江省富锦拖拉机厂“九五”技术改造	1995.07		4000	3624	684	3624
牡丹江恒丰纸业集团有限责任公司	1997.05		35931	34573	32155	
牡丹江有机化醋酸乙烯工程	1993.04		9161	16118	1563	
桦林轮胎股份有限公司密炼工艺改造项目	1992.06	1998.12	11856	15727	4535	15727
桦林集团有限责任公司100万套子午胎工程	1993.03		29464	20129	6631	
牡丹江水泥集团有限责任公司2#窑改造工程	1994.04		8575	9274	2306	9168
林口县华龙石材有限公司矿山技术改造工程	1998.01		5942	5265	5265	
林口烟草经销公司打叶复烤线改造	1998.06		7388	5064	5064	
海林卷烟厂卷接包装机及辅联设备工程	1997.04		3925	2641	893	1748
北安发电厂技改工程	1993.09		48416	71861	5200	71861
大兴安岭丽雪精淀粉公司淀粉加工	1998.04		7940	4176	4176	

4－45 更新改造新增主要产品生产能力

能力名称	单位	建设规模	本年施工规模		新增生产能力	
			合计	本年新开工	累计新增	本年新增
原煤开采	万吨/年	130	128	65	40	33
原油开采	万吨/年	37	37	37	37	37
油罐容量	万立方米	10	10	10	10	10
钢　材	万吨/年	45	25		30	10
热轧钢材	万吨/年	45	25		30	10
黄　金	公斤/年	233	233		233	233
矿山成品金	公斤/年	233	233		233	233
输电线路长度(11万伏及以上)	公里	95	95	79	95	82
变电设备能力(11万伏及以上)	万千伏安	21	21	15	21	21
水　泥	万吨/年	47	32	23	30	15
刨花板	万立方米/年	5	5		5	5
烧　碱	吨/年	20000	20000		20000	20000
化学农药	吨/年	170	170	170	170	170
塑料树脂及共聚物	吨/年	3000	3000	3000	3000	3000
合成橡胶	吨/年	33500	33500		33500	33500
化学原料药	吨/年	700	700	50	700	700
化学药制剂	吨/年	5167	5167	5160	3167	3167
中成药	吨/年	1628	1628	428	200	200
内燃机制造	台/年	200091	200091	200091	50091	50091
其它内燃机制造	台/年	200091	200091	200091	50091	50091
铸铁件能力	吨/年	33300	33300	30000	32000	32000
拖拉机制造	台/年	20000	5000	5000	13000	5000
小型拖拉机制造	台/年	20000	5000	5000	13000	5000
彩色电视机	万部/年	30	30		30	30
化学纤维	吨/年	15000	15000		15000	15000
#合成纤维	吨/年	15000	15000		15000	15000
毛纺锭	锭	4800	4800		4800	4800
麻纺锭	锭	3000	3000	3000	3000	3000
肉加工品	吨/年	61000	61000	21000	49000	49000
乳制品	吨/年	16260	16260	14260	7260	7260
奶　粉	吨/年	8260	8260	8260	1260	1260
其他乳制品	吨/年	8000	8000	6000	6000	6000
酒	吨/年	162900	158900	98900	100300	96300
啤　酒	吨/年	143800	139800	79800	83800	79800
白　酒	吨/年	15600	15600	15600	15000	15000
其他酒	吨/年	3500	3500	3500	1500	1500
塑料制品	万吨/年	1	1	1	1	1
燃气用具	万台/年	5	5		5	5
改建公路	公里	7	7	7	7	7
长途电缆	延长公里	1711	1711	1711	1711	1711
市内电话自动交换机	门	640519	640519	627019	640519	640519
长途自动电话交换设备	路端	634	634	634	634	634
除涝面积	万亩	7	7	7	7	7
粮食仓库	万公斤	3	3	3	3	3
商业饮食服务网点	处	1	1	1	1	1
中等学校:学生席位	个	1400	1400		1400	1400
建筑面积	平方米	5900	5900		5900	5900
医院病床	张	140	140	140	140	140
城市自来水供水能力	万吨/日	3	3	3	1	1
城市自来水管道长度	公里	94	94	94	32	32
城市供热能力:蒸汽	吨/小时	82	82	60	82	82
热水	兆瓦/小时	47	47	19	47	47

4－46 房地产开发基本情况

指　　标	1995 年	1996 年	1997 年	1998 年
房地产开发投资(万元)	473651	489125	452431	587290
#商品房建设投资	452966	439486	374513	492060
土地开发投资	5375	18491	49617	64561
按构成分				
建安工程	417508	411697	359981	466183
设备、工器具购置	8318	15419	19100	17504
其他费用	47825	62009	73350	103603
#土地购置费	30988	2880	15487	41977
按用途分				
住　宅	335901	326882	280097	369648
办公楼	57567	44156	51078	24458
商业营业用房	58442	82407	69212	101959
其　他	21741	35680	52044	91225
按资金来源分				
国家预算内资金	947	1824	1049	
国内贷款	134991	123303	109362	142284
债　券	332		1776	
利用外资	23588	16054	5866	8955
#外商直接投资	14399	12282	4963	8955
自筹资金	103019	112784	131875	170242
其他投资	210775	235160	202503	265809
新增固定资产(万元)	392107	397025	411525	517096
固定资产交付使用率(%)	82.7	81.2	91.0	88.0
施工面积(万平方米)	961	834	746	908
住　宅	697	601	528	674
办公楼	103	78	64	54
商业营业用房	119	108	110	156
其　他	41	47	44	23
竣工面积(万平方米)	403	379	364	471
住　宅	321	317	294	393
办公楼	29	12	26	12
商业营业用房	41	35	34	58
其　他	11	14	10	8
商品房屋销售建筑面积(万平方米)	141	188	207	302
#销售给个人	71	119	134	241
商品房屋竣工价值(万元)	320346	350608	347283	381370
商品房屋竣工造价(元/平方米)	796	926	954	810
商品房屋销售额(万元)	209862	278917	311823	446053
#销售给个人	76255	169998	177778	317870

4－47 房地产开发企业经营情况

1998年

指　　标	合　计	按登记注册类型分						
		#地　方	#国　有	#联　营	#股份合作	#股份有限公　司	#港澳台商投资	#外商投资
一、开发企业基本情况								
开发企业个数(个)	341	281	180	29	5	41	23	5
年底职工人数(人)	16405	14404	10197	1229	104	1332	600	89
年平均职工人数(人)	18160	15942	11239	1348	120	1312	605	105
职工工资总额(万元)	13551	11836	7986	739	82	1123	546	97
二、企业经营情况(万元)								
资本金合计	351813	258756	122457	20068	3605	47380	104396	9304
资产总计	2023946	1662235	1084799	127305	13185	219973	281925	51011
固定资产累计折旧	23146	17079	10315	1399	98	2244	6232	664
#本年折旧	4848	3060	1595	186	64	414	1729	145
负债总计	1711420	1423311	966786	98270	9984	178248	220435	34767
所有者权益合计	312526	238924	118013	29035	3201	41725	61490	16244
经营收入总计	462264	392344	277189	21881	1081	49480	63660	4623
土地转让收入	2409		2374					
商品房屋销售收入	443668	379467	268616	18983	1026	47763	61793	4623
#销售给个人	279496	245928	191548	15540	1026	27712	13017	1597
#商品住宅销售收入	329347	280455	226459	15848	1026	35553	15220	2274
#销售给个人	240145	210266	166200	14585	1026	22967	10972	693
房屋出租收入	428	292	236			121	10	
其他收入	15759	12585	5963	2898	55	1596	1857	
经营成本	384535	323919	230042	16681	173	40106	53737	4516
经营税金及附加	20023	16128	11388	1456	66	2270	2078	136
利润总额	－8726	910	1732	－673	583	－939	－2209	－395

4－48 房地产开发建设投资和新增固定资产

1998年

指　　标	合　计	# 地　方	按登记注册类型分					
			# 国　有	# 联　营	# 股份合作	# 股份有限公司	# 港澳台商投资	# 外商投资
投资总额(万元)	**587290**	**450258**	**354529**	**16533**	**3275**	**69944**	**49999**	**8798**
# 商品房建设投资	492060	370699	302757	15602	2688	57427	49808	8230
土地开发投资	64561	49375	36718	625	568	9582	191	168
按构成分								
建筑安装工程	466183	358443	288122	14329	2658	50167	38328	8130
设备工器具购置费	17504	10133	7545	85	19	1512	7453	
其他费用	103603	81682	58862	2119	598	18265	4218	668
# 旧建筑物购置费	657	657	384			273		
土地购置费	41977	33952	27424	185	592	5275		78
按工程用途分								
住　宅	369648	285063	256348	9518	2680	38539	17405	5943
办公楼	24458	21791	7542	3699		3493	5287	1190
商业营业用房	101959	71492	43381	2508		14962	25196	1327
其　他	91225	71912	47258	808	595	12950	2111	338
按资金来源分								
国家预算内资金								
国内贷款	142284	111391	93823	2729	732	15717	15651	196
债　券								
利用外资	8955	3155					6500	
# 外商直接投资	8955	3155					6500	
自筹投资	170242	132931	78451	8078	1987	25883	10541	1574
其他投资	265809	202781	182255	5726	556	28344	17307	7028
新增固定资产(万元)	517096	425042	372391	13140	375	46961	15343	4042
固定资产交付使用率(%)	88.1	94.4	105.0	79.5	11.5	67.1	30.7	45.9

4－49 房地产开发建设房屋建筑面积和造价

1998 年

指　　标	合　计	按登记注册类型分						
		#地　方	#国　有	#联　营	#股份合作	#股　份有限公司	#港澳台商投资	#外商投资
施工房屋建筑面积(平方米)	9078438	7271121	5179070	575774	86651	1138880	916082	128288
住　宅	6738909	5409247	4403805	298794	86651	802898	344512	78674
#安居工程	2371442	1740520	2041579	56001	4782	44343	18628	
办公楼	543131	485800	154026	54575		86444	176837	13183
商业营业用房	1563172	1203363	504527	211704		229810	377816	34413
其　他	233226	172711	116712	10701		19728	16917	2018
竣工房屋建筑面积(平方米)	4713517	3980405	3355199	164682	4782	446278	127967	34224
住　宅	3928648	3286922	2940887	137681	4782	361346	97476	23145
#安居工程	1650738	1259661	1486988	56001	4782	41863	5984	
办公楼	120678	111779	50883	8579		136	20730	8517
商业营业用房	579222	505580	327326	17721		79672	9270	1354
其　他	84969	76124	36103	701		5124	491	1208
竣工房屋价值(万元)	381370	313448	268550	11754	268	36405	9729	3874
住　宅	301159	243029	226655	9497	268	26309	7208	2506
#安居工程	116661	88021	104054	4065	268	3044	915	
办公楼	11845	10920	5102	664		37	1544	1073
商业营业用房	59854	52006	32632	1446		9665	908	195
其　他	8512	7493	4161	147		394	69	100
竣工房屋造价(元/平方米)	809	787	800	714	560	816	760	1132
住　宅	767	739	771	690	560	728	740	1083
#安居工程	707	699	700	726	560	727	1529	
办公楼	982	977	1003	774		2721	745	1260
商业营业用房	1033	1029	997	816		1213	980	1440
其　他	1002	984	1153	2097		769	1405	827
竣工房屋住宅套数(套)	49330	40587	38145	1529	72	4109	1463	203
#安居工程	21312	15765	19592	555	72	508	40	
土地开发面积(公顷)								
本年完成开发土地面积	1158903	972765	751622	24886	36900	123210		4275
正在开发的土地面积	37416	37416	19800	2235			15381	
待开发的土地面积	249708	244036	177708				2000	
本年购置土地面积	1165273	1025392	777225	7194	41334	115303		4275

4－50 商品房屋销售和出租情况

1998年

指标	合计	#地方	#国有	#联营	#股份合作	#股份有限公司	#港澳台商投资	#外商投资
			按登记注册类型分					
实际销售商品房面积(平方米)	3019856	2620774	2276455	113488	1869	267016	91746	25304
#个　人	2410844	2206380	1891758	90525	1869	176822	51287	5508
住　宅	2667558	2335406	2083900	95720	1869	224328	56345	15462
#个　人	2181490	1996304	1749920	88226	1869	151455	43363	4127
办公楼	47765	27410	12802	4934		1963	20685	6260
商业营业用房	280384	241963	165497	12834		35724	14716	3462
其　他	24149	15995	14256			5001		120
实际销售额(万元)	446053	371433	309632	23001	146	39227	28448	4345
#个　人	317870	290409	235399	17755	146	22641	11014	1049
住　宅	363885	312111	267841	18509	146	31112	11571	2642
#个　人	273379	249658	207737	16415	146	17936	8129	693
办公楼	14634	5638	2919	804		369	9109	1250
商业营业用房	63047	50422	35817	3688		7302	7768	428
其　他	4487	3262	3055			444		25
出租的房屋面积(平方米)	10992	7892	6152			4040	300	

4－51 各地区房地产开发企业基本情况

1998年

地区	开发公司个数(个)	#国有	#集体	#港澳台商投资	#外商投资	年平均职工人数(人)	职工工资总额(万元)
全省	**341**	**180**	**29**	**23**	**5**	**18160**	**13551**
哈尔滨	202	91	19	21	4	6547	5767
齐齐哈尔	52	31	3		1	1843	1139
鸡　西	8	7				271	220
鹤　岗	6	4	1			780	968
双鸭山	2	1				39	25
大　庆	14	5				2694	1998
伊　春	5	4	1			125	88
佳木斯	16	12				4131	2229
七台河	6	5	1			508	254
牡丹江	22	14	2	2		986	692
黑　河	5	3	2			166	135
绥　化	2	2				65	30
大兴安岭	1	1				5	6

4－52 各地区房地产开发企业经营情况

1998年　　单位:万元

地　区	经营总收入	土地转让收入	商品房屋销售收入	房屋出租收入	其他收入	经营成本	经营税金及附加
全　省	**462264**	**2409**	**443668**	**428**	**15759**	**384535**	**20023**
哈尔滨	303757	2374	292122	120	9141	244378	13495
齐齐哈尔	43389	35	42048	4	1302	38405	2169
鸡　西	16887		16887			14357	535
鹤　岗	6991		6991			5487	106
双鸭山	1146		368	11	767	501	65
大　庆	12547		11667	113	767	13810	518
伊　春	10576		10576			8576	533
佳木斯	11504		10781	50	673	10541	564
七台河	9864		8340		1524	8969	331
牡丹江	36805		35090	130	1585	31211	1471
黑　河	3927		3927			3650	224
绥　化	1050		1050			1026	6
大兴安岭	3821		3821			3624	6

4－53 各地区房地产开发建设按构成分的投资

1998年　　单位:万元

地　区	投资总额	#商品房建设投资额	#土地开发投资额	按构成分：建筑安装工程	按构成分：设备、工器具购置	按构成分：其他费用
全　省	**587290**	**492060**	**64561**	**466183**	**17504**	**103603**
哈尔滨	358461	297634	56729	267143	15769	75549
齐齐哈尔	69068	61224	3160	56107	447	12514
鸡　西	18273	17824	449	17824		449
鹤　岗	11473	5499		10593		880
双鸭山	1783	1583		1583		200
大　庆	42018	25664	1413	40800	75	1143
伊　春	9528	9528		9328		200
佳木斯	12268	9285	2376	8770	535	2963
七台河	10611	10446		9401	10	1200
牡丹江	46629	46584	45	37895	668	8066
黑　河	3901	3512	389	3512		389
绥　化	1050	1050		1000		50
大兴安岭	2227	2227		2227		

4－54 各地区房地产开发建设按工程用途分的投资

1998年　　　　单位：万元

地　区	按工程用途分					
	住　宅	#别墅、高档公寓	#安居工程	办公楼	商品营业用　房	其　他
全　省	**369648**	**4720**	**142195**	**24458**	**101959**	**91225**
哈尔滨	221059	3120	93814	13789	51876	71737
齐齐哈尔	44360		8590	1334	18931	4443
鸡　西	14813		8574	350	2635	475
鹤　岗	8109		4538	11	2250	1103
双鸭山	1333		1333			450
大　庆	20707	1600	2942	1751	9529	10031
伊　春	5834		264	2150	1322	222
佳木斯	8672		2956	1656	1232	708
七台河	5478		1760	412	3651	1070
牡丹江	32404		14717	3005	10413	807
黑　河	3692		480		30	179
绥　化	960				90	
大兴安岭	2227		2227			

4－55 各地区房地产开发建设按资金来源分的投资

1998年　　　　单位：万元

地　区	合　计	国家预算内资金	国内贷款	债　券	利用外资	自筹资金	其　他
全　省	**587290**		**142284**		**8955**	**170242**	**265809**
哈尔滨	358461		109903		6500	102656	139402
齐齐哈尔	69068		12440			17073	39555
鸡　西	18273		4530			4026	9717
鹤　岗	11473		1341			6873	3259
双鸭山	1783		1114			446	223
大　庆	42018		2083		2455	21928	15552
伊　春	9528					5322	4206
佳木斯	12268		1022			1624	9622
七台河	10611		1173			2371	7067
牡丹江	46629		7684			6990	31955
黑　河	3901		184			933	2784
绥　化	1050		20				1030
大兴安岭	2227		789				1438

4－56 各地区房地产开发建设投资总规模和完成投资

1998 年

地　区	实际需要的总投资（万元）	开始建设累计完成投资（万元）	#本年完成	全部建成尚需投资（万元）	未完工程累计投资（万元）	未完工程占用率（%）
全　省	**1412792**	**1065266**	**587290**	**347526**	**442526**	**75.3**
哈尔滨	1059671	786714	358461	272957	389656	108.7
齐齐哈尔	120545	96377	69068	24168	28077	40.6
鸡　西	19616	19458	18273	158	3461	18.9
鹤　岗	22090	15359	11473	6731	1139	9.9
双鸭山	2040	1783	1783	257	1783	100.0
大　庆	61989	43018	42018	18971	2650	6.3
伊　春	13221	9528	9528	3693	2150	22.6
佳木斯	26114	17706	12268	8408	5188	42.3
七台河	14044	13474	10611	570	341	3.2
牡丹江	62411	53077	46629	9334	7981	17.1
黑　河	3901	3901	3901			
绥　化	1050	1050	1050			
大兴安岭	6100	3821	2227	2279	100	4.5

4－57 各地区房地产开发建设房屋施工、竣工建筑面积

1998 年

地　区	施工房屋建筑面积（平方米）	#新开工面　积	#住　宅	竣工房屋建筑面积（平方米）	#住　宅	竣工房屋价　值（万元）	#住　宅
全　省	**9078438**	**4847002**	**6738909**	**4713517**	**3928648**	**381370**	**301159**
哈尔滨	5662815	2701977	4107398	2359287	2070212	197970	168100
齐齐哈尔	1290885	666421	946252	757697	582178	56834	40332
鸡　西	234158	189440	213966	182758	164221	13383	11588
鹤　岗	241167	72067	196282	186911	142026	12742	8327
双鸭山	24400	24400	24000				
大　庆	367530	342625	220855	300230	183555	33169	19860
伊　春	144750	84750	115760	113750	97260	7378	6028
佳木斯	218303	187636	173004	98311	80912	6742	5065
七台河	145671	77208	118452	133281	111062	9284	7309
牡丹江	634832	427520	512691	488365	407973	35293	26254
黑　河	39731	39731	37663	39731	37663	3901	3712
绥　化	15227	15227	13617	15227	13617	1050	960
大兴安岭	58969	18000	58969	37969	37969	3624	3624

4－58 各地区商品房屋销售情况

1998 年

地　区	实际销售商品房屋面积（平方米）	#住　宅	个人购买商品房屋（平方米）	#住　宅	商品房屋销售额（万元）	#住　宅
全　省	**3019856**	**2667558**	**2410844**	**2181490**	**446053**	**363885**
哈尔滨	1745010	1592649	1303380	1249628	295588	252448
齐齐哈尔	358940	286017	283045	235716	41800	26805
鸡　西	121757	108658	98129	76261	16887	13630
鹤　岗	81372	49071	72328	38294	7085	3988
双鸭山	3369	3078	3369	3078	368	295
大　庆	77075	63323	67539	55787	11667	9007
伊　春	104993	90503	104993	90503	9627	7223
佳木斯	88287	76875	65001	61385	10774	8504
七台河	68072	64872	68072	64872	5906	5461
牡丹江	285453	249903	277647	245531	37653	28119
黑　河	32332	31023	14145	12466	3927	3724
绥　化	15227	13617	15227	10000	1050	960
大兴安岭	37969	37969	37969	37969	3721	3721

4－59 其它固定资产投资

指　　标	1995 年	1996 年	1997 年	1998 年
投资总额(万元)	**704766**	**919669**	**779218**	**989085**
按构成分				
建筑安装工程	585921	713315	619760	816512
设备工器具购置	97978	151461	133208	126195
其它费用	20867	54893	26250	46398
按国民经济行业分				
农、林、牧、渔、业	1802	108	860	447
采掘业	608599	726446	625351	720304
制造业	36299	94998	21846	27206
电力煤气及水的生产和供应业		7223		2991
建筑业	2283	3371	8183	7140
地质勘查水利管理业				12000
交通运输、仓储及邮电通信业	37750	42364	102759	178958
批发和零售贸易、餐饮业	7021	31425	3889	17706
金融、保险业	17	2391	10374	7477
房地产业		4000		728
社会服务业	5566	340	398	4285
卫生、体育和社会福利业	210	264	165	1275
教育、文化艺术及广播电影电视业	823	1189		
科学研究和综合技术服务业		1500		
国家机关、政党机关和社会团体	2830	990	3010	7141
其它行业	1566	3060	2383	1427
新增固定资产(万元)	686301	874847	683334	969961
房屋建筑面积(万立方米)				
施工面积	63	1242985	135	738941
竣工面积	23	1043229	119	524345
#住　宅	14	408083	85	276343

主要统计指标解释

全社会固定资产投资 固定资产投资是社会固定资产再生产的主要手段。通过建造和购置固定资产的活动，国民经济不断采用先进技术装备，建立新兴部门，进一步调整经济结构和生产力的地区分布，增强经济实力，为改善人民物质文化生活创造物质条件。这对我国的社会主义现代化建设具有重要意义。

固定资产投资额是以货币表现的建造和购置固定资产活动的工作量，它是反映固定资产投资规模、速度、比例关系和使用方向的综合性指标。全社会固定资产投资包括国有经济单位投资、城乡集体经济单位投资、其他各种经济类型的单位投资和城乡居民个人投资。按照我国现行计划管理体制，全社会固定资产投资总额分为基本建设、更新改造、房地产开发投资和其他固定资产投资四个部分；城乡集体经济单位投资包括城镇集体所有制单位投资和农村集体所有制单位投资；其他各种经济类型单位投资包括联营经济、股份制经济、中外合资经营、中外合作经营、外资、港澳台与大陆合资经营、港澳台与大陆合作经营、港澳台独资及其他经济的单位投资。城乡居民个人投资包括城市、县城、镇、工矿区所辖范围内的个人建房和农村个人建房及购买生产性固定资产的投资。

基本建设投资 基本建设是企业、事业、行政单位以扩大生产能力或工程效益为主要目的的新建、扩建工程及有关工作。包括(1)列入中央和各级地方本年基本建设计划的建设项目，以及虽未列入本年基本建设计划，但使用以前年度基建计划内结转投资(包括利用基建设备材料)在本年继续施工的建设项目；(2)本年基本建设计划内投资与更新改造计划内投资结合安排的新建项目和新增生产能力(或工程效益)达到大中型项目标准的扩建项目，以及为改变生产力布局而进行的全厂性迁建项目；(3)国有单位既未列入基建计划，也未列入更新改造计划的总投资在50万元以上的新建、扩建、恢复项目和为改变生产力布局而进行的全厂性迁建项目，以及行政、事业单位增建业务用房和行政单位增建生活福利设施的项目。

更新改造投资 更新改造是指企业、事业单位对原有设施进行固定资产更新和技术改造，以及相应配套的工程和有关工作(不包括大修理和维护工程)。包括：(1)列入中央和各级地方本年更新改造计划的项目和虽未列入本年更新改造计划，但使用上年更新改造计划内结转的投资在本年继续施工的项目；(2)本年更新改造计划内投资与基本建设计划内投资结合安排的对企、事业单位原有设施进行技术改造或更新的项目，和增建主要生产车间、分厂等其新增生产能力(或工程效益)未达到大中型项目标准的项目，以及由于城市环境保护和安全生产的需要而进行的迁建工作；(3)国有企、事业单位既未列入基建计划也未列入更新改造计划，总投资在50万元以上的属于改建或更新改造性质的项目，以及由于城市环境保护和安全生产的需要而进行的迁建工程。

房地产开发投资 包括各种经济类型的房地产开发公司、商品房建设公司及其他房地产开发单位统一开发的包括统代建、拆迁还建的住　宅、厂房、仓库、饭店、宾馆、度假村、写字楼、办公楼等房屋建筑物和配套的服务设施、土地开发工程，如道路、给水、排水、供电、供热、通讯、平整场地等基础设施工程的投资。包括非房地产企业实际从事房地产开发或经营活动，不包括单纯的土地交易活动。

其他固定资产投资 全社会固定资产投资中未列入基本建设、更新改造和房地产开发投资的建造和购置固定资产的活动。包括：

(1)国有单位按规定不纳入基本建设计划和更新改造计划管理，总投资在50万元以上的以下工程：①用油田维护费和石油开发基金进行的油田维护和开发工程；②煤炭、铁矿、森工等采掘采伐业用维简费进行的开拓延伸工程；③交通部门用公路养路费对原有公路、桥梁进行改建的工程；④商业部门用简易建筑费建造的仓库工程。

(2)集体经济单位固定资产投资：包括城镇集体经济单位建造和购置固定资产计划总投资在50万元以上的项目和农村各种性质的经济联合体固定资产投资在5万元以上的项目。农村集体经济单位固定资产投资为农村抽样调查总队根据抽样调查资料推算。

(3)联营经济、股份制经济、外商投资经济、港澳台投资经济及其他经济类型的企、事业单位建造和购置固定资产，其计划总投资在50万元以上的、未列入基本建设计划和更新改造计划的项目。

(4)城镇和工矿区私人建房投资和农村个人投资。城镇和工矿区私人建房包括市、县城、镇、工矿区所辖范围内的全部私人建房，不论其房主是否系本地的常住户口均应包括；农村个人投资包括农村个人建房及购置生产性固定资产的投资。农村个人固定资产投资为农村抽样调查队根据抽样调查资料推算。

固定资产投资的资金来源 根据固定资产投资的资金来源不同，分为上年末结余资金、本年资金来源小计和各项应付款。其中本年资金来源小计又分为国家预算内资金、国内贷款、股票、债券、利用外资、自筹资金和其他资金来源七种：

(1)国家预算内资金 指国家预算、地方财政、主管部门和国家专业投资公司拨给或委托银行贷给建设单位的基本建设拨款和中央基本建设基金，拨给企业单位的更新改造拨款，以及中央财政安排的专项拨款中用于基本建设的资金。

(2)国内贷款 指报告期企、事业单位向银行及非银行金融机构借入的用于固定资产投资的各种国内借款。国内贷款包括：银行利用自有资金及吸收的存款发放的贷款、上级主管部门拨入的国内贷款、国家专项贷款(包括煤代油贷款、劳改煤矿专项贷款等)，地方财政专项资金安排的贷款、国内储备贷款、周转贷款等。

(3)股票 是股份制企业通过发行股票筹集到的，用于固定资产投资的资金。

(4)债券 是企业(公司)或金融机构通过发行各种债券筹集到的用于固定资产投资的资金，包括由银行代理国家专业投资公司发行的重点企业债券和重点建设债券。

(5)利用外资 指报告期收到的用于固定资产投资的国外资金，包括统借统还、自借自还的国外贷款，中外合资项目中的外资，以及无偿捐赠等。其中，国家统借统还的外资，是指由我国政府出面同外国政府、团体或金融组织签订贷款协议、并负责偿还本息的国外贷款。

(6)自筹资金 指建设单位报告期收到的，用于进行固定资产投资的上级主管部门、地方和本单位自筹资金。

(7)其他资金来源 指报告期收到的除以上各种拨款、借款、自筹资金之外，其他用于固定资产投资的资金。

固定资产投资按国民经济行业分 建设项目归哪个行业，按其建成投产后的主要产品或主要用途及经济活动性质来确定。基本建设按建设项目划分国民经济行业，更新改造、国有经济单位其他固定资产投资及城镇集体投资根据整个企业、事业单位所属的行业来划分。一般情况下，一个建设项目或一个企业、事业单位只能属于一种国民经济行业。为了更准确地反映国民经济各行业之间的比例关系，联合企业(总厂)所属分厂属于不同行业的，原则上按分厂划分行业。

固定资产投资按建设性质分 建设项目的性质一般分为新建、扩建、改建单位建造生活设施、迁建、恢复、单纯购置。基本建设按建设项目划分建设性质，更新改造、国有经济单位其他固定资产投资及城镇集体投资按整个企业、事业单位的建设情况确定建设性质。目前基本建设和更新改造是根据我国现行的计划管理体制区分的，所以基本建设和更新改造都可以分别按新建、扩建等划分。

(1)新建 一般是指从无到有、“平地起家”新开始建设单位。有的单位原有的基础很小，经过建设后其新增加的固定资产价值超过原有固定资产价值(原值)三倍以上的也算新建。

(2)扩建 一般是指为扩大原有产品的生产能力，在厂内或其他地点增建主要生产车间(或主要工程)、独立的生产线或总厂之下的分厂的企业；事业单位和行政单位在原单位增建业务用房(如学校增建教学用房、医院增建门诊部或病床用房、行政机关增建办公楼等)也作为扩建。

(3)改建 一般是指现有企业、事业单位为了技术进步，提高产品质量，增加花色品种，促进产品升级换代、降低消耗和成本，加强资源综合利用和三废治理、劳保安全等，采用新技术、新工艺、新设备、新材料等对现有设施、工艺条件进行技术改造或更新(包括相应配套的辅助性生产、生活福利设施)。有的企业为充分发挥现有生产能力，进行填平补齐而增建不增加本单位主要产品生产能力的车间等，也属于改建。

固定资产投资按构成分 固定资产投资活动按其工作内容和实现方式分为建筑安装工程，设备、工具、器具购置，其他费用三个部分。

(1)建筑安装工程(建筑工作量)指各种房屋、建筑物的建造工程和各种设备、装置的安装工程。包括各种房屋建造工程，各种用途设备基础和各种工业窑炉的砌筑工程；为施工而进行的各种准备工作和临时工程以及完工后的清理工作等；铁路、道路的铺设，矿井的开凿及石油管道的架设等；水利工程；防空地下建筑等特殊工作；以及各种机械设备的安装工程；为测定安装工程质量，对设备进行的试行工作。在安装工程中，不包括被安装设备本身的价值。

(2)设备、工具、器具购置 指购置或自制达到固定资产标准的设备、工具、器具的价值，固定资产的标准按财务部门规定。新建单位、扩建单位的新建车间按照设计和计划要求购置或自制的全部设备、工具、器具,不论是否达到固定资产标准均计入“设备、工具、器具购置”中。

(3)其他费用　指除建筑安装工程和设备、工具、器具购置以外的投资完成额 。它包括两种性质的费用,一种是属于增加固定资产的费用,主要有:建设单位管理费,土地、青苗等补偿费和安置补助费、勘察设计费,研究实验费、农林单位牲畜购置费、各种经济林木的营造费、办公和生活家具、器具购置费、引进技术和进口设备项目的其他费用、联合试运转费等;一种是属于不增加固定资产的费用,主要有:施工机械转移费、生产职工培训费、农业开荒费用及报废工程损失等。

基本建设项目按大中小型划分　基本建设划分大中小型项目原则上应按照上级批准的设计任务书或初步设计所确定的总规模或总投资划分,没有正式批准设计任务书或初步设计的,按国家或省、自治区、直辖市年度基本建设投资计划中所列的总规模或总投资划分。上述两条无均不具备的,按本年计划施工工程的建设总规模或总投资划分。生产单一产品的工业项目,按产品的设计能力划分;生产多种产品的工业项目,按其主要产品的设计能力划分。品种繁多,难以按生产能力划分的,按全部计划投资额划分。划分标准以国家颁发的《大中小型建设项目划分标准》依据。国家曾在 1958 年、1962 年、1977 年和 1979 年先后五次修订《大中小型建设项目划分标准》,因此各历史时期大中型项目数不完全可比。

施工项目　指报告期内曾进行建筑或安装工程施工活动的建设项目。包括报告期内新开工项目、报告期以前开工跨入报告期继续施工的项目以及报告期施工过并在报告期内全部建设投产或停缓建的项目。

全部建成投产项目　工业项目是指设计文件规定形成生产能力的主体工程及其相应配套的辅助设施全部建成,经负荷试运转,证明具备生产设计规定合格产品的条件,并经过验收鉴定合格或达到竣工验收标准,与生产性工程配套的生产福利设施可以满足近期正常生产的需要,正式移交生产的建设项目。非工业项目是指设计文件规定的主体工程和相应的配套工程全部建成,能够发挥设计规定的全部效益,经验收鉴定合作或达到竣工验收标准,正式移交使用的建设项目。

新增生产能力　指通过固定资产投资活动而增加的设计能力或工程效益,它是用实物形态表示的固定资产投资的成果。新增生产能力的计算,是以能独立发挥生产能力或效益的单项工程(或项目)为对象。当单项工程(或项目)建成,经有关部门鉴定合格,正式移交投入生产,即可计算新增生产能力。

新增生产能力或工程效益有以下几种表现形式:

(1)以建设项目或单位工程建成后的年产能力表示。如煤炭开采、石油开采等。

(2)以建设项目或单项工程建成后处理原料的能力表示。如选矿工程的年处理矿石能力,洗煤厂年洗原煤能力等。

(3)以新增的主要设备数量或容量表示。如棉纺锭枚数,发电机组容量等。

(4)以建筑物容积、容量、面积或长度表示。如水库容量、铁路公路里程等。

新增生产能力的数量一般按设计能力计算。设计能力是指设计文件中规定的在正常情况下能够达到的生产能力,而不论投产后的实际产量如何。以设备数量、建筑物容积、面积、长度等表示的新增生产能力(或效益),则按建成的实际数量计算。

施工和竣工房屋建筑面积　房屋建筑面积是从房屋外墙线算起的各层面面积的总和,包括房屋结构(如柱、墙)占用的面积和地下室面积。多层建筑按各自然层面积总和计算,包括房屋内的楼隔层,突出墙面的眺望间、门斗、有柱雨罩的面积。不包括突出墙面结构的构件、艺术装饰等所占的面积,如台阶等。凹阳台、挑阳台按其水平投影面积一半计算建筑面积。

住宅建筑面积　指施工和竣工房屋建筑面积中供居住用的施工和竣工房屋建筑面积。

竣工面积　指在报告期内房屋建筑按照设计要求已全部完工,达到住人和使用条件,经验收鉴定合格,正式移交使用单位的建筑面积。

房屋建筑面积竣工率　指一定时期内房屋竣工面积占同期房屋施工面积的比率。它是从房屋建筑施工速度的角度反映投资效果和建筑业经济效益的指标。

新增固定资产　指通过投资活动所形成的新的固定资产价值。包括已经建成投入生产或交付使用的工程价值和达到固定资产标准的设备、工具、器具的价值及有关应摊入的费用。它是以价值形式表示的固定资产投资成果的综合性指标,可以综合反映不同时期、不同部门、不同地区的固定资产投资成果。

建设项目投产率　指一定时期内全部建成投入生产项目个数占同期正式施工项目个数的比率。它是从项目建设速度的角度反映投资效果的指标。

固定资产交付使用率　指一定时期新增固定资产与同期完成投资额的比率。它是反映各个时期固定资产动用速度,衡量建设过程中投资效果的一个综合性指标。

未完工程占用率 指年末未完工程累计完成投资额占全年实际完成投资额的比率。它反映未完工程的相对规模,并可从资金占用的角度反映固定资产投资效果。由于未完工程是指已经开工,但尚未建成交付使用的工程,有个跨年度问题,因此未完工程占用率会出现大于1的情况。

五 能源生产和消费

PRODUCTION AND CONSUMPTION OF ENERGY

5－1 一次能源生产总量和构成

年 份	能源生产总量	原 煤	原 油	天然气	水 电
绝对数(万吨标准煤)					
1952	443.1	439.1			4.0
1957	957.1	946.7			10.4
1962	1917.6	1367.3	508.0	31.9	10.4
1965	2748.3	1462.9	1192.2	82.5	10.8
1970	5116.0	1877.8	3026.6	203.5	8.1
1975	9009.6	2094.2	6610.6	293.9	10.9
1978	10286.5	2648.9	7198.6	434.9	4.1
1980	10855.9	3030.9	7359.3	452.2	13.5
1985	12708.8	4459.6	7900.9	332.5	15.8
1990	13615.8	5357.9	7946.2	290.5	21.2
1995	14014.0	5669.8	8002.6	314.6	27.0
1996	14163.6	5855.7	8002.6	283.1	22.2
1997	12803.0	4473.2	8001.0	285.0	43.8
1998	13389.4	5061.1	7966.7	308.0	53.6
构成(%)					
1952	100.0	99.1			0.9
1957	100.0	98.9			1.1
1962	100.0	71.3	26.5	1.7	0.5
1965	100.0	53.2	43.4	3.0	0.4
1970	100.0	36.7	59.2	4.0	0.2
1975	100.0	23.2	73.4	3.3	0.1
1978	100.0	25.8	70.0	4.2	
1980	100.0	27.9	67.8	4.2	0.1
1985	100.0	35.1	62.2	2.6	0.1
1990	100.0	39.4	58.4	2.1	0.2
1995	100.0	40.5	57.2	2.2	0.1
1996	100.0	41.3	56.6	2.0	0.1
1997	100.0	35.2	62.5	2.0	0.3
1998	100.0	37.8	59.5	2.3	0.4

5-2 一次能源消费总量和构成

年　　份	能源消费总　量	煤　炭	石　油	天然气	水　电
绝对数(万吨标准煤)					
1952	374.9	370.9			4.0
1957	641.6	631.2			10.4
1962	1050.8	979.6	28.9	31.9	10.4
1965	1354.4	1002.8	258.3	82.5	10.8
1970	2047.0	1102.6	732.8	203.5	8.1
1975	2611.6	1454.1	852.7	293.9	10.9
1978	3338.7	1843.1	1056.6	434.9	4.1
1980	3716.4	2005.8	1244.9	452.2	13.5
1985	4581.0	2936.6	1296.1	332.5	15.8
1990	5539.7	3803.5	1424.5	290.5	21.2
1995	6261.3	4213.4	1706.3	314.6	27.0
1996	6270.5	4205.2	1729.7	313.4	22.2
1997	6635.5	4402.9	1931.8	257.0	43.8
1998	6695.4	4298.4	2062.2	287.9	46.9
构成(%)					
1952	100.0	98.5			1.5
1957	100.0	98.4			1.6
1962	100.0	93.2	2.8	3.0	1.0
1965	100.0	74.1	19.1	6.1	0.7
1970	100.0	53.9	35.8	9.9	0.3
1975	100.0	55.7	32.7	11.3	0.3
1978	100.0	55.2	31.7	13.0	0.1
1980	100.0	54.0	33.5	12.2	0.3
1985	100.0	64.1	28.3	7.3	0.3
1990	100.0	68.7	25.7	5.2	0.4
1995	100.0	67.4	27.2	5.0	0.4
1996	100.0	67.2	27.5	5.0	0.4
1997	100.0	66.5	29.1	3.8	0.6
1998	100.0	64.2	30.8	4.3	0.7

5－3 能源生产和消费弹性系数

年　份	能源生产比上年增长 %	能源消费比上年增长 %	国内生产总值比上年增长 %	能源生产弹性系数	能源消费弹性系数
1957	20.6	7.3	8.5	2.42	0.86
1962	－1.7	－18.8	－2.0	0.85	9.40
1965	15.8	－6.6	15.4	1.03	－0.43
1970	26.8	28.9	10.1	2.65	2.86
1975	11.6	3.0	7.6	1.53	0.39
1978	4.3	9.3	11.1	0.39	0.83
1980	1.5	4.3	10.0	0.15	0.43
1985	5.1	0.5	6.0	0.85	0.08
1990	2.7	3.1	5.8	0.47	0.53
1995	1.3	8.5	9.6	0.14	0.88
1996	1.1	0.1	10.5	0.10	0.01
1997	－9.6	5.9	10.0	－0.96	0.59
1998	4.5	0.9	8.3	0.54	0.11

注:国内生产总值增长速度按可比价格计算。

5－4 工业企业主要能源购进、消费及库存

1998 年

品　种	单　位	购进量	消费量			年末库存
				工业生产	非工业生产	
煤　炭	万吨	4532.6	4414.9	4207.1	207.8	650.0
洗精煤	万吨	174.5	180.2	172.5	7.7	30.1
焦　炭	万吨	88.4	86.1	86.0	0.1	13.8
焦炉煤气	亿立方米	1.1	1.1	1.1		
高炉煤气	亿立方米	3.6	3.6	3.6		
其他煤气	亿立方米	12.6	12.6	12.6		
天然气	亿立方米	21.7	21.7	21.7		
原　油	万吨	810.3	1351.4	1351.4		13.8
汽　油	万吨	28.8	27.0	25.2	1.8	9.7
煤　油	万吨	0.4	0.4	0.4		
柴　油	万吨	30.0	22.3	21.3	1.0	3.7
燃料油	万吨	119.6	150.0	149.4	0.6	78.9
液化石油气	万吨		18.5	18.5		0.2
炼厂干气	万吨	2.6	27.7	27.7		
热　力	亿千焦	1472.6	4720.2	4072.6	647.6	
电　力	亿千瓦时	2091.7	273.2	258.5	14.7	

主要统计指标解释

能源生产总量 指一定时期内全省一次能源生产量的总和,是观察全省能源生产水平、规模、构成和发展速度的总量指标。一次能源生产量包括原煤、原油、天然气、水电及其他动力能(如风能、地热能等)发电量。不包括低热值燃料生产量、生物质能、太阳能等的利用和由一次能源加工转换而成的二次能源产量。

能源消费总量 指一定时期内全省物质生产部门、非物质生产部门和生活消费的各种能源的总和,是观察能源消费水平、构成和增长速度的总量指标,能源消费总量包括原煤和原油及其制品、天然气、电力。不包括低热值燃料、生物质能和太阳能等的利用。能源消费总量分为三部分,即终端能源消费量、能源加工转换损失量和能源损失量。

(1)终端能源消费量 指一定时期内全省物质生产部门、非物质生产部门和生活消费的各种能源在扣除了用于加工转换二次能源消费量和损失量以后的数量。

(2)能源加工转换损失量 指一定时期内全省投入加工转换的各种能源数量之和与产出各种能源产品之和的差额。它是观察能源在加工转换过程中损失量的指标。

(3)能源损失量 指一定时期内能源在输送、分配、储存过程中发生的损失和由客观原因造成的各种损失量。不包括各种气体能源放空、放散量。

能源生产弹性系数 是研究能源生产增长速度与国民经济增长速度之间关系的指标。计算公式:

$$能源生产弹性系数=\frac{能源生产总量年平均增长速度}{国民经济年平均增长速度}$$

国民经济年平均增长速度,可根据不同的目的或需要,用国民生产总值,国内生产总值等指标来计算,本资料是采用国内生产总值指标的。

电力生产弹性系数 是研究电力生产增长速度与国民经济增长速度之间关系的指标。一般来说,电力的发展应当快于国民经济的发展,也就是说电力应超前发展。计算公式:

$$电力生产弹性系数=\frac{电力生产量年平均增长速度}{国民经济年平均增长速度}$$

能源消费弹性系数 是反映能源消费增长速度与国民经济增长速度之间比例关系的指标。计算公式:

$$能源消费弹性系数=\frac{能源消费量年平增多增长速度}{国民经济年平均增长速度}$$

电力消费弹性系数 是反映电力消费增长速度与国民经济增长速度之间比例关系的指标。计算:

$$电力消费弹性系数=\frac{电力消费量年平均增长速度}{国民经济年平均增长速度}$$

六　财政、金融、保险

PUBLIC FINANCE，BANKING AND INSURANCE

6-1 地方财政收支和增长情况

单位:亿元

年 份	财政收入	财政支出	收支差额	增长速度(%)	
				财政收入	财政支出
1952	4.73	1.62	3.11		
1953	5.65	2.34	3.31	19.5	44.5
1954	6.62	2.62	4.00	17.2	12.0
1955	6.45	2.52	3.93	-2.6	-3.8
1956	7.33	4.64	2.69	13.7	84.1
1957	8.21	4.28	3.93	12.0	-7.8
1958	18.42	11.86	6.56	124.4	177.1
1959	21.51	12.25	9.26	16.8	3.3
1960	23.06	16.94	6.12	7.2	38.3
1961	9.30	6.68	2.62	-59.7	-60.6
1962	7.15	5.32	1.83	-23.1	-20.4
1963	8.12	7.15	0.97	13.6	34.4
1964	9.71	7.47	2.24	19.6	4.5
1965	9.91	7.96	1.95	2.1	6.6
1966	12.54	8.56	3.98	26.5	7.5
1967	10.92	7.86	3.06	12.9	-8.2
1968	10.87	7.59	3.28	-0.5	-3.4
1969	12.38	12.78	-0.40	13.9	68.4
1970	14.41	15.35	-0.94	16.4	20.1
1971	40.31	14.44	25.87	79.7	-5.9
1972	37.48	16.21	21.27	-7.0	12.3
1973	37.63	19.73	17.90	0.4	21.7
1974	44.26	20.79	23.47	17.6	5.4
1975	50.56	20.28	30.28	14.2	-2.5
1976	51.04	21.32	29.72	1.0	5.1
1977	52.49	21.27	31.22	2.8	-0.2
1978	63.25	31.54	31.71	20.5	48.3
1979	54.07	28.29	25.78	-14.5	-10.3
1980	17.06	25.76	-8.70	-68.4	-8.9
1981	15.64	25.87	-10.23	-8.3	0.4
1982	17.31	28.01	-10.70	10.7	8.3
1983	21.56	30.71	-9.15	24.6	9.6
1984	26.74	36.12	-9.38	24.0	17.6
1985	37.42	44.63	-7.21	39.9	23.6
1986	47.36	61.27	-13.91	26.6	37.3
1987	53.76	66.00	-12.24	13.5	7.7
1988	62.58	74.05	-11.47	16.4	12.2
1989	72.32	85.36	-13.04	15.6	15.3
1990	76.58	92.71	-16.13	5.9	8.6
1991	94.74	110.07	-15.33	23.7	18.7
1992	84.55	102.46	-17.91	-10.8	-6.9
1993	108.11	124.94	-16.83	27.9	21.9
1994	84.66	142.40	-57.74	-21.7	14.0
1995	101.31	174.61	-73.30	19.7	22.6
1996	126.88	208.88	-82.00	25.2	19.6
1997	150.56	233.62	-83.06	18.7	11.8
1998	179.26	280.83	-101.57	19.1	20.2

注:本表增长速度按自然口径计算。

6－2 地方财政收入

单位:万元

指　　标	1994 年	1995 年	1996 年	1997 年	1998 年
合　　计	**846552**	**1013059**	**1268755**	**1505505**	**1792563**
工商税收	690048	813724	922104	1014154	1110847
增值税	217125	275045	308624	348926	370320
营业税	176639	201030	232433	256233	286915
个人所得税	12198	23631	40453	47690	64305
土地增值税		98	119	274	742
外商投资企业和外国企业所得税	2775	2221	7516	6503	8853
城市维护建设税	78947	84954	100703	125766	125590
车船使用税	3497	4386	5223	5218	5671
房产税	22569	28670	34629	41094	47404
屠宰税	909	2616	3440	2380	2747
资源税	132856	131414	134886	121952	133511
城镇土地使用税	17803	20264	23470	26390	31217
印花税	4578	5903	6428	6918	7724
筵席税	6	4			
固定资产投资方向调节税	11337	13417	10920	15895	25848
工商税收税款滞纳金罚款收入	8809	20071	13260	8915	
农牧业税和耕地占用税	120716	135170	182582	186279	181046
农牧业税	68071	71757	110485	118028	110278
农业特产税	37547	47066	58369	52256	40862
耕地占用税	11089	11447	7088	8094	17795
契税	4010	4900	6640	7901	12111
企业所得税	51053	58509	65077	67905	70352
国有企业上缴利润	7331	4313	7471	7815	17377
国有企业计划亏损补贴	－130768	－117674	－70696	－52170	－44731
国家能源交通重点建设基金收入	2430	819	131	11	
其他收入	62508	25266	36078	50406	26463
国家预算调节基金	3893	1507	102		
所得税退税	－215	－1218	－734	－1345	－108
特地和海域有偿使用收入					26667
专项收入	39557	47526	57335		84020
# 教育附加收入	24463	30936	39077		53769
罚没收入、行政性收费收入		45117	69305	88495	100770
基金收入				143955	219860

6-3 地方财政支出

单位:万元

指　　标	1995 年	1996 年	1997 年	1998 年
合　　计	**1746089**	**2088833**	**2336255**	**2808393**
基本建设支出类	83062	107722	120542	185963
企业挖潜改造资金类	188988	222634	255309	173494
简易建筑费类	9752	15875	18476	9605
地质勘探费类	990	3550		1600
科技三项费用类	14770	19897	22315	27162
流动资金类	89	2480	2000	
支援农业生产支出类	45010	56786	61750	65648
农林水利气象等部门的事业费类	74645	91012	98039	185970
工业交通等部门的事业费类	20482	25120	24872	22283
商业部门事业费类	3360	3590	4752	9103
城市维护费类	94002	110462	122456	116577
文教事业费类	399425	353180	384101	435095
#教育事业费	250003	290431	311686	363868
科学事业费类	17650	17868	21887	24835
其它部门事业费类	112376	151001	186391	166505
抚恤和社会福利救济费类	33005	35271	36911	77803
社会保障补助支出				88288
国防支出类	1448	1513	1705	1846
行政管理费类	151897	170890	188912	200154
外交外事支出				2019
武装警察部队支出类		2757	3186	5445
公检法支出类	86778	113133	123439	172129
政策性补贴支出类	237586	261242	228031	226081
支援不发达地区支出类	15587	33758	31462	26380
其它支出类	88116	108009	105930	87882
总预备费类				
土地和海域开发建设支出				18041
专项支出类	47046	55166		83543
农业综合开发支出类	20025	25879	31452	38760
卫生经费类		99009	111786	118832
行政事业离退休经费类		1029	18125	23203
基金支出			132426	214147

6－4 地方财政预算外收入

单位:亿元

项　　　目	1985年	1990年	1995年	1996年	1997年	1998年
地方财政预算收入	37.42	73.32	101.31	126.88	150.56	179.26
预算外收入	37.31	66.78	47.91	114.84	120.11	72.43
地方财政预算外资金	1.18	1.64	3.43	4.86	3.09	
行政事业单位预算外资金	10.58	15.41	44.48	75.18	73.20	52.92
国有企业和主管部门预算外资金	25.55	49.73				
乡镇自筹、统筹资金				2.57	3.16	4.95
社会保障资金				32.23	40.66	
基金和附加收入						11.81
主管部门集中收入						0.56
其他收入						2.19
预算外收入相当于预算内比例(%)	99.71	92.34	47.29	90.51	79.77	40.40

6－5 地方财政预算外支出

单位:亿元

项　　　目	1985年	1990年	1995年	1996年	1997年	1998年
地方财政预算支出	44.6	92.7	174.6	208.9	233.6	280.8
预算外支出	36.8	68.7	49.1	117.4	115.9	72.9
固定资产投资	12.9	22.1	16.8			
大修理支出	3.8	5.9				
简易建筑费支出	0.3	0.1				
福利、奖励支出	7.7	14.1	1.8			
养路费支出	3.1	4.9				
城市维护支出	1.1	1.1	1.5	4.6	4.2	
科技三项费支出	0.2	0.3				
增补流动资金支出	0.5	1.0				
事业费、行政支出	3.1	6.2	24.0	34.0	38.5	48.3
上交国家能源交通基金	1.9	2.8				
基本建设支出				30.6	17.6	5.2
挖潜改造资金				0.3	0.2	
乡镇统筹支出				2.2	3.1	5.0
社会保障基金支出				28.5	39.1	
专项支出						13.6
其他支出	2.1	10.2	5.0	17.2	13.2	0.8
预算外支出相当于预算内比例(%)	82.5	74.1	28.1	56.2	49.6	26.0

6－6 财政补贴情况

单位:万元

项　　　目	1985年	1990年	1995年	1997年	1998年
总　计	**250151**	**507377**	**415581**	**378990**	**324286**
1.物价补贴	166938	274833	312669	266965	217363
粮油补贴	125630	205876	91554	27940	8718
收购粮油加价补贴	39353	52723	15607	1530	
粮油价差补贴	27253	63935	2560	11597	202
经营亏损补贴	59024	89218	73387	14813	8516
棉花价差补贴	722	777	1141		
民用煤销售价差补贴	12015	16965	3654	5024	
肉、蛋、菜补贴	26662	47539	25087	22236	21627
价格补贴	15692	40141	23391	22236	21627
经营亏损补贴	10970	7398	1696		
猪皮制革价差补贴	983				
柞蚕茧补贴					
部分工业产品补贴	782	521			
农业生产资料价差补贴	144	9	102	455	279
制皂用油补贴		865			
其他价差补贴		2281	191131	211310	186739
2.减免税收	43701	126055	60321	74668	70708
农业税减免	9528	7437	18379	30844	33100
税前还贷减收税收	18755	74400			
工商各税减免	15245	43280	41413	35395	36718
企业所得税减免			529	8429	890
国营企业所得税减免	173	165			
能源交通基金减免		474			
预算调节基金		299			
3.对亏损企业的补贴	39512	106489	42591	37357	36215

6－7 金融机构信贷资金平衡表

年末余额　　单位:亿元

项　　　目	1995 年	1996 年	1997 年	1998 年
资金来源合计	**2674.8**	**3375.5**	**2658.2**	**2972.9**
各项存款	1555.9	2021.3	2409.5	2713.2
企业存款	375.5	512.7	661.1	680.7
财政存款	22.2	19.0	28.4	54.1
机关团体存款	26.3	29.1	27.3	46.2
城乡储蓄存款	1091.1	1418.9	1689.7	1906.7
农业存款	9.5	11.9	23.9	26.8
信托类存款	25.4	19.2	2.2	1.7
保证金存款	5.9	10.5		
委托存款			－48.5	－49.4
其他存款			25.3	46.3
金融债券	0.4	0.5	17.3	16.9
国家投资债券				
证券业务款项	8.8	15.3	20.3	17.3
所有者权益	11.0	－33.8	－41.3	－92.0
# 当年结益	－50.6	－64.3	－35.1	－79.3
其　他	1098.8	1372.2	252.3	317.4
资金运用合计	**2674.8**	**3375.5**	**2658.2**	**2972.9**
各项贷款	1776.4	2102.1	2524.4	2854.9
短期贷款	1409.8	1686.1	2119.3	2315.6
工业贷款	515.2	596.4	637.3	677.8
商业贷款	656.8	773.7	989.5	1106.5
建筑企业贷款	28.0	31.7	37.7	36.8
农业贷款	64.0	74.3	85.2	105.1
乡镇集体企业贷款	49.6	58.0	62.3	70.5
个体工商业贷款	3.5	6.8	10.9	12.2
三资企业贷款	34.2	46.1	57.7	57.9
其他短期贷款	58.5	99.2	238.6	248.8
中期流动资金贷款				35.9
中长期贷款	266.7	303.2	362.0	428.7
信托贷款	10.8	7.0	0.9	0.6
融资租赁			0.3	
委托贷款			7.9	4.9
逾期类贷款			34.0	69.3
其他类贷款	89.1	105.7		
国家投资债券	1.9	1.5	0.5	0.2
有价证券及投资	78.0	83.0	54.2	60.5
证券业务占款	16.1		17.4	13.6
委托投资			23.7	10.4
金银占款	5.6	4.6	11.1	7.6
外汇占款	1.6	1.6	1.8	0.7
库存现金	17.1	20.8	25.0	25.0
其　他	778.1	1161.9		

6-8 银行和其他金融机构存、贷款余额

单位:亿元

项　　目	1990年	1995年	1996年	1997年	1998年
各项存款总计	**469.8**	**1555.9**	**2021.3**	**2409.5**	**2713.2**
1.企业存款	117.7	375.5	512.7	661.1	680.7
活期存款	111.5	335.4	447.0	547.6	549.5
定期存款	6.2	40.1	65.7	113.6	131.2
2.财政存款	14.2	22.2	18.9	28.4	54.1
3.机关团体存款	16.1	26.3	29.1	27.3	46.2
4.城乡储蓄存款	308.8	1091.1	1418.9	1689.7	1906.7
#定期存款	261.6	876.7	1138.6	1338.4	1506.0
城镇储蓄存款	269.7	982.0	1288.5	1528.1	1730.2
#定期存款	230.5	793.0	1035.5	1210.5	1369.2
农户储蓄存款	39.1	109.1	130.4	161.6	176.5
#定期存款	31.1	83.7	103.1	127.9	136.8
5.农业存款	6.4	9.5	11.9	23.9	26.8
6.信托类存款	6.2	25.4	19.2	2.2	1.7
7.保证金存款	0.5	5.9	10.5		
8.委托存款				-48.5	-49.4
9.其他存款				25.3	46.3
各项贷款总计	**697.5**	**1776.4**	**2102.1**	**2524.4**	**2854.9**
1.短期贷款	596.6	1409.8	1686.1	2119.3	2315.6
工业贷款	255.0	515.2	596.5	637.3	677.8
商业贷款	262.5	656.8	773.7	989.5	1106.5
建筑企业贷款	13.1	28.0	31.7	37.7	36.8
农业贷款	35.7	64.0	74.3	85.2	105.1
乡镇企业贷款	15.1	49.6	58.0	62.3	70.5
私营及个体工商企业贷款	8.4	3.5	6.8	10.9	12.2
三资企业贷款	4.2	34.2	46.1	57.7	57.9
其他短期贷款	2.6	58.5	99.2	238.6	248.8
2.中长期贷款	76.4	266.7	303.2	362.0	428.7
#技术改造贷款	42.7	110.8	132.3	145.4	169.7
基本建设贷款	24.1	113.7	119.0	139.7	167.5
3.信托类贷款	6.0	10.8	7.0	0.9	0.6
4.其他类贷款	18.5	89.1	105.7	42.2	110.0

6－9 银行存、贷款余额

单位:亿元

项　　　目	1990年	1995年	1996年	1997年	1998年
各项存款总计	**413.8**	**1336.3**	**1733.3**	**2213.9**	**2494.4**
1.企业存款	106.9	312.7	424.4	638.8	656.3
活期存款	100.8	280.4	373.3	529.0	530.0
定期存款	6.1	32.3	51.1	109.8	126.2
2.财政存款	14.2	22.1	18.9	28.4	54.0
3.机关团体部队存款	16.1	26.3	29.0	27.3	45.4
4.城乡储蓄存款	266.9	943.8	1227.9	1494.7	1694.5
#定期存款	228.7	768.7	994.2	1184.9	1341.4
#城镇储蓄存款	266.9	943.8	1227.9		
#定期存款	228.7	768.7	994.2		
5.农业存款	6.4	9.5	11.9	11.9	12.7
6.信托类存款	2.8	16.4	12.3		
7.保证金存款	0.4	5.5	9.0		
8.其他存款				12.7	31.4
各项贷款总计	**660.8**	**1636.8**	**1909.8**	**2381.1**	**2702.9**
1.短期贷款	570.6	1310.2	1535.4	1999.1	2186.1
工业贷款	245.7	485.1	551.4	628.3	669.3
商业贷款	262.5	654.5	764.9	985.7	1102.0
建筑企业贷款	13.1	28.0	31.5	37.5	36.6
农业贷款	34.9	56.3	65.1	72.5	83.2
乡镇企业贷款	6.9	24.3	29.6	32.0	37.2
私营及个体工商企业贷款	0.6	0.8	2.1	6.9	6.7
三资企业贷款	4.2	33.4	44.1	57.6	57.8
其他短期贷款	2.6	27.8	46.7	178.5	193.4
2.中长期贷款	75.4	260.8	294.2	357.2	424.0
#技术改造贷款	42.7	110.7	131.0	144.5	168.9
基本建设贷款	24.1	113.7	119.0	139.7	167.5
3.信托类贷款	2.0	3.2	2.8	0.7	0.6
4.其他类贷款	12.8	62.6	77.4	24.1	92.2

6-10 银行现金分项收入和支出

单位:亿元

项　　　目	1985年	1990年	1995年	1997年	1998年
收入合计	**265.0**	**755.3**	**3783.5**	**5504.4**	**7137.2**
商品销售收入	125.3	235.4	574.0	771.9	761.6
服务事业收入	14.7	40.7	156.0	238.7	310.2
税款收入	0.9	3.5	15.1	19.6	28.0
农村信用社收入	22.9	48.5	181.2	20.4	
乡镇企事业收入	1.3	4.0	32.5	47.8	
个体经营收入	1.5	4.1	34.1	75.6	134.7
储蓄存款收入	72.9	336.4	1963.8	2978.4	4137.0
其他金融机构收入		4.4	132.8	263.1	210.0
居民归还贷款收入					61.4
汇兑收入	4.5	20.2	177.8	193.8	215.8
其他收入	21.2	53.6	475.7	837.8	1211.6
债券收入		4.6	40.5	57.4	66.9
支出合计	**278.3**	**801.0**	**3892.6**	**5639.8**	**7268.3**
工资及对个人其他支出	103.7	222.4	513.0	584.9	625.6
产品采购支出					472.6
#农副产品采购支出	30.2	80.4	305.0	508.7	327.4
工矿产品收购支出	2.0	6.6	24.2	33.7	
行政企业管理费支出	19.4	51.8	202.8	282.7	331.5
农村信用社支出	35.1	66.8	200.0	17.1	
乡镇企事业支出	3.9	6.9	35.5	47.9	
个体经营支出	4.2	15.0	59.8	104.7	192.4
储蓄存款支出	58.7	273.5	1768.5	2835.2	3975.9
其他金融机构支出		8.8	129.2	187.3	141.8
居民提取贷款支出					56.8
汇兑支出	1.8	9.7	110.3	111.8	117.9
其他支出	19.5	55.3	522.0	890.1	1299.4
债券支出		3.7	22.3	35.9	54.2

6－11 银行现金投放回笼差额

单位:亿元

年 份	现金收入	现金支出	货币投放(+)或回笼(-)	年末市场货币流通量
1952	6.1	7.3	1.2	1.3
1957	21.6	22.1	0.5	2.4
1962	30.8	31.3	0.5	6.2
1965	33.5	34.6	1.1	4.4
1970	42.4	43.6	1.2	7.4
1975	58.9	61.1	2.3	10.2
1978	70.7	73.5	2.8	11.0
1979	85.8	90.4	4.7	14.1
1980	106.1	110.1	3.9	16.9
1981	128.7	134.5	5.8	21.1
1982	143.8	148.9	5.2	23.6
1983	170.9	181.6	10.8	29.4
1984	217.4	234.4	17.1	42.0
1985	265.0	278.3	13.3	49.3
1986	314.5	339.5	25.0	62.8
1987	401.9	415.1	13.2	72.0
1988	597.7	648.1	50.4	107.0
1989	706.1	747.3	41.2	127.0
1990	755.3	801.0	45.7	145.0
1991	944.7	1020.1	75.4	174.0
1992	1287.2	1407.2	120.0	240.0
1993	1908.9	2044.7	135.8	325.0
1994	2585.9	2744.0	158.1	380.0
1995	3783.5	3892.6	109.1	410.0
1996	4419.9	4478.9	59.0	440.0
1997	5504.4	5639.8	135.4	475.2
1998	7137.2	7268.3	131.1	513.0

6-12 城市信用社存、贷款余额

单位:万元

项　　目	1990 年	1995 年	1996 年	1997 年	1998 年
各项存款总计	**60045**	**637552**	**847107**	**491387**	**538552**
1.企业存款	32504	280452	338577	145117	161694
活期存款	32504	258917	313031	130777	148955
定期存款		21535	25546	14340	12739
2.财政存款		50	62		
3.机关团体部队存款					
4.城乡储蓄存款	27541	348953	498558	333674	356508
5.农业存款					
6.信托类存款		8097	9910		
7.保证金存款					
8.其他存款				12596	20350
各项贷款总计	**71302**	**427579**	**546873**	**313424**	**346884**
1.短期贷款	45060	264902	361346	230929	227414
工业贷款	38014	238477	313929	70815	60304
商业贷款				37534	40996
建筑企业贷款				158	510
农业贷款				56	248
乡镇企业贷款				1212	174
私营及个体工商企业贷款	7046	26425	47417	40052	54741
三资企业贷款				944	944
其他短期贷款				80158	69497
2.中长期贷款		8439	12822	6372	5307
#其他中长期贷款		8439	12822	5328	5225
3.信托类贷款		5950	5112		
4.逾期类贷款				76123	114163
4.其他类贷款	26242	148288	167593		

6－13 农村信用社存、贷款余额

单位:万元

项　　目	1990年	1995年	1996年	1997年	1998年
各项存款总计	**445551**	**1192926**	**1402289**	**1766531**	**1950848**
1.企业存款	56198	99493	98439	4502	7542
活期存款	55701	96004	96761		
定期存款	497	3489	1678	4502	7542
2.财政存款					
3.机关团体部队存款					
4.城乡储蓄存款	390988	1090593	1303654	1616393	1765255
5.农业存款				119556	141314
6.信托类存款	－1635	2840	196		
7.保证金存款					
8.其他存款				26080	36737
各项贷款总计	**224914**	**725452**	**868615**	**972507**	**1059949**
1.短期贷款	215496	636854	797075	940251	1027368
工业贷款	54612				
商业贷款					
建筑企业贷款					
农业贷款	8684	76218	92189	126809	218917
乡镇企业贷款	81641	253534	283932	301792	332859
私营及个体工商企业贷款	70559				
三资企业贷款					
其他短期贷款		307102	420954	510905	475567
贴　现				745	25
2.中长期贷款	9418	50462	32650	32256	32581
#其他中长期贷款	9418	50462	32650	32256	32581
3.信托类贷款					
4.其他类贷款		38136	38890		

6-14 保险业务经济技术指标

项目	单位	1997年	1998年	项目	单位	1997年	1998年
保费收入	万元	198631	252743	国内农业险	件	167.0	184.0
国内财产险	万元	114580	121323	国内短期人身险	件	277	412
国内农业险	万元	706	1881	国内长期人身险	件		
国内短期人身险	万元	17077	19999	涉外保险业务	件		
国内长期人身险	万元	66268	109311	未决赔案估损金额	万元	19278	21541
涉外保险业务	万元		229	国内财产险	万元	19179	21336
储金期末余额	万元	15163	86812	国内农业险	万元	28	205
国内财产险	万元	14627	12082	国内短期人身险	万元	71	
国内农业险	万元	158	62	国内长期人身险	万元		
国内长期人身险	万元	378	74668	涉外保险业务	万元		
保险金额	亿元	10102	5119	期满给付	万元	3550	3422
国内财产险	亿元	2275	2283	国内财产险储金	万元	2834	2772
国内农业险	亿元	5	48	国内农业险储金	万元	47	67
国内短期人身险	亿元	1815	2477	国内人身险储金	万元	669	583
国内长期人身险	亿元	6007	225	当年结案率	%	76.0	85.2
涉外保险业务	亿元		86	国内财产险	%	75.4	84.5
已决赔案件数	件	95792	131209	国内农业险	%	94.2	97.8
国内财产险	件	91386	121083	国内短期人身险	%	86.0	81.3
国内农业险	件	2698	8260	涉外保险业务	%		
国内短期人身险	件	1708	1791	赔付率	%	36.1	41.4
国内长期人身险	件		73	国内财产险	%	53.6	74.5
涉外保险业务	件		2	国内农业险	%	79.3	93.9
已决赔款金额	万元	71607	104663	国内短期人身险	%	47.0	48.7
国内财产险	万元	61400	90440	涉外保险业务	%		1.7
国内农业险	万元	560	1766	年内平均职工人数	人	5080	7173
国内短期人身险	万元	8033	9747	年末职工人数	人	5115	7276
国内长期人身险	万元	1614	2706	年内费用支出	万元	37954	42169
涉外保险业务	万元		4	人均保费	万元	38.8	35.2
未决赔案件数	件	30218	22848	人均费用	万元	7.4	5.9
国内财产险	件	29774	22252				

主要统计指标解释

财政收入 国家财政参与社会产品分配所取得的收入，是实现国家职能的财力保证。财政收入所包括的内容几经变化，目前主要包括：(1)各项税收，包括增值税、营业税、消费税、土地增值税、城市维护建设税、资源税、城市土地使用税、印花税、固定资产投资调节税、个人所得税、企业所得税、关税、农牧业税和耕地占用税等。

(2)专项收入 包括征收排污费、征收城市水资源费收入，教育费附加收入等。

(3)其他收入 包括基本建设贷款归还收入、国家能源交通重点建设基金收入、国家预算调解基金等。

(4)国有企业计划亏损补贴 这项为负收入，冲减财政收入。

地方财政收入 现行分税制财政体制规定，属地方收入范围内的，缴入地方金库。

财政支出 国家财政将筹集起来的资金进行分配使用，以满足经济建设和各项事业的需要，主要包括：

(1)基本建设支出 指按国家有关规定，属于基本建设范围内的基本建设有偿使用、拨款、资本金支出以及经国家批准对专项和政策性基建投资贷款，在部门的基建投资额中统筹支付的贴息支出。

(2)企业挖潜改造资金 指国家预算内拨给的用于企业挖潜、革新和必造的资金。包括各部门企业挖潜改造资金和企业挖潜改造贷款资金，为农业服务的县办“五小”企业技术改造补助，挖潜改造贷款利息支出。

(3)地质勘探费用 国家预算用于地质勘探单位的勘探工作费用，包括地质勘探管理机构及其事业单位经费、地质勘探经费。

(4)科技三项费用 国家预算用于科技支出的费用，包括新产品试制费、中间试验费，重要科学研究补助费。

(5)支援农村生产支出 国家财政支援农村集体(户)各项生产的支出。包括对农村举办的小型农田水利和打井、喷灌等的补助费；对农村水土保持措施的补助费；对农村举办的小水电站的补助费；特大抗旱的补助费；农村开荒补助费；扶持乡镇企业资金；农村农技推广和植保补助费；农村草场和畜禽保护补助费；农村造林和林木保护补助费；农村水产补助费；发展粮食生产专项资金。

(6)农林水利气象等部门的事业费用 国家财政用于农垦、农场、农业、畜牧、农机、林业、森工、水利、水产、气象、乡镇企业的技术推广、良种推广(示范)、植物(畜禽 、森林)保护、水质监测、勘探设计、资源调查、干部训练等项费用，园艺特产场补助费，中等专业学校经费，飞播牧草试验补助费，营林机构、气象机构经费，渔政费以及农业管理事业费等。

(7)工业交通商业等部门的事业费 国家预算支付给工交商各部门用于事业发展的经费。包括勘探设计费、中等专业学校经费、技术学校经费、干部训练费。

(8)文教科学卫生事业费 国家预算用于文化、出版、文物、教育、卫生、中医、公费医疗、体育、档案、地震、海洋、通讯、电影电视、计划生育、党政群干部训练、自然科学、社会科学、科协等项事业的经费支出和高技术研究专项经费。主要包括工资、补助工资、福利费、离退费、助学金、公务费、设备购置费、修缮费、业务费、差额补助费。

(9)抚恤和社会福利救济费 国家预算用于抚恤和社会福利救济事业的经费，包括由民政部门开支的烈士家属和牺牲病残人员家属的一次性、定期抚恤金，革命伤残人员的抚恤金，各种伤残补助费、烈军属、复员退伍军人生活补助费、退伍军人安置费，优抚事业单位经费，烈士纪念建筑物管理、维修费，自然灾害救济事业费和特大自然灾害灾后重建补助费等。

(10)国防支出 国家预算用于国防建设和保卫国家安全的支出，包括国防费、国防科研事业费、民兵建设以及专项工程支出等。

(11)行政管理费 包括行政管理支出，党派团体补助支出，外交支出，公安安全支出，司法支出，法院支出，检察院支出和公检法办案费用补助。

(12)价格补贴支出 经国家批准，由国家财政拨给的政策性补贴支出，主要包括粮食加价款，粮、棉、油差价被贴，棉花收购价外奖励款，副食品风险基金，市镇居民的肉食价格补贴，平抑市价肉食、蔬菜价差补贴等以及经国家批准的教材课、报刊新闻纸等价格补贴。

地方财政支出 通过地方财政金库拨补的各项开支，包括地方财政收入中安排的各项支出和中央的专项拨款。

存款 企业、机关、团体或居民根据可以收回的原则，把货币资金存入银行或其他信用机构保管并取得一定利息的一种信用活动形式。根据存款对象的不同可划分为企业存款、财政存款、机关团体存款、基本建设存款、城镇储蓄存款、农村储蓄存款等科目。它是银行信贷资金的主要来源。

贷款 银行或其他信息机构根据必须归还的原则,按一定利率,为企业、个人等提供资金的一种信用活动形式。我国银行贷款分为流动资金贷款、固定资产贷款、城乡个体工商户贷款以及农业贷款等科目。

承保额 又叫保险金额。它是保险人对被保险人负担损失补偿或约定给付的金额。它是保险合同上的最高责任额,也是计算保费的依据。

保费 又叫保险费。是保险人根据保险合同的有关规定,为被保险人取得因约定危险事故发生所造成的经济损补偿(或给付)权利,付给保险人的代价。包括财产险和人身险储金收入。

赔款 保险事故发生后,经查证确属保险责任范围以内的保险标的损失,保险人根据保险合同的规定履行赔偿义务,给予被保险人的款项叫做赔款。赔款可分为已决赔款和未决赔款两种。

七　物价指数

PRICE INDICES

7－1 各种物价总指数

上年＝100

年份	商品零售价格总指数	居民消费价格总指数	城市	农村	农副产品收购价格总指数	农业生产资料零售价格总指数	农贸市场农产品成交价格总指数
1978	100.2		100.5		102.4		
1980	105.6		107.3		103.4		103.6
1985	111.7	111.8	111.9	110.0	104.7		119.3
1986	105.9	106.2	106.0	107.5	113.4		105.9
1987	109.6	109.4	109.7	106.6	105.0		116.0
1988	117.8	118.0	118.6	116.1	107.6	114.9	122.2
1989	114.0	114.6	114.6	114.6	115.1	111.9	109.5
1990	104.9	105.7	105.6	106.3	106.4	104.3	102.4
1991	106.5	107.4	108.2	105.3	97.0	105.4	100.9
1992	108.5	109.2	109.7	105.9	110.0	109.6	98.2
1993	114.6	114.8	115.2	113.7	115.9	124.6	113.5
1994	120.7	121.9	122.0	121.3	130.5	125.9	130.3
1995	114.3	116.1	115.9	116.2	119.7	123.1	114.9
1996	105.1	107.1	107.6	105.8	109.0	110.3	99.4
1997	102.2	104.4	104.5	103.8	99.8	100.6	97.3
1998	98.4	100.4	100.9	99.7	95.9	96.0	94.1

7－2 各种物价总指数

1978年＝100

年份	商品零售价格总指数	居民消费价格总指数	城市	农村	农副产品收购价格总指数	农业生产资料零售价格总指数	农贸市场农产品成交价格总指数
1980	107.5		110.0		135.0		100.0
1985	134.6	100.0	138.6	100.0	170.8		158.0
1986	142.5	106.2	146.9	107.5	193.7		167.3
1987	156.2	116.2	161.1	114.6	203.4		194.1
1988	184.0	137.1	191.1	133.1	218.9		237.2
1989	209.8	157.1	219.0	152.5	252.0		259.7
1990	220.1	166.1	231.3	162.1	268.1	100.0	260.0
1991	234.4	178.4	250.3	170.7	260.1	105.4	268.4
1992	254.3	194.8	274.6	180.8	286.1	115.5	263.5
1993	291.5	223.6	316.3	205.6	331.6	143.9	299.1
1994	351.8	272.6	385.9	249.4	432.7	181.2	389.7
1995	402.1	316.5	447.3	289.8	517.9	223.1	447.8
1996	422.6	339.0	481.3	306.6	564.5	246.1	445.1
1997	431.9	353.9	503.0	318.3	563.4	247.5	433.1
1998	425.0	355.3	507.5	317.3	540.3	237.6	407.6

注：居民消费价格及其农村居民消费价格是以1985年为基期的指数，农业生产资料零售价格是以1990年为基期的指数，农贸市场农产品成交价格是以1980年为基期的指数。

7－3 各种物价总指数

1998 年

项　　　目	1980 年 = 100	1985 年 = 100	1990 年 = 100	1995 年 = 100	1997 年 = 100
1.居民消费价格总指数			214.0	112.2	100.4
城　市	461.4	366.2	219.5	113.5	100.9
农　村			195.8	109.5	99.7
2.社会商品零售价格总指数	395.4	315.8	193.1	105.7	98.4
城　市	410.2	323.4	192.9	105.7	98.5
农　村	378.5	312.4	195.1	105.9	98.2
3.农副产品收购价格总指数	400.2	316.4	201.6	104.3	95.9
4.农业生产资料零售价格总指数	435.3	347.1	237.6	106.6	96.0
5.农贸市场农产品成交价格总指数	407.5	257.8	153.2	91.0	94.1
6.建筑业产值价格总指数			208.5	108.9	101.6

7－4 农业生产资料价格分类指数

上年 = 100

项　　目	1990 年	1992 年	1994 年	1995 年	1996 年	1997 年	1998 年
农业生产资料价格指数	**104.3**	**109.6**	**125.9**	**123.1**	**110.3**	**100.6**	**96.0**
小农具	104.0	105.4	124.1	118.2	111.5	101.5	98.1
饲　料			124.9	148.7	111.4	98.2	106.1
幼禽家畜			155.7	128.0	91.6	146.8	109.0
大牲畜			129.7	128.6	114.2	98.8	101.1
半机械化农具	104.4	102.6	110.2	109.4	106.8	98.3	100.1
机械化农具	102.8	107.4	115.0	113.0	109.3	99.1	97.2
化学肥料	102.3	102.5	131.3	127.1	119.6	93.9	87.5
农药及农药械	120.7	102.9	106.4	108.9	108.3	102.0	98.1
化学农药	126.0	103.6	106.2	109.3	109.1	101.7	98.4
农药械	99.7	98.5	107.2	105.8	102.6	103.5	96.2
农机用油	99.7	144.4	142.7	109.2	100.3	106.4	98.8
#柴　油	100.0	138.9	145.8	109.9	100.0	107.1	98.8
润滑油	100.0	110.6	111.0	101.4	104.2	99.2	99.1
其　他	106.5	102.1	107.0	144.0	112.8	99.0	96.3

7-5 居民消费价格分类指数

上年=100

类　　别	1995年	1996年	1997年	1998年	城　市	农　村
总指数	**116.1**	**107.1**	**104.4**	**100.4**	**100.9**	**99.7**
一、食品类	120.5	104.6	101.2	97.6	97.6	97.6
粮　食	142.6	102.4	96.8	99.7	100.7	98.6
淀粉及薯类	142.1	100.1	105.6	110.3	110.1	110.7
干豆类及豆制品	108.9	127.5	108.5	97.0	99.0	94.7
油脂类	115.7	91.0	97.2	107.0	107.8	105.8
肉禽及其制品	116.8	96.5	107.9	94.9	94.1	96.3
蛋　类	110.0	111.9	83.2	93.1	94.4	91.0
水产品类	113.2	102.0	109.2	92.6	92.2	93.1
菜　类	115.2	117.1	103.8	91.3	91.6	90.8
鲜　菜	115.3	117.2	103.2	90.6	91.0	89.9
干　菜	111.9	118.2	116.6	102.1	104.3	98.7
菜制品	121.1	110.8	104.3	99.9	100.2	99.3
调味品	110.1	111.9	103.3	100.0	101.0	99.1
糖　类	126.0	101.9	102.8	99.4	100.8	97.7
烟草类	110.8	101.8	99.8	100.5	100.2	101.0
酒和饮料	112.4	108.1	101.0	99.0	97.4	101.1
干鲜瓜果类	116.7	101.7	95.8	99.8	100.1	99.3
糕点类	127.0	109.6	100.5	100.2	101.1	99.0
奶及奶制品	126.3	104.5	103.1	100.9	100.6	101.6
其他食品	121.1	108.8	106.0	102.9	104.4	101.6
饮食业	121.7	108.3	105.0	102.4	101.4	103.9
主　食	133.2	107.8	102.9	100.3	100.9	99.6
炒　菜	115.3	107.2	106.0	103.8	101.6	107.9
地方小吃	129.4	113.4	103.9	100.3	101.4	99.4
二、衣着类	113.2	108.9	104.1	99.3	100.9	97.3
服　装	112.3	108.7	104.4	99.5	101.0	96.2
衣着材料	110.6	107.5	101.9	97.4	99.0	96.6
鞋、袜、帽及其他衣着	116.9	110.2	104.9	100.3	101.4	99.0

7－5　续表　　上年＝100

类　别	1995年	1996年	1997年	1998年	城　市	农　村
三、家庭设备及用品	107.1	103.7	101.4	98.4	98.5	98.3
耐用消费品	103.5	101.6	98.4	98.0	98.0	98.0
室内装饰品	105.1	102.5	102.9	99.9	100.3	99.6
床上用品	115.1	104.1	103.3	97.8	100.9	95.3
家庭日用杂品	111.7	107.3	105.4	99.7	100.3	98.9
其他日用品	106.7	104.1	102.4	97.1	95.6	99.2
四、医疗保健	108.7	106.9	105.1	103.0	105.4	100.5
医疗器具及保健用品	116.8	110.5	104.3	102.6	104.8	101.0
中药材及中成药	108.1	109.3	110.8	108.8	113.9	103.6
西　药	108.4	104.7	101.1	99.0	99.8	98.0
五、交通和通讯工具	100.3	97.5	97.8	96.8	97.1	96.6
交通工具	101.2	97.5	100.1	97.8	98.2	97.5
通讯工具	97.1	97.4	92.5	94.5	95.1	94.0
六、娱乐、教育、文化用品	104.9	109.8	103.4	95.3	94.7	96.1
文娱用耐用消费品	100.2	97.8	95.1	90.0	89.3	90.9
教材及参考书	118.8	133.2	127.7	101.5	100.3	103.7
文化娱乐用品	106.8	123.2	102.4	101.4	100.5	102.8
七、居　住	115.4	112.2	114.3	102.9	104.7	100.2
住　房	126.9	114.8	117.0	98.8	100.0	96.9
水、电、燃料	108.4	110.6	112.8	105.6	107.2	103.1
八、服务项目	114.7	119.1	119.2	119.0	119.0	119.2
电讯费	105.1	102.7	100.7	99.1	98.7	100.0
邮　费	101.2	109.9	209.8	100.1	100.0	100.3
交通费	108.1	113.1	101.9	100.7	100.4	101.0
洗理美容费	119.0	108.9	107.1	105.9	108.6	102.9
文娱费	121.4	122.9	115.2	103.3	103.8	102.4
学杂保育费	115.1	134.7	140.9	138.4	136.5	141.6
修理及其他服务费	127.2	113.8	107.4	102.6	103.8	101.4
医疗保健服务	111.7	107.3	104.5	143.0	138.6	148.1

7－6 商品零售价格分类指数

上年＝100

类 别	1995年	1996年	1997年	1998年	城 市	农 村
总指数	**114.3**	**105.1**	**102.2**	**98.4**	**98.5**	**98.2**
一、食品类	121.4	104.2	102.3	97.8	97.9	97.6
粮 食	139.6	103.3	98.2	99.1	99.8	98.4
油 脂	115.7	91.0	97.2	107.0	108.0	105.6
肉禽蛋	116.0	98.6	104.4	94.5	94.0	95.3
水产品	112.8	101.4	109.2	93.0	93.2	92.8
鲜 菜	115.7	115.9	104.0	91.5	91.8	91.2
干 菜	121.5	114.4	108.1	102.0	103.3	100.6
鲜 果	116.6	101.5	93.1	100.7	100.6	100.9
干 果	120.4	102.9	114.5	94.2	96.8	91.6
其他食品类	121.5	107.4	103.2	100.4	101.1	99.4
饮食业	120.3	108.1	104.6	102.4	101.7	104.1
主 食	131.9	107.0	103.2	100.4	100.7	99.9
炒 菜	115.8	107.5	104.9	103.4	101.9	107.9
地方小吃	129.7	113.7	104.2	100.2	101.5	99.4
二、饮料、烟酒类	110.7	105.4	99.8	99.1	97.9	101.1
饮 料	115.2	107.5	98.7	99.1	96.7	103.3
烟 酒	109.7	105.0	100.0	99.0	98.2	100.5
三、服装、鞋帽类	113.8	109.6	104.8	99.8	101.1	97.6
服 装	111.6	108.6	104.3	99.3	100.9	96.0
鞋	117.0	111.8	105.9	100.6	101.5	99.4
其他衣着	118.9	109.3	104.8	100.0	101.6	98.9
四、纺织品类	116.8	109.7	103.1	98.4	99.7	96.8
棉 布	138.9	109.8	103.7	98.7	99.3	98.0
棉花化纤混纺布	111.2	108.4	101.7	98.1	99.8	95.9
化纤布	111.4	105.0	99.1	95.3	95.1	96.3
呢 绒	108.1	113.1	106.2	98.9	99.2	97.9
绸 缎	109.2	102.9	101.5	99.6	100.7	97.3
其他纺织品	123.5	113.1	103.3	99.7	102.1	96.4
五、中、西药品类	109.2	106.6	104.5	102.7	105.0	100.3
中 药	108.8	109.5	109.9	109.2	114.3	103.7
西 药	109.0	104.8	101.1	98.8	99.4	98.1
医疗用品	112.4	105.6	102.4	100.4	100.7	100.2
六、化妆品类	111.6	105.9	103.0	100.9	100.8	101.0
七、书报杂志类	110.7	141.3	116.2	105.5	104.2	107.5
八、文化体育用品类	107.5	106.5	102.6	99.4	98.7	100.6
文化用品	107.7	105.6	101.5	98.7	97.5	100.9
体育用品	106.7	109.6	107.0	102.2	104.2	99.9
九、日用品类	108.0	103.8	103.5	99.5	99.8	98.9
一般日用品	108.5	103.8	102.9	99.0	99.3	98.6
家具类	106.5	102.5	102.6	99.4	99.4	99.2
日用杂品	108.7	106.3	107.9	101.3	102.4	99.6
十、家用电器类	100.9	98.2	96.3	92.5	91.2	94.4
十一、首饰类	99.8	99.1	98.2	90.7	90.3	91.5
十二、燃料类	105.8	105.7	104.2	101.9	104.9	99.7
十三、建筑装璜材料类	108.1	107.2	98.2	98.2	98.3	98.1
十四、机电产品类	96.5	97.4	96.0	94.7	93.5	96.4

7－7 农副产品收购价格分类指数

上年＝100

项　　目	1990年	1992年	1993年	1994年	1995年	1996年	1997年	1998年
总指数	**106.4**	**110.0**	**115.9**	**130.5**	**119.7**	**109.0**	**99.8**	**95.9**
一、粮食类	107.0	110.2	120.0	130.0	117.1	115.6	97.9	91.8
#小　麦	117.3	102.0	103.0	127.9	138.6	119.6	91.3	95.0
玉　米	96.9	102.8	111.0	182.6	126.2	95.4	104.7	95.2
大　豆	105.2	117.5	123.8	116.5	111.9	131.3	97.8	85.2
二、经济作物类	112.2	98.6	113.2	144.6	140.3	105.5	95.1	100.6
食用油及油料	100.0	86.8	110.8	175.3	110.5	87.0	93.4	107.0
麻　类	106.5	100.0	100.0	139.8	159.9	112.5	89.2	84.1
烟　叶	119.6	100.0	134.1	121.2	120.2	130.1	100.0	88.4
糖　类	110.7	100.0	104.3	123.8	157.4	103.3	95.7	93.8
三、木材类	100.0	83.3	104.0	115.4	97.8	95.8	107.7	106.7
四、禽畜产品类	100.3	103.9	107.3	130.9	123.5	95.5	102.3	94.7
肉　禽	89.4	117.1	128.4	129.9	144.6	82.6	111.2	95.1
禽　蛋	112.0	99.6	114.7	107.8	106.2	113.6	87.1	94.7
皮　张	72.8	117.7	144.3	123.5	112.4	101.0	101.7	94.5
鬃　毛	72.4	109.0	110.7	107.3	123.8	86.4	106.6	97.0
其他畜产品	114.7	100.2	100.7	152.1	125.5	115.3	101.1	87.8
五、蚕茧蚕丝类	94.4	103.8	129.7	140.6	104.6	100.1	124.1	93.8
六、干鲜果类	90.2	125.9	111.7	127.7	103.8	84.6	103.3	97.4
七、干鲜菜类	92.5	160.4	120.1	117.6	96.5	104.4	118.8	103.5
鲜　菜	98.1	111.0	143.2	124.3	107.3	107.7	126.7	99.5
干　菜	84.3	167.1	89.8	74.8	78.0	98.2	102.1	112.0
八、药材类	99.2	133.9	141.2	105.5	102.8	98.8	94.1	105.0
九、土副产品类	105.3	103.8	109.2	127.8	124.1	108.4	86.0	103.3
十、水产品类	97.6	87.2	105.3	108.9	164.1	96.9	105.2	94.9

7-8 农副产品收购价格分类指数

1990年=100

项目	1991年	1992年	1993年	1994年	1995年	1996年	1997年	1998年
总指数	**97.0**	**106.7**	**123.7**	**161.4**	**193.2**	**210.6**	**210.2**	**201.6**
一、粮食类	96.9	106.8	128.2	166.7	195.2	225.7	221.0	202.9
#小麦	107.3	109.4	112.7	144.1	199.7	238.8	218.0	207.1
玉米	63.4	65.2	72.4	132.2	166.8	159.1	166.6	158.6
大豆	102.4	120.3	148.9	173.5	194.1	254.9	249.3	212.4
二、经济作物类	99.3	97.9	110.8	160.2	224.8	237.2	225.6	227.0
食用油及油料	98.5	85.5	94.7	166.0	183.4	159.6	149.1	159.5
麻类	94.5	94.5	94.5	132.1	211.2	237.6	211.9	178.2
烟叶	100.3	100.3	134.5	163.0	195.9	254.9	254.9	225.3
糖类	100.0	100.0	104.3	129.1	203.2	209.9	200.9	188.4
三、木材类	100.0	83.3	86.6	99.9	97.7	93.6	100.8	107.6
四、禽畜产品类	94.6	98.3	105.5	138.1	170.6	162.9	166.7	157.9
肉禽	91.6	107.3	137.8	179.0	258.8	213.8	237.8	226.1
禽蛋	99.4	99.0	113.6	122.5	130.1	147.8	128.7	121.9
皮张	103.5	121.8	175.8	217.1	244.0	246.4	250.6	236.8
鬃毛	100.8	109.9	121.7	130.6	161.7	139.7	148.9	144.4
其他畜产品	95.2	95.4	96.1	146.2	183.5	211.6	213.9	187.8
五、蚕茧蚕丝类	76.5	79.4	103.0	144.8	151.5	151.7	188.3	176.6
六、干鲜果类	90.3	113.7	127.0	162.2	168.4	142.5	147.2	143.4
七、干鲜菜类	120.8	193.8	232.8	273.8	264.2	275.8	327.7	339.2
鲜菜	122.5	136.0	194.8	242.1	259.8	279.8	354.5	352.7
干菜	119.3	199.4	179.1	134.0	104.5	102.6	104.8	117.4
八、药材类	68.3	91.5	129.2	136.3	140.1	138.4	130.2	136.7
九、土副产品类	90.9	94.4	103.1	131.8	163.6	177.3	152.5	157.5
十、水产品类	100.0	87.2	91.8	100.0	164.1	159.0	167.3	158.8

7－9 农贸市场农产品成交价格指数

上年＝100

项　　目	1990年	1992年	1993年	1994年	1995年	1996年	1997年	1998年
总指数	**102.4**	**98.2**	**113.5**	**130.3**	**114.9**	**99.4**	**97.3**	**94.1**
粮　食	96.4	99.7	106.7	136.6	165.5	96.2	83.5	102.8
油　脂	107.7	95.2	113.5	145.7	120.7	88.5	94.7	109.3
肉禽蛋	103.9	97.7	122.5	132.9	112.7	97.8	100.2	93.2
水产品	101.9	99.0	118.6	118.2	112.9	97.2	109.3	90.0
鲜　菜	106.8	101.5	105.7	125.9	107.5	109.0	99.6	89.0
干　菜	94.3	122.3	108.0	114.3	104.2	111.2	113.8	100.5
鲜　果	98.8	91.6	110.2	110.9	112.7	98.8	91.6	99.8
干　果	91.1	100.5	120.7	136.4	114.4	105.1	115.4	91.5

注：1.本表1994年以前各年统计口径为城市和县镇，1994年起为城市口径；
2.1994年起不包括集市农业生产资料价格。

7－10 固定资产投资价格指数

上年＝100

项　　目	1991年	1992年	1993年	1994年	1995年	1996年	1997年	1998年
总指数	**107.5**	**113.5**	**128.0**	**109.0**	**106.5**	**103.4**	**102.7**	**100.8**
1.建筑安装工程	109.7	113.8	132.9	108.1	106.7	103.3	103.8	101.6
2.设备、工器具购置	105.5	109.3	116.8	111.5	108.3	105.0	100.2	98.9
3.其他费用	90.7	125.8	114.8	112.5	101.3	101.3	100.2	100.9

7－11 建筑业产值价格指数

上年＝100

项　　目	1990年	1992年	1993年	1994年	1995年	1996年	1997年	1998年
总指数	**103.4**	**112.0**	**132.9**	**107.2**	**104.8**	**103.3**	**103.8**	**101.6**
直接费用价格指数	104.2	112.6	138.4	108.0	105.1	102.3	103.4	101.5
1.人工费	117.0	114.5	141.5	147.0	111.0	115.0	107.5	103.4
2.材料费	102.3	113.4	138.0	103.2	103.4	102.8	99.5	101.4
钢　材	96.6	131.2	149.2	99.8	92.7	98.9	98.1	99.0
木　材	102.3	84.6	142.8	101.8	98.0	100.0	102.6	100.0
水　泥	95.2	120.4	140.8	99.4	106.2	102.5	102.2	103.4
地方材料	107.3	106.0	120.9	112.1	111.6	104.8	102.0	103.8
化工材料							105.7	100.1
电　料							100.5	98.0
其他材料	106.2	109.2	122.9	111.6	115.5	104.5	97.1	102.7
3.机械使用费						107.6	131.5	99.6
间接费用价格指数	101.5	109.8	118.8	104.5	100.3	112.2	105.4	101.9

7－12 主要原材料、燃料、动力购进价格指数

上年＝100

类　　别	1992年	1993年	1994年	1995年	1996年	1997年	1998年
总指数	**112.9**	**139.6**	**119.3**	**112.7**	**103.4**	**104.4**	**97.7**
燃料、动力类	116.8	140.2	124.7	108.6	107.2	107.9	101.6
黑色金属材料类	115.7	176.2	109.7	97.1	99.9	102.9	96.9
#钢　材	119.4	170.6	106.0	98.4	100.1	102.8	96.5
其　他	104.6	193.5	120.4	93.5	99.7	101.0	101.6
有色金属材料和电线类	106.0	123.5	112.0	131.2	92.1	91.9	91.7
化工原料类	105.7	107.3	118.2	126.4	97.2	97.6	93.9
木材及纸浆类	99.2	125.7	113.3	99.1	104.3	107.0	98.8
建筑材料类	113.7	132.0	103.3	97.8	105.2	101.5	103.0
非金属矿类	110.2	115.2	115.2	105.5	102.1		
其他工业原料及半成品							95.4
农副产品类	113.9	110.0	127.7	149.2	108.8	103.1	93.7
纺织原料类	98.2	110.2	126.6	124.7	96.7	97.7	86.6

7－13 主要工业产品出厂价格指数

上年＝100

类 别	1992年	1993年	1994年	1995年	1996年	1997年	1998年
总指数	**111.6**	**141.3**	**129.0**	**116.1**	**104.6**	**102.3**	**97.8**
轻工业	107.1	111.4	121.2	121.3	101.7	98.9	97.6
以农产品为原料	107.3	112.4	123.1	121.7	101.9	99.5	98.4
以非农产品为原料	106.2	106.9	112.8	118.7	100.5	96.0	93.1
重工业	113.5	152.2	131.9	114.2	105.7	103.6	97.8
采掘工业	115.3	168.6	140.2	122.0	109.0	103.7	99.9
原料工业	114.7	145.6	134.5	105.0	101.6	106.3	93.5
加工工业	107.6	124.6	111.9	111.7	104.3	98.8	99.4
生产资料	114.0	150.7	123.6	114.9	105.6	103.1	97.6
采 掘	115.3	168.6	127.1	122.0	109.0	103.7	99.9
原 料	114.5	142.2	115.0	107.2	101.7	104.8	93.3
加 工	110.2	125.5	104.9	112.5	104.6	98.4	99.6
生活资料	104.8	110.6	131.1	120.0	101.4	99.8	98.3
食 品	105.2	111.2	140.2	121.9	101.6	100.7	99.2
衣 着	101.2	114.7	132.5	117.6	96.8	98.8	98.0
一般日用品	106.9	105.3	111.9	114.7	103.2	95.2	95.1
耐用消费品	104.5	107.0	122.0	105.1	96.2	103.0	96.5
冶金工业	108.1	153.0	120.6	100.3	98.6	98.4	96.0
电力工业	108.2	134.6	130.4	102.2	109.8	110.6	103.3
煤炭及炼焦工业	132.7	143.8	96.8	111.2	111.4	108.5	98.5
石油工业	110.7	183.2	168.9	126.3	107.8	105.2	96.4
化学工业	106.7	108.4	111.9	123.9	99.3	97.4	91.0
机械工业	107.5	123.5	111.7	108.0	104.8	100.2	98.9
建筑材料工业	112.7	134.9	110.6	108.4	104.3	97.8	101.0
森林工业	109.4	128.4	105.8	98.8	96.6	100.2	106.2
食品工业	105.2	111.2	123.6	121.9	101.6	100.4	99.0
纺织工业	100.4	117.4	127.4	117.8	93.6	96.9	96.7
缝纫工业	107.5	105.5	147.3	101.7	95.9	103.2	93.0
皮革工业	100.2	108.4	114.3	109.4	104.8	99.2	94.8
造纸工业	97.6	104.0	112.6	126.6	110.7	97.4	93.6
文教艺术用品工业	102.6	113.8	107.8	101.7	97.8	99.3	95.9
其他工业	106.2	123.2	127.8	129.3	107.0	100.6	102.1

7－14　主要工业行业产品出厂价格指数

上年＝100

类　　别	1992年	1993年	1994年	1995年	1996年	1997年	1998年
煤炭采选业	134.1	144.6	95.2	110.8	111.6	107.7	96.9
石油和天然气开采业	104.3	196.8	175.4	136.0	112.5	103.6	99.1
建筑材料及其他非金属矿采选业	97.3	115.6	102.2	113.7	111.1	85.5	100.1
木材及竹材采运业	126.2	126.0	106.6		95.2	104.2	107.3
自来水生产和供应业	145.8	110.2	162.4	97.3	119.2	115.7	104.3
食品制造业	106.2	111.7	127.6	134.1	101.9	99.9	100.9
饮料制造业	96.3	109.7	119.4	122.1	101.4	98.3	97.4
烟草加工业	99.8	109.5	102.7	121.7	100.4	101.1	98.4
饲料工业	105.2	143.9	121.7	112.0	111.6	94.5	
纺织业	101.0	116.7	126.3	126.2	96.4	98.1	98.3
缝纫业	107.3	105.5	147.3	115.3	95.9	103.2	93.0
皮革、毛皮及其制品业	100.2	108.4	114.3	99.7	104.8	99.2	94.8
木材加工及竹、藤、棕、草制品业	101.6	135.2	102.9	108.5	99.3	90.3	98.0
家具制造业	110.9	125.5	113.5	106.1	108.6	100.5	100.2
造纸及纸制品业	97.6	104.0	112.6	112.8	110.7	97.4	93.6
文教体育用品制造业	102.0	103.3	102.3	124.8	100.0	100.4	97.7
电力、蒸汽、热水生产和供应业	108.2	134.6	130.4	108.0	109.8	110.6	103.3
石油加工业	122.4	157.1	156.6	102.1	99.0	110.1	89.1
炼焦、煤气及煤制品业	102.9	127.5	129.4	108.4	108.0	113.5	98.5
化学工业	112.6	116.9	111.6	104.0	102.1	103.3	89.2
医药工业	102.4	107.6	122.1	114.8	96.1	87.2	94.2
化学纤维工业	97.6	119.3	139.2	123.9	86.0	90.9	86.9
橡胶制品业	99.4	101.5	104.4	125.3	101.5	103.2	96.9
塑料制品业	107.1	96.9	104.7	123.3	96.4	92.2	91.3
建筑材料及其他非金属矿物制品业	114.5	137.7	111.7	134.1	103.9	98.9	101.1
黑色金属冶炼及压延加工业	109.9		121.7	107.1	98.5	99.3	98.3
有色金属冶炼及压延加工业	106.1	123.9	117.1	96.0	99.3	97.1	91.8
金属制品业	105.7	149.8	116.2	114.4	99.8	105.8	98.2
机械工业	110.0	112.9	111.9	107.6	103.6	99.5	99.7
交通运输设备制造业	106.3	144.1	115.2	106.9	107.4	99.8	100.3
电力机械及器材制造业	107.4	104.7	105.9	107.7	107.9	100.7	94.7
电子及通信设备制造业	103.6	112.8	99.0	108.0	99.5	97.0	96.4
仪器仪表及其他计量器具制造业	104.2	119.0	112.3	109.1	98.3	99.1	98.8
工艺美术品制造业	103.2	124.8	114.0	94.1	95.9	94.6	95.9

主要统计指标解释

零售价格指数 是反映城乡商品零售价格变动趋势的一种经济指数。零售物价的变动直接影响到城乡居民的生活支出和国家的财政收入,影响居民购买力和供需平衡,影响消费与积累的比例。因此,计算零售价格指数,可以从一个侧面对上述经济活动进行观察和分析。

居民消费价格指数 是反映一定时期内城乡居民所购买的生活消费品价格和服务项目价格变动趋势和程度的相对数。是综合了城市居民消费价格指数和农民消费价格指数计算取得。利用居民 消费价格指数,可以观察和分析消费品的零售价格和服务价格变动对城乡居民实际生活费支出的影响程度。

城市居民消费价格指数 是反映城市职工及其家庭所购买的生活消费品和服务项目价格变动趋势及其程度的相对数。编制城市居民消费价格指数,可以观察和分析消费品的零售价格和服务项目价值变动对职工货币工资的影响,作为研究职工生活和确定工资政策的依据。

农村居民消费价格指数 是反映农村居民家庭所购买的生活消费品的价格和服务项目价格变动趋势和程度的相对数。用它可以观察农村消费品的零售价格和服务项目价格变动对农村居民生活消费支出的影响,直接反映农民生活水平的实际变化情况,为分析和研究农村居民生活问题提供依据。

农产品收购价格指数 是反映国有商业、集体商业、个体商业、外贸部门、国家机关、社会团体等各种经济类型的商业企业和有关部门收购农产品价格的变动趋势和程度的相对数。农产品收购价格指数可以观察和研究农产品收购价格总水平的变化情况,以及对农民货币收入的影响,作为制订和检查农产品价格政策的依据。计算指数所选的商品有 11 个大类、包括 276 种农副土特产品。采用加权倒数平均公式(即按报告期实际收购金额加权综合法)计算。

农村工业品零售价格指数 是反映农村市场工业品零售价格水平变动趋势和程度的相对数。通过农村工业品零售价格指数,可以观察工业品零售价格变动对农民货币支出的影响。

工业品出厂价格指数 是反映全部工业产品出厂价格总水平的变动趋势和程度的相对数。其中除包括工业企业售给商业、外贸、物资部门的产品外,还包括售给工业和其他部门的生产资料以及直接售给居民的生活消费品。通过工业生产价格指数能观察出厂价格变动对工业总产值的影响。

固定资产投资价格指数 是反映固定资产投资额价格变动趋势和程度的相对数。固定资产投资额是由建筑安装工程投资完成额、设备、工器具购置投资完成额和其他费用投资完成额三部分组成的。编制固定资产投资价格指数应首先分别编制上述三部分投资的价格指数,然后采用加权算术平均法求出固定资产投资价格总指数。

编制固定资产投资价格指数可以准确地反映固定资产投资中涉及的各类商品和取费项目价格变动趋势和变动幅度,消除按现价计算的固定资产投资指标中的价格变动因素,真实地反映固定资产投资的规模、速度、结构和效益,为国家科学地制定,检查固定资产投资并提高宏观调控水平,为完善国民经济核算体系提供科学的,可靠的依据。

八　人民生活

PEOPLE'S LIVELIHOOD

8-1 人民物质文化生活水平状况

项　　目	单位	1985年	1990年	1995年	1997年	1998年
一、就　业						
每一农村劳动力负担人数	人	1.8	1.7	1.5	1.5	1.5
每一城镇就业者负担人数	人	1.8	1.9	1.8	1.9	1.9
城镇登记失业率	%	2.7	2.2	2.6	2.8	3.0
二、收　入						
农民家庭人均纯收入	元	398	760	1766	2308	2253
指数(1980年=100)	%	162.1	233.9	324.0	355.1	351.9
城镇居民家庭人均可支配收入	元	742	1211	3375	4091	4269
指数(1985年=100)	%	100.0	97.7	140.9	151.9	157.1
职工年平均工资	元	1039	1850	4145	4889	6238
指数(1980年=100)	%	106.9	107.2	124.2	130.2	
三、消费水平						
居民年消费水平	元	569	1038	2650	3210	3276
农业居民	元	372	634	1450	1702	1650
城镇居民	元	866	1588	4132	5059	5248
四、储　蓄						
城乡居民年底储蓄存款余额	亿元	70.1	308.8	1091.1	1690.0	1906.7
平均每人储蓄存款余额	元	211.8	871.5	2948.1	4505.0	5053.5
五、住　房						
农村平均每人住房面积	平方米	13.8	16.7	16.5	17.5	18.3
城市平均每人居住面积	平方米	4.2	5.4	7.1	7.7	8.0
六、交　通						
每百人拥有自行车	辆	26.8	36.3	38.5	35.0	34.8
城市每万人拥有公共车	辆	2.4	3.0	4.5	6.0	6.2
七、城市公用事业						
自来水普及率	%	53.9	80.5	82.3	85.5	86.1
煤气、液化气普及率	%	17.9	24.0	61.7	66.3	69.2
每万人拥有绿地	公顷	2.8	3.8	8.0	6.0	6.5
八、文　化						
城镇每百户拥有彩色电视机	台	18.0	53.0	83.0	91.0	95.0
农村每百户拥有电视机	台	20.0	64.4	96.6	102.1	106.6
每百人每天有报纸	份	4.1	4.5	5.1	5.3	5.4
每人每年有图书、杂志	册	5.8	5.1	4.9	5.3	4.8
九、教　育						
学龄儿童入学率	%	98.4	99.0	98.9	98.8	98.1
每万人口有大学生数	人	19.6	22.6	30.7	30.9	33.2
十、卫　生						
每万人拥有医院病床数	张	28.4	31.1	31.3	30.6	30.1
每万人拥有医生数	人	16.8	20.4	20.4	20.6	20.2

8-2 居民消费水平和消费水平指数

年份	居民消费水平(按当年价格计算,元)				居民消费水平指数(1952年=100)		
	全省居民	农业居民	非农业居民	城乡消费水平对比(以农民为1)	全省居民	农业居民	非农业居民
1952	152	120	236	1.97	100.0	100.0	100.0
1957	215	170	293	1.72	133.8	134.1	110.1
1962	219	147	327	2.22	113.6	101.1	94.7
1965	227	142	368	2.59	123.1	106.8	108.3
1970	264	195	384	1.97	141.4	145.8	114.6
1975	279	188	441	2.35	148.1	140.2	128.1
1978	302	177	534	3.02	158.6	131.1	150.3
1979	322	196	546	2.79	165.5	143.6	150.4
1980	375	249	591	2.38	181.9	175.0	153.1
1981	409	283	618	2.18	194.3	195.5	157.4
1982	416	294	614	2.09	192.4	198.5	152.0
1983	442	324	631	1.95	200.2	215.2	152.9
1984	496	345	729	2.11	213.6	220.5	165.7
1985	569	372	866	2.33	242.1	225.8	197.7
1986	609	400	915	2.29	230.5	234.5	177.1
1987	675	455	990	2.18	231.7	239.4	175.2
1988	769	516	1123	2.18	227.6	242.0	167.9
1989	883	526	1374	2.61	225.2	211.7	177.1
1990	1038	634	1588	2.50	247.1	240.2	190.2
1991	1257	741	1950	2.63	278.8	266.7	215.4
1992	1444	830	2258	2.72	296.2	281.8	228.3
1993	1748	1010	2712	2.69	320.5	324.6	237.6
1994	2334	1293	3660	2.83	338.2	338.3	250.9
1995	2650	1450	4132	2.85	354.8	351.5	261.7
1996	2994	1600	4707	2.94	374.0	366.6	277.1
1997	3210	1702	5059	2.97	385.2	377.6	284.9
1998	3276	1650	5248	3.18	389.8	367.0	292.9

注:1.本表居民消费水平按国内生产总值和全省抽样调查人口数计算。
2.居民消费水平指数按可比价格计算。

8－3 城乡储蓄存款余额

年底数

年 份	城乡储蓄存款余额（万元）	城镇储蓄	农户储蓄	全省人均储蓄存款（元）	城镇人均储蓄存款（元）	乡村人均储蓄存款（元）
1978	92285	72583	19702	29.5	64.6	9.8
1980	187839	149018	38821	58.6	120.9	19.7
1985	701278	573791	127487	208.9	398.3	66.5
1990	3087750	2696762	390987	871.5	1587.1	212.1
1991	3888335	3407627	480708	1087.7	1943.7	263.9
1992	4759217	4192638	566579	1319.1	2317.5	315.0
1993	5829292	5156573	672719	1601.5	2763.1	379.3
1994	7905322	7063596	841726	2152.9	3669.6	481.8
1995	10910840	9820247	1090593	2948.1	4945.0	635.9
1996	14189492	12885838	1303654	3806.2	6418.9	757.7
1997	16897261	15280868	1616393	4504.7	7558.1	934.8
1998	19066895	17301640	1765255	5053.5	8492.0	1017.1

注：本表所使用的人口为历年年末人口数。

8－4 耐用消费品社会拥有量

项 目	单位	1985年	1990年	1995年	1997年	1998年
一、社会拥有量						
缝纫机	万架	473.7	592.2	652.8	573.5	605.1
自行车	万辆	888.7	1267.1	1424.1	1313.9	1316.8
电风扇	万台	40.5	120.5	197.6	230.4	260.5
洗衣机	万台	274.6	476.0	622.3	658.0	682.4
电冰箱	万台	11.6	117.3	251.8	317.8	348.6
彩色电视机	万台				661.8	735.8
录音机	万台	185.6	395.7	517.7	440.4	456.0
照相机	万架	35.2	70.9	138.0	141.2	158.2
二、平均每百户拥有量						
缝纫机	架	61.4	65.8	66.9	57.0	58.6
自行车	辆	115.1	140.8	145.9	130.5	127.6
电风扇	台	5.2	20.3	20.3	22.9	25.2
洗衣机	台	35.6	52.9	63.8	65.4	66.1
电冰箱	台	1.5	13.0	25.8	31.6	33.8
彩色电视机	台				65.8	71.3
录音机	台	24.0	44.0	53.0	43.8	44.2
照相机	架	4.6	7.9	14.1	14.0	15.3

注：社会拥有量为城乡抽样调查资料推算数。

8－5 城镇居民家庭基本情况

项目	单位	1980年	1985年	1990年	1995年	1997年	1998年
一、调查户数	户	1123	1250	1200	1200	1350	1800
二、平均每户家庭人口	人	4.5	4.0	3.6	3.3	3.1	3.1
三、平均每户就业人口	人	2.1	2.2	1.9	1.8	1.7	1.6
四、平均每户就业面	%	46.3	54.3	53.8	54.8	52.5	51.6
五、平均每一就业者负担人数	人	2.2	1.8	1.9	1.8	1.9	1.9
（包括就业者本人）							
六、平均每人全年实际收入	元	420.1	742.4	1211.3	3377.2	4110.1	4291.8
# 可支配收入	元		742.4	1211.2	3375.2	4090.7	4268.5
七、平均每人消费性支出	元	361.0	651.4	1051.2	2776.5	3213.4	3303.2

注：本表至8－15表为城镇居民家庭收支抽样调查资料。

8－6 城镇居民家庭基本情况

1998年，按收入等级分组

项目	总平均	最低收入户	# 困难户	低收入户	中等偏下收入户	中等收入户	中等偏上收入户	高收入户	最高收入户
调查户数(户)	1800	180	93	180	360	360	360	180	180
平均每户家庭人口数(人)	3.1	3.5	3.5	3.5	3.3	3.2	2.9	2.8	2.6
平均每户就业人口数(人)	1.6	1.5	1.6	1.6	1.6	1.7	1.6	1.5	1.5
平均每户就业面(%)	51.6	43.0	45.8	45.6	49.9	54.4	54.8	54.1	57.3
平均每一就业者负担人数(人)	1.9	2.3	2.2	2.2	2.0	1.8	1.8	1.8	1.7
平均每人全年实际收入(元)	4291.8	1824.5	1619.4	2476.2	3219.1	4102.2	5157.1	6425.3	8973.4
平均每人可支配收入(元)	4268.5	1803.4	1595.5	2457.6	3199.5	4075.4	5136.9	6388.0	8948.5
平均每人消费性支出(元)	3303.2	1775.2	1763.9	2157.9	2631.0	3151.6	3878.0	4966.4	5879.0

8-7 城镇居民家庭人均全年现金收入和支出

单位:元

项目	1985年	1990年	1995年	1997年	1998年
一、期初手存现金	21.3	59.0	182.4	136.1	312.0
二、可支配收入	742.4	1211.2	3375.2	4090.7	4268.5
三、现金收入	849.3	1389.3	3864.9	4646.2	4972.8
(一)实际收入	742.4	1211.3	3377.2	4110.1	4291.8
1.国有经济单位职工收入	494.3	739.8	2207.6	2368.7	2486.0
2.集体经济单位职工收入	120.7	119.8	252.4	218.5	189.4
3.其他各种经济类型单位职工全部收入				42.8	23.8
4.个体经营者的净收益	12.1	18.8	84.9	167.7	190.9
5.个体被雇者收入		0.6	20.1	74.2	69.4
6.离退休再就业人员收入		7.6	19.7	29.2	26.9
7.其他就业者收入		2.4	9.4	22.5	15.9
8.其他劳动收入	23.9	26.7	87.3	164.1	212.2
9.财产性收入		8.5	25.8	34.8	44.0
10.转移收入	91.6	287.3	667.7	981.2	1023.2
#离退休金	44.6	122.5	540.1	818.0	889.2
价格补贴		117.3		0.6	0.1
赡养收入	4.2	5.5	22.3	44.8	37.0
赠送收入	11.5	24.0	64.0	87.4	68.0
出售财物收入	6.5	1.4	18.8	6.5	2.2
11.家庭副业生产收入			2.3	6.4	10.0
(二)借贷收入	106.9	178.0	487.7	536.1	681.0
#提取储蓄存款	68.5	118.0	372.0	409.0	485.0
提取储金会款	1.4	0.7	0.4	4.0	2.6
借入款	33.2	41.5	80.2	75.3	120.7
兑售有价证券		2.0	7.1	1.6	1.1
四、现金支出	829.7	1358.9	3767.9	4443.6	4833.5
(一)实际支出	708.3	1171.7	3266.0	3838.5	4087.1
1.消费性支出	651.4	1051.2	2776.5	3213.4	3303.2
2.非消费性支出	56.9	120.5	487.6	622.8	779.9
#贷款利息			0.1	0.5	0.9
个人所得税		0.1	0.1	0.8	0.4
赡养支出	14.5	16.0	50.0	63.0	74.9
赠送支出	40.6	93.4	338.4	388.3	440.4
购房与建房支出			72.4	138.0	212.0
3.家庭副业生产支出			1.9	2.3	4.0
(二)借贷支出	121.4	187.2	501.9	605.1	746.5
#存入储蓄款	80.9	123.9	418.4	484.9	579.8
存入储金会款	3.1	0.8	2.3	1.6	0.3
借出款	11.9	19.1	18.9	19.0	17.3
购置有价证券		3.8	15.7	15.7	20.4
五、期末手存现金	41.0	89.4	279.4	338.7	451.2

注:城镇居民家庭可支配收入是指居民家庭在支付个人所得税之后,所余下的实际收入。

8－8 城镇居民家庭人均全年现金收入和支出

1998 年，按收入等级分组　　　　　　单位:元

项　　目	总平均	最低收入户		低收入户	中等偏下收入户	中等收入户	中等偏上收入户	高收入户	最高收入户
			#困难户						
一、期初手存现金	312.0	182.4	191.9	247.2	260.1	289.4	381.5	386.5	522.8
二、可支配收入	4268.5	1803.4	1595.5	2457.6	3199.5	4075.4	5136.9	6388.0	8948.5
三、现金收入	4972.8	2119.2	2012.3	2744.4	3573.9	4515.9	5830.6	7714.0	11558.7
(一)实际收入	4291.8	1824.5	1619.4	2476.2	3219.1	4102.2	5157.1	6425.3	8973.4
1.国有经济单位职工收入	2486.0	849.8	865.3	1205.2	1738.0	2606.4	3376.0	3559.5	4847.6
工资性收入	2337.8	814.0	830.9	1159.6	1643.4	2459.4	3167.9	3323.6	4500.4
#奖　金	115.7	15.9	15.9	30.8	45.8	102.6	158.2	210.3	374.3
非工资性收入	148.3	35.7	34.4	45.6	94.6	147.0	208.1	235.9	347.2
2.集体经济单位职工收入	189.4	211.6	200.6	186.4	249.6	242.7	99.6	145.0	132.4
工资性收入	179.5	206.9	195.6	181.3	232.9	235.3	94.2	142.5	101.5
#奖　金	5.7	0.6	0.2	4.3	4.8	6.0	10.7	4.8	5.2
非工资性收入	10.0	4.7	5.0	5.1	16.7	7.4	5.4	2.5	30.9
3.其他各种经济类型单位职工全部收入	23.8	4.9	9.6	46.4	22.2	27.4	25.8		35.0
#奖　金	0.9			0.8	0.2	0.1	3.8		
4.个体经营者的净收益	190.9	91.4	40.6	114.8	101.5	141.7	191.3	319.9	631.0
5.个体被雇者收入	69.4	39.9	17.8	92.8	51.2	64.7	68.1	60.7	147.3
6.离退休再就业人员收入	26.9	5.6		17.2	17.4	35.5	8.2	76.0	60.0
7.其他就业者收入	15.9	54.0	49.7	23.2	22.3	7.4	1.8	6.7	1.1
8.其他劳动收入	212.2	154.4	148.0	215.0	240.5	187.3	231.0	126.4	325.5
9.财产性收入	44.1	10.1	18.1	7.5	15.5	22.3	20.0	94.7	262.7
利　息	11.5	0.6	0.1	0.6	1.7	5.1	5.9	26.7	76.9
红　利	2.6	0.9	1.7			1.8	0.4	6.4	17.5
其他财产租金收入	30.0	8.6	16.3	6.9	13.8	15.4	13.7	61.6	168.3
10.转移收入	1023.2	397.5	260.4	566.4	758.7	754.4	1134.1	2004.1	2492.8
离退休金	889.2	339.3	208.3	505.7	690.6	675.4	984.7	1633.7	2148.9
价格补贴	0.1							0.7	
赡养收入	37.1	17.5	16.4	18.6	24.7	24.7	66.1	48.9	71.1
赠送收入	68.0	20.9	14.4	18.8	20.0	28.8	53.6	281.6	215.9
亲友搭伙费	2.9	1.1	1.6	1.7	0.8	3.3	4.0	0.3	11.1
记帐补贴	18.9	15.8	15.8	17.0	17.2	19.3	19.6	22.7	22.8
出售财物收入	2.2	0.8	1.4		0.1	1.3	2.1	8.5	7.5
其　他	5.0	2.1	2.5	4.6	5.3	1.6	4.0	7.7	15.5
11.家庭副业生产收入	10.0	5.3	9.3	1.3	2.2	12.4	1.2	32.3	38.0

8－8 续表　　　　　　　　1998年,按收入等级分　　　　　　　　单位:元

项　　目	总平均	最　低 收入户	#困难户	低　收 入　户	中等偏下 收 入 户	中　等 收入户	中等偏上 收 入 户	高　收 入　户	最　高 收入户
(二)借贷收入	681.0	294.7	392.9	268.2	354.8	413.7	673.5	1288.7	2585.3
1.提取储蓄存款	485.1	171.2	197.5	151.9	234.4	309.4	542.8	941.2	1790.3
2.提取储金会款	2.6	0.2	0.3	1.9	0.6	0.1	9.5		5.3
3.借入款	120.7	117.4	183.9	87.2	110.7	79.7	107.5	276.1	157.3
4.收回借出款	17.7	4.2	7.6	4.1	6.1	15.1	9.0	43.5	81.6
5.收回储蓄性保险本金	0.6			0.5	1.2	0.1	0.9	1.5	
6.兑售有价证券	1.1					1.0	0.8	1.7	6.9
7.赊　购									
8.为购房从银行贷款	2.4			21.4			0.1		
9.其他借贷收入	50.8	1.7	3.6	1.2	1.8	8.3	3.0	24.7	543.9
四、现金支出	4833.5	2089.1	1993.0	2746.1	3492.5	4375.4	5688.6	7572.3	10950.8
(一)实际支出	4087.1	1975.0	1907.2	2476.9	3027.6	3757.1	4780.3	6425.9	8486.9
1.消费性支出	3303.2	1775.2	1763.9	2157.9	2631.0	3151.6	3878.0	4966.4	5879.0
2.非消费性支出	779.9	194.6	135.2	317.6	394.3	598.6	901.9	1445.8	2607.3
贷款利息	0.9			0.7			3.4		2.3
个人所得税	0.4			0.1	0.1	0.5	0.3	0.9	1.5
其他各种税金	2.4	0.7	0.7	4.1	0.4	3.8	3.0	4.3	0.8
各种非储蓄性保险支出	5.2	1.6	1.0	0.7	2.2	3.0	6.9	13.5	15.7
赡养支出	74.9	17.2	12.0	32.0	40.4	59.5	89.3	112.0	262.0
赠送支出	440.4	141.9	120.1	234.5	280.0	399.3	571.2	807.9	933.5
购房与建房支出	212.0	28.7		32.8	61.0	109.4	208.3	406.4	1126.1
其他非消费性支出	43.7	4.5	1.4	12.7	10.2	23.1	19.5	100.8	265.4
3.家庭副业生产支出	4.0	5.2	8.1	1.4	2.3	6.9	0.4	13.7	0.6
(二)借款支出	746.5	114.1	85.8	269.2	464.9	618.3	908.3	1146.4	2463.9
1.存入储蓄款	580.0	78.4	56.9	212.7	378.2	478.2	709.8	786.8	1986.1
2.存入储金会款	0.3	0.1				0.4	0.7	0.3	0.1
3.归还借款	51.9	22.1	15.0	13.2	33.5	33.4	45.3	92.5	206.7
4.借出款	17.3	1.1	1.0	8.8	4.8	11.7	23.4	59.3	36.2
5.储蓄性保险支出	27.0	4.1	3.3	11.6	10.0	22.5	41.7	65.6	56.8
6.购置有价证券	20.4	0.6		0.2	5.6	22.1	12.1	55.5	88.2
7.预　购	0.8	0.4	0.9	2.0	0.5		1.0		2.4
8.归还为购置住房的银行贷款	1.9	1.0				4.7		4.9	4.7
9.其他借贷支出	47.2	6.3	8.7	20.7	32.3	45.3	74.3	81.5	82.7
五、期末手存现金	451.2	212.5	211.2	245.5	341.5	429.9	523.5	528.2	1130.7

8-9 城镇居民家庭人均全年消费性支出和构成

项目	1985年	1990年	1995年	1997年	1998年
消费性支出(元)	**651.4**	**1051.2**	**2776.5**	**3213.4**	**3303.2**
1.食品	344.0	537.2	1338.6	1474.2	1437.9
#粮食	69.2	82.9	248.1	241.1	232.4
肉禽及其制品	55.9	105.9	261.7	301.8	292.3
蛋类	20.1	28.6	73.6	77.5	68.9
水产品	18.5	28.6	64.5	76.8	71.2
奶及奶制品	5.3	7.5	26.0	33.7	37.3
2.衣着	127.5	207.1	525.0	519.7	513.7
#服装	47.4	74.4	310.6	319.4	332.9
3.家庭设备、用品及服务	45.6	82.9	141.0	185.9	200.1
#耐用消费品	25.3	36.8	68.2	94.0	97.3
4.医疗保健	10.3	35.6	118.5	207.3	245.9
5.交通和通讯	6.2	11.8	111.6	165.2	185.8
6.娱乐、教育、文化服务	58.3	72.4	231.8	275.0	316.0
#文娱用耐用消费品	36.3	24.9	49.8	59.1	60.5
7.居住	35.8	64.0	215.4	266.8	273.5
#住房	17.6	31.4	53.2	65.4	70.6
8.杂项商品	23.7	40.3	94.6	119.3	130.4
消费支出构成(%)	**100.0**	**100.0**	**100.0**	**100.0**	**100.0**
1.食品	52.8	51.1	48.2	45.9	43.5
#粮食	10.6	7.9	8.8	7.5	7.0
肉禽及其制品	8.6	10.1	9.4	9.4	8.8
蛋类	3.1	2.7	2.7	2.4	2.1
水产品	2.8	2.7	2.3	2.4	2.2
奶及奶制品	0.8	0.7	0.9	1.0	1.1
2.衣着	19.6	19.7	18.9	16.1	15.6
#服装	7.3	7.1	11.2	9.9	10.0
3.家庭设备、用品及服务	7.0	7.9	5.1	5.8	6.0
#耐用消费品	3.9	3.5	2.4	2.9	2.9
4.医疗保健	1.6	3.4	4.3	6.5	7.4
5.交通和通讯	1.0	1.1	4.0	5.1	5.6
6.娱乐、教育、文化服务	8.9	6.9	8.3	8.5	9.6
#文娱用耐用消费品	5.6	2.4	1.8	1.8	1.8
7.居住	5.5	6.1	7.8	8.3	8.3
#住房	2.7	3.0	1.9	2.0	2.1
8.杂项商品	3.6	3.8	3.4	3.8	4.0

8－10 城镇居民家庭人均全年消费性支出

1998年，按收入等级分组　　　　单位：元

项　目	总平均	最低收入户	#困难户	低收入户	中等偏下收入户	中等收入户	中等偏上收入户	高收入户	最高收入户
消费支出总计	**3303.2**	**1775.2**	**1763.9**	**2157.9**	**2631.0**	**3151.6**	**3878.0**	**4966.4**	**5879.0**
一、食　品	1437.9	876.6	828.5	1071.1	1240.3	1401.0	1633.3	2032.4	2195.8
1.粮　食	232.4	229.7	227.2	221.8	231.1	223.4	233.9	241.6	260.0
#细　粮	221.6	221.4	217.2	213.5	222.4	212.1	222.4	227.4	245.6
2.淀粉及薯类	28.1	22.9	22.3	26.2	26.1	28.0	29.1	31.9	36.2
3.干豆类及豆制品	31.0	22.3	22.6	27.8	28.2	30.0	35.2	41.0	36.8
4.油脂类	74.2	73.3	68.6	72.9	77.4	71.8	73.5	74.8	75.2
5.肉禽及其制品	292.3	145.8	128.2	201.6	244.5	302.9	339.9	421.5	460.9
6.蛋　类	68.9	49.8	48.8	57.3	63.6	69.4	75.1	84.9	91.3
7.水产品类	71.2	36.4	31.1	47.5	59.8	71.3	85.3	102.2	112.8
8.菜　类	166.8	104.9	101.1	129.3	149.2	170.5	181.4	225.9	239.2
9.调味品	23.8	17.2	17.8	20.6	21.1	22.3	25.6	30.2	36.0
10.糖　类	19.5	10.0	9.8	13.0	17.1	17.9	21.0	28.9	37.7
11.烟草类	59.1	26.8	29.1	47.4	50.1	56.1	65.9	88.5	101.5
12.酒和饮料	74.8	34.3	30.2	52.7	63.2	69.8	90.1	122.7	115.0
13.干鲜瓜果类	109.3	49.2	44.9	69.0	89.8	108.2	137.5	165.0	172.3
14.坚果及果仁	19.7	10.1	9.1	14.6	15.5	18.4	24.0	32.6	29.5
15.糕点类	24.1	10.6	8.0	16.4	20.2	21.8	30.1	34.3	43.9
16.奶及奶制品	37.3	13.6	11.8	22.5	30.7	37.6	48.4	54.9	60.6
17.其他食品	12.3	3.2	2.6	7.3	10.4	11.6	16.7	19.4	20.2
18.在外用餐	92.8	16.2	15.1	22.9	41.1	69.5	119.9	231.0	266.4
19.食品加工服务费	0.5	0.3	0.2	0.3	1.2	0.5	0.7	1.1	0.3
二、衣　着	513.7	196.4	154.5	264.9	374.5	522.5	652.0	765.1	1022.8
1.服　装	332.9	112.5	87.2	153.3	234.0	343.8	433.4	507.1	680.0
2.衣着材料	30.7	12.2	7.4	19.1	22.4	27.5	36.2	50.3	66.9
3.鞋、袜、帽及其他衣着	139.7	67.4	57.7	87.3	113.0	142.2	170.5	190.0	245.9
4.衣着加工服务费	10.4	4.3	2.2	5.2	5.1	9.0	11.9	17.7	30.0
三、家庭设备、用品及服务	200.1	60.6	61.7	86.3	117.4	189.1	229.3	308.3	592.7
1.耐用消费品	97.3	17.4	22.4	24.4	44.0	94.8	108.7	137.7	373.3
2.室内装饰品	8.5	0.9	1.2	3.1	7.0	10.8	8.3	12.2	20.7
3.床上用品	14.7	5.0	3.8	11.3	9.1	15.1	18.7	20.9	29.9
4.家庭日用杂品	52.8	24.9	25.2	35.2	41.4	47.7	66.3	80.5	94.8
5.家具材料	3.5	1.6	1.1	0.4	1.7	1.6	3.7	20.2	0.9
6.家庭服务	23.3	10.8	8.0	11.9	14.2	19.1	23.6	36.8	73.1
四、医疗保健	245.9	201.5	287.3	153.8	219.0	193.9	291.7	350.4	407.6
五、交通和通讯	185.8	58.4	47.6	104.9	137.6	183.3	228.9	287.9	386.8
1.交　通	74.0	20.4	13.9	33.3	55.5	76.4	84.3	130.6	157.5
2.通　讯	111.8	38.0	33.7	71.6	82.1	106.9	144.6	157.3	229.3
六、娱乐、教育文化服务	316.0	155.6	160.4	199.9	214.2	300.0	364.2	625.6	541.4
1.文娱用耐用消费品	60.5	24.5	27.2	29.7	29.4	43.7	61.7	187.5	130.4
2.教　育	192.5	114.3	115.6	131.1	145.5	196.1	229.1	337.1	252.7
3.文化娱乐	62.9	16.8	17.6	39.1	39.3	60.2	73.4	101.0	158.3
七、居　住	273.5	176.1	176.9	219.5	244.2	251.6	296.0	375.7	443.5
1.住　房	70.6	33.1	31.1	53.5	59.3	63.6	76.9	102.6	141.2
2.水、电、燃料及其他	202.8	143.0	145.8	166.0	184.9	188.0	219.1	273.1	302.3
八、杂项商品和服务	130.4	50.0	47.0	57.5	83.8	110.2	182.6	221.0	288.4
1.个人消费	102.5	38.8	34.6	47.1	62.1	90.1	149.5	170.9	215.9
2.其他商品	9.8	4.1	4.1	3.8	4.8	8.6	12.4	14.0	30.7
3.其他服务	18.1	7.1	8.3	6.6	16.9	11.5	20.7	36.1	41.8

8－11 城镇居民家庭人均全年购买的主要商品数量

项目	单位	1985年	1990年	1995年	1997年	1998年
粮食	公斤	140.6	130.8	94.7	91.9	90.5
鲜菜	公斤	163.8	148.0	138.1	122.3	126.5
食用植物油	公斤	5.6	6.1	8.8	8.5	9.0
猪肉	公斤	13.0	11.9	12.3	10.8	11.5
牛羊肉	公斤	1.6	2.3	2.3	4.9	4.0
禽及禽制品	公斤	1.3	1.7	3.9	3.5	2.6
鲜蛋	公斤	6.8	5.4	11.3	12.7	12.5
鱼虾	公斤	7.3	5.5	7.4	7.3	7.3
食糖	公斤	1.7	1.2	1.6	1.5	1.7
卷烟	盒	27.0	23.0	24.0	25.7	24.0
酒	公斤	14.0	13.8	17.1	14.9	14.4
棉布	米	2.8	1.5	0.4	0.4	0.4
化纤布	米	1.2	1.3	0.8	0.6	0.5
呢绒	米	0.4	0.3	0.2	0.1	0.1
绸缎	米	0.6	0.4	0.1	0.1	0.1
皮鞋	双	0.7	0.8	1.1	0.9	0.9
煤炭	公斤	385.6	313.0	268.1	277.2	226.5

8－12 城镇居民家庭平均每百户年底主要消费品拥有量

项目	单位	1985年	1990年	1995年	1997年	1998年
呢大衣	件	155	198	233	174	179
毛毯	条	79	103	122	109	108
大衣柜	个	84	72	62	56	56
沙发	个	131	121	168	148	156
写字台	个	67	58	53	47	56
组合家具	套	4	28	43	40	44
沙发床	个	7	16	37	37	40
自行车	辆	157	178	176	150	144
家用缝纫机	架	70	66	62	43	44
电风扇	台	10	22	34	37	40
洗衣机	台	62	76	84	82	83
家用电冰箱	台	2	22	44	53	56
彩色电视	台	18	53	83	91	95
普通录音机	台	21	31	43	52	53
照相机	架	8	13	24	23	25

8－13 城镇居民家庭人均全年购买的主要商品数量

1998年,按收入等级分组

项目	单位	总平均	最低收入户	#困难户	低收入户	中等偏下收入户	中等收入户	中等偏上收入户	高收入户	最高收入户
粮食	公斤	90.5	98.6	98.1	90.8	94.6	86.1	86.3	87.0	93.1
细粮	公斤	86.1	94.3	92.5	87.4	90.4	81.2	81.7	81.5	88.1
粗粮	公斤	4.4	4.2	5.6	3.4	4.2	4.9	4.6	5.5	5.0
淀粉及薯类	公斤	23.2	22.7	22.7	23.3	21.5	22.2	24.0	23.7	28.7
油脂类	公斤	9.1	9.1	8.6	9.0	9.5	8.8	9.1	8.9	9.2
#食用植物油	公斤	9.0	9.0	8.4	8.8	9.4	8.7	9.0	8.8	9.1
猪肉	公斤	11.5	6.5	6.0	8.7	9.9	11.9	12.7	15.5	17.5
牛肉	公斤	3.0	2.0	1.8	2.1	2.7	3.1	3.4	4.1	4.3
羊肉	公斤	1.0	0.4	0.3	0.7	0.8	1.2	1.2	1.4	1.7
家禽	公斤	2.6	1.6	1.2	2.3	2.8	3.5	3.7	4.7	4.5
蛋类	公斤	12.8	9.6	9.4	10.8	11.8	12.9	13.9	15.4	16.7
鱼	公斤	6.9	4.2	3.8	5.4	6.4	7.1	7.7	8.5	9.3
虾	公斤	0.4	0.2	0.2	0.3	0.3	0.4	0.5	0.7	0.7
菜类	公斤	127.3	100.0	94.8	114.2	119.1	127.8	133.3	150.2	163.3
#鲜菜	公斤	126.5	99.5	94.4	113.7	118.3	127.0	132.3	148.9	162.1
干菜	公斤	0.2	0.1	0.1	0.1	0.1	0.2	0.2	0.3	0.2
食糖	公斤	1.7	1.2	1.2	1.4	1.7	1.8	1.7	2.3	2.3
卷烟	盒	24.0	15.0	17.0	25.0	22.0	24.0	24.0	31.0	34.0
白酒	公斤	3.4	2.6	2.7	4.0	3.4	2.9	3.6	4.3	3.5
啤酒	公斤	10.7	4.6	3.8	6.9	9.1	10.8	12.9	17.9	15.5
汽水、可乐	公斤	1.6	0.7	0.6	0.8	1.2	1.7	1.7	2.9	2.4
干鲜瓜果类	公斤	50.0	25.9	24.6	35.6	43.3	50.0	60.8	67.0	71.2
鲜乳品	公斤	3.4	0.8	0.5	1.6	2.2	4.0	4.8	5.0	6.2
奶粉	公斤	0.5	0.3	0.3	0.4	0.5	0.4	0.7	0.9	0.8
棉布	米	0.4	0.2	0.1	0.2	0.4	0.4	0.4	0.6	0.5
化纤布	米	0.5	0.2	0.1	0.4	0.3	0.4	0.6	0.8	0.9
呢绒	米	0.1						0.1	0.1	0.2
绸缎	米	0.1						0.1	0.1	0.2
毛线	公斤	0.2	0.1	0.1	0.1	0.2	0.2	0.2	0.2	0.3
皮鞋	双	0.9	0.5	0.4	0.6	0.7	0.9	1.0	1.0	1.4
煤炭	公斤	226.5	248.6	298.8	256.3	263.7	201.1	199.7	222.2	190.2

8－14 城镇居民家庭平均每百户年底主要消费品拥有量

1998 年，按收入等级分组

项目	单位	总平均	最低收入户	#困难户	低收入户	中等偏下收入户	中等收入户	中等偏上收入户	高收入户	最高收入户
呢大衣	件	179	120	97	162	154	191	192	193	243
毛毯	条	108	59	42	85	94	121	122	119	139
大衣柜	个	56	51	47	51	50	57	58	57	73
沙发	个	156	91	100	115	129	160	178	188	230
写字台	个	56	46	45	42	44	50	53	51	60
组合家具	套	44	35	32	43	40	46	48	46	46
沙发床	个	40	19	23	26	27	44	47	50	68
家用缝纫机	架	44	42	32	49	40	45	45	44	54
电风扇	台	40	27	23	31	36	40	40	58	50
洗衣机	台	83	68	67	80	81	85	87	86	90
家用电冰箱	台	56	32	30	41	46	61	64	68	74
冰柜	台	7	2	2	6	4	8	5	13	12
电炊具	台	157	145	139	132	147	160	167	173	178
淋浴热水器	台	15	4	1	7	13	19	17	21	19
排油烟机	台	50	25	20	38	41	50	57	67	70
吸尘器	台	17	5	1	13	13	18	21	22	21
摩托车	台	5	4	6	5	5	8	5	5	5
自行车	辆	144	134	124	138	151	156	144	130	134
彩色电视机	台	95	79	73	86	91	93	99	105	107
影碟机	台	7	2		2	3	5	9	14	12
录放像机	台	17	8	10	11	16	20	18	23	18
家用电脑	台	1	1	1	1	1	1		2	1
组合音响	套	17	8	9	15	17	19	19	20	19
录音机	台	53	48	47	53	54	49	58	50	59
健身器材	件	3				3	2	5	6	4
照相机	架	25	8	5	18	23	24	29	32	44
钢琴	架	1			1	1	1	1	1	1
其他中高档乐器	件	5	1	1	3	6	4	6	7	7
移动电话	台	2			3	1	3	2	3	4

8－15 城镇居民家庭居住情况

项　　目	1985 年	1990 年	1995 年	1997 年	1998 年
一、居住情况					
1.平均每户					
居住面积(平方米)	21.9	26.0	28.7	28.1	29.3
辅助面积(平方米)	9.2	12.2	12.7	13.5	13.9
居住间数(间)	1.8	2.0	2.1	2.1	2.2
2.平均每人					
居住面积(平方米)	5.5	7.3	8.8	8.9	9.3
辅助面积(平方米)	2.3	3.4	3.9	4.3	4.4
二、居住条件					
1.按居住面积分(%)					
无房户	1.0	0.3			
4 平方米以下	33.6	28.3	6.1	2.7	2.3
4－6 平方米	32.4	18.7	18.0	19.1	14.1
6－8 平方米	16.1	22.6	23.6	25.1	23.1
8－10 平方米			21.3	18.4	19.7
10－12 平方米			11.0	11.8	13.2
12－14 平方米			9.1	9.9	11.6
14 平方米以上	16.9	30.1	10.9	13.0	16.0
2.按房屋产权分(%)					
公　房	74.9	56.6	61.3	43.8	35.2
租赁私房	1.7	2.3	2.2	1.6	2.2
自有房	21.0	41.1	36.5	38.7	50.9
部分产权的自有房				15.9	11.7
其　他					
3.按自来水使用情况分(%)					
无自来水	6.5	6.7	1.0	0.6	0.7
独用自来水	79.1	87.2	95.1	96.2	96.7
公用自来水	14.4	6.1	3.9	3.2	2.6
4.按卫生设备拥有情况分(%)					
无卫生设备	54.9	54.3	38.2	30.7	36.6
有浴室厕所	1.0	5.4	13.5	12.7	14.7

8-15 续表

项　　目	1985年	1990年	1995年	1997年	1998年
有厕所无浴室	29.1	29.9	43.6	51.6	44.1
公用卫生设备	15.0	10.4	4.7	5.0	4.6
5.按取暖设备拥有情况分(%)					
无取暖设备			0.1	0.1	0.1
空调设备					
暖　气	53.4	64.7	81.2	74.3	70.3
其　他	46.6	35.3	18.7	25.6	29.6
6.按厨房使用情况分(%)					
无厨房	4.5	1.2	0.6	0.1	0.1
独用厨房	85.3	93.3	96.5	97.1	97.7
公用厨房	10.3	5.5	2.9	2.8	2.2
7.按燃料使用情况分(%)					
管道煤气	2.3	4.9	19.9	29.0	25.2
液化石油气	19.8	25.0	36.0	39.9	35.3
煤	75.8	69.7	41.2	28.4	36.8
其　他	2.2	0.4	2.9	2.7	2.7
8.按电话拥有情况分(%)					
无电话			68.5	41.8	41.2
公费电话			7.8	3.4	3.1
自费电话			23.7	54.8	55.4
公用电话					0.3
9.按住宅建筑式样分(%)					
家庭单栋配套住宅				0.5	0.8
单元式配套住宅			54.0	62.7	57.3
(1)一居室			6.1	7.0	5.6
(2)二居室			35.0	41.2	37.5
(3)三居室			12.2	14.1	13.6
(4)四居室及以上			0.7	0.4	0.6
普通楼房			4.3	3.6	3.1
普通平房			41.7	33.2	38.8

8－16 农民家庭基本情况

项目	单位	1985年	1990年	1995年	1997年	1998年
调查户数	户	2390	2240	2080	2000	2000
调查户人口						
1.常住人口	人	11711	10374	8598	8098	7946
2.平均每户常住人口	人	4.9	4.6	4.1	4.1	4.0
3.平均每户整、半劳动力	人	2.7	2.7	2.8	2.7	2.7
4.平均每个劳动力负担人口	人	1.8	1.7	1.5	1.5	1.5
平均每人全年收入						
1.总收入	元	623.9	1329.6	3159.3	3745.4	3622.9
(1)基本收入	元	612.4	1310.8	3051.7	3671.0	3536.0
劳动者的报酬收入	元	52.8	77.1	130.3	219.8	235.4
集体组织劳动报酬	元			47.4	74.5	84.1
企业劳动报酬	元			55.9	55.9	53.4
#乡村企业劳动报酬	元			11.2	10.2	5.3
其他单位劳动报酬	元			27.1	89.5	98.0
家庭经营收入	元	559.6	1233.7	2921.4	3451.2	3300.6
(2)转移性收入	元	11.6	18.8	27.2	56.8	64.2
(3)财产性收入	元			80.5	17.6	22.7
2.纯收入	元	397.8	759.9	1766.3	2308.3	2253.1
3.现金收入	元	541.7	1100.0	2923.6	3119.8	2898.5
按人均纯收入分组的调查户比重						
100元以下	%	3.7	2.4	2.0	1.4	2.1
100－150元	%	5.4	1.8	0.1	0.2	0.5
150－200元	%	7.2	2.3	0.5	0.3	0.1
200－300元	%	19.9	8.9	0.9	0.6	0.6
300－400元	%	20.1	11.9	1.0	0.4	0.8
400－500元	%	16.2	12.3	1.5	1.2	0.8
500－600元	%		11.8	2.0	1.1	1.0
600－800元	%	25.0	17.3	6.0	2.8	2.8
800－1000元	%		12.1	9.0	4.1	6.1
1000－1500元	%		13.1	22.1	16.6	15.4
1500－2000元	%	2.5	4.3	20.3	18.6	19.8
2000元以上	%		1.7	34.5	52.8	50.1
平均每户经营耕地面积	公顷	2.1	2.3	2.1	2.2	2.2
#自留地面积	公顷	0.2	0.2	0.1	0.1	0.1
平均每人全年支出						
1.总支出	元	576.5	1168.3	3073.7	3076.6	2932.1
#家庭经营费用支出	元	157.2	411.0	1002.0	968.2	932.8
生活消费支出	元	306.6	585.8	1479.8	1549.1	1464.6
其他非生产性支出	元	13.4	21.5	116.5	55.9	88.1
2.现金支出	元	465.7	978.1	2904.5	2911.3	2881.9
#生产性费用和开发性生产投资	元	144.0	287.9	1040.6	960.1	901.5
缴纳税金和上交集体承包费	元	45.5	95.6	167.1	209.6	180.0
生活消费	元	178.3	368.4	1058.0	1068.6	1027.4
储蓄借贷	元		171.8	342.8	336.9	436.2

注：本表至8－22表为农村住户抽样调查资料。

8－17 农民家庭人均全年消费性支出

单位:元

项目	1985年	1990年	1995年	1997年	1998年
消费性支出	**306.6**	**585.8**	**1479.8**	**1549.1**	**1464.6**
按消费类别分					
1.食品	176.8	331.7	813.4	848.9	805.3
#主食	86.5	147.3	382.4	406.3	392.9
副食	64.3	125.9	294.7	289.3	267.3
其他食品		48.6	114.2	124.2	117.3
2.衣着	32.0	59.2	139.6	147.4	120.6
#服装			69.8	77.8	63.9
3.居住	52.3	102.2	229.0	223.7	225.8
#住房	27.6	55.5	116.6	104.1	96.2
4.家庭设备、用品及服务	36.9	24.5	56.4	59.3	53.7
#耐用消费品			18.7	19.3	18.7
5.医疗保健		28.7	74.8	82.6	76.0
6.交通通讯		9.0	34.2	49.1	50.3
7.文化教育娱乐用品及服务	7.4	28.3	113.7	109.7	109.8
#文化教育娱乐用品		15.6	44.2	33.1	37.4
8.其他商品和服务	1.3	2.4	18.7	28.6	23.2
按消费性质分					
货币性消费	178.3	368.4	1058.0	1068.6	1027.4
食品	68.9	148.5	464.3	443.7	436.7
衣着	32.0	59.1	139.6	147.4	120.6
家庭设备、用品及服务	36.9	24.5	56.4	59.3	53.7
医疗保健		28.7	74.8	82.6	76.0
交通通讯		9.0	34.2	49.1	50.3
文化教育娱乐用品及服务	7.4	28.3	113.7	109.7	109.8
居住	31.8	68.1	156.3	148.3	157.1
其他商品和服务	1.3	2.4	18.7	28.6	23.2
实物性消费	128.4	217.3	421.8	480.6	437.2
食品	107.8	183.2	349.1	405.2	368.6
衣着	0.1	0.1			
家庭设备、用品及服务					
医疗保健					
交通通讯					
文化教育娱乐用品及服务					
居住	20.5	34.1	72.7	75.4	68.7
其他商品和服务					

注:1994年以后对农民家庭财产性收入的计算口径进行了调整,将农民出售上年结存产品的差价收入计入财产收入。

8－18 农民家庭人均全年现金收入和支出

单位:元

项　　　目	1985年	1990年	1995年	1997年	1998年
一、期初存款余额	27.2	31.5	125.9	213.9	203.5
二、期初手存现金	72.9	214.1	644.4	849.4	1070.2
三、期内现金收入合计	541.7	1100.2	2923.6	3119.8	2898.5
(一)基本收入	371.7	827.1	2042.9	2274.7	2114.9
1.劳动者的报酬收入	49.8	69.8	130.0	219.7	235.3
(1)在集体组织中得到的			47.3	74.5	84.1
(2)在企业劳动得到的			55.6	55.8	53.4
(3)在其他单位劳动得到的			27.1	89.5	97.9
2.家庭经营收入	321.9	757.3	1912.9	2055.0	1879.6
(1)出售产品的现金	284.5	695.7	1763.9	1909.2	1719.5
#出售种植业产品的现金	202.6	574.5	1510.4	1658.8	1503.6
出售林业产品的现金	0.5	0.7	0.6	0.1	0.7
出售牧业产品的现金	61.9	105.1	225.9	229.8	194.7
出售渔业产品的现金	8.6	4.3	18.9	13.9	11.0
出售手工业产品的现金	6.9	3.9	2.7	1.4	3.2
(2)工业加工费的现金收入		6.0	9.0	4.3	3.8
#粮食加工收入			6.7	2.9	1.8
(3)建筑业的现金收入	1.6	2.3	13.6	15.4	12.7
(4)运输业的现金收入	16.7	18.6	46.5	42.0	56.5
(5)商业的现金收入	6.1	6.3	11.0	12.9	15.3
(6)饮食业的现金收入	0.5	0.4	0.5	1.9	2.9
(7)服务业的现金收入	2.3	4.5	12.5	18.3	16.6
(8)其他家庭经营现金收入	10.2	23.5	55.9	51.1	53.0
(二)转移性收入	43.1	44.6	52.7	102.0	106.7
#在外人口寄回和带回	0.4	0.4	1.9	22.4	23.1
亲友赠送收入	7.1	10.7	32.3	54.8	49.5
(三)财产性收入			99.6	53.2	76.7
#利息收入			2.8	2.1	1.8
租金收入			0.5	0.1	3.2
出售财物收入			70.8	35.6	60.8
(四)储蓄借贷现金收入	126.9	228.5	728.5	689.9	600.2
四、期内现金支出合计	465.7	978.1	2904.5	2911.3	2881.9

8－18　续表　　单位:元

项　　目	1985年	1990年	1995年	1997年	1998年
(一)生产费用支出的现金	144.0	287.9	1042.6	960.1	901.5
1.家庭经营费用支出的现金	96.7	255.9	861.8	807.7	787.5
(1)种植业生产支出	54.3	193.4	685.1	671.6	624.2
(2)林业生产支出	0.3	0.4	1.1	1.0	0.7
(3)牧业生产支出	26.7	39.5	125.3	102.8	119.1
(4)渔业生产支出	3.1	1.8	12.6	9.3	10.0
(5)手工业生产支出	2.1	0.9	4.9	3.5	1.6
(6)工业生产支出	0.8	2.9	2.2	0.5	2.0
(7)建筑业生产支出		0.3	1.7	1.5	1.3
(8)运输业生产支出	2.7	6.0	17.1	10.8	17.0
(9)商业生产支出	1.9	0.4	3.0	3.5	3.4
(10)饮食业生产支出	0.2	0.1	0.3	0.2	0.2
(11)服务业生产支出	0.2	0.7	2.4	1.4	1.5
(12)其他现金支出	4.4	9.5	6.2	1.8	6.6
2.购置生产用固定资产支出	47.3	32.0	180.9	152.5	113.9
#大中型铁木农具	3.6	1.7	12.1	8.3	5.2
农林牧渔业机械	19.0	14.2	68.7	79.8	62.3
工业机械	1.3	0.2	2.2	0.6	2.1
运输机械			37.1	39.3	28.8
役畜、产品畜			37.2	16.1	9.4
(二)缴纳税金	17.3	26.2	56.3	109.2	99.8
(三)上交集体承包任务的现金	28.2	69.4	110.8	100.4	80.0
(四)集体提留和摊派			127.5	141.0	141.8
(五)生活消费支出的现金	178.3	368.4	1058.0	1068.6	1027.4
(六)其他非借贷性支出	22.0	54.4	166.5	195.1	195.3
#寄给和带给在外人口的现金	1.2	3.6	10.6	9.1	4.9
赠送亲友的现金	14.2	38.5	126.8	152.6	156.0
利息支出			2.2	4.9	4.2
租金支出			0.3	1.1	0.5
(七)储蓄借贷现金支出	76.0	171.8	342.8	336.9	436.2
#归还银行信用社贷款	21.3	19.1	26.6	35.7	31.3
借出款	6.9	44.4	56.7	44.7	52.8
归还借款	36.2	85.1	200.2	179.2	160.0
存入银行、信用社款	11.1	22.9	57.5	77.2	189.1
五、期末手存现金	148.9	336.2	663.5	1057.9	1086.8
六、期末存款余额	25.8	38.8	136.3	203.0	348.0

8-19 农民家庭人均主要消费品消费量

项目	单位	1985年	1990年	1995年	1997年	1998年
粮食(原粮)	公斤	258.6	271.1	311.7	288.9	275.4
#细粮	公斤	140.1	178.8	190.8	181.1	182.6
蔬菜	公斤	157.6	147.1	129.2	101.3	109.9
食油	公斤	5.6	8.1	8.8	7.4	5.7
肉类	公斤	7.4	6.4	6.1	7.8	6.1
家禽	公斤	0.4	0.8	1.8	2.0	1.8
蛋类	公斤	2.5	3.4	5.3	6.0	6.9
鱼虾	公斤	1.3	1.4	3.5	3.1	3.1
食糖	公斤	0.8	1.0	1.1	0.8	0.8
酒	公斤	4.1	7.4	13.7	13.0	12.8
棉布	米	1.7	0.8	0.5	0.4	0.3
化纤布	米	2.2	1.4	1.6	1.4	1.2
呢绒	米	0.1	0.1	0.1	0.1	0.1
毛线及毛线织品	公斤		0.1	0.2	0.2	0.2
胶鞋、球鞋、皮鞋	双	0.6	0.7	0.8	0.8	0.7
煤炭	公斤	123.3	68.6	56.5	63.6	67.8

8-20 农民家庭房屋使用情况

项目	单位	1985年	1990年	1995年	1997年	1998年
本年新建房屋						
间数	间/户	0.1	0.1	0.1	0.1	0.1
面积	平方米/人	0.6	0.6	0.7	0.5	0.3
#砖木结构	平方米/人	0.4	0.4	0.6	0.4	0.2
钢筋混凝土结构	平方米/人				0.1	0.1
房屋价值	元/间	1086.3	2837.3	6571.7	7746.5	6867.8
每平方米价值	元	52.0	106.1	249.4	285.4	262.8
生活用房面积	平方米/人	0.5	0.5	0.5	0.4	0.3
年末使用房屋						
间数	间/户	3.1	3.3	2.8	2.8	2.9
面积	平方米/人	13.8	16.7	16.5	17.5	18.4
#砖木结构	平方米/人	1.7	3.6	7.4	8.4	9.3
钢筋混凝土结构	平方米/人	0.2	0.2	1.2	1.3	1.0
房屋价值	元/间	508.0	1465.9	4222.7	4957.4	4920.6

8-21 农民家庭平均每百户耐用消费品拥有量

项目	单位	1985年	1990年	1995年	1997年	1998年
自行车	辆	75.7	87.1	106.4	104.2	105.3
缝纫机	架	53.0	65.5	73.3	75.9	78.5
收音机	台	69.5	46.2	33.3	34.2	33.0
钟	只	54.4	61.7	81.9	84.1	81.9
手表	只	123.8	120.9	133.0	137.7	141.8
电子手表	只		25.1	36.2	44.4	51.9
洗衣机	台	8.3	19.5	37.2	42.9	43.2
收录机	台	4.2	16.5	33.4	32.6	32.2
大型家具	台	95.9	124.1	256.5	270.1	274.2
电风扇	台			2.2	3.8	5.2
电冰箱	台		0.1	1.9	2.6	3.5
照相机	架		0.5	1.2	1.9	2.2
黑白电视机	台			72.8	70.5	67.5
彩色电视机	台	20.0	64.4	23.8	31.6	39.1
录放像机	台			0.8	1.2	1.5
抽油烟机	台			0.1	0.7	1.1
吸尘器	台			0.1	0.4	0.4
摩托车	辆			2.6	5.8	7.5

主要统计指标解释

城镇居民家庭就业人口 指城镇居民从事社会劳动并取得劳动报酬或经营收入的人口。就业人口包括通过国家统筹规划和指导由劳动部门介绍就业,自愿组织起来就业和自谋职业等方式,在国有制、集体所有制、中外合资、中外合作、外资在华独资的企事业单位和私营企业单位工作或从事个体劳动的有固定性职业或临时性职业的人口。被聘用和留用的离退休人员也计入就业人口。本指标可以反映城镇居民的就业情况,是计算就业面、负担系数的重要资料。

城镇居民家庭全部收入 指被调查城镇居民家庭全部的实际现金收入,包括经常或固定得到的收入和一次性收入。不包括周转性收入,如提取银行存款、向亲友借入款、收回借出款以及其他各种暂收款。

城镇居民家庭可支配收入 指被调查城镇居民家庭在支付个人所得税之后,所余下的实际收入。

城镇居民家庭消费性支出 指被调查的城镇居民家庭用于日常生活的全部支出,包括购买商品支出和文化生活、服务等非商品性支出。不包括罚没、丢失款和缴纳的各种税款(如个人所得税、牌照税、房产税等),也不包括个体劳动者生产经营过程中发生的各项费用。

城镇居民家庭购买商品支出 指被调查的城镇居民家庭购买商品的全部支出,包括从商店、工厂、饮食业、工作单位食堂、集市以及直接从农民购买各种商品的开支。共分九类:食品、衣着品、日用品、文化娱乐用品、书报杂志、药及医疗用品、房屋及建筑材料、燃料、其他商品。不论自用的或赠送亲友的都包括在内。

农民家庭纯收入 指农村常住居民家庭总收入中，扣除从事生产和非生产经营费用支出、缴纳税款和上交承包集体任务及集体提留和摊派金额以后剩余的，可直接用于进行生产性、非生产性建设投资、生活消费和再分配支出及积蓄的那一部分收入。它是反映农民家庭实际收入水平的综合性的主要指标。农民家庭纯收入，既包括从事生产性和非生产性的经营收入，又包括取自在外人口寄回带回和国家财政救济、各种补贴等非经营性收入；既包括货币收入，又包括自产自用的实物收入。但不包括向银行、信用社和向亲友借款等属于借贷性的收入。

农民家庭生活消费支出 指农村常住居民家庭用于日常生活的全部开支。它是用来反映和研究农民家庭实际生活消费水平高低的重要指标。农民家庭生活消费支出，包括用于吃、穿、住、烧、用等生活消费品开支和文化、生活服务费用开支两大部分。

农民家庭商品性生活消费支出 指农村常住居民家庭用其货币收入，在市场上购买食品、衣着、家庭用家具器皿、日用杂品、燃料、耐用消费品，以及文教卫生用品等生活消费总量。包括向国营商店、集体商店和集市贸易市场以及其他流通渠道购买的全部生活消费品。农民家庭商品性生活消费支出，是农民家庭生活消费支出的一个重要组成部分，是用来反映和分析农民家庭生活消费水平的商品化程度，及其由自给性经济向商品经济发展趋势的重要指标，也是研究和预测农民家庭对市场消费品需求，制定商品供应计划的重要依据。

城乡居民储蓄存款余额 城乡居民储蓄存款，包括城镇居民储蓄存款和农民个人储蓄存款两部分。不包括居民的手存现金和工矿企业、部队、机关团体等集团存款。储蓄存款余额，是指城乡居民存入银行及农村信用社储蓄的时点数(存入数扣除取出数的余额)，如月末，季末或年末数额。

转移性收入 居民的非劳动性收入和他人收入的转移。一是包括各种意外事故中得到的补偿，各种灾害得到的捐赠等；二是包括赡养收入、赠送收入、亲友的搭伙费、出售财物收入等。

九　城市概况

GENERAL SURVEY OF CITIES

9-1 十一个城市社会经济主要指标

1998 年,市区数,不含所辖县和县级市

指标	单位	合计	哈尔滨	齐齐哈尔	鸡西	鹤岗	双鸭山
年末总人口	万人	1071.0	299.2	142.7	91.8	69.5	50.3
#非农业人口	万人	871.5	258.7	111.6	75.3	59.1	43.1
年末单位从业人员数	万人	378.1	159.4	37.1	19.4	18.9	12.3
城镇个体从业人员	万人	77.0	21.1	14.3	5.5	4.1	2.8
土地面积	平方公里	58750	1658	4365	2300	4551	1767
#建成区面积	平方公里	994	220	102	64	58	59
国内生产总值(当年价格)	亿元	1443.1	426.1	112.2	37.4	32.8	37.3
第一产业	亿元	66.6	28.5	8.6	2.4	3.3	2.2
第二产业	亿元	857.1	145.1	51.1	19.8	18.1	20.6
#工业增加值	亿元	764.7	120.0	37.3	13.8	13.4	18.2
第三产业	亿元	519.5	252.5	52.5	15.2	11.4	14.5
工业总产值(当年价格)	亿元	1678.3	452.0	129.6	44.8	37.1	33.3
内资企业	亿元	1624.7	427.5	123.5	44.7	36.5	33.3
国有经济	亿元	1020.9	157.5	40.1	23.5	21.5	21.6
集体经济	亿元	300.4	167.9	29.1	14.9	10.4	2.3
股份合作经济	亿元	10.9	6.0	0.3		0.3	0.2
联营企业	亿元	1.2	0.6	0.3			
有限责任公司	亿元	108.6	35.0	27.7	1.3	0.6	6.9
股份有限公司	亿元	83.7	35.3	18.9	1.3		0.7
私营企业	亿元	52.4	13.2	4.3	1.9	1.0	1.2
其他企业	亿元	46.6	12.0	2.9	1.8	2.7	0.5
港、港、台投资企业	亿元	21.2	5.9	2.0		0.4	
外商投资企业	亿元	32.4	18.6	4.1		0.2	
规模以上工业企业主要经济指标							
工业增加值	亿元	664.8	73.8	24.0	11.4	11.7	8.7
流动资产年平均余额	亿元	1086.3	364.1	125.1	61.9	32.0	33.6
固定资产原价合计	亿元	2081.6	435.7	180.9	81.9	97.3	74.3
固定资产净值年平均余额	亿元	1254.0	287.3	121.4	57.8	59.0	54.6
产品销售收入	亿元	1274.0	260.3	79.4	28.0	28.6	14.1
#产品销售税金及附加	亿元	42.6	6.9	1.0	0.3	0.3	0.3
本年应交增值税	亿元	106.5	16.2	3.9	1.4	2.3	1.5
利润总额	亿元	102.3	-6.6	-0.3	-11.3	2.1	-0.5
铁路客运量	万人	5789.1	2389.2	970.9	421.0	55.2	61.0
铁路货运量	万吨	9234.0	397.0	401.0	1959.0	1060.0	621.0
公路客运量	万人	6503.0	967.0	1114.6	619.9	62.7	641.3
公路货运量	万吨	14795.0	4565.0	2024.0	1074.0	1551.0	710.0
水运客运量	万人	31.7					
水运货运量	万吨	180.0	92.0				
民用航空货邮运量	吨	7581	6200	208			
民用航空客运量	人	890571	731300	49896			
年末邮电局(所)数	处	793	167	86	61	44	30
邮电业务总量	亿元	56.7	25.1	5.3	2.4	1.3	1.1
年末电话机数	万部	228.5	91.5	25.0	9.3	6.4	5.5
年末无线寻呼用户数	万户	115.4	33.8	15.0	7.9	4.4	2.6
年末移动电话用户数	万户	75.1	34.6	7.4	3.1	1.5	1.4
全年用电量	亿千瓦小时	293.4	43.7	29.8	19.3	12.1	8.8
#工业用电	亿千瓦小时	238.0	19.4	24.1	17.8	7.9	7.0
城乡居民生活用电	亿千瓦小时	34.0	14.6	4.3	1.1	2.0	1.4
批发零售贸易业商品销售总额	亿元	878.0	502.6	73.6	33.3	14.7	17.5
社会消费品零售总额	亿元	554.0	267.0	67.2	25.0	16.9	12.7
当年实际使用外资金额	万美元	21365.0	14400.0	1322.0	98.0	218.0	66.0

9－1　续表1　　　1998年,市区数,不含所辖县和县级市

指　　标	单　位	大　庆	伊　春	佳木斯	七台河	牡丹江	黑　河
年末总人口	万人	107.8	84.8	80.9	47.0	79.1	18.1
#非农业人口	万人	81.1	80.3	57.9	28.9	64.1	11.3
年末单位从业人员数	万人	45.8	24.9	26.2	10.6	19.2	4.3
城镇个体从业人员	万人	6.9	5.6	3.1	3.3	6.0	4.5
土地面积	平方公里	5107	19567	1874	1767	1351	14443
#建成区面积	平方公里	136	158	51	67	58	21
国内生产总值(当年价格)	亿元	575.0	44.6	56.4	32.9	75.3	13.0
第一产业	亿元	7.4	4.2	4.0	1.6	2.1	2.2
第二产业	亿元	502.7	21.9	20.3	20.3	34.4	2.9
#工业增加值	亿元	477.9	19.9	15.4	17.3	30.4	1.3
第三产业	亿元	65.0	18.5	32.1	11.0	38.8	7.9
工业总产值(当年价格)	亿元	739.1	45.3	58.2	35.1	100.2	3.7
内资企业	亿元	733.7	44.5	50.2	35.1	92.2	3.6
国有经济	亿元	648.5	25.4	20.3	2.6	58.1	2.0
集体经济	亿元	29.3	10.5	11.9	6.6	17.0	0.5
股份合作经济	亿元	1.6	0.1	1.3		1.2	
联营企业	亿元	0.1					
有限责任公司	亿元	12.4	1.6	4.5	18.1		0.7
股份有限公司	亿元	20.4	3.0	4.1			
私营企业	亿元	16.1	0.7	3.6	2.3	8.0	
其他企业	亿元	5.3	3.3	4.5	5.6	7.8	0.3
港、港、台投资企业	亿元	4.8	0.3	2.2		5.4	
外商投资企业	亿元	0.6	0.5	5.8		2.6	
规模以上工业企业主要经济指标							
工业增加值	亿元	477.7	12.5	10.3	10.9	22.9	0.9
流动资产年平均余额	亿元	286.0	38.5	48.1	26.0	68.0	2.9
固定资产原价合计	亿元	845.8	60.2	78.8	49.5	166.6	10.7
固定资产净值年平均余额	亿元	433.3	45.6	47.4	34.1	106.5	7.0
产品销售收入	亿元	683.2	28.5	58.3	19.8	71.9	2.0
#产品销售税金及附加	亿元	30.8	0.6	0.5	0.2	1.8	
本年应交增值税	亿元	70.4	0.7	3.7	1.3	5.1	0.1
利润总额	亿元	120.2	－1.1	－2.0	－1.0	2.9	－0.2
铁路客运量	万人	468.5	391.6	314.7	36.3	572.8	107.9
铁路货运量	万吨	1106.0	609.0	120.0	1369.0	1475.0	117.0
公路客运量	万人	1569.8	650.8	224.9	103.1	501.0	47.8
公路货运量	万吨	893.0	953.0	878.0	1440.0	519.0	188.0
水运客运量	万人			15.8			15.9
水运货运量	万吨			71.0			17.0
民用航空货邮运量	吨			86		1060	27
民用航空客运量	人			6828		98631	3916
年末邮电局(所)数	处	129	67	66	30	88	25
邮电业务总量	亿元	9.3	1.9	3.9	1.2	4.5	0.8
年末电话机数	万部	39.6	10.9	17.2	4.7	15.2	3.1
年末无线寻呼用户数	万户	21.3	4.0	9.8	2.7	11.9	2.0
年末移动电话用户数	万户	12.0	1.8	4.8	1.9	6.0	0.7
全年用电量	亿千瓦小时	125.7	12.2	11.5	7.3	22.0	1.1
#工业用电	亿千瓦小时	121.1	10.4	7.6	6.2	16.5	0.2
城乡居民生活用电	亿千瓦小时	2.6	1.1	2.3	0.7	3.5	0.4
批发零售贸易业商品销售总额	亿元	76.4	10.1	61.7	15.0	61.8	11.3
社会消费品零售总额	亿元	55.7	17.0	39.7	12.0	35.8	4.9
当年实际使用外资金额	万美元	1219.0	160.0	1172.0		2509.0	201.0

9－1　续表 2　　　　1998 年,市区数,不含所辖县和县级市

指　　标	单　位	合　计	哈尔滨	齐齐哈尔	鸡　西	鹤　岗	双鸭山
固定资产投资完成额	亿元	439.5	132.8	22.7	9.6	14.9	6.6
#住宅建设	亿元	74.3	32.3	6.3	0.7	1.8	1.0
房地产开发投资完成额	亿元	56.9	35.1	6.9	1.7	1.1	0.2
#住　宅	亿元	35.5	21.4	4.4	1.4	0.8	0.1
全年新增固定资产	亿元	401.3	121.4	27.0	11.6	27.2	3.1
本年施工住宅建筑面积	万平方米	1181.3	563.5	124.9	14.6	31.9	24.9
本年竣工住宅建筑面积	万平方米	691.7	288.3	81.1	7.4	19.8	11.4
商品房屋销售建筑面积	万平方米	271.9	159.9	35.0	10.7	8.1	0.3
#销售给个人	万平方米	214.9	119.4	27.4	8.4	7.2	0.3
商品房屋销售额	亿元	40.6	26.7	4.1	1.6	0.7	
#销售给个人	亿元	29.3	18.0	3.1	1.2	0.6	
学校数							
高等学校	个	34	22	2	3		
中等专业学校	个	92	48	8	3	4	2
普通中学	个	799	234	119	67	40	46
小　学	个	1924	460	300	175	109	110
在校生数							
高等学校	人	111894	78956	8706	5051		
中等专业学校	人	96236	49816	12273	2614	3403	1100
普通中学	万人	56.2	15.3	8.2	3.8	3.2	2.5
小　学	万人	91.4	25.1	11.7	7.6	6.4	4.8
成人高等教育学校在校学生数	万人	10.6	7.0	1.4	0.3	0.1	0.3
成人中等教育学校在校学生数	万人	12.2	2.0	1.7	0.2	7.0	
各类专业技术人员数	万人	67.7	30.3	5.3	2.1	2.2	2.5
#中级技术职称以上人员	万人	30.2	14.4	2.1	0.5	1.2	0.6
从事科技活动人员数	人	72104	49375	5580	1281	1603	1453
公共图书馆总藏量	千册、件	7902	4585	1168	181	100	163
医院、卫生院数	个	1311	633	246	117	30	32
医院、卫生院床位数	张	63570	22489	8811	3764	3004	2499
医生数	人	35826	13789	4597	1890	1574	1106
地方财政预算内收入	万元	676781	307661	50944	20861	15656	18287
#工商税收	万元	502443	248628	33821	13866	12964	8687
地方财政预算内支出	万元	948105	408396	81822	42269	33173	24205
#科学事业费支出	万元	8136	3471	376	188	70	82
教育事业费支出	万元	115443	44966	16441	6030	6639	4595
年末金融机构存款余额	亿元	1685.9	684.6	146.3	68.4	47.9	16.8
#城乡居民储蓄年末余额	亿元	1148.1	426.3	109.8	59.3	37.9	12.5
年末金融机构各项贷款余额	亿元	1294.4	424.0	147.1	64.7	70.5	35.2
承保额	亿元	3484.4	2044.5	225.5	68.5	64.9	94.0
保　费	万元	167968	71441	16052	3148	3073	3145
已决赔款	万元	57417	20759	5638	1246	1515	1563
居民人均可支配收入	元		4450	4091	3666	3372	3203
居民人均消费支出	元		3844	3052	2767	2714	2354
居民消费价格指数	上年=100		100.6	101.0	101.6	99.9	99.5
商品零售价格指数	上年=100		97.8	99.0	99.3	105.0	98.9
职工保险福利费用总额	万元	18.9	5.2	1.6	0.9	1.2	0.7
年末离休、退休、退职人员数	万人	103.9	41.1	12.9	7.5	5.6	4.5
离退休、退职人员保险福利费用	亿元	56.2	18.6	6.2	3.5	3.8	1.9
社会福利院数	个	158	25	24	13	6	4
社会福利院床位数	张	6555	2626	875	268	210	89

9－1　续表3　　　　1998年,市区数,不含所辖县和县级市

指　　标	单　位	大　庆	伊　春	佳木斯	七台河	牡丹江	黑　河
固定资产投资完成额	亿元	198.8	9.2	11.4	14.7	14.5	4.4
# 住宅建设	亿元	27.8	0.8	2.0	0.4	0.6	0.6
房地产开发投资完成额	亿元	4.1	1.0	1.1	1.4	4.0	0.4
# 住　宅	亿元	2.0	0.5	0.9	0.8	2.8	0.4
全年新增固定资产	亿元	173.9	4.8	10.7	4.8	14.9	2.0
本年施工住宅建筑面积	万平方米	262.4	15.7	59.5	18.8	58.9	6.2
本年竣工住宅建筑面积	万平方米	172.3	13.8	35.3	16.3	40.5	5.4
商品房屋销售建筑面积	万平方米	6.4	10.5	7.8	6.8	23.1	3.2
# 销售给个人	万平方米	5.4	10.5	5.7	6.8	22.3	1.4
商品房屋销售额	亿元	1.1	1.0	1.1	0.6	3.3	0.4
# 销售给个人	亿元	0.9	1.0	0.7	0.6	3.0	0.2
学校数							
高等学校	个	1	1	1		3	1
中等专业学校	个	7	4	7	3	5	1
普通中学	个	75	59	62	34	55	8
小　学	个	128	212	192	108	124	6
在校生数							
高等学校	人	1165	1212	9230		6693	881
中等专业学校	人	4729	3507	8602	1734	7636	822
普通中学	万人	6.7	4.3	3.5	3.6	4.1	1.0
小　学	万人	7.7	6.8	7.5	5.2	7.2	1.5
成人高等教育学校在校学生数	万人	0.4		0.5	0.2	0.3	
成人中等教育学校在校学生数	万人			0.6	0.2	0.3	0.2
各类专业技术人员数	万人	11.8	2.8	5.6	1.3	3.6	0.3
# 中级技术职称以上人员	万人	4.8	1.3	2.7	0.6	2.0	0.1
从事科技活动人员数	人	6372	880	1310	2811	1099	340
公共图书馆总藏量	千册、件	516	325	361	68	355	80
医院、卫生院数	个	54	70	56	23	32	18
医院、卫生院床位数	张	6668	3532	5099	1614	5418	672
医生数	人	4983	1775	2788	692	2265	367
地方财政预算内收入	万元	162519	12358	23906	11157	48686	4746
# 工商税收	万元	117781	7383	15852	9252	31267	2942
地方财政预算内支出	万元	168529	28429	47723	21444	77665	14450
# 科学事业费支出	万元	2958	222	211	126	276	156
教育事业费支出	万元	8105	3934	6925	2995	9188	5625
年末金融机构存款余额	亿元	365.7	68.9	107.8	36.2	122.4	20.8
# 城乡居民储蓄年末余额	亿元	212.2	61.5	85.5	29.4	97.2	16.5
年末金融机构各项贷款余额	亿元	169.1	59.6	116.2	41.5	143.1	23.5
承保额	亿元	257.9	115.1	211.7	21.9	334.0	46.4
保　费	万元	37308	5646	7934	3826	14187	2208
已决赔款	万元	7242	2628	8001	2356	5816	653
居民人均可支配收入	元	8438	4007	3837	3554	4413	
居民人均消费支出	元	5253	3512	2946	2584	3562	
居民消费价格指数	上年=100	101.4	100.1	100.6	99.1	101.3	100.7
商品零售价格指数	上年=100	100.3	98.3	99.8	98.5	97.8	101.3
职工保险福利费用总额	万元	5.2	1.3	0.9	0.7	1.2	
年末离休、退休、退职人员数	万人	6.6	9.3	6.8	2.3	7.1	0.2
离退休、退职人员保险福利费用	亿元	9.9	4.0	3.5	1.0	3.5	0.2
社会福利院数	个	16	6	36	5	10	13
社会福利院床位数	张	450	294	899	100	612	132

9－2 城市公用事业基本情况

指　　　标	单　位	1980年	1985年	1990年	1995年	1997年	1998年
自来水全年供水总量	万立方米	16420	48180	115686	143291	154066	156159
#生活用水量	万立方米	7031	13791	34635	46259	51508	53530
平均每人日生活用水	升	60.1	90.5	112.9	123.4	142.3	144.9
自来水普及率	%	55.2	53.9	80.5	82.3	85.5	86.1
公共交通车辆总数	辆	1385	1861	2582	4759	6951	7626
平均每万人拥有	辆	1.8	2.4	3	4.5	6	6.2
铺装道路长度	公里	1521	2419	7082	9337	8044	8152
平均每万人拥有	公里	2.3	3.2	7.1	6.1	7.4	7.4
铺装道路面积	万平方米	1517.0	2113.0	5590.0	8016.0	6996.8	7117.5
人均拥有道路面积	平方米	2.3	2.7	5.6	7.0	6.4	6.5
下水道长度	公里	698.0	1393.0	3291.0	4326.0	4444.0	4529.5
平均每万人拥有	公里	1.1	1.8	3.3	2.8	3.5	4.1
公用煤气、液化气							
人工煤气全年供气量	万立方米	2326	3137	5323	17808	18777	24409
#家庭用量	万立方米	1711	2535	4226	11329	11593	16592
煤气管道长度	公里	55	77	172	1387	1772	1905
液化气全年供气量	万吨	1.0	4.8	16.1	25.6	24.7	44.4
#家庭用量	万吨	0.8	4.4	11.4	17.3	15.6	19.1
气化率	%	9.5	17.9	24.0	61.7	66.3	69.2
集中供热总量							
蒸　气	万吨/年			1634	1514	1781	1472
热　水	亿千卡/年		2518	137910	785324	247516	280907
集中供热面积	万平方米		131	4566	8014	11281	11730
城市绿化							
绿地面积	公顷	4576	9328	17252	30682	29929	34806
人均公共绿地面积	平方米	2.3	2.8	3.8	8.0	6.0	6.5
公园、动物园个数	个	22.0	50.0	84.0	113.0	114.0	117.0
公园、动物园面积	公顷	543.0	1471.0	2301.0	6457.0	3651.4	3817.6
清洁卫生							
清运垃圾	万吨	187.0	331.0	742.0	991.0	1008.3	942.0
清运粪便	万吨	5.0	110.0	187.0	237.0	232.1	233.9
每万人拥有公共厕所	座	13.2	9.6	10.6	7.3	10.0	9.5

注:1.本表至9－7表为省建委城市建设统计年报资料。

2.煤气管道长度为省建委系统内数。

9－3 城市建房和住房情况

1998年

名称	建筑区面积（平方公里）	国家建设征用土地（平方公里）	城市人口密度（人/平方公里）	年底实有房屋建筑面积（万平方米）	年底实有住宅建筑面积（万平方米）	年底实有住房居住面积（万平方米）	解决缺房户（户）
总　计	**1289.2**	**2.28**	**231**	**32462**	**19315**	**9880.9**	**67101**
地级市合计	**995.0**	**2.24**	**190**	**24683**	**14076**	**6949.4**	**55731**
哈尔滨	220.0	0.33	2036	8641	4660	2128.3	5452
齐齐哈尔	102.3	0.91	326	2791	1613	803.0	8697
鸡　西	64.4	0.06	399	1486	929	489.1	5200
鹤　岗	58.0	0.03	152	1182	728	428.5	6018
双鸭山	58.8		284	984	615	319.5	1100
大　庆	136.4	0.01	210	3822	2018	928.3	16072
伊　春	157.5		42	1754	1112	653.3	1219
佳木斯	51.4		754	1283	769	392.0	5720
七台河	66.5		267	682	424	212.5	500
牡丹江	58.6	0.90	584	1720	1053	517.0	5603
黑　河	21.0		12	338	155	77.9	150
县级市合计	**294.2**	**0.04**	**1676**	**7779**	**5239**	**2931.5**	**11370**
阿　城	17.6		4288	679	460	230.1	1121
双　城	13.3		3629	375	293	148.7	100
尚　志	13.0		692	579	443	246.1	991
五　常	10.3		1728	358	232	116.5	160
讷　河	8.5		4475	346	204	102.9	308
密　山	14.5		1329	375	254	145.6	
虎　林	10.5		541	332	190	100.2	302
铁　力	37.4		2971	610	424	254.0	102
同　江	7.5		3676	100	58	35.9	21
富　锦	14.5		3403	249	161	88.8	
绥芬河	9.6	0.04	100	131	72	36.0	750
海　林	9.6		2513	449	325	184.4	2200
宁　安	8.0		594	340	191	95.5	108
穆　棱	10.3		2039	420	283	174.8	83
北　安	17.0		1572	371	232	124.8	1218
五大连池	6.0		3200	130	83	45.0	30
绥　化	23.4		6761	671	435	217.5	2900
安　达	25.0		5752	417	253	166.8	406
肇　东	20.0		4680	588	440	306.0	440
海　伦	18.2		1851	259	206	112.0	130

9－4 城市供水情况

1998年

名 称	年底自来水生产能力（万吨/日）	年底供水管道长度（公里）	全年供水总量（万吨）	#生活用水	#生产用水	用水人口（万人）	人均日生活用水量（升）
总 计	**640.4**	**8252**	**156159**	**53530**	**88218**	**1011.8**	**144.9**
地级市合计	**547.2**	**6151**	**142561**	**47042**	**81457**	**797.9**	**161.5**
哈尔滨	116.6	906	35797	16955	11419	251.0	185.1
齐齐哈尔	57.8	824	12228	7603	4625	103.7	200.8
鸡 西	28.6	1033	6250	2848	3302	73.4	106.3
鹤 岗	23.8	360	7349	1922	4115	52.7	99.9
双鸭山	19.1	236	2826	1348	1478	43.9	84.1
大 庆	158.6	1348	48188	6139	41049	79.6	211.3
伊 春	18.9	394	3327	1465	1707	33.8	118.6
佳木斯	37.5	413	8466	1825	5177	59.7	83.8
七台河	10.6	122	3051	1631	1420	21.5	207.8
牡丹江	70.8	399	14589	5175	6883	71.6	198.0
黑 河	5.0	116	490	131	282	7.0	51.3
县级市合计	**93.2**	**2101**	**13598**	**6488**	**6761**	**213.9**	**83.1**
阿 城	27.7	253	2625	1132	1493	15.3	202.2
双 城	2.0	132	770	372	398	18.0	56.6
尚 志	3.0	32	598	220	248	10.5	57.2
五 常	1.1	88	446	306	135	9.8	85.4
讷 河	0.8	45	181	130	51	8.1	144.2
密 山	4.6	209	751	389	353	10.8	98.6
虎 林	0.8	104	202	95	58	4.4	59.2
铁 力	2.9	307	597	300	297	11.6	70.9
同 江	0.4	20	90	70	20	2.3	83.4
富 锦	1.7	61	286	196	90	4.9	109.1
绥芬河	1.4	53	356	172	124	3.1	154.5
海 林	1.7	62	400	294	100	10.0	80.6
宁 安	2.6	108	755	282	473	6.9	112.0
穆 棱	0.9	55	301	166	118	5.8	78.1
北 安	4.3	76	830	230	595	13.5	46.7
五大连池	0.5	42	96	50	46	2.4	57.1
绥 化	19.6	323	1923	831	1092	25.9	88.1
安 达	5.7	44	1050	560	490	18.2	84.1
肇 东	6.0	56	996	498	430	22.0	62.0
海 伦	5.5	31	345	195	150	10.3	51.9

注：年底供水管道长度为省建委系统内数。

9-5 城市园林绿化情况

1998年

名　称	城市园林绿地面积（公顷）	公　共绿地面积（公顷）	公　园（个）	公园面积（公顷）	年游人量（万人次）
总　计	**31104**	**7083.8**	**117**	**3817.6**	**4569**
地级市合计	**25818**	**5834.2**	**79**	**3204.5**	**4270**
哈尔滨	3900	1386.0	21	526.0	3522
齐齐哈尔	4293	561.9	10	358.7	195
鸡　西	1622	429.2	2	35.0	40
鹤　岗	1398	669.0	5	550.0	111
双鸭山	1557	224.0	6	92.0	20
大　庆	5168	421.8	8	168.0	117
伊　春	2900	1008.9	9	982.6	13
佳木斯	1842	359.6	8	101.3	40
七台河	567	389.8	3	91.4	13
牡丹江	2541	374.0	6	294.4	185
黑　河	30	10.0	1	5.2	14
县级市合计	**5286**	**1249.6**	**38**	**613.1**	**299**
阿　城	337	110.0	3	22.2	45
双　城	918	104.0	2	38.0	7
尚　志	124	112.0	2	94.0	20
五　常	282	22.1	2	2.0	14
讷　河	201	61.9	1	45.5	24
密　山	578	53.0			
虎　林	92	33.2	2	4.7	10
铁　力	209	85.0	4	63.0	17
同　江	40	17.0	2	15.0	12
富　锦	252	16.0	1	3.0	9
绥芬河	45	32.6	1	25.8	1
海　林	80	28.0	2	11.8	6
宁　安	133	37.0	1	30.0	6
穆　棱	104	43.3	1	39.0	5
北　安	345	77.0	1	27.0	13
五大连池	46	44.0	3	5.0	
绥　化	599	140.4	3	33.0	71
安　达	189	54.0	4	23.0	12
肇　东	457	149.0	2	110.0	18
海　伦	255	30.0	1	21.0	9

9－6 城市清洁卫生情况

1998年

名　称	清扫面积（万平方米）	生活垃圾清运量（万吨）	粪便清运量（万吨）	环卫机械（辆）	公共厕所（座）
总　计	**8999.2**	**942.0**	**233.9**	**2957**	**10378**
地级市合计	**7731.1**	**630.0**	**151.3**	**2257**	**7883**
哈尔滨	3485.0	137.4	38.0	510	318
齐齐哈尔	1643.4	92.2	30.7	259	1787
鸡　西	253.0	105.0	17.0	216	1810
鹤　岗	102.7	47.0	6.7	71	516
双鸭山	103.0	44.0	7.8	158	551
大　庆	997.5	27.0	7.0	452	392
伊　春	172.0	53.4	4.7	204	604
佳木斯	295.4	46.0	15.6	110	738
七台河	204.3	36.0	10.0	95	224
牡丹江	388.3	30.1	11.0	150	849
黑　河	86.5	11.9	2.8	32	94
县级市合计	**1268.1**	**312.0**	**82.6**	**700**	**2495**
阿　城	165.2	15.5	2.2	63	179
双　城	47.0	13.0	2.0	46	270
尚　志	51.0	5.0	2.9	17	36
五　常	42.0	6.8	0.5	45	30
讷　河	35.0	14.2	4.1	62	167
密　山	43.0	9.5	5.5	26	151
虎　林	26.0	4.5	0.8	18	42
铁　力	101.0	27.0	7.0	54	136
同　江	15.0	7.0	2.0	35	30
富　锦	30.5	7.2	1.5	29	59
绥芬河	40.0	4.2	0.7	24	26
海　林	36.5	6.2	0.8	24	37
宁　安	57.0	6.7	0.9	11	159
穆　棱	38.0	7.2	0.8	18	70
北　安	55.0	11.0	8.0	8	297
五大连池	12.0	25.0	8.0	15	64
绥　化	219.0	39.0	3.0	73	270
安　达	45.0	46.0	18.0	35	92
肇　东	170.0	50.0	12.0	80	340
海　伦	40.0	7.0	2.0	17	40

9－7 城市设施水平

1998 年

名称	人均居住面积（平方米）	城市人口用水普及率（%）	气化率（%）	每万人拥有公共交通车（标台）	人均拥有铺装道路面积（平方米）	人均公共绿地面积（平方米）	每万人拥有公共厕所（座）
总计	**8.0**	**86.1**	**69.2**	**6.2**	**6.5**	**6.5**	**9.5**
地级市合计	**8.0**	**87.2**	**68.9**		**6.0**	**6.7**	**9.1**
哈尔滨	8.2	96.4	93.8	12.3	3.7	5.3	1.2
齐齐哈尔	7.5	91.2	84.3	4.2	4.0	5.0	16.0
鸡西	6.7	94.7	29.2	6.8	3.8	5.7	24.1
鹤岗	7.3	83.7	25.7	5.5	3.7	11.3	8.7
双鸭山	7.4	76.1	17.6	2.1	3.4	5.2	12.9
大庆	10.3	96.1	99.2	8.1	19.9	5.2	4.8
伊春	7.7	42.4	47.0	0.8	4.7	12.8	7.7
佳木斯	7.7	95.9	61.1	5.5	4.2	6.2	12.7
七台河	7.2	59.2	26.1	5.0	10.0	13.5	7.8
牡丹江	8.1	98.6	80.0	4.6	8.7	5.8	13.2
黑河	9.2	60.9	49.1	2.8	6.6	0.9	8.6
县级市合计	**8.1**	**82.0**	**70.5**		**8.5**	**5.5**	**11.0**
阿城	9.7	80.9	74.5	4.9	6.8	6.6	10.7
双城	8.1	100.0	86.7	10.4	5.8	6.0	15.6
尚志	9.0	100.0	86.3	9.6	8.7	15.3	4.9
五常	5.2	72.6	54.9	8.0	6.3	2.0	2.7
讷河	7.6	95.6	76.0	1.1	5.8	8.3	22.3
密山	8.2	100.0	70.4	1.4	14.0	5.4	15.4
虎林	8.4	82.0	41.5		10.9	6.9	8.7
铁力	6.5	29.5	49.6		9.3	3.1	4.9
同江	7.2	57.5	90.0		15.3	4.3	7.5
富锦	8.1	56.2	34.3	4.1	13.1	1.8	6.7
绥芬河	10.8	68.2	90.9	4.2	20.1	9.9	7.9
海林	8.2	98.2	85.9	2.2	10.1	3.0	4.0
宁安	8.1	98.5	68.7	1.2	7.7	5.5	23.7
穆棱	7.9	99.4	69.5	3.9	15.6	8.4	13.5
北安	7.9	98.5	43.8	3.8	7.1	5.6	21.7
五大连池	8.2	71.0	32.3	16.8	6.1	14.2	20.7
绥化	8.4	100.0	91.8	3.7	5.9	6.0	11.6
安达	8.3	92.1	87.7	1.7	8.2	3.4	5.8
肇东	9.5	85.8	87.8	2.5	9.3	7.6	17.3
海伦	7.9	84.1	93.1		4.3	2.7	3.5

主要统计指标解释

年底自来水生产能力 指年底城建部门管理的自来水厂和自备水源的社会单位取水、净化、送水、出厂输水干管等环节的实际生产能力。

年底供水管道长度 指从送水泵到用户水表之间所有管道的长度。

全年供水总量 指公用自来水厂和自备水源的社会单位全年的供水总量,包括有效供水量及损失水量。

生活用水量 指居民日常生活与公共福利设施的用水量。包括居民、饮食店、旅馆、医院、理发店、浴池、洗衣店、旅游池、商店、学校、机关、部队等单位的用水量。

城市人口用水普及率 指城市用水的非农业人口数(不包括临时人口和流动人口)与城市非农业人口总数之比。计算公式:

$$用水普及率=\frac{城市用水的非农业人口数}{城市非农业人口数}\times 100\%$$

人工煤气生产能力 指城市煤气厂制气、净化、输送等环节的综合实际生产能力。

输气管道长度 指由压缩机、鼓风机、储气罐的出口到用户立管之间的全部管道长度。

全年供气总量 指全年售给各类用户的全部煤气量。包括工业用量、家庭用量和其他用量。

城市用气普及率 指使用煤气(包括人工煤气、液化石油气、天然气)的城市非农业人口数(不包括临时人口和流人口)与城市非农业人口总数之比。计算公式:

$$城市煤气普及率=\frac{城市用气的非农业人口数}{城市非农业人口总数}\times 100\%$$

城市供热能力 指热电厂、热力公司和达到标准的集中采暖锅炉房向城市输送的供热源的设计能力。每小时向城市输送的蒸汽、热水能力。

城市供热总量 指热电厂、热力公司和达到 集中采暖锅炉房全年向城市输送的全部蒸汽、热水量。

城市供热管道长度 指热电厂、热力和达到标准的集中采暖锅炉房管理的集中供热热源到用户之间的全部供气、供热水的管道长度。

年底实有铺装道路长度 指除土路外,路面经过铺装宽度在3.5米以上的道路,包括高级、次高级道路和普通道路。

城市桥梁 指城市范围内,修建在河道上的桥梁和道路与道路立交、道路跨越铁路的立交桥,以及人行天桥。包括永久性桥和半永久性桥,不包括临时性桥、铁路桥、涵洞。

城市下水道总长度 指所有排水总客、干管、支管及暗渠、检查井、连接井进出水口等长度之和。

城市污水日处理能力 指污水处理厂每昼夜处理污水量的设计能力。

年末实有公共气(电)车 指年底可参加营运的全部车辆数,包括年底营运车辆数和库存查封未参加营运的车辆,不包括非营运车辆,如架线车、油罐车、工程车、货车及专用车辆和借人的客运车辆。

营运线路长度 指设置的固定营运线路长度,包括郊区营运线路长度,不包括临时行驶的线路长度。

城市园林绿地面积 指城市公共绿地、专用绿地、生产绿地、防护绿地、郊区风景名胜区的全部面积。

公共绿地 指供游览的各种公园、动物园、植物园、陵园以及花园、游园和供游览用的林荫道绿地、广场绿地,不包括一般栽植的行道树及林荫道的面积。

十 农 业

AGRICULTURE

10－1　乡村劳动力

指　　标	单位	1985年	1990年	1995年	1996年	1997年	1998年
乡村户数	万户	386.7	419.7	422.0	426.7	427.8	437.7
乡村人口数	万人	1841.0	1862.7	1840.9	1842.5	1842.9	1848.1
乡村劳动力	万人	489.3	538.2	583.5	599.4	688.1	904.3
按性别分							
男劳动力	万人	353.7	371.7	377.2	387.1	427.2	527.1
女劳动力	万人	135.6	166.5	206.3	212.3	260.8	377.2
按行业分							
农林牧渔业	万人	425.6	463.9	480.2	494.8	579.0	760.3
工　业	万人	22.2	27.0	33.9	34.0	32.9	34.3
建筑业	万人	7.3	8.8	16.5	17.4	18.2	21.5
交通运输、仓储及邮电通讯业	万人	5.1	7.0	12.3	12.9	13.5	15.8
批发零售贸易业、餐饮业	万人	4.4	7.0	15.9	16.3	18.4	23.8
其他劳动力	万人	24.7	24.5	24.6	24.0	26.2	48.6
# 外出合同工、临时工	万人	4.4	3.2	10.0	10.9	12.2	24.3

10－2　各地区乡村劳动力

1998年底　　单位：人

地　区	合　计	农林牧渔业	工　业	建筑业	交通运输仓储及邮电通讯业	批发零售贸易业、餐饮业	其他行业
全　省	**9043449**	**7603133**	**343014**	**214919**	**158466**	**237942**	**485975**
哈尔滨	2395087	1923907	105934	74380	47291	72230	171345
齐齐哈尔	1785480	1611189	29083	24971	16733	30394	73110
鸡　西	350157	295440	19928	4736	6096	7755	16202
鹤　岗	104278	89425	5722	1295	2341	1830	3665
双鸭山	238679	210356	9360	3582	4207	4948	6226
大　庆	661928	550262	21991	18585	12973	19817	38300
伊　春	79512	67513	3276	1028	1783	2440	3472
佳木斯	523600	456592	15170	9629	9373	13523	19313
七台河	151727	127907	7039	3405	3348	4538	5490
牡丹江	644493	496702	48615	15942	20240	25436	37558
黑　河	341705	313756	7457	2613	2675	5680	9524
绥　化	1737278	1436355	67312	54398	30800	48156	100257
大兴安岭	29525	23729	2127	355	606	1195	1513

10－3 耕地面积

年 份	年末实有耕地面积（万公顷）	水 田	旱 田	年内减少耕地面积（公顷）	#国 家基建占地	#乡村集体基建占地	#农民个人建房占地
1978	845.8	22.9	822.9				
1980	872.6	21.5	851.1	61733	12067		
1985	893.1	39.4	853.7	189400	11133		
1990	883.1	68.1	815.0	51623	7367	2960	310
1991	884.7	75.6	809.1	40130	5951	2462	334
1992	890.0	79.1	810.9	25213	4429	3766	401
1993	890.8	78.1	812.7	19138	3118	3237	276
1994	890.9	77.0	813.9	28838	3704	3514	328
1995	899.5	86.9	812.6	23439	5158	8914	478
1996	917.5	114.1	803.4	29129	4158	2141	772
1997	922.4	139.9	782.5	72697	4736	2900	716
1998	924.0	156.3	767.7	65303	728	1864	52

10－4 各地区耕地面积

1998 年　　单位:公顷

地 区	年末实有耕地面积	水 田	旱 田	年内减少耕地面积	#国 家基建占地	#乡村集体基建占地	#农民个人建房占地
全 省	**9240334**	**1562604**	**7677730**	**65303**	**728**	**1864**	**52**
哈尔滨	1339407	255292	1084115	804	29	281	
齐齐哈尔	1632652	119937	1512715	253	6	8	26
鸡 西	272443	73508	198935	540	73	103	
鹤 岗	124067	25072	98995	587			
双鸭山	271481	36283	235198				
大 庆	497942	58856	439086	15057	334		
伊 春	119978	15798	104180	1297	8	788	
佳木斯	637628	119797	517831	785	61	445	7
七台河	102711	12560	90151	26	26		
牡丹江	302489	35862	266627	1186	68	41	4
黑 河	504077	10666	493411	5409	65	19	12
绥 化	1621730	156544	1465186	25244	14	9	3
大兴安岭	107354		107354	1539			
农垦总局	2040227	661303	1378924	12576	44	170	

10－5　农林牧渔业总产值和构成

年　份	总产值	农　业	林　业	牧　业	渔　业
绝对数(亿元)					
1978	60.9	51.0	2.6	7.2	0.1
1979	69.9	57.5	2.6	9.5	0.2
1980	85.6	69.6	3.5	12.2	0.3
1981	87.0	69.4	4.2	13.0	0.4
1982	94.3	71.1	5.9	16.8	0.5
1983	106.9	84.6	6.8	14.8	0.7
1984	121.5	94.0	7.8	18.7	1.0
1985	114.3	84.6	7.0	21.5	1.2
1986	137.2	106.3	6.4	22.5	2.0
1987	137.0	104.7	6.7	23.0	2.5
1988	151.7	112.3	6.8	29.4	3.2
1989	162.2	117.2	7.3	34.0	3.7
1990	245.4	183.7	7.6	49.3	4.7
1991	244.3	175.0	8.2	55.9	5.2
1992	278.0	204.3	10.3	57.1	6.3
1993	318.0	235.4	10.2	64.5	7.9
1994	509.6	381.5	12.4	106.0	9.7
1995	623.6	462.2	14.7	134.3	12.4
1996	740.8	558.7	16.8	151.5	13.8
1997	772.3	571.1	17.1	168.7	15.4
1998	736.3	517.6	17.7	184.5	16.5
构成(%)					
1978	100.0	83.7	4.3	11.8	0.2
1979	100.0	82.3	3.7	13.6	0.3
1980	100.0	81.3	4.1	14.3	0.4
1981	100.0	79.8	4.8	14.9	0.5
1982	100.0	75.4	6.3	17.8	0.5
1983	100.0	79.1	6.4	13.8	0.7
1984	100.0	77.4	6.4	15.4	0.8
1985	100.0	74.0	6.1	18.8	1.1
1986	100.0	77.5	4.7	16.4	1.5
1987	100.0	76.4	4.9	16.8	1.8
1988	100.0	74.0	4.5	19.4	2.1
1989	100.0	72.3	4.5	21.0	2.3
1990	100.0	74.9	3.1	20.1	1.9
1991	100.0	71.6	3.4	22.9	2.1
1992	100.0	73.5	3.7	20.5	2.3
1993	100.0	74.0	3.2	20.3	2.5
1994	100.0	74.9	2.4	20.8	1.9
1995	100.0	74.1	2.4	21.5	2.0
1996	100.0	75.4	2.3	20.5	1.9
1997	100.0	73.9	2.2	21.8	2.0
1998	100.0	70.3	2.4	25.1	2.2

注:本表按当年价格计算。

10-6 农林牧渔业总产值指数

年　份	总产值	农　业	林　业	牧　业	渔　业
指数(上年=100)					
1978	120.2	126.3	81.3	99.0	90.0
1979	100.3	97.4	106.3	114.5	77.8
1980	108.6	110.5	113.6	94.8	119.0
1981	98.2	93.8	125.8	119.8	160.0
1982	104.5	102.9	101.9	114.9	107.5
1983	116.3	118.1	134.4	101.1	130.2
1984	109.3	109.1	108.8	107.3	123.2
1985	92.7	91.1	89.0	110.4	137.3
1986	113.0	116.4	89.8	103.9	127.2
1987	97.5	97.3	96.5	97.0	120.4
1988	104.0	103.3	91.9	111.2	120.2
1989	96.1	93.5	99.0	108.1	113.4
1990	125.1	127.6	101.2	121.1	106.5
1991	99.5	93.6	100.7	122.0	110.9
1992	105.6	108.6	107.8	95.2	108.8
1993	102.2	100.9	98.0	106.5	103.9
1994	112.5	109.7	113.8	121.7	115.2
1995	106.3	100.7	118.9	125.0	124.1
1996	110.6	111.0	110.0	109.3	115.8
1997	107.1	107.9	101.9	105.3	111.6
1998	100.1	96.1	97.8	109.9	115.7
指数(1978年=100)					
1979	100.3	97.4	106.3	114.5	77.8
1980	108.9	107.6	120.8	108.5	92.6
1981	107.0	101.0	151.9	130.0	148.1
1982	111.8	103.9	154.8	149.4	159.2
1983	130.0	122.7	208.0	151.1	207.3
1984	142.1	133.8	226.4	162.1	255.4
1985	131.7	121.9	201.5	178.9	350.7
1986	148.8	141.9	180.9	185.9	446.1
1987	145.1	138.1	174.6	180.3	537.1
1988	150.9	142.7	160.4	200.5	645.6
1989	145.0	133.3	158.8	216.8	732.1
1990	181.4	170.2	160.7	262.5	779.7
1991	180.5	159.3	161.8	320.3	864.7
1992	190.6	173.0	174.4	304.9	940.8
1993	194.8	174.6	171.0	324.8	977.5
1994	219.2	191.5	194.6	395.3	1126.0
1995	233.0	192.8	231.4	474.0	1397.4
1996	257.7	214.0	254.5	518.0	1618.2
1997	276.0	230.9	259.3	545.2	1805.9
1998	276.3	221.8	253.6	599.1	2089.4

注:本表按可比价格计算。

10－7 各地区农林牧渔业总产值

1998年　　单位:万元

地　区	总产值	农　业	林　业	牧　业	渔　业
哈尔滨	2360399	1451272	66811	789749	52567
齐齐哈尔	1213354	804324	22249	356103	30678
鸡　西	348207	246386	15873	66452	19496
鹤　岗	94829	65353	3019	23773	2684
双鸭山	218478	178445	6666	23427	9940
大　庆	434521	261861	5109	136660	30891
伊　春	160640	74600	33533	49570	2937
佳木斯	473954	364564	9133	76943	23314
七台河	113163	69043	5201	37416	1503
牡丹江	451872	315790	25862	98177	12043
黑　河	291053	238210	11571	37043	4229
绥　化	1906799	1229480	24380	578024	74915
大兴安岭	42358	20301	17531	4397	129
农垦总局	1548771	1330489	10265	197914	10103

注:本表按当年价格计算。

10－8 农村居民家庭平均每人经营耕地情况

单位:亩

项　目	1990年	1995年	1996年	1997年	1998年
经营耕地面积	7.46	8.09	8.24	8.21	8.32
# 承包地面积	6.56	7.57	7.72	7.77	8.03
自留地面积	0.55	0.40	0.41	0.33	0.16
经营山地面积	0.03	0.01	0.03	0.06	0.01
# 承包山地面积	0.02	0.01	0.02	0.04	0.01
自留山地面积			0.02	0.02	
经营水面面积		0.01	0.02	0.02	0.03

10－9　农林牧渔业增加值

单位:亿元

项　目	1993年	1994年	1995年	1996年	1997年	1998年
合　计	**198.4**	**305.3**	**371.2**	**444.1**	**460.2**	**429.1**
农　业	162.3	251.8	308.7	378.9	387.1	351.9
种植业	156.7	245.6	300.5	370.4	379.7	342.3
其它农业	5.6	6.2	8.2	8.4	7.4	9.6
#农民家庭兼营						
商品性工业	0.7	1.0	1.1	1.4	1.3	1.2
林　业	6.5	6.9	7.4	7.9	8.1	7.8
牧　业	25.1	41.3	49.2	50.7	57.5	62.4
渔　业	4.5	5.3	5.9	6.6	7.5	7.0

注:本表按当年价格计算;增加值根据农普资料做了调整。

10－10　各地区农林牧渔业增加值

1998年　　单位:万元

地　区	合　计	农　业	林　业	牧　业	渔　业
全　省	**4291000**	**3519000**	**78000**	**624000**	**70000**
哈尔滨	1331547	889709	47896	357262	36680
齐齐哈尔	679331	479899	15333	164128	19971
鸡　西	202412	152785	10834	26904	11889
鹤　岗	50259	38140	1158	9671	1290
双鸭山	127674	108405	3864	9487	5918
大　庆	216006	138169	2742	57643	17452
伊　春	96660	50539	20627	23694	1800
佳木斯	267577	217685	5301	31440	13151
七台河	64381	42840	4139	16406	996
牡丹江	286906	216135	18841	43951	7979
黑　河	175821	149479	7510	16266	2566
绥　化	1197177	850568	17273	278139	51197
大兴安岭	36403	20918	10934	4227	324
农垦总局	826438	719642	5865	95883	5048

注:因资料来源不同,地区汇总数不等于全省数。

10－11　农林牧渔业商品产值

项　目	总产值(万元)		商品产值(万元)		商品率(%)	
	1997年	1998年	1997年	1998年	1997年	1998年
总　计	**7723286**	**7363092**	**5607805**	**4951023**	**72.6**	**67.2**
农　业	5711286	5175869	4135371	3355685	72.4	64.8
种植业	5611486	5076869	4086141	3307385	72.8	65.1
主产品	5269948	4761289	3973751	3224328	75.4	67.7
#谷　物	2847000	2920946	1952444	1684876	68.6	57.7
豆　类	1405300	888445	1210990	799600	86.2	90.0
油　料	47229	44191	43823	40922	92.8	92.6
麻　类	12181	7460	11117	6863	91.3	92.0
糖　类	138788	86842	124909	79026	90.0	91.0
烟　叶	78438	27855	74807	24656	95.4	88.5
药材类	9130	14500	8856	14137	97.0	97.5
薯　类	171518	208050	86018	111903	50.2	53.8
蔬菜、瓜类	519419	514440	436711	437274	84.1	85.0
桑叶、水果	28945	32560	22426	25071	77.5	77.0
副产品	341538	315580	112390	83057	32.9	26.3
谷物副产品	265499	255520	89579	76656	33.7	30.0
其他副产品	76039	60060	22811	6401	30.0	10.7
其他农业	99800	99000	49230	48300	49.3	48.8
采集野生植物	77800	78000	27230	27300	35.0	35.0
农民家庭兼营商品性工业	22000	21000	22000	21000	100.0	100.0
林　业	171000	177043	24965	48399	14.6	27.3
#林产品	20431	39054	20022	38274	98.0	98.0
村及村以下林木采伐	4943	11250	4943	10125	100.0	90.0
牧　业	1687000	1844676	1296549	1384439	76.9	75.1
#大牲畜	181000	189470	52905	54965	29.2	29.0
猪	770459	854958	573361	615569	74.4	72.0
羊	64800	80411	58320	71967	90.0	89.5
家　禽	167704	183907	118647	143447	70.7	78.0
活畜禽产品	502279	532564	492605	495284	98.1	93.0
捕　猎	790	820	711	738	90.0	90.0
渔　业	154000	165504	150920	162500	98.0	98.2

注:本表按当年价格计算。

10－12　农业机械和农产品加工机械拥有量

年底数

指　　标	单位	1985年	1990年	1995年	1996年	1997年	1998年
农业机械总动力	万千瓦		1173.4	1226.1	1418.8	1443.7	1454.5
农用大中型拖拉机	台	90306	88942	79356	70689	69576	69905
小型拖拉机	万台	15.0	36.8	44.2	62.0	62.6	63.3
大中型拖拉机配套农具	万台	26.9	20.1	17.1	14.0	16.6	17.2
小型拖拉机配套农具	万台	6.3	26.6	38.1	39.8	47.7	51.4
机动脱粒机	台	36802	73581	82268	106506	109889	112459
农用排灌动力机械							
柴油机	台	27067	117600	123370	127275	132283	139453
电动机	台	28180	33700	31961	23826	311106	37645
农用水泵	万台	4.2	12.8	13.8	25.8	27.1	29.3
喷灌机械	套	2773	3069	3986	3831	6621	6813
联合收割机	台	20311	15910	13366	13953	14882	15005
机动收割机	台	5368	7008	547	202	538	814
喷雾器	部	3247	2193	3874	6632	9357	11459
挖坑机	部	68	123	71	809	142	70
植树机	部	181	72	43	1069	35	40
牧草收割机	台	1099	1155	1157	1325	1009	1043
碾米机	部	53000	47000	41210	32595	32309	33217
磨面机	部	33000	25700	22414	18511	16547	16172
榨油机	部	5080	6800	6149	6091	5596	5736
渔用机动船	艘	1487	4124	3018	4241	4029	4233
农用载重汽车	辆	12970	10762	8398	10180	10288	10293
农用运输车	辆		2874	11821	30476	31337	29491
推土机	台	2256	2240	3053	1614	3450	2469

注：1996、1997年为与农业普查资料衔接后数据。

10－13　各地区农业机械和农产品加工机械拥有量

1998 年底

地　区	农业机械总动力（万千瓦）	农用大中型拖拉机		小型拖拉机		大中型拖拉机配套农具（台）	小型拖拉机配套农具（台）	机动脱粒机（台）
		台	万千瓦	万台	万千瓦			
全　省	**1454.5**	**69905**	**304.7**	**63.3**	**583.8**	**171813**	**514177**	**112459**
哈尔滨	248.4	10301	37.5	10.9	98.8	11087	73837	29190
齐齐哈尔	212.9	7768	34.9	11.8	115.7	18603	100055	13268
鸡　西	57.8	2614	9.1	3.1	27.6	4241	39018	5309
鹤　岗	32.6	1554	6.0	1.8	16.8	2515	18616	2507
双鸭山	46.0	2415	9.7	2.4	21.7	4575	28668	2947
大　庆	81.8	2557	10.9	4.7	44.1	3976	27521	5482
伊　春	25.9	1249	4.9	1.3	13.6	1358	8832	2023
佳木斯	103.4	5497	21.5	5.9	52.8	8728	58702	8059
七台河	22.0	664	3.3	1.0	10.0	935	7011	1205
牡丹江	94.9	5328	16.4	4.7	38.2	5316	47980	9838
黑　河	85.6	5939	27.3	4.1	39.6	11859	36248	4181
绥　化	166.8	5011	23.3	7.7	69.6	11352	54393	20481
大兴安岭	17.2	1389	6.4	0.4	4.0	1803	1679	58
农垦总局	250.2	16845	89.8	3.4	30.7	82028	11129	7753
省监狱局	8.9	774	3.7	0.1	0.7	3437	488	158

10－13　续表 1

1998 年底

地　区	农用排灌动力机械				农用水泵（台）	喷灌机械（套）	联合收割机	
	柴油机		电动机				台	万千瓦
	台	万千瓦	台	万千瓦				
全　省	**139453**	**116.7**	**37645**	**31.9**	**292789**	**6813**	**15005**	**104.3**
哈尔滨	50422	36.1	6785	6.2	73493	1419	285	0.9
齐齐哈尔	13925	10.7	9230	6.1	59153	1649	1622	7.4
鸡　西	3363	3.0	3482	2.8	7281	342	494	1.9
鹤　岗	1907	1.7	127	0.1	6493	399	249	1.6
双鸭山	1180	1.1	266	0.2	3596	24	777	4.4
大　庆	7014	5.2	2380	2.3	21369	189	232	0.5
伊　春	2400	2.3	693	0.4	8990	77	151	0.5
佳木斯	5256	4.6	2112	1.8	9408	569	1401	8.0
七台河	1044	0.9	416	0.2	1550	32	204	0.9
牡丹江	1213	0.8	1662	1.7	6723	462	432	2.1
黑　河	610	0.4	341	0.3	10859	83	1275	8.1
绥　化	30575	26.6	7414	6.1	58766	398	348	1.4
大兴安岭			101		146	12	154	1.2
农垦总局	20446	23.3	2376	3.1	24721	1086	7031	62.8
省监狱局	98		260	0.5	241	72	350	2.6

10－13　续表2　　　　1998年底

地　区	机动收割机（台）	喷雾机（部）	挖坑机（部）	植树机（部）	牧草收割机（台）	碾米机（部）	磨面机（部）	榨油机（部）
全　省	**814**	**11459**	**70**	**40**	**1043**	**33127**	**16172**	**5736**
哈尔滨	231	756				9630	1968	1559
齐齐哈尔	20	224		2	30	4641	4436	792
鸡　西	18	1349				1039	673	234
鹤　岗		512				371	255	9
双鸭山	3	518				443	374	94
大　庆	47	35	25	19	442	1784	1235	208
伊　春	7	444				173	105	101
佳木斯	6	2795	25			2314	1386	154
七台河	56	66	15	7		599	461	127
牡丹江	92	193			30	2048	1430	575
黑　河	14	2303			2	886	1007	462
绥　化	59	29			109	7997	2220	926
大兴安岭	5	7	2			75	142	33
农垦总局	256	2168	3	12	430	1080	456	452
省监狱局		60				47	24	10

10－13　续表3　　　　1998年底

地　区	渔用机动船			农用载重汽车		农用运输车		推土机	
	艘	吨	万千瓦	辆	万千瓦	辆	万千瓦	台	万千瓦
全　省	**4233**	**5012**	**4.2**	**10293**	**76.2**	**113972**	**119.7**	**2469**	**12.2**
哈尔滨	843	1244	0.8	2568	20.4	32291	28.6	450	1.9
齐齐哈尔	419	55	0.3	1204	8.2	13371	15.5	27	0.2
鸡　西	111		0.1	474	3.8	5723	5.2	126	0.6
鹤　岗	399	559	0.3	178	1.2	2288	3.3		
双鸭山	89	100		338	1.7	7522	5.5	135	0.6
大　庆	371	516	0.5	409	2.9	10187	9.1	149	0.8
伊　春	279	259	0.3	160	1.2	957	0.9	107	0.6
佳木斯	770	744	0.6	460	3.2	4049	4.5	238	1.0
七台河				172	1.2	3109	4.6	59	0.3
牡丹江	97	42	0.1	1483	11.5	8496	13.4	377	1.8
黑　河	358	898	0.9	360	3.0	3064	2.7	56	0.3
绥　化	120		0.1	1031	5.8	18694	18.6	7	
大兴安岭	111	195	0.1	144	1.5	1010	3.6	55	0.1
农垦总局	266	400	0.2	1217	9.7	2961	3.9	664	3.9
省监狱局				95	0.9	250	0.4	19	0.1

10－14 农业生产条件

项　　　目	单位	1985年	1990年	1995年	1997年	1998年
化肥施用折纯量	万吨	42.1	76.5	108.9	121.8	125.9
氮　肥	万吨		37.0	51.2	56.5	57.5
磷　肥	万吨		17.1	27.6	29.8	31.0
钾　肥	万吨		2.4	4.6	7.5	9.8
复合肥	万吨		19.9	25.5	28.0	27.6
农村用电量	万千瓦时	143530	176009	235181	260509	257465
乡村办水电站	个	48	26	22	19	17
装机容量	万千瓦	1.7	1.8	1.4	1.3	1.2
发电量	万千瓦时			3890.4	3070.6	3645.0
农用塑料簿膜使用量	吨		31299	39905	69907	53201
#地膜使用量	吨		14709	19200	37827	26243
地膜使用面积	千公顷			286.9	537.9	472.7
农用柴油使用量	吨			664813	732816	760511
农药使用量	吨		14344	18848	26923	28131
有效灌溉面积	万公顷	68.0	107.9	109.5	160.7	164.8
机电排灌面积	万公顷	39.2	65.1	113.7	167.5	193.2
666.7公顷(万亩)以上灌区	处	357	339	310	314	315
666.7公顷以上灌区有效灌溉面积	万公顷	42.2	46.8	45.2	49.1	46.9
水　库	座	484	490	558	568	580
大型水库(1亿立方米以上)	座	13	14	15	16	16
中型水库(1千万－1亿立方米)	座	48	50	56	59	59
小型水库(10万－1千万立方米)	座	423	426	487	493	505
水库库容量	亿立方米	59.4	66.4	73.1	78.3	78.7
大型水库	亿立方米	36.1	41.2	44.6	47.6	47.6
中型水库	亿立方米	14.3	16.0	16.8	18.6	18.6
小型水库	亿立方米	9.0	9.2	11.7	12.1	12.5
机电井数	万　眼	7.4	8.2	6.9	13.9	15.1
机电井灌溉面积	万公顷	33.0	35.8	39.4	80.7	92.6
易涝面积	万公顷	399.6	410.9	419.5	426.7	420.9
除涝面积	万公顷	213.2	266.3	279.0	299.4	304.1
占易涝面积比重	%	53.4	64.8	66.5	70.2	72.2
水土流失面积	万公顷	508.1	500.0	508.1	1345.4	1345.4
治理水土流失面积	万公顷	146.3	183.3	227.2	262.3	275.5
占流失面积比重	%	28.8	36.7	44.7	19.5	20.5
盐碱耕地面积	万公顷	39.3	56.7	56.7	56.7	56.7
治碱面积	万公顷	18.8	19.0	19.1	19.7	19.7
占盐碱耕地面积比重	%	47.8	33.5	33.7	34.6	34.7
堤防长度	公里	9670	10333	11165	11211	11655
堤防保护面积	万公顷	192.5	209.6	228.3	227.7	251.9

注:1990年前"666.7公顷以上灌区"数按设计面积计算,1992年后按有效灌溉面积计算。

10－15　各地区农村用电量和农用化肥施用量

1998 年

地　区	农村用电量（万千瓦时）	化肥施用实物量（吨）	化肥施用折纯量（吨）	氮　肥	磷　肥	钾　肥	复合肥
全　省	**257465**	**2882928**	**1258948**	**575235**	**309774**	**97894**	**276045**
哈尔滨	70434	587085	235318	119941	45781	23149	46447
齐齐哈尔	35359	403010	179600	83333	46341	9721	40205
鸡　西	12696	74348	31686	14775	9267	2941	4703
鹤　岗	1693	34715	13474	5463	3946	2466	1599
双鸭山	8245	57311	26053	10376	5565	1960	8152
大　庆	12087	183869	69103	31569	16271	3979	17284
伊　春	3312	18202	7856	2850	2105	529	2372
佳木斯	20144	159201	63861	31023	15572	6311	10955
七台河	3830	38167	15022	8576	3174	1532	1740
牡丹江	21614	114536	52890	20000	7576	4065	21249
黑　河	9282	102184	47672	18694	17897	1484	9597
绥　化	39648	578936	255544	127457	71035	16284	40768
大兴安岭	341	9052	3821	2594	307	81	839
农垦总局	18780	522312	257048	98584	64937	23392	70135

10－16　各地区除涝、治碱面积和农田水利情况

1998 年底

地　区	水库数（座）	水库库容量（万立方米）	除涝面积（万公顷）	除涝面积占易涝面积％	治碱面积（万公顷）	治碱面积占盐碱地面积
全　省	**580**	**786527**	**304.1**	**72.2**	**19.7**	**34.7**
哈尔滨	149	104539	32.4	80.4	2.6	66.7
齐齐哈尔	65	85332	27.6	61.4	1.7	16.7
鸡　西	34	69181	4.4	61.1		
鹤　岗	6	4984	8.7	75.0		
双鸭山	8	2833	12.6	64.0		
大　庆	9	13520	11.4	69.1	4.4	30.8
伊　春	8	1563	2.6	76.5		
佳木斯	17	20250	19.7	42.4		
七台河	19	34110	2.7	77.8		
牡丹江	29	33704	4.2	60.9		
黑　河	34	58472	6.6	57.4		
绥　化	76	58022	40.8	81.6	10.7	42.6
大兴安岭			0.9	50.0		
省农垦总局	120	92045	124.3	82.6	0.3	11.5

10－17 农民家庭平均每户生产性固定资产原值

年底数　　单位:元

项　目	1985年	1990年	1995年	1996年	1997年	1998年
合　计	**1237**	**2413**	**5622**	**5573**	**5972**	**5842**
役畜、产品畜	467	613	1642	1467	1200	804
大中型铁木农具	63	73	391	418	458	459
农林牧渔业机械	276	982	2296	2449	2816	3183
工业机械	27	37	61	43	32	38
运输机械	247	315	529	485	426	447
生产用房	123	335	703	711	677	694
其　他	34	59			364	216

10－18 农民家庭每百户拥有主要生产性固定资产数量

年底数

项　目	单位	1985年	1990年	1995年	1996年	1997年	1998年
汽　车	辆	0.2	0.3	0.3		0.1	1.1
大中型拖拉机	台	2.0	2.3	3.6	2.7	3.1	4.1
小型及手扶拖拉机	台	6.8	17.4	28.8	31.5	32.9	35.8
机动脱粒机	台	1.3	1.5	3.4	3.8	4.0	4.9
胶轮大车	辆	20.4	19.4	17.8	16.4	15.3	12.4
胶轮手推车	辆	22.8	10.5	12.6	12.1	11.3	11.5
抽水机	台	0.5	0.8	2.6	3.0	3.4	3.6
农用水泵	台	0.4	3.7	9.9	11.5	11.6	13.5
役　畜	头	71.5	55.2	62.6	62.5	54.0	41.0
产品畜	头	28.5	34.5	52.0	68.2	87.5	78.4

10－19　主要农作物播种面积和产量

作物类别	播种面积(万公顷)			产　量(万吨)		
	1995年	1997年	1998年	1995年	1997年	1998年
粮　食	750.0	799.5	808.3	2592.5	3104.5	3008.5
#水　稻	83.5	139.7	156.3	469.9	860.9	925.8
小　麦	111.6	107.4	95.9	293.4	328.4	285.2
玉　米	241.1	254.5	248.6	1219.1	1165.9	1199.7
高　粱	13.4	13.5	11.7	47.9	48.3	51.7
谷　子	8.8	6.7	7.0	20.9	14.4	9.0
大　豆	251.3	239.4	246.0	438.8	576.2	444.6
薯　类	23.5	24.2	26.8	81.5	80.9	66.5
油　料	14.7	14.2	20.9	20.1	18.2	16.9
#花　生	0.2	0.3	1.2	0.3	0.8	1.3
油菜籽	4.5	2.1	3.4	5.3	2.9	3.2
葵花籽	6.8	8.8	11.2	9.0	11.6	7.6
麻　类	10.1	5.5	3.6	32.2	13.3	9.1
#亚　麻	10.0	5.4	3.5	32.0	13.1	9.0
甜　菜	32.8	25.1	23.1	500.8	447.7	310.2
烟　叶	6.8	10.8	5.9	11.2	17.5	9.4
#烤　烟	6.5	10.3	5.4	10.1	16.3	8.3
药　材	0.1	0.1	0.5			
蔬　菜	34.4	29.9	35.4	883.6	990.0	998.5
瓜　类	5.0	6.0	7.8	126.6	158.7	160.0
#西　瓜	3.1	3.7	5.1	91.6	110.6	106.2
其他作物	15.7	12.4	13.9			
#青饲料	7.3	4.6	3.9			

10－20　主要农作物播种面积

单位:万公顷

年　份	总播种面积	粮食作物		在粮食作物中				
		播种面积	占总面积%	水　稻	小　麦	玉　米	大　豆	薯　类
1978	827.9	713.4	86.2	21.4	174.7	189.0	152.5	29.0
1980	872.4	731.8	83.9	21.0	210.5	188.4	163.0	23.7
1985	858.2	721.6	84.1	39.0	203.8	157.7	216.7	22.2
1986	846.3	732.4	86.5	50.7	196.9	168.9	219.7	20.9
1987	851.5	741.2	87.0	58.1	158.7	197.6	240.0	21.4
1988	823.3	688.6	83.6	55.3	123.9	182.8	242.9	24.7
1989	845.3	726.2	85.9	60.4	168.2	190.4	226.4	23.3
1990	855.9	742.0	86.7	67.4	178.1	216.9	207.9	21.8
1991	861.5	742.7	86.2	74.7	173.7	223.0	209.4	20.3
1992	848.0	734.8	86.7	77.8	161.5	216.6	216.0	22.3
1993	864.7	755.8	87.4	73.6	133.7	177.7	297.9	23.5
1994	867.0	750.1	86.5	74.8	119.5	196.4	279.6	22.2
1995	864.7	750.0	86.7	83.5	111.6	241.1	251.3	23.5
1996	888.4	779.6	87.8	110.9	123.6	266.6	216.1	23.7
1997	903.5	799.5	88.5	139.7	107.4	254.5	239.4	24.2
1998	919.4	808.3	87.9	156.3	95.9	248.6	246.0	26.8

10－20　续表

单位:万公顷

年　份	油　料	#葵花籽	亚　麻	甜　菜	烤　烟	蔬　菜	瓜　类	水　果
1978	13.1	5.4	4.9	14.4	1.4	33.7	5.1	
1980	24.4	19.2	8.9	24.3	0.8	33.0	6.6	1.7
1985	39.2	33.8	7.4	29.2	4.3	24.9	7.7	1.5
1986	18.3	13.8	7.9	30.6	4.2	25.1	7.7	1.7
1987	16.9	10.6	12.1	26.3	5.1	22.8	7.6	1.9
1988	16.5	7.4	13.9	42.7	7.6	24.8	7.1	2.5
1989	13.4	6.2	8.8	31.4	13.0	24.5	7.6	1.4
1990	14.2	6.5	8.1	35.8	11.6	23.0	3.4	1.9
1991	13.7	6.5	9.7	41.6	12.3	21.8	3.1	2.3
1992	18.3	7.4	7.0	33.2	9.2	23.4	3.8	2.9
1993	15.5	7.3	6.4	28.4	7.8	26.3	5.0	3.8
1994	17.4	7.4	8.2	34.4	6.6	26.3	5.0	4.5
1995	14.7	6.8	10.0	32.8	6.5	29.3	5.0	5.6
1996	12.8	7.6	8.4	29.1	9.8	29.4	5.0	6.0
1997	14.2	8.8	5.4	25.1	10.3	29.9	6.0	6.0
1998	20.9	11.2	3.5	23.1	5.4	35.4	7.8	6.0

10－21　各地区主要农作物播种面积

1998 年　　单位:千公顷

地　区	农作物总播种面积	谷　物	#水稻	#小麦	#玉米	#谷子	#高粱	薯　类
全　省	**9193.8**	**5267.6**	**1562.6**	**959.4**	**2486.3**	**70.4**	**116.9**	**268.2**
哈尔滨	1328.8	931.9	251.7	4.2	648.8	5.7	16.3	28.6
齐齐哈尔	1633.9	776.5	103.8	203.9	390.2	22.3	36.9	103.8
鸡　西	274.5	144.4	69.2	7.1	64.6	0.3	1.6	2.8
鹤　岗	125.5	63.8	27.2	5.2	31.4			1.8
双鸭山	233.7	111.1	36.3	27.4	45.5	0.2	0.7	4.3
大　庆	476.2	314.1	61.2	12.8	184.1	19.5	29.7	13.9
伊　春	115.8	29.8	15.8	2.2	11.6			1.3
佳木斯	588.5	339.0	117.8	63.0	156.2	0.2	0.3	9.7
七台河	101.9	50.2	12.7	4.9	31.9	0.2	0.3	2.0
牡丹江	310.5	135.1	35.5	19.0	79.9	0.2	0.1	5.5
黑　河	488.8	173.0	11.2	125.8	31.5	0.5	0.1	16.1
绥　化	1428.2	873.8	162.0	45.0	606.8	21.3	30.1	68.9
大兴安岭	93.1	41.7		41.1	0.2			9.5
农垦总局	1994.4	1283.2	658.2	397.8	203.6		0.8	

10－21　续表　　1998 年　　单位:千公顷

地　区	豆　类	#大豆	葵花籽	甜　菜	亚　麻	烤　烟	蔬　菜	瓜　类
全　省	**2547.3**	**2459.6**	**111.9**	**230.6**	**35.1**	**53.6**	**353.9**	**78.4**
哈尔滨	269.8	265.9	2.2	10.5	9.7	4.9	51.5	9.3
齐齐哈尔	467.7	441.3	68.4	58.7	9.8	1.0	72.6	10.9
鸡　西	84.8	81.4	0.9	3.2		6.2	12.4	2.8
鹤　岗	48.3	47.8	0.2	3.2		1.3	4.1	0.5
双鸭山	83.9	81.8	2.3	7.9		4.1	8.7	2.7
大　庆	53.0	26.2	14.8	22.1	0.7	0.7	32.8	9.0
伊　春	68.4	68.0	0.2	1.1		0.3	11.3	0.4
佳木斯	194.4	192.5	2.8	2.0		8.2	15.5	5.7
七台河	35.4	34.8	0.8	0.1	0.1	3.1	5.2	1.3
牡丹江	110.2	107.5	1.0	14.0		10.0	19.0	3.5
黑　河	254.1	251.5	0.4	19.4	0.8	0.1	10.0	2.5
绥　化	263.9	255.1	16.0	41.7	13.8	13.7	87.9	25.7
大兴安岭	35.2	33.9	0.1				4.8	0.4
农垦总局	578.2	571.9	1.8	46.7	0.2		18.1	3.7

10－22　农产品产量

单位:万吨

年　份	粮　食	#水稻	#小麦	#玉米	#高粱	#谷子	#大豆	#薯类
1978	1477.5	71.5	254.5	602.0	77.5	149.0	208.0	74.0
1980	1462.4	79.6	394.6	520.0	63.1	103.6	220.5	51.0
1985	1405.0	162.9	376.8	386.8	34.0	63.2	313.7	43.8
1986	1776.3	220.8	355.9	632.0	55.1	60.1	378.0	47.5
1987	1737.6	225.7	299.8	646.1	48.0	40.2	383.5	67.2
1988	1768.0	243.5	250.4	700.6	55.2	35.5	384.4	71.0
1989	1668.9	231.7	367.3	615.2	43.8	22.7	291.8	73.4
1990	2312.5	314.4	474.8	1008.3	53.3	31.3	325.8	74.1
1991	2164.3	316.2	381.1	1007.5	45.8	23.7	309.8	57.3
1992	2366.3	376.6	424.8	1042.8	51.4	24.3	349.1	75.7
1993	2390.8	388.3	340.0	956.6	73.3	27.2	491.5	86.0
1994	2578.7	410.4	275.3	1146.4	86.4	24.3	513.6	74.6
1995	2592.5	469.9	293.4	1219.1	47.9	20.9	438.8	81.5
1996	3046.5	636.0	329.5	1445.0	65.5	21.5	413.5	98.5
1997	3104.5	860.9	328.4	1165.9	48.3	14.4	576.2	80.9
1998	3008.5	925.8	285.2	1199.7	51.7	9.0	444.6	66.5

10－22　续表

单位:万吨

年　份	油　料	#葵花籽	亚　麻	甜　菜	烤　烟	蚕　茧	水　果	蔬　菜
1978	8.8	6.1	9.4	122.6	3.7	0.2	3.1	509.3
1980	23.9	22.6	17.5	287.6	2.2	0.2	2.8	523.6
1985	28.4	25.2	14.8	315.2	7.0	0.1	3.1	485.1
1986	19.0	16.4	20.4	389.8	8.1	0.1	2.4	585.0
1987	12.6	6.5	31.1	330.4	8.8	0.1	3.1	463.9
1988	13.0	7.0	35.5	555.1	12.4	0.1	3.3	526.5
1989	13.1	6.5	22.3	397.5	12.4	0.1	2.8	526.1
1990	17.2	8.1	22.3	632.0	19.3	0.1	4.9	563.7
1991	15.2	6.6	26.7	620.3	16.8	0.1	4.6	484.0
1992	21.9	10.3	19.5	539.8	12.6	0.1	5.8	578.1
1993	16.1	9.5	17.0	298.7	11.6	0.1	9.2	672.3
1994	15.6	9.4	21.7	322.7	8.9	0.1	9.9	679.6
1995	20.0	9.0	32.0	500.8	10.1	0.1	12.7	883.6
1996	16.8	10.5	23.6	491.9	16.9	0.1	14.5	916.7
1997	18.2	11.6	13.1	447.7	16.3	0.1	15.5	990.0
1998	16.9	7.6	9.0	310.2	8.3	0.1	18.5	998.5

10－23　各地区主要农产品产量

1998年　　单位:万吨

地　区	粮　食	谷　物	#水稻	#小麦	#玉米	#高粱	#谷子	豆　类	#大豆
哈尔滨	879.2	810.2	222.9	1.0	570.1	12.1	2.1	51.5	50.7
齐齐哈尔	483.1	346.6	49.8	65.8	208.1	14.8	4.4	105.3	103.0
鸡　西	131.5	113.8	51.7	2.1	58.5	1.0	0.1	16.5	15.9
鹤　岗	35.5	30.0	14.7	1.6	13.7			4.9	4.9
双鸭山	88.2	67.0	26.2	6.7	33.4	0.2		19.0	18.7
大　庆	150.6	142.3	12.9	3.2	107.0	13.9	4.1	5.1	3.3
伊　春	27.2	17.3	11.2	0.5	5.5			9.3	9.3
佳木斯	254.9	210.3	75.3	22.6	111.9	0.1	0.1	39.9	39.6
七台河	38.8	31.2	8.1	1.5	21.4	0.1		6.8	6.7
牡丹江	143.9	104.6	27.5	5.3	71.7	0.1	0.1	36.0	35.3
黑　河	131.4	74.6	6.7	45.0	22.1		0.1	50.5	50.1
绥　化	769.1	682.9	134.4	14.1	506.3	19.8	6.0	58.3	57.4
大兴安岭	15.8	8.8		8.7	0.1			4.3	4.2
农垦总局	868.6	747.4	475.8	140.9	122.6	0.5		121.2	119.9

10－23　续表　　1998年　　单位:万吨

地　区	薯　类	油　料（吨）	#葵花籽	亚　麻（吨）	甜　菜	烤　烟（吨）	水　果	蔬　菜
哈尔滨	17.6	3560	3214	25185	14.8	7544	4.4	139.2
齐齐哈尔	31.2	41567	32761	16460	48.9	791	0.7	142.8
鸡　西	1.2	14716	1337		6.2	11059	3.2	47.7
鹤　岗	0.5	336	321		5.5	1265	0.1	13.4
双鸭山	2.2	12701	4409		11.2	7156	1.3	31.1
大　庆	3.3	13398	8872	1399	17.1	878	1.4	78.5
伊　春	0.6	1399	229		3.2	554	0.3	34.9
佳木斯	4.7	11940	4280		3.1	10952	0.4	31.7
七台河	0.9	2955	940	142		4320	0.3	16.1
牡丹江	3.3	6769	2277	26	27.7	19496	4.4	62.1
黑　河	6.3	5816	606	2280	31.4	150		25.8
绥　化	27.8	18212	13926	44240	65.1	18833	1.6	335.4
大兴安岭	2.6	847	68					12.5
农垦总局		34608	2335	75	76.0	20	0.4	27.3

10－24　主要农产品单位面积产量

按播种面积计算　　　　单位:公斤

年　份	水　稻	小　麦	玉　米	高　粱	谷　子	大　豆	薯　类	亚　麻	甜　菜	烤　烟
1978	3353	1463	3173	2408	1620	1373	1665	1935	8483	2610
1980	3803	1868	2768	2340	1350	1350	2160	1980	11813	2678
1985	4185	1845	2610	2363	1283	1463	1980	2003	10800	1598
1986	4343	1823	3758	3150	1463	1733	2273	2565	12713	1913
1987	3893	1890	3780	2768	1305	1598	3128	2588	12578	1733
1988	4410	2025	3848	3218	1440	1643	2880	2543	13028	1643
1989	3825	2183	3218	2478	1058	1283	3150	2543	12668	1643
1990	4658	2678	4658	3353	1778	1575	3398	2745	17663	1665
1991	4230	2183	4523	3375	1688	1485	2835	2768	14918	1373
1992	4838	2631	4815	3658	1842	1616	3690	2790	16268	1373
1993	5279	2543	5384	4418	2157	1650	3646	2676	10512	1500
1994	5485	2304	5836	5347	2242	1837	3679	2634	9390	1354
1995	5626	2628	5056	3584	2381	1746	3468	3205	15246	1567
1996	5739	2665	5421	3854	2928	1914	4155	3557	16922	1735
1997	6163	3075	4581	3579	2165	2408	3345	2447	17808	1583
1998	5909	2967	4823	4423	1278	1808	2479	2558	13450	1550

10－25　各地区主要农产品单位面积产量

1998年,按播种面积计算　　　　单位:公斤

地　区	水　稻	小　麦	玉　米	高　粱	谷　子	大　豆	薯　类	亚　麻	甜　菜	烤　烟
哈尔滨	8855	2417	8788	7427	3731	1907	6144	2584	14064	1553
齐齐哈尔	4801	3227	5332	4019	1957	2335	3004	1673	8323	816
鸡　西	7467	2911	9047	6393	3559	1959	4323		19282	1800
鹤　岗	5406	3133	4369			1015	2786		17142	949
双鸭山	7218	2462	7353	3296	2123	2289	5164		14281	1760
大　庆	2105	2500	5810	4670	2095	1251	2379	2076	7740	1221
伊　春	7086	2429	4763		1405	1362	4481		29414	1694
佳木斯	6394	3593	7165	3594	2686	2059	4809		15918	1331
七台河	6373	3121	6704	3108	2051	1919	4310	2000	1182	1387
牡丹江	7732	2766	8970	5089	4044	3283	5970	2364	19743	1944
黑　河	5960	3579	7002	2358	2023	1992	3933	2767	16147	1852
绥　化	8299	3120	8345	6557	2812	2251	4042	3212	15605	1376
大兴安岭		2120	5319			1223	2709			
农垦总局	7229	3542	6023	6437		2097		466	16277	3333

10－26　水果生产情况

指　　标	1980 年	1985 年	1990 年	1995 年	1997 年	1998 年
水果产量(吨)	27881	31008	49451	127005	154949	184918
#苹　果	3400	15557	20904	75873	96993	102137
梨		469	10840	13141	12384	28357
葡　萄	250	938	3099	10154	7916	8157
水果面积(公顷)	17285	14657	19000	55503	60345	59568
#苹　果	266	5266	11267	31870	36456	36368
梨		266	1000	5717	6571	6736
葡　萄	200	933	1000	1925	1847	1579

10－27　林业生产情况

指　　标	单位	1985 年	1990 年	1995 年	1997 年	1998 年
一、营林情况						
当年造林面积	千公顷	497.1	201.1	289.8	285.5	308.1
#人工造林面积	千公顷	495.6	201.1	289.8	278.4	304.5
按用途分						
用材林	千公顷	303.2	148.5	187.6	176.7	182.4
经济林	千公顷	3.5	9.9	33.4	21.7	18.9
防护林	千公顷	116.1	28.0	54.1	66.0	91.4
薪炭林	千公顷	56.0	9.8	9.7	15.2	8.9
特种用途林	千公顷	18.3	5.0	5.0	5.9	6.5
迹地更新面积	千公顷	183.1	203.6	173.4	138.1	134.8
零星植树	万株	6316.8	3053.1	3209.0	2903.0	6094.1
育苗面积	千公顷	44.2	13.8	12.3	12.9	13.3
幼林抚育面积	千公顷	2559.3	1094.8	2033.7	1934.9	1783.5
成林抚育面积	千公顷	252.3	1828.3	459.5	444.0	643.2
二、村及村以下林木采伐	万立方米	0.1	10.9	14.6	6.6	15.0

10－28　牲畜饲养情况和畜产品产量

年底数　　单位:万头

年　份	大牲畜年底数量	#农役畜	黄　牛	奶　牛	马	驴	骡
1978	286.9	170.9	105.1	6.2	164.5	4.8	6.3
1980	257.8	149.0	95.6	7.8	143.6	4.6	6.2
1985	305.5	195.1	149.9	25.8	117.9	6.4	5.5
1986	314.0	191.9	156.7	31.9	113.3	6.5	5.6
1987	314.6	183.3	155.9	40.3	106.5	6.4	5.5
1988	318.1	183.4	157.7	47.0	101.3	6.6	5.5
1989	324.1	183.8	165.0	49.2	98.0	6.2	5.7
1990	348.2	193.7	182.8	54.0	99.2	6.3	5.9
1991	358.7	191.3	192.4	57.9	95.7	6.4	6.3
1992	365.3	186.8	200.6	61.1	90.1	7.0	6.5
1993	376.4	190.0	221.2	55.1	86.7	7.2	6.3
1994	420.2	193.4	265.9	56.4	83.4	8.2	6.5
1995	485.7	223.6	326.6	61.7	81.9	8.9	6.8
1996	540.6	220.6	376.7	65.8	81.2	9.8	7.1
1997	545.3	201.5	383.1	67.2	78.7	9.3	6.9
1998	549.5	213.5	388.1	68.5	77.8	8.9	6.3

10－28　续表1

年　份	肉猪出栏数量(万头)	猪年底数量(万头)	羊年底数量(万只)	山　羊	绵　羊	奶　类(万吨)	#牛奶
1978	403.7	835.0	218.7	11.7	207.0		
1980	446.0	716.7	303.0	32.6	270.4	13.9	12.4
1985	383.5	592.9	229.6	30.8	198.8	45.5	43.0
1986	392.4	564.8	210.4	25.1	185.3	56.3	53.8
1987	371.6	438.4	218.5	23.5	195.0	68.1	66.3
1988	334.8	486.8	236.7	24.5	212.2	83.1	81.8
1989	350.5	548.7	264.3	28.1	236.2	88.2	87.1
1990	458.6	654.9	283.3	34.2	249.1	102.7	101.7
1991	511.7	683.7	291.0	35.8	255.2	114.2	112.6
1992	524.4	678.6	281.7	35.6	246.1	122.5	120.4
1993	509.4	665.0	279.8	45.0	234.8	113.3	111.6
1994	573.8	719.0	326.0	61.3	264.7	113.1	110.8
1995	672.4	855.9	389.2	94.7	294.5	121.2	121.2
1996	882.4	900.7	431.6	124.0	307.6	136.2	133.3
1997	936.5	932.2	440.5	122.1	318.4	143.0	140.5
1998	1063.1	958.1	462.8	121.5	341.3	144.5	142.1

10－28　续表 2　　单位：万吨

年　份	肉类产量	# 猪牛羊肉产量	猪　肉	牛　肉	羊　肉	# 禽肉	禽　蛋
1978		31.9					
1980		37.1	34.8	1.6	0.7		
1985	34.9	31.5	29.7	1.0	0.8	3.4	20.5
1986	36.4	33.1	31.1	1.5	0.5	3.3	18.6
1987	36.3	32.1	29.1	2.4	0.6	4.2	20.5
1988	37.9	32.0	28.6	2.7	0.7	5.9	23.8
1989	40.9	33.2	29.5	2.9	0.7	7.4	24.3
1990	55.9	46.0	39.5	5.2	1.3	9.7	30.9
1991	62.7	50.9	43.4	6.1	1.4	11.3	36.8
1992	66.3	53.2	44.4	7.3	1.5	12.4	37.8
1993	65.4	52.4	42.6	8.4	1.4	12.3	36.8
1994	77.7	61.7	47.5	12.4	1.8	14.9	40.8
1995	90.3	70.3	53.4	15.0	1.9	18.8	48.6
1996	116.0	93.2	68.9	21.9	2.5	21.4	62.4
1997	125.9	100.1	74.1	23.5	2.6	25.9	67.5
1998	142.7	112.2	83.5	25.7	3.0	29.0	71.2

10－28　续表 3　　单位：吨

年　份	绵羊毛	# 细羊毛	# 半细羊毛	山羊毛	羊　绒	蜂　蜜	蚕茧产量
1978						4770	2079
1980	9635	4409	5043	102	4	5290	2469
1985	7564	3476	3992	57	5	5458	1069
1986	6542	2830	3593	30	11	3932	1197
1987	7086	3019	4002	26	19	4933	683
1988	7474	3295	4067	68	15	4529	779
1989	8503	3390	4942	125	11	4012	1052
1990	9614	3672	5852	93	4	3052	1451
1991	9737	3980	5757	75	4	2640	1427
1992	9330	3503	5827	92	2	2600	1069
1993	8329	3192	5137	112	1	2899	1021
1994	8817	3399	5418	99	2	2801	1052
1995	9751	3114	6637	96	6	3038	863
1996	11847	4004	7843	115	12	2964	879
1997	13014	3820	9194	91	18	2934	843
1998	12921	3956	8965	91	19	2678	1049

10－29　各地区牲畜饲养情况和畜产品产量

1998年底　　单位:头

地　区	大牲畜年底数量	#农役畜	黄　牛	奶　牛	马	驴	骡
全　省	**5495285**	**2135416**	**3881000**	**685000**	**777546**	**88822**	**62917**
哈尔滨	1353970	567319	1055527	120638	150797	12002	15006
齐齐哈尔	792197	399416	469779	89854	180152	31284	21128
鸡　西	177576	66339	154052	5766	15399	298	2061
鹤　岗	33406	9189	27460	3367	2579		
双鸭山	55785	28445	47730	487	6998	207	363
大　庆	392250	133606	174266	65892	134452	16079	1561
伊　春	49384	21607	38177	3645	7024	432	106
佳木斯	278483	58192	259163	3795	13296	985	1244
七台河	100423	38002	91135	854	6174	307	1953
牡丹江	449639	214080	395125	2685	37232	3663	10934
黑　河	135156	50834	88979	11851	32837	1093	396
绥　化	1170344	525155	751828	213922	176537	19983	8074
大兴安岭	21231	5245	13937	511	6557	197	29
农垦总局	301798	17987	162828	129104	7512	2292	62

10－29　续表1　　1998年

地　区	肉猪出栏数量（万头）	猪年底数量（万头）	羊年底数量（万只）	山　羊	绵　羊	奶　类（吨）	#牛奶
全　省	**1063.1**	**958.1**	**462.8**	**121.5**	**341.3**	**1445025**	**1421105**
哈尔滨	261.0	215.5	50.7	21.3	29.4	335604	320013
齐齐哈尔	168.9	152.8	105.8	24.6	81.2	187357	187218
鸡　西	36.8	34.3	15.8	6.4	9.3	15326	13822
鹤　岗	10.2	9.2	5.9	1.2	4.7	9184	9184
双鸭山	11.2	13.7	9.9	3.2	6.7	1696	1696
大　庆	56.3	60.8	52.6	6.3	46.4	163510	163510
伊　春	24.6	15.9	5.1	3.6	1.4	10227	8019
佳木斯	50.4	49.9	23.1	3.5	19.7	8667	8649
七台河	18.1	16.6	8.2	1.7	6.5	2603	2603
牡丹江	50.1	47.5	33.1	11.4	21.6	8387	8007
黑　河	22.3	24.5	15.2	6.1	9.1	18199	17479
绥　化	275.6	251.0	103.6	20.2	83.4	397035	393961
大兴安岭	5.5	5.2	2.1	1.2	0.9	485	485
农垦总局	72.0	61.2	31.7	10.8	21.0	286745	286459

10－29　续表 2　　1998 年　　单位:吨

地区	肉类总产量	#猪牛羊肉产量	猪肉	牛肉	羊肉	#禽肉	禽蛋
全省	**1426510**	**1122185**	**835208**	**257421**	**29556**	**289701**	**711987**
哈尔滨	408794	291278	207761	79857	3660	115106	259051
齐齐哈尔	229890	181671	130823	44069	6779	43747	90417
鸡西	48077	40153	28904	10248	1001	7499	20153
鹤岗	13130	9691	7915	1484	292	3439	10085
双鸭山	13640	11247	8584	2021	642	2340	10407
大庆	75663	57261	45332	8513	3416	16011	38816
伊春	31495	21599	19390	1865	344	9697	17644
佳木斯	59564	52752	38029	13673	1050	6584	24132
七台河	24458	16539	12380	3661	498	7868	12529
牡丹江	59155	51633	36882	12859	1892	7127	33582
黑河	23794	21417	16636	3994	787	1813	8252
绥化	332689	279901	217889	55943	6069	49642	160067
大兴安岭	6550	5375	4364	864	147	1069	2882
农垦总局	99611	81668	60319	18370	2979	17759	23970

10－29　续表 3　　1998 年

地区	绵羊毛(吨)	#细羊毛	#半细羊毛	山羊毛(公斤)	羊绒(公斤)	蜂蜜(公斤)	蚕茧产量(吨)
全省	**12921**	**3956**	**8965**	**90811**	**18925**	**2627782**	**1049**
哈尔滨	1058	344	714	29354	5637	505046	
齐齐哈尔	3551	1755	1796	1248	4945	198098	163
鸡西	345	28	317		455	183491	125
鹤岗	156		156	2605			
双鸭山	258		258			215815	46
大庆	1720	834	886	750		18269	
伊春	30	1	29	4801	330	487296	35
佳木斯	696	7	689	1316	27	54267	95
七台河	235		235			37500	109
牡丹江	657		657	5	2642	548153	441
黑河	641		641	8721		33928	31
绥化	2997	788	2209	7999		121404	2
大兴安岭	6		6			5500	
农垦总局	571	199	372	34012	4889	219015	2

10－30　渔业生产情况

指　标	单　位	1985年	1990年	1995年	1997年	1998年
水产品产量	吨	66389	147869	252900	323450	357033
#鱼　类	吨	65527	146916	251536	321708	351773
虾蟹类	吨	759	892	1253	1419	5221
贝　类	吨	103	52	108	71	37
#人工养殖产量	吨	38205	99929	200688	274878	283922
#鱼　类	吨	38205	99929	200676	274588	281916
养殖面积	千公顷	195	193	278	336	340
#池塘养殖	千公顷			79	114	119
湖泊养殖	千公顷			91	104	104
水库养殖	千公顷			83	94	93
平均单位面积养殖产量	公斤/公顷	196	517	723	818	835

10－31　农民家庭饲养、出售的畜牧业和渔业产品数量

指　标	单　位	1985年	1990年	1995年	1997年	1998年
平均每户生产量						
禽　蛋	公斤	28.9	33.5	53.5	47.5	47.1
羊　毛	公斤	0.8	0.8	0.6	0.6	0.3
牛羊奶	公斤	59.1	90.7	70.8	68.5	54.1
鱼　虾	公斤	21.2	4.9	14.9	11.5	9.8
出售量						
每百户出售肥猪	头	62.6	50.9	121.0	103.3	45.5
每户出售、自宰猪肉	公斤	47.7	45.6	83.9	85.5	70.1
每百户出售菜羊	只	9.8	13.9	3.1	6.4	10.1
每户出售、自宰羊肉	公斤	1.4	2.3	2.0	2.7	2.5
每百户出售大牲畜	头	3.3	4.6	3.4	6.2	3.1
每户出售蛋类	公斤	14.9	15.2	29.8	26.6	22.1
每百户出售羊毛	公斤	84.6	60.2	51.5	43.2	22.2
每户出售牛、羊奶	公斤	56.2	89.5	55.7	51.9	51.0
每户出售鱼虾	公斤	19.2	4.1	13.0	7.4	6.1

10－32 按人口平均的主要农产品产量

年　份	粮　食（公斤）	油　料（公斤）	生　猪（头）	猪牛羊肉（公斤）	牛　奶（公斤）	水产品（公斤）	蛋（公斤）
1957	459.1	2.1	0.2	5.0	2.4	2.3	
1965	421.8	1.3	0.2	7.3	3.0	1.8	
1970	474.5	0.6	0.2	3.9		0.9	
1975	476.2	1.5	0.3	8.7		0.9	
1978	476.4	2.8	0.3	10.3	4.4	0.7	
1980	456.5	7.5	0.2	11.6	3.9	0.7	
1985	424.5	8.6	0.2	9.6	13.0	2.0	6.2
1990	667.3	4.9	0.2	13.2	29.2	4.2	8.7
1991	618.4	4.3	0.2	14.3	31.6	4.7	10.3
1992	672.5	6.2	0.2	14.6	33.2	5.1	10.4
1993	676.8	4.6	0.2	14.5	30.8	5.4	10.2
1994	726.8	4.4	0.2	16.9	30.3	5.9	11.2
1995	726.8	5.6	0.2	19.1	32.9	7.1	13.1
1996	820.2	4.5	0.2	25.0	35.9	7.8	16.8
1997	830.2	4.9	0.3	26.8	37.6	8.6	18.1
1998	799.7	4.5	0.3	29.8	37.7	9.5	18.9

10－33 各地区受灾面积和成灾面积

单位:千公顷

地　区	受灾面积		成灾面积		成灾面积占受灾面积%	
	1997 年	1998 年	1997 年	1998 年	1997 年	1998 年
全　省	**4516.6**	**4037.0**	**3274.7**	**2473.7**	**72.5**	**61.3**
哈尔滨	670.1	498.2	526.6	387.3	78.6	77.7
齐齐哈尔	1424.7	1156.1	1173.3	741.8	82.4	64.2
鸡　西	105.5	173.6	65.5	110.1	62.1	63.4
鹤　岗	46.2	70.8	27.8	58.8	60.2	83.1
双鸭山	168.7	121.4	106.2	59.6	63.0	49.1
大　庆	313.0	290.9	194.8	206.3	62.2	70.9
伊　春	16.8	48.3	14.4	31.4	85.7	65.0
佳木斯	306.5	383.9	242.3	305.6	79.1	79.6
七台河	19.1	34.0	12.9	9.3	67.5	27.4
牡丹江	327.8	107.4	198.9	59.3	60.7	55.2
黑　河	54.7	141.6	36.7	97.9	67.1	69.1
绥　化	1057.1	905.0	670.0	372.6	63.4	41.2
大兴安岭	6.4	105.7	5.3	33.6	82.8	31.8

10－34 农垦系统农牧场基本情况

指　　标	单位	1990年	1995年	1996年	1997年	1998年
农牧场数	个	102	104	103	102	103
职工人数	万人	74.3	66.7	63.5	61.6	57.3
耕地面积	千公顷	2910.8	1941.4	2022.4	2019.9	2040.2
农业机械总动力	万千瓦	274.2	245.0	266.4	290.7	305.6
大中型农用拖拉机	混合台	25625	22455	21219	21813	22141
小型拖拉机	台	22718	30190	39436	46763	52019
联合收割机	台	9763	8300	7796	7290	7190
农用载重汽车	辆	3528	2064	1071	1072	1185
农用化肥施用量(折纯量)	吨	174152	198211	229103	243228	257048
农业总产值(当年价格)	亿元	44.9	105.2	141.5	161.6	154.9
农林牧渔业增加值	亿元		45.4	67.0	84.7	82.6
农林牧渔业商品产值	亿元	28.6	74.2	99.3	118.1	116.2
商品率	%	63.7	70.5	70.2	73.1	75.0
粮食交售量	万吨	300.7	366.1	552.7	650.6	700.8
肥猪交售量	吨	14851	39569	47371	44990	48567
农作物总播种面积	千公顷	1817.8	1754.3	1857.6	1923.2	1994.4
粮食作物	千公顷	1636.1	1587.2	1722.6	1811.6	1861.4
甜　菜	千公顷	51.0	51.7	48.1	45.4	46.7
油　料	千公顷	59.3	47.8	32.0	21.7	34.3
烤　烟	公顷	395		5	87	6
亚　麻	公顷	364	328	11	67	161
主要农产品产量						
粮　食	万吨	460.3	490.4	625.0	760.0	868.5
#大　豆	万吨	112.0	150.6	125.3	149.4	119.9
油　料	万吨	6.4	5.6	3.2	2.9	3.5
甜　菜	万吨	98.9	103.6	104.8	111.6	76.0
亚　麻	吨	824	1851	55	258	75
烤　烟	吨	627		8	178	20
畜牧业、渔业生产情况						
大牲畜年底头数	万头	19.4	26.3	29.8	31.4	30.2
猪年底头数	万头	34.1	54.5	57.9	56.2	61.2
羊年底只数	万只	14.4	19.6	27.5	29.3	31.7
#绵　羊	万只	11.6	13.4	17.9	19.2	21.0
畜产品产量						
猪牛羊肉产量	吨	24670	61108	74043	77870	81668
#猪肉产量	吨	21366	49044	58964	58591	60319
牛奶产量	吨	219179	235478	258044	295262	286459
禽蛋产量	吨	11612	19208	18785	21482	23970
绵羊毛产量	吨	502	398	532	580	571
水产品产量	吨	6591	8183	9531	10403	11223

主要统计指标解释

农林牧渔业总产值　是指以货币表现的农林牧渔业全部产品产量。它用价值量形式综合说明一定时期农林牧渔业生产的总成果和总规模。

农、林、牧、渔业的统计范围是：

(1)农业包括两个部分：一是种植业产值；二是其他农业产值。种植业包括谷物、豆类、油料、棉花、麻类、糖类、烟叶、药材、薯类、蔬菜、瓜类、茶、桑、果及其他种植业。其他农业产值包括采集野生植物和农民家庭兼营的商品工业产值，这部分原计算在副业产值中。

(2)林业包括林木的栽培(不包括茶园、桑园、果园的栽培、管理和收获等活动)，林产品的采集和村及村以下的农户或集体组织的竹木采伐。

(3)牧业包括除渔业以外的一切动物饲养和放牧，以及野生动物的捕猎和饲养。

(4)渔业包括水生动物和海藻类植物的养殖与捕捞。

农林牧渔业总产值的计算方法，一般采用“产品法”进行计算，即凡有产品产量的，都按产品产量乘以单价计算，然后将四业产品的产值相加求得。

农林牧渔业增加值　是指农林牧渔业生产单位在报告期内进行农林牧渔业生产活动的最终成果。

计算增加值可以采用生产法和分配法两种：

生产法是指农林牧渔业总产值减去中间投入来计算增加值的一种方法。

分配法也称收入法，是根据各种生产要素在生产过程中应取得份额来计算增加值的一种方法。

农林牧渔业增加值 = 固定资产折旧 + 劳动报酬 + 生产税净额(生产税 - 生产补贴) + 营业盈余。

粮食产量　指全社会产量。包括国有经济经营的、集体统一经营的和农民家庭经营的产量。粮食除包括谷物，即稻谷、小麦、玉米、谷子、高粱和其他谷物外，还包括薯类和豆类。其产量计算方法，豆类按去荚后的干豆计算，薯类(包括甘薯和马铃薯，不包括芋头和木薯)1963年以前按4公斤鲜薯折1公斤粮食计算，从1964年开始改为按5公斤鲜薯折1公斤粮食计算.其他粮食一律按脱粒后的原粮计算。

油料产量　指全部的油料作物的产量。包括花生、油菜籽、芝麻、向日葵、亚麻籽和其他油料。不包括大豆，也不包括木本油料和野生油料。花生以带壳和干花生计算。

水产品产量　指人工养殖的水产品和天然生长的水产品的捕捞量。包括海水的鱼类、虾蟹类、贝类和藻类以及淡水的鱼类、虾蟹类和贝类，不包括淡水生植物。

猪、牛、羊肉产量　指当年出栏并已屠宰后除去头蹄下水后带骨肉的重量，也叫胴体重。

耕地面积　指能够种植农作物，经常进行耕锄的田地。除包括熟地，当年新开荒地，连续撩荒未满三年的耕地和当年的休闲地(轮歇地)外，还包括以种植农作物为主并附带种植桑树、茶树、果树和其他林木的土地，以及沿海、沿湖地区已开垦利用的“海涂”、“湖田”等面积。但不包括专业性的桑园、茶园、果园、果木苗圃、林地、芦苇地、天然草原等。

农作物播种面积　指实际播种或移植有农作物的面积。凡是实际种植有农作物的面积，不论种植在耕地还是非耕地上，也不论面积大小，均包括在农作物播种面积中，同时还包括因遭灾而重新改种和补种的农作物面积，种一公顷算一公顷。

有效灌溉面积　指有一定的水源，地块有效平整，灌溉工程或设备已经配套，在一般年景下能够进行正常灌溉的耕地面积。

农用化肥施用量　指实际用于农业生产的化肥数量，包括氮肥、磷肥、钾肥和复合肥。施用量要求按折纯量计算数量，即各类化学肥料的实际施用量按其含氮、含五氧化二磷、含氧化钾的比例折成百分比计算。

折纯量 = 实物量 × 某种有效成份含量的百分比

农用机械总动力　指主要用于农、林、牧、渔业的各种动力机械的动力总和，包括耕作机械、农用排灌机械、收获机械、植保机械、林业机械、畜牧机械、渔业机械、农产品加工机械、农用运输机械和其他农业机械。按能源又分为柴油、汽油、电力和其他动力。总动力按法定计算单位千瓦计算。

(注：1马力 = 735.5瓦特 = 0.735千瓦)

农林牧渔业劳动力　指直接从事农业、林业、牧业、渔业生产活动的劳动力，不包括从事工业、建筑业、运输与邮电业、批发零售贸易和餐饮业、金融业以及其他非农行业的劳动力，也不包括已统计为临时工(合同工)的劳动力。

乡镇个数　指经省、市、自治区人民政府批准设立农村乡一级行政区划的数量，包括除县城关镇、城市街道办事处和工矿区以外的所有乡镇。对于在大中城市的以农业为主的郊区，按建制也计算在内。

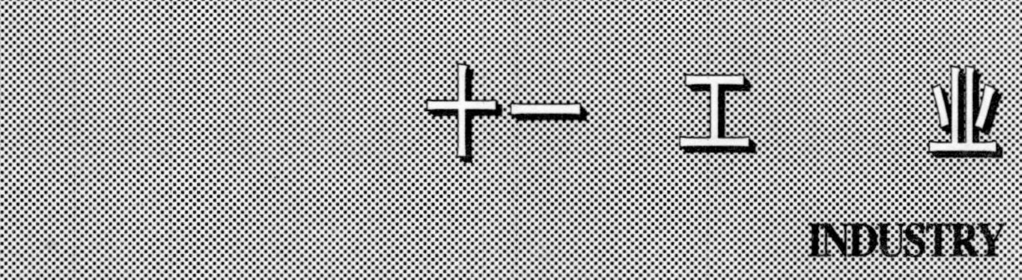

十一 工 业

INDUSTRY

11－1　工业总产值和构成

年　份	工业总产值	国有工业	非国有工业	#集体工业	轻工业	重工业
绝对数(亿元)						
1978	212.1	176.3	35.8	35.8	61.6	150.6
1980	244.2	200.3	43.9	43.8	75.3	168.9
1981	254.2	209.7	44.5	44.2	85.9	168.3
1982	273.8	224.7	49.1	48.7	96.9	176.9
1983	305.9	248.9	57.0	56.4	103.8	202.1
1984	336.6	273.6	63.0	61.6	114.2	222.4
1985	392.0	312.2	79.8	75.1	131.3	260.6
1986	468.6	376.7	91.9	85.0	158.5	310.1
1987	563.9	454.3	109.6	99.0	183.1	380.8
1988	686.1	547.1	139.0	122.8	229.6	456.5
1989	804.8	644.3	160.5	140.4	273.6	531.2
1990	863.5	695.3	168.2	142.9	290.0	573.5
1991	983.7	797.5	186.2	155.5	317.2	666.6
1992	1103.1	885.0	218.1	174.4	335.9	767.2
1993	1394.3	1057.5	336.8	230.2	379.5	1014.9
1994	1797.1	1257.0	540.1	302.0	510.4	1286.7
1995	1978.7	1289.3	689.4	390.5	634.1	1344.6
1996	2374.2	1387.0	987.2	591.7	821.5	1552.7
1997	2703.1	1468.2	1234.9	701.3	942.2	1760.9
1998	2688.4	1136.6	1551.8	576.6	950.1	1738.3
构成(%)						
1978	100.0	83.1	16.9	16.9	29.0	71.0
1980	100.0	82.0	18.0	17.9	30.8	69.2
1981	100.0	82.5	17.5	17.4	33.8	66.2
1982	100.0	82.1	17.9	17.8	35.4	64.6
1983	100.0	81.4	18.6	18.4	33.9	66.1
1984	100.0	81.3	18.7	18.3	33.9	66.1
1985	100.0	79.6	20.4	19.2	33.5	66.5
1986	100.0	80.4	19.6	18.1	33.8	66.2
1987	100.0	80.5	19.5	17.6	32.5	67.5
1988	100.0	79.7	20.3	17.9	33.5	66.5
1989	100.0	80.1	19.9	17.4	34.0	66.0
1990	100.0	80.5	19.5	16.5	33.6	66.4
1991	100.0	81.1	18.9	15.8	32.2	67.8
1992	100.0	80.2	19.8	15.8	30.5	69.5
1993	100.0	75.8	24.2	16.5	27.2	72.8
1994	100.0	69.9	30.1	16.8	28.4	71.6
1995	100.0	65.2	34.8	19.7	32.0	68.0
1996	100.0	58.4	41.6	24.9	34.6	65.4
1997	100.0	54.3	45.7	25.9	34.9	65.1
1998	100.0	42.3	57.7	21.4	35.3	64.7

注:1.本表按当年价格计算。

2.1998年不包括其他产业单位附营工业数据。

3.1998年的经济类型分组采用新的国家标准,1997年及以前数据未做调整。

11-2 工业总产值指数

年　份	工业总产值	国有工业	非国有工业	# 集体工业	轻工业	重工业
指数(上年=100)						
1978	108.6	108.4	110.3	107.8	107.6	109.0
1979	106.6	106.5	107.3	101.9	108.4	104.6
1980	105.5	105.0	107.6	115.6	116.6	100.7
1981	103.7	103.2	109.7	101.7	114.1	96.8
1982	106.9	106.2	110.8	114.7	107.3	106.6
1983	107.8	106.9	116.6	110.0	106.1	108.7
1984	110.1	109.2	109.7	110.5	112.7	108.7
1985	110.9	109.4	120.1	133.3	107.9	112.5
1986	107.9	106.7	114.4	110.7	110.8	106.5
1987	111.0	110.1	109.9	111.5	112.4	110.3
1988	114.5	109.1	119.9	116.6	113.2	110.6
1989	106.1	104.1	112.4	110.9	108.5	104.7
1990	101.8	100.6	105.5	102.0	105.3	99.8
1991	105.1	104.7	106.6	103.0	106.4	104.4
1992	106.2	103.9	115.5	110.7	103.4	107.7
1993	106.6	97.2	140.1	120.7	105.9	106.9
1994	109.4	93.5	148.4	128.5	119.2	104.6
1995	114.4	107.2	126.2	127.5	117.9	112.4
1996	115.0	106.2	127.4	130.7	119.8	112.2
1997	112.4	100.5	125.1	118.6	115.4	110.5
1998	110.1	101.2	115.7	121.2	115.0	107.0
指数(1978年=100)						
1979	106.6	106.5	107.3	101.9	108.4	104.6
1980	112.5	111.8	115.5	117.8	126.4	105.3
1981	116.6	115.4	126.7	119.8	144.2	102.0
1982	124.7	122.6	140.3	137.4	154.7	108.7
1983	134.4	131.0	163.6	151.2	164.2	118.1
1984	148.0	143.1	179.5	167.0	185.0	128.4
1985	164.1	156.5	215.6	222.6	199.7	144.5
1986	177.1	167.0	246.6	246.5	221.2	153.9
1987	196.5	183.9	271.0	274.8	248.6	169.7
1988	225.0	200.6	325.0	320.4	281.5	187.7
1989	238.8	208.8	365.3	355.3	305.4	196.5
1990	243.1	210.1	385.4	362.5	321.6	196.1
1991	255.5	220.0	410.8	373.3	342.2	204.8
1992	271.3	228.5	474.5	413.3	353.8	220.5
1993	289.2	222.1	664.7	498.8	374.7	235.8
1994	316.4	207.7	986.5	641.0	446.6	246.6
1995	361.9	222.6	1244.9	817.3	526.5	277.2
1996	416.2	236.5	1586.0	1068.2	630.8	311.0
1997	467.9	237.7	1984.1	1266.8	727.9	343.6
1998	515.1	240.6	2295.6	1535.4	837.1	367.7

注:本表按可比价格计算。

11－3　工业企业主要经济指标

1998 年　　　　单位:万元

类　别	工业企业单位数(个)	#亏损企业	工业总产值 1990年不变价格	工业总产值 当年价格	工业销售产值	工业增加值	资产总计
总　计	**3524**	**1273**	**10910845**	**17397306**	**16672350**	**8146836**	**36417001**
#亏损企业	1273	1273	3018051	4894152	4549909	1391927	15764234
#国有控股企业	2524	1063	8360005	14487800	13958625	7289306	32209637
#农村工业	358	29	759463	875677	839943	220833	1048576
一、按登记注册类型分							
内资企业	3333	1188	9936460	16365940	15719368	7859671	34331279
国有企业	2186	927	6056297	11365910	10928574	6389883	23676922
中央企业	317	91	3742019	8081678	7954877	5446358	12747208
地方企业	1869	836	2314277	3284232	2973697	943525	10929713
集体企业	568	107	967969	1207678	1136401	369476	1228047
股份合作企业	65	13	82438	99227	94116	23372	125203
联营企业	19	5	30801	33980	29049	10383	46741
国有联营企业	2	1	320	491	554	－27	4623
集体联营企业	5	1	18346	19684	15975	5998	13506
国有与集体联营企业	9	3	10332	11618	10359	3723	26428
其他联营企业	3		1804	2187	2161	689	2184
有限责任公司	320	109	1141733	1473369	1394402	372080	4336032
国有独资公司	79	32	598989	787742	754004	195386	2535382
其他有限责任公司	241	77	542745	685627	640397	176694	1800650
股份有限公司	91	17	1543505	2028883	1994074	644686	4756445
私营企业	84	10	113716	156894	142753	49791	161889
私营独资企业	48	5	60299	82284	78377	24848	81915
私营合伙企业	2		1299	2138	1761	582	578
私营有限责任公司	30	5	45645	65142	56828	21089	66893
私营股份有限公司	4		6474	7330	5788	3273	12504
其他经济							
港、澳、台商投资企业	96	48	511944	485907	446867	163575	952734
外商投资企业	95	37	462442	545458	506115	123589	1132989
二、按经济组织类型分							
独资企业	2811	1043	7110025	12690879	12176987	6788833	25032586
国有企业	2186	927	6056297	11365910	10928574	6389883	23676922
集体企业	568	107	967969	1207678	1136401	369476	1228047
私营独资企业	48	5	60299	82284	78377	24848	81915
港澳台商独资经营企业	3	2	15927	25099	24188	2518	31859
外资企业	6	2	9534	9909	9448	2108	13844
合作、合伙企业	101	25	123258	148206	135429	37626	242215
股份合作企业	65	13	82438	99227	94116	23372	125203
国有联营企业	2	1	320	491	554	－27	4623
集体联营企业	5	1	18346	19684	15975	5998	13506
国有与集体联营企业	9	3	10332	11618	10359	3723	26428
其他联营企业	3		1804	2187	2161	689	2184
私营合伙企业	2		1299	2138	1761	582	578
港或澳、台资合作经营企业	6	3	2774	4623	3659	902	59741
中外合作经营企业	9	4	5947	8238	6846	2387	9953
其他企业(内资)							
股份有限公司	107	24	1702201	2208355	2164155	710638	5069246
股份有限公司(内资)	91	17	1543505	2028883	1994074	644686	4756445
私营股份有限公司	4		6474	7330	5788	3273	12504
港澳台商投资股份有限公司	8	5	120482	130835	124225	48042	259073
外商投资股份有限公司	4	2	31739	41307	40068	14637	41224
有限责任公司	505	181	1975361	2349866	2195778	609739	6072954
国有独资公司	79	32	598989	787742	754004	195386	2535382
私营有限责任公司	30	5	45645	65142	56828	21089	66893
港澳台合资经营企业	79	38	372761	325351	294795	112114	602061
中外合资经营企业	76	29	415222	486005	449753	104457	1067968
其他有限责任公司	241	77	542745	685627	640397	176694	1800650

注:本表统计口径为全部国有和销售收入 500 万元及以上非国有工业企业(下同)

11－3　续表1　　1998年　　单位:万元

类　　别	工业企业单位数(个)	#亏损企业	工业总产值 1990年不变价格	工业总产值 当年价格	工业销售产值	工业增加值	资产总计
三、按轻重工业分							
轻工业	1772	670	3321606	4018271	3691257	1065200	7729936
以农产品为原料	1405	528	2386505	3244719	2947075	865230	6085554
以非农产品为原料	367	142	935101	773552	744182	199970	1644382
重工业	1752	603	7589239	13379035	12981093	7081636	28687065
采掘工业	278	95	2716077	6611743	6484197	5096858	10558066
原料工业	532	162	1791449	3116473	2965175	950932	8916100
加工工业	942	346	3081712	3650819	3531721	1033845	9212899
四、按行业分							
采掘业	278	95	2718141	6616687	6489170	5098835	10566214
煤炭采选业	137	52	406535	795458	728793	300772	3187914
石油和天然气开采业	3	1	1771384	5165923	5144927	4452948	5463834
黑色金属矿采选业	1		606	951	936	401	426
有色金属矿采选业	32	14	33328	49963	45972	15077	116762
非金属矿采选业	56	9	42514	48598	43247	19353	136693
其他矿采选业							
木材及竹材采运业	49	19	463775	555795	525296	310285	1660585
制造业	2972	1080	7746891	9581290	8990291	2501858	20573423
食品加工业	476	192	679442	1198502	1057403	199343	1787984
食品制造业	225	83	310153	441390	405928	123380	587202
饮料制造业	168	62	363532	477712	452037	188014	780386
烟草加工业	16	6	168858	181208	179197	92217	373641
纺织业	109	59	258102	287784	258036	59211	1063139
服装及其他纤维制品制造业	25	6	11585	16371	14047	4397	37570
皮革、毛皮、羽绒及其制品业	18	14	16501	17307	14024	2256	62714
木材加工及竹、藤、棕草制品业	167	41	186432	191839	176139	66023	462657
家具制造业	26	6	94909	88610	79152	28286	161822
造纸及纸制品业	85	20	188888	240395	229264	56701	742691
印刷业，记录媒介的复制	110	44	33356	39274	33602	15592	82080
文教体育用品制造业	14	6	14945	14286	13266	1795	35574
石油加工及炼焦业	33	6	915159	1743237	1649969	534616	3346152
化学原料及化学制品制造业	197	63	420911	504793	468370	134242	1071069
医药制造业	94	23	486839	409271	382059	115424	752059
化学纤维制造业	3	1	198703	126366	124906	19763	330187
橡胶制品业	22	4	129091	118944	126417	37186	287584
塑料制品业	97	34	127821	127570	110666	35136	275826
非金属矿物制品业	305	85	241834	363656	344238	87213	932280
黑色金属冶炼及压延加工业	36	20	203571	320704	303270	56234	933813
有色金属冶炼及压延加工业	14	6	70951	98385	99925	18054	219516
金属制品业	102	42	152416	163688	155870	47708	373791
普通机械制造业	124	45	335902	386772	352695	89309	1356060
专用设备制造业	192	78	383304	421357	400572	115224	1000906
交通运输设备制造业	102	45	731433	825315	820888	217748	1397506
武器弹药制造业	10	7	102441	135900	131935	15794	599068
电气机械及器材制造业	112	44	297036	317049	297058	85014	706165
电子及通信设备制造业	31	13	539943	238354	232960	32669	638536
仪器仪表文化办公用机械制造业	33	14	52462	53940	46451	15314	124243
其他制造业	26	11	30373	31310	29946	7997	51205
电力、煤气及水的生产和供应业	274	98	445813	1199328	1192889	546143	5277365
电力.蒸汽.热水的生产和供应业	183	60	406227	1105289	1106438	488860	5036160
煤气生产和供应业	6	2	24506	35578	31808	25102	39808
自来水的生产和供应业	85	36	15081	58462	54643	32180	201397

11－3　续表2　　　　1998年　　　　单位:万元

类　别	流动资产年平均余额	流动资产合计	#存货	长期投资	固定资产合计	固定资产原价	累计折旧
总　计	**14635726**	**15332569**	**4827768**	**968358**	**18516162**	**25075440**	**8978925**
#亏损企业	5908306	6044286	1850014	410353	8290264	10680292	3467478
#国有控股企业	12511656	13149179	4003902	822033	16845967	23145042	8612050
#农村工业	560673	607806	225387	16674	340063	412101	79208
一、按登记注册类型分							
内资企业	13684257	14369920	4469926	909308	17625356	24100710	8794949
国有企业	9168645	9638878	2999282	467237	12386321	17668233	6881830
中央企业	4239564	4530884	1305365	300089	7258355	11105788	4939913
地方企业	4929081	5107995	1693917	167148	5127966	6562445	1941917
集体企业	711022	746024	303338	30162	408468	509088	125342
股份合作企业	64064	73958	27315	422	44292	56433	14568
联营企业	21079	23112	9944	695	20218	24149	4503
国有联营企业	2317	2188	588	407	2028	2275	257
集体联营企业	7650	8742	5023	110	3740	4057	333
国有与集体联营企业	10023	11178	4121	179	13271	16358	3632
其他联营企业	1089	1005	212		1179	1460	281
有限责任公司	1746679	1808326	648651	82314	2324136	2725245	790464
国有独资公司	902756	929532	265763	69021	1482768	1867638	598410
其他有限责任公司	843924	878794	382888	13293	841369	857607	192054
股份有限公司	1894001	1996876	441574	326262	2374458	3037268	964348
私营企业	78767	82746	39821	2216	67464	80294	13893
私营独资企业	40233	42990	22416	1040	34199	43229	9723
私营合伙企业	342	344	198		234	247	13
私营有限责任公司	31637	32804	13291	760	30116	33672	3899
私营股份有限公司	6555	6608	3917	416	2914	3146	258
其他企业							
港、澳、台商投资企业	405513	362758	150883	51091	475915	492747	86536
外商投资企业	545956	599892	206959	7959	414892	481984	97440
二、按经济组织类型分							
独资企业	9958599	10459439	3334251	498440	12841131	18235353	7019760
国有企业	9168645	9638878	2999282	467237	12386321	17668233	6881830
集体企业	711022	746024	303338	30162	408468	509088	125342
私营独资企业	40233	42990	22416	1040	34199	43229	9723
港澳台商独资经营企业	31777	24252	5264		6063	7496	1433
外资企业	6922	7295	3951		6080	7307	1432
合作、合伙企业	103724	122255	44589	1199	108047	96826	20827
股份合作企业	64064	73958	27315	422	44292	56433	14568
国有联营企业	2317	2188	588	407	2028	2275	257
集体联营企业	7650	8742	5023	110	3740	4057	333
国有与集体联营企业	10023	11178	4121	179	13271	16358	3632
其他联营企业	1089	1005	212		1179	1460	281
私营合伙企业	342	344	198		234	247	13
港或澳、台资合作经营企业	13898	19509	5240	82	39200	10637	485
中外合作经营企业	4341	5332	1891		4103	5360	1257
其他企业(内资)							
股份有限公司	2044163	2101768	507648	371880	2524683	3195889	978498
股份有限公司(内资)	1894001	1996876	441574	326262	2374458	3037268	964348
私营股份有限公司	6555	6608	3917	416	2914	3146	258
港澳台商投资股份有限公司	117950	71692	45993	45002	137549	144056	12130
外商投资股份有限公司	25657	26593	16164	200	9762	11419	1762
有限责任公司	2529240	2649107	941281	96840	3042301	3547373	959839
国有独资公司	902756	929532	265763	69021	1482768	1867638	598410
私营有限责任公司	31637	32804	13291	760	30116	33672	3899
港澳台合资经营企业	241888	247305	94386	6007	293103	330558	72487
中外合资经营企业	509036	560672	184953	7759	394946	457897	92989
其他有限责任公司	843924	878794	382888	13293	841369	857607	192054

11－3　续表3　　　　1998年　　　　单位:万元

类　别	流动资产年平均余额	流动资产合计	#存货	长期投资	固定资产合计	固定资产原价	累计折旧
三、按轻重工业分							
轻工业	3559021	3726824	1581883	215532	3466176	4002436	987913
以农产品为原料	2858111	2997631	1309361	173773	2691513	3082928	727909
以非农产品为原料	700910	729193	272522	41759	774663	919508	260004
重工业	11076704	11605745	3245885	752826	15049986	21073004	7991012
采掘工业	3854168	4242536	934976	196259	5868638	9474384	4213072
原料工业	2804343	2749649	736210	174121	5195228	6195846	1966044
加工工业	4418194	4613560	1574699	382446	3986120	5402774	1811895
四、按行业分							
采掘业	3858647	4246819	936545	196259	5872536	9479411	4214201
煤炭采选业	1265574	1319671	279795	10495	1704411	2276440	663612
石油和天然气开采业	1745546	2007728	420624	151432	3276927	6005746	3176696
黑色金属矿采选业	180	360	137		67	67	
有色金属矿采选业	39291	38627	12604	5032	68037	96040	32119
非金属矿采选业	61168	71740	12805	2968	54490	61249	16171
其他矿采选业							
木材及竹材采运业	746888	808694	210581	26332	768606	1039870	325603
制造业	9662363	9907870	3815198	518243	8915280	11116567	3558259
食品加工业	898378	962337	489967	14056	727978	863291	181585
食品制造业	257187	273998	98890	7685	280155	307646	74349
饮料制造业	328759	286992	149920	53188	414831	459464	80595
烟草加工业	210949	237339	81378	14831	119435	143700	36940
纺织业	480538	509516	230439	22467	472659	618337	166756
服装及其他纤维制品制造业	20859	23448	7989	541	13027	15237	2516
皮革、毛皮、羽绒及其制品业	34583	34440	15986	1120	26039	31141	5931
木材加工及竹、藤、棕草制品业	206725	224688	54868	3622	219196	260380	50609
家具制造业	87292	95266	50340	2427	61056	69007	14800
造纸及纸制品业	281558	311071	87593	54131	373718	328469	101775
印刷业，记录媒介的复制	45738	41984	13056	603	36532	48749	15150
文教体育用品制造业	21589	20174	12181	907	13097	18025	5575
石油加工及炼焦业	1076974	1036005	290700	108446	1633554	2263656	1039776
化学原料及化学制品制造业	446484	445770	132388	53801	511136	605664	161124
医药制造业	323291	352655	139534	8486	305940	337777	101430
化学纤维制造业	139708	144556	58641	1941	179897	203119	52495
橡胶制品业	110509	115666	37415	2954	168173	140898	46951
塑料制品业	126170	136115	46916	6813	123323	146487	36869
非金属矿物制品业	372701	389636	130505	13151	491213	624289	175780
黑色金属冶炼及压延加工业	521250	517706	183354	10467	384816	403002	85222
有色金属冶炼及压延加工业	127023	118206	39845	3214	95591	160195	74503
金属制品业	230164	227863	90955	15387	121866	163454	65172
普通机械制造业	866921	876800	380248	25220	392821	560235	210534
专用设备制造业	591675	591421	255330	27530	350637	526058	203375
交通运输设备制造业	703572	734007	275692	21387	623262	789171	252714
武器弹药制造业	221437	237453	91873	15864	343918	444206	116476
电气机械及器材制造业	449955	456427	196521	10466	211086	314590	130305
电子及通信设备制造业	390470	416764	129775	11003	148198	180944	42631
仪器仪表文化办公用机械制造业	64444	64180	32823	6192	49597	61243	19662
其他制造业	25460	25388	10077	348	22531	28135	6663
电力、煤气及水的生产和供应业	1114716	1177880	76025	253856	3728346	4479463	1206465
电力.蒸汽.热水的生产和供应业	1073788	1132711	69556	243530	3545349	4236997	1137523
煤气生产和供应业	13993	15262	3638	232	24118	25832	4221
自来水的生产和供应业	26935	29907	2832	10093	158879	216633	64721

11－3　续表4　　　　1998年　　　　单位:万元

类别	固定资产净值	固定资产净值年平均余额	无形及递延资产	#无形资产	负债总计	流动负债	长期负债
总　计	**16096516**	**15667373**	**1243475**	**207901**	**24812535**	**16465359**	**7865344**
#亏损企业	7212814	6956739	945808	42731	12697950	8191996	4296348
#国有控股企业	14532992	14133648	1148213	148961	22029160	14195779	7379674
#农村工业	332893	336571	20744	13497	689666	559699	123368
一、按登记注册类型分							
内资企业	15305761	14907521	1180476	176950	23334893	15390746	7470075
国有企业	10786403	10607893	977609	69492	16369896	10950448	5077592
中央企业	6165875	6064213	609064	20515	6771185	3906429	2829071
地方企业	4620528	4543679	368544	48978	9598712	7044019	2248520
集体企业	383746	386755	28950	12690	907297	781507	111284
股份合作企业	41865	39347	4592	2767	88912	71342	14694
联营企业	19646	19045	2428	1611	27016	20626	6390
国有联营企业	2018	2047			4035	846	3189
集体联营企业	3724	3729	914	384	4762	4601	161
国有与集体联营企业	12726	12101	1513	1227	17240	14199	3041
其他联营企业	1179	1168			980	980	
有限责任公司	1934781	1770213	114071	52829	3115641	1805326	1201070
国有独资公司	1269227	1252999	53006	3171	1746745	895431	743281
其他有限责任公司	665553	517215	61065	49658	1368895	909895	457789
股份有限公司	2072920	1986064	47008	32746	2735911	1686995	1046658
私营企业	66401	98204	5818	4816	90220	74501	12388
私营独资企业	33505	34688	925	431	44705	34022	9438
私营合伙企业	234	234			184	174	10
私营有限责任公司	29773	59831	2327	1865	40142	35149	2906
私营股份有限公司	2888	3451	2566	2520	5190	5156	33
其他企业							
港、澳、台商投资企业	406211	380893	37821	12976	675639	433254	242383
外商投资企业	384544	378958	25178	17975	802003	641359	152885
二、按经济组织类型分							
独资企业	11215593	11041322	1008952	82842	17360447	11799904	5202911
国有企业	10786403	10607893	977609	69492	16369896	10950448	5077592
集体企业	383746	386755	28950	12690	907297	781507	111284
私营独资企业	33505	34688	925	431	44705	34022	9438
港澳台商独资经营企业	6063	6065	1131	221	28653	28653	
外资企业	5875	5922	338	8	9896	5274	4597
合作、合伙企业	75999	66361	8126	5022	177078	111564	62638
股份合作企业	41865	39347	4592	2767	88912	71342	14694
国有联营企业	2018	2047			4035	846	3189
集体联营企业	3724	3729	914	384	4762	4601	161
国有与集体联营企业	12726	12101	1513	1227	17240	14199	3041
其他联营企业	1179	1168			980	980	
私营合伙企业	234	234			184	174	10
港或澳台资合作经营企业	10151	3620	672	360	55929	14473	41456
中外合作经营企业	4103	4116	433	284	5036	4948	88
其他企业(内资)							
股份有限公司	2217391	2122816	56741	40843	2899729	1797364	1100108
股份有限公司(内资)	2072920	1986064	47008	32746	2735911	1686995	1046658
私营股份有限公司	2888	3451	2566	2520	5190	5156	33
港澳台商投资股份有限公司	131926	123704	2498	1441	132621	89685	42937
外商投资股份有限公司	9657	9597	4669	4136	26008	15528	10480
有限责任公司	2587533	2436874	169656	79195	4375281	2756527	1499687
国有独资公司	1269227	1252999	53006	3171	1746745	895431	743281
私营有限责任公司	29773	59831	2327	1865	40142	35149	2906
港澳台合资经营企业	258072	247505	33521	10953	458435	300443	157991
中外合资经营企业	364908	359325	19738	13547	761063	615609	137721
其他有限责任公司	665553	517215	61065	49658	1368895	909895	457789

11－3　续表5　　1998年　　单位:万元

类别	固定资产净值	固定资产净值年平均余额	无形及递延资产	#无形资产	负债总计	流动负债	长期负债
三、按轻重工业分							
轻工业	3014523	2900092	229531	55825	6361757	4700974	1349624
以农产品为原料	2355019	2269873	136981	39612	5215525	4039797	1116806
以非农产品为原料	659504	630220	92551	16213	1146231	661177	232818
重工业	13081992	12767280	1013944	152076	18450779	11764385	6515720
采掘工业	5261312	5343155	194842	17043	5586731	4042547	1522629
原料工业	4229802	3983627	680858	38480	6483492	3028258	3334372
加工工业	3590879	3440498	138244	96553	6380556	4693580	1658719
四、按行业分							
采掘业	5265210	5346983	194809	17010	5590394	4046293	1522546
煤炭采选业	1612828	1555113	150414	1508	2476729	1714704	760209
石油和天然气开采业	2829050	2951985	27748	13101	1706929	1140631	566298
黑色金属矿采选业	67	33			412	412	
有色金属矿采选业	63921	67034	2344	141	87153	59157	27996
非金属矿采选业	45078	44821	5437	409	102161	78562	23140
其他矿采选业							
木材及竹材采运业	714267	727996	8867	1851	1217010	1052827	144902
制造业	7558308	7402445	1023497	189862	15711980	11340192	4019715
食品加工业	681706	643530	34379	10043	1850153	1573992	250461
食品制造业	233298	235597	19836	7584	448331	323525	112641
饮料制造业	378870	365186	19238	11670	526228	391343	132862
烟草加工业	106761	96938	229	28	259987	217439	27258
纺织业	451581	442940	44307	5403	1064310	764558	299733
服装及其他纤维制品制造业	12721	12465	478	10	27613	24109	2928
皮革、毛皮、羽绒及其制品业	25210	25209	256	141	66866	53822	13044
木材加工及竹、藤、棕草制品业	209771	205642	13290	618	406386	278504	126452
家具制造业	54207	48416	2963	1117	90889	81139	9745
造纸及纸制品业	226694	224288	2975	1249	530185	323755	206382
印刷业，记录媒介的复制	33599	30707	340	35	58428	45244	11873
文教体育用品制造业	12449	13661	869	93	30141	20744	9364
石油加工及炼焦业	1223881	1212600	566309	15883	2044254	1030630	1006834
化学原料及化学制品制造业	444540	443759	38552	11928	760910	514796	242143
医药制造业	236347	235356	80226	14150	596675	364473	88921
化学纤维制造业	150624	138825	3770	440	215699	44659	65032
橡胶制品业	93947	93201	792	35	245569	175620	69656
塑料制品业	109618	117223	9094	797	210235	140045	70038
非金属矿物制品业	448510	443591	34440	2222	744070	487015	250135
黑色金属冶炼及压延加工业	317780	335938	20650	9830	748566	599548	148218
有色金属冶炼及压延加工业	85692	84119	1488	516	201868	118763	83102
金属制品业	98282	98382	4814	1612	288299	224377	61964
普通机械制造业	349702	340367	35028	29005	1046969	890613	153949
专用设备制造业	322684	320846	30260	21406	748337	631101	115355
交通运输设备制造业	536456	499819	17805	11875	929265	729009	185749
武器弹药制造业	327730	305208	1695	1144	380330	319206	61124
电气机械及器材制造业	184285	181924	21664	19409	586557	501415	82395
电子及通信设备制造业	138313	142312	11742	8608	456627	365799	90828
仪器仪表文化办公用机械制造业	41581	43642	3665	2913	103769	73530	28510
其他制造业	21472	20756	2344	100	44465	31419	13019
电力、煤气及水的生产和供应业	3272997	2917945	25169	1029	3510161	1078874	2323083
电力.蒸汽.热水的生产和供应业	3099474	2757188	24633	894	3440955	1038425	2295800
煤气生产和供应业	21611	23448	147	2	31817	17832	13985
自来水的生产和供应业	151913	137310	389	134	37389	22618	13298

11－3　续表6　　1998年　　单位:万元

类　别	所有者权益合计	#实收资本	国家资本	集体资本	法人资本	个人资本	港澳台资本
总　计	**11604466**	**7894735**	**3294225**	**441503**	**3485418**	**236758**	**221183**
#亏损企业	3066284	3463855	1760018	104572	1432746	38575	41491
#国有控股企业	10180477	6655901	3193241	22207	3246168	115212	28757
#农村工业	358911	279654	4175	124507	36394	26190	36854
一、按登记注册类型分							
内资企业	10996385	7238822	3150388	392333	3441006	233701	13258
国有企业	7307025	4793967	2317802	10790	2453369	8840	334
中央企业	5976023	3170378	749915	90	2417904	2452	17
地方企业	1331002	1623590	1567887	10700	35465	6388	317
集体企业	320750	311610	25955	251956	19029	12906	505
股份合作企业	36291	28225	3293	12274	4490	7249	148
联营企业	19724	17324	6610	7207	2754	753	
国有联营企业	588	1342	884		458		
集体联营企业	8744	6734		6489	100	145	
国有与集体联营企业	9188	8270	5726	610	1457	478	
其他联营企业	1204	978		109	740	130	
有限责任公司	1220391	877238	585093	26767	196796	56572	11216
国有独资公司	788636	545788	490559	890	31676	11089	10780
其他有限责任公司	431755	331450	94534	25876	165120	45483	437
股份有限公司	2020534	1160003	207547	83139	748129	117664	1045
私营企业	71670	50455	4089	200	16439	29719	9
私营独资企业	37211	25622	3958	177	9845	11642	
私营合伙企业	394	242				242	
私营有限责任公司	26751	19010	130	23	6595	12254	9
私营股份有限公司	7314	5581				5581	
其他企业							
港、澳、台商投资企业	277095	293709	80855	4873	21601	1404	173714
外商投资企业	330986	362205	62982	44297	22810	1654	34211
二、按经济组织类型分							
独资企业	7672139	5139597	2347716	262923	2482242	33388	3619
国有企业	7307025	4793967	2317802	10790	2453369	8840	334
集体企业	320750	311610	25955	251956	19029	12906	505
私营独资企业	37211	25622	3958	177	9845	11642	
港澳台商独资经营企业	3206	3342					2780
外资企业	3948	5056					
合作、合伙企业	65137	63048	14057	20131	10489	8243	6378
股份合作企业	36291	28225	3293	12274	4490	7249	148
国有联营企业	588	1342	884		458		
集体联营企业	8744	6734		6489	100	145	
国有与集体联营企业	9188	8270	5726	610	1457	478	
其他联营企业	1204	978		109	740	130	
私营合伙企业	394	242				242	
港或澳、台资合作经营企业	3812	11412	883	583	2886		6230
中外合作经营企业	4917	5845	3272	67	359		
其他企业(内资)							
股份有限公司	2169516	1294453	222209	83139	748385	123245	110709
股份有限公司(内资)	2020534	1160003	207547	83139	748129	117664	1045
私营股份有限公司	7314	5581				5581	
港澳台商投资股份有限公司	126452	115948	5965		186		109664
外商投资股份有限公司	15216	12921	8698		70		
有限责任公司	1697673	1397638	710242	75310	244301	71883	100477
国有独资公司	788636	545788	490559	890	31676	11089	10780
私营有限责任公司	26751	19010	130	23	6595	12254	9
港澳台合资经营企业	143626	163007	74007	4290	18530	1404	55041
中外合资经营企业	306905	338382	51012	44230	22381	1654	34211
其他有限责任公司	431755	331450	94534	25876	165120	45483	437

11－3　续表7　　　　1998年　　　　单位:万元

类　　别	所有者权益合计	#实收资本	国家资本	集体资本	法人资本	个人资本	港澳台资本
三、按轻重工业分							
轻工业	1368180	1629688	939847	152789	131578	98225	175392
以农产品为原料	870029	1282079	725909	109489	96876	65450	158767
以非农产品为原料	498151	347609	213938	43300	34702	32775	16625
重工业	10236286	6265047	2354377	288714	3353840	138534	45791
采掘工业	4971336	2525157	956013	34411	1531508	903	
原料工业	2432607	1880280	630330	103552	1042176	89721	5001
加工工业	2832343	1859610	768034	150750	780156	47909	40790
四、按行业分							
采掘业	4975820	2527432	956688	34411	1531508	903	
煤炭采选业	711185	599820	554581	34210	7161	714	
石油和天然气开采业	3756905	1522675	451		1522224		
黑色金属矿采选业	14						
有色金属矿采选业	29609	36660	35770		20	106	
非金属矿采选业	34531	20019	17630	202	2103	84	
其他矿采选业							
木材及竹材采运业	443575	348257	348257				
制造业	4861443	4216174	1957219	392981	1206359	232620	221183
食品加工业	－62169	276492	164480	18970	32315	14826	7587
食品制造业	138872	191572	75826	22899	6128	11897	10856
饮料制造业	254158	232112	74042	9373	9983	4430	121243
烟草加工业	113654	90659	90659				
纺织业	－1171	162156	125745	3920	18837	2694	9536
服装及其他纤维制品制造业	9957	14198	10168	3510		22	206
皮革、毛皮、羽绒及其制品业	－4152	10873	6117	1222	421	142	2432
木材加工及竹、藤、棕草制品业	56271	108647	62019	25169	5326	7689	4365
家具制造业	70933	34863	3664	12995	9690	7097	327
造纸及纸制品业	212506	149725	122452	12357	3645	11022	248
印刷业、记录媒介的复制	23653	18477	13869	833	1069	272	
文教体育用品制造业	5432	7350	3473	922		341	406
石油加工及炼焦业	1301897	989135	57106	49120	850225	32153	
化学原料及化学制品制造业	310159	227620	126143	24068	54539	17958	4292
医药制造业	155384	94358	45823	7520	12885	25613	748
化学纤维制造业	114487	54562	22824		9364	10800	10780
橡胶制品业	42015	28464	19909	1378	1547	5455	
塑料制品业	65591	57917	21933	19574	5322	5436	2614
非金属矿物制品业	188209	183331	134837	14708	11903	12917	3713
黑色金属冶炼及压延加工业	185248	138034	83673	11295	15652	27379	
有色金属冶炼及压延加工业	17648	52223	45730	4500	740		829
金属制品业	85493	47751	22622	16356	3687	3915	442
普通机械制造业	309092	179221	79656	15474	79197	4319	57
专用设备制造业	252569	194399	126932	22169	20930	12240	1096
交通运输设备制造业	468241	262319	223107	30383	1544	348	713
武器弹药制造业	218738	122866	120943	1030		892	
电气机械及器材制造业	119609	107397	52035	16974	30699	4980	
电子及通信设备制造业	181909	151173	12782	36841	15422	5879	37070
仪器仪表文化办公用机械制造业	20475	17569	7183	7350	823	1570	141
其他制造业	6740	10714	1467	2071	4468	336	1483
电力、煤气及水的生产和供应业	1767203	1151129	380317	14110	747551	3235	
电力.蒸汽.热水的生产和供应业	1595205	1024124	254412	13421	747300	3076	
煤气生产和供应业	7990	9958	9958				
自来水的生产和供应业	164008	117047	115948	689	251	159	

11－3　续表8　　　　1998年　　　　单位:万元

类别	外商资本	产品销售收入	产品销售成本	产品销售费用	产品销售税金及附加	产品销售利润	从业人员年平均人数(人)
总　计	**215649**	**16636632**	**12851153**	**457459**	**530192**	**2786004**	**2529788**
#亏损企业	86453	4478448	4141757	118225	86123	128517	1286661
#国有控股企业	50316	13954904	10637198	334548	485825	2487351	2182857
#农村工业	51533	791337	666125	27430	9946	86280	61750
一、按登记注册类型分							
内资企业	8136	15647416	12052583	382136	511760	2689295	2465372
国有企业	2833	10855769	7941039	249162	447300	2208315	1810976
中央企业		7971236	5530921	147334	388869	1900389	533119
地方企业	2833	2884534	2410118	101828	58432	307926	1277857
集体企业	1259	1121490	964124	31991	14610	109174	202355
股份合作企业	771	98133	76750	4171	1648	15555	17826
联营企业		31906	28253	740	190	2724	4167
国有联营企业		866	625	98	42	101	200
集体联营企业		16127	15407	97	47	576	1441
国有与集体联营企业		12750	10448	458	93	1750	2363
其他联营企业		2163	1773	87	7	297	163
有限责任公司	794	1424936	1174223	40426	17501	192705	258568
国有独资公司	794	789852	667264	21289	7070	94230	149113
其他有限责任公司		635083	506958	19137	10431	98475	109455
股份有限公司	2479	1986841	1761798	49123	28796	147123	153713
私营企业		128341	106397	6524	1716	13700	17767
私营独资企业		67360	57462	2415	986	6493	10019
私营合伙企业		1746	1667	1	4	75	63
私营有限责任公司		52562	43199	3465	661	5237	6161
私营股份有限公司		6673	4069	643	65	1896	1524
其他企业							
港、澳、台商投资企业	11262	500529	394199	34016	17228	54993	35122
外商投资企业	196251	488687	404371	41307	1204	41716	29294
二、按经济组织类型分							
独资企业	9710	12078614	8994503	284973	462951	2324639	2025663
国有企业	2833	10855769	7941039	249162	447300	2208315	1810976
集体企业	1259	1121490	964124	31991	14610	109174	202355
私营独资企业		67360	57462	2415	986	6493	10019
港澳台商独资经营企业	562	25066	23924	766		377	255
外资企业	5056	8930	7954	640	55	280	2058
合作、合伙企业	3749	143396	116305	5589	1851	19570	23585
股份合作企业	771	98133	76750	4171	1648	15555	17826
国有联营企业		866	625	98	42	101	200
集体联营企业		16127	15407	97	47	576	1441
国有与集体联营企业		12750	10448	458	93	1750	2363
其他联营企业		2163	1773	87	7	297	163
私营合伙企业		1746	1667	1	4	75	63
港或澳、台资合作经营企业	830	4130	3635	173	10	242	686
中外合作经营企业	2148	7481	6001	505		975	843
其他企业(内资)							
股份有限公司	6766	2147616	1879660	57394	35562	174986	168290
股份有限公司(内资)	2479	1986841	1761798	49123	28796	147123	153713
私营股份有限公司		6673	4069	643	65	1896	1524
港澳台商投资股份有限公司	133	119447	88685	5849	6684	18217	10694
外商投资股份有限公司	4154	34654	25108	1779	16	7751	2359
有限责任公司	195424	2267006	1860685	109503	29829	266809	312250
国有独资公司	794	789852	667264	21289	7070	94230	149113
私营有限责任公司		52562	43199	3465	661	5237	6161
港澳台合资经营企业	9737	351886	277955	27229	10534	36157	23487
中外合资经营企业	184894	437622	365308	38383	1133	32710	24034
其他有限责任公司		635083	506958	19137	10431	98475	109455

11－3　续表9　　　　1998年　　　　单位:万元

类　　别	外商资本	产品销售收入	产品销售成本	产品销售费用	产品销售税金及附加	产品销售利润	从业人员年平均人数（人）
三、按轻重工业分							
轻工业	131857	3644515	2966429	206579	119870	347608	557872
以农产品为原料	125588	2832299	2314457	158600	115288	239936	445320
以非农产品为原料	6269	812216	651971	47979	4582	107672	112552
重工业	83792	12992117	9884725	250880	410323	2438396	1971916
采掘工业	2321	6355853	4274213	54998	262521	1763916	1019052
原料工业	9499	3278591	2734313	131089	119816	288638	315998
加工工业	71971	3357673	2876198	64792	27986	385843	636866
四、按行业分							
采掘业	3921	6360827	4276952	56049	262534	1765085	1019252
煤炭采选业	3156	701981	639266	32335	7717	22566	381663
石油和天然气开采业		5062011	3266226	14793	224605	1556387	140790
黑色金属矿采选业		936	518	149	30	239	350
有色金属矿采选业	765	40099	30762	1313	203	7821	15037
非金属矿采选业		44113	35471	2724	510	5349	13606
其他矿采选业							
木材及竹材采运业		511685	304710	4735	29470	172723	467806
制造业	205812	8869214	7279510	329524	259719	989551	1383629
食品加工业	38314	983836	929286	31540	4658	16397	110290
食品制造业	63965	386612	305824	45698	1286	33228	45197
饮料制造业	13042	439712	301436	33262	43665	61318	51097
烟草加工业		188366	117778	3213	58527	8848	9597
纺织业	1426	239917	202226	7399	1494	28738	107921
服装及其他纤维制品制造业	292	13055	11450	285	78	1171	4230
皮革、毛皮、羽绒及其制品业	540	16331	16092	341	75	－176	5285
木材加工及竹、藤、棕草制品业	4079	162997	138033	8598	2815	13453	54961
家具制造业	1091	85446	60639	5484	1133	17191	12781
造纸及纸制品业		234628	195863	6601	1556	30548	43173
印刷业，记录媒介的复制	2434	37295	28137	1162	353	7643	12863
文教体育用品制造业	2208	13702	12246	827	33	597	4668
石油加工及炼焦业	532	1741491	1446837	33952	102873	156819	66620
化学原料及化学制品制造业	619	423385	357297	11534	8542	43009	70592
医药制造业	1769	368327	253570	42824	2864	68892	40149
化学纤维制造业	794	140038	118417	2827	202	18591	6471
橡胶制品业	176	120042	88585	3172	7844	20442	19115
塑料制品业	3039	104700	85290	6148	436	12827	20090
非金属矿物制品业	5254	365770	297945	18424	3525	45754	99812
黑色金属冶炼及压延加工业	35	303132	282728	4055	891	15458	50891
有色金属冶炼及压延加工业	424	100712	99509	1034	324	－155	15338
金属制品业	729	152401	120607	6954	1340	23499	38286
普通机械制造业	518	339653	266428	5506	2345	65375	101196
专用设备制造业	11033	355954	273391	11803	1632	66383	95837
交通运输设备制造业	6224	778695	632878	14732	8032	123052	99425
武器弹药制造业		130089	112445	1362	95	16187	104962
电气机械及器材制造业	2709	287771	222877	11627	1391	51877	57413
电子及通信设备制造业	43178	283748	243961	6408	704	32676	12192
仪器仪表文化办公用机械制造业	502	42270	32860	1736	276	7397	15038
其他制造业	889	29141	24878	1019	729	2514	8137
电力、煤气及水的生产和供应业	5916	1406591	1294691	71886	7939	31368	126907
电力.蒸汽.热水的生产和供应业	5916	1339004	1236689	69703	7087	24829	106679
煤气生产和供应业		13385	12372	432	89	491	3371
自来水的生产和供应业		54201	45630	1750	763	6048	16857

11－3　续表10　　　　1998年　　　　单位:万元

类别	管理费用	#税金	财务费用	#利息支出	利润总额	亏损企业亏损总额	利税总额
总计	**1436851**	**64001**	**762528**	**727285**	**827292**	**781640**	**2496221**
#亏损企业	638906	19892	417885	405142	－781640	781640	－495326
#国有控股企业	1285683	59767	659358	633145	755324	716369	2269038
#农村工业	18522	636	28395	23635	39865	2679	72351
一、按登记注册类型分							
内资企业	1376148	63308	700989	669678	832847	736743	2443521
国有企业	1015547	51151	486409	462464	812551	579677	2121253
中央企业	518137	34988	231655	215820	1174914	173001	2298337
地方企业	497410	16163	254754	246645	－362363	406676	－177084
集体企业	54727	2132	26880	22158	41458	15071	103994
股份合作企业	7489	131	2892	2780	2803	4134	8699
联营企业	2000	63	1063	978	－127	752	1051
国有联营企业	201	6	161	161	－243	243	－190
集体联营企业	363	2	100	95	113	62	339
国有与集体联营企业	1336	55	762	683	－137	447	670
其他联营企业	99		40	40	140		231
有限责任公司	159212	4959	98825	97373	－34957	67820	60879
国有独资公司	89154	2567	57678	57374	－29967	42614	28405
其他有限责任公司	70059	2391	41148	39999	－4990	25206	32474
股份有限公司	130756	4668	80782	80004	6897	68444	137076
私营企业	6417	206	4138	3921	4222	845	10570
私营独资企业	3108	149	1982	1943	2277	388	5774
私营合伙企业	37	2	29	29	9		53
私营有限责任公司	2415	54	1901	1723	1378	457	3771
私营股份有限公司	858	2	226	226	558		972
其他企业							
港、澳、台商投资企业	24198	574	31056	30335	6024	15594	46086
外商投资企业	36505	119	30483	27272	－11578	29303	6614
二、按经济组织类型分							
独资企业	1074712	53437	517348	488583	854813	597375	2230313
国有企业	1015547	51151	486409	462464	812551	579677	2121253
集体企业	54727	2132	26880	22158	41458	15071	103994
私营独资企业	3108	149	1982	1943	2277	388	5774
港澳台商独资经营企业	811	1	1696	1695	－1125	1215	－572
外资企业	519	5	381	323	－347	1023	－136
合作、合伙企业	10536	184	5536	5246	1523	6499	9300
股份合作企业	7489	131	2892	2780	2803	4134	8699
国有联营企业	201	6	161	161	－243	243	－190
集体联营企业	363	2	100	95	113	62	339
国有与集体联营企业	1336	55	762	683	－137	447	670
其他联营企业	99		40	40	140		231
私营合伙企业	37	2	29	29	9		53
港或澳台资合作经营企业	391	－18	1307	1219	－1200	1290	－822
中外合作经营企业	620	6	246	240	38	323	319
其他企业(内资)							
股份有限公司	139531	4727	94052	93232	13309	70332	157370
股份有限公司(内资)	130756	4668	80782	80004	6897	68444	137076
私营股份有限公司	858	2	226	226	558		972
港澳台商投资股份有限公司	3577	57	11752	11738	3897	1325	16534
外商投资股份有限公司	4340		1291	1265	1957	563	2788
有限责任公司	212073	5654	145591	140224	－42352	107434	99238
国有独资公司	89154	2567	57678	57374	－29967	42614	28405
私营有限责任公司	2415	54	1901	1723	1378	457	3771
港澳台合资经营企业	19420	534	16301	15684	4452	11764	30945
中外合资经营企业	31027	108	28564	25444	－13226	27393	3643
其他有限责任公司	70059	2391	41148	39999	－4990	25206	32474

11－3　续表11　　　　1998年　　　　单位:万元

类　别	管理费用	#税　金	财务费用	#利息支出	利润总额	亏损企业亏损总额	利税总额
三、按轻重工业分							
轻工业	294386	9503	230362	217641	－105345	243139	187428
以农产品为原料	223144	7663	195243	184942	－111100	216049	138927
以非农产品为原料	71242	1840	35120	32699	5754	27090	48501
重工业	1142465	54498	532165	509644	932638	538500	2308792
采掘工业	484901	35572	130309	116320	1162457	156139	2069302
原料工业	263689	8843	197192	192748	－119348	195325	183311
加工工业	393875	10083	204665	200576	－110472	187037	56179
四、按行业分							
采掘业	485223	35583	130511	116523	1163121	156139	2070528
煤炭采选业	158208	4154	47055	46276	－122723	133889	－70262
石油和天然气开采业	190353	25969	39631	28055	1287816	211	2103742
黑色金属矿采选业	148				21		158
有色金属矿采选业	11379	189	4399	4392	－7674	9935	－7054
非金属矿采选业	4770	96	1892	1858	1425	377	4206
其他矿采选业							
木材及竹材采运业	120366	5175	37535	35941	4256	11727	39739
制造业	861185	25041	557255	537051	－272272	545316	376740
食品加工业	50650	1441	74125	69743	－92906	107769	－65640
食品制造业	32286	419	20025	19218	－7944	17933	16462
饮料制造业	33339	922	26926	25482	13505	11199	87123
烟草加工业	12969	1843	11455	11453	2526	6980	75649
纺织业	33811	1069	31755	30912	－38554	43303	－25452
服装及其他纤维制品制造业	620	－7	359	197	579	364	1027
皮革、毛皮、羽绒及其制品业	1829	30	2117	1638	－3759	3967	－2794
木材加工及竹、藤、棕草制品业	16216	432	5824	5559	－5257	11186	2429
家具制造业	4554	209	5215	5164	7528	158	12570
造纸及纸制品业	29149	1175	13574	12765	－2793	13587	12599
印刷业，记录媒介的复制	5341	191	2803	2042	－1037	3573	1779
文教体育用品制造业	1272	41	992	935	－1334	1466	－753
石油加工及炼焦业	151075	4735	95446	93867	－83432	117001	97663
化学原料及化学制品制造业	38040	871	21004	19886	3212	20913	31272
医药制造业	37610	826	16164	15296	19169	8276	46515
化学纤维制造业	8587	312	9009	9009	－73	2763	4985
橡胶制品业	11659	295	9618	8933	860	1269	17088
塑料制品业	8805	259	6037	5349	－765	4421	3635
非金属矿物制品业	45006	1423	30539	29378	－15436	24608	10858
黑色金属冶炼及压延加工业	14143	863	18366	18275	－16506	19042	－7469
有色金属冶炼及压延加工业	6801	331	6106	5849	－11610	12802	－8635
金属制品业	15759	946	5861	5101	3009	3431	10415
普通机械制造业	58256	1558	37742	37203	－26216	30986	－9330
专用设备制造业	47321	1138	27405	27051	3832	16051	19983
交通运输设备制造业	98824	1584	29118	28443	－7729	23626	32342
武器弹药制造业	37516	485	14908	14881	－15355	16063	－14533
电气机械及器材制造业	42536	1246	18760	18472	－11676	17675	3023
电子及通信设备制造业	7749	121	11989	11350	13801	1298	18333
仪器仪表文化办公用机械制造业	7304	186	2505	2254	－1029	2026	716
其他制造业	2159	97	1512	1347	3118	1582	4879
电力、煤气及水的生产和供应业	90443	3377	74761	73712	－63557	80185	48953
电力.蒸汽.热水的生产和供应业	76838	3124	74850	73985	－59801	75078	47786
煤气生产和供应业	1985	29	－95	－191	－533	542	345
自来水的生产和供应业	11621	225	7	－83	－3223	4565	822

11－4　大中型工业企业主要经济指标

1998年　　　　单位:万元

类　　别	工业企业单位数(个)	#亏损企业	工业总产值 1990年不变价格	工业总产值 当年价格	工业销售产值	工业增加值	资产总计
总　计	**771**	**377**	**8706572**	**14397270**	**13919034**	**7211654**	**31491074**
#亏损企业	377	377	2541256	4211874	3922524	1212199	13860341
#国有控股企业	651	327	7580055	13273508	12865034	6913089	29341770
#农村工业	22	4	207269	201492	192580	32000	586099
一、按登记注册类型分							
内资企业	724	353	7977137	13631267	13207641	6998971	29926852
国有企业	533	283	5463172	10390323	10046040	6084405	21326725
中央企业	96	35	3626895	7854235	7740738	5368854	12338430
地方企业	437	248	1836277	2536088	2305303	715551	8988296
集体企业	47	19	198093	236994	216821	63068	314442
股份合作企业	9	3	17380	17130	17298	1886	39242
联营企业	2	1	5093	6649	6060	1973	4153
国有联营企业							
集体联营企业	1	1	1990	2809	2578	1126	1437
国有与集体联营企业	1		3103	3840	3482	847	2715
其他联营企业							
有限责任公司	87	39	890012	1141886	1095399	270571	3782853
国有独资公司	33	17	566997	744583	717439	180062	2464830
其他有限责任公司	54	22	323015	397303	377959	90509	1318022
股份有限公司	43	8	1392972	1826930	1815264	573412	4441714
私营企业	3		10416	11357	10760	3656	17724
私营独资企业	1		6500	5444	5460	1181	8659
私营合伙企业							
私营有限责任公司	1		2166	4163	3540	1916	1959
私营股份有限公司	1		1750	1750	1760	558	7107
其他企业							
港、澳、台商投资企业	26	15	367393	325622	304990	121550	661208
外商投资企业	21	9	362042	440380	406403	91133	903014
二、按经济组织类型分							
独资企业	581	302	5667765	10632760	10268322	6148654	21649826
国有企业	533	283	5463172	10390323	10046040	6084405	21326725
集体企业	47	19	198093	236994	216821	63068	314442
私营独资企业	1		6500	5444	5460	1181	8659
港澳台商独资经营企业							
外资企业							
合作、合伙企业	12	5	22861	24340	24183	3947	46993
股份合作企业	9	3	17380	17130	17298	1886	39242
国有联营企业							
集体联营企业	1	1	1990	2809	2578	1126	1437
国有与集体联营企业	1		3103	3840	3482	847	2715
其他联营企业							
私营合伙企业							
港或澳台资合作经营企业	1	1	388	561	825	88	3599
中外合作经营企业							
其他企业(内资)							
股份有限公司	53	14	1541007	1994053	1974392	634328	4743704
股份有限公司(内资)	43	8	1392972	1826930	1815264	573412	4441714
私营股份有限公司	1		1750	1750	1760	558	7107
港澳台商投资股份有限公司	7	5	119481	129729	123066	47509	257964
外商投资股份有限公司	2	1	26804	35644	34303	12848	36919
有限责任公司	125	56	1474940	1746116	1652137	424726	5050550
国有独资公司	33	17	566997	744583	717439	180062	2464830
私营有限责任公司	1		2166	4163	3540	1916	1959
港澳台合资经营企业	18	9	247524	195332	181099	73954	399644
中外合资经营企业	19	8	335238	404736	372100	78284	866094
其他有限责任公司	54	22	323015	397303	377959	90509	1318022

11－4　续表1　　1998年　　单位:万元

类别	工业企业单位数(个)	#亏损企业	工业总产值 1990年不变价格	工业总产值 当年价格	工业销售产值	工业增加值	资产总计
三、按轻重工业分							
轻工业	347	172	2187379	2486204	2308707	643439	5464060
以农产品为原料	275	144	1457315	1940715	1772845	511666	4215546
以非农产品为原料	72	28	730064	545489	535861	131773	1248514
重工业	424	205	6519194	11911065	11610328	6568215	26027014
采掘工业	78	36	2557164	6368903	6256696	4994658	10041340
原料工业	115	47	1437955	2521090	2416614	732717	7684251
加工工业	231	122	2524075	3021072	2937017	840840	8301423
四、按行业分							
采掘业	78	36	2557164	6368903	6256696	4994658	10041340
煤炭采选业	14	10	288459	604959	548637	218227	2773584
石油和天然气开采业	2		1770978	5164633	5143637	4452465	5450838
黑色金属矿采选业							
有色金属矿采选业	9	6	21323	30440	27171	7537	89763
非金属矿采选业	4	1	12630	13077	11956	6145	66569
其他矿采选业							
木材及竹材采运业	49	19	463775	555795	525296	310285	1660585
制造业	648	330	5757448	7006846	6649567	1757025	16779362
食品加工业	91	61	366794	623344	540135	85993	1085876
食品制造业	38	17	173676	267185	241044	64610	332698
饮料制造业	35	10	270127	347860	331421	146180	565232
烟草加工业	5		156635	141554	145288	76051	228873
纺织业	54	34	205959	230433	207906	45991	927245
服装及其他纤维制品制造业	2		600	600	202	130	5197
皮革、毛皮、羽绒及其制品业	5	5	11860	12314	8984	3486	45908
木材加工及竹、藤、棕草制品业	17	13	52073	57534	54490	18039	336775
家具制造业	4	1	52096	49630	44052	13287	111330
造纸及纸制品业	16	6	122526	161158	155660	35808	654572
印刷业，记录媒介的复制	3	1	3040	6447	7053	3456	20202
文教体育用品制造业	4	2	4993	5318	4254	428	20413
石油加工及炼焦业	9	3	857716	1634772	1559718	496377	3131043
化学原料及化学制品制造业	39	13	217683	269253	260065	57207	785626
医药制造业	29	8	374299	311167	304082	78949	607980
化学纤维制造业	3	1	198703	126366	124906	19763	330187
橡胶制品业	8	1	120862	109089	118287	34342	274270
塑料制品业	19	9	73589	72923	61566	18362	188323
非金属矿物制品业	42	20	107207	168758	165791	29311	552906
黑色金属冶炼及压延加工业	15	8	187090	295997	283203	51512	873692
有色金属冶炼及压延加工业	5	4	51430	71207	70787	14514	190743
金属制品业	22	12	68732	69076	66893	19067	273480
普通机械制造业	35	22	260951	303669	279947	59170	1244982
专用设备制造业	56	29	285700	317940	303318	84621	828154
交通运输设备制造业	24	16	658656	744641	723642	192160	1288576
武器弹药制造业	9	7	101908	135271	131318	15566	597936
电气机械及器材制造业	34	16	214041	221185	210839	54475	586185
电子及通信设备制造业	10	3	514382	212525	207636	27440	564996
仪器仪表文化办公用机械制造业	9	5	28941	27664	26190	7899	91006
其他制造业	6	3	15180	11965	10891	2830	34955
电力、煤气及水的生产和供应业	45	11	391960	1021521	1012771	459971	4670372
电力、蒸汽、热水生产和供应业	36	9	358695	952128	949042	413529	4497555
煤气生产和供应业	4	1	23174	31045	27393	23782	32072
自来水的生产和供应业	5	1	10091	38349	36336	22660	140745

11－4　续表2　　　　1998年　　　　单位:万元

类　别	流动资产年平均余额	流动资产合计	#存货	长期投资	固定资产合计	固定资产原价	累计折旧
总　计	**12253409**	**12773323**	**3847246**	**893495**	**16472432**	**22670058**	**8416401**
#亏损企业	4961401	5091124	1478228	391190	7425913	9676794	3228524
#国有控股企业	11193544	11707527	3449185	788394	15622487	21683037	8238616
#农村工业	337633	366629	124446	823	160833	204653	45873
一、按登记注册类型分							
内资企业	11534788	12054355	3587156	842494	15828414	21921998	8272880
国有企业	8090540	8456779	2557396	435459	11401862	16449294	6561824
中央企业	4011681	4280057	1199518	294114	7111975	10916949	4884685
地方企业	4078859	4176722	1357878	141346	4289887	5532345	1677139
集体企业	183662	187278	77651	9770	109979	136098	32521
股份合作企业	15594	19165	9704	222	19485	24673	6672
联营企业	3147	3057	1219	213	869	1493	644
国有联营企业							
集体联营企业	1237	990	572	110	336	336	16
国有与集体联营企业	1910	2067	648	103	533	1157	628
其他联营企业							
有限责任公司	1496070	1545979	550622	74843	2050344	2417910	736121
国有独资公司	873255	897394	255145	68774	1445880	1820274	587552
其他有限责任公司	622815	648585	295477	6069	604464	597636	148569
股份有限公司	1739497	1835632	389557	320670	2241063	2886741	934052
私营企业	6277	6464	1007	1316	4812	5789	1047
私营独资企业	3546	3586	50	901	1794	2247	510
私营合伙企业							
私营有限责任公司	490	585	214		1075	1454	379
私营股份有限公司	2242	2293	743	416	1942	2088	158
其他企业							
港、澳、台商投资企业	262524	219907	100254	50240	338138	373645	65526
外商投资企业	456097	499061	159836	762	305880	374415	77995
二、按经济组织类型分							
独资企业	8277748	8647644	2635097	446130	11513636	16587639	6594854
国有企业	8090540	8456779	2557396	435459	11401862	16449294	6561824
集体企业	183662	187278	77651	9770	109979	136098	32521
私营独资企业	3546	3586	50	901	1794	2247	510
港澳台商独资经营企业							
外资企业							
合作、合伙企业	20267	23835	11341	435	22063	27992	7434
股份合作企业	15594	19165	9704	222	19485	24673	6672
国有联营企业							
集体联营企业	1237	990	572	110	336	336	16
国有与集体联营企业	1910	2067	648	103	533	1157	628
其他联营企业							
私营合伙企业							
港或澳台资合作经营企业	1526	1613	419		1708	1826	118
中外合作经营企业							
其他企业(内资)							
股份有限公司	1881639	1932818	451628	366088	2388622	3041469	946960
股份有限公司(内资)	1739497	1835632	389557	320670	2241063	2886741	934052
私营股份有限公司	2242	2293	743	416	1942	2088	158
港澳台商投资股份有限公司	117238	70980	45719	45002	137166	143567	12024
外商投资股份有限公司	22662	23914	15608		8451	9073	726
有限责任公司	2073755	2169025	749180	80842	2548112	3012958	867152
国有独资公司	873255	897394	255145	68774	1445880	1820274	587552
私营有限责任公司	490	585	214		1075	1454	379
港澳台合资经营企业	143760	147315	54116	5238	199263	228252	53384
中外合资经营企业	433435	475147	144228	762	297430	365342	77269
其他有限责任公司	622815	648585	295477	6069	604464	597636	148569

11－4　续表3　　　1998年　　　单位:万元

类　别	流动资产年平均余额	流动资产合计	#存货	长期投资	固定资产合计	固定资产原价	累计折旧
三、按轻重工业分							
轻工业	2372508	2416189	1001118	184467	2622730	3081020	799351
以农产品为原料	1877165	1894664	798881	159827	1998154	2334266	574656
以非农产品为原料	495343	521526	202237	24640	624576	746755	224695
重工业	9880901	10357133	2846128	709028	13849702	19589038	7617049
采掘工业	3591987	3964854	854585	190467	5655726	9214781	4142507
原料工业	2379122	2315385	624424	156745	4526158	5378841	1775614
加工工业	3909791	4076895	1367119	361816	3667818	4995416	1698928
四、按行业分							
采掘业	3591987	3964854	854585	190467	5655726	9214781	4142507
煤炭采选业	1043437	1090988	209041	8058	1537125	2063009	603265
石油和天然气开采业	1744046	2006236	419317	151432	3265667	5999868	3176298
黑色金属矿采选业							
有色金属矿采选业	32509	31308	10168	4636	50105	73715	26805
非金属矿采选业	25107	27629	5479	9	34223	38319	10536
其他矿采选业							
木材及竹材采运业	746888	808694	210581	26332	768606	1039870	325603
制造业	7686018	7785670	2929898	460318	7435604	9409144	3180455
食品加工业	514968	534692	271861	10456	478750	600059	134092
食品制造业	142235	144643	50697	4068	170187	206737	51398
饮料制造业	229748	183154	103350	52275	313138	335046	52529
烟草加工业	110983	113639	20342	14143	99198	117205	28280
纺织业	412139	439265	198331	19499	413567	560435	158888
服装及其他纤维制品制造业	2900	1803	279	530	2864	3678	850
皮革、毛皮、羽绒及其制品业	22516	22173	8965	1078	21713	25721	4796
木材加工及竹、藤、棕草制品业	142581	154253	20168	3176	166455	197689	36119
家具制造业	64271	65534	37084	2409	41686	50143	10864
造纸及纸制品业	234945	259474	67890	53554	339927	288589	92192
印刷业，记录媒介的复制	14859	5932	2871	320	13933	18923	5084
文教体育用品制造业	12801	11377	6740	467	8214	11531	3919
石油加工及炼焦业	995645	963030	270535	104290	1498876	2112849	1017106
化学原料及化学制品制造业	314038	306663	80251	52368	377803	448810	130810
医药制造业	251231	270421	105965	6166	259752	287666	93180
化学纤维制造业	139708	144556	58641	1941	179897	203119	52495
橡胶制品业	102149	106431	33384	2713	164443	135503	45115
塑料制品业	87765	96557	33340	4371	84127	102354	27698
非金属矿物制品业	205097	207969	72413	3707	312231	401584	119556
黑色金属冶炼及压延加工业	492032	486543	169726	10353	357124	371325	80442
有色金属冶炼及压延加工业	108692	103609	32963	3209	82638	143200	70357
金属制品业	163725	173145	67897	3252	91587	125441	54522
普通机械制造业	804742	811088	350631	23086	355205	509185	195828
专用设备制造业	478173	470485	209390	24605	303667	460423	179834
交通运输设备制造业	640178	664837	248299	20760	588364	744450	239404
武器弹药制造业	220489	236699	91472	15864	343541	443561	116164
电气机械及器材制造业	379188	385567	168383	8341	174014	266613	117445
电子及通信设备制造业	342187	366569	118407	6999	133597	164276	39508
仪器仪表文化办公用机械制造业	40401	40505	23329	5979	42116	51010	16649
其他制造业	15635	15059	6300	339	16989	22021	5330
电力、煤气及水的生产和供应业	975404	1022799	62762	242710	3381102	4046133	1093439
电力、蒸汽、热水生产和供应业	946986	991982	58083	232507	3249682	3864503	1036743
煤气生产和供应业	12399	13851	3353	232	17841	17564	2082
自来水的生产和供应业	16018	16965	1326	9971	113579	164066	54613

11－4　续表 4　　1998 年　　单位:万元

类　别	固定资产净值	固定资产净值年平均余额	无形及递延资产	#无形资产	负债总计	流动负债	长期负债
总　计	**14253658**	**13862652**	**1136284**	**169612**	**21102338**	**13602903**	**7179123**
# 亏损企业	6448270	6232371	895665	27816	11055793	6928879	3942932
# 国有控股企业	13444421	13074834	1092113	134024	19681204	12445242	6926093
# 农村工业	158780	162950	7788	6572	412517	340801	70360
一、按登记注册类型分							
内资企业	13649119	13274497	1089132	146225	19994981	12782066	6897602
国有企业	9887470	9726690	932007	59483	14386634	9491657	4692923
中央企业	6032265	5938826	606425	19529	6435213	3612714	2791814
地方企业	3855206	3787864	325582	39954	7951421	5878944	1901110
集体企业	103577	106079	6527	4489	217669	182041	31985
股份合作企业	18001	15966	361	352	30122	19418	8904
联营企业	849	823	13		3698	3149	549
国有联营企业							
集体联营企业	320	320	1		1636	1526	110
国有与集体联营企业	529	502	12		2061	1622	439
其他联营企业							
有限责任公司	1681790	1553784	106707	49630	2775348	1532161	1137178
国有独资公司	1232722	1216930	52596	3127	1697172	862482	728681
其他有限责任公司	449067	336854	54111	46503	1078177	669680	408497
股份有限公司	1952689	1864170	40762	29572	2574329	1548159	1024363
私营企业	4743	6986	2755	2699	7181	5482	1699
私营独资企业	1738	3444			6342	4644	1699
私营合伙企业							
私营有限责任公司	1075	1120	299	269	43	43	
私营股份有限公司	1930	2423	2456	2430	795	795	
其他企业							
港、澳、台商投资企业	308119	292030	30865	8750	455921	285942	169978
外商投资企业	296420	296126	16287	14637	651437	534895	111542
二、按经济组织类型分							
独资企业	9992785	9836212	938534	63972	14610645	9678342	4726608
国有企业	9887470	9726690	932007	59483	14386634	9491657	4692923
集体企业	103577	106079	6527	4489	217669	182041	31985
私营独资企业	1738	3444			6342	4644	1699
港澳台商独资经营企业							
外资企业							
合作、合伙企业	20558	18499	374	352	36462	24517	10145
股份合作企业	18001	15966	361	352	30122	19418	8904
国有联营企业							
集体联营企业	320	320	1		1636	1526	110
国有与集体联营企业	529	502	12		2061	1622	439
其他联营企业							
私营合伙企业							
港或澳台资合作经营企业	1708	1710			2642	1951	691
中外合作经营企业							
其他企业(内资)							
股份有限公司	2094508	1998109	50257	37576	2730444	1650857	1077779
股份有限公司(内资)	1952689	1864170	40762	29572	2574329	1548159	1024363
私营股份有限公司	1930	2423	2456	2430	795	795	
港澳台商投资股份有限公司	131543	123322	2485	1438	131884	88948	42937
外商投资股份有限公司	8347	8194	4554	4136	23435	12955	10480
有限责任公司	2145806	2009833	147119	67712	3724788	2249188	1364591
国有独资公司	1232722	1216930	52596	3127	1697172	862482	728681
私营有限责任公司	1075	1120	299	269	43	43	
港澳台合资经营企业	174868	166998	28381	7312	321394	195044	126350
中外合资经营企业	288073	287932	11733	10501	628002	521940	101063
其他有限责任公司	449067	336854	54111	46503	1078177	669680	408497

11－4　续表5　　1998年　　单位:万元

类别	固定资产净值	固定资产净值年平均余额	无形及递延资产	#无形资产	负债总计	流动负债	长期负债
三、按轻重工业分							
轻工业	2281669	2193231	177652	36601	4539333	3226605	1032056
以农产品为原料	1759610	1697297	100289	26639	3651108	2767259	851305
以非农产品为原料	522060	495933	77363	9962	888225	459346	180750
重工业	11971989	11669422	958632	133011	16563006	10376298	6147067
采掘工业	5072274	5161116	179902	15948	5164156	3693122	1451754
原料工业	3603227	3364200	662540	32114	5677458	2527909	3149549
加工工业	3296488	3144106	116189	84949	5721392	4155268	1545764
四、按行业分							
采掘业	5072274	5161116	179902	15948	5164156	3693122	1451754
煤炭采选业	1459744	1410066	137358	1238	2121620	1415332	706288
石油和天然气开采业	2823570	2946664	27503	12856	1702201	1135903	566298
黑色金属矿采选业							
有色金属矿采选业	46910	49564	1465		69569	47383	22185
非金属矿采选业	27783	26826	4709	4	53757	41677	12080
其他矿采选业							
木材及竹材采运业	714267	727996	8867	1851	1217010	1052827	144902
制造业	6228690	6092904	936810	153454	12846355	9015789	3529535
食品加工业	465967	431122	22578	7689	1209742	1020396	181096
食品制造业	155340	161053	10717	4403	239354	179882	51470
饮料制造业	282517	270467	13810	8510	348077	261001	87076
烟草加工业	88924	81592	85		127856	92327	20238
纺织业	401547	397153	40864	4057	950521	682577	267944
服装及其他纤维制品制造业	2829	2779			8794	8259	535
皮革、毛皮、羽绒及其制品业	20925	21061	87	49	48921	37790	11131
木材加工及竹、藤、棕草制品业	161570	162126	12590	462	311958	204211	107746
家具制造业	39278	33434	1700	176	65354	56430	8924
造纸及纸制品业	196397	194238	1359	708	460206	272544	187662
印刷业，记录媒介的复制	13839	12897	17	10	9430	6487	1942
文教体育用品制造业	7612	8757	355	77	16487	11404	5083
石油加工及炼焦业	1095743	1079967	564490	14582	1972384	967029	1005355
化学原料及化学制品制造业	317999	321715	29772	7484	565922	362465	202088
医药制造业	194485	192162	71640	8467	504520	288836	74135
化学纤维制造业	150624	138825	3770	440	215699	44659	65032
橡胶制品业	90388	89611	683	25	236582	168019	68269
塑料制品业	74656	74922	3268	397	144687	94100	50586
非金属矿物制品业	282028	279452	28998	1189	450783	259023	191709
黑色金属冶炼及压延加工业	290883	309391	19517	9390	693855	553683	140172
有色金属冶炼及压延加工业	72843	71923	1287	399	183227	104241	78985
金属制品业	70918	72144	2896	628	218535	163735	54577
普通机械制造业	313357	303762	30181	27021	974757	828629	144713
专用设备制造业	280588	279233	28944	21190	636258	535350	99099
交通运输设备制造业	505046	469095	14204	9717	844691	655484	174797
武器弹药制造业	327397	304850	1695	1144	380170	319046	61124
电气机械及器材制造业	149168	146598	17883	16915	509022	435124	72542
电子及通信设备制造业	124768	129310	8868	6515	412010	332413	79597
仪器仪表文化办公用机械制造业	34361	37223	2360	1740	75336	50579	24754
其他制造业	16692	16046	2191	71	31218	20065	11153
电力、煤气及水的生产和供应业	2952695	2608632	19571	209	3091827	893993	2197834
电力、蒸汽、热水生产和供应业	2827759	2493941	19312	96	3046650	868123	2178527
煤气生产和供应业	15482	17350	147	2	29507	15522	13985
自来水的生产和供应业	109453	97341	112	112	15670	10348	5322

11－4　续表6　　　　1998年　　　　单位:万元

类别	所有者权益合计	#实收资本					
			国家资本	集体资本	法人资本	个人资本	港澳台资本
总　计	**10388735**	**6711302**	**2754911**	**194759**	**3264638**	**146453**	**183928**
#亏损企业	2804549	3003291	1491720	30378	1394481	9485	16626
#国有控股企业	9660566	6084346	2713316	8004	3207000	106698	18456
#农村工业	173582	152389	227	54721	8417	6537	33203
一、按登记注册类型分							
内资企业	9931872	6220778	2660023	154241	3244758	146453	11223
国有企业	6940091	4384395	1938229	2682	2436638	5759	105
中央企业	5903216	3109786	702187		2405898	1702	
地方企业	1036875	1274609	1236042	2682	30740	4057	105
集体企业	96773	85325	926	82847	1051	501	
股份合作企业	9120	7828	1422	3233	532	2354	148
联营企业	455	695		233	446	16	
国有联营企业							
集体联营企业	－199	52		52			
国有与集体联营企业	654	643		181	446	16	
其他联营企业							
有限责任公司	1007505	696719	532379	6711	124089	21777	10970
国有独资公司	767659	527438	473466		31402	10996	10780
其他有限责任公司	239846	169281	58913	6711	92687	10781	190
股份有限公司	1867385	1037509	187068	58534	682003	107739	
私营企业	10544	8306				8306	
私营独资企业	2316	2306				2306	
私营合伙企业							
私营有限责任公司	1916	1000				1000	
私营股份有限公司	6311	5000				5000	
其他企业							
港、澳、台商投资企业	205287	211274	53455	1598	9469		139721
外商投资企业	251577	279250	41433	38920	10411		32983
二、按经济组织类型分							
独资企业	7039181	4472027	1939155	85529	2437689	8566	105
国有企业	6940091	4384395	1938229	2682	2436638	5759	105
集体企业	96773	85325	926	82847	1051	501	
私营独资企业	2316	2306				2306	
港澳台商独资经营企业							
外资企业							
合作、合伙企业	10532	9793	2265	3466	978	2371	575
股份合作企业	9120	7828	1422	3233	532	2354	148
国有联营企业							
集体联营企业	－199	52		52			
国有与集体联营企业	654	643		181	446	16	
其他联营企业							
私营合伙企业							
港或澳台资合作经营企业	957	1270	843				427
中外合作经营企业							
其他企业(内资)							
股份有限公司	2013260	1169787	200898	58534	682189	112739	109556
股份有限公司(内资)	1867385	1037509	187068	58534	682003	107739	
私营股份有限公司	6311	5000				5000	
港澳台商投资股份有限公司	126080	115587	5712		186		109556
外商投资股份有限公司	13485	11691	8118				
有限责任公司	1325763	1059696	612594	47229	143782	22777	73692
国有独资公司	767659	527438	473466		31402	10996	10780
私营有限责任公司	1916	1000				1000	
港澳台合资经营企业	78250	94418	46900	1598	9283		29739
中外合资经营企业	238092	267559	33316	38920	10411		32983
其他有限责任公司	239846	169281	58913	6711	92687	10781	190

11－4 续表7　　1998年　　单位:万元

类别	所有者权益合计	#实收资本	国家资本	集体资本	法人资本	个人资本	港澳台资本
三、按轻重工业分							
轻工业	924727	1130844	700247	61528	60973	60680	148774
以农产品为原料	564438	910101	544855	53297	48672	31935	134246
以非农产品为原料	360289	220743	155392	8231	12301	28745	14528
重工业	9464008	5580458	2054665	133231	3203665	85773	35154
采掘工业	4877184	2413623	892209	2802	1518524	89	
原料工业	2006793	1525478	478890	57997	926377	55298	1000
加工工业	2580031	1641357	683566	72432	758764	30386	34154
四、按行业分							
采掘业	4877184	2413623	892209	2802	1518524	89	
煤炭采选业	651964	511506	504377	2802	4300	28	
石油和天然气开采业	3748637	1514224			1514224		
黑色金属矿采选业							
有色金属矿采选业	20195	28854	28792			61	
非金属矿采选业	12812	10783	10783				
其他矿采选业							
木材及竹材采运业	443575	348257	348257				
制造业	3933007	3292601	1612259	188572	1003806	143339	183928
食品加工业	－123866	164410	113973	3337	12146	4680	
食品制造业	93344	126544	41900	18560	1120	1789	4677
饮料制造业	217155	184452	49064	4652	1918	2190	120082
烟草加工业	101017	80344	80344				
纺织业	－23276	136569	111269	2112	17889	1886	2248
服装及其他纤维制品制造业	－3597	426	251	175			
皮革、毛皮、羽绒及其制品业	－3013	7005	3350	1083	100	40	2432
木材加工及竹、藤、棕草制品业	24817	66751	49035	14400	186		2998
家具制造业	45976	22685	1087	7319	7100	6851	327
造纸及纸制品业	194366	129267	117106	1016	1820	9326	
印刷业，记录媒介的复制	10772	3901	3901				
文教体育用品制造业	3926	3782	2467	360		341	
石油加工及炼焦业	1158660	888045	37879	44745	795119	10302	
化学原料及化学制品制造业	219704	135125	114456	3096	3283	13290	1000
医药制造业	103460	56917	33278	645	2944	19573	
化学纤维制造业	114487	54562	22824		9364	10800	10780
橡胶制品业	37688	24973	18158		1547	5269	
塑料制品业	43637	33547	12451	13360	1794	3125	876
非金属矿物制品业	102123	92348	83813	1698	3018	3401	190
黑色金属冶炼及压延加工业	179837	129238	81012	6262	14973	26991	
有色金属冶炼及压延加工业	7517	42753	40553	2200			
金属制品业	54945	24060	14838	4430	1082	3423	148
普通机械制造业	270225	151444	70755	3904	75654	1131	
专用设备制造业	191897	146878	115503	1458	9095	10238	
交通运输设备制造业	443885	234750	211305	17221			
武器弹药制造业	217766	122097	120943	344		810	
电气机械及器材制造业	77162	77995	45105	4707	25820	2363	
电子及通信设备制造业	152987	138713	8936	31420	13386	5204	36688
仪器仪表文化办公用机械制造业	15671	6019	5950	69			
其他制造业	3737	7002	754		4449	315	1483
电力、煤气及水的生产和供应业	1578545	1005078	250444	3385	742308	3025	
电力、蒸汽、热水生产和供应业	1450905	920664	166030	3385	742308	3025	
煤气生产和供应业	2565	4076	4076				
自来水的生产和供应业	125075	80338	80338				

11－4　续表 8　　1998 年　　单位:万元

类别	外商资本	产品销售收入	产品销售成本	产品销售费用	产品销售税金及附加	产品销售利润	从业人员年平均人数(人)
总　计	**166614**	**13864660**	**10539804**	**334861**	**492107**	**2491070**	**1960105**
#亏损企业	60602	3859795	3570923	89584	78123	117527	1043098
#国有控股企业	30872	12835004	9706957	278402	469683	2374158	1865454
#农村工业	49284	179518	146566	3641	2216	26095	9577
一、按登记注册类型分							
内资企业	4080	13125604	9947565	283263	475326	2412646	1916530
国有企业	983	9941220	7174822	207889	434745	2117976	1541642
中央企业		7758731	5351828	139769	387638	1878810	493875
地方企业	983	2182488	1822994	68120	47108	239166	1047767
集体企业		217917	191029	3055	2893	19940	32263
股份合作企业	138	24365	18266	1132	395	4573	7521
联营企业		6150	5021	156	31	941	1017
国有联营企业							
集体联营企业		2847	2490	47	12	298	607
国有与集体联营企业		3303	2531	109	19	644	410
其他联营企业							
有限责任公司	794	1122296	931737	28599	11319	150624	198782
国有独资公司	794	758553	643056	20320	5946	89231	138640
其他有限责任公司		363743	288680	8279	5373	61394	60142
股份有限公司	2165	1803998	1620311	41445	25928	116314	134671
私营企业		9658	6379	987	15	2277	634
私营独资企业		4960	2877	680	15	1388	186
私营合伙企业							
私营有限责任公司		2920	2259	214		448	65
私营股份有限公司		1779	1244	94		441	383
其他企业							
港、澳、台商投资企业	7031	355700	272780	21419	16561	44928	24655
外商投资企业	155503	383355	319460	30179	221	33496	18920
二、按经济组织类型分							
独资企业	983	10164097	7368728	211624	437654	2139304	1574091
国有企业	983	9941220	7174822	207889	434745	2117976	1541642
集体企业		217917	191029	3055	2893	19940	32263
私营独资企业		4960	2877	680	15	1388	186
港澳台商独资经营企业							
外资企业							
合作、合伙企业	138	31300	23837	1330	426	5706	8674
股份合作企业	138	24365	18266	1132	395	4573	7521
国有联营企业							
集体联营企业		2847	2490	47	12	298	607
国有与集体联营企业		3303	2531	109	19	644	410
其他联营企业							
私营合伙企业							
港或澳台资合作经营企业		785	550	43		192	136
中外合作经营企业							
其他企业(内资)							
股份有限公司	5872	1953626	1729736	48716	32614	142547	147286
股份有限公司(内资)	2165	1803998	1620311	41445	25928	116314	134671
私营股份有限公司		1779	1244	94		441	383
港澳台商投资股份有限公司	133	118932	88279	5842	6684	18114	10534
外商投资股份有限公司	3574	28918	19902	1336	3	7677	1698
有限责任公司	159621	1715637	1417503	73191	21413	203512	230054
国有独资公司	794	758553	643056	20320	5946	89231	138640
私营有限责任公司		2920	2259	214		448	65
港澳台合资经营企业	6898	235983	183950	15535	9877	26622	13985
中外合资经营企业	151929	354437	299557	28843	218	25819	17222
其他有限责任公司		363743	288680	8279	5373	61394	60142

11－4　续表 9　　　　1998 年　　　　单位:万元

类　别	外商资本	产品销售收入	产品销售成本	产品销售费用	产品销售税金及附加	产品销售利润	从业人员年平均人数（人）
三、按轻重工业分							
轻工业	98643	2316373	1861318	134217	98571	222155	334518
以农产品为原料	97097	1705581	1364596	99750	96139	144983	271339
以非农产品为原料	1546	610792	496721	34467	2432	77172	63179
重工业	67971	11548287	8678487	200644	393536	2268915	1625587
采掘工业		6131085	4100989	37052	259047	1733949	915456
原料工业	5916	2632135	2165969	118370	112269	231510	213611
加工工业	62055	2785067	2411529	45222	22220	303456	496520
四、按行业分							
采掘业		6131085	4100989	37052	259047	1733949	915456
煤炭采选业		518973	498997	15626	4724	－375	290325
石油和天然气开采业		5061110	3265256	14764	224602	1556488	140412
黑色金属矿采选业							
有色金属矿采选业		27189	22041	1027	175	3945	11524
非金属矿采选业		12128	9985	899	77	1168	5389
其他矿采选业							
木材及竹材采运业		511685	304710	4735	29470	172723	467806
制造业	160698	6585473	5374284	228995	227045	748379	967682
食品加工业	30275	498806	487872	16183	2562	－7911	62447
食品制造业	58499	239561	179379	37014	460	22708	20314
饮料制造业	6547	316448	209422	24177	33120	49716	28750
烟草加工业		143338	84515	296	56758	1770	5633
纺织业	1166	197093	163290	6416	1167	26220	92627
服装及其他纤维制品制造业		437	355	19		64	118
皮革、毛皮、羽绒及其制品业		9050	8932	178	39	－100	2822
木材加工及竹、藤、棕草制品业	132	47547	41475	1608	519	3945	26926
家具制造业		46227	32897	3039	21	10270	6275
造纸及纸制品业		166819	139263	4219	1048	22289	30906
印刷业，记录媒介的复制		6724	4880	17	86	1742	2911
文教体育用品制造业	614	4698	3854	272	－3	574	3228
石油加工及炼焦业		1636360	1353199	32026	100948	149188	57801
化学原料及化学制品制造业		221395	186499	6343	6410	19142	44031
医药制造业	478	294460	208940	29927	1982	53612	28347
化学纤维制造业	794	140038	118417	2827	202	18591	6471
橡胶制品业		109689	79708	3010	7788	19184	15946
塑料制品业	1941	59768	50183	2621	116	6847	9550
非金属矿物制品业	229	177059	138794	10567	1955	25725	43518
黑色金属冶炼及压延加工业		279059	260156	3643	688	14572	45290
有色金属冶炼及压延加工业		71516	71197	676	277	－634	13980
金属制品业	138	63294	47679	3325	275	12014	22785
普通机械制造业		266228	206705	3893	1087	54544	78532
专用设备制造业	10584	267960	209340	9056	979	45946	70005
交通运输设备制造业	6224	702559	565638	12905	7232	116783	78545
武器弹药制造业		129551	112086	1362	95	16009	104849
电气机械及器材制造业		202089	157280	6108	940	37761	42558
电子及通信设备制造业	43078	257128	227993	5944	125	23066	8626
仪器仪表文化办公用机械制造业		20871	15611	905	98	4257	9448
其他制造业		9701	8724	421	72	485	4443
电力、煤气及水的生产和供应业	5916	1148102	1064531	68813	6016	8742	76967
电力、蒸汽、热水生产和供应业	5916	1102447	1023822	67566	5698	5362	67071
煤气生产和供应业		8576	7965	227	76	307	2896
自来水的生产和供应业		37080	32744	1021	242	3073	7000

11－4　续表 10　　　　1998 年　　　　单位:万元

类　　别	管理费用	# 税　金	财务费用	# 利息支出	利润总额	亏损企业亏损总额	利税总额
总　计	**1224245**	**56108**	**651695**	**627695**	**808489**	**669198**	**2313413**
# 亏损企业	558580	16663	362633	355376	－669198	669198	－420644
# 国有控股企业	1161393	55130	590647	569814	805978	632615	2245129
# 农村工业	4329	304	15206	13086	7411	172	13391
一、按登记注册类型分							
内资企业	1178507	55600	603903	581873	809605	642487	2265948
国有企业	910103	47086	429853	410247	862946	507223	2111726
中央企业	496567	34709	221719	206673	1179919	163008	2292572
地方企业	413536	12377	208135	203574	－316974	344215	－180846
集体企业	11532	204	7143	5678	1721	4517	14069
股份合作企业	2608	65	1336	1334	－2852	3014	－1029
联营企业	576	8	229	229	142	62	535
国有联营企业							
集体联营企业	268		92	92	－62	62	143
国有与集体联营企业	308	8	137	137	204		392
其他联营企业							
有限责任公司	132966	4039	88124	87606	－45268	60033	30609
国有独资公司	86251	2520	56266	56048	－31141	41490	24408
其他有限责任公司	46715	1519	31858	31558	－14127	18543	6201
股份有限公司	119606	4166	76822	76386	－8133	67639	108718
私营企业	1116	32	395	394	1051		1320
私营独资企业	672	30	368	368	633		778
私营合伙企业							
私营有限责任公司	167		20	19	261		352
私营股份有限公司	277	2	7	7	157		191
其他企业							
港、澳、台商投资企业	16156	435	23042	22691	8323	5004	43743
外商投资企业	29582	73	24750	23131	－9440	21707	3723
二、按经济组织类型分							
独资企业	922307	47320	437365	416293	865300	511740	2126573
国有企业	910103	47086	429853	410247	862946	507223	2111726
集体企业	11532	204	7143	5678	1721	4517	14069
私营独资企业	672	30	368	368	633		778
港澳台商独资经营企业							
外资企业							
合作、合伙企业	3238	73	1753	1750	－2760	3125	－515
股份合作企业	2608	65	1336	1334	－2852	3014	－1029
国有联营企业							
集体联营企业	268		92	92	－62	62	143
国有与集体联营企业	308	8	137	137	204		392
其他联营企业							
私营合伙企业							
港或澳台资合作经营企业	54		187	187	－50	49	－21
中外合作经营企业							
其他企业(内资)							
股份有限公司	127332	4225	89753	89276	－1748	69036	128556
股份有限公司(内资)	119606	4166	76822	76386	－8133	67639	108718
私营股份有限公司	277	2	7	7	157		191
港澳台商投资股份有限公司	3512	57	11715	11701	3896	1325	16498
外商投资股份有限公司	3937		1209	1183	2333	72	3150
有限责任公司	171369	4490	122824	120377	－52303	85297	58798
国有独资公司	86251	2520	56266	56048	－31141	41490	24408
私营有限责任公司	167		20	19	261		352
港澳台合资经营企业	12591	379	11140	10803	4477	3630	27265
中外合资经营企业	25645	72	23540	21949	－11772	21635	573
其他有限责任公司	46715	1519	31858	31558	－14127	18543	6201

11－4　续表11　　　　1998年　　　　单位:万元

类　别	管理费用	#税　金	财务费用	#利息支出	利润总额	亏损企业亏损总额	利税总额
三、按轻重工业分							
轻工业	205875	6029	166966	161161	－101003	182917	116311
以农产品为原料	154849	4638	138599	133716	－99447	163098	86905
以非农产品为原料	51026	1391	28367	27445	－1556	19819	29406
重工业	1018370	50079	484729	466534	909492	486281	2197102
采掘工业	459993	34885	120660	107380	1159757	145109	2047037
原料工业	218146	7081	176413	173962	－124636	175036	139734
加工工业	340231	8114	187656	185192	－125629	166136	10331
四、按行业分							
采掘业	459993	34885	120660	107380	1159757	145109	2047037
煤炭采选业	138266	3497	39108	38998	－123518	124258	－88470
石油和天然气开采业	190350	25969	39513	27937	1288027		2103932
黑色金属矿采选业							
有色金属矿采选业	9248	162	3983	3983	－9002	9111	－8450
非金属矿采选业	1763	81	521	521	－6	13	287
其他矿采选业							
木材及竹材采运业	120366	5175	37535	35941	4256	11727	39739
制造业	696240	18631	465010	454603	－290979	451664	230790
食品加工业	31976	991	47907	44843	－82321	84273	－69600
食品制造业	23086	164	14314	13965	－4515	11664	11108
饮料制造业	22161	673	21622	21503	14944	4853	70573
烟草加工业	6441	757	4079	4077	9182		77207
纺织业	30303	963	29618	28851	－36350	40083	－25344
服装及其他纤维制品制造业	100	2	29	29			
皮革、毛皮、羽绒及其制品业	1150	18	1567	1454	－2702	2702	－2107
木材加工及竹、藤、棕草制品业	10939	329	3920	3906	－8560	9120	－5840
家具制造业	2395	43	3611	3608	4425	47	6964
造纸及纸制品业	24165	763	11707	11261	－4254	12766	7791
印刷业，记录媒介的复制	1839	23	418	418	－654	894	164
文教体育用品制造业	873	24	521	523	－407	424	－213
石油加工及炼焦业	145516	4343	94692	93194	－86516	116586	88901
化学原料及化学制品制造业	25322	668	14625	14334	－7089	14121	10008
医药制造业	29812	689	12572	12112	13047	6871	34688
化学纤维制造业	8587	312	9009	9009	－73	2763	4985
橡胶制品业	10645	258	9348	8705	697	984	16529
塑料制品业	4678	166	4213	3676	－2132	2936	131
非金属矿物制品业	26052	730	21777	21641	－11741	14898	3030
黑色金属冶炼及压延加工业	12322	777	16014	15923	－13998	16154	－5961
有色金属冶炼及压延加工业	5856	308	5467	5242	－10819	10819	－8240
金属制品业	10314	476	3446	3442	－1283	2124	1842
普通机械制造业	51229	1386	36131	35934	－29329	30167	－17703
专用设备制造业	36149	844	25041	24769	－4511	13154	6309
交通运输设备制造业	90755	1217	26687	26433	－3534	17899	32921
武器弹药制造业	37337	485	14908	14881	－15366	16063	－14571
电气机械及器材制造业	35777	931	16971	16886	－11902	15700	－2369
电子及通信设备制造业	4594	58	11344	10737	7255	709	10593
仪器仪表文化办公用机械制造业	4898	166	2223	2017	－1528	1552	－702
其他制造业	972	67	1230	1230	－945	1337	－305
电力、煤气及水的生产和供应业	68011	2592	66024	65712	－60290	72425	35586
电力、蒸汽、热水生产和供应业	59436	2431	66509	66213	－57328	68386	35219
煤气生产和供应业	1385	20	－177	－188	－302	308	381
自来水的生产和供应业	7191	140	－308	－312	－2660	3731	－14

11－5　国有工业企业主要经济指标

1998年　　　　　　　　单位:万元

类　　别	工业企业单位数（个）	#亏损企业	工业总产值 1990年不变价格	工业总产值 当年价格	工业销售产值	工业增加值	资产总计
总　　计	**2186**	**927**	**6056297**	**11365910**	**10928574**	**6389883**	**23676922**
#亏损企业	927	927	1958850	3018286	2769178	776979	10299539
#大中型企业	533	283	5463172	10390323	10046040	6084405	21326725
一、按轻重工业分							
轻工业	1101	482	1134079	1619763	1462668	418435	3885822
以农产品为原料	869	374	975992	1445503	1302441	364735	3226595
以非农产品为原料	232	108	158087	174260	160227	53700	659227
重工业	1085	445	4922217	9746147	9465906	5971448	19791100
采掘工业	190	71	2520315	6268601	6158921	4941291	9694897
原料工业	338	126	1124476	2065255	1978111	720114	5791912
加工工业	557	248	1277427	1412291	1328874	310043	4304292
二、按行业分							
采掘业	191	71	2522445	6273612	6163932	4943293	9703720
煤炭采选业	79	30	243492	493468	441787	159085	2400382
石油和天然气开采业	1		1770978	5164633	5143637	4452465	5450838
黑色金属矿采选业	1		606	951	936	401	426
有色金属矿采选业	26	13	23264	36379	32761	10975	88299
非金属矿采选业	35	9	20331	22388	19516	10082	103191
其他矿采选业							
木材及竹材采运业	49	19	463775	555795	525296	310285	1660585
制造业	1738	766	3443787	4835557	4512181	1261684	11905983
食品加工业	325	152	326646	652521	570628	97830	1225889
食品制造业	144	56	101140	157242	136168	42846	229857
饮料制造业	95	37	108468	146466	137164	56879	239164
烟草加工业	16	6	168858	181208	179197	92217	373641
纺织业	73	43	151186	166640	153962	28336	825814
服装及其他纤维制品制造业	15	4	6065	8267	7731	2388	16580
皮革、毛皮、羽绒及其制品业	8	6	2592	2236	2187	2136	18731
木材加工及竹、藤、棕草制品业	76	27	64617	68568	62839	18508	310701
家具制造业	11	3	2730	3658	2858	1182	8740
造纸及纸制品业	34	11	27243	32949	30714	10299	87098
印刷业，记录媒介的复制	93	38	12849	18185	17140	7476	44566
文教体育用品制造业	9	4	2415	2470	2051	－61	13165
石油加工及炼焦业	13	5	799472	1508217	1440981	473179	2701758
化学原料及化学制品制造业	97	41	127969	146178	137034	27539	397897
医药制造业	45	14	105374	99465	84341	30450	343883
化学纤维制造业	2	1	5429	5196	4990	1009	47853
橡胶制品业	12	2	13559	14673	13861	3182	37914
塑料制品业	42	15	33327	34190	27216	11281	90138
非金属矿物制品业	186	60	93720	139613	130519	36530	456840
黑色金属冶炼及压延加工业	17	11	85241	140086	132478	35915	456789
有色金属冶炼及压延加工业	4	4	8909	12834	13339	1159	33975
金属制品业	36	24	45940	48547	47298	13919	231882
普通机械制造业	64	35	117436	137128	118174	21389	775382
专用设备制造业	141	68	225218	248375	231422	61071	734524
交通运输设备制造业	70	37	536272	568989	549275	131370	1132936
武器弹药制造业	8	6	98673	131954	127655	15208	574773
电气机械及器材制造业	49	25	101787	97150	90741	23040	267456
电子及通信设备制造业	18	11	30249	22238	21942	5004	104257
仪器仪表文化办公用机械制造业	20	11	29704	30003	28585	7533	95909
其他制造业	15	9	10700	10312	9693	2870	27873
电力、煤气及水的生产和供应业	257	90	90064	256741	252461	184906	2067219
电力、蒸汽、热水生产和供应业	167	53	55830	184501	187610	140833	1918359
煤气生产和供应业	6	2	24506	35578	31808	25102	39808
自来水的生产和供应业	84	35	9729	36662	33043	18971	109052

11－5　续表1　　　　1998年　　　　单位:万元

类　别	流动资产年平均余额	流动资产合计	#存货	长期投资	固定资产合计	固定资产原价	累计折旧
总　计	**9168645**	**9638878**	**2999282**	**467237**	**12386321**	**17668233**	**6881830**
#大中型企业	8090540	8456779	2557396	435459	11401862	16449294	2348662
#亏损企业	4098018	4168657	1418567	103976	5154185	6836286	6561824
一、按轻重工业分							
轻工业	1845659	1916786	843768	74083	1697349	2072612	540622
以农产品为原料	1625983	1692591	771015	63303	1354645	1705787	435224
以非农产品为原料	219676	224195	72753	10780	342705	366825	105398
重工业	7322986	7722092	2155515	393154	10688971	15595621	6341208
采掘工业	3463857	3848630	842745	188235	5445924	8921681	4044269
原料工业	1591306	1559526	413245	87284	3451700	4259639	1471074
加工工业	2267823	2313936	899525	117634	1791347	2414301	825865
二、按行业分							
采掘业	3468917	3853496	844424	188235	5449882	8926788	4045419
煤炭采选业	908078	965691	195553	4122	1314189	1755235	502179
石油和天然气开采业	1744046	2006236	419317	151432	3265667	5999868	3176298
黑色金属矿采选业	180	360	137		67	67	
有色金属矿采选业	28389	27257	9741	5025	51623	75423	27100
非金属矿采选业	41337	45260	9096	1324	49730	56326	14239
其他矿采选业							
木材及竹材采运业	746888	808694	210581	26332	768606	1039870	325603
制造业	5359420	5456386	2113449	265265	5315979	7012321	2472636
食品加工业	648815	670050	351531	12642	506567	643740	154793
食品制造业	108384	121261	44035	7183	92000	115829	31970
饮料制造业	112370	114002	54355	2927	114447	135545	36262
烟草加工业	210949	237339	81378	14831	119435	143700	36940
纺织业	369123	380682	178498	21605	374842	486319	127315
服装及其他纤维制品制造业	10993	10167	3705	541	5453	6960	1577
皮革、毛皮、羽绒及其制品业	11695	11405	3834	42	6335	8910	2615
木材加工及竹、藤、棕草制品业	126238	136950	25726	3400	157010	189059	41011
家具制造业	5902	5589	1654	17	2905	4062	1413
造纸及纸制品业	36204	39598	17257	1862	44949	45889	6720
印刷业，记录媒介的复制	25627	18458	6915	438	25357	33317	10226
文教体育用品制造业	6739	5257	2213	728	6688	8520	2480
石油加工及炼焦业	784832	755793	230094	63188	1328839	1989985	979762
化学原料及化学制品制造业	152651	164064	42680	23070	195623	253910	70954
医药制造业	110632	112532	32404	6078	156083	148318	51689
化学纤维制造业	22315	18617	6516	899	25215	25524	7969
橡胶制品业	18723	19474	7747	310	17912	21304	4006
塑料制品业	35642	37186	12716	1192	46357	48995	8943
非金属矿物制品业	195876	203819	67547	3303	242393	289680	77834
黑色金属冶炼及压延加工业	231820	226094	79790	4165	215969	197550	43344
有色金属冶炼及压延加工业	13404	12506	4716	5	20179	24051	9185
金属制品业	139165	149413	57958	1858	77554	108096	49991
普通机械制造业	478833	473289	199477	19742	254363	369740	136333
专用设备制造业	428530	421225	184161	24039	264993	418084	175775
交通运输设备制造业	578137	600244	223604	18382	501039	626255	204230
武器弹药制造业	211212	226957	87868	15436	331132	429645	113086
电气机械及器材制造业	170837	169125	58232	2858	92126	141183	60055
电子及通信设备制造业	54794	56533	16197	8403	36752	34139	6968
仪器仪表文化办公用机械制造业	44988	44687	26201	6023	42592	51516	16744
其他制造业	13990	14069	4440	98	10871	12494	2450
电力、煤气及水的生产和供应业	340309	328997	41410	13737	1620460	1729124	363776
电力、蒸汽、热水的生产和供应	304059	288765	35285	13311	1514741	1600438	334496
煤气生产和供应业	13993	15262	3638	232	24118	25832	4221
自来水的生产和供应业	22257	24971	2487	194	81600	102854	25059

11－5　续表2　　　　1998年　　　　单位:万元

类　别	固定资产净值	固定资产净值年平均余额	无形及递延资产	#无形资产	负债总计	流动负债	长期负债
总　计	**10786403**	**10607893**	**977609**	**69492**	**16369896**	**10950448**	**5077592**
#亏损企业	4487625	4430296	840565	16673	8890959	6048355	2641580
#大中型企业	9887470	9726690	932007	59483	14386634	9491657	4692923
一、按轻重工业分							
轻工业	1531990	1465153	160873	13639	3773071	2893378	693912
以农产品为原料	1270563	1217109	83092	8874	3219576	2588348	589720
以非农产品为原料	261427	248044	77781	4765	553494	305030	104192
重工业	9254413	9142739	816735	55853	12596826	8057070	4383680
采掘工业	4877412	4967786	157374	15137	4913483	3541297	1351131
原料工业	2788565	2626743	603580	8462	4398787	1879445	2401057
加工工业	1588436	1548211	55782	32255	3284556	2636329	631491
二、按行业分							
采掘业	4881370	4971671	157374	15137	4917773	3545552	1351167
煤炭采选业	1253057	1205095	113922	21	1852873	1252214	598884
石油和天然气开采业	2823570	2946664	27503	12856	1702201	1135903	566298
黑色金属矿采选业	67	33			412	412	
有色金属矿采选业	48323	50824	1673		66383	42698	23684
非金属矿采选业	42087	41059	5409	409	78896	61498	17398
其他矿采选业							
木材及竹材采运业	714267	727996	8867	1851	1217010	1052827	144902
制造业	4539685	4444527	804287	53502	9819150	7034398	2572154
食品加工业	488947	451617	21324	2792	1367708	1178016	170208
食品制造业	83859	81770	8953	2267	198053	157260	35528
饮料制造业	99283	98380	6712	1493	191048	152798	38206
烟草加工业	106761	96938	229	28	259987	217439	27258
纺织业	359005	357052	36325	1812	889897	640793	249103
服装及其他纤维制品制造业	5383	5383	418	10	17997	16256	1741
皮革、毛皮、羽绒及其制品业	6296	6234	92	60	27705	22648	5057
木材加工及竹、藤、棕草制品业	148049	150765	12178	4	299016	182971	115957
家具制造业	2649	2565	156		6223	5890	333
造纸及纸制品业	39169	38448	452	236	87255	54474	32781
印刷业，记录媒介的复制	23092	21726	213	35	30910	24580	5019
文教体育用品制造业	6041	7112	492	81	12110	10191	1886
石油加工及炼焦业	1010223	995699	552526	3528	1727576	803685	917101
化学原料及化学制品制造业	182957	181361	13643	3633	323911	216587	103785
医药制造业	96629	96600	68134	3691	328930	144640	41757
化学纤维制造业	17555	18355	3100	67	43771	32880	10890
橡胶制品业	17298	17670	219	22	38120	31123	6704
塑料制品业	40052	46887	5378	382	81527	46887	34640
非金属矿物制品业	211846	206147	6251	1013	379158	269179	107257
黑色金属冶炼及压延加工业	154206	164473	10404	289	456047	359465	96582
有色金属冶炼及压延加工业	14865	15003	1287	399	29798	18343	11455
金属制品业	58105	58773	2433	236	189966	144872	45094
普通机械制造业	233407	233673	6657	3057	603372	505550	95472
专用设备制造业	242310	242859	23779	15383	593302	501157	92071
交通运输设备制造业	422025	397028	12797	9114	816404	631107	172590
武器弹药制造业	316559	296869	1111	678	362743	305861	56882
电气机械及器材制造业	81128	82228	1741	807	270943	233182	37688
电子及通信设备制造业	27172	26937	2447	526	78709	53522	25187
仪器仪表文化办公用机械制造业	34772	36955	2561	1831	79264	53985	25277
其他制造业	10044	9024	2275	31	27700	19057	8644
电力、煤气及水的生产和供应业	1365348	1191694	15948	854	1632973	370498	1154271
电力、蒸汽、热水生产和供应业	1265942	1105055	15524	831	1570518	331717	1132071
煤气生产和供应业	21611	23448	147	2	31817	17832	13985
自来水的生产和供应业	77795	63192	277	21	30638	20950	8215

11－5　续表 3　　　　1998 年　　　　单位:万元

类　　别	所有者权益合计	#实收资本					
			国家资本	集体资本	法人资本	个人资本	港澳台资本
总　计	**7307025**	**4793967**	**2317802**	**10790**	**2453369**	**8840**	**334**
#亏损企业	1408580	1988609	1246001	1434	739269	1718	17
#大中型企业	6940091	4384395	1938229	2680	2436638	5759	105
一、按轻重工业分							
轻工业	112751	583872	542355	7876	24972	5996	229
以农产品为原料	7019	473751	441617	3231	21091	5388	229
以非农产品为原料	105733	110121	100737	4645	3882	608	
重工业	7194274	4210096	1775448	2914	2428397	2844	105
采掘工业	4781414	2344941	826296	64	1518581		
原料工业	1393124	1227118	343898	384	882422	414	
加工工业	1019736	638037	605254	2466	27394	2430	105
二、按行业分							
采掘业	4785947	2347264	827019	64	1518581		
煤炭采选业	547509	439616	433623	64	4329		
石油和天然气开采业	3748637	1514224			1514224		
黑色金属矿采选业	14						
有色金属矿采选业	21916	30593	30593				
非金属矿采选业	24295	14575	14546		28		
其他矿采选业							
木材及竹材采运业	443575	348257	348257				
制造业	2086833	2121827	1253827	10015	847789	8630	334
食品加工业	－141819	154158	135811	397	15016	2765	
食品制造业	31804	40924	38415		1892	601	17
饮料制造业	48116	38371	33463	2386	1810	713	
烟草加工业	113654	90659	90659				
纺织业	－64083	95666	92401	119	1871	638	212
服装及其他纤维制品制造业	－1417	3161	3064	75		22	
皮革、毛皮、羽绒及其制品业	－8974	2807	2807				
木材加工及竹、藤、棕草制品业	11685	54984	54970		10	5	
家具制造业	2517	2346	2346				
造纸及纸制品业	－157	7454	7168	245	1	40	
印刷业，记录媒介的复制	13656	10382	10356	10		16	
文教体育用品制造业	1055	2333	2333				
石油加工及炼焦业	974182	811069	15376	271	795119	302	
化学原料及化学制品制造业	73987	66588	64832	49	1650	57	
医药制造业	14953	26282	21120	3863	491	808	
化学纤维制造业	4083	7685	4985		2700		
橡胶制品业	－206	2743	2589		154		
塑料制品业	8610	13547	11968			1329	
非金属矿物制品业	77682	69478	68482	384	355	257	
黑色金属冶炼及压延加工业	741	46472	46272		200		
有色金属冶炼及压延加工业	4177	3203	3203				
金属制品业	41916	17674	17560		54	60	
普通机械制造业	172010	99791	74716		25031	44	
专用设备制造业	141222	108751	108019	117		615	
交通运输设备制造业	316532	166414	165818	495	82	20	
武器弹药制造业	212030	120943	120943				
电气机械及器材制造业	－3488	37339	36357	916	35	32	
电子及通信设备制造业	25548	11751	9578	156	1320	204	105
仪器仪表文化办公用机械制造业	16645	7347	6782	533		32	
其他制造业	172	1505	1437			68	
电力、煤气及水的生产和供应业	434246	324876	236956	711	86999	210	
电力、蒸汽、热水生产和供应业	347842	262116	175295	22	86748	51	
煤气生产和供应业	7990	9958	9958				
自来水的生产和供应业	78414	52802	51703	689	251	159	

11－5　续表4　　　　1998年　　　　单位:万元

类　　别	外商资本	产品销售收入	产品销售成本	产品销售费用	产品销售税金及附加	产品销售利润	从业人员年平均人数(人)
总　计	**2833**	**10855769**	**7941039**	**249162**	**447300**	**2208315**	**1810976**
#亏损企业	170	2763734	2462543	81262	71692	144501	964844
#大中型企业	983	9941220	7174822	207889	434745	2117976	1541642
一、按轻重工业分							
轻工业	2445	1369567	1131665	66211	78766	89494	315447
以农产品为原料	2195	1216749	1010371	55720	77362	69876	258051
以非农产品为原料	250	152817	121293	10492	1404	19618	57396
重工业	388	9486203	6809374	182951	368534	2118821	1495529
采掘工业		6038548	4012650	40547	258545	1726758	888411
原料工业		2190853	1786193	107338	100903	192702	201834
加工工业	388	1256802	1010531	35066	9086	199362	405284
二、行业分							
采掘业	1600	6043560	4015426	41598	258558	1727929	888681
煤炭采选业	1600	423114	408565	20147	4116	－9715	258511
石油和天然气开采业		5061110	3265256	14764	224602	1556488	140412
黑色金属矿采选业		936	518	149	30	239	350
有色金属矿采选业		27264	21851	492	101	4820	10963
非金属矿采选业		19451	14527	1311	239	3374	10639
其他矿采选业							
木材及竹材采运业		511685	304710	4735	29470	172723	467806
制造业	1233	4378099	3615544	137186	185761	430409	855978
食品加工业	170	506724	488913	19186	1426	－4459	78085
食品制造业		133680	107342	12059	596	13206	26988
饮料制造业		129330	87711	8930	15192	17479	20481
烟草加工业		188366	117778	3213	58527	8848	9597
纺织业	425	142119	118155	3723	783	19457	80061
服装及其他纤维制品制造业		5714	4687	165	18	844	2450
皮革、毛皮、羽绒及其制品业		3510	3763	18	7	－279	2096
木材加工及竹、藤、棕草制品业		56038	49613	2202	920	3264	31608
家具制造业		3464	1967	115	37	345	1298
造纸及纸制品业		29213	24598	1099	137	3318	8988
印刷业，记录媒介的复制		17414	13474	674	208	3058	9037
文教体育用品制造业		2766	2288	103	2	373	2729
石油加工及炼焦业		1469485	1212028	31015	96447	129985	53665
化学原料及化学制品制造业		132787	108186	4166	569	16863	31776
医药制造业		76673	54147	11068	497	10785	17648
化学纤维制造业		5406	5786	131	73	－584	2581
橡胶制品业		14156	12752	351	74	979	5567
塑料制品业	250	22946	16863	1699	171	4213	7310
非金属矿物制品业		130135	110768	4011	1209	14139	56359
黑色金属冶炼及压延加工业		136906	130943	1942	244	3779	31242
有色金属冶炼及压延加工业		13099	12012	110	31	946	3504
金属制品业		43281	33981	1903	152	7245	21216
普通机械制造业		115521	89605	3343	527	22045	61969
专用设备制造业		203062	160977	6142	800	32397	72717
交通运输设备制造业		529455	420085	12727	6407	90235	66670
武器弹药制造业		126289	108984	1138	69	16099	102820
电气机械及器材制造业		89838	77678	3628	401	8132	24994
电子及通信设备制造业	388	19110	15615	915	62	2518	6693
仪器仪表文化办公用机械制造业		23221	17906	1063	106	4145	10497
其他制造业		8395	6942	347	70	1036	5332
电力、煤气及水的生产和供应业		434111	310069	70378	2981	49977	66317
电力、蒸汽、热水生产和供应业		388848	274709	68685	2281	42476	48892
煤气生产和供应业		13385	12372	432	89	491	3371
自来水的生产和供应业		31877	22987	1260	610	7009	14054

11－5　续表 5　　　　1998 年　　　　单位:万元

类　别	管理费用	#税　金	财务费用	#利息支出	利润总额	亏损企业亏损总额	利税总额
总　计	**1015547**	**51151**	**486409**	**462464**	**812551**	**579677**	**2121253**
#亏损企业	483877	14882	302313	294012	－579677	579677	－390261
#大中型企业	910103	47086	429853	410247	862946	507223	2111726
一、按轻重工业分							
轻工业	140217	5614	119168	114114	－131327	165811	13834
以农产品为原料	113521	4902	108653	104744	－115554	146752	20940
以非农产品为原料	26696	712	10515	9370	－15773	19058	－7106
重工业	875330	45536	367242	348350	943878	413867	2107419
采掘工业	454375	34370	114094	100656	1164908	143888	2047691
原料工业	203584	6387	142832	139626	－133347	162057	92063
加工工业	217371	4780	110316	108068	－87683	107921	－32335
二、按行业分							
采掘业	454698	34381	114296	100859	1165573	143888	2048918
煤炭采选业	130974	3026	32938	32670	－118760	122204	－87995
石油和天然气开采业	190350	25969	39513	27937	1288027		2103932
黑色金属矿采选业	148				21		158
有色金属矿采选业	9349	119	3412	3411	－7897	9581	－7758
非金属矿采选业	3512	92	899	899	－75	377	842
其他矿采选业							
木材及竹材采运业	120366	5175	37535	35941	4256	11727	39739
制造业	529493	15648	342006	332649	－349920	426287	29467
食品加工业	34304	1250	50538	48015	－75325	79129	－60490
食品制造业	11011	221	6916	6736	－5130	7771	1422
饮料制造业	12664	322	7276	7236	6015	4200	30680
烟草加工业	12969	1843	11455	11453	2526	6980	75649
纺织业	26287	859	25264	24751	－36083	36537	－27644
服装及其他纤维制品制造业	299	1	102	81	600	55	762
皮革、毛皮、羽绒及其制品业	699	17	1010	1003	－2081	2081	－1637
木材加工及竹、藤、棕草制品业	12299	357	3332	3363	－8768	10078	－5143
家具制造业	329	21	242	242	－55	67	189
造纸及纸制品业	3073	72	2027	1619	－1743	2356	20
印刷业，记录媒介的复制	3708	105	906	696	－1294	2186	374
文教体育用品制造业	815	21	264	264	－424	537	－354
石油加工及炼焦业	140008	4295	89598	88454	－95828	116812	71828
化学原料及化学制品制造业	18290	260	9984	9655	－7600	11540	－2176
医药制造业	11011	301	5097	4545	－4717	7281	487
化学纤维制造业	1881	62	238	238	－2708	2763	－2110
橡胶制品业	1736	38	1458	803	－1050	1132	－335
塑料制品业	2564	75	1680	1670	460	909	1757
非金属矿物制品业	20359	770	10763	9717	－15054	16868	－5720
黑色金属冶炼及压延加工业	10577	335	10118	10116	－15579	15742	－12526
有色金属冶炼及压延加工业	1642	24	1177	957	－1866	1866	－1763
金属制品业	7461	381	1992	1987	－2130	2262	38
普通机械制造业	31861	786	22412	22084	－29427	29719	－24138
专用设备制造业	30900	810	23765	23570	－12226	14584	－3495
交通运输设备制造业	73624	1215	26973	26334	－12594	21434	14591
武器弹药制造业	35220	484	14058	14031	－12093	12790	－11552
电气机械及器材制造业	14651	510	9620	9596	－13455	15221	－9087
电子及通信设备制造业	3407	52	978	951	－98	724	565
仪器仪表文化办公用机械制造业	5001	141	2086	1846	－1665	1740	－765
其他制造业	844	21	678	637	－528	924	39
电力、煤气及水的生产和供应业	31357	1122	30107	28957	－3102	9503	42868
电力、蒸汽、热水生产和供应业	21545	900	29860	28895	－3077	8127	39578
煤气生产和供应业	1985	29	－95	－191	－533	542	345
自来水的生产和供应业	7828	194	342	253	509	834	2946

11－6　集体工业企业主要经济指标

1998 年　　　　　　　　　　　　　　　　　　单位:万元

类　　别	工业企业单位数（个）	#亏损企业	工业总产值		工　业销售产值	工　业增加值	资产总计
			1990 年不变价格	当年价格			
总　计	**568**	**107**	**967969**	**1207678**	**1136401**	**369476**	**1228047**
#亏损企业	107	107	173526	212448	184804	69334	392513
#大中型企业	47	19	198093	236994	216821	63068	314442
一、按轻重工业分							
轻工业	240	46	405146	506790	469693	131928	477318
以农产品为原料	185	32	326589	423226	391355	107994	376414
以非农产品为原料	55	14	78557	83564	78338	23935	100904
重工业	328	61	562823	700888	666708	237548	750729
采掘工业	61	16	85643	130265	120155	52400	210563
原料工业	72	8	111998	164378	152266	61187	152902
加工工业	195	37	365183	406245	394287	123962	387264
二、按行业分							
采掘业	60	16	85576	130198	120117	52376	209887
煤炭采选业	44	16	69333	110501	102935	46790	196470
石油和天然气开采业							
黑色金属矿采选业							
有色金属矿采选业	1		662	1236	1236	653	649
非金属矿采选业	15		15581	18462	15946	4933	12769
其他矿采选业							
木材及竹材采运业							
制造业	504	89	868578	1033242	972047	294447	999063
食品加工业	70	11	144635	214474	197564	41779	136675
食品制造业	19	3	53325	65488	64443	19261	53901
饮料制造业	10	1	15541	21255	20270	6429	15922
烟草加工业							
纺织业	3	1	3027	3036	2914	627	4392
服装及其他纤维制品制造业	6	1	3633	5036	4381	1638	17017
皮革、毛皮、羽绒及其制品业	1	1	3182	3203	2177	589	7022
木材加工及竹、藤、棕草制品业	46	5	60482	60827	55165	24661	91528
家具制造业	6	1	13261	14444	12974	6025	15051
造纸及纸制品业	26	4	32461	39463	37579	9540	35808
印刷业，记录媒介的复制	6	3	4482	5045	4841	2285	6323
文教体育用品制造业	1		2417	1783	2137	660	938
石油加工及炼焦业	9		23086	33012	30524	8467	40420
化学原料及化学制品制造业	43	7	68928	78215	73466	25308	58349
医药制造业	8	2	13490	12279	6680	4032	10005
化学纤维制造业							
橡胶制品业	5	1	5558	6515	5115	2171	6494
塑料制品业	24	8	40122	39352	37224	7140	70229
非金属矿物制品业	45	2	43364	55373	52849	15178	48728
黑色金属冶炼及压延加工业	6	4	4363	6852	5647	549	28546
有色金属冶炼及压延加工业	5		6980	7657	6109	2558	6240
金属制品业	46	10	77918	87645	81968	25791	74640
普通机械制造业	33	6	51850	57280	48229	20029	51392
专用设备制造业	16	3	19605	21177	20924	7328	38315
交通运输设备制造业	18	3	88113	94624	111575	34726	73356
武器弹药制造业	1		533	629	617	227	1132
电气机械及器材制造业	36	9	61369	69492	59811	19925	81231
电子及通信设备制造业	1		1600	1600	1530	492	514
仪器仪表文化办公用机械制造业	6	2	9582	10113	8379	2732	16353
其他制造业	8	1	15673	17372	16955	4302	8545
电力、煤气及水的生产和供应业	4	2	13816	44238	44238	22654	19096
电力、蒸汽、热水生产和供应业	4	2	13816	44238	44238	22654	19096
煤气生产和供应业							
自来水的生产和供应业							

11－6　续表 1　　　　1998 年　　　　单位:万元

类　别	流动资产年平均余额	流动资产合计	#存货	长期投资	固定资产合计	固定资产原价	累计折旧
总　计	**711022**	**746024**	**303338**	**30162**	**408468**	**509088**	**125342**
#亏损企业	259177	247272	102495	9322	119605	158265	49319
#大中型企业	183662	187278	77651	9770	109979	136098	32521
一、按轻重工业分							
轻工业	259359	275087	115059	14949	172195	199424	34550
以农产品为原料	192798	221526	92060	3157	138664	158483	24231
以非农产品为原料	66561	53561	22999	11792	33531	40940	10320
重工业	451663	470937	188279	15213	236273	309665	90792
采掘工业	133363	136641	39623	1669	61535	79448	22247
原料工业	80991	81278	29515	893	64872	78672	17614
加工工业	237309	253018	119140	12651	109866	151545	50930
二、按行业分							
采掘业	132781	136057	39513	1669	61475	79367	22226
煤炭采选业	126347	124752	38981	1669	59873	77300	21752
石油和天然气开采业							
黑色金属矿采选业							
有色金属矿采选业	440	468	33		179	410	232
非金属矿采选业	5995	10838	499		1424	1657	243
其他矿采选业							
木材及竹材采运业							
制造业	564408	597708	263666	28493	340157	423069	101351
食品加工业	63868	80888	40550	946	47861	53604	7283
食品制造业	28908	28503	14285		24190	29027	4989
饮料制造业	6492	4903	2152	16	9355	10737	1398
烟草加工业							
纺织业	3484	3896	2041		495	595	100
服装及其他纤维制品制造业	9319	11789	3803		5142	5718	751
皮革、毛皮、羽绒及其制品业	5998	5628	2369	799	577	1256	679
木材加工及竹、藤、棕草制品业	54345	56737	16835	212	33451	37773	4515
家具制造业	5588	11159	2908		3437	3972	692
造纸及纸制品业	17910	19551	7712	360	14952	17212	4150
印刷业，记录媒介的复制	2378	2605	1109		3309	3801	576
文教体育用品制造业	817	817	505		110	198	88
石油加工及炼焦业	15465	16411	7171	598	22114	27432	5734
化学原料及化学制品制造业	38512	40464	19184	347	16034	20883	5512
医药制造业	5154	5587	2886	825	2806	3439	1012
化学纤维制造业							
橡胶制品业	4333	4457	2073	241	1730	3055	1367
塑料制品业	35231	39038	17493	3125	26187	34110	10729
非金属矿物制品业	27182	30376	11620	95	17355	21937	6283
黑色金属冶炼及压延加工业	14303	14907	5364	80	10654	13559	2983
有色金属冶炼及压延加工业	2856	2866	968		3374	3351	81
金属制品业	54952	41125	19944	11185	20463	27515	8050
普通机械制造业	32506	31657	17734	2928	15091	22727	8420
专用设备制造业	25860	24449	11499	2831	10812	17197	7851
交通运输设备制造业	42285	47459	21618	199	22303	24474	4923
武器弹药制造业	948	755	401		377	645	312
电气机械及器材制造业	49127	55046	24464	3454	20945	29988	10851
电子及通信设备制造业	451	462	68		42	57	15
仪器仪表文化办公用机械制造业	10492	10333	3581	34	4529	5656	1259
其他制造业	5646	5840	3331	218	2462	3155	751
电力、煤气及水的生产和供应业	13832	12258	158		6836	6652	1765
电力、蒸汽、热水生产和供应业	13832	12258	158		6836	6652	1765
煤气生产和供应业							
自来水的生产和供应业							

11－6　续表2　　　　1998年　　　　单位:万元

类　别	固定资产净值	固定资产净值年平均余额	无形及递延资产	#无形资产	负债总计	流动负债	长期负债
总　计	**383746**	**386755**	**28950**	**12690**	**907297**	**781507**	**111284**
#亏损企业	108946	115250	15453	4271	353587	315509	32061
#大中型企业	103577	106079	6527	4489	217669	182041	31985
一、按轻重工业分							
轻工业	164873	171221	5471	2989	338818	270271	60637
以农产品为原料	134253	141685	3551	2284	267404	212945	47560
以非农产品为原料	30621	29536	1920	705	71414	57326	13077
重工业	218873	215535	23479	9701	568480	511237	50647
采掘工业	57201	53758	9749	273	188634	178173	9982
原料工业	61058	59586	4829	4457	104904	96767	7728
加工工业	100615	102191	8901	4971	274941	236296	32938
二、按行业分							
采掘业	57141	53699	9716	240	188007	177665	9863
煤炭采选业	55548	52070	9716	240	179054	169359	9676
石油和天然气开采业							
黑色金属矿采选业							
有色金属矿采选业	179	193			598	498	100
非金属矿采选业	1414	1436			8355	7808	88
其他矿采选业							
木材及竹材采运业							
制造业	321718	326499	19232	12450	707033	591588	101418
食品加工业	46321	52937	1980	1165	106031	90852	8964
食品制造业	24038	24029	185	121	31730	17955	13763
饮料制造业	9339	9289	1	1	14723	7070	7653
烟草加工业							
纺织业	495	506			3614	3188	426
服装及其他纤维制品制造业	4967	5106	11		6573	5997	
皮革、毛皮、羽绒及其制品业	577	613	18		6932	6571	361
木材加工及竹、藤、棕草制品业	33258	33447	650	449	64347	60942	2914
家具制造业	3280	3381	418	296	7205	7154	51
造纸及纸制品业	13062	12795	388	302	27741	16048	11690
印刷业，记录媒介的复制	3225	3163	1		3374	2279	1095
文教体育用品制造业	110	110	11	11	763	763	
石油加工及炼焦业	21698	21211	937	937	24669	23422	1247
化学原料及化学制品制造业	15371	14125	1242	826	41608	34294	7302
医药制造业	2427	2713	56	56	6751	5927	824
化学纤维制造业							
橡胶制品业	1687	1597	66		3888	3765	123
塑料制品业	23381	25358	1879	177	56490	43079	13411
非金属矿物制品业	15654	15875	235	7	35869	29640	4395
黑色金属冶炼及压延加工业	10576	10024	2904	2904	24516	23526	990
有色金属冶炼及压延加工业	3270	2777			2812	2207	605
金属制品业	19465	17917	1149	617	51159	41426	8535
普通机械制造业	14307	14349	1168	1030	37767	34575	3134
专用设备制造业	9346	9256	139	69	23598	22334	1264
交通运输设备制造业	19551	16913	3296	1815	40665	37887	2779
武器弹药制造业	333	358			160	160	
电气机械及器材制造业	19137	22511	1591	772	61770	51600	7549
电子及通信设备制造业	42	47	10		336	336	
仪器仪表文化办公用机械制造业	4396	3661	898	894	16042	13492	1550
其他制造业	2404	2433			5900	5099	794
电力、煤气及水的生产和供应业	4887	6557	2		12257	12255	3
电力、蒸汽、热水生产和供应业	4887	6557	2		12257	12255	3
煤气生产和供应业							
自来水的生产和供应业							

11－6　续表 3　　　　1998 年　　　　单位:万元

类　　别	所有者权益合计	#实收资本					
			国家资本	集体资本	法人资本	个人资本	港澳台资本
总　计	**320750**	**311610**	**25955**	**251956**	**19029**	**12906**	**505**
#亏损企业	38926	100707	18701	78758	1702	1361	14
#大中型企业	96773	85325	926	82847	1051	501	
一、按轻重工业分							
轻工业	138500	126211	19938	91706	8005	5516	505
以农产品为原料	109010	105810	19934	73624	6776	4487	449
以非农产品为原料	29490	20400	4	18082	1229	1029	56
重工业	182250	185399	6017	160251	11024	7390	
采掘工业	21929	35195	1268	32848	779	300	
原料工业	47998	52004	66	38674	7950	5314	
加工工业	112322	98200	4683	88729	2295	1776	
二、按行业分							
采掘业	21880	35147	1220	32848	779	300	
煤炭采选业	17416	34444	844	32646	704	250	
石油和天然气开采业							
黑色金属矿采选业							
有色金属矿采选业	51	377	377				
非金属矿采选业	4413	327		202	75	50	
其他矿采选业							
木材及竹材采运业							
制造业	292031	270078	24696	212763	18250	12606	505
食品加工业	30644	26553	3123	17557	3315	2102	187
食品制造业	22171	24707	10240	13747	720		
饮料制造业	1199	2450		1970		480	
烟草加工业							
纺织业	778	766	156	110	500		
服装及其他纤维制品制造业	10445	9361	5930	3259			
皮革、毛皮、羽绒及其制品业	90	1083		1083			
木材加工及竹、藤、棕草制品业	27181	29362	86	21757	838	6567	14
家具制造业	7846	5614		5614			
造纸及纸制品业	8067	10675	163	9309	679	276	248
印刷业，记录媒介的复制	2949	1966	237	773	957		
文教体育用品制造业	175	225		169			56
石油加工及炼焦业	15751	12058		5880	5976	203	
化学原料及化学制品制造业	16741	13502		13069	236	198	
医药制造业	3254	2962		1329	1523	110	
化学纤维制造业							
橡胶制品业	2606	1805	569	1236			
塑料制品业	13740	14374	48	12432	1004	891	
非金属矿物制品业	12860	11989	867	10699	172	36	
黑色金属冶炼及压延加工业	4030	10765		10420	345		
有色金属冶炼及压延加工业	3427	3244		2504	740		
金属制品业	23482	14509	712	13738	60		
普通机械制造业	13625	13847	33	13337	371	105	
专用设备制造业	14717	8082	714	7138	200	30	
交通运输设备制造业	32691	23413	409	22592	385	26	
武器弹药制造业	971	769		686		83	
电气机械及器材制造业	19461	15856	1411	13839	212	394	
电子及通信设备制造业	177	20		20			
仪器仪表文化办公用机械制造业	311	7897		6545		850	
其他制造业	2646	2225		1951	18	255	
电力、煤气及水的生产和供应业	6839	6385	39	6346			
电力、蒸汽、热水生产和供应业	6839	6385	39	6346			
煤气生产和供应业							
自来水的生产和供应业							

11－6　续表4　　　　1998 年　　　　单位:万元

类　别	外商资本	产品销售收入	产品销售成本	产品销售费用	产品销售税金及附加	产品销售利润	从业人员年平均人数（人）
总　计	**1259**	**1121490**	**964124**	**31991**	**14610**	**109174**	**202355**
#亏损企业	171	185321	167972	6707	1562	9080	94372
#大中型企业		217917	191029	3055	2893	19940	32263
一、按轻重工业分							
轻工业	541	470106	406185	12697	6836	44050	53248
以农产品为原料	541	390539	340437	9505	6088	34169	38052
以非农产品为原料		79568	65748	3191	748	9881	15196
重工业	718	651384	557939	19295	7774	65124	149107
采掘工业		121236	100053	6310	2272	12445	61049
原料工业		149243	131397	3925	1718	11203	18415
加工工业	718	380904	326489	9060	3784	41476	69643
二、按行业分							
采掘业		121198	100016	6310	2272	12444	60979
煤炭采选业		104577	85324	5710	2073	11374	58928
石油和天然气开采业							
黑色金属矿采选业							
有色金属矿采选业		367	348			18	50
非金属矿采选业		16255	14344	600	199	1052	2001
其他矿采选业							
木材及竹材采运业							
制造业	1259	956728	822611	24697	11925	96061	138055
食品加工业	270	204441	183736	3833	2976	13677	10242
食品制造业		59537	50682	2536	154	6166	3559
饮料制造业		19334	17151	348	382	1454	1933
烟草加工业							
纺织业		2965	2577	152	62	114	330
服装及其他纤维制品制造业	171	5086	4807	28	60	192	1215
皮革、毛皮、羽绒及其制品业		2127	2035	23	37	33	951
木材加工及竹、藤、棕草制品业		51181	41921	1210	1320	6671	14378
家具制造业		12777	10152	123	1056	1447	3048
造纸及纸制品业		37334	31768	1199	338	4028	4074
印刷业，记录媒介的复制		4355	3507	23	40	784	1506
文教体育用品制造业		2137	2007	66		64	255
石油加工及炼焦业		30491	24732	828	450	3481	1285
化学原料及化学制品制造业		69055	60277	1220	236	7322	8289
医药制造业		6388	4476	525	35	1353	1555
化学纤维制造业							
橡胶制品业		6545	5848	45	22	631	1816
塑料制品业		37545	32190	749	117	4489	6091
非金属矿物制品业	216	53936	45225	3115	370	5131	6686
黑色金属冶炼及压延加工业		8683	8052	218	163	250	2641
有色金属冶炼及压延加工业		6161	5502	95	47	517	304
金属制品业		81909	67483	3363	945	10119	13143
普通机械制造业		48861	40093	932	1100	6736	16105
专用设备制造业		20108	15947	245	296	3621	6937
交通运输设备制造业		92902	84337	391	645	7529	16740
武器弹药制造业		538	360			179	113
电气机械及器材制造业		61865	51630	2787	403	7045	10602
电子及通信设备制造业		1530	1311	11	24	184	40
仪器仪表文化办公用机械制造业	502	11413	10084	112	96	1122	2653
其他制造业		17522	14725	521	550	1725	1564
电力、煤气及水的生产和供应业		43564	41497	985	413	669	3321
电力、蒸汽、热水生产和供应业		43564	41497	985	413	669	3321
煤气生产和供应业							
自来水的生产和供应业							

11－6　续表5　　　　1998年　　　　单位:万元

类别	管理费用	#税金	财务费用	#利息支出	利润总额	亏损企业亏损总额	利税总额
总计	**54727**	**2132**	**26880**	**22158**	**41458**	**15071**	**103994**
#亏损企业	18679	521	8263	7056	－15071	15071	－1917
#大中型企业	11532	204	7143	5678	1721	4517	14069
一、按轻重工业分							
轻工业	14995	665	14907	12154	14836	5783	39896
以农产品为原料	9118	493	12769	10762	12474	4479	32946
以非农产品为原料	5876	172	2139	1391	2362	1304	6950
重工业	39732	1467	11973	10005	26622	9288	64098
采掘工业	8320	228	3263	2758	4411	3799	15705
原料工业	6292	292	1801	1239	8175	1638	17261
加工工业	25121	946	6908	6008	14036	3852	31132
二、按行业分							
采掘业	8319	228	3263	2758	4410	3799	15704
煤炭采选业	8013	224	3163	2669	3488	3799	13390
石油和天然气开采业							
黑色金属矿采选业							
有色金属矿采选业	90		14	14	13		13
非金属矿采选业	216	4	86	75	909		2301
其他矿采选业							
木材及竹材采运业							
制造业	45527	1903	23747	19530	36898	11149	83771
食品加工业	2995	42	7211	6288	4790	3064	13532
食品制造业	1133	10	1854	1707	3182	46	7204
饮料制造业	280	3	548	43	631	39	1884
烟草加工业							
纺织业	6		398	378	－230	230	－187
服装及其他纤维制品制造业	189	7	36	31	－40	254	235
皮革、毛皮、羽绒及其制品业	295		210	206	－272	272	－146
木材加工及竹、藤、棕草制品业	2060	53	1046	975	2456	170	4938
家具制造业	245	18	255	233	876	22	2723
造纸及纸制品业	1805	352	782	674	1338	178	2955
印刷业，记录媒介的复制	530	42	110	110	235	63	525
文教体育用品制造业	11		45	45	8		55
石油加工及炼焦业	1292	28	460	112	1773		2978
化学原料及化学制品制造业	2435	79	1324	1094	7435	323	9821
医药制造业	636	8	461	212	252	225	689
化学纤维制造业							
橡胶制品业	595	35	68	64	39	104	220
塑料制品业	3403	64	1862	1478	－679	1584	359
非金属矿物制品业	2549	254	1211	1142	2237	116	5242
黑色金属冶炼及压延加工业	860	55	611	611	－1276	1473	－987
有色金属冶炼及压延加工业	124		70	41	359		582
金属制品业	4688	194	1736	1160	4128	912	7945
普通机械制造业	5082	100	687	400	1268	519	5033
专用设备制造业	2860	41	432	425	446	598	1892
交通运输设备制造业	4851	283	407	377	2543	281	5724
武器弹药制造业	178				11		37
电气机械及器材制造业	4564	184	1554	1481	970	464	4764
电子及通信设备制造业	26				157		273
仪器仪表文化办公用机械制造业	1029	3	89	89	36	193	344
其他制造业	803	51	281	158	4225	21	5136
电力、煤气及水的生产和供应业	881		－130	－130	149	123	4519
电力、蒸汽、热水生产和供应业	881		－130	－130	149	123	4519
煤气生产和供应业							
自来水的生产和供应业							

11－7　各地区工业企业单位数

1998年　　单位:个

地　区	总　计	#国　有	#集　体	大　型	中　型	小　型	轻工业	重工业
全　省	**3524**	**2186**	**568**	**280**	**491**	**2741**	**1772**	**1752**
哈尔滨	983	621	193	117	182	676	527	456
齐齐哈尔	367	204	36	38	63	266	194	173
鸡　西	198	141	38	7	35	156	72	126
鹤　岗	76	41	15	3	12	61	30	46
双鸭山	101	71	7	4	7	90	53	48
大　庆	185	33	66	12	13	160	64	121
伊　春	139	96	19	23	15	101	70	69
佳木斯	257	160	45	22	34	201	137	120
七台河	81	54	7	1	7	73	34	47
牡丹江	390	168	104	26	45	319	171	219
黑　河	185	149	5	4	5	176	100	85
绥　化	315	224	28	10	48	257	186	129
大兴安岭	45	41	3	9	3	30	18	27
农垦总局	201	183	2	3	22	175	116	85

注:分地市资料中不含省电力有限公司所属工业企业,所以合计不等于全省数(下地区表同)。

11－8　各地区工业企业总产值

1998年　　单位:万元

地　区	总　计	#国　有	#集　体	大　型	中　型	小　型	轻工业	重工业
全　省	**17397306**	**11365910**	**1207678**	**12499478**	**1897792**	**2995708**	**4018271**	**13379035**
哈尔滨	3795834	1855705	442561	2551509	461782	782543	1589583	2206251
齐齐哈尔	1106095	346940	89313	699167	189887	217040	368420	737675
鸡　西	463793	322881	100719	120573	170433	172787	73767	390027
鹤　岗	303263	238000	24498	184195	53802	65266	63794	239470
双鸭山	233904	202720	8298	141061	28686	64156	61528	172376
大　庆	7015483	6463199	132598	6468737	168427	378319	150022	6865461
伊　春	403854	305426	37028	235299	92056	76498	90274	313580
佳木斯	490268	204737	84863	188067	119813	182389	255859	234409
七台河	265272	49424	9502	172766	26108	66398	25619	239653
牡丹江	1090669	412396	189258	479760	191675	419235	446768	643901
黑　河	122715	72304	21835	17337	5145	100232	67393	55322
绥　化	670207	329757	61570	198186	210631	261391	512029	158179
大兴安岭	204081	196809	4672	167194	15742	21146	7699	196383
农垦总局	408259	365612	964	52019	163605	188307	305518	102741

11－9　各地区工业企业主要经济指标

1998 年　　单位:万元

地区	工业销售产值	工业增加值	资产总计	流动资产年平均余额	流动资产合计	#存货	长期投资	固定资产合计
全省	**16672350**	**8146836**	**36417001**	**14635726**	**15332569**	**4827768**	**968358**	**18516162**
哈尔滨	3662011	991781	8953070	4386381	4481850	1718989	170241	4004378
齐齐哈尔	1029641	255697	2804282	1451796	1465700	564980	59305	1224834
鸡西	414972	160742	1770971	788692	835517	200456	12460	866631
鹤岗	258918	97875	1270755	327812	334041	95564	5540	882102
双鸭山	206694	82091	1079285	415790	438738	102018	1240	591548
大庆	6876533	4713935	8997107	2921333	3180985	772555	259102	4947475
伊春	372312	163962	1106946	459257	508733	132769	18730	536414
佳木斯	441641	91511	1292268	540680	554732	225646	57711	640299
七台河	250172	118536	789351	324692	331946	82533	4767	421880
牡丹江	1046415	348414	2871830	1000296	1008711	307813	52126	1668409
黑河	110468	30946	500927	131210	152292	56639	12684	245891
绥化	591680	214884	1315451	602445	635161	245811	57486	543134
大兴安岭	198454	127831	735145	327215	335365	131466	5026	345344
农垦总局	388758	107935	669795	327147	372934	169546	22158	263680

11－9　续表 1　　1998 年　　单位:万元

地区	固定资产原价	累计折旧	固定资产净值	固定资产净值年平均余额	无形及递延资产	负债总计	流动负债	长期负债
全省	**25075440**	**8978925**	**16096516**	**15667373**	**1243475**	**24812535**	**16465359**	**7865344**
哈尔滨	4922702	1471888	3450814	3359599	158786	6889163	5106950	1626021
齐齐哈尔	1523628	496665	1026963	1035312	43991	2032270	1596015	436255
鸡西	1053556	281884	771672	759851	52666	1613350	1148765	460076
鹤岗	953473	211211	742262	612024	46133	881791	459273	422486
双鸭山	791100	213832	577268	581897	46719	777735	468943	301011
大庆	8376075	4226606	4149469	4279096	606417	3999063	2306826	1688879
伊春	673888	178667	495221	511347	41816	906350	677960	214146
佳木斯	652531	169639	482892	429726	29734	1059659	761885	294414
七台河	551833	161703	390130	380672	29929	645219	449223	186042
牡丹江	1904109	472892	1431217	1247974	124181	2302289	1171458	968955
黑河	317110	96930	220180	224449	6180	403339	218873	81646
绥化	648759	126810	521949	505918	41552	1043724	706492	326408
大兴安岭	446803	123723	323080	322141	6781	466541	384077	82462
农垦总局	338329	104245	234084	219378	8561	555393	466627	81887

11－9　续表2　　1998年　　单位:万元

地　区	所有者权益合计	#实收资本	#国家资本	产品销售收入	产品销售成本	产品销售费用	产品销售税金及附加	产品销售利润
全　省	**11604466**	**7894735**	**3294225**	**16636632**	**12851153**	**457459**	**530192**	**2786004**
哈尔滨	2063907	1579021	848516	3526707	2808468	139064	85651	493521
齐齐哈尔	772012	584649	462132	1034569	889768	23513	14650	106638
鸡　西	157621	259363	209611	433699	410787	25107	5871	－8426
鹤　岗	388964	232288	213635	247039	209121	6393	3840	27686
双鸭山	301550	182841	149809	185444	155820	5756	2887	20974
大　庆	4998043	2587754	51350	6930664	4841571	56302	309178	1723613
伊　春	200595	220885	170131	335318	250406	8174	7777	68962
佳木斯	232609	291011	211621	444316	379041	16597	4539	41081
七台河	144133	155839	147576	251060	201421	14162	2486	32979
牡丹江	569540	436804	295143	1210006	902991	108076	55914	143025
黑　河	97588	97572	84491	110461	88367	3669	2441	15832
绥　化	271727	256914	111580	581898	467276	26211	20757	63164
大兴安岭	268604	218674	216498	199873	126930	1801	8514	62550
农垦总局	114403	136965	100042	357940	302014	22616	2186	27459

11－9　续表3　　1998年　　单位:万元

地　区	管理费用	#税　金	财务费用	#利息支出	利润总额	亏损企业亏损总额	利税总额	从业人员年平均人数(人)
全　省	**1436851**	**64001**	**762528**	**727285**	**827292**	**781640**	**2496221**	**2529788**
哈尔滨	403793	10917	217614	206443	－80766	202245	170098	671510
齐齐哈尔	109542	2951	65704	64579	－43688	72881	23480	216742
鸡　西	80479	2460	26052	25312	－109284	122169	－80281	181004
鹤　岗	52113	863	13030	12370	－7106	11614	12627	137746
双鸭山	37381	1346	16858	16651	－9554	12162	9671	91453
大　庆	344014	31233	149857	136624	1203300	126345	2185896	229682
伊　春	61246	1832	25769	24961	－13723	26265	1886	219698
佳木斯	48790	1259	32347	32057	－25936	41583	－2604	114624
七台河	29969	1483	22311	22229	－15959	19300	2688	83959
牡丹江	101374	3457	66274	64442	6477	29258	122590	207794
黑　河	16453	354	9589	9293	－8607	13577	－1858	52219
绥　化	37021	1262	41051	39565	－2730	21366	45934	104373
大兴安岭	36651	2112	21330	19447	781	4788	14843	109600
农垦总局	26730	378	19067	17663	－4693	16868	9030	59900

11－10　各地区大中型工业企业主要经济指标

1998年　　单位:万元

地　区	工业销售产值	工业增加值	资产总计	流动资产年平均余额	流动资产合计	#存货	长期投资	固定资产合计
全　省	**13919034**	**7211654**	**31491074**	**12253409**	**12773323**	**3847246**	**893495**	**16472432**
哈尔滨	2913296	778893	7791745	3718974	3815908	1464890	140908	3598374
齐齐哈尔	824818	183372	2417618	1261625	1267808	479016	52640	1050651
鸡　西	254161	84115	1342743	583362	605250	127491	3795	692889
鹤　岗	200346	73788	1165936	277115	280795	70880	4822	834861
双鸭山	153599	60024	934370	330852	353201	67418	371	535665
大　庆	6546050	4597133	8452230	2683950	2933583	691196	250460	4671602
伊　春	302682	133335	989278	398105	445383	112947	18096	484652
佳木斯	275017	52770	978940	413239	416226	170423	57174	472780
七台河	190896	89459	617197	245343	245435	47763	4529	339357
牡丹江	653774	225026	2394848	762938	745021	206517	47855	1481017
黑　河	21500	2073	156878	47137	56957	16655	2080	94670
绥　化	371528	128777	916855	394273	387952	155425	54887	412965
大兴安岭	179991	117075	683466	304651	311671	122178	4582	318692
农垦总局	207694	45117	389152	201046	212271	93462	21513	150114

11－10　续表1　　1998年　　单位:万元

地　区	固定资产原价	累计折旧	固定资产净值	固定资产净值年平均余额	无形及递延资产	负债总计	流动负债	长期负债
全　省	**22670058**	**8416401**	**14253658**	**13862652**	**1136284**	**21102338**	**13602903**	**7179123**
哈尔滨	4427011	1345248	3081764	2988666	123617	6063811	4433912	1494665
齐齐哈尔	1312981	444646	868335	881727	36981	1733731	1344964	388767
鸡　西	858943	239352	619591	610291	39647	1264296	870994	393302
鹤　岗	895895	197839	698056	568627	44451	806720	392906	413814
双鸭山	719952	196263	523689	529499	44882	650358	361220	281551
大　庆	8074301	4167275	3907027	4011883	596294	3680397	2066693	1613704
伊　春	604613	160263	444350	461727	40754	817698	603006	200782
佳木斯	462960	135957	327003	310297	24589	840776	592622	245033
七台河	453388	140597	312791	305773	27876	485671	327324	158347
牡丹江	1682437	412012	1270425	1088027	112337	1931764	886121	886552
黑　河	133102	60101	73001	93377	935	118357	98526	19831
绥　化	489931	87816	402114	378821	32335	725272	457939	267333
大兴安岭	420797	118096	302700	302931	6408	427671	355515	72156
农垦总局	212201	68703	143498	133018	5149	319168	269170	48628

11－10　续表2　　1998年　　单位:万元

地　区	所有者权益合计	#实收资本	#国家资本	产品销售收入	产品销售成本	产品销售费用	产品销售税金及附加	产品销售利润
全　省	**10388735**	**6711302**	**2754911**	**13864660**	**10539804**	**334861**	**492107**	**2491070**
哈尔滨	1727934	1299381	735828	2811302	2224675	105387	75901	405338
齐齐哈尔	683887	488932	403725	832558	715461	17681	11435	87981
鸡　西	78446	173501	169503	258831	270582	12091	3712	－27572
鹤　岗	359216	211916	202531	193177	165990	4108	3237	19842
双鸭山	284012	144486	118954	131987	111812	3035	1834	15306
大　庆	4771833	2377727	32415	6556568	4515270	47830	303015	1690454
伊　春	171580	180624	145784	261113	188002	6443	6257	60411
佳木斯	138164	208004	171155	283029	237764	11143	2662	29461
七台河	131526	119786	119114	180471	151823	6794	1449	20405
牡丹江	463085	326026	246210	816828	571440	89013	51214	105162
黑　河	38520	35741	35741	21992	16873	338	665	4116
绥　化	191583	198147	71119	349962	271164	16227	17365	41093
大兴安岭	255795	205492	205492	182896	114184	1328	8356	58981
农垦总局	69984	87384	75253	196308	167592	13427	1503	13146

11－10　续表3　　1998年　　单位:万元

地　区	管理费用	#税　金	财务费用	#利息支出	利润总额	亏损企业亏损总额	利税总额	从业人员年平均人数(人)
全　省	**1224245**	**56108**	**651695**	**627695**	**808489**	**669198**	**2313413**	**1960105**
哈尔滨	346366	8870	192084	186076	90792	171449	118058	534531
齐齐哈尔	89660	2363	55844	55029	－34916	58635	18486	161887
鸡　西	66298	1084	19049	18810	－109747	112926	－96659	114766
鹤　岗	47363	782	11353	11257	－10146	10956	5549	112843
双鸭山	31314	1267	11835	11835	－5875	6685	9336	72999
大　庆	325554	30168	141573	128800	1184349	119813	2149367	202435
伊　春	55102	1699	23109	23086	－13497	22730	－1356	195321
佳木斯	37312	994	24754	24605	－20913	30739	－7685	80895
七台河	19988	934	14096	14084	－12075	12324	－459	62677
牡丹江	78394	2899	51334	50622	－1016	21097	96417	152157
黑　河	7958	143	5917	5913	－10229	10726	－9289	30796
绥　化	19271	681	30982	30052	－397	13163	34034	56726
大兴安岭	34401	1833	19849	18023	1055	4003	14034	102086
农垦总局	13972	295	14240	13855	－6095	12732	1361	30502

11－11　各地区国有工业企业主要经济指标

1998年　　　　单位:万元

地　区	工业销售产值	工业增加值	资产总计	流动资产年平均余额	流动资产合计	#存货	长期投资	固定资产合计
全　省	**10928574**	**6389883**	**23676922**	**9168645**	**9638878**	**2999282**	**467237**	**12386321**
哈尔滨	1779226	502266	5402264	2486363	2475393	897005	123706	2702826
齐齐哈尔	313544	58383	1206871	628337	613444	282894	26244	535504
鸡　西	286966	98417	1445194	637746	670480	151457	3790	727047
鹤　岗	200177	76752	861926	273874	277565	68352	5133	538974
双鸭山	181728	109957	821935	362677	385991	90954	683	391295
大　庆	6376839	4560837	7958784	2463118	2707028	631532	209069	4461870
伊　春	280285	143639	810236	346134	392080	91765	16863	379122
佳木斯	186505	36213	675479	313399	331264	133770	11985	309836
七台河	45843	16197	171949	78199	83737	29460	9	85313
牡丹江	386349	142002	1836640	507635	509193	149953	21483	1186393
黑　河	68731	17826	411076	102722	118679	40840	12288	192586
绥　化	278195	104737	761902	350471	414046	155272	9315	306258
大兴安岭	192390	124472	722973	318880	326364	126877	4582	342631
农垦总局	351796	98185	589694	299090	333616	149151	22088	226664

11－11　续表1　　　　1998年　　　　单位:万元

地　区	固定资产原价	累计折旧	固定资产净值	固定资产净值年平均余额	无形及递延资产	负债总计	流动负债	长期负债
全　省	**17668233**	**6881830**	**10786403**	**10607893**	**977609**	**16369896**	**10950448**	**5077592**
哈尔滨	3219806	968804	2251002	2194898	59683	4459537	3235754	1190727
齐齐哈尔	771157	277796	493361	487708	24930	1035354	847042	188312
鸡　西	901051	250772	650279	638497	42077	1354953	942573	412380
鹤　岗	724844	200980	523864	487011	39019	517834	366978	150855
双鸭山	494986	116148	378838	368342	42937	638312	421594	211001
大　庆	7801531	4087499	3714032	3843392	580460	3340526	1855992	1484001
伊　春	493722	152988	340734	350162	21174	663506	544307	105289
佳木斯	390952	111106	279846	270342	17728	659139	511672	144112
七台河	102098	22418	79680	76891	2120	165481	119441	36086
牡丹江	1373569	297747	1075822	906476	109150	1577931	648180	770418
黑　河	253692	85976	167716	177760	3891	343405	181781	60795
绥　化	381681	87608	294073	281261	20793	659884	475614	174983
大兴安岭	443132	122616	320516	319811	6769	458756	379532	79222
农垦总局	316014	99372	216642	205342	6877	495281	419990	69412

11－11　续表2　　1998年　　单位:万元

地　区	所有者权益合计	#实收资本	#国家资本	产品销售收入	产品销售成本	产品销售费用	产品销售税金及附加	产品销售利润
全　省	**7307025**	**4793967**	**2317802**	**10855769**	**7941039**	**249162**	**447300**	**2208315**
哈尔滨	942727	751621	616449	1695325	1347068	44105	65564	238587
齐齐哈尔	171517	227164	226391	313023	284018	6749	1929	20328
鸡　西	90241	187422	185382	298742	301057	17375	3382	－23072
鹤　岗	344092	188136	181847	190083	159003	4268	3253	23560
双鸭山	183623	132194	131801	161129	136071	4885	2256	17910
大　庆	4618258	2291359	18710	6334616	4321703	45141	300515	1667258
伊　春	146730	142539	140585	247873	181291	3083	5680	57820
佳木斯	16340	111296	107299	186512	156603	8487	1694	16728
七台河	6468	31587	29409	58950	44067	6488	561	7822
牡丹江	258709	232706	209682	508193	332398	76911	36992	61893
黑　河	67671	71463	71368	68432	55184	1682	1811	9737
绥　化	102019	93175	89834	276689	225886	9716	13060	24835
大兴安岭	264218	216167	215657	195903	124025	1605	8500	61696
农垦总局	94414	117141	93390	320298	272666	18668	2105	23215

11－11　续表3　　1998年　　单位:万元

地　区	管理费用	#税　金	财务费用	#利息支出	利润总额	亏损企业亏损总额	利税总额	从业人员年平均人数(人)
全　省	**1015547**	**51151**	**486409**	**462464**	**812551**	**579677**	**2121253**	**1810976**
哈尔滨	248562	6448	128341	123651	－108010	151723	42786	483486
齐齐哈尔	51291	1373	36139	35862	－50438	52616	－34388	109517
鸡　西	71449	2339	21065	20722	－112535	117024	－97071	132613
鹤　岗	47773	815	9425	9217	－4896	6140	10744	113255
双鸭山	35155	1332	16414	16296	－10069	11239	747	81459
大　庆	318395	30035	128524	115808	1180945	116789	2132643	191713
伊　春	54956	1750	11258	10584	－12894	19677	－2556	199176
佳木斯	27236	797	19803	19637	－26716	28388	－17319	74309
七台河	6951	323	9408	9332	－7897	9476	－2236	16896
牡丹江	53911	2171	38908	37848	－9844	18894	55464	131054
黑　河	13791	293	8089	8043	－10961	12627	－6117	45594
绥　化	25014	995	20325	19773	－11596	16324	14526	72916
大兴安岭	36356	2111	21069	19187	384	4736	14264	106381
农垦总局	24708	369	17640	16505	－2922	14024	9767	52607

11－12　各地区集体工业企业主要经济指标

1998 年　　　　单位:万元

地区	工业销售产值	工业增加值	资产总计	流动资产年平均余额	流动资产合计	#存货	长期投资	固定资产合计
全省	**1136401**	**369478**	**1228047**	**711022**	**746024**	**303338**	**30162**	**408468**
哈尔滨	425614	124820	413537	249274	256136	127241	19535	124162
齐齐哈尔	86345	29651	90275	50073	50750	28463	796	38174
鸡西	93284	49497	180550	112010	119289	32047	1357	49431
鹤岗	21282	10024	46626	26783	25577	13564	256	19021
双鸭山	4772	2739	10010	5532	7130	3438	27	2781
大庆	119975	31998	163145	78999	91918	33576	2956	65297
伊春	34935	16526	78291	45908	47752	7302	163	29749
佳木斯	79972	19819	41263	27028	26940	10008	74	13811
七台河	9234	4393	11693	6803	7023	1986		4589
牡丹江	175371	57348	122635	67996	73418	27492	4199	40113
黑河	16389	4628	8122	4378	4699	4169		3348
绥化	63596	15078	55733	31629	32620	13226	779	16242
大兴安岭	4415	2670	3641	2473	2581	748	20	1033
农垦总局	1219	286	2526	2137	193	78		720

11－12　续表 1　　　　1998 年　　　　单位:万元

地区	固定资产原价	累计折旧	固定资产净值	固定资产净值年平均余额	无形及递延资产	负债总计	流动负债	长期负债
全省	**509088**	**125342**	**383746**	**386755**	**28950**	**907297**	**781507**	**111284**
哈尔滨	163516	48470	115046	119038	11629	275454	242840	26430
齐齐哈尔	47022	10481	36541	36390	414	63011	54913	8098
鸡西	62670	18648	44022	42375	8582	163380	151245	7627
鹤岗	21724	4858	16866	16447	1430	35748	31236	4513
双鸭山	3563	795	2769	2474	71	8939	5280	1594
大庆	77126	13928	63198	61045	1894	112318	96455	14612
伊春	32498	2850	29648	29307	512	61121	59483	1303
佳木斯	18551	5069	13482	12869	438	27905	25297	2604
七台河	5852	1324	4528	4481	49	9977	9909	68
牡丹江	49085	12261	36824	41011	2643	95241	66786	28297
黑河	4009	661	3348	3334	58	6698	4127	2570
绥化	20874	5151	15723	16040	1225	42065	29038	13028
大兴安岭	1489	456	1033	1055	6	2927	2766	161
农垦总局	1111	391	720	891		2513	2133	380

11－12　续表2　1998年　单位:万元

地　区	所有者权益合计	#实收资本	#国家资本	产品销售收入	产品销售成本	产品销售费用	产品销售税金及附加	产品销售利润
全　省	**320750**	**311610**	**25955**	**1121490**	**964124**	**31991**	**14610**	**109174**
哈尔滨	138083	114447	5057	408811	356480	8758	5863	37709
齐齐哈尔	27264	25481	2448	81370	67898	2369	613	10490
鸡　西	17170	29564	945	98409	80711	6008	1354	10084
鹤　岗	10878	8006		20296	18907	740	167	482
双鸭山	1072	10936	10000	4635	3618	213	419	385
大　庆	50827	46950	6171	133924	116976	2990	1677	12281
伊　春	17170	23740	28	31805	25846	506	1447	4006
佳木斯	13357	11103	57	78334	70559	846	431	6439
七台河	1716	3836		10081	7814	405	241	1621
牡丹江	27394	25106	30	171791	146171	5668	1415	18538
黑　河	1424	1534		16841	15186	625	25	1005
绥　化	13668	9754	843	62034	51423	2724	939	5666
大兴安岭	714	1143	376	2486	1998	105	14	369
农垦总局	13	10		672	538	35	2	97

11－12　续表3　1998年　单位:万元

地　区	管理费用	#税　金	财务费用	#利息支出	利润总额	亏损企业亏损总额	利税总额	从业人员年平均人数（人）
全　省	**54727**	**2132**	**26880**	**22158**	**41458**	**15071**	**103994**	**202355**
哈尔滨	23174	1021	8162	5170	8935	4848	31531	66822
齐齐哈尔	5898	164	2898	2726	2200	1573	7596	17597
鸡　西	5784	49	2918	2653	2750	4054	12858	40934
鹤　岗	1010	10	488	383	－37	194	1569	16050
双鸭山	312	1	228	157	－111	180	613	3693
大　庆	5231	460	2256	2240	12423	1135	17649	9634
伊　春	1404	47	1322	1305	－27	973	2083	10672
佳木斯	1826	31	1193	1192	3630	189	8621	5933
七台河	2043	203	96	96	583	242	1398	4550
牡丹江	6207	127	4726	4338	8183	1397	14435	15226
黑　河	131	2	223	223	667	5	974	2175
绥　化	1425	16	2217	1662	1981	230	4229	5880
大兴安岭	179		14	14	275	52	421	2965
农垦总局	104	2	138		7		16	224

11－13　工业企业主要经济效益指标

1998年　　　　单位:%

类别	资产负债率	流动资产周转率(次/年)	成本费用利润率	全员劳动生产率(元/人)	产品销售率
总　计	**68.1**	**1.14**	**5.3**	**20197**	**95.8**
一、按轻重工业分					
轻工业	82.3	1.02	－2.8	15784	91.9
重工业	64.3	1.17	7.9	20371	97.0
二、按行业分					
采掘业	52.9	1.65	23.5	20550	98.1
煤炭采选业	77.7	0.55	－14.0	4028	91.6
石油和天然气开采业	31.2	2.90	36.7	108453	99.6
黑色金属矿采选业	96.7	5.20	2.6	7301	98.4
有色金属矿采选业	74.6	1.02	－16.0	6688	92.0
非金属矿采选业	74.7	0.72	3.2	12443	89.0
其他矿采选业					
木材及竹材采运业	73.3	0.69	0.9	5535	94.5
制造业	76.4	0.92	－3.0	14620	93.8
食品加工业	103.5	1.10	－8.6	10247	88.2
食品制造业	76.4	1.50	－2.0	19182	92.0
饮料制造业	67.4	1.34	3.4	28001	94.6
烟草加工业	69.6	0.89	1.7	89541	98.9
纺织业	100.1	0.50	－14.0	4921	89.7
服装及其他纤维制品制造业	73.5	0.63	4.6	7356	85.8
皮革、毛皮、羽绒及其制品业	106.6	0.47	－18.4	4070	81.0
木材加工及竹、藤、棕草制品业	87.8	0.79	－3.1	11674	91.8
家具制造业	56.2	0.98	9.9	23705	89.3
造纸及纸制品业	71.4	0.83	－1.1	10319	95.4
印刷业，记录媒介的复制	71.2	0.82	－2.8	10295	85.6
文教体育用品制造业	84.7	0.63	－8.7	4023	92.9
石油加工及炼焦业	61.1	1.62	－4.8	42129	94.6
化学原料及化学制品制造业	71.0	0.95	0.8	15857	92.8
医药制造业	79.3	1.14	5.5	34198	93.4
化学纤维制造业	65.3	1.00	－0.1	48024	98.8
橡胶制品业	85.4	1.09	0.8	21113	106.3
塑料制品业	76.2	0.83	－0.7	17524	86.7
非金属矿物制品业	79.8	0.98	－3.9	5811	94.7
黑色金属冶炼及压延加工业	80.2	0.58	－5.2	7014	94.6
有色金属冶炼及压延加工业	92.0	0.79	－10.2	8489	101.6
金属制品业	77.1	0.66	2.0	11603	95.2
普通机械制造业	77.2	0.39	－7.1	7665	91.2
专用设备制造业	74.8	0.60	1.1	10937	95.1
交通运输设备制造业	66.5	1.11	－1.0	19409	99.5
武器弹药制造业	63.5	0.59	－9.2	1134	97.1
电气机械及器材制造业	83.1	0.64	－3.9	13873	93.7
电子及通信设备制造业	71.5	0.73	5.1	60700	97.7
仪器仪表文化办公用机械制造业	83.5	0.66	－2.3	9904	86.1
其他制造业	86.8	1.14	10.5	9534	95.6
电力、煤气及水的生产和供应业	66.5	1.26	－4.1	15997	99.5
电力.蒸汽.热水的生产和供应业	68.3	1.25	－4.1	16842	100.1
煤气生产和供应业	79.9	0.96	－3.6	51291	89.4
自来水的生产和供应业	18.6	2.01	－5.5	4925	93.5

注:本表全员劳动生产率按1990年不变价增加值计算(下三表同)。

11－14　大中型工业企业主要经济效益指标

1998年　　单位:%

类　　别	资　产 负债率	流动资产 周转率 (次/年)	成本费用 利润率	全员劳动 生产率 (元/人)	产　品 销售率
总　计	**67.0**	**1.13**	**6.3**	**22250**	**96.7**
一、按轻重工业分					
轻工业	83.1	0.98	－4.3	16923	92.9
重工业	63.6	1.17	8.8	22115	97.5
二、按行业分					
采掘业	51.4	1.71	24.6	21906	98.2
煤炭采选业	76.5	0.50	－17.8	3584	90.7
石油和天然气开采业	31.2	2.90	36.7	108735	99.6
黑色金属矿采选业					
有色金属矿采选业	77.5	0.84	－24.8	4581	89.3
非金属矿采选业	80.8	0.48		11013	91.4
其他矿采选业					
木材及竹材采运业	73.3	0.69	0.9	5535	94.5
制造业	76.6	0.86	－4.3	14919	94.9
食品加工业	111.4	0.97	－14.1	8103	86.7
食品制造业	71.9	1.68	－1.8	20674	90.2
饮料制造业	61.6	1.38	5.4	39483	95.3
烟草加工业	55.9	1.29	9.6	149394	102.6
纺织业	102.5	0.48	－15.8	4438	90.2
服装及其他纤维制品制造业	169.2	0.15		11017	33.7
皮革、毛皮、羽绒及其制品业	106.6	0.40	－22.8	11898	73.0
木材加工及竹、藤、棕草制品业	92.6	0.33	－14.8	6064	94.7
家具制造业	58.7	0.72	10.6	22227	88.8
造纸及纸制品业	70.3	0.71	－2.4	8809	96.6
印刷业，记录媒介的复制	46.7	0.45	－9.1	5598	109.4
文教体育用品制造业	80.8	0.37	－7.4	1245	80.0
石油加工及炼焦业	63.0	1.64	－5.3	45057	95.4
化学原料及化学制品制造业	72.0	0.70	－3.0	10504	96.6
医药制造业	83.0	1.17	4.6	33502	97.7
化学纤维制造业	65.3	1.00	－0.1	48024	98.8
橡胶制品业	86.3	1.07	0.7	23861	108.4
塑料制品业	76.8	0.68	－3.5	19403	84.4
非金属矿物制品业	81.5	0.86	－6.0	4279	98.2
黑色金属冶炼及压延加工业	79.4	0.57	－4.8	7189	95.7
有色金属冶炼及压延加工业	96.1	0.66	－13.0	7498	99.4
金属制品业	79.9	0.39	－2.0	8327	96.8
普通机械制造业	78.3	0.33	－9.8	6475	92.2
专用设备制造业	76.8	0.56	－1.6	10862	95.4
交通运输设备制造业	65.6	1.10	－0.5	21640	97.2
武器弹药制造业	63.6	0.59	－9.3	1118	97.1
电气机械及器材制造业	86.8	0.53	－5.5	12387	95.3
电子及通信设备制造业	72.9	0.75	2.9	76993	97.7
仪器仪表文化办公用机械制造业	82.8	0.52	－6.5	8746	94.7
其他制造业	89.3	0.62	－8.3	8081	91.0
电力、煤气及水的生产和供应业	66.2	1.18	－4.8	22931	99.1
电力、蒸汽、热水生产和供应业	67.7	1.16	－4.7	23227	99.7
煤气生产和供应业	92.0	0.69	－3.2	61300	88.2
自来水的生产和供应业	11.1	2.31	－6.5	8518	94.8

11－15 国有工业企业主要经济效益指标

1998年　　　　单位:%

类　　别	资产负债率	流动资产周转率(次/年)	成本费用利润率	全员劳动生产率(元/人)	产品销售率
总　　计	**69.1**	**1.18**	**8.4**	**18801**	**96.2**
一、按轻重工业分					
轻工业	97.1	0.74	－9.0	9287	90.3
重工业	63.6	1.30	11.5	20166	97.1
二、按行业分					
采掘业	50.7	1.74	25.2	22365	98.3
煤炭采选业	77.2	0.47	－20.0	3037	89.5
石油和天然气开采业	31.2	2.90	36.7	108735	99.6
黑色金属矿采选业	96.7	5.20	2.6	7301	98.4
有色金属矿采选业	75.2	0.96	－22.5	6402	90.1
非金属矿采选业	76.5	0.47	－0.4	8606	87.2
其他矿采选业					
木材及竹材采运业	73.3	0.69	0.9	5535	94.5
制造业	82.5	0.82	－7.6	10497	93.3
食品加工业	111.6	0.78	－12.7	6272	87.4
食品制造业	86.2	1.23	－3.7	10212	86.6
饮料制造业	79.9	1.15	5.2	20567	93.6
烟草加工业	69.6	0.89	1.7	89541	98.9
纺织业	107.8	0.39	－20.8	3211	92.4
服装及其他纤维制品制造业	108.5	0.52	11.4	7151	93.5
皮革、毛皮、羽绒及其制品业	147.9	0.30	－37.9	11813	97.8
木材加工及竹、藤、棕草制品业	96.2	0.44	－13.0	5518	91.6
家具制造业	71.2	0.59	－2.1	6796	78.1
造纸及纸制品业	100.2	0.81	－5.7	9474	93.2
印刷业，记录媒介的复制	69.4	0.68	－6.9	5845	94.3
文教体育用品制造业	92.0	0.41	－12.2	－219	83.0
石油加工及炼焦业	63.9	1.87	－6.5	46738	95.5
化学原料及化学制品制造业	81.4	0.87	－5.4	7587	93.7
医药制造业	95.7	0.69	－5.8	18279	84.8
化学纤维制造业	91.5	0.24	－33.7	4085	96.0
橡胶制品业	100.5	0.76	－6.4	5282	94.5
塑料制品业	90.4	0.64	2.0	15043	79.6
非金属矿物制品业	83.0	0.66	－10.3	4351	93.5
黑色金属冶炼及压延加工业	99.8	0.59	－10.1	6995	94.6
有色金属冶炼及压延加工业	87.7	0.98	－12.5	2296	103.9
金属制品业	81.9	0.31	－4.7	6208	97.4
普通机械制造业	77.8	0.24	－20.0	2956	86.2
专用设备制造业	80.8	0.47	－5.5	7615	93.2
交通运输设备制造业	72.1	0.92	－2.4	18572	96.5
武器弹药制造业	63.1	0.60	－7.6	1106	96.7
电气机械及器材制造业	101.3	0.53	－12.7	9658	93.4
电子及通信设备制造业	75.5	0.35	－0.5	10170	98.7
仪器仪表文化办公用机械制造业	82.6	0.52	－6.4	7105	95.3
其他制造业	99.4	0.60	－6.0	5585	94.0
电力、煤气及水的生产和供应业	79.0	1.28	－0.7	9781	98.3
电力、蒸汽、热水生产和供应业	81.9	1.28	－0.8	8716	101.7
煤气生产和供应业	79.9	0.96	－3.6	51291	89.4
自来水的生产和供应业	28.1	1.43	1.6	3582	90.1

11－16　集体工业企业主要经济效益指标

1998年　　　　单位：%

类别	资产负债率	流动资产周转率（次/年）	成本费用利润率	全员劳动生产率（元/人）	产品销售率
总计	**73.9**	**1.58**	**3.8**	**14635**	**94.1**
一、按轻重工业分					
轻工业	71.0	1.81	3.3	19807	92.7
重工业	75.7	1.44	4.2	12793	95.1
二、按行业分					
采掘业	89.6	0.91	3.7	5645	92.3
煤炭采选业	91.1	0.83	3.4	4982	93.2
石油和天然气开采业					
黑色金属矿采选业					
有色金属矿采选业	92.1	0.83	2.9	69949	100.0
非金属矿采选业	65.4	2.71	6.0	20806	86.4
其他矿采选业					
木材及竹材采运业					
制造业	70.8	1.70	4.0	17929	94.1
食品加工业	77.6	3.20	2.4	27509	92.1
食品制造业	58.9	2.06	5.7	44068	98.4
饮料制造业	92.5	2.98	3.4	24318	95.4
烟草加工业					
纺织业	82.3	0.85	－7.3	18944	96.0
服装及其他纤维制品制造业	38.6	0.55	－0.8	9726	87.0
皮革、毛皮、羽绒及其制品业	98.7	0.35	－10.6	6153	68.0
木材加工及竹、藤、棕草制品业	70.3	0.94	5.3	17055	90.7
家具制造业	47.9	2.29	8.1	18148	89.8
造纸及纸制品业	77.5	2.08	3.8	19262	95.2
印刷业，记录媒介的复制	53.4	1.83	5.6	13479	96.0
文教体育用品制造业	81.3	2.62	0.4	35086	119.9
石油加工及炼焦业	61.0	1.97	6.5	46079	92.5
化学原料及化学制品制造业	71.3	1.79	11.4	26907	93.9
医药制造业	67.5	1.24	4.1	28486	54.4
化学纤维制造业					
橡胶制品业	59.9	1.51	0.6	10199	78.5
塑料制品业	80.4	1.07	－1.8	11952	94.6
非金属矿物制品业	73.6	1.98	4.3	17778	95.4
黑色金属冶炼及压延加工业	85.9	0.61	－13.1	1324	82.4
有色金属冶炼及压延加工业	45.1	2.16	6.2	76705	79.8
金属制品业	68.5	1.49	5.3	17446	93.5
普通机械制造业	73.5	1.50	2.7	11258	84.2
专用设备制造业	61.6	0.78	2.3	9779	98.8
交通运输设备制造业	55.4	2.20	2.8	19317	117.9
武器弹药制造业	14.1	0.57	2.0	17023	98.1
电气机械及器材制造业	76.0	1.26	1.6	16597	86.1
电子及通信设备制造业	65.4	3.39	11.6	123000	95.6
仪器仪表文化办公用机械制造业	98.1	1.09	0.3	9757	82.9
其他制造业	69.0	3.10	25.9	24816	97.6
电力、煤气及水的生产和供应业	64.2	3.15	0.3	21304	100.0
电力、蒸汽、热水生产和供应业	64.2	3.15	0.3	21304	100.0
煤气生产和供应业					
自来水的生产和供应业					

11－17　工业产品产量

产品名称	单　位	1985年	1990年	1995年	1996年	1997年	1998年
原　煤	万吨	6246.0	8263.5	7937.6	8197.8	7547.2	7092.4
原　油	万吨	5529.0	5562.2	5601.5	5601.7	5609.2	5593.8
天然气	亿立方米	25.0	22.5	25.9	23.3	23.5	23.3
铁矿石原矿量	万吨		39.7	31.8	22.6	16.7	22.8
木　材	万立方米	1667.0	1498.8	1123.6	1285.1	1150.5	922.4
食用植物油	万吨	25.0	36.9	58.3	55.5	66.9	35.7
糖	万吨	42.8	49.7	37.5	46.4	36.2	28.2
乳制品	万吨	4.7	11.4	11.8	12.7	12.5	11.9
罐　头	万吨	1.9	2.9	2.0	2.1	0.9	1.0
白　酒	万吨	18.0	28.3	28.2	26.8	30.2	16.5
啤　酒	万吨	36.6	53.8	105.7	108.4	119.4	121.1
卷　烟	万箱	39.9	70.6	79.0	74.1	72.5	70.4
纱	万吨	6.4	7.2	3.2	3.1	4.2	4.8
布	万米	22400.0	24655.0	10920.0	7612.7	10799.7	8327.0
毛　线	吨	1706.0	2186.0	714.0	395.0	254.0	221.0
呢　绒	万米	614.0	703.0	303.4	306.6	213.7	185.7
亚麻布	万米	3500.0	3131.0	2935.0	2271.4	2139.4	2348.4
丝织品	万米	690.0	905.0	1570.0	1700.3	1723.0	1424.0
服　装	万件		1551.0	3600.0	1587.2	1252.4	1443.9
皮　鞋	万双	785.0	667.2	645.0	307.0	272.1	62.4
锯　材	万立方米	378.5	342.5	334.0	387.4	290.1	75.2
人造板	万立方米	26.8	33.5	73.2	67.7	69.2	41.7
机制纸及纸板	万吨	45.0	53.5	68.8	65.3	58.1	31.1
原油加工量	万吨	689.0	500.1		1150.7	1229.2	1244.5
汽　油	万吨		148.8	261.7	257.8	272.9	284.3
柴　油	万吨		266.8	379.7	418.6	425.9	437.8
焦　炭	万吨	79.6	156.6	189.5	170.0	175.4	153.3
硫酸(折100%)	万吨	3.2	8.8	8.9	8.1	6.2	7.1
盐　酸	万吨	3.0	5.7	6.9	7.5	7.4	5.7
烧　碱	万吨	4.2	7.6	10.2	10.0	16.7	14.0
电　石	万吨	6.2	7.8	9.3	7.8	9.1	7.2
合成氨	万吨	47.2	51.7	66.1	66.9	65.7	67.2
农用化肥(折100%)	万吨	33.6	36.0	43.7	44.8	44.6	46.7
化学农药(折100%)	吨	1340.0	600.0	6392.0	4924.0	5827.0	3295.0
乙　烯	万吨		28.1	31.0	35.2	33.0	36.7
肥　皂	吨	32409.0	42768.0	13187.0	4676.0	3328.0	426.0

注:本表1998年统计口径为全部国有和销售收入500万元及以上非国有工业企业。

11－17　续表

产品名称	单　位	1985年	1990年	1995年	1996年	1997年	1998年
合成洗涤剂	万吨	1.7	2.4	2.8	2.9	3.9	3.3
化学原料药	吨	2122.2	3877.8	29032.0	57771.0	36436.0	47539.0
化学纤维	万吨	4.2	9.6	14.0	14.1	15.9	16.9
#合成纤维	万吨	3.6	8.7	12.8	13.5	15.6	16.8
轮胎外胎	万条	127.6	134.9	202.4	219.8	202.1	173.4
塑料制品	万吨	6.5	9.4	14.6	15.6	16.4	9.0
水　泥	万吨	424.2	472.7	667.8	655.4	709.7	744.1
平板玻璃	万重量箱	169.1	427.0	531.1	563.0	440.9	334.8
石墨及碳素制品	吨		82595.0	21757.0	17728.0	80878.0	1953.0
生　铁	万吨	29.1	59.6	77.4	69.2	82.3	76.7
钢	万吨	75.9	95.2	93.8	84.2	88.4	79.1
成品钢材	万吨	63.0	79.4	87.4	71.8	75.5	67.2
#优质钢材	万吨	30.4	42.0	35.8	31.0	30.2	23.2
铝材	万吨	4.7				4.9	3.6
十种有色金属	吨	4746.0	6743.0	9151.0	10426.0	14161.0	13691.0
#铝	吨	2704.0	5085.0	5680.0	8315.0	11467.0	11300.0
日用精铝制品	吨	2579.9	1405.0	726.0	267.0	55.0	41.0
电站锅炉	台	13.0	23.0	16.0	39.0	11.0	
电站汽轮机(500千瓦及以上)	万千瓦		198.7	258.5	170.0	229.7	183.8
内燃机(商品量)	万千瓦		20.8	264.0	370.3	331.1	396.0
金属切削机床	台	3022.0	1472.0	2006.0	1168.0	1201.0	436.0
#数控机床	台	1.0	4.0	44.0	61.0	98.0	37.0
大型机床	台		195.0	75.0	90.0	144.0	18.0
发电设备	万千瓦	126.5	276.0	333.0	311.0	242.0	362.7
矿山设备	吨	7056.3	3888.0	4602.0	7818.0	9453.0	8247.0
冶炼设备	吨	6680.4	4325.0	3717.0	5853.0	2885.0	760.0
金属轧制设备	吨		12228.0	19387.0	11436.0	13537.0	12879.0
大中型拖拉机	台	440.0	155.0	760.0	217.0	609.0	1974.0
小型拖拉机	台	46911.0	11100.0	65546.0	71574.0	52081.0	48020.0
铁路货车	台	7597.0	6234.0	8203.0	7246.0	6852.0	6007.0
汽　车	辆	9508.0	5418.0	58946.0	65430.0	62055.0	71349.0
#载重汽车	辆	6572.0	4491.0	20666.0	28303.0	16199.0	20069.0
改装汽车	辆	2515.0	2205.0	1526.0	1568.0	1486.0	1111.0
电视机	万台	20.9	12.5	12.1	59.7	65.1	82.0
#彩色电视机	万台	9.6	7.1	11.9	59.1	65.1	82.0
手表	万台	50.2	53.3	21.4	16.0	14.1	5.3
钟	万台		44.6	5.4	3.7	1.1	1.0
发电量	亿千瓦小时	187.0	295.2	388.0	410.3	432.9	423.8
电子计算机	部					23890.0	65080.0

主 要 统 计 指 标 解 释

工业　指从事自然资源的开采，对采掘品和农产品进行加工和再加工的物质生产部门。具体本包括：(1)对自然资源的开采，如采矿、晒盐、森林采伐等(但不包括禽兽捕猎和水产捕捞)；(2)对农副产品的加工、再加工，如粮油加工、食品加工、轧花、缫丝、纺织、制革等；(3)对采掘品的加工、再加工，如炼铁、炼钢、轧钢、化工生产、石油加工、机器制造、木材加工等，以及电力、自来水、煤气的生产和供应等；(4)对工业品的修理、翻新，如机器设备的修理、交通运输工具(包括小卧车)的修理等。1984年以前农村的村及村以下办工业归属农业，1984年以后划归工业。

轻工业　指主要提供生活消费品和制作手工工具的工业。按其所使用的原料不同，可分为两大类：(1)以农产品为原料的轻工业，是指直接或间接以农产品为基本原料的轻工业。主要包括食品制造、饮料制造、烟草加工、纺织、缝纫、皮革和毛皮制作、造纸以及印刷等工业；(2)以非农产品为原料的轻工业，是指以工业品为原料的轻工业。主要包括教体育用品、化学药品制造、合成纤维制造、日用化学制品、日用玻璃制品、日用金属制品、手工工具制造、医疗器械制造、文化和办公用机械制造等工业。

重工业　是指为国民经济各部门提供物质技术基础的主要生产资料的工业。按其生产性质和产品用途，可以分为下列三类：(1)采掘(伐)工业，是指对自然资源的开采，包括石油开采、煤炭开采、金属矿开采、非金属矿开采和木材采伐等工业；(2)原材料工业，指向国民经济各部门提供基本材料、动力和燃料的工业。包括金属冶炼及加工、炼焦及焦炭化学、化工原料、水泥、人造板以及电力、石油和煤炭加工等工业；(3)加工工业，是指对工业原材料进行再加工制造的工业。包括装备国民经济各部门的机械制造工业、金属结构、水泥制品等工业，以及为农业提供的生产资料如化肥、农药等工业。

根据上述划分原则，修理业中以重工业产品为修理作业对象的划为重工业，反之划为轻工业。

工业总产值　是以货币表现的工业企业在一定时期内生产的已出售或可供出售工业产品总量，它反映一定时间内工业生产的总规模和总水平。它包括：在本企业内不再进行加工，经检验、包装入库(规定不需包装的产品除外)的成品价值，工业性作业价值，自制半成品、在产品期末初差额价值。工业总产值采用“工厂法”计算，即以工业企业作为一个整体，按企业工业生产活动的最终成果来计算，企业内部不允许重复，不能把企业内部各个车间(分厂)生产的成果相加。但在企业之间、行业之间、地区之间存在着重复计算。

轻重工业总产值的划分也是按“工厂法”计算的，即一个工业企业在正常情况下生产的主要产品的性质属于轻工业，则该企业的全部总产值作为轻工业总产值；一个工业企业生产的主要产品的性质属于重工业，则该企业的全部总产值作为重工业总产值。

工业增加值　是指工业行业在报告期内以货币表现的工业生产活动的最终成果。

固定资产原价　固定资产原价指企业在建造、购置、安装、改建、扩建、技术改造某项固定资产时所支出的全部货币总额。它一般包括买价、包装费、运杂费和安装费等。

固定资产净值　是指固定资产原价减去历年已提折旧额后的净额。

流动资产　流动资产是指可以在一年或者超过一年的一个营业周期内变现或者耗用的资产，包括现金及各种存款、短期投资、应收及预付货款、存货等。

产品销售收入　指企业销售产品的销售收入和提供劳务等主要经营业务取得的业务总额。

产品销售成本　指企业销售产品和提供劳务等主要经营业务的实际成本。

产品销售税金及附加　指企业销售产品和提供工业性劳务等主要经营业务应负担的城市维护建设税、消费税、资源税和教育费附加。

产品销售利润　指企业销售产品和提供工业性等主要经营业务收入扣附其成本、费用、税金后的利润。

利润总额　企业实现的利润。

应交增值税　指企业在报告期内应交纳的增值税额。

利税总额　指企业利润总额、产品销售税金及附加和应交增值税之和。

总资产　指企业拥有或控制的全部资产。包括流动资产、长期投资、固定资产、无形及递延资产、其他长期资产、递延税项等，即为企业资产负债表的资产总计项。

(1)流动资产　指企业可以在一年内或者超过一年的一个生产周期内变现或耗用的资产合计。包括现金及各种存款、短期投资、应收及预付款项、存货等。

(2)固定资产　指企业固定资产净值、固定资产清理、在建工程、待处理固定资产损失所占用的资金合计。

(3)无形资产　指企业长期使用而没有实物形态的资产。包括专利权、非专利技术、商标权、著作权、土地使用权、商誉等。

总负债　指企业承担并需要偿还的全部债务。包括流动负债和长期负债、递延税项等,即为企业资产负债表的负债合计项。

(1)流动负债　指企业在一年内或者超过一年的一个营业周期内需要偿还的债务合计,其中包括短期借款、应付及预收款项、应付工资、应交税金和应交利润等。

(2)长期负债　指企业在一年以上或者超过一年的一个生产周期以上需要偿还的债务合计,其中包括长期借款、应付债务、长期应付款项等。

所有者权益　指企业投资人对企业净资产的所有权。企业净资产等于企业全部资产减去全部负责后的余额,其中包括投资者对企业的最初投入,以及资本公积金、盈余公积金和未分配利润,对股份制企业即为股东权益。

总资产贡献率　该指标反映企业全部资产的获利能力,是企业经营业绩和管理水平的集中体现,是评价和考核企业盈利能力的核心指标。计算公式为:

$$总资产贡献率=\frac{(利润总额+税金总额+利息支出)}{平均资产总额}\times 100\%$$

资本保值增值率　该指标反映企业净资产的变动状况,是企业发展能力的集体体现。计算公式为:

$$资本保值增值率=\frac{报告期期末所有者权益}{上年同期期末所有者权益}\times 100\%$$

资产负债率　该指标既反映企业经营风险的大小,也反映企业利用债权人提供的资金从事经营活动的能力。计算公式为:

$$资产负债率=\frac{负债总额}{资产总额}\times 100\%$$

流动资产周转率　指一定时期内流动资产完成的周转次数,反映投入工业企业流动资金的周转速度。计算公式为:

$$流动资产周转率=\frac{销售收入}{流动资产平均余额}$$

成本费用利润率　反映工业投入的生产成本及费用的经济效益,同时也反映企业降低成本所取得的经济效益。计算公式为:

$$成本费用利润率=\frac{利润总额}{成本费用总额}\times 100\%$$

其中:成本费用总额为产品销售成本、销售费用、管理费用、财务费用之和。

全员劳动生产率　该指标反映企业的生产效率和劳动投入的经济效益。计算公式为:

$$全员劳动生产率=\frac{工业增加值}{全部职工平均人数}$$

产品销售率　反映工业产品已实现销售的程度,是分析工业产销衔接情况、研究工业产品满足社会需求的指标。计算公式为:

$$产品销售率=\frac{工业销售产值}{工业总产值}\times 100\%$$

十二　建筑业

CONSTRUCTION

12－1 建筑企业单位数和从业人员数

年 份	企业单位数(个)			从业人员(万人)		
	总 计	#国 有	#城镇集体	总 计	#国 有	#城镇集体
1980	552	83	469	31.4	18.3	13.1
1985	993	146	847	41.1	18.0	23.1
1990	1364	346	1018	19.0	25.1	23.9
1991	1369	381	988	50.4	26.6	23.8
1992	1327	360	967	52.7	27.6	25.2
1993	1538	487	1043	68.0	37.7	30.0
1994	1632	517	1086	63.1	37.4	24.8
1995	1637	518	1060	63.3	35.7	24.1
1996	1702	591	944	65.2	36.5	24.5
1997	1710	569	928	64.2	35.6	22.4
1998	1874	562	869	62.1	31.7	18.6

12－2 建筑企业总产值和指数

年 份	总产值(亿元)			总产值指数(上年＝100)		
	总 计	#国 有	#城镇集体	总 计	#国 有	#城镇集体
1980	15.2	8.8	6.4			
1985	28.0	13.8	14.2			
1990	55.0	32.4	22.7	104.9	124.7	85.6
1991	72.1	44.7	27.5	120.3	126.7	111.1
1992	95.2	55.7	39.6	117.9	111.2	128.7
1993	152.8	98.3	53.6	120.7	132.9	101.8
1994	180.3	121.5	56.3	110.0	115.3	98.7
1995	205.6	134.6	59.2	108.8	105.7	100.2
1996	223.0	140.7	68.8	105.0	101.2	112.6
1997	243.5	156.4	66.3	105.2	107.1	92.8
1998	274.0	159.9	69.1	111.6	101.4	103.3

12－3 建筑业企业基本情况

指　　标	单　位	1993年	1994年	1995年	1996年	1997年	1998年
施工企业单位数	个	1538	1632	1637	1702	1710	1874
年平均人数	万人	68.0	63.1	63.3	65.2	64.2	62.1
固定资产原价	亿元	46.1	56.7	80.7	92.0	102.4	111.6
固定资产净价	亿元	33.8	40.6	59.1	68.2	73.3	79.1
自有机械设备台数	万台	10.9	11.4	12.4	13.3	13.8	13.9
自有机械设备净价	亿元	15.7	22.3	25.1	30.3	30.6	34.6
自有机械设备总功率	万千瓦	268.3	292.7	351.2	351.6	379.4	361.1
施工机械功率	万千瓦	164.1	194.0	247.8	251.4	294.7	275.7
总产值	亿元	152.8	180.3	205.6	223.0	243.5	274.0
竣工产值	亿元	107.1	132.2	163.0	163.0	213.1	218.5
产值竣工率	%	70.1	73.4	79.3	73.1	87.5	79.7
增加值	亿元	43.5	55.4	64.2	65.7	74.2	79.8
单位工程施工个数	个	16885	12944	13268	12128	12990	13183
单位工程竣工个数	个	11357	9110	9921	9012	10064	10345
#优良单位工程个数	个	3220	2764	2957	2874	3758	3577
单位工程优良品率	%	28.4	30.3	29.8	31.9	37.3	34.6
房屋建筑施工面积	万平方米	2383.0	2350.0	2317.5	2237.5	2231.1	2454.4
房屋建筑竣工面积	万平方米	1336.0	1205.0	1192.7	1254.5	1330.3	1532.7
#优良工程竣工面积	万平方米	441.0	403.0	419.7	450.1	568.9	721.4
房屋建筑面积竣工率	%	56.1	51.3	51.5	56.1	59.6	62.4
房屋竣工面积优良品率	%	33.0	33.4	35.2	35.9	42.8	47.1
利润总额	万元	35485	33767	30573	4709	3122	10187
利税总额	万元	88739	92138	87607	70636	71736	89402
全员劳动生产率							
按总产值计算	元/人	22487	28559	32498	34199	37992	44144
按增加值计算	元/人	6407	8773	10153	10075	11556	12860
技术装备率	元/人	2309	3534	3961	4643	4769	6583
动力装备率	千瓦/人	3.9	4.6	5.6	5.4	5.9	6.9
产值利润率	%	2.3	1.9	1.5	0.2	0.1	0.4
产值利税率	%	5.8	5.1	4.3	3.2	2.9	3.3

12－4 建筑业企业生产情况

1998 年

类　　别	企业个数（个）	总产值（万元）	建筑工程	安装工程	房屋构筑物修理	非标准设备制造	竣工产值（万元）
总　计	**1874**	**2739532**	**2057175**	**613591**	**35744**	**33022**	**2185136**
#国有及国有控股	614	1687643	1180585	467786	11407	27865	1347587
一、按登记注册类型分							
内资企业	1859	2724958	2045586	611327	35024	33022	2176251
国有企业	562	1598829	1103309	456877	10779	27865	1284139
集体企业	869	690591	554143	113959	18264	4225	584936
股份合作企业	40	33002	27789	4598	616		21639
联营企业	14	23592	19804	3412	376		9549
有限责任公司	181	223782	199330	22472	1243	737	163226
股份有限公司	91	86732	78119	5593	3019		62168
私营企业	102	68431	63092	4416	727	196	50595
港、澳、台商投资企业	7	9655	9570	85			6111
外商投资企业	8	4919	2020	2179	720		2775
二、按经济组织类型分							
独资企业	1440	2297472	1663348	572991	29043	32089	1877221
国有企业	562	1598829	1103309	456877	10779	27865	1284139
集体企业	869	690591	554143	113959	18264	4224	584936
私营独资企业	4	4563	3682	881			4146
港、澳、台商独资经营企业	3	1770	1685	85			4000
外资企业	2	1720	530	1190			
合作、合伙企业	58	57746	48745	8010	991		31237
股份合作企业	40	33002	27789	4598	616		21639
国有联营企业	3	1637	1637				1537
集体联营企业	6	17006	14235	2600	171		3436
国有与集体联营企业	3	2512	2482		30		3589
其他联营企业	2	2437	1450	812	175		987
私营合伙企业	4	1151	1151				49
股份有限公司	100	94626	85236	6313	3076		67809
股份有限公司(内资)	91	86732	78119	5593	3019		62168
私营股份有限公司	9	7894	7117	720	57		5641
有限责任公司	276	289689	259846	26276	2634	933	208869
国有独资公司	5	30065	25985	3991	90		18627
私营有限责任公司	85	54822	51141	2815	671	196	40758
港澳台合资经营企业	4	7885	7885				2111
中外合资经营企业	6	3199	1490	989	720		2775
其他有限责任公司	176	193717	173345	18482	1153	737	144598
三、按国民经济行业分							
土木工程建筑业	1442	2034965	1876403	104294	31493	22775	1599192
房　屋	1130	1464283	1369633	64102	25221	5328	1148585
矿　山	5	24017	22813	1204			13728
铁路公路隧道桥梁	133	391410	382058	8509	800	42	325215
堤坝电站码头	21	59433	41742	17612	80		31170
其他土木工程	153	95822	60158	12867	5392	17405	80495
线路管道设备安装业	269	640781	121164	505549	3820	10248	574544
线路管道安装业	111	109875	33981	75285	610		88533
设备安装业	158	530906	87184	430264	3210	10248	486011
装修装饰业	163	63786	59608	3748	430		11400
四、按隶属关系分							
中　央	122	694848	273082	389656	6604	25506	608016
地　方	1752	2044684	1784093	223934	29140	7516	1577121
#省　属	169	487916	423198	57724	5520	1474	329907
五、按企业资质等级分							
一　级	83	1182664	765383	386793	2998	27490	870334
二　级	277	793356	649720	132658	7075	3903	673441
三　级	618	490050	407602	68855	12237	1356	412627
四　级	896	273462	234470	25284	13435	273	228735

12－4 续表1

1998年

类 别	产值竣工率（%）	增加值（万元）	单位工程施工个数（个）	单位工程竣工个数（个）	#优良单位工程	单位工程优良品率（%）	房屋建筑施工面积（万平方米）
总 计	**79.8**	**798115**	**13183**	**10345**	**3577**	**34.6**	**2454**
#国有及国有控股	79.9	488572	7613	5629	2239	39.8	1114
一、按登记注册类型分							
内资企业	79.9	793416	13142	10312	3554	34.5	2446
国有企业	80.3	461730	7018	5202	2122	40.8	1015
集体企业	84.7	201031	4243	3695	962	26.0	857
股份合作企业	65.6	9287	148	113	49	43.4	63
联营企业	40.5	7417	46	27	8	29.6	36
有限责任公司	72.9	66994	1078	788	284	36.0	264
股份有限公司	71.7	27824	342	279	72	25.8	141
私营企业	73.9	19133	267	208	57	27.4	70
港、澳、台商投资企业	63.3	2361	19	11	8	72.7	7
外商投资企业	56.4	2337	22	22	15	68.2	1
二、按经济组织类型分							
独资企业	81.7	663927	11273	8907	3086	34.6	1881
国有企业	80.3	461730	7018	5202	2122	40.8	1015
集体企业	84.7	201031	4243	3695	962	26.0	857
私营独资企业	90.9	649	9	7	2	28.6	5
港、澳、台商独资经营企业	226.0	150	3	3			4
外资企业		367					
合作、合伙企业	54.1	17143	197	142	59	41.5	100
股份合作企业	65.6	9287	148	113	49	43.4	63
国有联营企业	93.9	388	4	4			1
集体联营企业	20.2	5305	25	12	4	33.3	26
国有与集体联营企业	142.9	1308	11	7	4	57.1	8
其他联营企业	40.5	416	6	4			2
私营合伙企业	4.3	439	3	2	2	100.0	1
股份有限公司	71.7	29879	364	300	75	25.0	148
股份有限公司(内资)	71.7	27824	342	279	72	25.8	141
私营股份有限公司	71.5	2055	22	21	3	14.3	7
有限责任公司	72.1	87167	1349	996	357	35.8	325
国有独资公司	62.0	10198	238	116	43	37.1	10
私营有限责任公司	74.3	15990	233	178	50	28.1	57
港澳台合资经营企业	26.8	2212	16	8	8	100.0	3
中外合资经营企业	86.7	1970	22	22	15	68.2	1
其他有限责任公司	74.6	56796	840	672	241	35.9	254
三、按国民经济行业分							
土木工程建筑业	78.6	594431	8381	6185	2168	35.1	2371
房 屋	78.4	427531	5908	4208	1415	33.6	2292
矿 山	57.2	9549	225	72	46	63.9	10
铁路公路隧道桥梁	83.1	108525	1232	1057	383	36.2	50
堤坝电站码头	52.4	19197	250	156	82	52.6	1
其他土木工程	84.0	29628	766	692	242	35.0	20
线路管道设备安装业	89.7	184356	4796	4156	1409	33.9	78
线路管道安装业	80.6	33055	1416	1217	225	18.5	38
设备安装业	91.5	151301	3380	2939	1184	40.3	40
装修装饰业	17.9	19327	6	4			5
四、按隶属关系分							
中 央	87.5	196792	2560	2009	1148	57.1	180
地 方	77.1	601323	10623	8336	2429	29.1	2274
#省 属	67.6	139189	2027	1230	525	42.7	366
五、按企业资质等级分							
一 级	73.6	348434	3970	2538	1388	54.7	710
二 级	84.9	224784	3603	3021	1142	37.8	827
三 级	84.2	141102	2891	2358	684	29.0	582
四 级	83.6	83795	2719	2428	363	15.0	335

12-4 续表2

1998年

类别	房屋建筑竣工面积(万平方米)	#优良工程	房屋建筑面积竣工率(%)	房屋竣工优良品率(%)	自有机械设备台数(台)	自有机械设备功率(万千瓦)	施工机械
总　计	**1533**	**721**	**62.5**	**47.0**	**138825**	**361.1**	**275.7**
#国有及国有控股	665	312	59.7	46.9	73551	253.5	191.7
一、按登记注册类型分							
内资企业	1525	718	62.3	47.1	138432	360.2	274.8
国有企业	595	276	58.6	46.4	69150	244.6	186.8
集体企业	566	258	66.0	45.6	47771	78.5	59.9
股份合作企业	32	19	50.8	59.4	2300	2.4	1.9
联营企业	21	15	58.3	71.4	1539	3.6	3.4
有限责任公司	177	89	67.0	50.3	10206	20.4	13.6
股份有限公司	84	38	59.6	45.2	4305	6.9	5.9
私营企业	52	24	74.3	46.2	3161	3.9	3.3
港、澳、台商投资企业	6	3	85.7	50.0	177	0.6	0.6
外商投资企业	1	1	100.0	100.0	216	0.3	0.3
二、按经济组织类型分							
独资企业	1169	534	62.1	45.7	117089	323.8	247.4
国有企业	595	276	58.6	46.4	69150	244.6	186.8
集体企业	566	258	66.0	45.6	47771	78.5	59.9
私营独资企业	4		80.0		75		
港、澳、台商独资经营企业	4		100.0		33	0.5	0.5
外资企业					60	0.1	0.1
合作、合伙企业	53	34	53.0	64.2	3850	6.0	5.3
股份合作企业	32	19	50.8	59.4	2300	2.4	1.9
国有联营企业	1		100.0		40	0.4	0.4
集体联营企业	14	12	53.8	85.7	1103	2.5	2.5
国有与集体联营企业	6	3	75.0	50.0	348	0.5	0.3
其他联营企业					48	0.2	0.2
私营合伙企业	1	1	100.0	100.0	11		
股份有限公司	91	40	61.5	44.0	4464	7.2	6.2
股份有限公司(内资)	84	38	59.6	45.2	4305	6.9	5.9
私营股份有限公司	7	2	100.0	28.6	159	0.4	0.3
有限责任公司	220	113	67.7	51.4	13422	24.0	16.7
国有独资公司	9	7	90.0	77.8	2104	4.9	2.6
私营有限责任公司	40	21	70.2	52.5	2916	3.4	2.9
港澳台合资经营企业	3	3	100.0	100.0	144		
中外合资经营企业	1	1	100.0	100.0	156	0.2	0.2
其他有限责任公司	168	82	66.1	48.8	8102	15.5	11.0
三、按国民经济行业分							
土木工程建筑业	1475	686	62.2	46.5	113057	290.7	232.6
房　屋	1425	660	62.2	46.3	86493	141.1	107.7
矿　山	6	5	60.0	83.3	3614	49.8	49.1
铁路公路隧道桥梁	29	20	58.0	69.0	14107	73.5	54.1
堤坝电站码头	1		100.0		2496	7.4	6.8
其他土木工程	15	2	75.0	13.3	6347	18.8	14.9
线路管道设备安装业	56	35	71.8	62.5	22981	67.4	40.6
线路管道安装业	30	15	78.9	50.0	4303	12.5	9.2
设备安装业	26	20	65.0	76.9	18678	54.9	31.4
装修装饰业	2				2787	3.0	2.5
四、按隶属关系分							
中　央	115	77	63.9	67.0	24960	77.8	46.7
地　方	1417	644	62.3	45.4	113865	283.3	229.0
#省　属	185	80	50.5	43.2	23114	100.4	87.1
五、按企业资质等级分							
一　级	319	201	44.9	63.0	43289	172.6	123.0
二　级	536	278	64.8	51.9	41797	96.6	78.2
三　级	425	165	73.0	38.8	32636	54.3	42.9
四　级	253	78	75.5	30.8	21103	37.6	31.6

12－4　续表3

1998年

类　　别	自有机械设备净值（万元）	年平均人数（人）	技术装备率（元/人）	动力装备率（千瓦/人）	全员劳动生产率（元/人）	
					总产值	增加值
总　　计	**346058**	**620595**	**6583**	**7.0**	**44144**	**12860**
#国有及国有控股	215709	342924	7153	8.0	49213	14247
一、按登记注册类型分						
内资企业	344244	617729	6573	7.0	44113	12844
国有企业	206269	316914	7388	9.0	50450	14570
集体企业	85097	186412	5498	5.0	37046	10784
股份合作企业	4066	8946	5588	3.0	36891	10381
联营企业	6348	5245	12409	7.0	44980	14141
有限责任公司	23203	58152	4757	4.0	38482	11521
股份有限公司	8840	23813	5108	4.0	36422	11684
私营企业	10422	18247	9239	3.0	37502	10485
港、澳、台商投资企业	1258	1793	9766	4.0	53847	13170
外商投资企业	556	1073	8388	5.0	45842	21784
二、按经济组织类型分						
独资企业	292079	504623	6722	7.0	45528	13157
国有企业	206269	316914	7388	9.0	50450	14570
集体企业	85097	186412	5498	5.0	37046	10784
私营独资企业	414	540	15440	3.0	84500	12017
港、澳、台商独资经营企业	80	477	6484	40.0	37103	3140
外资企业	219	280	21029	12.0	61425	13111
合作、合伙企业	10466	14732	8085	5.0	39198	11636
股份合作企业	4066	8946	5588	3.0	36891	10381
国有联营企业	487	373	24114	19.0	43887	10413
集体联营企业	4906	3480	12301	6.0	48868	15245
国有与集体联营企业	889	1002	11577	6.0	25071	13049
其他联营企业	67	390	4215	14.0	62490	10667
私营合伙企业	52	541	946		21281	8109
股份有限公司	9486	26357	4844	4.0	35901	11336
股份有限公司(内资)	8840	23813	5108	4.0	36422	11684
私营股份有限公司	646	2544	2835	2.0	31029	8077
有限责任公司	34028	74883	5799	4.0	38685	11640
国有独资公司	4188	6867	7126	8.0	43782	14851
私营有限责任公司	9310	14622	11380	4.0	37493	10936
港澳台合资经营企业	1178	1316	10116	1.0	59916	16805
中外合资经营企业	337	793	6036	3.0	40340	24846
其他有限责任公司	19014	51285	4432	4.0	37773	11075
三、按国民经济行业分						
土木工程建筑业	275508	521921	6388	7.0	38990	11389
房　屋	159247	417151	4841	4.0	35102	10249
矿　山	4928	6878	5905	60.0	34919	13884
铁路公路隧道桥梁	79378	65925	13056	12.0	59372	16462
堤坝电站码头	10421	8850	13618	10.0	67156	21692
其他土木工程	21533	23117	8431	7.0	41451	12817
线路管道设备安装业	64586	83459	7866	8.0	76778	22089
线路管道安装业	10296	21774	5057	6.0	50462	15181
设备安装业	54291	61685	8792	9.0	86067	24528
装修装饰业	5964	15215	4844	2.0	40923	12703
四、按隶属关系分						
中　央	85312	86601	9775	9.0	80236	22724
地　方	260746	533994				
#省　属	62934	97398	7208	11.0	50095	14291
五、按企业资质等级分						
一　级	139752	196972	7663	9.0	60042	17689
二　级	110097	183998	7220	6.0	43118	12217
三　级	65307	140427	5773	5.0	34897	10048
四　级	30901	99198	3978	5.0	27567	8447

12－5 建筑业企业财务状况

1998 年

类　　别	资产合计（万元）	#流动资产	#固定资产	#无形及递延资产	负债合计（万元）	流动负债	长期负债
总　　计	**3417452**	**2486965**	**807982**	**28479**	**2486817**	**2360375**	**126441**
#国有及国有控股	2301618	1723378	505496	10920	1797252	1709490	87762
一、按登记注册类型分							
内资企业	3395543	2470375	802879	28356	2473407	2349254	124153
国有企业	2205469	1654542	479961	10684	1732123	1648085	84039
集体企业	713646	496093	188860	11376	462126	434811	27315
股份合作企业	36102	23943	11190	644	18473	18449	23
联营企业	28235	16233	9157	941	10143	7745	2398
有限责任公司	224745	162156	55783	704	141597	134809	6788
股份有限公司	103899	68632	25617	3354	65804	63196	2608
私营企业	83448	48777	32311	653	43141	42158	983
港、澳、台商投资企业	12050	10284	1761	6	6196	6196	
外商投资企业	9858	6307	3343	117	7214	4926	2288
二、按经济组织类型分							
独资企业	2925263	2154839	670698	22128	2196561	2084978	111583
国有企业	2205469	1654542	479961	10684	1732123	1648085	84039
集体企业	713646	496093	188860	11376	462126	434811	27315
私营独资企业	3193	2475	718		1034	804	230
港、澳、台商独资经营企业	1692	1131	561		924	924	
外资企业	1265	598	598	68	353	353	
合作、合伙企业	65255	41017	20423	1586	29372	26946	2426
股份合作企业	36102	23943	11190	644	18473	18449	23
国有联营企业	1535	951	520		719	719	
集体联营企业	18008	9662	5565	941	3894	1497	2398
国有与集体联营企业	7063	4460	2603		4208	4208	
其他联营企业	1629	1160	469		1322	1322	
私营合伙企业	919	841	77	2	757	752	5
股份有限公司	123038	75683	36532	3947	73917	71309	2608
股份有限公司(内资)	103899	68632	25617	3354	65804	63196	2608
私营股份有限公司	19139	7051	10916	593	8113	8113	
有限责任公司	303895	215427	80329	817	186966	177143	9824
国有独资公司	24449	13838	10491		13377	10960	2417
私营有限责任公司	60198	38410	20602	59	33237	32489	748
港澳台合资经营企业	10358	9153	1200	5	5272	5272	
中外合资经营企业	8594	5709	2744	49	6861	4572	2288
其他有限责任公司	200296	148319	45292	704	128220	123849	4371
三、按国民经济行业分							
土木工程建筑业	2589858	1855196	642533	23119	1854075	1750885	103190
房　屋	1834540	1338177	427668	19587	1320491	1250555	69936
矿　山	50677	28696	18726	199	36437	31702	4735
铁路公路隧道桥梁	532819	374546	144045	2342	380037	357899	22138
堤坝电站码头	53354	32957	16735	99	34051	32561	1490
其他土木工程	118468	80821	35360	892	83059	78168	4891
线路管道设备安装业	769475	597007	144928	4130	605637	583417	22220
线路管道安装业	144524	108659	30289	522	109362	105755	3606
设备安装业	624951	488348	114639	3608	496275	477662	18613
装修装饰业	58120	34763	20521	1229	27105	26073	1032
四、按隶属关系分							
中　央	779260	591572	166066	3591	599654	569184	30469
地　方	2638192	1895393	641917	24888	1887163	1791191	95972
#省　属	622084	437089	167320	12847	449146	426642	22504
五、按企业资质等级分							
一　级	1621318	1234781	327944	9250	1279711	1226170	53542
二　级	986093	683590	258031	13781	684437	646995	37442
三　级	530876	375051	143563	3822	340023	315926	24097
四　级	279164	193544	78444	1626	182645	171285	11360

12－5 续表 1

1998 年

类　　别	所有者权益（万元）					
		#实收资本	#国家资本	#集体资本	#法人资本	#个人资本
总　　计	**930635**	**776120**	**398648**	**263605**	**46469**	**64598**
#国有及国有控股	504366	404375	396842	632	3696	3158
一、按登记注册类型分						
内资企业	922137	769220	398366	262237	44011	64598
国有企业	473345	377792	374887		2905	
集体企业	251519	216605		215565	1040	
股份合作企业	17629	16550		8362	4858	3330
联营企业	18092	17737	1409	9402	6725	200
有限责任公司	83148	70131	20904	17025	14224	17969
股份有限公司	38095	35998	1165	11884	9024	13925
私营企业	40308	34408			5235	29173
港、澳、台商投资企业	5854	4421		683	2365	
外商投资企业	2645	2479	282	685	94	
二、按经济组织类型分						
独资企业	728702	595929	374887	215565	4130	103
国有企业	473345	377792	374887		2905	
集体企业	251519	216605		215565	1040	
私营独资企业	2159	288			185	103
港、澳、台商独资经营企业	768	333				
外资企业	911	911				
合作、合伙企业	35883	34441	1409	17763	11717	3551
股份合作企业	17629	16550		8362	4858	3330
国有联营企业	816	545	545			
集体联营企业	14113	14097		7402	6695	
国有与集体联营企业	2855	2812	864	1948		
其他联营企业	307	282		52	30	200
私营合伙企业	162	154			134	20
股份有限公司	49121	45532	1165	11884	9296	23188
股份有限公司(内资)	38095	35998	1165	11884	9024	13925
私营股份有限公司	11026	9535			272	9263
有限责任公司	116929	100219	21186	18392	21326	37757
国有独资公司	11072	8389	8389			
私营有限责任公司	26961	24432			4644	19788
港澳台合资经营企业	5087	4089		683	2365	
中外合资经营企业	1733	1568	282	685	94	
其他有限责任公司	72077	61742	12515	17025	14224	17969
三、按国民经济行业分						
土木工程建筑业	735783	618224	313854	216889	37009	49305
房　屋	514048	448907	175595	196171	32882	43309
矿　山	14240	10895	10028	269	598	
铁路公路隧道桥梁	152781	109290	96406	8483	1316	2870
堤坝电站码头	19303	14532	13095	942		496
其他土木工程	35410	34599	18730	11024	2214	2631
线路管道设备安装业	163838	120398	82560	29618	4245	3884
线路管道安装业	35163	24861	13320	8749	2051	652
设备安装业	128676	95536	69240	20870	2194	3232
装修装饰业	31015	37499	2233	17097	5215	11409
四、按隶属关系分						
中　央	179607	145948	131808	12715	1351	75
地　方	751029	630173	266840	250890	45118	64523
#省　属	172938	124593	93052	19520	7555	3606
五、按企业资质等级分						
一　级	341607	246118	216011	26041	1610	2225
二　级	301656	263146	103048	102607	25665	30117
三　级	190853	170450	57284	77180	13422	22272
四　级	96520	96407	22305	57776	5773	9984

12－5　续表 2

1998 年

类　别	总收入（万元）	工程结算收入	工程结算成本	工程结算税金及附加	工程结算利润	其他业务收入	#其他业务利润
总　计	**2692759**	**2601417**	**2287063**	**74486**	**239869**	**91342**	**7596**
#国有及国有控股	1725951	1654676	1464503	42289	147884	71275	5556
一、按登记注册类型分							
内资企业	2681951	2591093	2279120	74158	237815	90858	7583
国有企业	1635171	1567521	1387559	39894	140068	67651	5394
集体企业	643408	625569	544635	20633	60301	17839	1835
股份合作企业	29288	29274	25724	958	2592	14	2
联营企业	23242	22922	21112	708	1103	320	
有限责任公司	213960	210027	181414	7033	21579	3934	176
股份有限公司	80780	80010	70019	2814	7178	770	155
私营企业	56101	55771	48658	2120	4993	331	20
港、澳、台商投资企业	6201	5717	4540	175	1003	483	12
外商投资企业	4607	4607	3404	152	1051		
二、按经济组织类型分							
独资企业	2283559	2198069	1936806	60702	200561	85490	7229
国有企业	1635171	1567521	1387559	39894	140068	67651	5394
集体企业	643408	625569	544635	20633	60301	17839	1835
私营独资企业	2767	2767	2567	92	108		
港、澳、台商独资经营企业	570	570	541	23	6		
外资企业	1643	1643	1504	62	78		
合作、合伙企业	53681	53347	47868	1703	3776	334	2
股份合作企业	29288	29274	25724	958	2592	14	2
国有联营企业	1364	1364	1194	46	124		
集体联营企业	17353	17033	16014	515	505	320	
国有与集体联营企业	2772	2772	2359	93	320		
其他联营企业	1752	1752	1545	54	153		
私营合伙企业	1151	1151	1033	38	81		
股份有限公司	86177	85407	74397	3047	7963	770	155
股份有限公司(内资)	80780	80010	70019	2814	7178	770	155
私营股份有限公司	5397	5397	4379	234	785		
有限责任公司	269342	264594	227992	9033	27569	4748	209
国有独资公司	32198	30062	25989	466	3607	2136	158
私营有限责任公司	46786	46456	40680	1757	4020	331	20
港澳台合资经营企业	5631	5148	3998	152	997	483	12
中外合资经营企业	2964	2964	1900	91	974		
其他有限责任公司	181762	179964	155425	6567	17972	1798	18
三、按国民经济行业分							
土木工程建筑业	1964600	1902457	1675646	59155	167657	62143	5905
房　屋	1381153	1340230	1183244	42862	114124	40923	4617
矿　山	25571	24017	19917	804	3297	1554	－101
铁路公路隧道桥梁	400842	388185	342086	11235	34864	12658	757
堤坝电站码头	60137	59156	51910	1869	5377	982	225
其他土木工程	96896	90870	78490	2385	9996	6026	407
线路管道设备安装业	671340	643468	565227	12643	65598	27872	1492
线路管道安装业	112321	110834	96519	3390	10925	1486	126
设备安装业	559019	532633	468708	9253	54672	26386	1367
装修装饰业	56819	55492	46190	2688	6614	1327	198
四、按隶属关系分							
中　央	731351	699116	623386	12941	62790	32235	1470
地　方	1961408	1902301	1663677	61545	177079	59107	6126
#省　属	483149	470537	409890	15352	45296	12612	602
五、按企业资质等级分							
一　级	1216710	1165422	1029845	26956	108621	51288	2766
二　级	748815	721473	628517	22611	70345	27342	3632
三　级	466035	455177	401057	15667	38452	10858	931
四　级	261198	259346	227643	9251	22451	1853	267

12－5 续表3

1998年

类别	管理费用（万元）	#税金	财务费用（万元）	#利息支出	利润总额（万元）	利税总额（万元）
总计	**199338**	**4730**	**27763**	**20881**	**10187**	**89402**
#国有及国有控股	136111	1795	18778	15563	－5693	38392
一、按登记注册类型分						
内资企业	198439	4675	27560	20695	9581	88414
国有企业	130172	1707	18577	15511	－7196	34405
集体企业	43288	2478	5430	3342	8474	31585
股份合作企业	1989	41	67	33	573	1572
联营企业	832	5	206	166	45	758
有限责任公司	13793	228	1225	537	6155	13416
股份有限公司	5342	102	935	681	738	3653
私营企业	3023	113	1120	426	792	3025
港、澳、台商投资企业	469	9	71	70	443	628
外商投资企业	430	46	133	116	163	361
二、按经济组织类型分						
独资企业	173718	4187	24060	18877	1154	66042
国有企业	130172	1707	18577	15511	－7196	34405
集体企业	43288	2478	5430	3342	8474	31585
私营独资企业	39		39	10	31	123
港、澳、台商独资经营企业	78		－3	－3	－71	－48
外资企业	140	1	18	18	－84	－22
合作、合伙企业	2895	47	288	213	617	2366
股份合作企业	1989	41	67	33	573	1572
国有联营企业	181		20	20	－77	－31
集体联营企业	275	1	157	122	68	584
国有与集体联营企业	295		24	20	2	95
其他联营企业	83	4	4	3	52	111
私营合伙企业	74		15	15	－2	36
股份有限公司	5873	118	1210	681	716	3882
股份有限公司(内资)	5342	102	935	681	738	3653
私营股份有限公司	531	17	275		－22	228
有限责任公司	16852	379	2204	1110	7700	17112
国有独资公司	2253	12	15	15	1008	1486
私营有限责任公司	2379	96	791	401	785	2638
港澳台合资经营企业	390	9	74	73	514	676
中外合资经营企业	289	45	115	98	247	383
其他有限责任公司	11540	216	1210	523	5147	11930
三、按国民经济行业分						
土木工程建筑业	139372	3979	23760	18345	4025	67159
房屋	93571	3221	18855	14086	373	46455
矿山	2947	31	229	229	6	841
铁路公路隧道桥梁	29681	369	3796	3424	2052	13656
堤坝电站码头	5453	169	459	447	－292	1745
其他土木工程	7721	190	422	159	1887	4462
线路管道设备安装业	55195	656	2978	2275	5157	18457
线路管道安装业	9999	381	－496	－664	402	4173
设备安装业	45196	276	3475	2938	4755	14284
装修装饰业	4771	94	1025	261	1004	3787
四、按隶属关系分						
中央	51332	354	3407	2903	5019	18314
地方	148005	4376	24356	17978	5168	71088
#省属	37410	570	6842	5705	758	16680
五、按企业资质等级分						
一级	99791	880	12059	11579	－3625	24211
二级	50002	2168	9051	6180	8387	33166
三级	30800	1004	4061	1793	4008	20679
四级	18745	679	2592	1329	1417	11347

12－6 建筑业企业材料消耗

1998 年

类 别	材料费用价值量(万元)				材料费用实物量		
	合 计	钢 材	木 材	水 泥	钢 材（吨）	木 材（立方米）	水 泥（吨）
总 计	**1483307**	**260919**	**53995**	**185592**	**874633**	**596743**	**4638012**
#国有及国有控股	907179	167673	24807	109513	536553	253965	2647715
一、按登记注册类型分							
内资企业	1474497	260309	53369	185113	872016	586881	4625261
国有企业	860877	157673	22488	102296	500488	229954	2465863
集体企业	381194	60175	17967	48723	218479	210268	1277068
股份合作企业	17783	2540	1078	1854	8971	12722	48484
联营企业	13326	866	318	934	3393	3940	25268
有限责任公司	116304	25055	6185	17851	88801	69854	455103
股份有限公司	49695	8766	3275	9218	32909	35379	240376
私营企业	35319	5234	2059	4234	18975	24764	113099
港、澳、台商投资企业	5911	507	568	462	2226	9285	12277
外商投资企业	2900	103	58	18	391	577	474
二、按经济组织类型分							
独资企业	1246663	218372	40698	151404	721316	443462	3754984
国有企业	860877	157673	22488	102296	500488	229954	2465863
集体企业	381194	60175	17967	48727	218479	210268	1277068
私营独资企业	2742	318	78	267	1331	1195	9034
港、澳、台商独资经营企业	609	206	110	115	1018	1500	3019
外资企业	1241		56			545	
合作、合伙企业	31431	3461	1481	2851	12602	18957	75700
股份合作企业	17783	2540	1078	1854	8971	12722	48484
国有联营企业	961	228	17	138	832	230	3805
集体联营企业	9896	394	229	538	1612	2505	14921
国有与集体联营企业	1743	219	51	224	842	993	5492
其他联营企业	727	24	22	34	107	212	1050
私营合伙企业	322	55	86	63	238	2295	1948
股份有限公司	54423	9883	3630	9657	37168	39527	251684
股份有限公司(内资)	49695	8766	3275	9218	32909	35379	240376
私营股份有限公司	4728	1117	355	439	4259	4148	11308
有限责任公司	150791	29204	8185	21681	103547	94797	555644
国有独资公司	12462	2974	373	2570	10023	3376	58845
私营有限责任公司	27527	3744	1540	3466	13147	17126	90809
港澳台合资经营企业	5301	302	458	347	1208	7785	9258
中外合资经营企业	1659	103	2	18	391	32	474
其他有限责任公司	103842	22081	5813	15281	78778	66478	396258
三、按国民经济行业分							
土木工程建筑业	1079067	175359	48565	173870	619662	543273	4334532
房 屋	803541	134278	43855	118265	500547	494153	3080252
矿 山	5986	1115	166	844	2925	1752	18273
铁路公路隧道桥梁	177923	16928	3458	46344	51894	32930	1021520
堤坝电站码头	34504	5395	266	2518	18542	3609	60457
其他土木工程	57113	17643	820	5899	45754	10829	154030
线路管道设备安装业	369571	81895	2327	9775	241019	21321	257329
线路管道安装业	60355	13108	657	3262	41768	5838	82452
设备安装业	309216	68787	1670	6513	199251	15483	174877
装修装饰业	34669	3665	3103	1948	13952	32149	46151
四、按隶属关系分							
中 央	392649	80103	4980	18159	235225	49072	485979
地 方	1090658	180816	49015	167433	639408	547671	4152033
#省 属	238312	36875	8386	52570	133814	85189	1158459
五、按企业资质等级分							
一 级	642112	116009	9242	73009	362993	111268	1722642
二 级	435944	75530	19048	50980	255680	196227	1312829
三 级	262679	45852	15856	37591	163627	178019	968738
四 级	142572	23528	9849	24013	92333	111229	633803

12－7 各地区建筑业企业基本情况

1998 年

地 区	企业单位数（个）	#国有	年平均人数（人）	#国有	总产值（万元）	#国有	增加值（万元）	#国有
全 省	**1874**	**562**	**620595**	**316914**	**2739532**	**1598829**	**798115**	**461730**
哈尔滨	607	151	237374	107576	1127983	621627	318261	172676
齐齐哈尔	175	63	76433	39070	212543	141835	66868	43227
鸡 西	76	27	20699	11564	79550	45379	23788	14700
鹤 岗	92	17	22057	11432	73437	32148	25950	12986
双鸭山	60	19	14149	9151	51319	31058	16686	10046
大 庆	211	47	90611	52046	687744	445344	197718	124035
伊 春	75	38	13900	8695	32119	22195	10275	7193
佳木斯	167	47	37050	17774	124930	71986	37305	20114
七台河	44	10	10064	1751	39770	7314	11991	1448
牡丹江	148	49	38832	23733	130136	80899	40561	26644
黑 河	55	19	13878	7499	46366	25388	9155	5159
绥 化	136	58	34465	17443	118483	61672	32026	17482
大兴安岭	28	17	11083	9180	15153	11984	7531	6020

12－7 续表 1

1998 年

地 区	劳动生产率（总产值元/人）	#国有	劳动生产率（增加值元/人）	#国有	自有机械设备总台数（台）	#国有	自有机械设备总功率（万千瓦）	#国有
全 省	**44144**	**50450**	**12860**	**14570**	**138825**	**69150**	**361.1**	**245.4**
哈尔滨	47519	57785	13408	16052	54950	22856	95.6	53.9
齐齐哈尔	27808	36303	8749	11064	15154	7723	33.5	21.7
鸡 西	38432	39242	11492	12712	5351	3600	56.1	52.2
鹤 岗	33294	28121	11765	11359	5396	2702	9.2	6.1
双鸭山	36271	33939	11793	10978	4511	2930	8.8	6.6
大 庆	75901	85567	21821	23832	20799	13417	89.4	62.9
伊 春	23107	25526	7392	8272	2790	2044	9.8	7.4
佳木斯	33719	40501	10069	11317	7371	3203	15.4	7.9
七台河	39517	41770	11914	8271	1847	227	5.1	1.6
牡丹江	33512	34087	10445	11227	8981	4610	18.1	10.8
黑 河	33409	33856	6597	6880	2205	993	2.5	1.2
绥 化	34378	35356	9292	10022	8063	3519	12.3	7.9
大兴安岭	13673	13054	6795	6558	1407	1326	5.3	5.2

12－7 续表 2 1998 年

地区	自有机械设备净值（万元）	#国有	技术装备率（元/人）	#国有	动力装备率（千瓦/人）	#国有	资产合计（万元）	#国有
全省	**346058**	**206269**	**6583**	**7388**	**7.0**	**9.0**	**3417452**	**2205469**
哈尔滨	145705	82256	6990	8788	5.0	6.0	1431287	899832
齐齐哈尔	18924	9696	2799	2882	5.0	7.0	266349	181423
鸡西	8846	5435	4285	4139	27.0	40.0	119197	74790
鹤岗	4942	2162	2328	2200	4.0	6.0	63729	32983
双鸭山	8968	7056	5892	7798	6.0	7.0	74983	48076
大庆	101079	65979	13976	12936	12.0	12.0	820948	589429
伊春	5369	3055	3580	3120	7.0	7.0	60712	39777
佳木斯	15133	8608	5630	6694	6.0	6.0	175832	104503
七台河	4927	1109	7242	6972	7.0	7.0	40132	12506
牡丹江	14215	8842	4584	4633	6.0	5.0	178014	106727
黑河	2963	2220	3207	4493	3.0	3.0	34819	23210
绥化	10956	6230	5350	5324	6.0	7.0	108929	53383
大兴安岭	4031	3621	3736	4032	5.0	5.0	42521	38831

12－7 续表 3 1998 年

地区	负债合计（万元）	#国有	总收入（万元）	#国有	利润总额（万元）	#国有	利税总额（万元）	#国有
全省	**2486817**	**1732123**	**2692759**	**1635171**	**10187**	**－7196**	**89402**	**34405**
哈尔滨	976293	671519	1058403	613834	8779	－267	44947	19165
齐齐哈尔	205272	148043	216356	147386	－1594	－1751	5500	2950
鸡西	85924	53824	79928	46959	－36	－1	2610	1498
鹤岗	40484	20733	73697	36994	131	－94	2271	852
双鸭山	53512	34384	51120	30871	－49	－64	1657	977
大庆	652876	503648	708584	478542	10140	3082	22976	7694
伊春	45880	29473	32232	22398	－613	－650	675	289
佳木斯	140142	89998	122861	69026	－6875	－6415	－2973	－4286
七台河	26702	10576	41659	7479	393	－92	1199	146
牡丹江	137699	86645	130719	80327	－412	－875	4119	1820
黑河	28262	20631	44409	24625	－644	－730	926	186
绥化	65223	36812	113749	60874	891	656	5009	2814
大兴安岭	28547	25838	19043	15857	76	3	488	299

主要统计指标解释

建筑业统计单位 建筑业企业是指专门的独立核算的法人建筑业企业。它应同时具备的条件是:①依法成立,有自己的名称、组织机构和场所,能够承担民事责任;②独立拥有和使用资产,承担负债,有权与其他单位签订合同;③独立核算盈亏,能够编制资产负债表。

建筑业总产值(自行完成施工产值) 指建筑业企业自行完成的按工程进度计算的建筑安装生产总值。建筑业产值包括:

①建筑工程产值:指列入建筑工程预算内的各种工程价值。

②设备安装工程产值:指设备安装工程价值。

③房屋、构筑物修理产值:指房屋、构筑物修理所完成的价值,但不包括被修理房屋、构筑物本身的价值和生产设备的修理价值。

④非标准设备制造产值:指加工制造没有定型的、非标准的生产设备的加工费和原材料价值,不论是现场还是附属加工厂为本单位承建工程制造的非标准设备的价值,都应计算产值。

建筑业增加值 指建筑业企业在报告期内以货币表现的建筑业生产经营活动的最终成果。目前建筑业增加值采用分配法计算,即从收入的角度出发,根据生产要素在生产过程中应得到的收入份额计算。具体计算公式为:

建筑业增加值=本年提取的固定资产折旧+应付工资+应付福利费+管理费用中的劳动待业保险金、税金+工程结算税金及附加+工程结算利润。

房屋建筑施工面积 指在报告期内施工的房屋建筑面积。包括本期内新开工的、上期施工跨入本期继续施工、上期停建本期复工的房屋建筑面积;不包括上期开工后又停工,本期未施工的房屋建筑面积。

房屋建筑竣工面积 指在报告期内,按照设计所规定的工程内容全部完成,达到了设计规定的交工条件,经有关部门检查验收鉴定合格的房屋建筑面积。

自有机械设备年底总台数 是指归本企业(或单位)所有,属于本企业(或单位)固定资产的生产性机械设备年底总台数。包括施工机械,生产设备、运输设备以及其他设备。

自有机械设备年底总功率 是指本企业(或单位)自有施工机械、生产设备、运输设备、以及其他设备等列为在册固定资产的生产性机械设备年底总功率,按设计能力或查定能力计算。包括机械本身的动力和为该机械服务的单独动力设备,如电动机等。计量单位用千瓦,动力换算可按1马力=0.735千瓦折合成千瓦数。电焊机、变压器、锅炉不计算动力。

工程结算收入 指企业(或单位)按工程的分部分项自行完成的建筑产品价值并已与甲方在报告期内办理结算手续的工程价款收入,以及向甲方收取的除工程价款以外的按规定列作营业收入的各种款项,如临时设施费、劳动保险费、施工机械调迁费等以及向甲方收取的各种索赔款。

工程结算利润 指已结算工程实现的利润。如为亏损以"-"号表示。其计算为:

工程结算利润=工程结算收入-工程结算成本-工程结算税金及附加

企业总收入 指与企业生产经营直接有关的各项收入,包括工程结算收入和业务收入,即:

企业总收入=工程结算收入+其他业务收入

十三　交通运输和邮电通信业

TRANSPORTATION，POST AND TELECOMMUNICATION SERVICES

13-1 运输线路长度

单位:公里

年 份	铁路营业里程	铁路正线延展里程	公路通车里程	内河通航里程	民航通航里程	输油管道
1952	3669	4099	8919	3871		
1957	3740	4153	16892	4095		
1965	3750	4644	26256	5912	758	
1975	4595	5506	40117	6810	1234	
1978	4594	5538	44797	6595	1261	
1980	4796	5707	44590	5137	650	117.3
1985	4681	6096	45487	4776	783	117.3
1990	5395	6363	49617	4696	1187	117.3
1991	5316	6396	47188	4696	1187	117.3
1992	5307	6419	47882	4696	1187	117.3
1993	5262	6398	48023	4696	1187	117.3
1994	5262	6447	48356	5057	1338	117.3
1995	5262	6474	48819	5057	1430	117.3
1996	5295	6181	48987	5057	1512	117.3
1997	7164	8749	49631	5057	1256	117.3
1998	7222	8749	49766	5057	1545	117.3

注:铁路营业里程含地方铁路数据,1989年为187公里,1990年及以后为428公里。

13-2 主要交通运输工具拥有量

项 目	单 位	1985年	1990年	1995年	1997年	1998年
一、铁路机车	台	1225	1294	1353	1317	1270
#黑龙江省境内	台	1044	1137	1195	1156	1123
#内燃机	台	221	466	713	827	1015
二、铁路客车	辆	2241	2727	2985	3152	3129
#黑龙江省境内	辆	2038	2375	2578	2717	2695
三、公路货车	辆	101865	182775	206392	231325	219858
#交通部门	辆	4775	8529	2324	1599	1382
私 人	辆	13804	16135	41052	60462	56910
四、公路客车	辆	31297	70480	124256	204034	210874
#交通部门	辆	1744	4837	2694	5253	3814
私 人	辆	703	17488	43056	63482	70773
五、民用轮驳船	辆	515	534	489	451	439
六、民用飞机	架	28	18	23	10	11

13－3 民用车辆拥有量

指　　标	单　位	总　　计			#私　　人		
		1995 年	1997 年	1998 年	1995 年	1997 年	1998 年
一、民用汽车	辆	363608	472111	461988	85360	125200	128790
载客量	万客位	273.4	448.9	421.7	107.6	139.5	134.4
载货量	万吨位	108.2	119.4	103.1	21.4	25.2	24.5
1.载客汽车	辆	124256	204034	210874	43056	63482	70773
#大型	辆	19502	27656	27795	1554	4033	4172
载客量	万客位	273.4	448.9	421.7	107.6	139.5	134.4
#大型	万客位	81.9	116.2	111.9	7.0	16.9	17.5
2.普通载货汽车	辆	206392	231325	219858	41052	60462	56910
#大型	辆	118906	124446	120659	23177	33155	38534
载重量	万吨位	88.7	99.5	87.9	20.5	24.2	23.9
#大型	万吨位	71.3	74.7	73.0	16.2	19.9	23.1
3.专用载货汽车	辆	19484	19940	15188	893	735	586
载重量	万吨位	19.5	19.9	15.2	0.9	1.0	1.0
4.其他专用汽车	辆	5240	6893	12041	359	469	459
5.特种汽车	辆	8236	9919	4027		52	62
二、轮胎式拖拉机	辆	85826	116793	118622	46674	57894	99715
三、摩托车	辆	187561	197286	206172	149205	186091	130567
四、其他机动车	辆	220	220	232	138	149	149
五、载货挂车	辆	11431	13759	14458	4448	6658	6963

13－4 民用运输船舶拥有量

指　标	单位	1995 年	1997 年	1998 年合计	#独立核算运输企业	#交通部门	#私人
一、机动船	艘	317	324	329	329	186	23
载客量	客位	6733	10267	10491	10491	5139	
净载重量	吨位	41590	38945	39445	39445	36988	157
总功率	千瓦	95932	93771	94316	94316	65138	4401
1.客　船	艘	54	82	83	83	40	
载客量	客位	6683	10267	10491	10491	5139	
2.货　船	艘	35	41	42	42	27	2
净载重量	吨位	31312	38945	39445	39445	36988	157
3.拖　船	艘	228	201	204	204	119	21
二、驳　船	艘	489	451	439	439	323	15
净载重量	吨位	276580	259092	255092	255092	212300	5756

13－5 货运量

单位:万吨

年 份	合 计	铁 路	公 路	#交通部门	水 运	民用航空	管道输油(气)量
1978	20659	8592	7888	2996	314	0.1	3865
1980	20600	9387	6897	2828	287	0.1	4029
1985	22999	11341	6735	2311	415	0.3	4508
1990	40062	12920	22239	1594	516	1.0	4386
1991	38148	13108	20164	1660	505	0.6	4371
1992	38392	13069	20416	1528	556	0.5	4350
1993	37429	12947	19518	1448	628	1.0	4335
1994	37221	13248	18857	1215	699	1.0	4416
1995	37739	13607	19281	1317	626	1.0	4224
1996	55568	13659	37000	1001	650	1.0	4258
1997	59250	14290	40023	934	753	1.0	4183
1998	55336	12248	38291	1299	651	1.0	4145

注:公路客货运量和周转量1996年及以后采用抽样调查推算数,与历史数据不可比。(下同)

13－6 货物周转量

单位:亿吨公里

年 份	合 计	铁 路	公 路	#交通部门	水 运	民用航空	管道输油(气)量
1978	441.1	376.9	11.1	11.1	7.8		45.3
1980	486.3	419.2	12.2	6.1	7.6		47.3
1985	633.9	559.9	18.2	7.0	13.9		41.9
1990	832.5	706.5	59.6	5.8	16.4		50.0
1991	836.5	713.0	57.7	5.5	16.2		49.6
1992	842.3	717.0	59.8	5.2	16.1	0.1	49.3
1993	847.2	724.9	55.9	4.3	16.1	1.1	49.1
1994	857.5	731.3	57.0	3.5	18.5	0.9	49.8
1995	868.8	748.3	55.9	3.4	16.1	0.9	47.6
1996	951.5	754.3	129.0	2.7	19.5	1.0	47.7
1997	1006.4	801.3	136.0	2.6	21.4	1.0	46.7
1998	890.4	684.7	140.4	3.1	18.5	1.0	45.8

13－7 客运量

单位:万人

年　份	合　计	铁　路	公　路	#交通部门	水　运	民用航空
1978	13369	7707	5560	5560	99	2.6
1980	14946	8963	5896	5896	84	3.2
1985	20338	11625	8562	8562	142	9.0
1990	22799	9855	12840	8972	81	23.0
1991	23791	9938	13754	8919	66	33.0
1992	23726	10573	13058	8369	58	37.0
1993	22810	11658	11026	6346	51	75.0
1994	23143	12231	10819	5926	34	59.0
1995	23499	11881	11506	6393	37	75.0
1996	38631	9515	29000	5825	41	75.0
1997	45731	9604	36008	6076	45	74.0
1998	47628	10070	37439	6195	45	74.0

注:客运量为社会运量口径(下表同)。

13－8 旅客周转量

单位:亿人公里

年　份	合　计	铁　路	公　路	#交通部门	水　运	民用航空
1978	90.8	72.2	17.5	17.5	0.7	0.3
1980	102.6	83.5	18.4	18.4	0.6	0.2
1985	162.6	132.0	29.5	29.5	0.9	0.2
1990	183.6	131.6	50.3	32.2	0.4	1.3
1991	195.4	138.5	54.7	35.9	0.4	1.9
1992	212.1	155.7	50.9	32.2	0.3	5.2
1993	225.5	169.3	43.0	25.4	0.3	13.0
1994	225.3	171.8	42.9	23.1	0.2	10.4
1995	228.8	169.2	47.8	28.6	0.2	11.6
1996	279.5	141.9	126.8	23.6	0.2	11.4
1997	336.7	151.9	173.0	26.4	0.2	11.6
1998	355.5	156.0	186.9	26.0	0.1	12.5

13－9 全社会客货运输量和周转量

1998 年

指　　标	客运量（万人）	旅客周转量（亿人公里）	货运量（万吨）	货物周转量（亿吨公里
总　计	**47628**	**355.5**	**55336**	**890.4**
一、公路运输	37439	186.9	38291	140.4
#独立核算运输企业	4949	24.0	1287	4.6
#交通部门	3107	22.5	1050	4.1
#个体及联户	33342	116.4	36152	182.4
二、水上运输	45	0.1	651	18.5
#独立核算运输企业	31	0.1	250	9.5
#交通部门	23	0.1	245	9.1
#个体及联户	14	0.1	401	9.0
三、铁路运输	10070	156.0	12248	684.7
国家铁路	9958	154.0	11956	681.4
地方铁路	112	2.0	292	3.2
四、民航运输	74	12.5	1	1.0
五、管道输送			4145	45.8

13－10 按登记注册类型分的货运量和货物周转量

项　　目	单　位	1990 年	1995 年	1996 年	1997 年	1998 年
货运量合计	**万吨**	**40062**	**37739**	**55568**	**59250**	**55336**
1.国有单位	万吨	29595	27214	35574	37628	34646
铁　路	万吨	12921	13607	13659	14290	12248
公　路	万吨	11829	8769	17020	18411	17614
水　运	万吨	458	613	636	743	638
民用航空	万吨	1	1	1	1	1
管　道	万吨	4386	4224	4259	4183	4145
2.集体单位	万吨	5558	4279	8265	8935	8552
公　路	万吨	5500	4266	8251	8925	8539
水　运	万吨	58	13	14	10.1	13
3.其他单位	万吨	4910	6246	11729	12687	12138
公　路	万吨	4910	6246	11729	12687	12138
货物周转量合计	**亿吨公里**	**832.5**	**868.8**	**951.5**	**1006.4**	**890.4**
1.国有单位	亿吨公里	802.9	838.1	881.0	930.4	808.8
铁　路	亿吨公里	706.5	748.3	754.4	801.3	684.7
公　路	亿吨公里	31.6	25.1	58.5	61.6	58.9
水　运	亿吨公里	14.8	16.0	19.4	19.8	18.4
民用航空	亿吨公里		0.9	1.0	1.0	1.0
管　道	亿吨公里	50.0	47.6	47.7	46.7	45.8
2.集体单位	亿吨公里	15.3	10.7	24.1	27.0	24.5
公　路	亿吨公里	13.7	10.6	24.0	25.5	24.4
水　运	亿吨公里	1.6	0.1	0.1	1.6	0.1
3.其他单位	亿吨公里	14.3	20.0	46.4	48.9	57.1
公　路	亿吨公里	14.3	20.0	46.4	48.9	57.1

13－11 铁路按货物种类分的货运量和货物周转量

项目	货运量(万吨)		货物周转量(百万吨公里)		平均运距(公里)	
	1997年	1998年	1997年	1998年	1997年	1998年
总计	**16557**	**14236**	**93331**	**80412**	**481**	**475**
煤	8088	6558	47895	38592	585	581
焦炭	191	157	1039	869	481	444
石油	985	1023	2708	2634	267	252
钢铁	234	230	1868	1920	393	399
金属矿石	30	30	70	533	447	417
非金属矿石	212	233	1402	1340	237	229
矿建材料	1181	1304	4250	4455	252	248
水泥	234	265	1290	1431	326	327
木材	2260	2112	14607	14130	643	666
化肥和农药	213	227	1954	2136	512	502
粮食	1571	953	6226	4395	364	401
棉花			2	3	269	335
盐			173	160	351	357
其他	1358	1144	9847	7814	411	416

注:本表为哈尔滨铁路局路局数。

13－12 运输线路质量

指标	单位	1985年	1990年	1995年	1997年	1998年
铁路营业里程	公里	4977.5	4885.5	4834.2	4839.4	4839.4
#复线里程	公里	1139.2	1576.9	1588.7	1590.1	1590.3
复线里程比重	%	22.9	32.3	32.9	32.9	32.9
#自动闭塞里程	公里	490.5	752.5	1107.8	1107.8	1107.6
自动闭塞里程比重	%	9.9	15.4	22.9	22.9	22.9
公路线路里程	公里	45487.0	47204.0	48819.0	49631.0	49766.0
#有路面里程	公里	25076.0	42017.0	45449.0	48956.0	47879.0
有路面里程比重	%	55.1	89.0	93.1	98.6	96.2
内河航道里程	公里	4776.0	4696.0	5057.0	5057.0	5057.0
#水深一米以上	公里	3733.0	3733.0	4114.0	4114.0	4114.0
水深一米以上比重	%	78.2	79.5	81.4	81.4	81.4

注:铁路营业里程为哈尔滨铁路局在黑龙江省境内营业里程数。

13－13 独立核算运输企业运输工具和设备

1998 年

指　　标	单　位	总　计	国有单位	集体单位	其他单位
一、运输车辆					
1.营运汽车	辆	4263	3145	881	237
(1)载客汽车	辆	2210	1888	146	176
#大　型	辆	1061	974	38	49
载客量	客位	70246	64462	3741	2043
#大　型	客位	46169	43009	1577	1583
(2)普通载货汽车	辆	1925	1170	694	61
#大　型	辆	1355	660	649	46
载重量	吨位	14572	8056	6184	332
#大　型	吨位	12046	5729	5985	332
(3)专用载货汽车	辆	128	87	41	
2.其他机动车	辆				
3.载货挂车	辆	216	131	85	
二、运输船舶					
1.机动船	艘	75	62	13	
载客量	客位	2078	1820	258	
净载重量	吨位	4668	4668		
总功率	千瓦	20223	17277	2946	
(1)客　船	艘	16	14	2	
载客量	客位	2078	1820	258	
功　率	千瓦	4237	3911	326	
(2)客货船	艘				
载客量	客位				
净载重量	吨位				
功　率	千瓦				
(3)货　船	艘	10	10		
净载重量	吨位	4668	4668		
功　率	千瓦	2632	2632		
(4)拖　船	艘	49	38	11	
功　率	千瓦	13354	10734	2620	
2.驳　船	艘	153	137	16	
载客量	客位				
净载重量	吨位	97702	89259	8443	
3.帆　船	艘				
净载重量	吨位				
三、港口设备					
码头长度	米	2588	2588		
#生产用	米	2523	2523		
泊位个数	个	15	15		
#生产用	个	15	15		
四、仓库总面积	平方米	3560	3560		
容　量	吨	1816	1816		
五、堆场总面积	平方米	394860	394860		
容　量	吨	604436	604436		

13－14 独立核算运输企业财务状况

1998 年　　　　　　　　　　单位:万元

指　　标	总　计	按登记注册类型分			按专业类别分		
		国有单位	集体单位	其他单位	公路运输	水路运输	港　口
企业数(个)	195	130	60	5	179	12	4
#亏损企业	79	53	24	2	69	7	3
资本金合计	51327	39202	11565	561	33243	11248	6836
流动资产合计	42034	31614	9735	686	28385	8439	5210
#存　货	6538	5754	685	99	2573	3055	911
固定资产合计	97026	79469	16230	1327	56888	15510	24629
固定资产原价合计	138901	112894	24465	1542	86394	24386	28121
#生产经营用	103630	86113	16552	965	58752	19395	25483
累计折旧	46128	34586	11315	227	33271	9364	3493
#本年折旧	4871	3325	1511	35	3896	710	265
资产合计	145006	116378	26609	2019	91027	24100	29878
流动负债合计	53353	39498	13029	826	39741	7729	5883
长期负债合计	22828	17230	5599	1	11137	7624	4067
所有者权益合计	57175	49205	6779	1191	38500	8747	9928
#股　本	7122	6322	718	82	1589	5533	
营运业务收入	39555	29558	9385	613	34339	4105	1111
营运业务成本	26357	19643	6455	259	22049	3585	723
营运费用	1260	993	267		1221	39	
营运税金及附加	1445	978	435	32	1286	121	37
营运业务利润	10192	7947	1923	322	9481	360	351
管理费用	13360	10700	2253	407	11616	1166	578
利润总额	－4420	－3591	－400	－429	－1923	－2171	－327
本年应付工资总额	9305	7436	1748	121	7300	1222	783
本年应付福利费总额	1415	985	419	12	1147	163	105

13－15 公路运输技术经济主要指标

指　　标	单　位	1985 年	1990 年	1995 年	1996 年	1997 年	1998 年
载客汽车							
完好率	%	86.8	85.4	92.6	86.3	93.6	94.0
工作率	%	77.0	70.4	74.4	73.0	83.1	83.4
实载率	%	58.5	67.7	51.4	49.8	59.6	60.6
百车公里耗汽油	升	35.0	34.8	16.6	32.5	29.1	29.0
百吨公里耗汽油	升	9.1	11.0	12.9	14.0	13.0	13.2
百车公里耗柴油	升	31.4	28.6	29.0	28.5	21.2	21.0
百吨公里耗柴油	升	6.8	6.9	11.8	11.8	0.9	10.8
载货汽车							
完好率	%	86.7	83.0	91.3	91.3	88.2	88.6
工作率	%	57.8	48.5	51.3	43.9	58.3	59.7
实载率	%	87.5	59.3	58.0	45.4	48.7	50.1
百车公里耗汽油	升	42.9	40.4	35.2	40.6	30.6	32.5
百吨公里耗汽油	升	9.1	8.2	7.3	8.7	6.3	6.0
百车公里耗柴油	升	36.2	34.4	41.3	41.3	31.0	31.3
百吨公里耗柴油	升	6.6	5.8	4.9	4.5	4.2	7.1

13－16 铁路运输技术经济主要指标

指　　标	单　位	1990年	1995年	1997年	1998年
货运机车日产量	万吨公里	73.5	78.0	83.5	83.4
蒸汽机车	万吨公里	65.5	51.3	48.2	41.4
内燃机车	万吨公里	86.9	98.3	97.7	91.4
货运机车平均牵引总重	吨	1951	2032	2102	2130
蒸汽机车	吨	1889	1744	1676	1552
内燃机车	吨	2035	2169	2211	2201
货运机车日车公里	公里	429	441	452	450
客运机车日车公里	公里	436	431	462	478
蒸汽机车每万吨公里耗煤	公斤	147.0	158.6	174.0	198.9
内燃机车每万吨公里耗油	公斤	29.0	28.6	28.6	29.3
货物列车出发正点率	%	93.6	96.8	97.1	98.3
货物列车运行正点率	%	92.3	96.3	96.2	97.7
旅客列车出发正点率	%	99.2	99.6	99.4	99.9
旅客列车运行正点率	%	96.9	97.6	97.6	98.5
旅客列车技术速度	公里/小时	53.7	54.0	57.0	58.2
旅客列车运行速度	公里/小时	42.3	43.7	46.9	47.9
客运列车密度	列/日	385.0	443.4	404.6	412.5
客运密度	万人/公里	219.4	285.1	267.0	264.1
货物列车技术速度	公里/小时	44.6	45.6	46.6	47.3
货物列车运行速度	公里/小时	31.3	32.3	32.8	33.7
货物列车密度	列/日	1474.0	1515.4	1571.0	1320.0
货运密度	万吨/公里	1215.0	1293.6	1385.6	1193.9
每万吨货运量拥有货车数	辆	595.0	603.2	616.7	830.2
每百万货物吨公里拥有货车数	辆	109.0	109.0	109.4	147.0
货车周转时间	天	2.6	2.7	2.9	3.9
一次货物作业时间	小时	14.8	15.0	15.1	22.3
每车中转停留时间	小时	3.6	4.6	4.7	6.0
货车净载重(准轨)	吨	54.8	56.8	57.1	57.8

13－17 邮电通信网

年底数

年　份	邮电局所（处）	#设在农村	邮路及农村投递路线总长度（公里）	电报电路（路）	长话电路（路）
1978	1545	1201	154426	418	912
1980	1528	1195	155700	361	1065
1985	1566	1129	160278	393	1658
1990	1598	1228	187465	401	4073
1991	1618	1426	196658	384	4792
1992	1638	1113	209104	417	10737
1993	1776	1270	227520	426	15916
1994	1902	1270	218809	424	36389
1995	2060	1304	219940	346	24868
1996	2176	1339	230549	233	35077
1997	2240	1356	239790	259	44404
1998	2909	1799	235267	281	54941

13－18 邮电业务量

年　份	邮电业务总　量（万元）	函　件（万件）	报刊期发数（万份）	电　报（万份）	长途电话（万张）	市内电话（万户）	农村电话（万户）
1978	14652	12986	590	616	847	6.0	2.5
1980	15812	12597	785	622	975	6.7	2.5
1985	20913	16049	1364	910	1688	10.9	2.5
1990	47759	16609	643	1123	3678	24.6	3.6
1991	58228	15423	766	1145	4641	30.7	4.1
1992	78401	15408	741	1219	6749	40.8	5.0
1993	124676	16548	761	977	14387	61.4	6.7
1994	185048	16764	580	684	23414	99.3	12.3
1995	274689	15525	865	454	30763	142.0	14.8
1996	395052	15271	518	320	32577	190.0	24.6
1997	581771	11468	479	202	38292	238.2	39.5
1998	839194	10757	474	155	46182	281.0	58.0

注：邮电业务总量按1990年不变价格计算（下表同）。

13－18　续表

年　份	邮政快件（万件）	特快专递（万件）	传　真（份）	长途直拨有权用户（万户）	无线寻呼电　话（万户）	移动电话用　户（户）
1989	651	4	2342	1	1	
1990	1037	7	4447	3	2	
1991	1107	13	6412	5	3	
1992	1345	26	11978	15	8	3999
1993	1473	60	22172	34	17	19795
1994	1445	100	35269	81	23	53012
1995	1335	149	100461	133	56	132021
1996	1303	241	127810	178	90	298070
1997	910	281	178214	225	121	629162
1998	410	303	202357	267	146	1051969

13－19　各地区邮电业务量

1998 年

地　区	邮电业务总　量（万元）	函　件（万件）	包　件（万件）	邮政快件（万件）	特快专递（万件）	报刊期发数（万份）	电　报（万份）
全　省	**839194**	**10757**	**382**	**410**	**303**	**474**	**155**
哈尔滨	314172	4190	90	100	70	143	37
齐齐哈尔	80414	1581	35	44	12	52	22
鸡　西	38843	484	20	29	13	21	9
鹤　岗	16597	189	9	21	9	21	6
双鸭山	22734	293	12	19	8	15	5
大　庆	87108	617	28	42	24	61	9
伊　春	26650	343	17	22	6	9	5
佳木斯	61811	572	21	30	13	39	12
七台河	17339	118	60	10	2	7	7
牡丹江	75901	1032	30	28	90	41	12
黑　河	28221	360	20	22	28	19	10
绥　化	52336	805	26	29	24	37	16
大兴安岭	17068	173	14	14	4	9	5

13－19 续表

1998年

地区	传真（份）	无线寻呼电话用户（户）	年末长途直拨有权用户（户）	年末市内电话（户）	#住宅电话	年末农村电话（户）
全省	**202357**	**1460256**	**2670831**	**2833130**	**2444306**	**577523**
哈尔滨	93188	419756	876650	989120	829316	166265
齐齐哈尔	11869	201368	295933	309315	269528	62661
鸡西	10457	113289	113306	114565	96244	30578
鹤岗	4539	40950	66779	67331	59042	6784
双鸭山	2210	47469	81184	82749	72536	20515
大庆	12900	76597	212415	226466	198058	15426
伊春	1840	55829	119792	120274	107865	21102
佳木斯	22354	136887	259266	261548	234758	49484
七台河	2876	37860	61986	61382	54739	6186
牡丹江	23278	133699	229862	237343	203739	63474
黑河	6952	58928	98344	100297	86535	52898
绥化	8451	108715	174401	175751	155855	82150
大兴安岭	1443	28909	80913	86989	76091	

13－20 各地区邮电局所数和邮电线路

1998年

地区	邮电局所（处）	#设在农村	邮路及农村投递线路长度（公里）	长途电话电路（路）
全省	**2909**	**1799**	**120659**	**114608**
哈尔滨	558	332	81146	28470
齐齐哈尔	338	217	10018	26285
鸡西	212	154	2087	4554
鹤岗	96	47	883	1048
双鸭山	154	112	1798	3507
大庆	219	90	1621	7080
伊春	107	42	950	1289
佳木斯	236	145	5679	6395
七台河	49	20	362	1284
牡丹江	269	146	4905	5996
黑河	176	145	4892	4443
绥化	388	308	3413	23797
大兴安岭	107	41	2905	460

13－21 各地区邮运工具和通信工具拥有量

1998年

地区	邮运汽车（辆）	电话交换机容量（门）	#农村电话	电话机（部）	#移动电话
全省	**1592**	**5105569**	**1001695**	**3185708**	**1051969**
哈尔滨	365	1720829	279448	1105758	413796
齐齐哈尔	166	532836	108717	355196	102833
鸡西	113	238866	59872	138358	46475
鹤岗	55	110108	10188	77366	19310
双鸭山	75	168847	40287	98755	27387
大庆	95	366268	26176	248969	131358
伊春	55	248293	48913	130230	24289
佳木斯	129	409184	84832	288088	73492
七台河	29	113768	9424	64273	23459
牡丹江	188	433618	103722	281366	92387
黑河	117	241056	94912	110610	27662
绥化	105	375884	135204	185786	55606
大兴安岭	58	146012		100953	13915

13－22 邮电通信水平

指标	单位	1985年	1990年	1995年	1997年	1998年
全省邮电通信水平						
平均每人每年发函件数	件	4.9	4.8	4.2	3.1	2.9
平均每百人每年订报刊数	份	30.4	15.8	23.4	12.8	12.6
平均每百人拥有电话机部数	部	0.8	1.4	4.2	7.4	8.5
农村邮电通信水平						
设有邮电局、所乡镇比重	%	88.6	89.9	91.5	96.2	93.5
当日投递的乡镇比重	%	84.2	86.1	98.7	80.7	73.0
已装电话机乡镇比重	%	86.5	99.2	100.0	100.0	100.0
当日投递的行政村比重	%	53.2	45.7	43.1	45.6	42.7
已通电话的行政村比重	%	71.4	70.6	67.6	77.5	81.8

主要统计指标解释

铁路营业里程 指办理客货运输业务的铁路正线总长度。凡是全线或部分建成双线及以上的线路,以第一线的实际长度计算;复线、站线、段管线、岔线和特别用途线以及不计算运费的联络线都不计算营业里程。铁路营业里程是反映铁路运输业基础设施发展水平的重要指标,也是计算客货周转量、运输密度和机车车辆运用效率等指标的基础资料。

公路里程 也称“公路通车里程”,是反映公路建设发展规模的重要指标,也是计算运输网密度等指标的基础资料;是指实际达到交通部制定的公路工程技术标准规定的等级的公路长度。它包括大中城市的郊区公路以及通过小城镇街道的公路里程,也包括桥梁、渡口的长度,但不包括城市的街道以及厂矿、林区和农业生产用道的里程。两条或多条公路共同经由同一路段,只计算一次,不得重复计算里程长度。

内河航道里程 也称“内河通航里程”,是反映内河水运网规模、水平和发展情况的主要指标;是指在枯水季节水深在0.3米及以上,能通航运输船舶及排筏的天然河流、湖泊水库、运河及通航渠道的长度。包括全年季节性通航累计三个月以上的航道,但不包括仅供零散流放竹、木排的河道。

民用航空通航里程 指民航运输定期班机飞行的航线长度的总和。航线长度按机场之间的距离计算,通常有两种计算方法:将每条航线长度相加称为重复计算航线里程;如将两条或或两条以上航线经过同一区段里程,只计算一次航线长度称为不重复计算航线里程。一般常用的是后者,它能确切反映民航运输网的规模,表明民航事业为国民经济服务和方便人民生活程度的主要指标。

输油(气)管道长度 也称“输油(气)里程”,是反映管道运输发展规模和水平的主要指标;是指油品(或天然气)的实际输送距离,一般按输油(气)管道的单线长度计算。如包括复线和备用线长度就称为输油(气)管道延展长度,是指管道铺设的实际长度。我们通常使用的不包括复线和“输油(气)管道里程”。

货(客)运量 指运输业实际运送的货物(旅客)数量。是反映运输业为国民经济和人民生活的数量指标,也是制定和检查运输生产计划,研究运输发展规模和速度的重要指标。货运按吨计算,客运按人计算。货物不论运输距离长短,货物类别,均按实际重量统计;旅客不论行程远近或票价多少,均按一人一次作为客运量统计。半价票、小孩票也按一人统计。

货物(旅客)周转量 指运输业运送的货物(旅客)数量与其相应运输距离的乘积之总和,是反映运输业生产总成果的重要指标,也是编制和检查运输生产计划、计算运输效率、劳动生产率以及核算运输单位成本的主要基础资料。通常以吨公里和人公里为计算单位。计算货物周转量通常按发出站与到达站之间的最短距离,也就是计费距离计算。

铁路货车净载重 指铁路货车在始发站静止状态下平均每车装载的货物重量。净载重的多少取决于运送货物的性质、种类、车辆的类型和装载技术的高低。根据货车的平均载重能力和净载重进行对比,可以反映货车载重能力的利用程度。计算公式:

$$\text{货车净载重} = \frac{\text{货物发送吨数}}{\text{装车数}}$$

铁路货运机车日产量 指平均每台货运机车在一昼夜内所完成的总重吨公里数。它既包括载运货物的重量,也包括车辆本身的自重,它从时间和牵引能力两方面反映了机车运用效率。计算公式:

$$\text{货运机车日产量} = \frac{\text{货运总重吨公里数}}{\text{货运机车台日数}}$$

邮电业务总量 指以货币表现的邮电部门用于传递信息和提供其他邮电服务的总量。它综合反映了一定时期邮电工作的总成果,是研究邮电业务量构成和发展趋势的重要指标。它用各种邮电分类业务量,如函件件数、电报份数、长话张数、市内电话和农村电话的年均户数、订销报刊累计份数等,分别乘以相应的平均单价(不变价),加总后再加上出租电路和设备的收入、代用户维护电话交换机和线路等设备的收入、其他业务收入求得。

资本金 指企业在工商行政管理部门登记的注册资金。资本金主要分为国家资本金、法人资本金、个人资本金和外商资本金等。

流动负债合计 指将在一年或者超过一年的一个营业周期内偿还的债务,包括短期借款、应付票据、应付帐款、须收货款、应付工资、应交税金、应付利润、其他应付款、须提费用等。

市内电话 指接入县城(包括个别城镇)及县以上城市的市内电话网上,并按市内电话进行经营管理的电话。按计费办法分为包月制和计次制两种。

(1)住宅电话　指话机装在居民住宅的电话。它包括私人付费、公费和免费三个部分。

(2)私人付费电话　指住宅居民自费安装并自已缴纳通话费的电话。

无限寻呼电话用户　指携带小型录呼机,接收市话用户通过无线寻呼中心,在规定范围内向其发出声音、数字或文字显示信息的用户。目前在邮电部门办理登记手续的无线寻呼电话用户,每一部寻呼机按一户计算。

移动电话用户　指在邮电部门登记,通过移动电话交换机进入移动电话网、占有移动电话号码的电话用户。用户数量以实际办理登记手续进入邮电部门移动电话网的户数进行计算,一部或一台移动电话统计为一户。

十四　批发、零售贸易和餐饮业

WHOLESALE, RETAIL TRADE AND EATTING - DRINKING

14－1 国内贸易基本情况

单位:亿元

指　　标	1990年	1995年	1996年	1997年	1998年
批发零售贸易业					
商品购进总额	298.7	884.3	902.8	858.9	387.6
商品销售总额	276.5	1001.8	976.9	921.7	1412.6
商品库存总额	166.7	281.4	305.9	321.4	129.8
社会消费品零售总额	341.0	682.7	782.2	880.2	949.7
按地区分					
市	199.5	476.7	554.2	623.2	679.9
县	74.6	116.0	124.1	139.6	138.0
县以下	66.9	90.0	103.9	117.4	131.8
按经济类型分					
#国有经济	164.9	222.6	225.1	233.7	224.9
集体经济	88.9	93.1	95.0	97.4	99.1
个体经济	67.9	260.6	330.8	397.9	456.5
按行业分					
批发零售贸易业	271.4	524.3	600.9	683.5	734.1
餐饮业	17.9	41.8	54.3	63.4	77.2
制造业	19.6	29.7	37.6	37.9	36.9
其它行业	32.1	86.9	89.4	95.4	101.5
城乡集市个数(个)	2044	2026	2106	2323	2501
城　市	925	956	1071	1162	1245
乡　村	1119	1070	1035	1161	1256
城乡集市贸易成交额	49.3	232.8	285.9	399.4	558.8
城　市	33.2	168.8	211.7	302.1	447.2
乡　村	16.1	64.0	74.2	97.3	111.6

注:1.社会消费品零售额1990年为社会商品零售总额数据。
2.1998年购进和库存总额统计口径为限额以上企业。

14－2 批发零售贸易业商品购进、销售及库存总额

1998年　　　　单位：万元

项　　目	商品购进总额	# 从生产者购进	# 进　口	商品销售总额	# 对生产经营单位批发	出　口	零　售	年末库存总额
总　　计	**3876341**	**2424046**	**150149**	**4221549**	**1227616**	**222595**	**1155070**	**1297526**
# 国有及国有控股	3159636	2077457	88838	3434227	1040891	190670	886824	1123164
按登记注册类型分								
1.国有企业	2982918	1960405	86156	3186531	1049001	190670	636241	1108289
2.集体企业	346223	120292	25978	397051	130748	2168	42416	59566
3.股份合作企业	40234	4933	28674	46021	3463	29237	10898	7678
4.联营企业	17767	16609		10621	8128		2494	952
5.有限责任公司	87244	32538	9342	78164	16675	520	46708	11996
国有独资企业	6428	6428		7590	4271		534	695
其他有限责任公司	80816	26109	9342	70574	12404	520	46174	11301
6.股份有限公司	362049	253222		460633	15344		385285	102116
7.私营企业	39907	36047		42527	4258		31028	6930
私营独资企业	26689	26689		27949			25279	4260
私营有限责任公司	10451	6591		11400	1079		5749	2141
私营股份有限公司	2767	2767		3179	3179			529
按经济组织类型分								
1.独资企业	3355830	2107387	112133	3611532	1179749	192838	703936	1172115
国有企业	2982918	1960405	86156	3186531	1049001	190670	636241	1108289
集体企业	346223	120292	25978	397051	130748	2167	42416	59566
私营独资企业	26689	26689		27949			25279	4260
2.合作合伙企业	58001	21542	28674	56643	11591	29238	13392	8630
股份合作企业	40234	4933	28674	46021	3463	29238	10898	7678
国有联营企业	17767	16609		10621	8128		2494	952
3.股份有限公司	364816	255989		463811	18523		385285	102645
股份有限公司(内资)	362049	253222		460633	15344		385285	102116
私营股份有限公司	2767	2767		3178	3179			529
4.有限责任公司	97695	39128	9342	89563	17754	520	52457	14137
国有独资公司	6428	6428		7590	4271		534	695
私营有限责任公司	10451	6591		11400	1079		5749	2141
其他有限责任公司	80816	26109	9342	70574	12404	520	46174	11301

14－2　续表　　1998年　　单位:万元

项　　目	商品购进总额	#从生产者购进	#进口	商品销售总额	#对生产经营单位批发	出口	零售	年末库存总额
按行业分								
1.食品、饮料、烟草批发业	987804	480312	29022	914729	248469	35984	25017	786333
2.棉、麻、土畜产品批发业	15430	15429		15453	3663	11649	34	2242
3.纺织品、服装和鞋帽批发业	25737	19530	2110	51069	4028	47040		11532
4.日用百货批发业	10522	7694	635	12431	997	901	675	5943
5.日用杂品批发业	923			1143			431	777
6.五金、交电、化工批发业	41987	30950	7684	60313	6834	6756	9283	16848
7.药品及医疗器械批发业	66763	37891	3593	84113	12663	13115	13647	23173
8.能源批发业	743606	585319		825372	424822		63198	38407
9.化工材料批发业	98387	50626	47574	103212	46149	47010		8026
10.木材批发业	3906	3906		5401	3617		7	641
11.建筑材料批发业	4421	28	4233	4723		4449		
12.金属材料批发业	104940	86217	12440	113687	85964	21074	96	19426
13.机械、电子设备批发业	260949	240139	10566	257289	46961	30359	30453	28304
14.汽车、摩托车及零配件批发业	32317	27044	1703	38012	16879	3731	6336	7736
15.再生物质回收批发业	17683	11638		20954	12475		134	7421
16.图书报刊批发业	45497	43189		44034			90	4712
17.农业生产资料批发业	504592	255159	26625	555050	270766	528	8750	91266
18.其他类未包括的批发业	23625	9678	2176	24822	7334		1174	9174
19.食品、饮料和烟草零售业	70997	48338		91930	233		86064	16424
20.日用百货零售业	430996	226420	179	536696	1870		529839	105952
21.纺织品、服装和鞋帽零售业	126889	75412		156507	2652		150096	25669
22.五金、交电、化工零售业	81397	51668	1609	92816	18684		62744	21660
23.药品及医疗器械零售业	76258	46738		102175	839		74138	30666
24.图书报刊零售业	33958	19651		32582			30955	17731
25.其他零售业	66759	51073		77039	11718		61910	17462

14－3 批发零售贸易业商品销售、库存类值

1998 年　　单位:万元

项　　目	商品销售合　　计	#对生产经营单位批发	#出　口	#零　售	年　末库存额
合　　计	**4138389**	**1268216**	**95257**	**1182252**	**1102532**
1.食品、饮料、烟酒类	946817	122288	10316	135586	702823
2.针、纺织品类	103110	3349	7720	89371	19131
3.服装、鞋帽类	251963	44	33294	213827	23869
4.化妆品类	29805	122		27922	4450
5.钟表眼镜类	29800			29405	6557
6.日用品类	86543	3293	2375	66326	13564
7.五金、电工器具类	24585	6289		15440	5884
8.生活电器类	170781	199		112157	27734
9.音像器材类	52291	162		49592	7813
10.自行车、摩托车类	28584	96		22121	4562
11.体育、娱乐用品类	13940	652		12789	3007
12.文化、办公用品类	32681	567	7	27659	6219
13.金银珠宝类	41943	95		40857	15235
14.家俱类	17649	1088	58	16461	3751
15.中西药品类	155248	12063	1559	79356	36158
16.书报、杂志类	42700	24		40316	10518
17.汽车类	136047	55358		40049	14341
18.建筑材料类	4266	1036	51	2329	817
19.木材类	7736	2756	1549	242	466
20.化工材料及制品类	457573	219473	18505	4490	41673
21.黑色金属材料类	92593	63599	93	527	18342
22.有色金属材料类	24566	15071	762		2714
23.机电设备及零件类	186179	125401	96	6228	42917
24.煤炭及制品类	97856	73077		18065	12077
25.石油及制品类	786235	353136	13	83881	41353
26.种子饲料类	10075	485	4721	96	190
27.棉麻、土畜产品类	8263	1658	6409	119	1067
28.再生资源类	15349	13685		298	1910
29.其他类	283212	193152	7728	46246	33393

14－4 各地区批发零售贸易业商品购进、销售及库存总额

1998年　　　　单位:万元

地区	商品购进总额	#从生产者购进	#进口	商品销售总额	#对生产经营单位批发	#出口	#零售	年末库存总额
全省	**3876341**	**2424046**	**150149**	**4221549**	**1227616**	**222595**	**1155070**	**1297526**
哈尔滨	1843322	1180569	127529	2056873	565649	216925	574997	405962
齐齐哈尔	199229	126748		219849	53668		63669	123711
鸡西	193003	135558		168393	55372		50766	208280
鹤岗	56981	29897		51782	10047		14151	62771
双鸭山	33702	10178		45763	13640		14976	9296
大庆	424865	300119		455600	49274		166492	85470
伊春	21567	4835		22249	3977		7253	2845
佳木斯	161067	82630		199424	26813		73841	85187
七台河	32542	14118		38179	18932		8209	16426
牡丹江	220644	155867		258322	65501		58324	48894
黑河	96601	41357	14120	98417	20984		37661	104644
绥化	213506	119739		203930	56699		60752	84979
大兴安岭	18915	6556		22122	11108		3176	5579
农垦总局	360398	215872	8500	380644	275951	5670	20801	53482

14－5 社会消费品零售总额

按商品类别分　　　　单位:亿元

年份	社会消费品零售总额	食品类	衣着类	日用品类	文化娱乐用品类	书报杂志类	药和医疗用品类	燃料类
1978	61.8	31.9	14.2	6.9	2.5	0.4	2.9	3.0
1980	82.4	41.2	20.9	9.3	3.3	0.8	3.3	3.6
1985	156.7	75.8	32.0	28.0	9.1	1.8	4.8	5.2
1990	310.1	148.3	65.8	54.9	13.2	3.6	13.0	11.3
1991	352.2	167.2	70.4	67.2	15.5	4.2	14.5	13.2
1992	403.0	191.2	79.1	78.9	16.4	4.7	16.7	16.0
1993	459.5	219.7	89.4	89.8	17.2	5.3	19.4	18.7
1994	551.7	274.6	106.0	102.8	18.4	6.5	22.2	21.2
1995	682.7	298.3	124.7	142.4	53.7	8.5	24.6	30.5
1996	782.2	346.9	151.8	150.1	54.3	10.9	26.8	41.4
1997	880.2	399.4	168.5	164.2	63.7	12.2	30.2	42.0
1998	949.7	422.8	189.9	252.8		13.6	27.7	42.9

注:1998年"文化娱乐用品类"包含在"日用品类"中。

14－6 社会消费品零售总额

单位:亿元

项　　目	1990年	1995年	1996年	1997年	1998年
总　　计	**341.0**	**682.7**	**782.2**	**880.2**	**949.7**
按销售地区分					
市	199.5	476.7	554.2	623.2	679.9
县	74.6	116.0	124.1	139.6	138.0
县以下	66.9	90.0	103.9	117.4	131.8
按经济类型分					
国有经济	164.9	222.6	225.1	233.7	224.9
集体经济	88.9	93.1	95.0	97.4	99.1
私营经济		14.6	22.3	34.1	40.1
个体经济	67.9	260.6	330.8	397.9	456.5
联营经济	0.1	0.1	0.1	0.2	0.1
股份制经济		25.1	31.4	32.4	38.7
外商投资经济		0.9	0.3	0.4	0.3
港澳台投资经济		3.1	2.9	2.2	1.0
其他经济	19.2	62.6	74.3	81.9	89.0
按行业分					
批发零售贸易业	271.4	524.3	600.9	683.5	734.1
餐饮业	17.9	41.8	54.3	63.4	77.2
制造业	19.6	29.7	37.6	37.9	36.9
其他行业	32.1	86.9	89.4	95.4	101.5
# 农民对非农业居民零售	19.1	61.5	73.0	80.9	87.2

14－7 各地区社会消费品零售总额

1998年，按地区、行业分　　　　单位：万元

地区	社会消费品零售总额	按地区分			按行业分			
		市	县	县以下	批发零售贸易业	餐饮业	制造业	其他
全省	**9496973**	**6799141**	**1380148**	**1317683**	**7340949**	**771639**	**369358**	**1015026**
哈尔滨	3775823	3132092	258294	385438	2989152	327672	78622	380377
齐齐哈尔	1094910	710250	212220	172439	888168	61159	46882	98701
鸡西	403126	339190	22589	41347	250970	30654	19080	102422
鹤岗	201110	161336	28664	11091	163184	11208	11132	15587
双鸭山	217617	126252	70586	20779	159962	13525	13364	30765
大庆	699090	553604	89719	55766	553780	47854	46282	51172
伊春	238118	218887	9077	10154	176277	35491	15044	11307
佳木斯	545070	396987	72120	75963	428298	39344	20581	56847
七台河	180299	119949	36350	24000	152577	12292	7183	8247
牡丹江	739420	530012	73800	135608	556268	78679	19669	84804
黑河	229054	130489	63240	35325	177974	15476	9145	26459
绥化	843237	365838	214177	263222	613705	57402	51944	120185
大兴安岭	132949		118856	14093	85955	10222	8131	28642
农垦总局	276471	70720	119615	86135	204887	40495	24642	6446

14－8 各地区社会消费品零售总额

1998年，按经济类型分　　　　单位：万元

地区	国有经济	集体经济	私营经济	个体经济	联营经济	股份制经济	外商投资经济	港澳台投资经济	其它经济
全省	**2249146**	**990587**	**401351**	**4565025**	**1307**	**386927**	**3078**	**9958**	**889592**
哈尔滨	691433	333427	307545	1856746		233216	2969	3926	346561
齐齐哈尔	339434	178626	7743	472224	281	17036		168	79399
鸡西	110367	45578	8587	140532	439	1402		3965	92255
鹤岗	44407	13626	20279	105874		2032			14892
双鸭山	44454	20135	643	132043		58	21		20264
大庆	206469	59695		268585		113447	4	542	50347
伊春	40035	14629	262	173271					9921
佳木斯	178785	83478	974	219583		3144			59105
七台河	21075	18577	1089	130991		528			8039
牡丹江	203009	70770	19760	353049		17010	96	1421	74304
黑河	65455	20048	16169	100972	435	374			25600
绥化	194654	121865	12097	414864					99757
大兴安岭	31151	11805	1326	73253		643			14771
农垦总局	93194	5368	7639	169878	159				232

14－9 批发零售贸易企业、活动单位商品销售、库存数量

1998 年

商品名称	单位	销售量合计	批发	#对生产经营单位批发	#出口	零售	年末库存
布	百米	145068	95307	5164	86942	49761	78921
#棉　布	百米	103760	84209		83164	19551	30926
呢　绒	百米	10336	114			10222	7295
绸　缎	百米	6012	268	19		5744	7553
各种服装	百件	231337	54387		48000	176950	46982
鞋	百双	145322	4724			140598	50478
#皮　鞋	百双	65807	1719			64088	21843
黄金饰品	千元	314256	9867			304389	129531
照相机	架	43738	2163			41575	28292
自行车	辆	101136	43152			57984	46914
摩托车	辆	46661	9717	341		36944	5831
电视机	台	277282	125046			152236	48007
#彩色电视机	台	270227	124311			145916	44654
录音机	台	79195	2525	13		76670	38490
#组合音响	台	24040	861			23179	10774
摄像机	台	3016	29			2987	486
录像机	台	6713	127			6586	1661
影碟机	台	171424	94825			76599	16158
#进口影碟机		4787	382			4405	1132
家用电脑	台	1745	21	14		1724	217
家用电风扇	台	53697	11169	1218		42528	42958
家用洗衣机	台	121116	22984	12		98132	30809
家用电冰箱	台	140438	33799	28		106639	56964
房间空调器	台	12604	8169	20		4435	5963
微波炉	台	46303	27022	26377		19281	4651
抽油烟机	台	38930	3302	10		35628	16240
化学肥料	吨	2340326	2340326	1620350	18		217883
化学农药	吨	20279	20279	13862			14709
农用塑料薄膜	吨	11616	11616	7667			3375
汽　车	辆	24569	20640	14511		3929	817
#轿　车	辆	6120	4316	1891		1804	192
生　铁	吨	24870	24870	21517			2920

14－9　续表　　1998年

商品名称	单　位	销售量合计	批　发			零　售	年末库存
				#对生产经营单位批发	#出　口		
钢　材	吨	314656	314656	203263			62822
#普通中型钢材	吨	26151	26151	17494			11729
普通小型钢材	吨	42083	42083	18779			9524
钢　带	吨	823	823	325			12
线　材	吨	24395	24395	9866			2611
中厚钢板	吨	59233	59233	36402			10332
薄钢板	吨	118285	118285	93599			9731
硅钢片	吨	56	56	56			477
铜	吨	434	434	280			84
铝	吨	3189	3189	3094			56
铅	吨	93	93	78			5
锌	吨	232	232	201			62
锡	吨	11	11	9			3
铜　材	吨	601	601	361			324
铝　材	吨	3949	3949	1552			944
硫　酸	吨	324	324	169			722
烧　碱	吨	11883	11883	154	11604		133
纯　碱	吨	1794	1794	918	750		119
合成橡胶	吨	1846	1846	1606			221
水　泥	吨	6603	6603	465			3037
原　木	立方米	47992	47992	25557			16170
锯　材	立方米	46	46				883
煤　炭	万吨	669	594	546		75	83
焦　炭	吨	37992	37992	36998			3406
原　油	吨	280	280	280			3
汽　油	吨	1308122	1116413	443213	52	191709	94717
柴　油	吨	2262049	2093254	1084563	10	168795	83693
煤　油	吨	51966	51263	48953		703	4711
燃料油	吨	10664	10219	7465		445	2430

14－10 批发、零售贸易业财务指标

1998 年,按类型分　　　　单位:万元

项　　目	资产总计	流动资产	固定资产	固定资产原价	负债总计	流动负债	长期负债
总　计	**4213118**	**3108881**	**925603**	**991842**	**3814779**	**3344381**	**429117**
# 国有及国有控股	3516861	2567302	803140	849980	3191547	2755021	402672
按登记注册类型分							
1.国有企业	3301551	2498246	662272	738538	3107425	2705424	368157
2.集体企业	371010	322913	37551	43742	358378	339343	12426
3.股份合作企业	26907	19099	4789	6001	21119	20247	53
4.联营企业	1576	806	732	793	805	615	190
5.有限责任公司	94347	57519	33732	35178	75666	72713	2944
国有独资企业	11479	8581	2126	2523	10127	10117	
其他有限责任公司	82868	48939	31605	32655	65539	62595	2944
6.股份有限公司	403434	198828	184448	165292	237039	191817	45222
7.私营企业	14292	11469	2079	2297	14345	14222	124
私营独资企业	6945	5890	411	479	6769	6769	
私营有限责任公司	6506	4904	1501	1595	6906	6782	124
私营股份有限公司	841	674	166	222	669	669	
按经济组织类型分							
1.独资企业	3679506	2827049	700233	782760	3472572	3051536	380583
国有企业	3301550	2498246	662272	738537	3107425	2705423	368157
集体企业	371010	322913	37550	43742	358378	339343	12426
私营独资企业	6945	5890	411	480	6769	6769	
2.合作合伙企业	28484	19905	5521	6795	21924	20862	244
股份合作企业	26907	19099	4789	6001	21119	20247	53
国有联营企业	1576	809	732	793	805	615	190
3.股份有限公司	404275	199502	184615	165514	237709	192487	45222
股份有限公司(内资)	403434	198828	184449	165292	237039	191817	45222
私营股份有限公司	841	674	166	222	669	669	
4.有限责任公司	100853	62424	35233	36773	82573	79495	3067
国有独资公司	11479	8581	2126	2523	10127	10127	
私营有限责任公司	6506	4904	1502	1595	6906	6782	124
其他有限责任公司	82868	48939	31605	32655	65539	62595	2944

14-10 续表　　1998年,按类型分　　单位:万元

项　目	所有者权益合计	商品销售收入	商品销售成本	商品销售税金及附加费	商品销售利润	利润总额	#应交所得税	利税总额
总　计	**398338**	**3651793**	**3290727**	**9163**	**149973**	**-73656**	**13912**	**-64493**
#国有及国有控股	325314	2994669	2692769	7394	119634	-61913	11847	-54519
按登记注册类型分								
1.国有企业	194125	2750743	2491666	6069	88883	-80848	10417	-74779
2.集体企业	12632	364760	338072	490	17066	-5242	78	-4652
3.股份合作企业	5788	42045	38976	29	1337	-42	59	-13
4.联营企业	771	9493	8708	8	24	3	1	11
5.有限责任公司	18680	74226	64511	393	4075	-959	183	-566
国有独资企业	1351	10238	9539	17	338	-631	2	-614
其他有限责任公司	17328	63987	54971	376	3736	-328	180	48
6.股份有限公司	166394	369117	310661	2099	38478	14660	3140	16759
7.私营企业	-53	41407	38133	72	109	-1228	33	-1156
私营独资企业	175	27875	24886	28	591	6	32	34
私营有限责任公司	-400	10816	10684	40	-525	-1238		-1198
私营股份有限公司	171	2716	2562	2	44	4	1	5
按经济组织类型分								
1.独资企业	206934	3143378	2854625	6588	106540	-86084	10527	-79496
国有企业	194126	2750743	2491666	6069	88883	-80848	10417	-74779
集体企业	12632	364760	338072	490	17066	-5242	78	-4752
私营独资企业	176	27875	24886	28	591	6	32	34
2.合作合伙企业	6559	51539	47683	38	1361	-39	60	-1
股份合作企业	5788	42045	38976	29	1337	-42	59	-13
国有联营企业	771	9493	8707	8	24	3	1	11
3.股份有限公司	166565	371834	313223	2101	38522	14664	3141	16765
股份有限公司(内资)	166394	369117	310661	2099	38478	14660	3140	16759
私营股份有限公司	171	2717	2562	2	44	4	1	6
4.有限责任公司	18279	85042	75195	435	3549	-2197	182	-1762
国有独资公司	1351	10238	9539	17	338	-631	3	-614
私营有限责任公司	-400	10816	10684	42	-525	-1238		-1196
其他有限责任公司	17328	63987	54972	376	3736	-328	180	48

14－11 餐饮业财务指标

1998 年,按类型分　　单位:万元

项　　目	资产总计	流动资产	固定资产	固定资产原价	负债总计	流动负债	长期负债
总　计	**37408**	**13860**	**19353**	**24683**	**16038**	**13377**	**2594**
#国有及国有控股	19375	4471	13339	15994	9117	7237	1880
按登记注册类型分							
1.国有企业	15925	4191	10488	12063	7624	5744	1880
2.集体企业	3468	1178	2095	2364	807	598	208
3.股份合作企业	102	22	80	100	52	52	
4.私营企业	8022	4005	2351	3227	1845	1802	
私营独资企业	8022	4005	2351	3227	1845	1802	
5.港、澳、台商投资企业	7377	3541	3199	4935	4879	4854	
合资经营企业(港或澳、台资)	3449	279	2851	3931	1494	1494	
港、澳、台商独资经营企业	3928	3261	348	1004	3385	3361	
6.外商投资企业	2513	923	1139	1993	832	327	505
中外合资经营企业	1490	437	869	1628	265	265	
外资企业	1022	486	270	364	567	62	505
按经济组织类型分							
1.独资企业	32366	13122	15552	19024	14228	11566	2594
国有企业	15925	4191	10488	12063	7624	5744	1880
集体企业	3468	1178	2095	2364	807	598	208
私营独资企业	8022	4005	2351	3227	1845	1802	
港、澳、台商独资经营企业	3928	3261	347	1004	3385	3361	
外资企业	1022	486	269	364	567	62	505
2.合作、合伙企业	102	22	80	100	52	52	
股份合作企业	102	22	80	100	52	52	
3.有限责任公司	4939	717	3720	5559	1758	1758	
港、澳、台合资经营企业	3449	280	2852	3931	1494	1494	
中外合资经营企业	1490	437	869	1628	264	264	

14－11　续表　　1998年,按类型分　　单位:万元

项　　目	所有者权益合计	商品销售收入	商品销售成本	商品销售税金及附加费	商品销售利润	利润总额	#应交所得税	利税总额
总　计	**21370**	**29505**	**15491**	**1995**	**67**	**－1249**	**293**	**746**
#国有及国有控股	10258	11100	5629	554	7	－249	180	305
按登记注册类型分								
1.国有企业	8301	9751	4492	489	220	401	180	890
2.集体企业	2661	3301	1811	193		－264		－71
3.股份合作企业	50	481	289	57		51		108
4.私营企业	6177	11300	6329	1002	61	－149	112	853
私营独资企业	6177	11300	6329	1002	61	－149	112	853
5.港、澳、台商投资企业	2498	3842	2226	197	－213	－720		－523
合资经营企业(港或澳、台资)	1956	1349	1136	65	－213	－650		－585
港、澳、台商独资经营企业	542	2493	1090	132		－70		62
6.外商投资企业	1681	828	343	56		－568		－512
中外合资经营企业	1226	449	173	37		－251		－214
外资企业	455	379	170	19		－317		－298
按经济组织类型分								
1.独资企业	18139	27225	13893	1836	281	－399	293	1437
国有企业	8302	9751	4492	489	220	401	180	890
集体企业	2661	3301	1811	194		－263		－69
私营独资企业	6177	11300	6329	1002	61	－149	113	853
港、澳、台商独资经营企业	543	2493	1090	132		－70		62
外资企业	455	379	170	19		－317		－298
2.合作、合伙企业	50	481	289	57		51		108
股份合作企业	50	481	289	57		51		108
3.有限责任公司	3181	1798	1309	102	－213	－901		－799
港、澳、台合资经营企业	1956	1349	1136	65	－213	－650		－585
中外合资经营企业	1225	449	173	37		－251		－214

14－12 批发、零售贸易、餐饮企业财务指标

1998年,按行业分　　单位:万元

行　　业	资产总计	流动资产	固定资产	固定资产原价	负债总计	流动负债	长期负债
一、批发业	**3231803**	**2631654**	**463943**	**576526**	**3088728**	**2733390**	**318608**
1.食品、饮料、烟草批发业	1724648	1451487	200572	249182	1705872	1393970	282208
2.棉、麻、土畜产品批发业	32839	27985	3734	4895	86516	86735	－218
3.纺织品、服装和鞋帽批发业	47298	36429	5324	6329	38780	38482	298
4.日用百货批发业	38058	24654	9866	12037	30004	29512	492
5.日用杂品批发业	4210	4085	119	395	4017	3930	87
6.五金、交电、化工批发业	52895	42457	9259	11344	48577	47740	837
7.药品及医疗器械批发业	111182	86162	18637	22306	109116	100623	8065
8.能源批发业	336265	229973	94064	121313	246038	237542	8495
9.化工材料批发业	73802	52833	14315	16661	61929	60321	1608
10.木材批发业	9584	4250	4893	5755	7375	7358	17
11.建筑材料批发业	13624	7934	4103	4507	10593	10593	
12.金属材料批发业	104459	83803	11450	16341	103406	102827	578
13.机械、电子设备批发业	134189	110814	19623	24174	127812	121246	6566
14.汽车、摩托车及零配件批发业	45132	33833	9240	11027	49781	49821	－40
15.再生物资回收批发业	26039	16947	8377	9182	20699	20474	224
16.图书报刊批发业	22061	18208	3417	4711	15709	15462	247
17.农业生产资料批发业	435571	385033	43143	52909	407177	391595	8973
18.其他类未包括的批发业	19944	14764	3802	3452	15320	15153	167
二、零售业	**981315**	**477227**	**461660**	**415316**	**726051**	**610991**	**110508**
1.食品、饮料和烟草零售业	58154	26224	28890	27974	46476	42267	4097
2.日用百货零售业	595934	237037	326529	271925	413638	320244	91067
3.纺织品、服装和鞋帽零售业	85312	42695	41662	41561	73361	65732	7628
4.日用杂品零售业							
5.五金、交电、化工零售业	65685	48418	15208	16910	63354	60416	2938
6.药品及医疗器械零售业	75562	57192	16771	20420	56947	55140	1806
7.图书报刊零售业	28327	17592	10155	9945	20548	19609	939
8.其他零售业	72339	48067	22443	26580	51724	47581	2030
三、餐饮业	**37408**	**13860**	**19352**	**24683**	**16038**	**13376**	**2593**
1.正　餐	35522	13021	18411	23099	14959	12457	2433
2.快　餐	438	158	279	399	197	197	
3.其他餐饮业	1447	681	661	1184	882	721	160

14－12　续表　　1998年,按行业分　　单位:万元

行　　业	所有者权益合计	商品销售收入	商品销售成本	商品销售税金及附加费	商品销售利润	利润总额		利税总额
							#应交所得税	
一、批发业	**143074**	**2811072**	**2577881**	**3895**	**80906**	**77830**	**9906**	**81725**
1.食品、饮料、烟草批发业	18776	815582	744275	1436	489	－67756	3797	－66320
2.棉、麻、土畜产品批发业	－53676	13335	12384		231	－4329		－4329
3.纺织品、服装和鞋帽批发业	8518	40511	35528	5	3196	－612	43	－607
4.日用百货批发业	8053	11532	10544	18	－125	－137	4	－119
5.日用杂品批发业	192	1023	862	1	－25	－164	4	－163
6.五金、交电、化工批发业	4318	54363	50870	114	1632	－332	25	－218
7.药品及医疗器械批发业	2065	75942	62985	371	8105	1222	996	1593
8.能源批发业	90226	735080	659844	1268	33837	12435	4084	13703
9.化工材料批发业	11872	95790	92257	45	－162	－3095	87	－3050
10.木材批发业	2209	5395	5237	2	50	－347	7	－345
11.建筑材料批发业	3031	4658	4361	11	162	－11		
12.金属材料批发业	1053	104004	97962	42	3413	－4741	49	－4699
13.机械、电子设备批发业	6376	234167	227238	171	3138	－2638	196	－2467
14.汽车、摩托车及零配件批发业	－4648	35967	34049	31	898	－2856	7	－2825
15.再生物资回收批发业	5339	18187	15707	30	1549	－382	45	－352
16.图书报刊批发业	6352	29909	26981	66	1762	622	261	688
17.农业生产资料批发业	28393	513900	476788	215	21906	－4391	296	－4176
18.其他类未包括的批发业	4623	21722	20005	66	847	－316	1	－250
二、零售业	**255264**	**840721**	**712846**	**5268**	**58554**	**4174**	**4006**	**9442**
1.食品、饮料和烟草零售业	11677	58181	49709	276	3485	－706	414	－430
2.日用百货零售业	182296	381984	320563	3115	34832	6125	2371	9240
3.纺织品、服装和鞋帽零售业	11950	135788	116463	976	11293	1573	683	2549
4.日用杂品零售业								
5.五金、交电、化工零售业	2331	75482	70747	74	1530	－3429	53	－3355
6.药品及医疗器械零售业	18615	85009	70457	284	284	641	217	925
7.图书报刊零售业	7778	28230	21004	85	3817	470	156	555
8.其他零售业	20615	76045	63902	455	3310	－501	109	－46
三、餐饮业	**21370**	**29504**	**15491**	**1995**	**67**	**－1249**	**293**	**746**
1.正　餐	20563	26919	14380	1869	67	－1448	202	421
2.快　餐	241	565	319	38		－21		17
3.其他餐饮业	565	2019	791	88		220	90	308

14－13 个体工商业发展情况

指标	总计			#城镇		
	1995年	1997年	1998年	1995年	1997年	1998年
一、户数(户)	**1013690**	**1213060**	**1459247**	**605236**	**703437**	**837798**
农、林、牧、渔业	80233	199128	248684	7350	20380	26557
采掘业	1106	979	1116	252	256	342
制造业	103963	124640	145227	45766	52374	61228
建筑业	2489	1613	2393	873	919	1311
交通运输仓储业	96055	127928	156502	52979	82332	105548
批发零售贸易、餐饮业	572952	594463	707783	389961	431036	504485
#餐饮业	70533	82095	97084	46573	60395	72962
社会服务业	138804	142951	171305	96908	99171	118922
#日用品修理业	32427	37967	41418	21237	24018	26747
旅馆业	9050	8683	9820	5668	5541	6532
娱乐服务业	9227	12623	16277	7407	9472	12157
其他行业	18088	21358	26237	11147	16969	19405
二、从业人员(人)	**1967587**	**2429061**	**2925743**	**1078468**	**1327820**	**1606308**
农、林、牧、渔业	163685	426121	548479	18687	45348	58112
采掘业	6450	5227	5993	1209	1517	1860
制造业	298115	297917	355872	108726	122368	152461
建筑业	14773	8837	14380	5545	4904	7577
交通运输仓储业	161928	200125	238952	88452	125845	156354
批发零售贸易、餐饮业	1077557	1210194	1423928	691976	833470	995199
#餐饮业	207621	236076	285916	136145	165193	207192
社会服务业	219030	245001	298337	146793	166171	205474
#日用品修理业	48566	58921	65635	31198	36481	41861
旅馆业	19300	18481	21051	12937	12472	14078
娱乐服务业	22081	28331	37673	17584	21226	28455
其他行业	26049	35639	39802	17080	28197	29271
三、营业收入(万元)	**4056500**	**6852531**	**8459701**	**3078197**	**5185066**	**6422955**
农、林、牧、渔业	29743	130494	162168	7604	22811	45508
制造业		60	60		60	60
交通运输仓储业	333375	773838	857934	234123	510500	602663
批发零售贸易、餐饮业	3219279	5131714	6307577	2482273	4019991	4908531
#餐饮业	526051	767323	990225	349949	565390	726318
社会服务业	422645	720190	1000309	319038	552791	762005
#日用品修理业	91678	154976	213316	64872	110216	157049
旅馆业	30823	55586	73555	21232	37270	46453
娱乐服务业	37222	77052	110218	30164	59109	85973
其他行业	51458	96235	131653	35159	78913	104188

14－14 城乡集市贸易情况

项　　目	1985年	1990年	1995年	1996年	1997年	1998年
集市数(个)	**1345**	**2044**	**2026**	**2106**	**2323**	**2501**
1.城　市	498	925	956	1071	1162	1245
2.乡　村	847	1119	1070	1035	1161	1256
集市贸易成交额(万元)	**168674**	**492529**	**2328441**	**2859044**	**3993821**	**5588368**
1.城　市	93877	331447	1688437	2116574	3020925	4472338
2.乡　村	74797	161082	640004	742470	972896	1116030
在成交额中:						
粮油类	11088	13975	242921	178040	446379	335485
肉禽蛋类	28901	94203	366401	448683	586775	627572
水产品类	11867	32607	134733	154112	174282	179208
蔬菜类	20389	78198	266148	352182	439209	497922
干鲜果类	13226	56118	172138	202754	278824	300968
大牲畜类	5270	1117	10790	12811	43774	21896
棉、烟、麻类	2809	2753	6993	8833	8414	9250
工业品类	59786	203131	1004663	1323146	1693459	1784247
柴草类	379	151				
饲料农具类	846	1196				
家畜幼禽类	4651	3392	6530	6700	7324	12168
其　他	9462	5688	117124	171783	315381	387803

主要统计指标解释

批发贸易　指所有那些向国内外生产经营单位和专门从事商品买卖的中介机构(以上均包括个体经营者)出售商品的活动。凡是将商品卖给国内外批发、零售企业(单位、个体经营者)和农业、工业、建筑业、运输邮电业、服务业企业(单位、个体经营者)的活动,都称之为批发贸易。

零售贸易　是指所有那些向最终消费者(城乡居民)和社会公共消费者(社会集团)出售商品的活动。其中,既包括批发零售贸易业、餐饮企业、单位从事的零售贸易,也包括除上述单位以外的企业、单位如工业、农业等从事的零售贸易。

餐饮业　指从事食品的烹任、调制并直接售给居民和社会集团的机构。包括中西餐馆、饭馆、各种小吃店、冷饮店、酒店、茶馆等。

社会消费品零售额　指各种经济类型的批发零售贸易业、餐饮业、制造业和其他行业对城乡居民和社会集团的消费品零售额和农民对非农业居民零售额的总和。对居民的消费品的零售额:指售给城乡居民用于生活消费的商品。对社会集团的消费品零售额:指售给机关、团体、部队、学校、企业、事业单位和城市街道居民委员会、农村村民委员会用公款购买的用作非生产、非经营使用的公用消费品。农民对非农业居民的零售额:指农民在集市和集市外售给非农业居民和社会集团的消费品。

批发零售贸易业商品购进 指从本企业以外的单位和个人购进(包括从国外直接进口)作为转卖或加工后转卖的商品。本指标由从生产者购进额、从批发零售贸易业购进额、进口额和其他项目组成。这个指标反映批发零售贸易企业从国内、国外市场上购进商品的总量。商品购进包括:(1)从工农业生产者购进的商品;(2)从出版社、报社的出版发行部门购进的图书、杂志和报纸;(3)从各种经济类型的批发零售贸易企业购进的商品;(4)从其他单位购进的商品,如从机关、团体、企业、单位购进的剩余物资,从餐饮业、服务业购进的商品,从海关、市场管理部门购进的缉私和没收的商品,从居民收购的废旧商品等;(5)从国(境)外直接进口的商品。不包括企业为了本单位自身经营用,而不是作为转卖而购进的商品;未通过买卖行为而收入的商品以及销货退回、买方拒付货款、商品溢余等。

批发零售贸易业商品销售 指对本企业(单位)以外的单位和个人出售[包括对国(境)外直接出口]的商品(包括售给本单位消费用的商品)。本指标由对生产经营单位批发额、对批发零售贸易业批发额,出口额和对居民和社会集团商品零售额项目组成。它反映批发零售贸易企业在国内市场上销售商品以及出口商品的总量。商品销售包括:(1)售给城乡居民和社会集团消费用的商品;(2)售给工业、农业、建筑业、运输邮电业、批发零售贸易业、餐饮业、服务业、公用事业等作为生产、经营使用的商品;(3)售给批发零售贸易业作为转卖或加工后转卖的商品;(4)对国(境)外直接出口的商品。不包括:出售本单位自用的废旧包装用品和其他废旧物资、未通过买卖行为付出的商品,购货退出的商品以及商品损耗和损失等。

批发零售贸易业期末库存 指各种经济类型的批发零售贸易业已取得所有权的全部商品。它反映批发零售贸易企业的商品库存情况和对市场商品供应的保证程度。期末库存包括:(1)存放在本单位(如门市部、批发站、采购站、经营处)的仓库、货场、货柜和货架中的商品;(2)挑选、整理、包装中的商品;(3)已记入购进而尚未运到本单位的商品,即发货单或银行承兑凭证已到而货未到的商品;(4)已发出但未办妥银行收款手续或采取送货制,尚未取得运输凭证的商品。(5)寄放他处的商品,如因购货方拒绝付款而暂时存放在购货方的商品;(6)委托其他单位代销(未作销售或调出)尚未售出的商品;(7)代其他单位购进尚未交付的商品。不包括:所有权不属于本单位的商品,代其他单位销售(未作购进或调入)而未出售的商品,委托外单位加工商品,外贸企业代理其他单位从国外进口尚未付给订货单位的商品,代国家储备部门保管的商品。

企业的库存商品金额可以采用进价或售价进行核算,采用进价核算的商品单位,应按商品进货原价(或实际采购成本)计算期末库存;采用售价核算的商品,应按商品的售价计算期末库存。购入的商品,在商品到达验收入库后计算期末库存(对已计入购进尚未运到的商品,也可计算期末库存);对于月终尚未开出、承兑商业汇票的入库商品,按应付给供货单位的价款暂估计算期末库存;年度终了,凡已转入库存和已作销售的进口商品,属于国外以离岸价格成交、有应付未付国外运保费的,应先预估期末库存;委托其他单位代销的商品包括在期末库存中;委托外单位加工的商品,在发出商品时作减少期末库存,当加工商品收回时增加期末库存(包括商品进货原价、加工费用、加工税金等)。

集贸市场成交额 一定时期城乡各类集贸市场上成交的商品总额。是反映集贸市场商品成交规模的综合性指标。包括:1.生产者、转卖者、消费者在集市上成交的商品;2.无照商贩在集市上成交的商品;3.政策不允许上市,但实际上已在集市上成交的商品;4.不逢集日在集会市上成交的商品;5.由工商行政管理部门主管的庙会、物资交流会上成交的商品。

十五　对外经济贸易和国际旅游业

FOREIGN ECONOMY TRADE AND INTERNATIONAL TOURISM

15－1 对外经济贸易和国际旅游

指　　标	1985 年	1990 年	1995 年	1997 年	1998 年
外贸进出口总值(万美元)	50985	149248	342996	358248	381265
出口总值	41269	108659	209589	200183	203463
进口总值	9716	40589	133407	158065	177802
进出口差额	31553	68070	76182	42118	25661
海关进出口总额(万美元)			238645	246298	201218
出口总额			116641	130724	90611
进口总额			122004	115574	110607
对外签订利用外资协议项目(个)	53	89	867	407	278
对外签订利用外资协议额(万美元)	9169	4100	160160	88757	89866
实际利用外资额(万美元)	1747	11777	74994	103537	87009
对外借款	249	7102	23458	30052	34370
外商直接投资	226	2534	44868	73485	52639
外商其他投资	1272	2141	6668		
对外承包工程合同金额(万美元)		13160	10857	22211	34000
对外劳务合作合同金额(万美元)		3877	11103	8348	8477
三资企业单位数(个)			4388	4208	3858
三资企业投资总额(万美元)			855361	988594	992520
国际旅游人数(人)	35809	59837	162271	341922	383321
旅游外汇收入总额(万美元)	549	3331	6062	10452	12093

15－2 外贸进出口总值

单位:万美元

年　份	进出口总值	出口总值	初级产品	工业制成品	进口总值	# 生产资料	# 生活资料	进出口差额
1953	6084	6084						
1957	7743	7743						
1965	2202	2202						
1970	1964	1964						
1975	6629	6629						
1978	4535	4535						
1980	12955	9816			3139			6677
1985	50985	41269			9716			31553
1990	149248	108659	53327	55332	40589	36631	3379	68070
1991	201806	137750	71354	66396	64056	54435	5124	73694
1992	288083	183111	85147	97964	104972	88892	9681	78139
1993	305358	188442	83419	105023	116916	102135	6260	71526
1994	309378	183779	85735	98044	125599	117826	4552	58180
1995	342996	209589	67837	141752	133407	122867	8139	76182
1996	351735	181103	54806	126297	170632	157648	12984	10471
1997	358248	200183	55869	144314	158065	153031	5032	42118
1998	381265	203463	48831	154632	177802	172824	4978	25661

注:本表至 15－5 表数据取自省对外贸易经济合作厅统计年报。

15－3 主要商品出口数量和金额

1998 年　　　　金额单位:万美元

品　　名	数量单位	数　量	金　额	品　　名	数量单位	数　量	金　额
出口总值	**种**	**183**	**204363**	烤　烟	吨	5269	1202
# 5000 万美元以上商品	**种**	**5**	**42280**	纯毛提花毛毯	万条	40	1197
计算机附属设备			14000	石　棉	万吨	3	1192
其他纺织品			7769	普通毛毯	万条	47	1183
家用电器			7400	电子乐器配件			1161
家具零配件			6913	橘柑橙	万吨	2.8	1076
亚麻细布	万米	1330.0	6198	**500 万美元以上商品**	**种**	**29**	**19470**
1000 万美元以上商品	**种**	**34**	**70671**	羊毛衫	万件	41	939
大　豆	万吨	13.8	4831	婴儿服装	万件	233	932
非金属矿产品			4350	其他皮鞋	万双	75.2	897
裘皮服装	万件	16.2	4197	旅行筷子	万打	6178	861
其他鞋			3188	电站锅炉			838
电子乐器			2952	其他化工原料			805
革皮服装	万件	95.8	2866	大　蒜	吨	15075	796
冻猪肉	万吨	5.1	2837	其他棉服装			761
化纤童装	万件	474	2735	鳞片石墨	万吨	1.7	713
大　米	万吨	5.8	2554	建筑材料			713
日用杂品			2433	锯　材	万立米	1.1	708
其他发电机组			2324	电子玩具			663
冻　鸡			2298	球　鞋	万双	46.8	662
健身用品			2184	蕃　茄	吨	18461	660
生　铁	万吨	15.8	2064	甜菜粕	万吨	7.7	651
煤	万吨	52.4	1917	青霉素钾	万瓶	106.0	645
白石蜡	万吨	4.2	1896	男皮鞋	万双	22.9	628
铝　材	吨	4042	1799	玉　米	万吨	4	617
其他板及制品			1788	飞　机	架	2	600
苹　果	万吨	5.1	1783	清洁用品			597
毛巾被	万条	280	1643	全胶鞋	万双	162.2	584
亚麻纱	万件	1.4	1622	亚　麻	吨	540	570
冻牛肉	万吨	9127	1542	晴纶睡衣	万件	25	540
芸　豆	万吨	2.3	1439	钢　材	吨	8274	534
日用木家具			1337	牛肉罐头	吨	4242	516
其他体育用品			1329	松子仁	吨	406	514
棉麻纺织布	万米	914	1282	乙　醇	吨	25	513
氧化锗	万公斤	43	1258	餐　具	万件	61	511
西　服	万套	15	1212	农林机械			502

15－4 分国家(地区)进出口贸易总值

1998年 单位:万美元

国家(地区)	进出口	进口	出口
进出口总值	**381265**	**177802**	**203463**
亚洲	**145362**	**59060**	**86301**
香港	40175	19818	20357
澳门	1		1
台湾	7176	1730	5446
朝鲜	1775	120	1655
越南	1880		1880
蒙古	392	278	114
日本	45506	14528	30978
菲律宾	310		310
缅甸	7		7
泰国	1319	1037	281
马来西亚	348	6	342
新加坡	1928	665	1263
印度尼西亚	437	41	396
巴基斯坦	2255		2255
孟加拉国	528	267	261
印度	2284	1773	511
尼泊尔	95		95
斯里兰卡	86		86
伊拉克	874		874
伊朗	203		203
土耳其	116		116
塞浦路斯	19		19
叙利亚	40		40
黎巴嫩	96		96
约旦	53		53
巴勒斯坦	2		2
也门共和国	242		242
柬埔寨	4		4
沙特阿拉伯	154		154
科威特	14		14
阿联酋	444		444
阿曼	31		31
韩国	36337	18636	17701
以色列	71		71
亚洲其他国家	160	160	
非洲	**4260**	**316**	**3944**
埃及	194		194
苏丹	317		317
利比亚	201		201
突尼斯	3		3
摩洛哥	7		7
阿尔及利亚	5		5
马里	18		18
加纳	50		50
肯尼亚	611		611
坦桑尼亚	44		44
毛里求斯	17		17
尼日利亚	6		6
马达加斯加	25		25
津巴布韦	1		1
博茨瓦那	4		4
南非	2472	316	2156
赞比亚	24		24
安哥拉	243		243
喀麦隆	6		6
乌干达	2		2
贝宁	3		3
塞内加尔	4		4
科特迪瓦	1		1

15－4　续表　　　　1998年　　　　单位:万美元

国家(地区)	进出口	进　口	出　口	国家(地区)	进出口	进　口	出　口
欧　洲	**200733**	**103437**	**97296**	马尔他	1		1
波　兰	24		24	立陶宛	1		1
匈牙利	67		67	斯洛文尼亚	2		2
捷　克	23	23		拉脱维亚	28		28
保加利亚	19		19	**拉丁美洲**	**1500**	**6**	**1449**
罗马尼亚	17		17	墨西哥	476		476
德　国	14625	10743	3882	危地马拉	69		69
南斯拉夫	10		10	洪都拉斯	26		26
法　国	4569	3562	1007	萨尔瓦多	160		160
意大利	2496	694	1802	哥斯达黎加	25		25
荷　兰	1207	320	887	巴拿马	57		57
比利时	1900	1701	199	古　巴	4		4
英　国	1368	237	1131	多米尼加	21		21
爱尔兰	25		25	尼加拉瓜	4		4
阿鲁巴岛	43		43	厄瓜多尔	26		26
丹　麦	104	8	96	委内瑞拉	61		61
芬　兰	810	791	19	哥伦比亚	123	5	118
瑞　典	6549	6276	272	巴　西	136		136
挪　威	48		48	巴拉圭	1		1
瑞　士	142	18	124	智　利	200		200
奥地利	650	604	46	阿根廷	47		47
希　腊	302		302	乌拉圭	11		11
卢森堡	5		5	波多黎各	7		7
西班牙	406	15	390	阿鲁巴岛	43		43
葡萄牙	126		126	**北美洲**	**29613**	**15020**	**14593**
阿尔巴尼亚	1		1	加拿大	3475	757	2718
斯洛伐克	4	4		美　国	26138	14263	11875
俄罗斯	164225	77772	86454	**大洋洲**	**600**	**99**	**501**
乌克兰	193	43	150	澳大利亚	523	98	425
白俄罗斯	205	175	30	新西兰	57	2	55
乌兹别克斯坦	122	10	112	斐　济	2		2
哈萨克斯坦	460	439	21	巴布亚新几内	17		17
亚美尼亚	3	2	1	**国别不详**	**726**		**726**

15－5 海关进出口总额

单位:万美元

项　　　目	进出口总额		#出口总额	
	1997年	1998年	1997年	1998年
总　　额	**246298**	**201218**	**130724**	**90611**
一、按贸易方式分				
一般贸易	104852	94255	73866	57221
国家间、国际组织无偿援助和赠送的物资	51	111	3	
华侨、港澳同胞、外籍华人捐赠物资	9	6		
补偿贸易	282	665	282	665
来料加工装配贸易	2798	2067	1615	1018
进料加工贸易	44216	32019	23149	17947
边境小额贸易	69909	60661	27140	12477
寄售、代销贸易	7		4	
对外承包工程出口货物	2994	240	2994	240
外商投资企业作为投资进口的设备、物品	15376	9744		
易货贸易	4630	436	1131	401
免税外汇商品	69			
保税仓库进出口货物	1017	991	483	641
其　他	88	25	56	1
二、按商品类别分				
活动物、动物产品	6870	6696	6574	6247
植物产品	21468	20942	19406	15866
动、植物油、脂及其分解产品、及动、植腊	68	197	22	43
食品;饮料、酒及醋;烟草及代用品	7379	5661	6689	5066
矿产品	9847	8686	6412	5574
化学工业及相关工业的产品	33431	26015	6408	4801
塑料及其制品、橡胶及其制品	7866	7181	848	963
生皮、皮革、毛皮及其制品	2908	1541	2622	1223
木材及木制品	13117	14292	7359	6340
木浆及其他纤维状纤维素浆	8715	11791	522	493
纺织原料及纺织制品	35233	20972	31518	16749
鞋、帽、伞	7283	3419	7261	3306
石料、石膏、水泥、石棉、云母及制品	2009	1275	1592	1179
天然或养殖珍珠	234	232	125	173
贱金属及其制品	19290	15627	7342	5233
机器、机械器具	58356	47543	21183	12697
车辆、航空器、船舶及有关运输设备	2434	1475	427	478
光学、照相、电影、计量、检验等仪器	5500	4395	980	1191
艺术品	3	5	3	5
杂项制品及其它	4280	3271	3430	2984

15－6 海关分类别主要商品出口数量和金额

1998 年

商品名称	数量单位	数量		金额(万美元)	
		1997 年	1998 年	1997 年	1998 年
水海产品				187	315
谷物及谷物粉	万吨	19	7	4107	2430
蔬　菜	万吨	10	10	2487	2281
食用油籽				67	36
食　糖	吨	180		12	
茶　叶	吨	294	17	46	8
植物榨油后的剩余物				4	7
药　材	吨	691	1296	164	212
生　丝	吨	61	1	132	2
煤	万吨	21	11	680	377
成品油				5	
医药品				1734	773
纺织纱线、织物及制品				17962	8215
丝　绸				1	
棉机织物	万米	931	261	513	204
地　毯	万平方米	7	5	131	102
水　泥	万吨	1	1	74	35
家用陶瓷器皿				41	38
钢　材	万吨	1	1	503	539
机电产品				20785	12896
#手动或机用工具				421	364
电　扇	万台		2	2	50
电动机及发电机	万台	1		203	77
船　舶	艘	2			
手　表	万只	2	6	8	46
灯具、照明装置及类似品				381	426
家　具				651	645
旅行用品及箱包				545	201
服装及衣着附件				14273	7252
鞋	万双	1691	825	6268	2710
塑料制品	吨	2211	2601	354	418
玩　具				207	253

15－7 海关分国家(地区)进出口总额

单位:万美元

国家(地区)	进出口总额		出口总额		进口总额	
	1997年	1998年	1997年	1998年	1997年	1998年
总　额	**246298**	**201047**	**130724**	**90611**	**115574**	**110436**
朝　鲜	1749	1249	1588	1206	161	43
香　港	15323	6884	13875	6671	1448	213
印度尼西亚	1102	906	988	499	115	407
伊　朗	413	266	99	266	314	
以色列	176	107	84	91	92	15
日　本	33312	28468	25327	21053	7985	7415
澳　门	20	1	20	1		
马来西亚	2215	1592	1516	593	699	999
巴基斯坦	5370	577	5365	577	4	
新加坡	2031	1416	1694	651	337	765
韩　国	32031	23284	11112	8976	20919	14309
泰　国	1803	1645	1371	1501	432	143
土耳其	295	139	294	139	2	
越　南	1497	951	1497	951		
台　湾	1724	2036	1057	890	667	1146
叙利亚	89	38	89	38		
巴　林	2	1	2	1		
印　度	1636	2503	644	782	991	1721
孟加拉国	332	503	208	374	124	129
缅　甸	13	15	13	15		
柬埔寨	4	6	4	6		
塞浦陆斯	6	24	6	24		
约　旦	22	43	22	43		
科威特	55	39	55	39		
黎巴嫩	114	118	114	118		
也　门	110	247	110	247		
斯里兰卡	139	109	123	107	16	2
蒙　古	355	190	146	118	209	72
尼泊尔	21	84	21	84		
沙特阿拉伯	343	275	192	256	151	19
菲律宾	636	1233	635	1156	1	77
巴勒斯坦	3		3			
阿　曼	35	19	35	19		
阿拉伯联合酋长国	703	677	703	677		
伊拉克		107		91		15
阿尔及利亚	15	7	15	7		
埃　及	148	536	148	536		
南　非	1852	1083	1852	1064		20
安哥拉		234		234		
贝　宁		8		8		
喀麦隆		30		30		

15－7　续表 1　　　　单位:万美元

国家(地区)	进出口总额		出口总额		进口总额	
	1997 年	1998 年	1997 年	1998 年	1997 年	1998 年
埃塞俄比亚		3		3		
加纳利		2		2		
刚　国		3		3		
冈比亚		6		6		
加　纳		86		86		
科特迪瓦		7		7		
马达加斯加		28		28		
马　里		1		1		
毛里求斯		28		28		
摩洛哥		45		45		
纳米比亚		2		2		
尼日利亚		8		8		
塞内加尔		9		9		
苏　丹		17		17		
坦桑尼亚		16		16		
突尼斯		70		70		
扎伊尔		1		1		
赞比亚		3		3		
津巴布韦		1		1		
莱索托		7		7		
几内亚		8		8		
利比亚	208	193	208	193		
肯尼亚	150	12	150	12		
比利时	956	1068	362	631	594	437
丹　麦	315	176	85	51	230	125
英　国	1138	1287	709	676	429	612
德　国	4839	10852	2040	2803	2799	8049
法　国	2010	2748	422	688	1588	2059
爱尔兰	14	39	11	21	3	18
意大利	1446	2167	767	1079	679	1088
荷　兰	2620	3062	2315	2661	305	401
希　腊	213	366	213	366		
葡萄牙	288	239	260	239	27	
西班牙	416	502	365	362	51	140
奥地利	242	142	16	13	226	129
保加利亚	13	96	13	96		
匈牙利	89	185	88	185	1	
挪　威	131	156	131	115		41
波　兰	159	422	159	422		
罗马尼亚	21	38	21	38		
阿尔巴尼亚		100		100		
芬　兰		284		55		229

15－7　续表 2　　　　　　　　　　　　　　　　　　单位：万美元

国家(地区)	进出口总额		出口总额		进口总额	
	1997 年	1998 年	1997 年	1998 年	1997 年	1998 年
马尔他		37		37		
亚美尼亚		1		1		
瑞　典	5441	4763	104	146	5338	4617
瑞　士	408	792	133	352	276	440
爱沙尼亚	2	17	2	17		
立陶宛		89		87		2
格鲁吉亚	237				237	
白俄罗斯	208	209	4	87	204	182
哈萨克	472	351	73	16	399	335
吉尔吉斯		1		1		
拉脱维亚	3	56	3	56		
俄罗斯	79306	66970	32954	17583	46351	49388
塔吉克	13	16		16	13	
土库曼		37		37		
乌克兰	1043	711	465	339	578	371
乌兹别克	277	1089	216	133	60	956
捷克共和国	59	16	11	14	48	2
斯洛伐克共和国	4	2	1		3	2
哥伦比亚		126		126		
多米尼亚		35		35		
厄瓜多尔		98		36		62
海　地		4		4		
洪都拉斯		28		28		
牙买加		68		68		
尼加拉瓜		3		3		
巴拉圭		1		1		
波多黎各		17		17		
萨尔瓦多		89		89		
阿根廷	103	72	103	72		
巴　西	411	1930	410	403	1	1526
智　利	87	135	87	134		1
古　巴	247	31	247	31		
墨西哥	398	498	370	498	28	
巴拿马	218	194	218	194		
秘　鲁	657	49	72	49	585	
乌拉圭	14	26	14	24		2
委内瑞拉	50	44	50	44		
加拿大	1684	1888	439	695	1245	1193
美　国	17562	16875	7814	6783	9747	10093
贝　劳		6		6		
澳大利亚	922	830	365	499	557	381
斐　济	3	5	3	5		
新西兰	100	52	59	49	41	3

15－8 签订利用外资协议(合同)额

单位:个、万美元

年份	总计		对外借款		外商直接投资		外商其他投资	
	项目	金额	项目	金额	项目	金额	项目	金额
1979－1997	6239	785761	163	228166	5872	531213	204	26382
1979－1982	56	4384	2	2137			54	2247
1983	1	7000	1	7000				
1984	21	2505	3	1288	11	907	7	310
1985	53	9169	8	4951	36	2946	9	1272
1986	52	4389	5	2641	22	900	25	848
1987	46	11291	5	3332	28	6646	13	1313
1988	97	15949	11	5328	49	5836	37	4785
1989	90	9952	4	861	60	4723	26	4368
1990	89	4100	2	788	79	2869	8	443
1991	256	16517	6	3484	245	11841	5	1192
1992	928	56177	5	1655	920	54355	3	167
1993	1727	121653	13	22317	1710	99000	4	336
1994	726	106265	13	47281	708	58401	5	583
1995	867	160160	18	54693	843	98799	6	6668
1996	545	77627	12	5988	531	69789	2	1850
1997	407	88757	27	30052	380	58705		
1998	278	89866	28	34370	250	55496		

15－8 续表

单位:个、万美元

项目	1990年		1995年		1997年		1998年	
	项目	金额	项目	金额	项目	金额	项目	金额
总计	**89**	**4100**	**867**	**160160**	**407**	**88757**	**278**	**89866**
一、对外借款	2	788	18	54693	27	30052	28	34370
政府贷款			9	12744	8	9912	12	16326
其他	2	788	9	41949	19	20140	16	18044
二、外商直接投资	79	2869	843	98799	380	58705	250	55496
合资经营	62	2086	513	55776	225	36240	123	36622
合作经营	2	61	48	20806	35	16377	21	7813
独资经营	15	722	282	22217	120	6088	106	11061
三、外商其他投资	8	443	6	6668				
# 补偿贸易	8	443	6	6668				

15－9 实际利用外资额

单位:万美元

年份	实际利用外资	对外借款	外商直接投资	外商其他投资
1979－1998	502028	173291	306765	21972
1979－1982	3455	1208		2247
1983	1714	1714		
1984	8317	8000	14	303
1985	1747	249	226	1272
1986	4987	2409	1730	848
1987	4558	2597	1192	769
1988	9860	3553	3913	2394
1989	15347	11050	2312	1985
1990	11777	7102	2534	2141
1991	6462	4148	1905	409
1992	10516	99	10250	167
1993	29969	7007	22626	336
1994	49054	14241	34230	583
1995	74994	23458	44868	6668
1996	78725	22034	54841	1850
1997	103537	30052	73485	
1998	87009	34370	52639	

15－10 对外承包工程和劳务合作

年份	签订合同的国家地区数（个）	合同数（份）	合同金额（万美元）	完成营业额（万美元）
对外承包工程				
1990	2	51	13160	2697
1991	2	84	21665	2272
1992	4	134	15029	3210
1993	3	122	27005	4522
1994	2	98	13037	7980
1995	2	53	10857	4129
1996	5	45	12100	5691
1997	8	36	22211	6787
1998	7	34	34000	9943
对外劳务合作				
1990	6	67	3877	724
1991	6	116	8112	1399
1992	9	152	18284	2917
1993	10	198	11657	1483
1994	8	206	14627	3280
1995	4	149	11103	2109
1996	9	138	8828	1633
1997	18	270	8348	2605
1998	13	191	8477	4531

15－11　分行业外商和港澳台地区在华直接投资

行　　业	合同个数(个)			客方实际投资额(万美元)		
	1995年	1997年	1998年	1995年	1997年	1998年
合　计	**843**	**380**	**250**	**44868**	**73485**	**52639**
农林牧渔业	17	13	16	1100	1764	1525
工　业	626	320	184	36237	56508	46350
建筑业	6	6	9	543	8703	523
运输邮电业	2	3	1	31	190	1020
商业、饮食、物资供销业	47	11	7	2540	877	512
房地产、公用事业、服务业	93	23	27	4417	4238	2526
其　他	52	4	6		1205	183

15－12　三资企业基本情况

1998年

项　　目	企业单位数(个)		年末从业人员(人)		客商实际投资(万美元)	
	1997年	1998年	1997年	1998年	1997年	1998年
全　　省	**4208**	**3858**	**262338**	**264058**	**73485**	**52639**
按经济类型分						
中外合资经营企业	2684	2462	118052	118491	47257	37316
中外合作经营企业	179	184	52468	52647	17082	4976
外商独资企业	1345	1212	91818	92920	9146	10347
按三次产业分						
第一产业	98	100	2236		1764	1525
第二产业	3079	2870	230840		65211	46873
第三产业	1031	888	29262		6510	4241

15－13 三资企业个数和投资额

1998年

行业	三资企业单位数（个）	#本年登记	#独资单位数	#本年登记	投资总额（万美元）	#本年新增
全省	**3858**	**223**	**1212**	**98**	**992520**	**58277**
按经营方式分						
中外合资经营	2462	107			774887	40944
中外合作经营	184	18			113117	9053
外商独资经营	1212	98	1212	98	104516	8280
按行业分						
1.农林牧渔业	100	9	37	4	9654	2288
农、林、牧、渔业	62	6	21	2	7093	2192
农林牧渔服务业	38	3	16	2	2561	96
2.采掘业	31	1	9		4357	10
煤炭采选业	3				360	
石油和天然气开采业	2		1		1298	
黑色金属矿采选业	2				269	
有色金属矿采选业	4		1		487	
非金属矿采选业	10	1	5		1545	10
其他矿采选业	10		2		398	
3.制造业	2758	174	876	85	766668	35983
食品加工业	203	8	51	1	52005	787
食品制造业	200	18	64	12	42111	5150
饮料制造业	74	7	7	4	25198	324
纺织业	112	10	36	8	48666	651
服装及其他纤维制品制造业	234	8	111	7	41197	113
皮革、毛皮及其制品业	37	1	13		6393	90
木材加工及竹藤、棕草制品业	573	20	212	10	251015	633
家俱制造业	48		13		14637	
造纸及纸制品业	38	8	7	4	8416	198
印刷业	20		6		3651	
文教体育用品制造业	26	2	14	1	4123	256
石油加工及炼焦业	50		17		7797	
化学原料及化学制品制造业	122	11	43	5	40305	2509
医药制造业	70	4	12	1	14398	358
化学纤维制造业	5	1			2420	27
橡胶制品业	24		6		5141	
塑料制品业	145	13	30	4	25373	947
非金属矿物制品业	163	14	49	8	25181	1792

15-13 续表　　1998年

行业	三资企业单位数（个）	#本年登记	#独资单位数	#本年登记	投资总额（万美元）	#本年新增
黑色金属冶炼及压延加工业	18	1	4	1	10780	40
有色金属冶炼及压延加工业	8	2	5	1	2090	29
金属制品业	67	4	16	1	12689	200
普通机械制造业	58	7	15	5	19144	212
专业设备制造业	51	3	17	1	7009	556
交通运输设备制造业	7	8	2	2	18866	18329
电气机械及器材制造业	147	5	34	2	27961	226
电子通信设备制造业	204	12	78	4	44333	2066
仪器仪表及文化办公用品机械制造业	40	2	5	2	4466	40
其他制造业	14	5	9	1	1303	450
4.电力、煤气及水的生产和供应业	10	3	1		24571	4928
5.建筑业	30	6	2	1	23654	6390
土木工程建筑业	26	5	1	1	22764	6330
线路、管道和设备安装业	1				563	
装修、装饰业	3	1	1		327	60
6.交通运输、仓储及邮电通讯业	41		4		5244	
#公路运输业	34		2		3933	
邮电通讯业						
仓储业	2		1		1133	
7.批发零售贸易、餐饮业	236	7	40	3	36913	152
餐饮业	236	7	40	3	36913	152
8.房地产业	122	2	21		48195	4189
房地产开发与经营业	121	2	21		47834	4189
9.社会服务业	234	13	111	4	24355	2870
10.卫生、体育和社会福利事业	9	1	2		1161	30
卫生事业	7		1		537	
体育事业	2	1	1		624	30
11.教育、文化艺术和广播电视业	97	4	34		8107	225
教育事业	5	4			248	225
文化艺术事业	92		34		7859	
12.科学研究和综合技术服务业	136	3	61	1	34965	1212
科学研究事业	8	1	2		1968	1049
综合技术服务业	128	2	59	1	32997	163
13.其他行业	54		14		4676	

15－14　旅游人数和收入

指　　标	1980 年	1985 年	1990 年	1995 年	1997 年	1998 年
国际旅游人数总计(人)	6346	35809	59837	162271	341922	383321
外国人	4835	16356	33799	139374	303704	340948
华　侨	35	382	1313	71	85	195
港、澳、台同胞	1476	19071	24725	22826	38133	42178
国际旅游外汇收入总额(万美元)		549	3331	6062	10452	12093
国内旅游人数(万人次)				15000	2050	2220
国内旅游收入(亿元)				35	67	76

15－15　接待外国旅游人数

单位:人

国　家	1990 年	1995 年	1996 年	1997 年	1998 年
总　计	**33799**	**139374**	**224658**	**303704**	**340948**
#日　本	11771	18037	26007	23560	21833
菲律宾		338	873	591	652
新加坡	714	3334	3744	3452	2653
泰　国	245	614	1544	2200	1249
印度尼西亚		176	466	738	583
马来西亚		1954	1808	2416	1987
韩　国		6417	10634	14196	9530
蒙　古		5	37	81	21
印　度		32	109	183	146
美　国	1506	3456	4806	4870	7939
加拿大		489	1002	2571	6638
英　国	391	858	1110	1459	1405
法　国		756	1798	2573	4531
德　国	615	1254	1569	1675	1882
意大利	234	385	1121	1243	1839
瑞　士		374	299	626	260
瑞　典		184	328	292	305
荷　兰		149	165	269	212
俄罗斯	13117	96093	160535	236060	271725
西班牙		32	55	74	52
澳大利亚		722	713	988	641
新西兰		44	47	161	137

注:本资料为10个重点旅游城市统计局上报汇总数。

主要统计指标解释

出口总值　指省、市、经济开发区的各进出口贸易公司和负有经营进出口权的企业的出口(包括代理出口)、补偿贸易出口、来料加工产品的出口(实际统计按工缴费的收入统计)。

进口总值　指省、市经济开发区的各进出口贸易公司及有经营进出口权的企业进口总额(其中包括代理进口)。

海关进出口总额　海关进出口总额指实际进出我国国境的货物总金额。包括对外贸易实际进出口货物,来料加工装配进出口货物,国家间、联合国及国际组织无偿援助物资和赠送品,货侨、港澳台同胞和外籍华人捐赠品,租赁期满归承租人所有的租赁货物,进料加工进出口货物,边境地方贸易及边境地区小额贸易进出口货物(边民互市贸易除外),中外合资经营企业,中外合作经营企业、外商独资经营企业进出口货物和公用物品,到、离岸价格在规定限额以上的进出口货样和广告品(无商业价值、无使用价值和免费提供出口的除外),从保税仓库提取在中国境内销售的进出口货物,以及其他进出口货物。出口货物按离岸价格统计,进口货物按到岸价格统计。

利用外资　指我国各级政府、部门、企业、中国银行和其他单位通过对外借款、吸收客商直接投资和商品信贷及其他方式,从国外和港澳地区筹措的资金。

对外借款　是我国利用外资的主要部分,包括我国通过外国政府贷款、国际金融组织贷款,外国银行的买方信贷和现汇贷款以及对外发行债券和股票等方式,从国外和港澳地区借用的资金。

外商直接投资　是指外国企业和经济组织或个人(包括华侨、港澳同胞以及我国在境外注册的企业)按我国有关政策、法规,在我国境内开办独资企业、与我国境内的企业或经济组织共同举办合资企业、合作经营企业或合作开发资源的投资以及客商从企业得到收益的再投资。

对外承包工程　指我国对外承包公司承包国外建设工程项目、我国援外成套项目、我国驻外机构的工程项目和以服务成果向业主收费的技术服务项目及由各对外承包公司提供的成套设备、工程物资等。对外承包工程的营业额是以货币表现的本期内完成的对外承包工程的工作量。

对外劳务合作　指我国对外承包公司派出工程技术人员、工人、管理人员等以收取工资及其他费用的形式向雇主提供的劳务。劳务合作营业额是本期实际从雇主收取的工资及其他费用收入。

旅游人数　指来我国参观、访问、旅行、探亲、访友、休养、考察、参加会议和从事经济、科技、文化、教育、体育、宗教等活动的外国人、华侨、港澳和台湾同胞的人数。不包括外国在我国的常驻机构,如使领馆、通讯社、企业办事处的工作人员和来我国常住的外国专家、留学生等。

旅游外汇收入　指国内各部门为来我国旅游的外国人、华侨、港澳和台湾同胞提供商品和劳务而得到的外汇收入。包括供应商品、饮食和提供住宿、交通、邮电、文化娱乐、导游等各项服务所得的全部外汇收入。

现汇贸易　又称自由外汇贸易。是指两个国家或地区间在贸易结算时,使用可以自由兑换的货币来支付的贸易。凡使用可自由兑换货币的现汇国家所进行的或是采用记帐贸易现汇结算的对外贸易,都属于现汇贸易。

易货贸易　亦称换货贸易。是指不以货币直接结算的贸易。它是在双方等值的基础上,把出口货物和进口货物直接结合起来,以不使用货币直接结算的贸易方式。它分狭义和广义的易货贸易两种。

十六 教育、科技和文化

EDUCATION, SCIENCE AND TECHNOLOGY, CULTURE

16－1 教育事业基本情况

指　　标	1980年	1985年	1990年	1995年	1997年	1998年
一、学校数(所)						
普通高等学校	28	40	42	38	37	38
中等学校	3522	3403	3338	3190	3202	3123
#专业学校	93	99	107	111	114	114
普通中学	3340	2904	2818	2681	2752	2712
小　学	25879	18157	17092	16163	15377	15193
二、专任教师数(万人)						
普通高等学校	1.0	1.3	1.6	1.7	1.6	1.6
中等学校	14.4	13.5	15.0	14.8	15.2	15.6
#专业学校	0.5	0.6	0.7	0.8	0.8	0.8
普通中学	13.7	12.0	13.0	12.9	13.5	13.9
小　学	19.4	20.7	21.6	21.5	21.5	21.1
三、招生数(万人)						
普通高等学校	1.1	2.5	2.4	3.5	3.6	4.0
中等学校	96.5	77.5	69.8	76.4	73.9	91.4
#专业学校	1.9	2.5	1.9	3.6	4.2	4.5
普通中学	90.2	67.7	62.0	67.9	65.5	81.6
小　学	107.9	73.6	63.7	64.0	59.9	50.1
四、在校学生数(万人)						
普通高等学校	4.4	6.6	8.0	11.4	11.6	12.5
中等学校	250.9	221.9	200.3	201.3	221.4	239.6
#专业学校	4.1	6.0	6.6	10.0	11.8	12.4
普通中学	242.0	201.8	180.2	179.1	198.1	215.2
小　学	500.3	467.8	397.7	372.9	370.5	344.9
五、毕业生数(万人)						
普通高等学校	0.8	1.2	2.3	3.1	3.1	3.0
中等学校	70.5	58.3	68.5	57.6	59.4	66.9
#专业学校	2.0	1.7	1.6	2.3	3.4	3.7
普通中学	68.4	52.7	52.3	50.8	51.6	58.6
小　学	76.1	65.5	63.6	63.9	59.1	74.9
六、每一教师负担学生(人)						
普通高等学校	4.2	4.9	5.0	6.9	7.4	7.8
中等学校	16.3	16.1	13.4	13.6	14.5	15.3
小　学	25.8	22.6	18.4	17.4	17.2	16.3
七、地方财政性教育经费(亿元)				38.5	50.0	53.0
预算内支出				26.2	33.4	37.6
#教育事业费				24.9	30.6	35.6
基建投资				0.2	0.3	1.4

16－2 各级各类学校数

单位:所

年份	普通高等学校	中等学校	中等专业学校	中等技术学校	中等师范学校	职业中学
1978	24	4140	75	55	20	
1980	28	3522	93	68	25	89
1985	40	3403	99	71	28	400
1990	42	3338	107	77	30	413
1991	42	3369	110	80	30	462
1992	42	3325	110	80	30	477
1993	42	3249	110	80	30	436
1994	43	3227	109	80	29	428
1995	38	3190	111	81	30	398
1996	38	3199	113	83	30	361
1997	37	3202	114	84	30	336
1998	38	3123	114	84	30	297

16－2 续表

单位:所

年份	普通中学	高中	初中	小学	幼儿园	盲聋哑学校
1978	4065	2119	1946	26425	1654	62
1980	3340	1480	1860	25879	2594	58
1985	2904	828	2076	18157	3216	61
1990	2818	600	2218	17092	1826	64
1991	2797	578	2219	16890	1991	62
1992	2738	550	2188	16678	1975	65
1993	2703	509	2194	16448	1660	66
1994	2690	497	2193	16389	3669	67
1995	2681	475	2206	16163	3918	68
1996	2725	470	2255	15902	3993	67
1997	2752	474	2278	15377	4168	67
1998	2712	461	2251	15193	4506	66

注:从1994年开始幼儿园包括民办数,有关表同。

16－3 各级各类学校教职工数

单位：人

年 份	普通高等学校	中等学校	中等专业学校		
				中等技术学校	中等师范学校
1978	23867	188718	12062	9445	2617
1980	29070	192575	13057	10013	3044
1985	36949	194053	15991	13067	2924
1990	42418	214098	17483	13843	3640
1991	42291	215449	17256	13497	3759
1992	41963	214896	17709	13808	3901
1993	42280	211129	18008	14104	3904
1994	42874	209471	17636	13825	3811
1995	43324	208562	18075	14087	3988
1996	43204	208805	18387	14486	3901
1997	41212	209992	18282	14321	3961
1998	40564	211976	18013	14117	3896

16－3 续表

单位：人

年 份	普通中学	职业中学	小 学	幼 儿 园	盲聋哑学校
1978	176656		217179	13176	1064
1980	176247	3271	219967	23478	1197
1985	163216	14846	239660	32172	1562
1990	176687	19928	250064	40631	2164
1991	177879	20314	251356	40503	2244
1992	176371	20816	251133	40414	2487
1993	173995	19126	247691	39906	2425
1994	173347	18488	248820	40583	2556
1995	173311	17176	247894	42219	2779
1996	174556	15862	246032	40868	2577
1997	176878	14832	246444	39793	2524
1998	180066	13897	242001	37391	2598

16－4 各级各类学校教师数

单位：人

年 份	普通高等学校	中等学校	中等专业学校	中等技术学校	中等师范学校	职业中学
1978	8380	142761	4193	3094	1099	
1980	10365	144291	4946	3477	1469	2589
1985	13448	135366	5953	4610	1343	9306
1990	15915	149499	7253	5435	1818	12198
1991	15823	149950	7022	5170	1852	12267
1992	15641	149918	7227	5359	1868	12823
1993	15604	147621	7346	5455	1891	11901
1994	16097	147699	7449	5514	1935	11744
1995	16542	148057	7757	5726	2031	11028
1996	16403	149560	7917	5904	2013	10316
1997	15736	152402	7999	5938	2061	9883
1998	15505	156257	7958	5918	2040	9331

16－4 续表

单位：人

年 份	普通中学	高 中	初 中	小 学	幼儿园	盲聋哑学校
1978	138568	28151	110417	187061	9306	642
1980	136756	27606	109150	193787	13317	694
1985	120107	23099	97008	207256	21255	974
1990	130048	22785	107263	215735	24429	1367
1991	130661	23086	107575	216342	25200	1521
1992	129868	22932	106936	216377	25449	1559
1993	128374	22135	106239	213823	26152	1639
1994	128506	21737	106769	215122	28638	1723
1995	129272	21536	107736	214944	28890	1936
1996	131327	21722	109605	213124	27659	1741
1997	134520	22294	112226	214807	27717	1724
1998	138968	22845	116123	210954	26273	1869

16－5 各级各类学校在校学生数

单位:人

年 份	普通高等学校	中等学校	中等专业学校	中等技术学校	中等师范学校	职业中学
1978	33248	2622047	36051	19339	16712	
1980	43627	2509164	41177	23483	17694	47822
1985	65940	2218705	59686	34629	25057	141245
1990	79908	2003199	66235	45337	20898	135486
1991	79340	2000026	67740	47821	19919	142415
1992	85149	1974591	69766	49869	19897	142705
1993	96343	1868867	82110	58675	23435	123219
1994	108722	1896779	87394	61030	26364	124838
1995	113523	2012719	100003	71239	28764	121520
1996	116379	2114982	111502	81527	29975	117839
1997	115767	2213940	118429	89123	29306	114606
1998	125140	2395561	123854	95414	28440	120185

16－5 续表

单位:人

年 份	普通中学	高 中	初 中	小 学	幼 儿 园	盲聋哑学校
1978	2585996	493965	2092031	4958068	139791	4277
1980	2420165	455716	1964449	5002632	298740	4515
1985	2017774	335914	1681860	4677937	496132	5416
1990	1801478	267169	1534309	3977121	277053	5522
1991	1789871	272615	1517256	3871295	584182	5401
1992	1762120	265400	1496720	3780268	596182	5597
1993	1663538	240286	1423252	3733782	604845	5879
1994	1684547	241786	1442761	3765243	665324	5696
1995	1791196	252376	1538820	3729337	651655	5607
1996	1885641	260071	1625570	3713483	645365	4845
1997	1980905	270276	1710629	3705059	589276	4595
1998	2151522	292464	1859058	3448558	555898	4793

16－6 各级各类学校招生数

单位：人

年份	普通高等学校	中等学校	中等专业学校	中等技术学校	中等师范学校
1978	13192	988741	19051	9907	9144
1980	11440	964834	19383	10304	9079
1985	24701	774608	24699	14729	9970
1990	24289	697999	19069	14176	4893
1991	23949	708801	22437	16541	5896
1992	28810	695859	23806	17313	6493
1993	33044	656822	34367	24608	9759
1994	34250	686047	35227	25612	9615
1995	35270	764356	35879	26806	9073
1996	36448	736548	39720	30156	9564
1997	36288	739193	41747	31605	10142
1998	39881	913767	44557	34779	9778

16－6 续表

单位：人

年份	普通中学	高中	初中	职业中学	小学	盲聋哑学校
1978	969690	244752	724938		1189813	730
1980	901537	216203	685334	43914	1078553	792
1985	676789	116124	560665	73120	736004	1059
1990	619527	95016	524511	59403	636998	820
1991	626083	93146	532937	60281	603921	886
1992	612760	88203	524557	59293	609109	883
1993	574681	83228	491453	47774	642106	783
1994	601974	89780	512194	48846	686723	850
1995	678617	93860	584757	49860	639529	831
1996	652427	90282	562145	44401	633284	672
1997	655077	98005	557072	42369	599270	703
1998	816060	113234	702826	53150	510911	796

16－7 各级各类学校毕业生数

单位:人

年份	普通高等学校	中等学校	中等专业学校	中等技术学校	中等师范学校
1980	7828	704698	19911	11708	8203
1985	11772	583165	17347	10620	6727
1990	22972	584486	15986	10607	5379
1991	22675	578306	22650	15175	7475
1992	22590	576583	22578	15718	6860
1993	21490	576017	22160	15702	6458
1994	23145	561254	18808	12927	5881
1995	30622	576053	23369	16177	7192
1996	33439	569253	28852	19881	8971
1997	30589	594398	33861	22956	10905
1998	30055	669351	37397	26665	10732

16－7 续表

单位:人

年份	普通中学	高中	初中	职业中学	小学	盲聋哑学校
1980	684422	169152	515270	365	760548	441
1985	527026	102731	424295	38792	654517	432
1990	522845	89285	433560	45655	635770	554
1991	512633	81462	431171	43023	626046	653
1992	508917	84935	423982	45088	624332	586
1993	508473	88317	420156	45384	598846	617
1994	497625	76620	421005	44821	611456	586
1995	507909	73306	434603	44775	638456	585
1996	497697	74005	423692	42704	606170	569
1997	515521	79682	435839	45016	591032	476
1998	586482	86053	500429	45472	749160	549

16－8　高等学校分科学生数

1998 年　　单位:人

学　科	毕业生数	#本科	招 生 数	#本科	在校生数	#本科
总　计	**30055**	**14814**	**39881**	**24677**	**125140**	**81837**
哲　学	27	13	22	22	113	72
经济学	4823	1702	4594	2024	15097	7584
法　学	785	426	1313	656	3889	2307
教育学	1456	715	1932	1164	5677	3475
文　学	3454	1031	4866	2122	14310	6334
历史学	355	110	580	235	1552	639
理　学	2238	669	3639	1836	10001	5072
工　学	13918	8321	18211	12968	57443	42777
农　学	692	561	1518	1328	4640	4200
医　学	2307	1266	3206	2322	12418	9377

16－9　高等学校分科专任教师数

1998 年　　单位:人

学　科	合　计	正高级	副高级	中　级	初　级	无职称
总　计	**15505**	**1628**	**4817**	**5390**	**2982**	**688**
#女　性	6122	253	1504	2563	1480	322
哲　学	376	36	135	119	70	16
经济学	1067	63	287	462	214	41
法　学	252	21	73	85	62	11
教育学	817	29	214	324	176	74
文　学	2251	147	653	801	540	110
历史学	308	16	98	142	44	8
理　学	2848	273	1024	993	477	81
工　学	5444	660	1728	1799	1026	231
农　学	712	157	203	245	98	9
医　学	1430	226	402	420	275	107

16－10 中等专业学校分科在校学生数

单位:人

年份	合计	中等技术学校	工科	农科	林科	医科
1978	36051	19339	5979	3170	646	5278
1980	41177	23483	6286	5014	1366	6952
1985	59686	34629	10292	5396	2012	11102
1990	66235	45337	13802	4827	2325	11498
1991	67740	47821	14458	5638	2283	11734
1992	69766	49869	14605	6105	2182	12563
1993	82110	58675	16054	7490	1872	15249
1994	87394	61408	19263	5787	2163	11583
1995	100003	71239	20884	13629	5491	13039
1996	111502	81527	23039	16415	6975	13147
1997	118429	89591	30243	6097	1625	13801
1998	123854	95414	27892	17964	8159	15221

16－10 续表

单位:人

年份	财经	政法	体育	艺术	其他	中等师范学校	#幼师
1978	3086	200	400	580		16712	
1980	2539	501	380	445		17694	392
1985	4146	1001	317	363		25057	1661
1990	8958	1309	2011	520	87	20898	1576
1991	9611	1466	2004	498	129	19919	1700
1992	10389	1710	1472	766	77	19897	1698
1993	13638	1729	1509	932	202	23435	2273
1994	11791	1515	1639	1290	6377	25986	2389
1995	13036	1708	1830	1077	545	28764	2492
1996	16171	1782	2118	1267	613	29975	2682
1997	20131	2704	2372	2750	9868	28838	2281
1998	18920	2359	2467	1838	594	28440	2314

16－11 中等专业学校分科招生数

单位:人

年 份	合 计	中等技术学校				
			工 科	农 科	林 科	医 科
1978	19051	9907	2927	1834	280	2918
1980	19383	10304	2925	2164	560	2955
1985	24699	14729	4552	2074	1063	4242
1990	19069	14176	4189	1647	415	3720
1991	22437	16541	4912	1831	727	4060
1992	23806	17313	5080	2658	729	4152
1993	34367	24608	6025	2499	484	6857
1994	35227	25995	8227	1529	666	4421
1995	35879	26806	8114	4994	2229	4149
1996	39720	30156	8652	5395	2460	4579
1997	41747	31735	10678	2395	485	4743
1998	44557	34779	10281	6302	2770	5553

16－11 续表

单位:人

年 份	财 经	政 法	体 育	艺 术	其 他	中等师范学校	#幼 师
1978	1478	200	150	120		9144	
1980	1167	300	80	153		9079	170
1985	2100	520	73	105		9970	780
1990	2994	652	460	99		4893	582
1991	3630	731	465	140	45	5896	520
1992	3423	895	50	294	32	6493	566
1993	6925	800	529	364	125	9759	919
1994	5784	835	590	499	3444	9232	875
1995	5337	850	710	263	160	9073	920
1996	6774	926	818	372	180	9564	856
1997	6369	1455	848	1001	3761	10012	879
1998	7161	1178	800	554	180	9778	777

16－12　中等专业学校分科毕业生数

单位：人

年　份	合　计	中等技术学校	工　科	农　科	林　科	医　科
1978	11935	7384	1807	1274	238	2100
1980	19911	11708	3453	1874	316	4290
1985	17347	10620	3580	2102	982	1842
1990	15986	10607	2596	509	315	4056
1991	22650	15175	4364	1255	813	4333
1992	22578	15718	4546	2125	773	3960
1993	22160	15702	4819	1125	571	4104
1994	18808	12927	4617	1469	356	2422
1995	23369	16177	5357	2045	706	2623
1996	28852	19881	6447	2642	1078	4526
1997	33861	23346	6865	1747	615	3941
1998	37397	26665	7010	5309	2434	4097

16－12　续表

单位：人

年　份	财　经	政　法	体　育	艺　术	其　他	中等师范学校	#幼　师
1978	1575		129	261		4551	
1980	1327	204	106	138		8203	142
1985	1491	454	84	85		6727	219
1990	2379	334	302	75	41	5379	568
1991	3081	368	517	151	93	7475	410
1992	3066	644	580	24		6860	850
1993	3734	686	491	172		6458	601
1994	1963	653	462	70	915	5881	618
1995	2888	723	514	128	1193	7192	677
1996	3522	852	529	183	102	8971	675
1997	5683	931	590	369	2605	10515	879
1998	5779	925	702	281	128	10732	930

16－13　中等专业学校分科专任教师数

单位：人

项　目	合　计		#副高级		#中　级		#初　级	
	1997年	1998年	1997年	1998年	1997年	1998年	1997年	1998年
总　计	**7999**	**7958**	**2018**	**2182**	**3839**	**3716**	**1924**	**1907**
中等技术学校	5938	5918	1591	1682	2785	2701	1414	1434
工业学校	2045	1981	654	634	892	861	456	459
农业学校	911	907	246	240	363	355	263	291
林业学校	552	561	131	164	280	260	129	134
医药学校	996	989	245	292	509	478	225	200
财经学校	831	833	198	225	420	415	198	188
政法学校	207	241	37	45	117	120	53	75
体育学校	165	168	43	42	94	100	28	24
艺术学校	182	191	26	30	88	92	46	46
其他学校	49	47	11	10	22	20	16	17
中等师范学校	2061	2040	427	500	1054	1015	510	473

16－14　研究生数

单位：人

年　份	在校生数	招　生　数	毕业生数	每十万人拥有研究生数		
				在校生数	招　生　数	毕业生数
1957	242	10	182	1.7	0.1	1.3
1965	102	27	14	0.5	0.1	0.1
1978	350	350		1.1	1.1	
1980	437	115	202	1.4	0.4	0.6
1985	3572	1926	588	10.7	5.8	1.8
1990	4011	1285	1572	11.4	3.6	4.5
1991	3803	1230	1367	10.7	3.5	3.8
1992	3919	1325	1214	10.9	3.7	3.4
1993	4389	1723	1188	12.1	4.8	3.3
1994	5094	1879	1133	13.9	5.1	3.1
1995	5643	1914	1344	15.3	5.2	3.6
1996	6269	2249	1606	16.8	6.0	4.3
1997	6662	2326	1667	17.8	6.2	4.4
1998	7195	2345	1774	19.1	6.2	4.7

16－15 各级各类学校女学生和女教师数

项　　目	1980年	1985年	1990年	1995年	1997年	1998年
女学生数(万人)	352.5	329.4	291.9	283.2	293.0	290.2
高等学校	1.2	2.3	3.0	4.1	4.8	5.1
中等专业学校	1.7	3.7	3.8	5.8	6.6	7.4
普通中学	111.3	95.8	86.7	86.5	95.7	103.8
职业中学	2.0	7.2	7.3	6.4	5.7	6.2
小　学	236.3	220.3	191.3	180.5	180.2	167.7
女学生占学生总数(%)	46.7	47.3	48.2	48.4	48.6	48.6
高等学校	26.4	35.2	37.0	35.9	41.7	40.5
中等专业学校	40.7	62.6	56.9	58.1	57.9	59.9
普通中学	46.0	47.5	48.1	48.3	48.3	48.3
职业中学	42.6	50.9	53.8	52.2	50.0	51.2
小　学	47.4	47.1	48.1	48.4	48.6	48.6
女教师数(万人)	15.8	17.4	20.0	21.1	21.6	21.8
高等学校	0.2	0.3	0.5	0.6	0.6	0.6
中等专业学校	0.1	0.2	0.3	0.4	0.4	0.4
普通中学	5.0	5.1	6.3	6.8	7.2	7.5
职业中学	0.1	0.4	0.6	0.6	0.5	0.5
小　学	10.4	11.4	12.4	12.8	12.9	12.7
女教师占教师总数(%)	45.3	48.9	52.6	55.5	56.4	57.0
高等学校	22.6	23.7	29.2	35.2	38.3	39.5
中等专业学校	26.7	37.0	43.0	49.1	51.1	51.7
普通中学	36.4	42.7	48.3	52.5	53.6	54.1
职业中学	23.8	41.2	48.9	52.3	53.4	54.8
小　学	53.6	54.8	57.4	59.3	60.1	60.1

16－16 各级学校教师负担学生数

单位:人

年　份	高等学校		中等学校		小　学	
	教师数	平均每个教师负担学生	教师数	平均每个教师负担学生	教师数	平均每个教师负担学生
1978	8380	4.0	142761	18.4	187061	26.5
1980	10365	4.2	144291	17.4	193787	25.8
1985	13448	4.9	135366	16.4	207256	22.6
1990	15915	5.0	149499	13.4	215735	18.4
1991	15823	5.0	149950	13.3	216342	17.9
1992	15641	5.4	149918	13.2	216377	17.5
1993	15604	6.2	147621	12.7	213823	17.5
1994	16097	6.8	147699	12.8	215122	17.5
1995	16542	6.9	148057	13.6	214944	17.4
1996	16403	7.1	149560	14.1	213124	17.4
1997	15736	7.4	152402	14.5	214807	17.2
1998	15505	8.1	156257	15.3	210954	16.3

16－17 平均每万人口在校学生数和大中小学学生构成

年 份	大中小学校在校学生数占全省人口 %	平均每万人口中学生数(人)			大中小学学生构成(%)		
		大学生	中学生	小学生	大学生	中学生	小学生
1978	24.3	10.6	837.8	1584.2	0.4	34.4	65.1
1980	23.6	13.6	783.2	1561.5	0.6	33.2	66.2
1985	20.7	19.6	660.9	1393.5	1.0	31.9	67.2
1990	17.1	22.6	565.4	1122.5	1.3	33.1	65.6
1991	16.7	22.2	559.4	1082.9	1.3	33.6	65.1
1992	16.2	23.6	547.3	1047.7	1.5	33.8	64.7
1993	15.7	26.5	513.4	1025.8	1.7	32.8	65.5
1994	15.7	29.6	516.6	1025.4	1.9	32.9	65.3
1995	15.8	30.7	543.8	1007.7	1.9	34.4	63.7
1996	15.9	31.1	567.3	996.0	1.9	35.6	62.5
1997	16.1	30.9	590.2	987.8	2.0	36.7	61.4
1998	15.8	33.2	634.9	914.0	2.1	40.1	57.8

16－18 初中、小学毕业生升学率及学龄儿童入学率

年 份	初中毕业生数(万人)	高级中等学校招生数(万人)	初中毕业生升学率(%)	小学毕业生数(万人)	初级中等学校招生数(万人)	小学毕业生升学率(%)	学龄儿童数(万人)	已入学学龄儿童数(万人)	小学学龄儿童入学率(%)
1978	46.9	24.5	52.2	77.4	72.5	93.7	406.7	386.9	95.1
1980	51.5	26.0	50.4	76.1	68.5	90.1	417.9	395.1	94.5
1985	42.5	21.7	51.0	65.5	56.2	85.8	341.5	333.8	97.7
1990	43.5	20.0	46.0	63.6	52.7	82.8	313.1	310.0	99.0
1991	43.2	20.3	46.8	62.6	53.6	85.6	358.6	351.7	98.1
1992	42.5	23.1	54.2	62.4	52.7	84.4	352.3	343.6	97.5
1993	42.0	19.6	46.6	59.9	49.6	82.7	347.5	341.5	98.3
1994	42.1	19.3	45.8	61.2	51.2	83.8	351.7	346.3	98.5
1995	43.5	19.3	44.4	63.8	59.4	93.1	347.9	343.9	98.9
1996	42.4	18.4	43.4	60.6	57.3	94.6	346.9	345.8	99.7
1997	43.6	20.5	47.0	59.1	55.7	94.2	355.9	351.2	98.8
1998	50.0	20.8	41.6	74.9	70.3	94.0	334.0	327.7	98.1

注：高级中等学校招生数含技工学校招生数。

16－19 技工学校数和学生数

年份	学校数（所）	在校学生数	毕业生数	招生数	教职工数	# 教师数
1978	128	25200		19969	4887	1855
1980	217	50731	19969	25529	8941	3670
1985	202	50257	18949	25048	12902	5192
1986	200	60400	20157	33941	14452	5980
1987	210	81098	12619	34915	16736	6861
1988	214	100824	24824	35699	17423	7463
1989	219	108500	33307	35035	18413	7680
1990	220	95665	32103	33409	18271	7745
1991	216	98002	32920	34905	18435	8013
1992	219	105835	30224	37913	18664	8393
1993	220	109780	33295	34523	17786	8064
1994	202	104811	36149	32874	17953	8157
1995	220	85809	49100	29608	16179	8002
1996	195	64105	30884	20261	15245	7993
1997	192	62580	30898	22788	14990	7578
1998	168	44107	27155	13903	12595	6667

16－20 各类技工学校基本情况

1998 年

指标	单位	合计	国务院各部门	地方国有单位	# 劳动部门	# 主管局（公司）	社会力量办学
学校数	所	168	45	122	53	45	1
在校学生数	人	44107	14347	29552	9986	15259	208
# 二年制	人	18845	1950	16687	7434	7349	208
三年制	人	24396	12197	12199	1908	7909	
招生数	人	13903	3445	10385	3918	5139	73
毕业生数	人	27155	8590	18158	7756	8181	407
教职工数	人	12595	5630	6878	2914	3136	87
# 文化技术理论课教师	人	5117	1777	3309	1436	1368	31
生产实习课指导教师	人	1550	714	831	405	289	5

16－21 各地区普通中学学校数

1998 年　　单位:所

地区	合计	#高中	城市	#高中	县镇	#高中	农村	#高中
全省	**2712**	**461**	**796**	**230**	**690**	**174**	**1226**	**57**
哈尔滨	633	110	228	73	171	35	234	2
齐齐哈尔	396	51	93	26	113	22	190	3
鸡西	152	26	73	12	29	8	50	6
鹤岗	95	21	34	6	9	3	52	12
双鸭山	137	22	38	8	21	6	78	8
大庆	197	41	75	30	27	9	95	2
伊春	98	34	19	6	65	27	14	1
佳木斯	206	27	60	12	23	8	123	7
七台河	59	7	32	4	11	2	16	1
牡丹江	183	42	81	30	55	11	47	1
黑河	165	28	19	7	29	10	117	11
绥化	349	42	44	16	98	23	207	3
大兴安岭	42	10			39	10	3	·

16－22 各地区普通中学在校学生数

1998 年　　单位:人

地区	合计	#高中	城市	#高中	县镇	#高中	农村	#高中
全省	**2151522**	**292464**	**657421**	**158879**	**614741**	**113760**	**879360**	**19825**
哈尔滨	523659	69433	183815	45493	161701	23411	178143	529
齐齐哈尔	347517	41787	68784	16621	118665	23466	160068	1700
鸡西	99812	16191	47595	10736	19154	3691	33063	1764
鹤岗	66655	12313	28421	5143	5987	1919	32247	5251
双鸭山	82148	14021	23223	4664	19281	6363	39644	2994
大庆	159823	29910	67027	22201	25846	7028	66950	681
伊春	66455	14261	17855	5097	42062	8849	6538	315
佳木斯	127987	18341	42718	10783	18408	5772	66861	1786
七台河	53036	4721	34560	2881	9937	1761	8539	79
牡丹江	139694	23119	66611	16990	44055	6100	29028	29
黑河	109047	12116	16373	3837	26291	4032	66383	4247
绥化	351194	30647	60439	14433	101118	15764	189637	450
大兴安岭	24495	5604			22236	5604	2259	

16－23 各地区普通中学招生数

1998 年　　单位：人

地区	合计	#高中	城市	#高中	县镇	#高中	农村	#高中
全省	**816060**	**113234**	**246371**	**61874**	**229794**	**43267**	**339895**	**8093**
哈尔滨	201951	26623	68025	17648	63877	8620	70049	355
齐齐哈尔	143048	15985	27785	6635	44878	8770	70385	580
鸡西	35254	6427	16755	4241	7092	1461	11407	725
鹤岗	23354	5342	10443	2182	2109	696	10802	2464
双鸭山	35323	5125	8857	1686	8012	2298	18454	1141
大庆	65500	10656	29704	7750	9118	2684	26678	222
伊春	30898	6002	8579	2206	18681	3669	3638	127
佳木斯	52085	7067	16828	4059	6541	2192	28716	816
七台河	18310	1767	11301	1175	3482	544	3527	48
牡丹江	49985	9127	23887	6622	16569	2497	9529	8
黑河	36616	4745	5523	1663	8311	1625	22782	1457
绥化	113965	11997	18684	6007	32341	5840	62940	150
大兴安岭	9771	2371			8783	2371	988	

16－24 各地区普通中学毕业生数

1998 年　　单位：人

地区	合计	#高中	城市	#高中	县镇	#高中	农村	#高中
全省	**586482**	**86053**	**196226**	**43808**	**168379**	**35540**	**221877**	**6705**
哈尔滨	162824	19387	60763	11878	50088	7414	51973	95
齐齐哈尔	89772	11873	22010	4372	30314	6934	37448	567
鸡西	29094	4495	15152	2955	5169	1107	8773	433
鹤岗	21293	4546	9313	1617	1929	651	10051	2278
双鸭山	24879	4057	6923	1078	6016	2136	11940	843
大庆	43592	8801	19640	6732	7691	1897	16261	172
伊春	16670	3860	3837	1211	11415	2497	1418	152
佳木斯	38527	5134	12853	2828	5790	1856	19884	450
七台河	11821	1332	6548	785	3124	527	2149	20
牡丹江	44909	6426	20992	4686	13259	1731	10658	9
黑河	27256	3948	3565	1211	6261	1209	17430	1528
绥化	67796	10365	14630	4455	19898	5752	33268	158
大兴安岭	8049	1829			7425	1829	624	

16－25 各地区普通中学教职工数

1998 年　　单位:人

地区	合计	按城乡分			按主管部门分			
		城市	县城	农村	教育部门	其他部门	集体办	民办
全省	**180066**	**65651**	**54345**	**60070**	**121727**	**46094**	**8694**	**3551**
哈尔滨	42143	18601	13437	10105	33597	5307	1367	1872
齐齐哈尔	24125	6888	8840	8397	17814	4570	1504	237
鸡西	10410	4911	2235	3264	6343	3804		263
鹤岗	7387	3048	671	3668	3372	3932		83
双鸭山	8748	2677	1807	4264	5475	3035	116	122
大庆	14830	7913	2450	4467	7265	6612	874	79
伊春	7081	1505	4804	772	2356	4702	6	17
佳木斯	11512	4160	1777	5575	7153	2873	1265	221
七台河	3979	2414	786	779	2321	1574	41	43
牡丹江	12668	6138	4191	2339	9063	2936	301	368
黑河	9516	1719	2239	5558	5774	3394	314	34
绥化	24206	5677	7921	10608	20224	864	2906	212
大兴安岭	3461		3187	274	970	2491		

16－26 各地区普通中学专任教师数

1998 年　　单位:人

地区	合计	按城乡分			按主管部门分			
		城市	县城	农村	教育部门	其他部门	集体办	民办
全省	**138968**	**48765**	**41526**	**48677**	**96817**	**32321**	**7403**	**2427**
哈尔滨	32951	13816	10300	8835	26826	4050	799	1276
齐齐哈尔	18710	4911	6802	6997	14048	3246	1257	159
鸡西	7881	3673	1807	2401	5109	2570		202
鹤岗	5170	2235	497	2438	2586	2552		32
双鸭山	6159	1892	1272	2995	4100	1892	112	55
大庆	11358	5620	1900	3838	5716	4787	812	43
伊春	5172	1064	3493	615	1740	3418	6	8
佳木斯	8941	3196	1325	4420	5663	2004	1101	173
七台河	3236	2001	636	599	1933	1241	38	24
牡丹江	9842	4668	3214	1960	7319	1972	276	275
黑河	7155	1287	1792	4076	4669	2187	284	15
绥化	19938	4402	6258	9278	16409	646	2718	165
大兴安岭	2455		2230	225	699	1756		

16－27 各地区职业中学基本情况

1998 年　　单位：人

地　区	学校数（所）	毕业生数	招生数	在校生数	教职工数	#专任教师
全　省	**297**	**45472**	**53150**	**120185**	**13897**	**9331**
哈尔滨	70	11720	16758	38457	3872	2731
齐齐哈尔	83	10486	11759	27252	2400	1575
鸡　西	9	1447	1771	3218	670	485
鹤　岗	11	1476	765	2308	557	306
双鸭山	8	1068	1161	3082	512	335
大　庆	24	4309	4698	10838	1125	681
伊　春	11	628	553	1312	384	242
佳木斯	15	3107	4094	8533	1170	671
七台河	2	350	658	1155	203	134
牡丹江	12	1965	2958	6395	855	601
黑　河	12	2218	1576	4031	679	505
绥　化	30	6435	6018	12743	1182	912
大兴安岭	10	263	381	861	288	153

16－28 各地区小学学校数和在校学生数

1998 年

地　区	学校数（所）	城　市	县　镇	农　村	在校生数（人）	城　市	县　镇	农　村
全　省	**15193**	**1153**	**1066**	**12974**	**3448558**	**867881**	**567302**	**2013375**
哈尔滨	3548	300	279	2969	873959	236101	138180	499678
齐齐哈尔	2365	115	140	2110	488805	90510	76131	322164
鸡　西	662	103	36	523	170689	72688	18775	79226
鹤　岗	362	61	21	280	115318	55137	9030	51151
双鸭山	678	49	45	584	141683	39503	21720	80460
大　庆	939	128	56	755	257418	76637	29053	151728
伊　春	424	24	93	307	108885	17530	60040	31315
佳木斯	1333	97	34	1202	235953	70329	22329	143295
七台河	250	91	21	138	90210	49614	12442	28154
牡丹江	1235	107	86	1042	270768	88506	52658	129604
黑　河	906	21	42	843	144152	19099	21901	103152
绥　化	2347	57	96	2194	499369	52227	60276	386866
大兴安岭	144		117	27	51349		44767	6582

16－29 各地区小学招生数和毕业生数

1998年　　单位:人

地　区	招生数	城　市	县　镇	农　村	毕业生数	城　市	县　镇	农　村
全　省	**510911**	**128615**	**85834**	**296462**	**749160**	**176514**	**121989**	**450657**
哈尔滨	121018	33497	20701	66820	184892	46520	32187	106185
齐齐哈尔	72219	12303	11755	48161	138660	20241	22131	96288
鸡　西	24885	10224	2587	12074	31587	12735	3938	14914
鹤　岗	17951	8163	1375	8413	18988	8734	1427	8827
双鸭山	22005	5820	3320	12865	32709	7813	5079	19817
大　庆	39532	14360	4453	20719	56627	22038	5758	28831
伊　春	17271	2919	9009	5343	26173	6218	12618	7337
佳木斯	33232	9845	3045	20342	48583	12820	3462	32301
七台河	13305	7821	1633	3851	17889	10880	2205	4804
牡丹江	33641	11312	6656	15673	45099	13354	9051	22694
黑　河	22986	3239	3638	16109	33020	3605	4377	25038
绥　化	84755	9112	10437	65206	107394	11556	13317	82521
大兴安岭	8111		7225	886	7539		6439	1100

16－30 各地区小学教职工数

1998年　　单位:人

地　区	合　计	按城乡分			按主管部门分			
		城　市	县　城	农　村	教育部门	其他部门	集体办	民　办
全　省	**242001**	**54452**	**41617**	**145932**	**150484**	**51546**	**38573**	**1398**
哈尔滨	55699	14222	9687	31790	41576	6138	7615	370
齐齐哈尔	30357	4867	5353	20137	19119	4207	7005	26
鸡　西	13288	4746	1493	7049	8630	4490		168
鹤　岗	8810	3519	643	4648	4285	4525		
双鸭山	10432	2266	1494	6672	6265	3348	819	
大　庆	17231	5972	1974	9285	9528	4833	2833	37
伊　春	9587	1414	4711	3462	2926	6562	72	27
佳木斯	16984	4003	1478	11503	9708	3373	3753	150
七台河	4906	2471	656	1779	2897	1655	310	44
牡丹江	19856	5399	4001	10456	12657	4111	2512	576
黑　河	11921	1307	1647	8967	6070	3838	2013	
绥　化	38622	4266	4698	29658	25638	1343	11641	
大兴安岭	4308		3782	526	1185	3123		

16－31　各地区小学专任教师数

1998 年　　　　单位：人

地　区	合　计	按城乡分			按主管部门分			
		城　市	县　城	农　村	教育部门	其他部门	集体办	民　办
全　省	**210954**	**44485**	**34910**	**131559**	**132819**	**39827**	**37408**	**900**
哈尔滨	48814	11535	8457	28822	36230	4929	7395	260
齐齐哈尔	27259	4051	4648	18560	16926	3499	6808	26
鸡　西	11075	3944	1293	5838	7759	3218		98
鹤　岗	6850	2614	563	3673	3591	3259		
双鸭山	8529	1691	1225	5613	5389	2324	816	
大　庆	14859	4785	1693	8381	8323	3883	2623	30
伊　春	7636	1066	3551	3019	2443	5103	72	18
佳木斯	15122	3457	1285	10380	8850	2667	3506	99
七台河	4421	2205	616	1600	2719	1356	310	36
牡丹江	17598	4402	3481	9715	11308	3502	2455	333
黑　河	10318	1097	1384	7837	5603	2707	2008	
绥　化	35252	3638	3938	27676	22750	1087	11415	
大兴安岭	3221		2776	445	928	2293		

16－32　各级各类成人学校基本情况

1998 年　　　　单位：人

项　　目	学校数（所）	毕业生数	招生数	在校生数	教职工数	#专任教师	兼任教师
总　计	**17355**	**3044072**	**2854729**	**2177089**	**63273**	**37138**	**51224**
成人高等学校	56	35570	40842	111239	12219	6057	1307
广播电视大学	2	9039	7284	18767	3845	1784	611
职工高等学校	40	7233	7591	21941	5918	2963	640
管理干部学院	5	2295	2282	4387	1052	466	56
教育学院	9	1919	3386	7603	1404	844	
普通高等学校函授部		9655	11281	34689			
普通高等学校夜大部		2106	3177	9919			
普通高等学校成人脱产班		3323	5841	13933			
成人中等学校	10297	2926166	2738878	1966005	40117	24148	35373
中等专业学校	354	38743	31137	83922	16162	9224	1264
#广播电视中等专业学校	20	4261	4111	7672	491	240	406
职工中等专业学校	179	21277	18906	52520	8959	4667	693
农民中等专业学校	43	9506	7088	18662	1883	1137	138
教师进修学校	111	3699	1005	4757	4802	3160	21
成人中学	128	7228	10950	13936	1776	1082	909
职工中学	92	5169	6499	8131	1337	774	787
农民中学	36	2059	4451	5805	439	308	122
成人技术培训学校	9815	2880195	2696791	1868147	22179	13842	33200
职工技术培训学校	660	456454	420272	179049	6364	3597	7032
农民技术培训学校	9155	2423741	2276519	1689098	15815	10245	26168
成人初等学校	7002	82336	75009	99845	10937	6933	14544
职工初等学校	60	3614	2373	7891	513	337	394
农民初等学校	6942	78722	72636	91954	10424	6596	14150
#扫盲班	3970	26834	19604	21820	4952	3030	8465

16－33 各级各类成人学校在校学生数

单位:万人

各类学校	1980年	1985年	1990年	1995年	1997年	1998年
成人高等学校	3.7	12.5	8.5	10.8	10.8	11.2
广播电视大学	1.5	4.9	2.1	2.5	2.1	1.9
职工高等学校	2.1	2.0	1.8	2.2	2.2	2.2
管理干部学院		0.3	0.3	0.3	0.4	0.4
教育学院		1.8	0.9	0.5	0.6	0.8
普通高校函授夜大学	0.1	3.4	3.3	5.4	5.5	5.9
成人中等学校	80.4	30.3	126.8	283.7	268.8	196.6
中等专业学校	44.2	11.8	13.2	11.5	9.3	8.4
成人中学	36.2	18.5	3.6	2.2	0.8	1.4
成人技术培训学校			110.0	270.0	258.7	186.8
成人初等学校	89.7	30.8	179.7	18.1	12.1	12.2
职工初等学校	9.3	0.4	0.6	0.2	0.9	0.8
农民初等学校	80.4	30.3	179.1	17.9	11.2	9.2
# 扫盲班	35.8	17.9	14.5	9.0	4.4	2.2

16－34 各地区幼儿园基本情况

1998年

地区	园数（个）	班数（个）	幼儿数（人）	教职工数（人）	# 专任教师
全省	**4506**	**23035**	**555898**	**37391**	**26273**
哈尔滨	1598	6628	152665	11195	7660
齐齐哈尔	452	2866	64059	3367	2392
鸡西	507	1440	30343	2356	1716
鹤岗	106	629	15341	933	698
双鸭山	105	749	17852	1239	997
大庆	232	1661	36783	5237	2557
伊春	208	649	19182	1083	730
佳木斯	185	1715	35565	2903	2270
七台河	102	396	8533	550	476
牡丹江	455	1854	66606	3303	2354
黑河	421	3290	82381	3159	3011
绥化	104	940	21015	1390	1097
大兴安岭	31	218	5573	676	315

16－35 科技活动基本情况

指　　标	1990 年	1995 年	1996 年	1997 年	1998 年
一、科技机构数(个)	861	896	872	766	769
科委系统	342	294	284	276	279
国防科工委		3	3	3	
普通高等院校	176	268	257	186	188
大中型工业企业	343	331	328	301	302
二、科技活动人员数(人)	88011	98782	101513	88725	94581
#科学家、工程师	42260	63324	71401	62511	65348
科委系统	20808	14112	13198	12200	12448
国防科工委		1916	1872	1571	
普通高等院校	30220	39315	40441	32477	37952
大中型工业企业	36983	43439	46002	42477	44181
三、科技活动经费收入总额(万元)	108409	198592	227256	222927.5	249819
上级拨款	28221	50878	53961	73363.1	122115
自筹资金	57598	111393	122374	119482.8	90324
银行贷款	7722	16504	26556	19439.6	16779
其它收入	14868	19817	24364	10642	20600
四、科技活动经费支出总额(万元)	103689	196340	200163	209159	220090
#内部支出	58267	173032	186525	195525.7	216050
#劳务费	11888	44381	43118	45725.9	49935
业务费	25668	77068	71820	61642.4	79700
固定资产购建支出	10702	29518	39618	52817.3	54103
#研究与发展经费支出	19381	41829	56686	58105.6	115909
五、研究与发展经费支出占					
国民生产总值%	0.3	0.2	0.3	0.2	0.4

16－36 科委系统科学研究和技术开发机构基本情况

1998年

项目	机构数（个）	职工数（个）	#科学家工程师	经费收入（万元）	经费支出（万元）
总计	**279**	**20100**	**8730**	**65838**	**62389**
一、县以上部门属	239	19621	8659	65439	61966
1.自然科学机构	203	18571	7986	62126	58867
自然科学	6	592	325	2179	2006
工程科学技术	89	8256	4137	31740	29902
医学科学	18	1558	585	5358	6436
农业科学	90	8111	2939	22849	20523
2.社会、人文科学机构	19	629	436	1783	1674
经济学	3	5	5	103	104
法学	1	28	19	42	42
社会学	2	76	48	285	265
民族问题研究	1	25	18	37	37
其他	12	495	346	1315	1227
3.科技情报与文献机构	17	421	237	1530	1425
信息	2	31	13	53	53
农学	1	42	27	97	90
林学	1	7	6	10	10
预防医学与卫生	1	8	6	26	26
图书、情报	12	333	185	1345	1247
二、县属	40	633	167	729	727

16－37 高等学校研究与发展人员和经费

1998年

学科分类	研究与发展人员（人）	科学家和工程师			其他技术人员	收入总额（万元）	支出总额（万元）
		高级	中级	初级			
合计	**7167**	**3492**	**3117**	**378**	**180**	**26792**	**29660**
一、理工农医院校	6317	3057	2838	268	154	26583	29469
自然科学	755	446	280	14	15	1421	1190
工程科学	3483	1606	1609	195	73	23300	26641
医学	1410	662	659	40	49	822	684
农学	669	343	290	19	17	1040	954
二、社会人文院校	850	435	282	96	37	209	192

16－38 高等学校研究与发展机构和人员

1998 年

学科分类	机构数（个）	研究与发展人员（人）	#科学家和工程师	#其他技术人员
合计	**188**	**2575**	**2398**	**177**
一、理工农医院校	159	2431	2264	167
自然科学	17	261	248	13
工程科学	98	1646	1526	120
医学	28	355	338	17
农学	16	169	152	17
二、社会人文院校	29	144	134	10

16－39 设立科研课题和技术开发项目情况

1998 年　　单位:项

项目	合计	基础研究	应用研究	实验与发展	其他
总计	**8488**	**1634**	**2815**	**1780**	**2259**
一、科委系统(县以上部门属科研及开发机构)	2040	101	691	373	875
1.自然科学与研究	1952	85	653	373	841
2.社会、人文科学	77	16	34		27
3.科技情报与文献机构	11		4		7
二、国防科工委					
三、普通高等院校	4639	1533	1960	772	374
四、大中型工业企业	1809		164	635	1010

16－40　大中型工业企业技术开发基本情况

项　　　　目	单　位	1990年	1995年	1996年	1997年	1998年
有技术开发机构的企业	个	302	270	238	181	189
占全部企业的比重	%	69.7	36.0	30.8	23.8	24.5
技术开发机构数	个	343	331	328	301	302
企业技术开发人员	人	36983	43439	46002	42752	44181
# 科学家和工程师	人	19215	18795	26547	24383	21332
技术开发机构中的人数	人	16629	22022	17244	14589	13371
# 科学家和工程师	人	9938	10389	11455	9848	8781
技术开发经费筹集额	万元	62430	105275	112685	113909	132142
# 上级拨款	万元	3011	13917	13098	26065	50364
企业自筹	万元	47747	77496	82982	64280	65524
技术开发经费支出额	万元	61665	102314	107558	105587	126759
占产品销售收入的比重	%	1.2	0.8	0.9	0.7	0.9
# 开发新产品用款	万元	32172	36071	40186	37397	59753
技术开发项目数	项	1369	2894	1535	1911	1809

16－41　大中型建筑业企业技术开发基本情况

1998年

项　　　　目	单位	1995年	1996年	1997年	1998年
有研究与发展活动的企业数	个	14	12	9	8
# 占全部企业的比重	%	15.9	11.4	7.2	6.8
企业科技活动人员	人	886	1690	1840	1325
# 科学家和工程师	人	501	936	1131	989
科研机构人数	人	371	589	498	425
# 科学家和工程师	人	221	225	169	150
经费筹集总额	万元	1592	2168.4	1425	1323
# 上级拨款	万元	169	59.1	98	86
企业自筹	万元	1281	1910.9	1272	1178
经费支出总额	万元	1419	2069.6	1408	1205
对外提供技术服务收入	万元	216	304.1	449	320
科技开发获奖成果数	项	34	21	10	8
研究与发展课题数	项	47	39	46	35

16－42 科学论文和著作

1998 年

项目	发表科技论文（篇）	#国外发表	出版科技著作（种）	#译成外文的专著	#科普著作
总计	**15603**	**1156**	**1150**	**3**	**105**
一、科委系统（县以上部门属科研及开发机构）	2780	90	109		
省属	1953	44	98		
地市属	174		3		
国务院部门属	615	41	8		
中国科学院属	38	5			
二、国防科工委					
三、普通高等院校	12710	1066	1040	3	105
四、大中型工业企业	113		1		

16－43 科技成果获奖情况

单位：项

分类	合计			#国家级			#省部级		
	1995 年	1997 年	1998 年	1995 年	1997 年	1998 年	1995 年	1997 年	1998 年
合计	**1205**	**1357**	**1782**	**32**	**48**	**42**	**373**	**501**	**597**
一、科委系统	384	303	480	12	23	10	98	103	170
1.按隶属关系分									
国务院部门属	52	57	60	6	1	2	25	24	27
中国科学院属	2		8				2		3
省属	261	186	236	6	17	8	60	68	96
地市属	69	60	176		5		11	11	44
2.按科研领域分									
自然科学	14	124	2		4		11	53	1
工程科学技术	85	13	80	6	11	1	30	2	41
医学科学	25	12	37	1			8	5	12
农业科学	150	110	152	5	5	6	36	30	43
社会科学	96	41	69		3	3		10	41
情报文献	14	3	63				13	3	26
其他			77						6
二、国防科工委	14	28					9	19	
三、普通高等院校	472	239	502	10	7	10	149	232	291
四、大中型工业企业	335	787	800	10	18	22	117	147	136

16－44 技术市场交易情况

项目	单位	1990年	1995年	1996年	1997年	1998年
技术贸易机构	个	427	2195	2004	1728	1525
技术贸易人员	人	15768	48978	37677	27183	22539
成交技术合同	件	13870	7600	6857	8358	11180
成交额	万元	19827	110522	114177	145752	152568
举办技术交易会	次	5	55	55	21	25

16－45 科学技术协会机构和人员数

项目	1990年	1995年	1996年	1997年	1998年
机构数(个)					
科协合计	84	76	85	88	84
省级	1	1	1	1	1
市地级	14	14	12	13	13
县级	69	61	72	74	70
学会合计	650	552	362	413	408
省级	143	120	102	151	146
地市级	507	432	260	262	262
人员数(人)					
科协合计	689	580	378	529	529
#科学家和工程师	261	189	100	151	156
省级	43	32	34	38	39
市地级	235	209	81	198	200
县级	411	339	263	293	290
学会理事	19494	18120	15515	11020	12228
#高级职称	8772	10548	7608	6251	6800
省级	6566	6295	7623	4228	5208
市地级	12928	11825	7892	6792	7020

16－46 科协系统科技活动情况

项目	单位	1990年	1995年	1997年	1998年
一、学术活动					
国内学术会议次数	次	811	835	645	205
参加人数	人次	54257	44810	36985	36789
交流学术论文	篇	20476	20492	10737	4730
接待海外科技团组	次	160	73	58	75
人　次	人次	767	187	779	810
科学考察					
国内次数	次	352	242		210
国内参加人数	人次	2669	1677	2366	2510
国外次数	次	93	35	41	37
国外参加人数	人次	272	133	190	175
二、科技培训					
学历证书班					
在校学员数	人		12414	7415	9500
结业学员数	人		7543	7675	7965
一般培训班培训人数	万人次	26.3	25.6	16.0	20.0
外派研修生人数	人	82	47	11	15
三、科普活动					
科普讲座次数	次	8460	7575	7246	8015
听讲人数	万人次	157.6	113.3	124.0	115.0
科普展览次数	次	1472	1632	1109	1210
参观人数	万人次	132.4	67.5	47	51
青少年科技竞赛次数	次		114	192	151
四、科技咨询活动					
完成技术合同数	项	5518	3957	4283	4570
#决策咨询	项	278	1447	139	240
技术合同实现金额	万元	2657	8230	1387	1295
#技术交易额	万元		2684	950	1050
咨询净收入	万元	448			
五、科技出版					
科技报纸种数	种	6	6	8	9
发行量	万份	808	893	151	200
科技期刊种数	种	48	37	46	50
发行量	万册	520.7	700.4	35	40
论文集种数	种	79	92	36	45
发行量	万册	3.6	2.5	1.5	2.0
发表学术论文	篇	3436	10824	2651	2700

16－47　专利机构、人员及三项专利申请受理情况

指　　标	单位	1985 年	1990 年	1995 年	1997 年	1998 年
专利机构数	个	20	24	26	26	26
专利工作人员	人	180	180	153	175	175
受理专利数	件	361	1230	2569	2642	2695
发　明	件	156	202	459	511	500
实用新型	件	201	982	1893	1801	1798
外观设计	件	4	46	217	330	397
批准专利数	件	68	660	1403	1288	1517
发　明	件	1	30	44	29	54
实用新型	件	49	609	1248	1063	1192
外观设计	件	18	21	111	196	271
在受理专利中						
个　人	件	247	939	2228	2265	2309
大专院校	件	31	40	27	21	30
科研单位	件	34	59	73	61	60
工矿企业	件	45	137	177	287	282
机关团体	件	4	55	64	8	14
在批准专利中						
个　人	件	16	464	1125	1065	1251
大专院校	件	1	28	26	22	6
科研单位	件	2	46	50	32	48
工矿企业	件	45	95	121	152	199
机关团体	件	4	27	81	17	13

16－48　地方国有企事业单位五大类专业技术人员

单位:人

年　份	合　计	工程技术人　员	农业技术人　员	卫生技术人　员	科学技术人　员	教　学人　员
1990	394936	173781	31010	112878	4873	72394
1991	638464	171110	27951	118330	5515	315558
1992	653679	179539	28165	119707	5070	321198
1993	651420	175262	28276	118769	4767	324346
1994	655241	177594	28459	119727	4795	324666
1995	660685	176636	28672	119136	4885	331356
1996	674304	173885	29181	123875	4889	342474
1997	687448	174120	29795	126429	5107	351997
1998	704590	176209	31968	127156	5808	363449

16－49 地方国有事业、企业单位各类专业技术人员数

1998 年　　单位：人

分　类	合　计	高级职称	中级职称	初级职称	未　聘
总　计	**952775**	**61457**	**343549**	**504679**	**43090**
工程技术人员	176209	15332	58352	94337	8188
农业技术人员	31968	1807	8971	18815	2375
卫生技术人员	127156	8484	42608	72310	3754
科学研究人员	5808	2343	2271	1054	140
教学人员	363449	23015	150302	172021	18111
#小　学	181887		74042	99981	7864
民航飞行技术人员	38	12	22	4	
船舶技术人员	3		1	1	1
经济人员	74608	1816	23684	43662	5446
会计人员	74463	998	15105	55546	2814
统计人员	14241	99	2914	10608	620
翻译人员	1125	125	463	493	44
图书、档案、文博人员	11441	700	5274	5126	341
新闻、出版人员	7333	1416	3131	2242	544
律师、公证人员	1136	59	375	572	130
播音人员	656	38	217	335	66
工艺美术人员	735	71	303	354	7
体育人员	1267	201	637	298	131
艺术人员	5108	651	2322	1757	378
政工人员	56031	4290	26597	25144	

16－50 文化事业机构和人员

年　份	总　计	艺术事业	图书馆事业	群众文化事业	艺术教育事业	其他文化事业
机构数(个)						
1980	1519	222	83	1201	3	10
1985	1639	197	90	1338	5	9
1990	1686	172	96	1391	4	23
1995	1711	141	96	1417	7	50
1996	1713	152	96	1416	7	42
1997	1402	156	97	1097	9	43
1998	1355	153	97	1066	9	30
人员数(人)						
1980	15089	10348	894	3425	240	182
1985	14090	8664	1335	3550	328	213
1990	13825	7255	1819	3811	354	586
1995	13370	6547	2014	3561	314	934
1996	12912	6551	1946	3540	328	547
1997	12821	6645	1926	3184	391	675
1998	12687	6606	1907	3210	347	617

16－51 文化部门艺术表演团体演出和收支情况

1998 年

项目	剧团数（个）	人数（人）	国内演出场次（千场）	#到农村演出	出访演出场次（场）	总收入（万元）	#演出收入	总支出（万元）
总计	**89**	**5538**	**14**	**5.0**	**1372**	**7119.7**	**625.3**	**7312.8**
国有剧团	86	5489	13	5.0	1372	7090.6	611.3	7284.0
集体剧团	3	49	1			29.1	14.0	28.8
按剧种分								
话剧、儿童剧、滑稽剧	6	627	2			1166.9	129.5	1220.3
歌剧、舞剧、歌舞剧团	3	620	1			891.3	59.7	934.6
歌舞团、轻音乐团	9	371	1		13	287.3	19.4	282.7
文工团、宣传队、乌兰牧骑	23	970	3	2.0		858.9	68.4	870.7
戏曲剧团	42	2525	6	3.0	13	3330.1	257.6	3379.9
#京剧	8	857	1			1552.8	94.2	1584.5
曲艺、杂技、木偶、皮影剧团	6	425	1		1346	585.2	90.7	624.6

16－52 文化部门群众文化事业单位活动情况

1998 年

项目	单位	总计		#群众艺术馆		#文化馆	
		1997 年	1998 年	1997 年	1998 年	1997 年	1998 年
机构数	个	1097	1066	15	15	121	118
职工人数	人	3035	3079	396	404	1600	1575
举办展览	个	2059	2090	46	59	591	556
组织文艺活动	次	6632	6060	289	212	3298	2142
举办训练班	次	6705	2992	143	145	1480	1375
训练班结业人次	万人次	11.0	9.0	0.5	0.4	2.7	2.6
藏书	万册	52.2	92.8	1.8	1.5	7.0	8.1
藏文物	件	5				5	
总支出	万元	2880.1	3035.7	588.7	912.9	1710.0	1669.4
#业务费	万元	292.6	413.5	65.0	115.2	187.3	181.5
群众艺术馆、文化馆							
负责指导的单位							
农村集镇文化中心	个	744	731	20	23	724	708
文化俱乐部(室)	个	4971	5955	231	168	4740	5787
图书室	个	3228	3805	196	194	3032	3611
文化户	户	4813	5906	139	148	4674	5758
群众业余演出团(队)	个	1113	1395	16	104	1097	1291

16－53 博物馆、文物机构业务活动和经费情况

项　　目	单位	博物馆		文物机构		#文物保护管理机构	
		1997 年	1998 年	1997 年	1998 年	1997 年	1998 年
机构数	个	29	41	88	87	85	84
职工人数	人	368	424	467	459	373	397
藏品	件	182522	137883	29139	28115	24734	22900
#一级品	件	230	243	49	44	41	36
参观人次	万人次	104.6	71.9	11.2	14.8	11.2	14.8
经费支出	万元	855.3	1736.0	561.4	553.5	356.7	433.5
#业务费	万元	88.7	261.1				
#考古发掘费	万元			11.7	2.3	0.8	2.3
#维修费	万元	160.6	731.7	34.7	13.0	7.7	13.0
增加值	万元	768.0	976.9	301.1	345.7	233.4	264.9

16－54 公共图书馆业务活动和经费情况

项　　目	单　位	总　计		#省　级		#县　级	
		1997 年	1998 年	1997 年	1998 年	1997 年	1998 年
机构数	个	97	97	1	1	83	83
职工人数	人	1868	1802	130	127	1012	991
总藏量	万册	1124.9	1155.1	238.3	240.5	377.3	392.7
#外　文	万册	61.8	61.4	12.1	12.1		
书架单层总长度	万米	91.5	23.9	3.1	3.1	8.4	9.2
发放借书证数	万个	26.8	25.6	2.4	2.8	12.2	12.0
总流通人次	万人次	678.0	619.4	22.9	37.2	407.1	323.3
#书刊外借人次	万人次	264.2	192.1	10.8	7.8	170.0	107.8
为读者服务举办各种活动次数	次	599.0	555.0	3.0	8.0	428.0	371.0
参加人数	万人次	27.2	26.0	0.1	2.4	16.7	13.8
总支出	万元	2523.4	2943.5	339.9	342.5	935.0	1224.2
本年新购藏量	万册	20.2	28.2	1.2	2.0	8.7	11.1
公用房屋建筑面积	万平方米	13.4	13.5	1.2	1.0	6.2	6.5
#书　库	万平方米	3.4	3.5	0.1	0.5	1.0	1.6
阅览室	万平方米	3.2	3.1	0.1	0.1	1.6	1.7
阅览室座席数	万个	1.1	1.1			0.7	0.3
增加值	万元	1407.5	1680.3	148.6	177.0	665.0	705.0

16－55 广播、电视事业发展情况

项　　目	单　位	1980年	1985年	1990年	1995年	1997年	1998年
职工人数	人	10760	13078	16611	17575	18104	18026
广播电台	座	11	17	60	73	74	74
广播发射台及转播台	座	35	42	47	45	45	45
广播发射机：数量	部	48	68	86	84	90	89
功率	千瓦	1272.0	1277.0	1442.0	1431.5	1545.5	1544.5
县市有线广播站	座	150	107	48	54	92	58
乡广播站	座	1037	1076	1091	1140	1295	1099
广播喇叭	万只	189.0	220.0	192.0	270.1	230.8	261.2
广播专用线	万杆公里	11.7	8.8	6.5	3.6	2.5	1.3
广播人口覆盖率	%	64.0	90.0	81.0	82.0	83.2	92.9
电视台	座	2	23	27	36	35	35
电视发射、转播台及差转台	座	110	388	735	1016	956	835
电视发射机：数量	部	117	431	1034	1626	1506	1290
功率	千瓦	89.0	232.8	407.5	495.5	488.7	482.9
电视人口覆盖率	%	34.4	70.3	83.5	85.7	88.9	95.0

16－56 广播、电视宣传基本情况

1998年

项　　目	节目套数（套）	平均每日（周）播出时间（小时）	自办节目时间（小时）	#新闻节目	#教育节目	#文艺节目
无线广播合计	**87**	**710:51**	**409:34**	**63:50**	**13:41**	**181:30**
#黑龙江人民广播电台	5	63:45	62:15	5:35	0:50	21:40
哈尔滨人民广播电台	3	47:35	46:35	11:00	1:00	24:45
齐齐哈尔人民广播电台	1	11:00	9:40	0:45		5:00
电视播映合计	**36**	**1953:02**	**941:16**	**118:25**	**15:55**	**567:13**
#黑龙江电视台	2	230:00	226:30	25:00	9:00	124:15
哈尔滨电视台	1	109:24	101:24	7:42	2:05	63:43
齐齐哈尔电视台	1	36:53	31:03	3:43	1:45	20:25

16－57 广播、电视节目制作情况

单位:小时

项　　目	1990年	1995年	1996年	1997年	1998年
广播节目制作	30459	75410	87890	107750	109895
#新　闻	5754	9073	11766	12914	13698
教　育	990	1054	854	1542	1668
电视节目制作	3973	9190	13990	15382	16383
#新　闻	1197	2169	3053	2894	2948
教　育	427	449	415	346	141

16－58 出版、发行事业机构和人员数

项　　目	单位	1980年	1985年	1990年	1995年	1997年	1998年
机构数	**个**	**107**	**122**	**132**	**139**	**129**	**129**
出版单位	个	3	11	12	13	14	14
书刊印刷厂	个	6	7	6	21	21	21
书　店	个	98	104	114	105	94	94
人员数	**人**	**6916**	**8290**	**9225**	**13136**	**12895**	**11863**
出版单位	人	301	507	820	813	724	744
书刊印刷厂	人	5216	5968	6264	9821	9722	8595
书　店	人	1399	1815	2141	2502	2449	2524

16－59 图书、杂志、报纸出版数量

年份	出版种数(种)			出版印数(万册、万份)			总印张数(万印张)		
	图书	杂志	报纸	图书	杂志	报纸	图书	杂志	报纸
1978	269	24	3	10512	1361	13797	33915	3325	12789
1980	246	59	9	11108	2151	15324	50301	6161	13463
1985	855	88	28	16513	2795	49649	62240	8143	31764
1990	1176	184	58	12342	5302	56480	46750	14390	37577
1991	1937	274	59	14006	6261	60875	57430	17160	37683
1992	1637	280	68	12642	7026	67604	54010	19589	40785
1993	1765	301	76	12358	6627	71473	50308	18448	57658
1994	2016	311	84	11457	6372	61662	52173	17951	56864
1995	1868	311	86	11342	6718	69115	53136	19103	72446
1996	1766	312	86	10488	7177	70154	48308	20827	78708
1997	2233	294	87	12803	7124	72789	50027	20701	93343
1998	2305	297	73	10587	7579	74120	49698	22233	99886

16－60 按类别分的图书出版情况

类别	图书出版种数(种)		总印数(万册)		总印张数(万印张)	
	1997年	1998年	1997年	1998年	1997年	1998年
总计	**2233**	**2305**	**12803.4**	**10586.7**	**50026.9**	**49698.1**
使用《中国标准书号》合计	2168	2273	12661.2	10517.2	49891.6	49609.8
马列主义、毛泽东思想	2	4	0.4	0.6	4.7	9.9
哲学	20	18	5.9	8.2	73.8	66.5
社会科学总论	22	42	6.4	56.1	79.2	204.2
政治、法律	44	34	58.5	21.3	496.2	150.5
军事	3	1	8.1	0.5	257.3	6.4
经济	87	71	36.9	23.9	463.1	372.9
文化、科学、教育、体育	1013	1029	11592.6	9363.0	42272.0	42735.1
语言文字	48	57	24.7	26.2	294.6	304.3
文学	166	195	85.0	107.6	925.7	1264.0
艺术	129	203	356.1	439.7	958.6	1153.6
历史地理	57	84	51.6	75.6	573.6	558.7
自然科学总论	14	8	20.4	2.5	455.6	29.3
数学科学、化学	43	38	14.9	11.2	192.6	129.0
天文学、地理科学	4	4	1.0	1.3	11.3	11.5
生物科学	12	8	1.1	1.0	12.4	15.2
医学、卫生	150	124	233.9	225.5	797.9	694.7
农业科学	54	66	15.9	24.7	111.8	256.9
工业技术	239	221	101.6	78.2	1448.8	1148.8
交通运输	19	31	23.4	37.1	231.0	310.0
航空、航天	2		0.2		2.2	
环境科学	10	3	11.0	1.6	63.5	12.5
综合性图书	30	32	11.6	11.5	165.5	175.9
不使用《中国标准书号》图	65	32	142.3	69.6	135.3	88.4

主 要 统 计 指 标 解 释

普通高等学校　指按照国家规定的审批程序批准举办，通过全国统一招生考试，招收高级中等学校毕业生和具有同等学历者，实施高等教育，培养高等专门人才的学校，包括大学、专门学校、专科学校和短期职业大学。

成人高等学校　指按照国家规定的审批程序批准举办、招收高中毕业或同等学历者，利用多种形式对成人进行高等教育，培养相当普通高等学校专科或本科毕业水平的专门人才的学校，包括广播电视大学、职工高等学校、农民高等学校、干部管理学院、独立函授学院以及普通高等学校举办的函授、夜大学等。

小学学龄儿童入学率　指调查范围内已入小学学习的学龄儿童占校内外学龄儿童总数（包括弱智儿童在内，不包括盲聋哑儿童）的比重。计算公式：

$$小学学龄儿童入学率=\frac{已入学的小学学龄儿童数}{校内外小学学龄儿童总数}\times 100\%$$

技术开发机构　指主要从事提供国际、国内第一次出现的新的产品、工艺、材料、方法等和为新的技术成果应用提供完整的技术规范设计图纸、样品和操作规程的机构。

从事科技活动人员　指各种研究与发展课题（项目）组织人员；各类科技服务人员（如从事图书、情报、咨询等工作的人员）；管理人员；实验室、试验性工厂（车间）、农场的工人等。

科学家和工程师　指大学及以上文化程度和其他具有高、中级职称的从事科技活动人员。

其他技术人员　指中专、大专毕业和具有初级职称的从事科技活动人员。自然科学技术人员　指已取得科学技术职称，或大学、中专的理、工、农、医科系毕业，以及国民经济各部门从从工作实践中提拔，从事理、工、农、医等自然科学技术的研究、教学、生产（事业）技术方面工作的专业人员和在机关、企业、事业中从事科学技术业务管理工作的专业人员。

工程技术人员　指在国民经济各行业从事工程技术工作的自然科学技术的专业人员，包括：高级工程师、工程师、助理工程师、技术员和未评定职称的技术人员。

农业技术人员　指在国民经济各行业从事农业技术工作的自然科学专业人员，包括：高级农艺师、农艺师、助理农艺师、技术员和未评定职称的技术人员。

卫生技术人员　指在国民经济各行业从事卫生医务工作的自然科学技术专业人员，包括：正副主任医师、主治医师、医师、医（护）士和未评定职称的技术人员。

科学研究人员　指在国民经济各行业从事从事科学技术活动的专业人员，包括：正副研究员、助理研究员、研究实习员、技术员和未评定职称的技术人员。

教学人员　指在国民经济各行业从事教学活动的专业人员，包括：正副教授、讲师、助教、教师和在中学从事自然科学方面的教学活动的人员。

发明　专利法所称的发明是指对产品、方法或者其改进所提出的新的技术方案。

实用新型　专利法所称的实用新型是指对产品的形状、构造或者其结合所提出的适于实用的新的技术方案。

外观设计　专利法所称的外观设计是指对产品的形状、图案、色彩或者其结合所作出的富有美感并适于工业上应用的新设计。

文化事业机构　指从事专业文化工作和为专业文化工作服务的独立核算、独立建制的单位。不包括这些单位举办独立核算的其他机构和各部门的业余文化组织。

艺术表演团体　指从事戏曲、音乐、舞蹈、杂技等专业艺术表演，有独立帐户，实行单独核算的团体。不包括半工半艺的业余剧团。

十七　体育、卫生及其他事业

SPORTS, PUBLIC HEALTH AND OTHERS

17－1 体委系统职工人数

1998年　　　　单位：人

项　目	合　计	体育运动学校	重点业余体校	业余体校	训练基地	公共体育场所	其　他
总　计	**5328**	**442**	**574**	**805**	**300**	**348**	**2859**
专职教练员	1082	81	286	490			225
运动员	897						897
管理干部	1417	61	138	118	56	78	966
专职教师	146	103	18	24			1
科技人员	101	7				14	80
医务人员	58	9	5		2		42
其　他	1627	181	127	173	242	256	648

17－2 体育事业发展情况

项　目	单　位	1985年	1990年	1995年	1997年	1998年
举办运动竞赛会	次	1793	1208	945	619	634
#省　级	次	52	30	70		
地、市级	次	285	182	210		
县、区级	次	1153	996	665		
参加运动会人数	万人	62.3	62.8	65.7	41.6	42.2
运动员教练员裁判员人数						
等级运动员	人	6633	1960	2368	2391	1086
等级教练员	人		600	768	722	857
等级裁判员	人	3751	3321	1911	1063	1381
优秀运动员	人	1002	1060	575	606	652
《国家体育锻炼标准》达标人数	万人	214.6	317.9	357.6	478.0	544.6
优秀级	万人	36.7	51.7	52.9	71.1	81.0
良好级	万人	67.2	109.5	114.4	151.5	173.0
及格级	万人	110.7	156.7	190.3	255.4	290.6

注：本表除《国家体育锻炼标准》达标人数为全社会口径外，其他均为体委系统数。

17－3 卫生机构数

单位:个

年 份	总 计	医 院	#县及县以上医院	疗养院、所	门诊部、所	专科防疫所、站
1978	8108	1746	643	34	5979	36
1980	8685	1766	635	51	6276	70
1985	8794	1627	699	73	6344	127
1990	8945	1654	738	60	6405	146
1991	8878	1675	739	59	6305	149
1992	8853	1694	757	59	6259	147
1993	7702	1729	856	56	5085	140
1994	7714	1986	842	56	4843	140
1995	7637	1975	802	52	4803	139
1996	7065	1998	819	24	4249	139
1997	7676	1999	822	23	4867	136
1998	7620	1981	808	23	4848	133

17－3 续表

单位:个

年 份	卫生防疫站	妇幼保健所、站	药品检验所、站	医学科研机构	其他卫生机构
1978	133	104	12	8	56
1980	163	145	69	22	123
1985	212	162	78	22	149
1990	243	188	80	21	148
1991	248	186	80	22	154
1992	249	188	80	22	155
1993	267	183	80	26	136
1994	263	186	80	25	135
1995	252	177	80	26	133
1996	246	173	79	24	133
1997	247	171	80	22	131
1998	239	169	80	22	125

17－4 卫生机构的人员数

单位:人

年 份	总 计	#卫 生技术人员						每万人拥有医生数
			#医 生				#护师护士	
				#中 医	#西医师	#西医士		
1978	159646	120740	45374	8437	15658	21279	23538	14.5
1980	175286	133527	52093	9767	21056	21270	28290	16.3
1985	201065	151337	56392	11159	27036	18045	30600	16.8
1990	227003	172821	72232	11893	44626	15477	49116	20.4
1991	232614	178220	73390	11841	44533	16793	50882	20.5
1992	237985	182368	74481	11762	45793	16713	51318	20.6
1993	236793	179536	73522	11550	45204	16410	50919	20.2
1994	235334	179362	74164	11215	46711	15832	51757	20.2
1995	234074	178842	75399	11405	48063	15931	51470	20.4
1996	230843	177663	74981	10798	49088	14811	51640	20.1
1997	231589	178483	77068	10106	51095	15099	52003	20.6
1998	226719	174980	76055	9729	51111	14842	51807	20.2

17－5 卫生机构床位数

单位:张

年 份	总 计	医 院	#县及县以上医院	疗养院、所	其他卫生机 构	每万人口拥有医院床 位 数
1978	99012	91522	71309	4924	2566	29.2
1980	104022	93325	73849	7547	3150	29.1
1985	107527	95439	79363	9962	2126	28.4
1990	122328	110056	94985	9626	2646	31.1
1991	124949	113068	97428	9163	2718	31.6
1992	127164	115655	99976	9545	1964	32.1
1993	127896	117120	103796	8551	2225	32.2
1994	128390	116626	102963	9247	2517	31.8
1995	126466	115747	100607	8185	2534	31.3
1996	121441	114903	100193	5201	1337	30.8
1997	121263	114642	100097	5041	1580	30.6
1998	120470	113565	99164	5343	1562	30.1

17－6 卫生机构各类人员数

单位:人

项目	1985年	1990年	1995年	1997年	1998年
总计	**201065**	**227003**	**234074**	**231589**	**226719**
卫生技术人员	151337	172821	178842	178483	174980
中医师	5321	9543	8892	8350	7885
西医师	27036	44626	48063	51095	51111
中西医结合高级医师	152	236	327	547	373
护　师	3228	21433	31062	33964	34578
中药师	838	2923	2921	3004	2965
西药师	1866	5754	6308	6560	6499
检验师	1070	3582	4294	4397	4464
其他技师	1129	3680	4435	4964	4782
中医士	5321	1795	1870	1756	1631
西医士	18045	15477	15931	15099	14842
护　士	27372	27683	20408	18039	17229
助产士	2104	1890	1338	1127	1182
中药剂士	2674	2275	1742	1538	1421
西药剂士	5144	4126	3442	3035	2911
检验士	3092	2713	2309	2032	2011
其他技士	3520	3630	2943	2760	2521
其他中医	517	555	316	221	213
护理员	13406	6294	5425	4767	4299
中药剂员	2203	850	730	718	714
西药剂员	3706	1516	1632	1456	1287
检验员	2250	902	872	924	737
其他初级卫生技术人员	21343	11338	13582	12130	11325
其他技术人员	1541	4302	4559	5411	6670
管理人员	18655	19077	21248	20599	19417
工勤人员	29532	30803	29425	27096	25652
平均每万人拥有卫生技术人员	45.1	48.8	48.3	47.6	46.4
#医　生	16.8	20.4	20.4	20.6	20.2

17－7 卫生机构、床位、人员数

1998 年

项目	机构数（个）	床位数（张）	人员数（人）				
				卫生技术人员	其他技术人员	管理人员	工勤人员
总计	**7620**	**120470**	**226719**	**174980**	**6670**	**19417**	**25652**
医院	1981	113565	172623	132253	3121	15631	21618
县及县以上医院	808	99164	145721	109947	2568	13250	19956
综合医院	603	71489	105656	80537	1602	9400	14117
中医院	96	8620	14818	11696	283	1335	1504
医学院校附属医院	12	6816	10322	7628	291	878	1525
传染医院	11	1962	2393	1515	46	314	518
精神病院	19	4090	3500	2322	81	398	699
结核病院	9	2515	2411	1433	37	337	604
妇幼保健院	17	883	1994	1477	30	207	280
妇产医院	5	575	963	681	116	67	99
儿童医院	1	449	791	529		62	200
职业病院	2	82	172	130	3	19	20
肿瘤医院	3	352	422	225	6	44	147
康复医院	4	390	257	205	3	25	24
口腔医院	5	126	330	281	8	20	21
眼科医院	1	35	94	70		9	15
耳鼻喉科医院	3	255	559	407	26	42	84
骨科医院	1	26	19	18	1		
中西医结合医院	5	161	372	304	12	27	29
其他专科医院	11	338	648	489	23	66	70
区乡镇卫生院	1108	13296	25029	20865	526	2184	1454
其他医院	65	1105	1873	1441	27	197	208
疗养院、所	23	5343	2596	1441	69	385	701
门诊部、所	4848	164	23879	23598	23	168	90
#个体开业			6242	6242			
专科防治所、站	133	159	2821	2231	49	301	240
#结核病防治所、站	95	74	1724	1347	35	189	153
职业病防治所、站	7	50	246	191	2	28	25
卫生防疫站	239	15	9817	7705	532	770	810
妇幼保健所、站	169	821	4147	3425	136	362	224
药品检验所、室	80		1098	859	34	152	53
其他卫生事业机构	38	10	987	482	66	205	234
医学科学研究机构	22	393	1206	896	20	147	143
#中医药研究院、所	4	393	759	549	8	84	118
高等医药院校	7		4194	1006	1720	683	785
中等医药院校	80		3351	1084	900	613	754

17－8 县及县以上医院床位使用情况

年份	平均开设床位数（张）	平均床位周转次数（次）	平均床位工作日（日）	床位使用率（%）	出院者平均住院日（日）
1978	37984	17.6	300.9	82.4	15.2
1980	56334	17.9	297.2	81.2	15.6
1985	76181	16.6	306.2	83.9	16.8
1986	79350	17.2	317.5	87.0	16.7
1987	82294	17.3	318.2	87.2	16.6
1988	86270	17.9	310.2	85.0	16.0
1989	89543	17.2	304.1	83.1	15.9
1990	91741	16.8	302.8	82.8	16.3
1991	95413	15.5	290.5	79.4	17.2
1992	98702	14.6	277.5	75.9	16.9
1993	100895	13.0	236.6	64.8	16.4
1994	98084	12.5	226.3	62.0	15.9
1995	96963	12.0	208.0	56.8	15.8
1996	90019	13.0	201.0	55.0	14.0
1997	93929	12.8	194.4	53.3	13.6
1998	96448	12.1	182.1	49.8	13.6

17－9 医院诊疗人次和入院人数

1998年

项目	诊疗人数（万次）	#门、急诊	入院人数（万人）	每百诊次的入院人数（人）	每百门、急诊次的入院人数（人）
总计	**4989.4**	**4331.0**	**149.7**	**3.0**	**3.5**
县及县以上医院	3827.8	3194.6	116.2	3.0	3.6
卫生部门	1756.4	1661.1	66.6	3.8	4.0
工业及其他部门	1969.8	1436.9	47.9	2.4	3.3
集体所有制	100.0	95.0	1.6	1.6	1.7
私人开业及其他	1.6	1.6	0.1	6.3	6.3
乡（镇）卫生院	1108.4	1084.2	32.8	3.0	3.0
其他医院	53.2	52.2	0.7	1.3	1.3

17－10 社会福利事业、企业单位和工作人员数

项目	机构数（个）				工作人员(人)			
	1990年	1995年	1997年	1998年	1990年	1995年	1997年	1998年
总计	**2545**	**3054**	**2909**	**2934**	**47621**	**57127**	**52751**	**50817**
社会福利事业单位	1027	1167	1189	1223	6372	6938	6860	6995
民政部门办	29	46	50	50	2439	2633	2777	2771
社会集体办	998	1121	1139	1173	3933	4305	4083	4224
社会福利企业单位	1361	1726	1565	1551	38145	46812	42224	40082
收容遣送站	59	58	56	56	624	654	686	678
安置农场	2	2	1	1	1168	1065	1010	997
殡葬事业单位	90	94	91	95	1255	1591	1875	1967
# 火葬场	86	85	86	90	1163	1440	1654	1757
烈士纪念建筑物管理单位	6	7	7	8	57	67	96	98

17－11 社会福利事业单位基本情况

1998年

项目	单位数（个）	工作人员（人）	床位（张）	年末收养人数（人）
总计	**1223**	**6995**	**44235**	**30694**
民政部门办社会福利事业单位	50	2771	8198	6234
优抚院、疗养院	19	340	743	438
福利院	31	2431	7455	5796
城镇集体办光荣院、敬老院	455	1725	14085	9899
光荣院	1	6	6	6
敬老院	454	1719	14079	9893
农村集体办敬老院	718	2499	21952	14561

17－12 社会福利企业单位基本情况

年份	民政部门办				社会办			
	单位（个）	职工（人）	# 残疾职工	增加值（万元）	单位（个）	职工（人）	# 残疾职工	增加值（万元）
1990	286	12681	5323		1075	25464	11558	
1995	463	16320	6749	12907	1263	30492	13876	39258
1996	438	14149	6110	10886	1433	31562	14861	41033
1997	488	13386	5700	12994	1077	28838	13907	23491
1998	529	16524	7675	11923	1022	23558	11898	26205

17－13 享受救济补助人员情况

项　　目	单　位	1985年	1990年	1995年	1997年	1998年
农村贫困户得到救济人数	万人	96.48	66.98	74.47	56.25	104.39
#国家定期定量救济	万人	11.98	0.05	0.03	0.03	0.01
农村散居孤、老、残、幼人数	万人	5.55	3.32	3.68	4.75	6.53
#国家定期定量救济	万人	0.11	0.02	0.01	0.01	0.04
集体给予供养	万人	4.33	3.30	3.67	2.86	2.88
城镇困难户得到救济人数	万人	23.06	20.78	13.78	13.52	14.00
#国家定期定量救济	万人	5.20	1.61	1.24	1.29	1.14
精减退职老职工得到救济	万人	4.00	1.93	1.67	1.62	1.57
#享受原工资40%救济年末人数	万人	1.29	1.23	1.14	1.11	1.08
享受定期定量救济年末人数	万人	2.71	0.70	0.53	0.51	0.49
年末在扶贫困户数	万户	9.53	23.82	26.55	20.00	37.84
本年脱贫户数	万户	2.44	10.33	9.44	10.04	8.90

17－14 婚姻登记和离婚情况

项　　目	单　位	1985年	1990年	1995年	1997年	1998年
准予登记结婚	对	284282	284720	267300	270653	234488
初　婚	人	547585	529796	490744	498139	416018
再　婚	人	20979	39644	43856	43167	52958
#恢复结婚	人	4320	7988	2844	4526	3637
申请结婚未予登记	对	13234	26693	16150		
准予登记离婚	对	9155	17104	19237	20737	19792
法院判决离婚	件	30018	37224	54733	61855	56600
离婚率	‰	2.3	3.1	4.0	4.4	4.0
涉外及华侨、港澳台同胞准予登记						
结婚人数	人	110	346	8624	6488	5490
国内公民	人	56	173	4312	3173	2745
#女　性	人	39	128	4271	3154	2700
港澳台同胞	人	11	59	168	228	251
华　侨	人	16	57	76	403	277
外籍华人	人	8	15	77	143	134
外国人	人	19	42	3991	2541	2083

17－15　律师、公证、调解工作基本情况

项　　目	单　位	1985年	1990年	1995年	1997年	1998年
律师工作						
律师事务所	个	137	192	335	410	404
律　师	人	496	610	1859	2876	3000
专职律师	人	365	445	1308	1678	1688
兼职律师	人	131	165	551	1198	1312
聘请担任常年法律顾问的单位	处	1536	2924	4600	7262	8510
民事诉讼代理	件	4454	13169	11952	17501	12417
经济诉讼代理	件			10325	13731	16733
行政诉讼代理	件			756	1941	2259
刑事辩护	件	678	8520	6545	5002	9305
非诉讼法律事务	件	1339	2939	11479	14465	21855
解答法律询问	件	64125	87335	46383	33258	114186
代写法律事务文书	件	21337	31003	26644	135830	30464
公证工作						
公证处	个	115	156	158	154	154
#办理涉外的	个		40	73	73	73
公证人员	人	359	624	591	655	715
#公证员	人		389	329	409	647
公证员助理	人		77	94	76	
办理公证件数	件	217356	244861	330988	427637	447123
#国内经济合同公证	件	199520	126557	134021	122037	162444
人民调解工作						
专职司法助理员	人	1104	1636	1874	1963	1596
人民调解委员会	个	49324	54431	45112	36332	36241
调解人员	人	212526	253762	450905	293058	232321
调解民间纠纷	件	235296	185723	143756	140773	163378

17－16 国内公证文书

单位:件

项　　目	1990 年	1995 年	1996 年	1997 年	1998 年
总　计	**230576**	**278704**	**241194**	**314859**	**364906**
一、民事法律关系公证合计	104019	144683	131013	192822	202462
收　养	489	733	224	213	235
解除收养	194	13	29	11	18
继承权	1712	3747	2062	2883	2649
遗　嘱	444	562	592	725	1270
产　权	13131	6195	4508	6052	3542
亲属关系	74	650	311	649	640
死　亡	23	46	92	65	42
房屋买卖	7339	4994	9990	2393	2553
房屋租赁	345	2340	4441	2093	2617
留学协议	26	47	30	87	51
遗赠抚养协议	131	1158	224	96	193
委托书	547	581	383	890	795
赠与书	2273	4310	2120	2832	3251
声明书	1083	4007	2957	4071	4651
现场监督	2419	357	296	2249	919
签名印鉴属实				371	401
文本相符	64	69	198	136	747
宅基地使用权	2041	10106	4964	2292	4163
证据保全	32	161	148	103	351
拆迁协议				559	1715
计划生育	44980			3949	4595
赡养协议				336	603
合伙协议				126	639
夫妻财产协议				12242	15907
执行许可证明	50	12	40		
其他民事协议	13038	18274	22532	53575	34878
其　他	13584	86321	74872	93824	115037

17－16 续表 单位:件

项 目	1990年	1995年	1996年	1997年	1998年
二、经济合同合计	126557	134021	110181	122037	162444
购 销	5232	974	524	1219	1688
联 营	171	224	156	163	127
拍 卖	8	8244	1684	843	638
贷 款	17726	13943	13781	8628	11338
担保书	1490	3766	2697	2953	2583
招标、投标	196	683	1083	1240	734
科技协作	428	73	11	242	271
供用电	1844	29		32	1027
劳务合同	52614	34246	16749	24557	18117
建筑工程承包	541	777	1111	591	487
工商服务业承包	1052	1546	1475	2229	772
农林牧渔业承包	16064	10967	13426	21848	37827
乡镇企业承包	2511	987	814	275	393
财产租赁	631	3290	1728	2033	1433
企业租赁	330	642	1213	329	611
资产经营责任制	344	57	612	53	134
还款协议				2699	1700
土地使用权出让转让				1333	9939
其他经济合同	10241	11708	13802	11406	34237
法人资格	443	229	153	141	143
法人委托书	538	263	288	290	261
公司章程	8	21	46	19	217
执行许可证明	87	90	123	40	185
提 存	9	1033	16	6	26
抵押登记				786	292
公司会议记录					12
其 他	14049	40229	38689	38082	37252

17－17 涉外和涉港澳台公证文书

单位:件

项　　目	1990年	1995年	1996年	1997年	1998年
总　　计	**14285**	**52284**	**89654**	**111913**	**82217**
收　　养	9	3	8	3	1
遗　　嘱		13	5	2	
出　　生	2219	6045	12744	14994	14342
死　　亡	138	495	1633	1881	1523
生存、居住	49	279	920	5388	1653
学　　历	839	3379	4073	9271	7202
经　　历	443	1033	2128	3021	1556
国　　籍	1705	3545	8177	8676	4037
婚姻状况	1724	8491	17087	15591	10844
亲属关系	3351	10034	14393	17223	12757
继承权	1	28	17	106	13
受、未受刑事处分	380	1385	2282	4294	4809
声明书	261	3440	4254	2639	1222
委托书	28	219	461	490	462
营业证书		125	363	482	400
公司章程		81	116	99	138
其他法律文书	336	1326	1674	2067	594
职　　称	267	296	811	1296	713
法人资格	9	140	144	94	151
商标注册			6	10	46
贷　　款			23	339	243
担　　保		8	9	23	247
其他经济合同		80	223	29	134
副本等与原本相符	212	3133	2659	9048	5482
签名印鉴属实				2657	1432
其　　他	2314	8706	15444	12190	12216

17－18 调解民间纠纷

单位:件

项　　目	1990年	1995年	1996年	1997年	1998年
总　　计	**185723**	**143756**	**148434**	**140773**	**163378**
婚姻家庭	100293	76345	76782	72765	69746
婚　　姻	53160	45396	43735	40130	37942
继　　承	4891	8129	8531	9184	9471
赡、抚、扶养	10328	9391	11166	9209	10085
其　　他	31914	13429	13350	14242	12248
房屋、宅基地	12946	9175	9067	9071	10975
债　　务	14170	13231	16677	17521	16214
生产经营	10954	8924	9472	8653	11548
邻　　里	24794	18130	17868	16518	15853
赔　　偿	10449	7058	8102	8280	8112
其　　他	12117	10893	10466	7965	30930

17－19 劳动争议案件受理和处理情况

单位:件,人

项　　目	1993 年	1994 年	1995 年	1996 年	1997 年	1998 年
一、受理案件情况						
案件数	316	480	729	1014	1251	1674
# 集体争议	24	17	40	56	49	83
# 合同制职工	116	90	165	156	1251	1674
因履行劳动合同	67	33	122	123	990	1395
因终止劳动合同	16	3	13	2	25	39
因变更劳动合同	14		2		33	26
因解除劳动合同	17	38	14	21	85	188
其　他	2	16	1	10	118	26
人　数	486	890	1433	3488	3202	3471
# 集体争议	194	422	712	2454	1953	3291
二、处理案件情况						
结案案件数	303	426	687	994	1151	1725
处理方式						
仲裁调解	219	286	345	580	601	795
仲裁解决	19	83	174	294	373	755
其　他	65	57	168	120	177	175
处理结果						
单位胜诉	31	62	39	159	57	95
职工胜诉	191	213	424	644	748	1393
双方部分胜诉	81	151	224	191	346	237
不服仲裁向法院起诉	2	10	30	48	46	90
# 法院维持仲裁判决	2	1	16	31		
三、本期未结案件数	13	54	61	45	138	451
四、案外调解案件数	135	275	512	586	644	1494
五、企业调解委员会						
受理劳动争议案件数	1062	2270	4021	1349	960	6351
调解成功案件数	1029	2234	2936	1291	821	4208

17－20 劳动争议基本情况

项　　目	单　位	总　计		#地市级		#县(市)级	
		1997年	1998年	1997年	1998年	1997年	1998年
劳动仲裁委员会	个	152	152	15	15	136	136
工作人员	人	426	365	93	62	326	296
仲裁员	人	478	383	147	80	313	289
劳动合同鉴证	份	321293	52644	105700	10714	202111	28000
企业劳动调解委员会	个	10639	7445	4074		6565	
工作人员	人	37697		14001		23696	

17－21 职工保险福利费用总额

单位:万元

年　份	费用总额	国有单位	城镇集体单　位	其他单位	保险福利费用总额相当于工资总额%
1980	70714	66338	4376		14.3
1985	189850	175054	14686	110	23.0
1990	454382	400717	53131	534	29.6
1991	586448	529971	55245	1232	33.4
1992	573093	543006	29409	678	29.1
1993	681371	649510	28965	2896	30.3
1994	859466	781781	65337	12348	30.4
1995	963925	882004	61737	20184	29.3
1996	1008296	945046	51824	11426	27.8
1997	1078046	1014753	52283	11010	28.2
1998	1241552	1167891	52661	21000	32.2

注:1.本表职工指在职职工和非在职职工之和。

2.1994年及以后年份在职职工保险福利费用中不包括洗理卫生费和上下班交通补贴。

17－22　国有单位在职职工保险福利费

1998 年　　单位:万元

项　　目	1990 年	1995 年	1996 年	1997 年	1998 年
总　　计	**193796**	**277905**	**272455**	**181916**	**300434**
医疗卫生费	75351	148771	138712	147806	139190
丧葬抚恤救济费	4260	9121	8510		
生活困难补助	3479	4755	5150		
文体宣传费	4580	8555	9137	9884	11642
集体福利设施及福利事业补贴费	28986	34371	45216	50284	64109
计划生育补贴	6621	8270	6449		
冬季取暖补贴		30205	28788	27735	
其　他	70518	33857	30495	46207	85493

17－23　国有单位非在职职工保险福利费

单位:万元

项　　目	1990 年	1995 年	1996 年	1997 年	1998 年
总　　计	**206526**	**603956**	**672461**	**732837**	**886298**
离休金	21150	72041	66831	78409	77129
退休金	113669	387070	452636	527557	681854
退职生活费	1654	5325	5939	6207	5641
医疗卫生费	25987	57844	57128	58352	66756
护理费	477				
生活补贴	11403				
交通费补贴	615	3236	3859		
丧葬抚恤救济费	3591	11477	11294		
其　他	27980	66963	74774	62312	54919

17－24 离休、退休、退职职工人数

年底数　　　　单位:万人

年　份	合　计	国有单位	城镇集体单位	其他单位
1980	34.9	29.3	5.7	
1985	89.9	74.4	15.5	0.1
1990	122.0	101.3	20.7	0.1
1991	126.6	105.7	20.8	0.1
1992	131.9	111.4	20.3	0.2
1993	138.6	117.4	20.7	0.6
1994	144.3	121.6	20.9	1.9
1995	156.8	133.6	21.1	2.1
1996	156.8	136.1	19.7	1.0
1997	163.0	142.1	19.9	1.0
1998	172.4	152.5	17.7	2.3

17－25 离休、退休、退职职工保险福利费用总额

单位:万元

年　份	费用总额	国有单位	城镇集体单位	其他单位
1980	24021	22444	1577	
1985	90111	82018	8062	31
1990	233504	206921	26491	92
1991	330647	300891	29627	129
1992	325592	295007	30320	265
1993	424388	378654	43772	1962
1994	558391	511558	38177	8656
1995	658868	604099	43475	11294
1996	715320	672461	37299	5560
1997	777873	732837	39261	5775
1998	941118	886298	42455	12365

17－26 全省"三废"排放治理情况

项　　目	单　位	1990年	1995年	1997年	1998年
废　水					
工业废水排放量	万吨	112393	69389	69738	60750
工业废水处理量	万吨	47351	78285	82282	90171
工业废水排放达标量	万吨	51140	37420	39407	36422
废　气					
废气排放量	亿标立方米	4847	5451	4121	4053
燃料燃烧过程中废气排放量	亿标立方米		4836	3395	3324
#经过消烟除尘的	亿标立方米		3143	3070	3148
生产工艺过程中废气排放量	亿标立方米	316	615	726	729
#经过净化处理的	亿标立方米		425	584	598
二氧化硫排放量	万吨	30	34	24	22
工业烟尘排放量	万吨		109	51	45
工业粉尘排放量	万吨	28	13	15	12
工业粉尘回收量	万吨	36	42	53	61
废　物					
工业固体废物产生量	万吨	3482	2681	3390	3048
工业固体废物排放量	万吨	526	3	8	1
历年工业固体废物堆存总量	万吨	32185	25465	26514	24539
工业固体废物占地面积	万平方米	2304	2082	2523	2500
工业固体废物处理量	万吨	1318	653	1016	789
工业固体废物贮存量	万吨		474	351	447
工业固体废物综合利用量	万吨		1604	2034	1865
三废综合利用产品产值	万元	43774	78963	85669	98834
三废综合利用产品利润	万元	8312	20667	14413	23276
污染治理					
资金来源合计	万元	31991	41108	63538	59930
基建资金	万元	10581	8766	33275	7506
更改资金	万元	13152	6091	10125	17172
综合利用利润留成	万元	560	2943	3962	865
环保辅助资金	万元	2505	2689	1226	1320
贷　款	万元	3259	1367	472	431
其　他	万元	1934	20620	14477	32636
资金使用合计	万元	31991	41108	63538	59930
治理废水	万元	16295	24784	49092	39565
治理废气	万元	9561	9701	11946	12584
治理固体废物	万元	4602	4831	1819	7382
治理噪声	万元	540	1103	232	158
其　他	万元	993	689	450	241
排污收费和污染赔(罚)款					
排污费交纳单位	个	13038	12331	19363	21442
排污费征收额	万元	7130	10767	13744	14717
污染事故	次	29	2	3	4

17－27 工业废水排放和处理情况

1998 年

类　　别	汇总工业企业数（个）	工业废水排放总量（万吨）	工业废水排放达标量（万吨）	工业废水处理量（万吨）	工业废水排放达标率（%）
合　计	**2017**	**60750**	**36422**	**90171**	**60.0**
#重点调查企业	2017	58759	36422	90171	62.0
按工业行业分					
采掘业	156	11926	5689	38008	47.7
食品饮料和烟草制造业	458	4575	954	5826	20.9
纺织业	75	1072	797	630	74.4
皮革毛皮及其制品业	13	212	50	34	23.4
造纸及纸制品业	77	11826	3531	6385	29.9
印刷业、记录媒介的复制	29	42	17		40.9
电力、煤气及水的生产供应业	107	8340	7740	15616	92.8
石油加工及炼焦业	19	2044	1671	1886	81.7
化学工业	82	5380	4345	8602	80.8
医药工业	57	1193	335	216	28.1
化学纤维工业	11	382	296	57	77.4
橡胶制品业	17	1135	169	210	14.7
塑料制品业	34	34	26	10	76.0
非金属矿物制造业	245	804	670	87	83.3
#水泥制造业	70	532	471	72	88.6
黑色金属冶炼及压延加工业	23	4615	4367	6989	94.6
有色金属冶炼及压延加工业	11	413	403	2438	97.5
金属制品业	53	200	174	25	86.9
机械电气电子设备制造业	241	4836	4238	2581	87.6
其他行业	309	1722	950	572	55.2
按地区分					
哈 尔 滨	565	7461	4683	6401	62.8
齐齐哈尔	215	12765	8277	8552	64.8
鸡　　西	92	1488	1196	2078	80.4
鹤　　岗	64	4909	3004	4486	61.2
双 鸭 山	104	931	575	1685	61.7
大　　庆	99	7288	6182	36781	84.8
伊　　春	93	1706	1363	4332	80.0
佳 木 斯	113	8076	4146	3038	51.3
七 台 河	54	1443	1112	4339	77.1
牡 丹 江	220	6825	3924	5500	57.5
黑　　河	86	1006	800	673	79.6
绥　　化	175	728	236	4315	32.5
大兴安岭	67	4446	589	3013	13.3
省局直属	70	1681	334	4980	19.9

17－28 工业废气排放和处理情况

1998年　　　　单位:亿标立方米

类　　别	工业废气排放总量	燃料燃烧过程中废气排放量	#经过消烟除尘的	生产工艺过程中废气排放量	#经过净化处理的
合　计	**4053**	**3324**	**3148**	**729**	**598**
#重点调查企业	4053	3324	3148	729	598
按工业行业分					
采掘业	350	349	278	1	
食品饮料和烟草制造业	158	157	133	1	1
纺织业	40	40	37		
皮革毛皮及其制品业	2	2	2		
造纸及纸制品业	121	76	75	44	41
印刷、记录媒介的复制	2	2	2		
电力、煤气及水的生产供应业	2125	2115	2097	10	10
石油加工及炼焦业	160	108	97	51	41
化学工业	172	76	73	96	96
医药工业	29	29	28		
化学纤维工业	10	9	9	1	1
橡胶制品业	16	16	15		
塑料制品业	2	2	2		
非金属矿物制造业	422	51	40	371	302
#水泥制造业	379	28	25	351	299
黑色金属冶炼及压延加工业	90	25	16	65	42
有色金属冶炼及压延加工业	74	29	29	45	32
金属制品业	10	6	5	4	4
机械电气电子设备制造业	175	141	130	34	26
其他行业	99	93	81	6	2
按地区分					
哈尔滨	800	593	575	207	186
齐齐哈尔	574	519	495	56	34
鸡　西	214	191	153	23	13
鹤　岗	120	102	96	18	10
双鸭山	209	199	197	11	10
大　庆	866	751	715	115	114
伊　春	128	78	72	49	32
佳木斯	358	287	275	70	55
七台河	95	78	69	17	12
牡丹江	465	328	319	137	110
黑　河	58	55	53	3	2
绥　化	47	45	41	2	2
大兴安岭	39	39	35		
省局直属	81	60	53	21	19

17－28 续表 1998年 单位:吨

类别	工业二氧化硫排放量	工业二氧化硫去除量	工业烟尘排放量	工业烟尘去除量	工烟粉尘排放量	工烟粉尘回收量
合计	**221736**	**16428**	**445395**	**4907275**	**123718**	**614422**
#重点调查企业	207878	16428	385190	4907275	109614	614422
按工业行业分						
采掘业	11285	194	30068	83409	75	4
食品饮料和烟草制造业	11598	571	24877	77585	104	1661
纺织业	2793	121	6312	17961	125	1450
皮革毛皮及其制品业	120		307	1276		
造纸及纸制品业	5406	313	19467	132197	5110	2464
印刷、记录媒介的复制	157		546	1102		
电力、煤气及水的生产供应业	133487	12310	219531	4208630	1021	1498
石油加工及炼焦业	2514		1894	5886	1917	1120
化学工业	4021	219	6469	101681	564	1677
医药工业	1356	220	2726	17655		
化学纤维工业	612	78	2677	993		
橡胶制品业	1058	217	3639	20160	43	182
塑料制品业	230		413	1312		
非金属矿物制造业	17283	1491	33412	62295	105687	580228
#水泥制造业	6629	1491	8286	54395	103551	579294
黑色金属冶炼及压延加工业	3866	37	5492	5985	7113	19760
有色金属冶炼及压延加工业	2585		5030	25364	398	264
金属制品业	1699	49	6174	4215	311	78
机械电气电子设备制造业	8835	552	14532	77890	631	1622
其他行业	12831	50	61829	61679	613	2408
按地区分						
哈尔滨	33276	3858	64626	483822	43817	183790
齐齐哈尔	37744	3000	61011	922678	7812	7460
鸡西	10659	836	34706	418117	7142	23128
鹤岗	7623		18098	57239	3091	25781
双鸭山	11898	1159	27024	398585	2957	20592
大庆	33753		22102	378534	4599	1368
伊春	8389		27463	71855	2811	15298
佳木斯	15829	935	57725	792819	11064	13209
七台河	5120	263	12949	42629	1366	3597
牡丹江	24826	1502	48637	1056540	18030	252700
黑河	14218	4325	8534	90659	576	895
绥化	4891	550	12507	32482	4537	6974
大兴安岭	3125		4742	34981		
省局直属	10385		45271	126335	15910	59623

17－29 工业固体废物产生和处理利用情况

1998年　　单位:万吨

类别	工业固体废物产生量	工业固体废物综合利用量	工业固体废物贮存量	工业固体废物处理量	工业固体废物排放量
合　计	**3048**	**1865**	**447**	**789**	**1.0**
#重点调查企业	3048	1865	447	789	1.0
按工业行业分					
采掘业	1687	892	267	554	0.4
食品饮料和烟草制造业	173	168	3	3	
纺织业	13	13			
皮革毛皮及其制品业	2	1			
造纸及纸制品业	32	16	11	4	
印刷、记录媒介的复制	1				
电力、煤气及水的生产供应业	785	456	111	223	
石油加工及炼焦业	17	13	4		
化学工业	29	23	5	1	
医药工业	9	9			
化学纤维工业	6	6			
橡胶制品业	5	4			0.4
塑料制品业	1				
非金属矿物制造业	18	38			
#水泥制造业	8	12			
黑色金属冶炼及压延加工业	113	87	24	1	
有色金属冶炼及压延加工业	27	11	16		
金属制品业	3	2			
机械电气电子设备制造业	75	78	4	2	
其他行业	51	48	2	1	
按地区分					
哈尔滨	812	335	72	406	
齐齐哈尔	247	170	73	6	
鸡　西	404	312	79	36	
鹤　岗	348	246	45	57	
双鸭山	162	108	35	34	0.5
大　庆	173	46		126	
伊　春	114	75	53		
佳木斯	107	54	9	44	
七台河	361	279	56	26	
牡丹江	168	121	2	45	0.5
黑　河	31	30		1	
绥　化	49	48			
大兴安岭	13	4		8	
省局直属	60	37	22		

17－29　续表　　　　1998 年

类　　别	工业固体废物历年累计堆存量(万吨)	工业固体废物占地面积(万平方米)	“三废”综合利用产品产值(万元)	“三废”综合利用产品利润(万元)
合　计	**24539**	**2500**	**98834**	**23276**
#重点调查企业	24539	2500	98834	23276
按工业行业分				
采掘业	16091	890	10216	668
食品饮料和烟草制造业	26		32490	11283
纺织业			799	379
皮革毛皮及其制品业				
造纸及纸制品业	88	32	4139	441
印刷、记录媒介的复制				
电力、煤气及水的生产供应业	5091	1403	11406	－556
石油加工及炼焦业	15		12293	6032
化学工业	68	19	13945	1071
医药工业			687	137
化学纤维工业			1132	2
橡胶制品业			17	16
塑料制品业				
非金属矿物制造业			4042	1391
#水泥制造业			2802	1189
黑色金属冶炼及压延加工业	324	37	1440	558
有色金属冶炼及压延加工业	2737	98	659	64
金属制品业			1	
机械电气电子设备制造业	92	16	4959	1597
其他行业	7	5	612	194
按地区分				
哈 尔 滨	2172	327	10706	2684
齐齐哈尔	1582	254	9152	2193
鸡　　西	8105	654	7975	－907
鹤　　岗	4198	47	2847	304
双 鸭 山	4285	193	925	86
大　　庆	603	353	26182	5531
伊　　春	585	69	3065	241
佳 木 斯	609	291	4141	242
七 台 河	1213	45	1900	446
牡 丹 江	687	59	3745	1325
黑　　河			835	259
绥　　化			24755	9732
大兴安岭			133	58
省局直属	500	209	2473	1081

17－30 服务业执行行政会计制度单位主要财务指标

1998 年　　　　单位:万元

项　　目	单位数（个）	经费实际支　　出	预算外支　　出	专用基金支　　出	专项资金支　　出	年末固定资产原价
总　　计	**12112**	**928480**	**146559**	**16189**	**57126**	**1911994**
按登记注册类型分						
国有单位	12100	927658	146556	16189	51726	1911693
城镇集体单位	12	822	3			301
股份合作企业						
联营企业						
有限责任公司						
股份有限公司						
私营企业						
港澳台商投资企业						
外商投资企业						
其他企业						
按行业分						
农林牧渔业	677	9572	295	67	540	13935
地质勘查业	15	5989		392	34	11505
水利管理业	62	1882	96	44	268	15020
交通运输扶助业	49	5601	199	191	168	7028
金融、保险业	52	19627	15	3	2747	43629
房地产业	48	1762	123	26	143	9568
公共设施服务业	118	16861	492	1764	1126	46679
居民服务业	12	529	78		122	1144
旅馆业						
租赁服务业						
旅游业						
娱乐服务业						
信息、咨询服务业	68	1382	127	4		1791
计算机应用服务业	2	548				969
其他社会服务业	18	235	27			399
卫　生	270	10506	4349	340	416	15090
体　育	28	4718	16			12999
社会福利保障业	75	5268	855	441	386	8767
教　育	1914	199218	41439	3309	7004	622771
文化艺术业	221	4780	531	49	74	15403
广播电影电视业	75	3764	1824	32	52	10982
科学研究业	80	8542	798	127	384	15282
综合技术服务业	147	8889	889	666	1725	19570
国家机关	6914	562455	93863	8495	34893	962435
政党机关	774	44357	276	14	1376	57120
社会团体	421	7117	132	19	151	12959
其　他	73	4878	135	206	117	6949

17－31 服务业执行事业会计制度单位主要财务指标

1998 年　　　　单位:万元

项　　目	单位数（个）	收入合计	业务事业收入	支出合计	业务事业支出	本年拨入的差额补助费	专项基金专项资金支出	用于购置固定资产	年末固定资产原价
总　　计	**11432**	**1173091**	**731389**	**1270761**	**1113741**	**124773**	**107138**	**40491**	**1632389**
按登记注册类型分									
国有单位	10878	1148922	716347	1244890	1091103	122535	105669	40018	1608551
城镇集体单位	524	23275	14287	24743	21532	2237	1469	473	23286
股份合作企业									
联营企业	29	880	755	1105	1083				485
有限责任公司									
股份有限公司									
私营企业									
港澳台商投资企业									
外商投资企业	1	14		23	23				67
其他企业									
按行业分									
农林牧渔业	1258	40084	19237	42351	34478	2447	727	342	57667
地质勘查业	52	12580	6077	15038	10764	2055	217	40	17022
水利管理业	449	24803	13054	23321	15697	758	1902	283	166902
交通运输扶助业	331	48639	26130	51670	30713	4456	2905	999	65335
金融、保险业	14	2469	767	2845	2633	22			4073
房地产业	242	69425	60613	77934	45537	5086	3324	399	93107
公共设施服务业	430	46841	27258	55223	46301	8613	10016	7177	63326
居民服务业	144	15307	10507	14168	10898	327	934	298	15703
旅馆业	43	5379	2938	6365	5384	237	6		19591
租赁服务业	2	3	3	7	7	4			10
旅游业	6	1103	1065	1108	1086				312
娱乐服务业	4	83	5	94	94	11			268
信息、咨询服务业	313	8843	6896	9028	7973	541	662	233	7836
计算机应用服务业	2	1	1						
其他社会服务业	154	9277	7677	10685	7318	116	428	151	5355
卫　生	1968	384434	299426	430643	409877	54183	55302	16145	336243
体　育	29	1928	626	2337	2282	458			10995
社会福利保障业	268	13846	7822	13803	12172	651	432	118	17907
教　育	2674	245109	90368	259875	246552	14966	7147	4501	405377
文化艺术业	393	39246	12669	35511	32325	7065	4376	4243	50341
广播电影电视业	247	37543	32430	36482	31318	1004	5032	1999	55397
科学研究业	137	20857	11576	26462	25471	7289	3056	912	51752
综合技术服务业	585	24182	16427	30468	28137	5479	1538	393	40618
国家机关	773	83587	59575	87019	76345	6649	3967	1341	100778
政党机关	1	49		49	49				30
社会团体	146	2745	1056	2774	2268	216	34	28	3724
其　他	767	34728	17186	35501	28062	2139	5133	889	42720

17－32 服务业执行企业会计制度单位主要财务指标

1998 年　　单位：万元

项目	企业单位数（个）	资本金	资产总计	负债总计	所有者权益	主营业务收入	利润总额	年末固定资产原价
总计	**3816**	**1262806**	**53073555**	**52140719**	**932836**	**4741132**	**－385815**	**1719152**
按登记注册类型分								
国有单位	2358	1049037	47854086	47019758	834328	4318278	－322028	1392491
城镇集体单位	1274	102816	2687717	2700647	－12929	214925	－60403	180903
股份合作企业								
联营企业	44	4405	7631	5181	2449	924	－590	8256
有限责任公司								
股份有限公司	84	73297	2414643	2342021	72622	190062	－2005	73764
私营企业	8	88	1686	702	984	1099	29	1030
港澳台商投资企业	23	23276	83735	55715	28020	14261	1299	40441
外商投资企业	25	9887	24057	16695	7362	1583	－2117	22267
其他企业								
按行业分								
农林牧渔业	344	31862	95217	74867	20351	33693	－2843	44419
地质勘查业	23	8072	15948	7468	8480	8909	－1120	7830
水利管理业	10	2412	17018	15365	1653	6965	275	8580
交通运输扶助业	148	11874	39657	16047	23610	20486	1399	14577
金融、保险业	1167	563202	50763969	50887451	－123481	4216142	－392193	1048735
房地产业	221	75514	590031	448514	141517	152579	1234	42444
公共设施服务业	78	37045	101741	53054	48686	31852	－5057	97513
居民服务业	339	5079	27905	9408	18497	11264	75	16492
旅馆业	631	83752	275965	142812	133153	54763	－7154	211409
租赁服务业	14	1962	10972	5854	5118	1498	217	5833
旅游业	54	6278	33364	23235	10129	27692	1450	12829
娱乐服务业	36	2723	42341	17758	24583	1919	－2650	40718
信息、咨询服务业	151	370475	542204	85221	456983	28825	15390	6956
计算机应用服务业	11	1373	1979	549	1431	3361	64	395
其他社会服务业	89	6524	33502	17675	15826	9524	3253	9289
卫生	27	1398	6480	928	5552	4320	－28	7570
体育								
社会福利保障业	5	150	1363	1038	325	917	28	345
教育	9	153	8288	8192	95	77	－737	8241
文化艺术业	26	7371	76134	37628	38506	46662	9652	21957
广播电影电视业	59	1222	8959	3536	5423	1852	－288	5986
科学研究业	7	1159	2002	341	1661	3115	397	1344
综合技术服务业	118	7376	20671	10014	10658	8965	1010	5947
国家机关	11	3458	10066	3017	7049	5202		5866
社会团体	1		65	44	22	48	4	11
其他	237	32372	347714	270703	77009	60502	－8191	93866

主要统计指标解释

医院 指称为医院,设有固定床位能收留病人住院并能为病人提供医疗、护理服务的医疗机构。包括县及县以上医院、农村乡卫生院、其他医院三个部分。按所属性质分为卫生部门、工业及其他部门、集体所有制、私人开业四类。其中县及县以上医院按业务性质分为综合医院和专业医院。

卫生技术人员 指卫生事业机构支付工资的全部固定职工和合同制职工中现任职务为卫生技术工作的人员。包括中医师、西医师、中西医结合高级医师、护师、中药师、西药师、检验技师、其他技师、中医士、西医士、护士、助产士、中药剂士、西药剂士、检验士、其他技士、其他中医、护理员、中药剂员、西药剂员、检验员、其他初级卫生技术人员。

医生 指经卫生部门审查合格,从事医疗工作的专业人员。分为中医医生和西医医生。包括卫生技术人员中的中医师、西医师、中西医结合高级医师、中医士、西医士和其他中医。

等级运动员人数 指经考核正式批准授予等级运动员称号的人数。运动员等级分为国家级运动健将、运动健将、一级运动员、二级运动员、三级运动员、少年级运动员。

等级裁判员人数 指经考核正式批准授予等级裁判员称号的人数。裁判员等级分为国际裁判、国家级裁判、一级裁判、二级裁判、三级裁判。

体育场 指有400米跑道(中心含足球场),有固定道牙,跑道6条以上,并有固定看台的田径场。以看台容纳观众人数分:甲级25000人以上,乙级15000-25000人,丙级5000-15000人,丁级5000人以下。

社会福利事业单位 指集中收养社会孤老、残、幼、的机构。包括由民政部门管理的社会福利院、儿童福利院、精神病人福利院和城镇集体办的福利院,以及农村集体举办的敬老院。

社会福利事业单位收养人数 包括民政部门管理和城镇及农村集体举办的社会福利事业单位中收养的老人、少年儿童、缺乏生活自理能力的残疾人员和精神病人。其中老人系指年龄在60岁以上的被供养人员。

社会福利生产单位 指以安置城镇有一定劳动能力的盲、聋、哑和肢体残疾人员就业为目的,享受国家减免税待遇的国有或集体企业。包括民政部门管理和街道举办两类。这里仅指民政部门管理数。

农村五保户 指农村中既无劳动能力,又无经济来源的孤老、幼、残家庭户。由集体供养,做到保吃、保穿、保住、保医、保葬(孤儿保教)。

律师 质受聘参加法律顾问处工作,担任法律顾问、刑(民)事代理、刑事保护人、办理非诉讼事件、解答法律询问、代写法律事务文书等主要律师业务的专职和兼职律师。

公证人员 指在国家公证机关依法办理公证事务的司法人员。包括公证员、助理公证员和在公证处工作的其他人员。

办理公证文书 指公证处年内办结的公证文书件数。公证文书系指按司法部规定或批准的格式制作,包括国内公证和涉外公证两部分。其中国内公证分为经济合同公证和民事法律关系公证两大类。

调解人员 在人民调解委员会担负调解民间一般民事纠纷和轻微违法行为所引起的纠纷的工作人员。包括调解委员会的委员和调解小组的调解员。

调解民事纠纷 指调解委员会依照法律规定,根据自愿原则,用说服教育的方法调解民间发生的有关民事权利和义务的争执,促成当时双方达成协议和谅解,解决纠纷。包括婚姻家庭纠纷,财产权益纠纷等,不包括法院受理调解的民事案件数。

受理劳动争议案件数 是指劳动争议仲裁委员会根据国家有关规定,对劳动争议当事人的申请予以审查,符合受理条件而正式立案、准备处理的劳动争议案件数。

保险福利费用总额 指各单位实际支付给职工和离休、退休、退职人员,以及用于集体的劳动保险和福利的费用。

1.职工劳保福利费用具体包括:

(1)医疗卫生费 指职工的医疗费、住院费、职工供养直系亲属的医疗补助费,职工因工负伤就医路费,住院伙食补助费,包括各企业、事业、机关单位的医疗机构医务费用。

(2)丧葬抚恤救济费 指职工因公死亡,因病或因非公死亡丧葬费,丧葬补助费和所遗供养直系亲属的抚恤费,救济费,生活补助费以及施工供养直系亲属死亡时的丧葬补助费等。

(3)生活困难补助 指对生活困难的职工,实际支付的定期补助和临时性的补助。

(4)文体宣传费 指企业、事业及机关实际支付的文娱、体育宣传费,不包括学习费。

(5)集体福利事业的补贴 指对职工浴室、理发室、洗衣房、哺乳室、托儿所等集体福利设施各项支出与收入相抵后的差额补助费。

(6)集体福利设施费 指按照国家规定开支的集体福利设施费用,如职工食堂炊事用具的购置、修缮费用等,不包括由企业、事业、机关自筹经费开支的职工福利设施的基本建设费用。

(7)计划生育补贴 指发给职工的独生子女补贴费、保健费。

(8)其他 指上述费用以外,单位支付给职工的保险福利费。

2.离休、退休、退职人员劳保福利费用具体包括:

(1)离休金 指发给离休人员的离休费和按1982年国务院《关于发布老干部离职休养制度的几项规定的通知》发给符合规定的离休人员相当于1-2个月标准工资的生活补贴。

(2)退休金 指发给退休人员的退休费。

(3)退职生活费 指按国发(1987)104号文件规定发给退职人员的退职生活费。

(4)医疗卫生费 指离休、退休、退职人员的医疗、住院费,因工负伤就医路费,因工负伤伙食补助费等。

(5)护理费 指因工致残,饮食起居需人扶助的离休、退休人员的护理费,以及因病生活不能自理的离休干部护理费。

(6)生活补贴 指按1985年国务院《关于发给离休、退休人员生活补助费的通知》规定,发给离休、退休人员生活补贴费。

(7)交通补贴费 指按月发给离休人员的交通费补贴。

(8)丧葬抚恤救济费 指离休、退休、退职人员死亡的丧葬费,丧葬补贴费以及所遗供养直系亲属的抚恤费,救济费和死亡丧葬补助费。

(9)其他 包括易地安置的离休、退休、退职人员安家补贴费,生活困难补助以及书报费,洗理费,副食品价格补贴,房贴,水电贴,少数民族补贴等。

废水排放总量 包括生产废水和生活污水。生产废水指企、事业单位在生产、科研过程中向外环境排放的所有排放口的废水量总和。生活污水指城镇居民区和企事业单位职工集中居住区排放的污水量。

工业废水排放量 指经过工业企业所有排放口排到企业外的生产废水总量,包括外排的直接冷却水和矿区超标排放的有毒有害矿井地下水,但不包括外排的间接冷却水(清污不分流的应计算在内)。

工业废水达标量 指全面达到国家排放标准的外排工业废水量(包括经过处理和未经过处理的),但不包括虽经处理仍未达到国家排放标准的工业废水。国家尚未正式颁布标准的,以地方地方制定的标准为准。

工业废水处理量 指经过各种水处理装置净化处理后的外排工业废水量(包括虽经处理仍未达到国家或地方标准的外排工业废水量)。

废气排放总量 指燃料燃烧和生产工艺过程中排放的各种废气总量,以达标状态下每年万标立方米表示。

燃料燃烧过程中废气排放量 指燃煤、油、气锅炉及工业窑炉在燃烧过程中所排废气的总量。

消烟除尘的废气量 指经过消烟除尘装置处理的烟气量。

净化处理的废气量 指生产工艺过程中排放的废气经过各种处理装置净化,处理的量。

工业粉尘排放量 指生产工艺过程中固体粉状物重量。

工业粉尘回收量 指经过各种回收处理装置回收的工业粉尘和尘泥量(包括干法和湿法)。

工业固体废物产生量 指工矿企业、事业单位在生产(试验)过程中产生的工业固体废弃物总量,不包括矿山开采的剥离废石和掘进废石(煤矸石除外)。

工业固体废物处理量 指以填埋、焚烧等方式最终处理的工业固体费物量。

工业固体废物综合利用量 指已用作农业肥料、造田、生产建筑材料、以及其他方式综合利用的工业固体废物量(不包括填埋和焚烧量)。

"三废"综合利用产品产值 指企业利用"三废"作为主要原料生产回收利用的产品产量。

"三废"综合利用利润 指企业利用"三废"作为主要原料生产和利用的产品出售后所得的利润额。

污染事故 指由于某种原因引起的、偶然的、突发性的向环境排放污染物,从而造成环境污染和损害,其直接经济损失在千元以上的事件。染和损害,其直接经济损失在千元以上的事件。

附录一　各县（市）主要指标

MAIN SOCIAL AND ECONOMIC INDICATORS OF COUNTIES

附录1 各县(市)主要指标

1998年　　单位:人

县(市)名称	年底总人口	#非农业人口	国内生产总值(当年价格,万元)	第一产业	第二产业	第三产业	国内生产总值指数(上年=100)	人均国内生产总值(元)
呼兰县	662982	136059	454570	169240	149986	135344	114.7	6882
宾县	581498	106047	316212	146620	90583	79009	112.9	5477
依兰县	370037	121572	171442	84714	32020	54708	110.5	4640
方正县	224512	96158	138553	44019	44563	49971	109.5	6171
阿城县	658690	234057	552097	118110	259791	174196	117.9	8433
双城市	790961	172936	570517	244757	123725	202035	114.8	7246
尚志市	595296	228273	600527	90797	299384	210346	115.0	10113
五常市	929818	227856	514165	240116	94457	179592	111.1	5538
巴彦县	672469	123212	374314	157970	145640	70704	113.9	5438
木兰县	252886	60565	93105	40269	30341	22495	92.6	3701
通河县	236918	104688	76229	24166	28044	24019	88.1	3425
延寿县	250628	67764	92886	38683	34410	19793	111.1	3706
龙江县	589544	100507	159356	98219	30035	31102	108.0	2702
依安县	480495	91616	168957	100520	29098	39339	106.2	3511
泰来县	314701	76681	70210	33114	13001	24095	85.2	2222
甘南县	367605	77289	88662	27422	29366	31874	86.3	2413
富裕县	292009	84231	86687	28625	29531	28531	84.5	2938
克山县	485100	105337	163667	98933	23263	41471	101.1	3375
克东县	279909	65945	100982	62810	16495	21677	107.6	3619
拜泉县	558138	85871	174001	84221	27481	62299	99.8	3132
讷河市	707991	128191	360477	169416	55824	135237	97.5	5088
鸡东县	284578	85947	229923	76966	99711	53246	117.7	8080
虎林市	297810	152353	234669	113884	49427	71358	110.0	7913
密山市	433813	153717	239036	110021	63024	65991	108.1	5499
萝北县	230866	121119	170293	77423	32331	60539	111.8	7364
绥滨县	182282	60281	110595	62202	17594	30799	102.0	6067
集贤县	301596	85500	139847	65385	38894	35568	108.8	4566
友谊县	124925	71663	67626	28693	15136	23797	109.4	5413
宝清县	410449	137243	161464	83283	35732	42449	106.7	3938
饶河县	133209	42107	84420	55385	9527	19508	108.1	6289
肇州县	423872	75343	163041	69999	45340	47702	117.6	3844
肇源县	446545	91868	107533	41584	31172	34777	81.0	2400
林甸县	257328	60716	41515	12848	17024	11643	58.4	1619
杜蒙自治县	245622	64096	82090	36111	16834	29145	99.6	3334

附录 1　续表 1　　1998 年　　单位:人

县(市)名称	年底总人口	#非农业人口	国内生产总值(当年价格,万元)	第一产业	第二产业	第三产业	国内生产总值指数(上年=100)	人均国内生产总值(元)
嘉荫县	78149	28018	48704	19506	11533	17665	102.1	6246
铁力市	390423	272841	159137	41773	78053	39311	111.4	4131
桦南县	426194	115145	129824	66466	28027	35331	121.7	3052
桦川县	211041	49035	63028	36927	7786	18315	62.3	2987
汤原县	266607	91316	106107	48391	18641	39075	115.1	3993
抚远县	68983	26331	42358	27327	1764	13267	108.0	6210
同江市	161010	46879	101521	62755	13282	25484	110.3	6300
富锦市	421819	123280	247411	146802	32847	67762	105.7	5865
勃利县	364815	101940	163517	55633	44913	62971	101.5	4501
穆棱市	312720	134632	249292	45229	117262	86801	116.9	7996
东宁县	204100	92439	127747	33052	36443	58252	112.0	6248
林口县	430589	129893	172820	61936	56691	54193	113.7	4020
绥芬河市	45356	35660	70490	2956	7218	60316	125.1	16085
海林市	438582	242389	245986	48396	120880	76710	110.1	5613
宁安市	434377	143722	237015	81132	73151	82732	111.7	5473
北安市	459767	217980	168095	68116	28077	71902	101.6	3675
五大连池市	350529	157547	130332	69590	25926	34816	105.3	3730
嫩江县	492193	177662	248476	100468	63071	84937	95.0	5008
逊克县	98426	25966	56622	30413	8219	17990	109.1	5785
孙吴县	89053	27944	25792	13719	3162	8911	104.2	3318
绥化市	838420	262117	695387	178910	177577	338900	117.3	8377
安达市	498921	180795	303932	84246	95060	124626	110.3	6066
肇东市	839722	227218	639813	271448	177734	190631	118.8	7644
海伦市	792688	154148	300182	171668	57083	71431	108.6	3791
望奎县	470127	82111	188311	90154	44092	54065	94.7	4088
兰西县	467090	86596	226642	104162	49784	72696	116.4	4852
青冈县	427675	96891	203892	104012	18291	81589	117.7	4762
庆安县	364761	83292	264523	110284	59448	94791	117.4	7252
明水县	337783	67164	128641	39163	32432	57046	103.8	3801
绥棱县	312983	121402	218381	73138	65119	80124	110.6	7033
呼玛县	346456	295058	29112	6914	10467	11731	103.7	5449
塔河县	108029	92762	117621	9059	57012	51550	101.3	5580
漠河县	85431	78450	92648	8529	56074	28045	110.6	10712

附录1　续表2　　　　1998年

县(市)名称	从业人员	第一产业	第二产业	第三产业	职工人数	国有单位	城镇集体单位	其他单位
呼兰县	308259	251252	23626	33381	41131	31869	5627	3635
宾县	267793	239299	9052	19442	26397	24049	2348	
依兰县	123381	111257	5228	6896	26621	23602	3019	
方正县	64713	58133	1038	5542	29245	24383	4862	
阿城市	184500	136939	18274	29287	76157	60868	13069	2220
双城市	360929	290670	28302	41957	40863	32822	6348	1693
尚志市	151614	103616	11894	36104	54176	50391	3753	32
五常市	317676	272193	15746	29737	59134	48461	9906	767
巴彦县	171494	135788	16616	19090	55402	49551	4655	1196
木兰县	100618	80207	6183	14228	17073	15834	1239	
通河县	50954	44756	2192	4006	24091	19491	4541	59
延寿县	70184	62219	2027	5938	15555	14553	1002	
龙江县	241431	224340	6885	10206	30960	24570	3702	2688
依安县	194671	177756	5159	11756	24129	21177	1948	1004
泰来县	128386	111126	4607	12653	18670	15436	2600	634
甘南县	121689	109211	2361	10117	14745	13114	1549	82
富裕县	100166	90041	3332	6793	23515	15189	1271	7055
克山县	201652	182887	4478	14287	27877	25561	2001	315
克东县	113375	101526	2321	9528	18278	14838	2152	1288
拜泉县	216060	193582	7277	15201	24425	22729	1502	194
讷河市	301998	285718	6834	9446	41887	34463	5857	1567
鸡东县	94502	79939	7165	7398	27789	23479	4310	
虎林市	52355	46406	1930	4019	40779	32799	4880	3100
密山市	124209	111057	4967	8185	26286	22366	3155	765
萝北县	27759	23678	1011	3070	23110	19981	2525	604
绥滨县	46118	42829	852	2437	13060	12155	748	157
集贤县	96828	86470	3307	7051	29321	24004	4566	751
友谊县					4968	4740	152	76
宝清县	88022	79245	4056	4721	24722	21405	3112	205
饶河县	27824	26103	494	1227	9214	7762	405	1047
肇州县	170406	145454	10171	14781	29551	20956	1480	7115
肇源县	163970	135785	10562	17623	24481	18132	2295	4054
林甸县	101760	93535	2210	6015	15566	12195	605	2766
杜蒙自治县	89252	76796	4730	7726	18811	17014	1129	668

注:职工人数为县属口径在岗职工,不含农垦系统职工和离岗职工。

附录 1　续表 3　　1998 年

县(市)名称	从业人员	第一产业	第二产业	第三产业	职工人数	国有单位	城镇集体单位	其他单位
嘉荫县	21066	19073	933	1060	10032	9544	403	85
铁力市	44679	37370	2739	4570	60339	48629	8643	3067
桦南县	134034	114816	6022	13196	28598	26047	2009	542
桦川县	71846	64665	2365	4816	14965	13897	1031	37
汤原县	77529	64196	6410	6923	24522	22258	968	1296
抚远县	13090	12377	196	517	9219	8781	438	
同江市	30064	28026	543	1495	11211	9918	1205	88
富锦市	114834	103050	3116	8668	31702	27672	3717	313
勃利县	103967	91849	5261	6857	36835	27671	5533	3631
穆棱市	97555	81564	8045	7946	40487	33747	5800	940
东宁县	66193	53062	6162	6969	28177	23143	3507	1527
林口县	159355	131728	14773	12854	28978	24279	3405	1294
绥芬河市	5642	2692	842	2108	8686	6395	765	1526
海林市	89014	64298	7508	17208	49040	43102	3405	2533
宁安市	168002	133892	14151	19959	41092	34340	5123	1629
北安市	81600	75680	1345	4575	45591	38979	5270	1342
五大连池市	67064	62833	1714	2517	42320	40523	844	953
嫩江县	119161	109201	4485	5475	26729	24728	1446	555
逊克县	25930	24338	750	842	8368	7560	680	128
孙吴县	22916	19492	788	2636	11275	9698	434	1143
绥化市	266866	221048	19067	26751	83985	63988	17003	2994
安达市	137665	103644	14477	19544	33568	27421	2834	3313
肇东市	277104	209371	30154	37579	54213	43819	3790	6604
海伦市	262155	229852	9550	22753	37578	33399	2800	1379
望奎县	146894	118250	12516	16128	20870	19854	1016	
兰西县	175964	147212	10616	18136	23633	21904	1674	55
青冈县	146509	125468	6497	14544	19700	16657	1924	1119
庆安县	123444	105396	9500	8548	23610	20810	1549	1251
明水县	88262	72245	6057	9960	18320	16728	1414	178
绥棱县	112415	103869	3276	5270	40812	34553	5970	289
呼玛县	13463	10306	1370	1787	9954	9322	364	268
塔河县	5236	4478	366	392	27051	25245	1784	22
漠河县	2550	2263	64	223	36731	36576	155	

附录 1　续表 4　　　　1998 年　　　　单位:万元

县(市)名称	固定资产投资总额	按经济类型分			按管理渠道分			
		国有单位投资	城镇集体单位投资	其他单位投资	基本建设投资	更新改造投资	房地产开发投资	其他投资
呼兰县	94254	90762		3492	91602	2330	322	
宾县	29615	27215	294	2106	29183	138		294
依兰县	484	324		160	414	70		
方正县	11914	9729		2185	7396	2187		2331
阿城市	66333	43792		22541	20449	39772	6112	
双城市	15648	12338		3310	11759	3889		
尚志市	16536	15134		1402	12409	2725		1402
五常市	26829	24815	846	1168	18798	7185		846
巴彦县	34247	20026		14221	29689	3881		677
木兰县	11147	11147			10025	1122		
通河县	6086	4916	1020	150	5066			1020
延寿县	6697	6697			6537	160		
龙江县	7118	6775	260	83	5925	933		260
依安县	5631	5031		600	3731	1900		
泰来县	9233	9113	60	60	8015	1158		60
甘南县	13184	13184			10349	2835		
富裕县	6350	4544		1806	3778	2522		50
克山县	3934	3716		218	3051	883		
克东县	3244	2974	270		2388	586		270
拜泉县	1719	1719			1719			
讷河市	5620	5321	299		4627	617	77	299
鸡东县	7621	7621			7621			
虎林市	14971	14971			10149	2225	650	1947
密山市	22638	22557		81	20299	1856	483	
萝北县	13581	11743	1268	570	12123	190		1268
绥滨县	1593	1593			1156	437		
集贤县	17092	7528	1980	7584	11224	3888		1980
友谊县	9261	9261			8600	150		511
宝清县	42090	41902	40	148	41220	830		40
饶河县	5166	4698	468		3698	555		913
肇州县	10400	8820		1580	7214	2756	430	
肇源县	7658	6883	125	650	6933	600		125
林甸县	6784	5984		800	5489	620	675	
杜蒙自治县	4635	4342		293	4560	75		

附录1　续表5　　　1998年　　　单位:万元

县(市)名称	固定资产投资总额	按经济类型分			按管理渠道分			
		国有单位投资	城镇集体单位投资	其他单位投资	基本建设投资	更新改造投资	房地产开发投资	其他投资
嘉荫县	3316	3316			2313	1003		
铁力市	18163	14692	500	2971	10231	7047		885
桦南县	12106	10856	1250		8164	2692		1250
桦川县	1822	1822			1086	736		
汤原县	2560	2025		535	1078	1482		
抚远县	6964	6098		866	6517	362	85	
同江市	5220	4900	320		4509	391		320
富锦市	12931	12877	54		6698	5339	840	54
勃利县	14916	12046	973	1897	10572	3371		973
穆棱市	13291	11330	1088	873	9889	1886	240	1276
东宁县	21383	19883		1500	17808	1985	90	1500
林口县	101159	101039	120		90710	10329		120
绥芬河市	21247	15920	1170	4157	11685		4735	4827
海林市	22031	19771		2260	12934	5285	1085	2727
宁安市	16326	15866	290	170	12874	2652	510	290
北安市	31930	31930			19956	11974		
五大连池市	32854	32854			32854			
嫩江县	30422	27112	3310		23405	3707		3310
逊克县	9911	9911			9701	210		
孙吴县	4254	4254			4044	210		
绥化市	41908	40175	511	1222	30007	11390		511
安达市	24078	13235		10843	11458	12620		
肇东市	39394	25325	938	13131	10080	28376		938
海伦市	14082	12898		1184	10692	2690	700	
望奎县	4619	4619			3513	756	350	
兰西县	7023	6419	604		4934	1485		604
青冈县	8105	8105			6420	1685		
庆安县	12386	11094	304	988	6128	5954		304
明水县	8813	8301	512		7516	785		512
绥棱县	12135	11897	238		8929	2968		238
呼玛县	2465	2465			2465			
塔河县	690	690			400	290		
漠河县	684	684			594	90		

附录1　续表6　　　　　　　　　　　　　　1998年

县(市)名称	农民人均纯收入(元)	城乡居民储蓄存款余额(万元)	农村农林牧渔业劳动力(人)	耕地面积(公顷)	农用机械总动力(万千瓦)	化肥施用折纯量(吨)	农村用电量(万千瓦小时)
呼兰县	2648	154067	251252	151909	26.0	22026	6317
宾县	2430	91887	239299	141872	21.1	20851	3815
依兰县	2570	75874	111257	121262	18.8	15225	2343
方正县	2530	95163	58133	36027	12.9	7246	2653
阿城市	2677	228304	136939	81783	19.7	13169	5377
双城市	2763	129096	290670	189504	26.6	54889	8669
尚志市	2849	251162	103616	64308	11.3	13179	5846
五常市	2670	181626	272193	162271	27.0	34230	8893
巴彦县	2571	106482	135788	179616	18.6	21305	5219
木兰县	2197	46500	80207	66245	10.7	9271	1608
通河县	1366	63976	44756	46105	19.4	8704	1260
延寿县	1030	65668	62219	56559	9.6	8623	2304
龙江县	2511	49026	224340	214221	34.5	28331	4310
依安县	1910	58990	177756	210730	16.8	17942	2598
泰来县	998	36621	111126	100838	17.8	14909	2932
甘南县	986	53485	109211	192506	24.0	14810	3051
富裕县	1889	50024	90041	104223	17.8	22995	2828
克山县	2269	82707	182887	203814	19.6	17931	4097
克东县	2336	34710	101526	99668	9.3	6751	2830
拜泉县	2028	55450	193582	243381	16.1	16984	2998
讷河市	2410	96866	285718	265121	34.0	33698	5422
鸡东县	3495	103886	79939	83393	13.3	10378	3189
虎林县	303470	182128	46406	262267	47.1	31081	2664
密山市	2851	202609	111057	205064	36.2	24399	5159
萝北县	2786	56388	23678	199820	40.9	26823	1822
绥滨县	443	33844	42829	141756	24.1	14773	1270
集贤县	2720	96674	86470	152353	21.6	17280	4552
友谊县		34340		92512	16.8	11687	2147
宝清县	2622	84013	79245	260444	40.2	28594	4089
饶河县	2998	36045	26103	162606	26.1	17640	1043
肇州县	2251	56234	145454	122203	14.6	23137	2403
肇源县	1418	44137	135785	123315	19.9	17516	3175
林甸县	1042	50506	93535	86386	14.4	11342	2056
杜蒙自治县	1035	37899	76796	94825	14.0	6641	1898

附录1　续表7　　1998年

县(市)名称	农民人均纯收入(元)	城乡居民储蓄存款余额(万元)	农村农林牧渔业劳动力(人)	耕地面积(公顷)	农用机械总动力(万千瓦)	化肥施用折纯量(吨)	农村用电量(万千瓦小时)
嘉荫县	2027	32326	19073	53354	9.5	4253	388
铁力市	2620	177775	37370	63673	13.9	5873	633
桦南县	1181	82955	114816	141357	18.0	14345	3294
桦川县	1945	41145	64665	112966	16.1	11730	2212
汤原县	1226	62402	64196	88756	19.8	13551	2837
抚远县	1153	21485	12377	106739	14.8	10821	390
同江市	1158	30867	28026	203791	28.4	23472	984
富锦市	3034	124848	103050	278513	45.0	29958	2183
勃利县	2580	100818	91849	110127	20.9	16765	2683
穆棱市	2906	124182	81564	38204	8.7	5949	2171
东宁县	2935	153074	53062	31998	12.4	4469	2919
林口县	3009	105773	131728	75811	13.6	12956	3781
绥芬河市	3390	130280	2692	1930	0.9	301	100
海林市	3051	208728	64298	51554	13.9	8592	3883
宁安市	2991	168797	133892	98362	38.5	19734	5300
北安市	2200	173350	75680	179074	24.4	20024	2536
五大连池市	2119	85358	62833	227021	29.2	24609	3720
嫩江县	2162	108201	109201	321973	49.9	37787	5300
逊克县	3049	36596	24338	93546	19.6	9206	966
孙吴县	2743	32524	19492	55265	10.8	4921	699
绥化市	2687	215396	221048	194621	36.5	38436	6352
安达市	2685	160720	103644	125020	12.8	14576	3814
肇东市	2617	141449	209371	201497	27.4	59625	7958
海伦市	2472	104065	229852	293121	19.1	44604	4832
望奎县	2008	52949	118250	157204	13.2	19616	3062
兰西县	2391	57565	147212	173902	12.8	27320	3729
青冈县	2300	53103	125468	168252	9.7	20599	1887
庆安县	2599	71890	105396	104808	15.7	7468	3637
明水县	1856	44987	72245	134673	6.3	16781	2442
绥棱县	2501	65477	103869	105391	13.1	10792	2270
呼玛县	2211	38972	10306	27307	5.8	731	210
塔河县	2361	84971	4478	6769	0.9	190	51
漠河县	2806	70228	2263	3307	1.0	46	27

附录1　续表8　　　　1998年　　　　单位:万元

县(市)名称	农林牧渔业总产值(现价)	农业	林业	畜牧业	渔业	农林牧渔业总产值(1990年不变价)
呼兰县	252137	109121	1043	136245	5728	128747
宾县	273428	147285	11499	113342	1302	121291
依兰县	150832	110127	2845	34471	3390	74737
方正县	65590	44128	2425	13892	5146	37490
阿城县	197126	125944	6659	60763	3760	81006
双城市	364542	237636	1563	119251	6092	193393
尚志市	156595	87808	24395	39280	5112	86411
五常市	318448	226583	3853	83751	4261	173417
巴彦县	243685	157943	4965	76652	4125	132078
木兰县	62570	52556	1224	7057	1733	32183
通河县	43807	27459	4176	7332	4841	24539
延寿县	54863	45320	1219	6024	2301	27563
龙江县	147159	104220	2290	37822	2827	93950
依安县	126820	89842	1553	34308	1116	73054
泰来县	57874	37932	1418	12439	6085	38791
甘南县	70441	50473	1564	15977	2427	43630
富裕县	69196	29221	1112	34278	4585	44203
克山县	142982	100719	1986	38960	1318	78224
克东县	107903	80159	2315	23878	1551	65412
拜泉县	153953	106070	3261	41302	3320	104595
讷河市	292098	195200	4982	89460	2456	173756
鸡东县	123097	87490	6063	24976	4569	64578
虎林市	247543	215338	2123	26471	3612	123916
密山市	199239	149783	6732	30964	11759	119946
萝北县	164921	134875	2783	26248	1016	84743
绥滨县	86744	70216	369	14787	1372	46019
集贤县	120245	108366	764	9691	1424	57731
友谊县	80471	70740	233	8993	505	39135
宝清县	208531	182068	2268	19472	4722	105831
饶河县	126104	104224	3007	12671	6203	63465
肇州县	113468	87070	783	24040	1575	61966
肇源县	74679	45219	952	18495	10013	51103
林甸县	39551	17767	930	17441	3413	22751
杜蒙自治县	80222	37350	1439	28992	12441	52015

附录1　续表9　　1998年　　单位:万元

县(市)名称	农林牧渔业总产值(现价)	农业	林业	畜牧业	渔业	农林牧渔业总产值(1990年不变价)
嘉荫县	31707	17955	9413	3033	1306	17539
铁力市	74250	50302	5332	17524	1092	41141
桦南县	110549	84891	4966	18208	2484	58474
桦川县	85284	71849	651	9027	3757	44966
汤原县	72807	51567	1364	16972	2904	38901
抚远县	56314	50749	386	4788	390	30867
同江市	140182	119522	841	17266	2553	69564
富锦市	247675	207370	1025	30414	8866	137278
勃利县	99686	68652	3732	26611	691	50783
穆棱市	71943	49409	4421	17052	1061	42039
东宁县	49283	34681	5531	7506	1565	23482
林口县	97014	70372	5555	19933	1154	50942
绥芬河市	4865	2631	444	1616	174	2546
海林市	74838	52476	5073	15015	2273	40483
宁安市	130105	96984	4011	24146	4965	66762
北安市	123631	104373	1964	15594	1699	71789
五大连池市	120868	103665	627	14573	2003	37661
嫩江县	184835	146889	3150	33979	816	118977
逊克县	52298	45173	3023	3693	409	29849
孙吴县	32302	26715	1992	3366	229	18902
绥化市	268354	189231	1181	60842	17100	139513
安达市	144822	74649	1240	63489	5444	88698
肇东市	440526	265781	2968	149904	21873	214132
海伦市	280354	218163	2755	53974	5462	142715
望奎县	148953	76994	2891	65918	3150	81510
兰西县	163717	114767	1254	42525	5171	90062
青冈县	160031	93509	4148	59607	2767	97184
庆安县	171558	108230	6151	49059	8118	90613
明水县	65272	48238	942	14895	1197	40287
绥棱县	94089	65995	1323	21723	5048	51761
呼玛县	7358	5663	743	902	50	7358
塔河县	5799	1436	3264	1062	37	5799
漠河县	9560	1773	7164	610	13	9560

附录 1　续表 10　　1998 年　　单位:吨

县(市)名称	农作物产量			猪牛羊肉产量	水产品产量
	粮食	油料	甜菜		
呼兰县	1001093	8	270	36139	7160
宾县	661315	758	97437	23638	1627
依兰县	620090	22		12593	2000
方正县	209831	234		9643	4980
阿城市	604690	70		27602	4700
双城市	1651495	212	11613	35113	6803
尚志市	413918	1002		29252	5500
五常市	1536429	113	14526	34825	8400
巴彦县	1199289	104	150	57163	7800
木兰县	314213	124	990	2910	2610
通河县	138738	690		2810	5000
延寿县	299806	245		3224	2420
龙江县	781364	3097	11671	15680	4515
依安县	606134	2659	73085	27186	1506
泰来县	254652	9115	1657	7342	10000
甘南县	328951	2756	20924	11366	3350
富裕县	226729	3444	8001	19076	7300
克山县	574207	566	91024	21913	2418
克东县	415327	1174	98321	9931	2310
拜泉县	781017	7753	112080	20301	4600
讷河市	914070	10240	108823	44453	3508
鸡东县	411155	1918	16222	14736	5435
虎林县	1363698	3524	3896	10582	6079
密山市	1033561	9702	32798	17746	15980
萝北县	888352	30	90989	12637	943
绥滨县	462649	198	116958	6993	1460
集贤县	562982	3325	113071	4971	1300
友谊县	451091	424	94941	5810	
宝清县	1097460	8488	220617	11131	3685
饶河县	730730	3136	30	5167	2100
肇州县	718049	1634	55117	11368	4360
肇源县	256079	10501	73000	13846	17600
林甸县	95971	472	6463	6516	7250
杜蒙自治县	138941	519	200	6650	20000

附录1　续表11　　1998年　　单位:吨

县(市)名称	农作物产量			猪牛羊肉产量	水产品产量
	粮食	油料	甜菜		
嘉荫县	91025	250		1356	700
铁力市	256347	1083	12423	8027	1160
桦南县	561692	8035	1125	15670	3750
桦川县	557250	26		4684	4400
汤原县	360536	43	7431	11219	4800
抚远县	311570	20		2570	594
同江市	807512	214		7830	1250
富锦市	1477455	3852	16962	19392	9571
勃利县	434126	2025	8101	11139	750
穆棱市	275036	1935	21024	12552	1250
东宁县	140588	1135	2689	3448	1050
林口县	376542	1159	85280	10083	1400
绥芬河市	5920	6	873	979	160
海林市	246091	2177	10240	7863	2150
宁安市	399878	232	124150	13629	5700
北安市	605814	9764	165298	6510	1390
五大连池市	564030	12012	175404	7661	1689
嫩江县	851042	801	173895	13022	923
逊克县	250184	4446		2239	470
孙吴县	136636	1967		1800	220
绥化市	1060451	442	46679	32492	22200
安达市	443091	279	5387	19476	7538
肇东市	1526608	3964	25610	47218	22300
海伦市	1498162	585	328963	34720	11870
望奎县	600103	895	55001	45523	4500
兰西县	708767	1765	28527	24731	6000
青冈县	580381	8081	10601	32417	3000
庆安县	622736	342	45755	22217	7300
明水县	400535	1761	45635	10880	1500
绥棱县	436450	98	58515	12501	8506
呼玛县	45437	136		1048	170
塔河县	6272	11		1080	75
漠河县	2518			726	222

附录1　续表12　　　　　　　　　　1998年

县(市)名称	猪年底头数（头）	羊年底只数（只）	大牲畜年底头数（头）	#马	#牛	#奶牛
呼兰县	251925	57841	95027	17337	76591	13469
宾县	223087	26725	205833	6172	197005	
依兰县	112628	144502	53467	5613	47850	606
方正县	77564	12396	45153	4499	40481	42
阿城市	204089	14958	123016	7019	114317	2917
双城市	217944	46419	220018	14814	197713	75780
尚志市	151433	42413	165476	19257	144672	733
五常市	340760	43871	178706	29654	143032	1243
巴彦县	315890	54848	141203	21420	116305	3004
木兰县	31268	7236	42723	7497	34395	
通河县	37130	5079	13159	3638	9508	90
延寿县	41662	9906	31311	7190	23619	32
龙江县	221036	301201	113502	45120	54852	7993
依安县	209849	135413	117543	15191	96050	1774
泰来县	77944	44006	46381	19751	18895	5850
甘南县	127763	118994	48377	17314	27991	9501
富裕县	85223	72984	60983	10986	48371	34515
克山县	204860	81483	94598	10046	78951	7160
克东县	110822	31792	52642	10198	40671	1690
拜泉县	194597	75624	106020	9839	91819	736
讷河市	258199	134866	104350	28216	70527	1941
鸡东县	110336	53619	57023	5404	50628	88
虎林县	81644	25561	37088	1998	35043	19805
密山市	157921	72929	93752	3647	89723	15600
萝北县	103103	39404	34853	389	34446	11465
绥滨县	66431	56612	23601	710	22891	7862
集贤县	60695	34459	25415	2406	22691	1562
友谊县	49803	28610	15945	61	15835	1711
宝清县	104426	85459	31524	2359	28962	2585
饶河县	33260	25500	16239	743	15488	2353
肇州县	159924	107291	80478	29907	44002	6622
肇源县	122020	91229	80345	31407	45125	3125
林甸县	79160	118183	55090	17808	35510	14698
杜蒙自治县	67891	97018	122658	36381	82871	30946

附录1　续表13　　1998年

县(市)名称	猪年底头数(头)	羊年底只数(只)	大牲畜年底头数(头)	#马	#牛	#奶牛
嘉荫县	15304	11233	7815	1668	6106	206
铁力市	56666	19240	27100	3587	23373	1663
桦南县	111650	61396	71329	3702	66924	68
桦川县	58001	33235	34786	1437	32991	371
汤原县	94087	32784	35778	1418	34000	2580
抚远县	18364	12478	13518	385	13133	94
同江市	57460	29460	30586	529	30008	3697
富锦市	174263	68785	93390	2520	90588	407
勃利县	98689	56596	81016	3664	75557	1464
穆棱市	105458	76937	104015	6101	96630	320
东宁县	41204	22788	32916	2269	30420	97
林口县	107920	82059	122932	15161	99636	99
绥芬河市	6740	4176	5888	206	5660	32
海林市	64199	58150	71754	5855	64909	2913
宁安市	110931	70201	99251	6047	90135	118
北安市	67968	32316	55384	11413	43096	13730
五大连池市	76472	50670	45048	6714	37995	11853
嫩江县	124174	88239	79584	11097	67303	21729
逊克县	19663	14049	12965	2235	10689	174
孙吴县	25200	16329	17526	3772	13735	660
绥化市	280314	51087	89360	8253	79666	3907
安达市	166471	147051	171713	33484	136597	91785
肇东市	461788	306176	290110	46525	236522	80023
海伦市	347363	118640	184586	14810	164299	19920
望奎县	390001	43159	95217	9448	82888	3856
兰西县	178088	96672	72538	15062	54081	540
青冈县	240987	108013	105395	17528	86285	8742
庆安县	221262	29268	37830	13823	22896	718
明水县	132976	92091	85728	11263	72090	5304
绥棱县	111636	49813	46071	6722	38226	2925
呼玛县	8861	3621	8135	1443	6692	39
塔河县	10856	4055	3993	1324	2556	49
漠河县	9012	1850	2052	1298	754	12

附录 1　续表 14　　　　1998 年　　　　单位:万元

县(市)名称	全部工业企业单位数(个)	全部工业总产值(当年价格)	轻工业	重工业	国有工业	非国有工业	#集体工业	全部工业总产值(1990 年不变价)
呼兰县	3422	427766	341046	86720	37998	389768	112088	304236
宾县	5496	292111	182794	109317	28309	263802	75525	188848
依兰县	1610	123104	25009	98095	53376	69728	20422	82155
方正县	2041	99564	42373	57191	23368	76196	22333	62639
阿城市	6296	847648	446943	400705	120941	726707	177267	696431
双城市	3861	409240	304439	104801	25548	383692	200657	267401
尚志市	7549	522407	364439	157968	75875	446532	112494	330352
五常市	3432	291907	155204	136703	39566	252341	133469	188429
巴彦县	1803	200001	96295	103706	21724	178277	54188	134336
木兰县	383	103053	44889	58164	17078	85975	56645	74313
通河县	1463	84965	49307	35658	18117	66848	30498	55997
延寿县	373	78108	31322	46786	13812	64296	42142	57891
龙江县	3423	144731	87134	57597	3751	140980	49311	129228
依安县	3204	80749	74923	5826	15094	65655	11409	66244
泰来县	1348	32621	19654	12967	5511	27110	14029	26968
甘南县	1446	113608	92118	21490	5107	108501	30739	96271
富裕县	1054	107123	84284	22839	4224	102899	14469	84166
克山县	4476	126642	121632	5010	10220	116422	44778	110209
克东县	673	51507	36625	14882	9625	41882	24076	39904
拜泉县	1069	71059	50949	20110	13676	57383	20087	57348
讷河市	6489	241054	211187	29867	27461	213593	32835	216039
鸡东县	1652	232218	75993	156225	33917	198301	139437	147061
虎林市	557	82635	30377	52258	35700	46935	17264	66856
密山市	1491	165026	93197	71829	32667	132359	110172	114485
萝北县	1099	81143	45695	35448	41567	39576	12846	54139
绥滨县	1128	47666	42899	4767	18257	29409	2220	28771
集贤县	922	94078	59326	34752	27028	67050	24205	55879
友谊县	148	4952	4691	261	2168	2784	109	2926
宝清县	981	66164	48626	17538	18067	48097	17913	40668
饶河县	215	21546	17198	4348	9280	12266	9301	16473
肇州县	2504	125934	115535	10399	1030	124904	32189	69783
肇源县	2121	86898	62568	24330	4372	82526	10600	46673
林甸县	2044	40716	27995	12721	8493	32223	6259	28366
杜蒙自治县	2575	31964	21734	10230	1128	30836	10269	20217

附录1 续表15 1998年 单位:万元

县(市)名称	全部工业企业单位数(个)	全部工业总产值(当年价格)	轻工业	重工业	国有工业	非国有工业	#集体工业	全部工业总产值(1990年不变价)
嘉荫县	216	31829	9822	22007	23359	8470	2786	21152
铁力市	856	164457	43449	121008	63224	101233	20027	142481
桦南县	763	71383	45236	26147	17290	54093	39345	45948
桦川县	629	23137	15869	7268	7928	15209	4960	16458
汤原县	231	50813	23928	26885	7850	42963	25052	34867
抚远县	175	6009	4137	1872	3560	2449	888	2455
同江市	245	19754	13091	6663	5568	14186	12988	12428
富锦市	1260	130413	46610	83803	38123	92290	52032	92648
勃利县	2999	112373	11245	101128	23920	88453	66068	70325
穆棱市	1028	232844	140890	91954	72745	160099	75156	215678
东宁县	1642	74481	34881	39600	33920	40561	27702	59700
林口县	1187	131000	51099	79901	36959	94041	61684	105691
绥芬河市	296	16213	12109	4104	2259	13954	182	14409
海林市	3561	377721	195423	182298	62639	315082	142338	329204
宁安市	2393	277016	153761	123255	70751	206265	67126	222660
北安市	1809	99190	58630	40560	19746	79444	19815	56418
五大连池市	2070	48259	25603	22656	14628	33631	14075	30845
嫩江县	1920	96964	70677	26287	15917	81047	36406	49946
逊克县	538	15680	9756	5924	3085	12595	2670	8302
孙吴县	529	12500	11438	1062	3384	9116	1985	8167
绥化市	6678	276792	193773	83019	85224	191568	67542	207594
安达市	4363	227093	128085	99008	19437	207656	43583	222551
肇东市	12949	656370	496510	159860	37621	618749	104675	590733
海伦市	4047	173427	152020	21407	59665	113762	53361	121398
望奎县	3209	110701	103173	7528	17855	92846	19713	73062
兰西县	2509	89288	81894	7394	29531	59757	10938	50894
青冈县	1021	43628	34889	8739	5934	37694	19760	30975
庆安县	4335	197018	138113	58905	24099	172919	31442	157614
明水县	6232	96084	80590	15494	21624	74460	23381	69180
绥棱县	1154	103469	76374	27095	32665	70804	29702	91052
呼玛县	269	25418	3954	21464	9900	15518	12116	19657
塔河县	409	53968	7563	46405	37692	16276	12549	46703
漠河县	108	72332		72332	63854	8478	7198	63886

附录1　续表16　　1998年　　单位:万元

县(市)名称	全部国有及销售收入500万元以上非国有工业企业						
	企业单位数(个)	#亏损企业	工业总产值		工业销售产值	工业增加值	资产合计
			1990年不变价	当年价格			
呼兰县	49	27	136266	183246	168955	39354	252994
宾县	30	11	18080	26684	26829	5665	46367
依兰县	27	13	41058	57019	45131	33211	73320
方正县	22	4	18121	28090	27549	13840	54628
阿城市	69	24	335006	312797	300199	79189	730347
双城市	39	13	91341	136917	134050	34259	108973
尚志市	27	7	67444	108028	110873	39519	149091
五常市	51	11	56369	74689	59646	20899	149528
巴彦县	25	4	41810	61424	54433	18164	94900
木兰县	25	2	16326	17951	16228	5773	23009
通河县	23	2	16748	22674	20845	10305	40654
延寿县	30	6	17304	22064	21783	6823	30329
龙江县	20	7	12149	18158	16264	7923	26749
依安县	14	7	15477	25865	20572	4836	53817
泰来县	17	2	6343	10324	10013	3453	21420
甘南县	23	12	41755	57660	57459	14617	74185
富裕县	16	4	35824	54861	49270	21989	102528
克山县	29	10	17256	26896	22135	7677	85480
克东县	24	6	14182	23700	22854	8337	26425
拜泉县	20	14	10159	20043	17819	5085	42529
讷河市	16	7	24947	34547	31101	-3631	73780
鸡东县	46	5	46889	79551	79155	31728	184772
虎林市	10	1	15302	25228	20728	9425	28020
密山市	47	15	80875	109523	93046	27897	141601
萝北县	22	5	27999	47377	42421	11416	81931
绥滨县	13	3	13288	24563	18015	8622	37216
集贤县	27	8	15152	30462	24374	11099	58267
友谊县	10	3	15459	26874	26426	7788	53468
宝清县	32	12	19710	37461	31829	-16115	73088
饶河县	21	3	6335	13647	12134	1147	22126
肇州县	12	2	31380	48733	45342	7391	56571
肇源县	16	5	17896	27225	21383	8148	34839
林甸县	12	7	14608	16221	16325	3289	23638
杜蒙自治县	8	3	7201	11533	10371	3360	26213

附录1 续表17 1998年 单位:万元

县(市)名称	全部国有及销售收入500万元以上非国有工业企业						
	企业单位数(个)	#亏损企业	工业总产值		工业销售产值	工业增加值	资产合计
			1990年不变价	当年价格			
嘉荫县	10		12833	22119	18113	7655	30933
铁力市	31	13	61676	74536	69257	33852	181487
桦南县	36	14	30355	49192	48336	16075	100901
桦川县	33	4	11231	15961	11756	3334	33500
汤原县	31	3	16574	24308	22975	6730	38981
抚远县	18	5	1824	5485	5122	684	16166
同江市	19	7	8613	21119	17970	6453	55832
富锦市	43	12	51663	74412	72857	9862	98936
勃利县	39	17	32778	49169	43084	10369	119548
穆棱市	39	9	124032	128280	122740	57346	98568
东宁县	33	6	34681	46411	44428	19480	77152
林口县	50	9	49293	64752	64972	22726	100698
绥芬河市	4	1	1128	2259	1903	634	7261
海林市	69	13	164268	185737	171580	60471	240370
宁安市	51	10	59156	78207	69751	22518	129595
北安市	55	22	32897	44306	41419	8432	129692
五大连池市	26	6	14471	19617	18745	4050	81298
嫩江县	50	16	51928	95370	94863	21819	118653
逊克县	15	4	2552	5284	3987	1950	20904
孙吴县	22	7	5497	7673	5698	1677	16719
绥化市	56	23	84580	111348	86400	41072	191202
安达市	45	16	78630	80161	72425	23678	182791
肇东市	46	10	177059	196133	180451	69969	389671
海伦市	45	11	60671	86517	83650	23746	196846
望奎县	23	7	19126	28620	24448	9626	95555
兰西县	13	8	17673	30688	23443	8483	83504
青冈县	15	3	5809	8169	7746	3017	12766
庆安县	31	2	57246	70778	65207	17903	88575
明水县	25	4	18805	26015	22994	8071	30732
绥棱县	23	6	32817	36889	29026	11249	52879
呼玛县	11	6	7689	9003	8911	3657	52082
塔河县	7	3	34296	41556	41934	26875	161414
漠河县	5	2	57455	64646	64488	43260	236795

附录 1　续表 18　　1998 年　　单位:万元

县(市)名称	全部国有及销售收入 500 万元以上非国有工业企业						
	流动资产小计	流动资产年平均余额	固定资产小计	固定资产原价	固定资产净值	固定资产净值年平均余额	负债合计
呼兰县	95238	90056	114999	127364	108797	109864	246457
宾县	23852	19252	21676	28215	20490	19859	39884
依兰县	31539	34785	37252	47188	34465	33804	66114
方正县	30243	30952	22069	21603	16901	17001	44675
阿城市	334359	315894	388616	453858	341544	320257	490328
双城市	47551	45513	57285	73686	56424	55942	77249
尚志市	70447	84395	71078	98095	69370	65717	107626
五常市	89501	88817	52163	68027	47964	48491	124908
巴彦县	49669	48771	40960	54886	40152	37917	73009
木兰县	12162	11987	10010	11748	9655	9320	17073
通河县	19886	17688	19155	26438	18580	18028	32503
延寿县	18224	19003	11481	14078	11075	11177	21088
龙江县	14493	14287	10781	17635	9902	10314	13379
依安县	25520	26183	22218	27586	20552	20452	45682
泰来县	9948	9982	11194	16200	10844	10814	18245
甘南县	39735	37929	33962	38098	33932	31744	44570
富裕县	52400	49688	49302	61507	39545	39944	72220
克山县	50288	48411	34582	47600	34008	33253	96230
克东县	14141	13182	11603	14151	11313	9783	19953
拜泉县	24590	23590	16174	22427	16000	16719	45987
讷河市	37290	37930	34461	48147	34051	34538	80734
鸡东县	111490	92690	67718	85252	66805	54612	151778
虎林市	17446	16977	8336	14088	8297	7964	22551
密山市	82959	85247	55712	64857	52028	51687	126572
萝北县	42789	38680	34432	46150	32360	30954	59589
绥滨县	18834	17828	18255	23913	18252	17495	32292
集贤县	38067	37211	19888	28836	19856	19343	47519
友谊县	30898	25686	22482	28125	22283	16973	38828
宝清县	50119	46487	21235	28410	19822	20298	67060
饶河县	14369	13034	7659	9345	6662	6467	21116
肇州县	35981	28816	18864	24277	17415	17603	37096
肇源县	21852	20037	12897	17972	12670	11024	37445
林甸县	12085	11172	10508	15434	10102	9762	20333
杜蒙自治县	10458	9866	15430	20128	15330	15507	17328

附录 1　续表 19　　　1998 年　　　单位:万元

县(市)名称	全部国有及销售收入 500 万元以上非国有工业企业						
	流动资产 小计	流动资产年平均余额	固定资产小计	固定资产原价	固定资产净值	固定资产净值年平均余额	负债合计
嘉荫县	11535	7781	17183	27879	17112	16850	13562
铁力市	99880	88017	76786	98148	68123	67455	153653
桦南县	38417	35628	58610	64302	53863	50713	90608
桦川县	20431	18503	10634	12778	10634	9430	29697
汤原县	21203	16352	16908	19888	14528	14971	33016
抚远县	5141	5564	11025	12128	10656	10934	19077
同江市	39714	39747	15588	20290	14952	13338	57114
富锦市	64278	59462	33672	42797	27821	27488	99835
勃利县	71195	65970	46056	57273	44264	39378	125234
穆棱市	42793	51559	51302	58714	42999	41415	76750
东宁县	41917	32414	33161	46491	32652	28777	58454
林口县	58429	57427	34140	42711	29594	32392	87013
绥芬河市	1193	1958	5350	6021	5274	4926	3912
海林市	133874	129616	97809	113626	85892	83501	196099
宁安市	67562	57504	51195	71788	49887	48946	121115
北安市	57626	56635	69902	102864	69260	69702	98736
五大连池市	33936	21581	44062	57906	24869	41104	61731
嫩江县	60868	56471	53923	71709	51362	53405	90476
逊克县	9744	9165	11076	12395	10749	10732	17400
孙吴县	9006	8344	7495	7799	6408	7420	14066
绥化市	114640	85577	67832	83337	64334	61316	174289
安达市	66682	65036	75783	99096	75183	72558	161453
肇东市	159546	185262	161117	179893	154468	154770	240435
海伦市	90781	81881	97521	107306	93416	71359	169804
望奎县	57686	54145	36841	43871	36549	35545	80246
兰西县	51667	39656	29918	38848	28886	29574	69222
青冈县	5903	4133	6368	7957	5820	5670	9639
庆安县	45978	44735	39264	46257	37451	37909	73702
明水县	16602	14953	13173	17304	11575	11633	28543
绥棱县	30407	28575	19235	29676	18032	27726	46046
呼玛县	13976	14044	37685	34292	29926	30176	44728
塔河县	75133	72907	70289	102590	69304	70026	107556
漠河县	96980	94713	111270	132185	101876	99895	129564

附录1 续表20 1998年 单位:万元

县(市)名称	全部国有及销售收入500万元以上非国有工业企业						
	流动负债	长期负债	所有者权益	产品销售收入	利润总额	利税总额	全部从业人员年平均人数(人)
呼兰县	178382	59678	6537	158479	-21113	-18524	20732
宾县	31758	8126	6483	28217	-2377	-1264	6720
依兰县	43091	18386	7206	23379	-813	121	13306
方正县	39386	5245	9953	23683	635	2774	12631
阿城市	368726	121601	240019	292312	4870	21078	44314
双城市	72658	4491	31724	129449	-28	10584	9863
尚志市	95098	10717	41465	108569	4807	14797	37877
五常市	98665	20998	24620	59934	-2426	361	24810
巴彦县	61674	11334	21892	57371	1565	5701	22183
木兰县	13263	3699	5936	13634	388	1062	4317
通河县	28199	4259	8151	15704	-17	1341	8217
延寿县	16666	3507	9241	20407	377	1485	4349
龙江县	12144	1236	13369	20026	240	1675	4551
依安县	33469	12213	8135	21438	-2532	-1727	4775
泰来县	14177	4068	3175	10325	-329	634	2687
甘南县	36808	7734	29615	56448	-909	2428	7843
富裕县	56682	15538	30308	46874	1605	7020	8405
克山县	62886	33343	-10750	24202	-685	765	8602
克东县	17479	2474	6472	19165	319	2173	3719
拜泉县	38618	7369	-3459	17200	-3045	-1832	4735
讷河市	75132	5602	-6954	37659	-9955	-6826	7277
鸡东县	122188	25535	32994	87572	4056	14244	19081
虎林市	19301	3250	5469	21051	570	2045	3954
密山市	98946	26349	15028	79314	917	4861	12678
萝北县	53176	5998	22342	38950	-434	1118	18141
绥滨县	27465	4827	4924	19015	32	1686	2470
集贤县	43403	4117	10748	25470	-1514	-182	5841
友谊县	34389	4416	14640	25865	889	1766	4355
宝清县	53612	11236	6028	28345	-367	1017	7331
饶河县	20124	358	1009	11299	-1396	-1158	2350
肇州县	28665	8431	19475	49810	1219	3406	5841
肇源县	31368	6032	-2606	20232	-565	537	5454
林甸县	14534	5799	3305	18472	-138	620	2960
杜蒙自治县	14512	2816	8885	10571	992	1475	1417

附录1　续表21　　1998年　　单位:万元

县(市)名称	全部国有及销售收入500万元以上非国有工业企业						
	流动负债	长期负债	所有者权益	产品销售收入	利润总额	利税总额	全部从业人人员年平均人数(人)
嘉荫县	8234	5329	17371	16145	250	467	3716
铁力市	131712	21941	27834	61861	969	3395	51349
桦南县	57025	30461	10293	49701	-799	2824	17864
桦川县	24455	5243	3802	12172	-318	401	2326
汤原县	28192	4824	5965	22953	298	1662	10901
抚远县	13218	5858	-2911	5311	-330	-151	1124
同江市	54295	2819	-1282	18359	-4026	-3103	2496
富锦市	85965	13866	-899	74063	-982	1833	8566
勃利县	97317	17773	-5686	55306	-5970	-2406	12263
穆棱市	59726	14680	21818	117141	2798	20038	22693
东宁县	51853	6579	18698	40117	427	4300	14123
林口县	53239	17755	13685	66788	706	9747	14458
绥芬河市	1967	1945	3350	1622	3	147	548
海林市	160868	35211	44272	173164	5408	26145	40494
宁安市	112728	7397	8480	75449	-668	3153	18576
北安市	91294	5591	30956	39227	-10037	-6947	26925
五大连池市	46556	12980	19566	19832	-72	800	12508
嫩江县	73332	15429	28176	85226	-3620	-1036	10845
逊克县	13940	3450	3504	4544	190	636	1103
孙吴县	12219	1848	2653	6510	-285	546	1784
绥化市	133158	39629	16913	92144	-559	16112	16772
安达市	79843	81600	21337	73500	-1447	2851	13558
肇东市	164857	67445	149236	173670	4434	17860	23536
海伦市	105928	62454	27042	78676	-1922	1540	13925
望奎县	66274	13972	15310	31669	402	1654	5406
兰西县	46777	22445	14282	19081	-5928	-4479	6338
青冈县	6110	3529	3127	7149	10	1083	2850
庆安县	48433	24160	14874	57938	1488	5213	5221
明水县	22629	5896	2189	20195	-302	779	3594
绥棱县	40097	5949	6833	30358	1608	3984	14116
呼玛县	15959	28769	7354	10406	-2567	-1908	6237
塔河县	93605	13951	53858	43177	-402	2012	22202
漠河县	116709	12855	107231	57685	460	5760	33992

附录 1 续表 22　　1998 年　　单位:万元

县(市)名称	国有工业企业						
	企业单位数(个)	#亏损企业	工业总产值		工业销售产值	工业增加值	资产合计
			1990 年不变价	当年价格			
呼兰县	35	20	24046	31243	27458	8359	91714
宾县	23	9	4200	8339	7686	2987	12115
依兰县	27	13	41058	57019	45131	33211	73320
方正县	16	2	14723	23117	22661	11518	49022
阿城市	57	22	80509	117353	110389	34662	237050
双城市	22	7	16004	21882	21781	3703	26257
尚志市	20	5	47785	72036	76515	31476	112563
五常市	34	11	18909	34500	30907	10359	90711
巴彦县	15	4	13414	20928	21182	8394	51878
木兰县	19	2	12742	14021	12548	5030	19841
通河县	15	2	8538	11162	8844	6887	30023
延寿县	25	6	8918	11892	11262	4801	21892
龙江县	12	4	2452	3751	3488	1951	8686
依安县	9	6	8850	15094	11212	2492	40681
泰来县	13	2	2587	5511	4971	2021	13667
甘南县	15	10	5824	9928	10926	4562	15267
富裕县	3	1	1435	4224	4093	1019	6767
克山县	17	7	8068	13489	12707	3509	71221
克东县	13	5	5480	9625	9407	3766	16093
拜泉县	17	12	7606	13676	13033	3190	27156
讷河市	11	5	21336	27593	24028	－4762	59021
鸡东县	29	3	23248	36253	36611	17978	128697
虎林市	7	1	6758	15231	14886	5463	17472
密山市	39	11	69148	96454	83431	23321	99878
萝北县	18	5	24319	38895	35323	10283	75370
绥滨县	11	3	11467	20937	14367	7762	34031
集贤县	22	6	10459	22817	17073	7795	44243
友谊县	9	3	14614	25004	25005	7027	50779
宝清县	29	9	17288	34363	31475	－17000	69417
饶河县	20	3	4809	13103	11557	951	21586
肇州县	3	1	253	1030	1030	489	2903
肇源县	9	3	3463	4543	4153	1479	12810
林甸县	7	5	6540	8493	9372	2084	9485
杜蒙自治县	5	3	473	1128	1123	435	2923

附录1　续表23　　1998年　　单位:万元

县(市)名称	国有工业企业						
	企业单位数(个)	#亏损企业	工业总产值		工业销售产值	工业增加值	资产合计
			1990年不变价	当年价格			
嘉荫县	8		11280	21517	17788	7440	30486
铁力市	24	11	49648	61266	55120	29806	163880
桦南县	25	13	10901	19477	19851	5642	84812
桦川县	25	3	5142	8683	6639	1382	21524
汤原县	19	3	5508	8192	7997	2170	28414
抚远县	16	5	1501	4262	3982	590	15752
同江市	19	7	8613	21119	17970	6453	55832
富锦市	24	11	31123	44985	44535	5286	94580
勃利县	28	14	15765	26251	23131	5104	89088
穆棱市	19	7	56762	62058	59853	31520	81142
东宁县	14	4	19016	30870	29213	14191	60123
林口县	21	5	21090	31096	34616	10197	56589
绥芬河市	4	1	1128	2259	1903	634	7261
海林市	11	7	54934	61292	54815	28753	138970
宁安市	33	6	39179	56292	49583	16117	105708
北安市	43	17	25849	35970	33105	6351	116860
五大连池市	21	4	12664	16018	15352	3646	67575
嫩江县	44	15	40110	66224	71393	16331	106292
逊克县	13	4	1049	3084	1823	1202	18035
孙吴县	18	7	2241	3384	3032	811	7149
绥化市	45	19	59474	84397	66436	32900	149740
安达市	29	12	13350	20517	21236	5391	57779
肇东市	29	6	32463	37622	29663	13095	122170
海伦市	32	10	44643	60620	55325	17685	173033
望奎县	20	6	11653	17856	13686	5263	70387
兰西县	12	8	16318	29531	22545	8194	81677
青冈县	12	3	4322	5934	5369	1603	9002
庆安县	11		10095	24100	22669	5556	30361
明水县	21	4	14642	21625	19016	6804	26496
绥棱县	20	6	28347	32666	26360	10178	50328
呼玛县	11	6	7689	9003	8911	3657	52082
塔河县	7	3	34296	41556	41934	26875	161414
漠河县	5	2	57455	64646	64488	43260	236795

附录1　续表24　　1998年　　单位:万元

县(市)名称	国有工业企业						
	流动资产小计	流动资产年平均余额	固定资产小计	固定资产原价	固定资产净值	固定资产净值年平均余额	负债合计
呼兰县	41769	41324	48640	53907	42819	43887	99455
宾县	6521	4581	5400	7546	4619	3999	10049
依兰县	31539	34785	37252	47188	34465	33804	66114
方正县	27415	28289	19667	18544	14545	15074	40865
阿城市	107423	101134	125993	148463	105625	101756	193357
双城市	13545	13014	11993	16667	11166	10895	21335
尚志市	48327	71893	57794	82400	56086	54485	80008
五常市	56295	58900	29724	42068	26427	27109	84574
巴彦县	20428	20439	29265	40573	28556	27862	37792
木兰县	9693	9524	9311	11000	8956	8625	15468
通河县	15122	13074	14163	20773	13759	13782	23687
延寿县	11460	12437	9961	12264	9585	9648	14463
龙江县	3981	3849	4581	6866	4089	4353	4586
依安县	18056	19330	16769	21941	15105	15204	37933
泰来县	7201	7332	6214	10402	5940	6434	12532
甘南县	7635	6561	7546	8999	7516	7232	12349
富裕县	3751	3597	3005	4504	2810	2672	4119
克山县	42278	41220	28334	37384	27770	26941	87147
克东县	7594	6820	8034	9226	7974	6463	11982
拜泉县	15764	15321	11140	16287	11083	11824	30403
讷河市	30329	31332	27159	39020	26764	27216	66565
鸡东县	74674	63706	49998	63366	49245	39240	111557
虎林市	11722	11438	5472	10557	5433	5421	13324
密山市	63208	67018	33947	42045	31362	30855	92138
萝北县	37905	35199	32755	43420	30699	29333	53290
绥滨县	16233	15277	17671	22824	17671	16966	29282
集贤县	32443	31561	11566	15631	11534	10977	40440
友谊县	29360	24177	21337	26216	21155	15803	36879
宝清县	47633	45123	20133	27264	18733	19311	63079
饶河县	13951	12562	7538	9162	6541	6340	20872
肇州县	1136	1060	1767	3355	1722	1777	1239
肇源县	8389	6559	4366	7438	4185	2545	10788
林甸县	4963	4774	4141	5905	4036	3719	7184
杜蒙自治县	1406	1379	1440	2307	1365	1278	1695

附录 1　续表 25　　1998 年　　单位:万元

县(市)名称	国有工业企业						
	流动资产小计	流动资产年平均余额	固定资产小计	固定资产原价	固定资产净值	固定资产净值年平均余额	负债合计
嘉荫县	11246	7500	17038	27685	16967	16703	13329
铁力市	90642	78030	68579	88237	60080	59346	137481
桦南县	33104	31166	49405	54705	45684	42184	79637
桦川县	13555	11814	5816	7416	5816	5162	23198
汤原县	15092	10922	12461	14937	11282	11383	25020
抚远县	4791	5269	10961	12056	10592	10868	18769
同江市	39714	39747	15588	20290	14952	13338	57114
富锦市	61157	56602	32591	41345	26741	26402	96555
勃利县	55748	51177	31775	40517	30150	26965	94890
穆棱市	33173	45165	44172	50310	36518	34876	65936
东宁县	34927	26124	23349	34052	22868	22358	50440
林口县	31483	32746	20479	27366	18036	20010	53220
绥芬河市	1193	1958	5350	6021	5274	4926	3912
海林市	70756	68058	62254	78703	57040	53966	113394
宁安市	54303	44040	41048	57351	40473	39491	102115
北安市	49231	49002	65983	96796	65415	65887	88334
五大连池市	30302	19128	35575	48887	16447	33097	56019
嫩江县	53957	49810	48660	66108	46099	48221	80827
逊克县	7903	7514	10049	11361	9790	9773	15051
孙吴县	3118	3100	3815	3657	2730	3718	5944
绥化市	87998	63912	54143	65881	51662	50575	138041
安达市	25991	23654	26499	37749	26057	23923	51927
肇东市	73614	60099	31047	40865	29971	30950	96570
海伦市	81778	73195	87132	95404	83082	61562	156614
望奎县	45600	44200	23794	29826	23502	23062	60960
兰西县	50330	38291	29428	38358	28517	29112	67679
青冈县	3578	2311	4929	6347	4751	4563	7221
庆安县	7962	7125	22330	27130	22160	21695	21765
明水县	13039	11815	12499	16052	10902	10999	25057
绥棱县	28886	27378	18374	28852	17234	26962	43706
呼玛县	13976	14044	37685	34292	29926	30176	44728
塔河县	75133	72907	70289	102590	69304	70026	107556
漠河县	96980	94713	111270	132185	101876	99895	129564

附录1　续表26　　1998年　　单位:万元

县(市)名称	国有工业企业						
	流动负债	长期负债	所有者权益	产品销售收　入	利润总额	利税总额	全部从业人人员年平均人数(人)
呼兰县	59630	31429	-7740	29037	-5760	-3885	12876
宾县	8276	1773	2066	7716	-398	232	2476
依兰县	43091	18386	7206	23379	-813	121	13306
方正县	36077	4744	8157	20319	404	2028	11739
阿城市	158220	35137	43693	101338	-2435	6099	28925
双城市	18163	3172	4922	18128	-482	260	6311
尚志市	71324	7717	32555	75128	4301	13523	32607
五常市	69222	15107	6137	31965	-3083	-968	21176
巴彦县	29155	8637	14086	24225	949	2172	18201
木兰县	11747	3699	4373	9953	325	950	3942
通河县	21450	2238	6336	8863	-137	487	7292
延寿县	10144	3422	7429	8781	-170	521	3985
龙江县	3902	685	4100	5371	-74	546	1502
依安县	26363	11570	2748	12893	-3200	-2611	3906
泰来县	11040	1493	1135	4794	-394	-71	1984
甘南县	9881	2440	2918	8123	-473	116	2306
富裕县	3725	394	2648	3704	-11	182	1043
克山县	55579	31566	-15926	16078	-789	-333	3940
克东县	10083	1900	4110	7824	-51	383	1580
拜泉县	26836	3567	-3247	12192	-2852	-2079	4043
讷河市	61770	4796	-7545	30694	-9717	-7436	6121
鸡东县	87586	23971	17140	44060	-56	4818	13910
虎林市	11354	1970	4148	15756	236	1581	3285
密山市	77080	13780	7740	70339	1433	4915	11172
萝北县	46997	5888	22079	31853	-558	874	17602
绥滨县	24455	4827	4749	16211	-124	1374	2119
集贤县	37354	3086	3803	18110	-1345	-343	2650
友谊县	32441	4416	13900	23923	885	1759	3838
宝清县	53156	9774	6338	27949	-176	1051	6670
饶河县	19880	358	714	10721	-1400	-1193	2092
肇州县	863	376	1665	2767	-12	86	523
肇源县	8129	2614	2022	5229	43	349	2384
林甸县	6356	827	2302	11267	-18	423	1153
杜蒙自治县	805	890	1229	2209	-24	107	607

附录1 续表27 1998年 单位:万元

县(市)名称	国有工业企业						
	流动负债	长期负债	所有者权益	产品销售收入	利润总额	利税总额	全部从业人人员年平均人数(人)
嘉荫县	8000	5329	17157	15821	237	432	3502
铁力市	116852	20628	26400	48247	1629	3587	48223
桦南县	47775	28741	5176	21296	-2850	-1143	16324
桦川县	18470	4728	-1674	7147	-355	84	1356
汤原县	23135	1885	3394	8185	-242	180	8094
抚远县	12911	5858	-3018	4171	-342	-192	1079
同江市	54295	2819	-1282	18359	-4026	-3103	2496
富锦市	83123	13432	-1975	46945	-2678	-1629	6913
勃利县	69604	15143	-5802	36112	-5517	-2882	8277
穆棱市	50454	13232	15205	56030	1288	15845	17516
东宁县	44450	5990	9683	26242	-330	2559	11829
林口县	29422	8509	3368	33322	-263	7072	11091
绥芬河市	1967	1945	3350	1622	3	147	548
海林市	102983	10412	25576	58214	-851	16066	29812
宁安市	94587	7338	3593	53163	-407	2726	15910
北安市	83215	4369	28526	32595	-10067	-7744	23499
五大连池市	43044	12670	11556	16570	131	920	11882
嫩江县	67702	11410	25465	60858	-4619	-2379	10194
逊克县	13140	1901	2984	2368	134	361	817
孙吴县	4151	1793	1205	3758	-310	408	1083
绥化市	106142	30398	11699	66934	-1788	13202	12958
安达市	39841	12076	5852	26576	-1599	-259	8123
肇东市	71121	17316	25600	32658	373	2099	13847
海伦市	96547	59092	16419	49912	-2792	-717	9397
望奎县	54502	6458	9428	20856	-723	150	3227
兰西县	45234	22445	13998	18374	-5928	-4521	5855
青冈县	4391	2830	1780	5295	-13	176	1848
庆安县	7718	14011	8597	14163	157	803	1776
明水县	19557	5500	1440	16263	-363	466	2981
绥棱县	38178	5529	6622	28138	1596	3792	13847
呼玛县	15959	28769	7354	10406	-2567	-1908	6237
塔河县	93605	13951	53858	43177	-402	2012	22202
漠河县	116709	12855	107231	57685	460	5760	33992

附录1　续表28　　1998年　　单位:万元

县(市)名称	销售收入500万元以上非国有工业企业						
	企业单位数(个)	#亏损企业	工业总产值		工业销售产值	工业增加值	资产合计
			1990年不变价	当年价格			
呼兰县	14	7	112220	152003	141497	30996	161280
宾县	7	2	13880	18345	19143	2678	34252
依兰县							
方正县	6	2	3398	4973	4888	2321	5605
阿城市	12	2	254497	195444	189810	44528	493297
双城市	17	6	75337	115035	112269	30556	82716
尚志市	7	2	19659	35992	34358	8043	36528
五常市	17		37460	40189	28740	10540	58817
巴彦县	10		28396	40496	33251	9770	43023
木兰县	6		3584	3930	3680	743	3168
通河县	8		8210	11512	12001	3418	10630
延寿县	5		8386	10172	10521	2022	8438
龙江县	8	3	9697	14407	12776	5973	18063
依安县	5	1	6627	10771	9361	2344	13136
泰来县	4		3756	4813	5042	1432	7752
甘南县	8	2	35931	47732	46533	10054	58918
富裕县	13	3	34389	50637	45177	20971	95761
克山县	12	3	9187	13407	9428	4168	14259
克东县	11	1	8702	14075	13447	4571	10332
拜泉县	3	2	2553	6367	4785	1895	15372
讷河市	5	2	3611	6954	7073	1131	14759
鸡东县	17	2	23640	43298	42544	13751	56075
虎林市	3		8544	9997	5842	3962	10548
密山市	8	4	11727	13069	9615	4576	41723
萝北县	4		3680	8482	7098	1133	6562
绥滨县	2		1821	3626	3648	860	3185
集贤县	5	2	4693	7645	7302	3304	14024
友谊县	1		845	1870	1421	761	2689
宝清县	3	3	2422	3098	354	885	3671
饶河县	1		1526	544	577	196	540
肇州县	9	1	31127	47703	44312	6902	53668
肇源县	7	2	14434	22683	17230	6669	22029
林甸县	5	2	8068	7727	6953	1206	14152
杜蒙自治县	3		6728	10405	9248	2925	23289

附录1 续表29 1998年 单位:万元

县(市)名称	销售收入500万元以上非国有工业企业						
	企业单位数(个)	#亏损企业	工业总产值		工业销售产值	工业增加值	资产合计
			1990年不变价	当年价格			
嘉荫县	2		1553	602	324	216	447
铁力市	7	2	12027	13271	14138	4046	17607
桦南县	11	1	19455	29716	28486	10433	16089
桦川县	8	1	6089	7278	5117	1952	11975
汤原县	12		11066	16116	14978	4560	10567
抚远县	2		323	1223	1140	94	415
同江市							
富锦市	19	1	20540	29427	28322	4576	4356
勃利县	11	3	17013	22919	19953	5265	30460
穆棱市	20	2	67271	66221	62887	25826	17427
东宁县	19	2	15665	15541	15214	5288	17029
林口县	29	4	28203	33656	30355	12530	44109
绥芬河市							
海林市	58	6	109333	124445	116764	31718	101400
宁安市	18	4	19977	21916	20168	6401	23888
北安市	12	5	7049	8335	8314	2080	12832
五大连池市	5	2	1807	3599	3393	405	13723
嫩江县	6	1	11818	29146	23469	5488	12360
逊克县	2		1504	2199	2164	748	2869
孙吴县	4		3256	4289	2666	866	9569
绥化市	11	4	25107	26951	19964	8173	41462
安达市	16	4	65280	59644	51188	18287	125012
肇东市	17	4	144596	158512	150789	56874	267501
海伦市	13	1	16028	25897	28326	6061	23813
望奎县	3	1	7473	10764	10762	4364	25168
兰西县	1		1355	1157	898	289	1827
青冈县	3		1488	2235	2377	1415	3765
庆安县	20	2	47151	46678	42538	12346	58214
明水县	4		4163	4390	3978	1268	4236
绥棱县	3		4470	4223	2665	1072	2551
呼玛县							
塔河县							
漠河县							

附录1 续表30 1998年 单位:万元

县(市)名称	销售收入500万元以上非国有工业企业						
	流动资产小计	流动资产年平均余额	固定资产小计	固定资产原价	固定资产净值	固定资产净值年平均余额	负债合计
呼兰县	53469	48732	66359	73457	65978	65977	147002
宾县	17331	14671	16276	20669	15871	15860	29834
依兰县							
方正县	2827	2663	2402	3060	2356	1927	3810
阿城市	226937	214759	262623	305396	235919	218501	296971
双城市	34005	32499	45293	57019	45258	45047	55914
尚志市	22120	12502	13284	15695	13284	11232	27617
五常市	33207	29917	22439	25959	21536	21382	40334
巴彦县	29241	28332	11694	14313	11596	10055	35217
木兰县	2470	2463	698	748	698	695	1605
通河县	4764	4614	4992	5665	4821	4247	8816
延寿县	6764	6566	1520	1814	1490	1529	6626
龙江县	10511	10438	6201	10769	5814	5961	8793
依安县	7465	6853	5449	5646	5447	5248	7749
泰来县	2747	2650	4980	5798	4904	4380	5713
甘南县	32100	31368	26416	29099	26416	24512	32221
富裕县	48648	46091	46296	57003	36735	37273	68101
克山县	8010	7191	6248	10215	6238	6312	9083
克东县	6547	6362	3569	4925	3339	3320	7971
拜泉县	8827	8269	5034	6140	4916	4895	15584
讷河市	6962	6597	7302	9127	7287	7323	14169
鸡东县	36817	28984	17720	21886	17560	15372	40221
虎林市	5724	5540	2864	3532	2864	2543	9227
密山市	19752	18229	21765	22812	20666	20832	34435
萝北县	4884	3481	1677	2730	1661	1621	6299
绥滨县	2601	2552	584	1088	582	529	3010
集贤县	5625	5650	8322	13205	8322	8367	7079
友谊县	1538	1509	1146	1908	1128	1170	1949
宝清县	2487	1364	1101	1146	1089	987	3982
饶河县	418	472	121	183	121	127	244
肇州县	34845	27755	17097	20922	15693	15826	35857
肇源县	13463	13478	8531	10534	8485	8478	26657
林甸县	7123	6398	6367	9529	6066	6043	13150
杜蒙自治县	9052	8487	13989	17821	13965	14229	15633

附录1 续表31　　　　1998年　　　　单位:万元

县(市)名称	销售收入500万元以上非国有工业企业						
	流动资产小计	流动资产年平均余额	固定资产小计	固定资产原价	固定资产净值	固定资产净值年平均余额	负债合计
嘉荫县	289	281	145	193	145	147	234
铁力市	9238	9988	8207	9911	8043	8108	16172
桦南县	5313	4462	9205	9598	8179	8529	10971
桦川县	6876	6689	4818	5362	4818	4268	6499
汤原县	6112	5430	4447	4951	3245	3588	7996
抚远县	351	295	64	73	64	66	307
同江市							
富锦市	3121	2860	1081	1451	1080	1086	3280
勃利县	15447	14793	14281	16756	14114	12413	30344
穆棱市	9620	6394	7129	8404	6481	6539	10814
东宁县	6990	6291	9812	12439	9783	6419	8014
林口县	26945	24681	13661	15345	11558	12382	33793
绥芬河市							
海林市	63118	61558	35555	34923	28852	29535	82704
宁安市	13259	13464	10146	14437	9414	9455	19000
北安市	8396	7633	3919	6068	3846	3814	10402
五大连池市	3634	2453	8487	9020	8422	8007	5713
嫩江县	6912	6661	5263	5600	5263	5183	9649
逊克县	1841	1651	1027	1034	959	959	2349
孙吴县	5888	5244	3680	4142	3678	3703	8122
绥化市	26642	21665	13689	17456	12672	10741	36248
安达市	40691	41382	49284	61347	49126	48636	109527
肇东市	85931	125163	130071	139028	124497	123820	143866
海伦市	9003	8686	10389	11901	10335	9797	13190
望奎县	12086	9945	13047	14045	13047	12483	19286
兰西县	1337	1365	490	490	369	462	1543
青冈县	2325	1822	1439	1610	1069	1106	2418
庆安县	38016	37610	16933	19127	15291	16213	51937
明水县	3562	3138	674	1252	674	634	3487
绥棱县	1521	1197	861	824	798	764	2339
呼玛县							
塔河县							
漠河县							

附录1　续表32　　1998年　　单位:万元

县(市)名称	销售收入500万元以上非国有工业企业						
	流动负债	长期负债	所有者权益	产品销售收入	利润总额	利税总额	全部从业人员年平均人数(人)
呼兰县	118753	28249	14278	129442	-15354	-14640	7856
宾县	23482	6352	4418	20500	-1979	-1496	4244
依兰县							
方正县	3308	501	1796	3363	231	746	892
阿城市	210507	86464	196327	190975	7305	14980	15389
双城市	54495	1319	26802	111322	455	10324	3552
尚志市	23774	3000	8910	33441	506	1274	5270
五常市	29443	5891	18483	27970	656	1330	3634
巴彦县	32520	2697	7806	33146	616	3529	3982
木兰县	1516		1563	3681	63	112	375
通河县	6750	2021	1815	6841	121	854	925
延寿县	6522	85	1812	11625	546	964	364
龙江县	8242	551	9270	14655	314	1129	3049
依安县	7105	643	5387	8545	668	885	869
泰来县	3137	2576	2040	5531	65	705	703
甘南县	26927	5294	26697	48324	-436	2312	5537
富裕县	52957	15144	27660	43170	1616	6838	7362
克山县	7307	1776	5176	8124	105	1098	4662
克东县	7396	575	2362	11341	370	1790	2139
拜泉县	11782	3803	-212	5008	-193	248	692
讷河市	13362	806	591	6965	-238	610	1156
鸡东县	34602	1564	15854	43512	4112	9426	5171
虎林市	7947	1280	1321	5295	334	464	669
密山市	21865	12569	7288	8974	-517	-54	1506
萝北县	6179	110	263	7098	125	245	539
绥滨县	3010		175	2804	156	312	351
集贤县	6048	1031	6945	7360	-169	161	3191
友谊县	1949		740	1943	3	7	517
宝清县	455	1462	-311	396	-192	-33	661
饶河县	244		296	577	4	35	258
肇州县	27802	8055	17810	47044	1231	3321	5318
肇源县	23239	3418	-4628	15004	-608	188	3070
林甸县	8178	4972	1003	7206	-120	197	1807
杜蒙自治县	13707	1926	7656	8362	1016	1368	810

附录1　续表33　　　　1998年　　　　单位:万元

县(市)名称	销售收入500万元以上非国有工业企业						
	流动负债	长期负债	所有者权益	产品销售收入	利润总额	利税总额	全部从业人员年平均人数(人)
嘉荫县	234		214	325	13	35	214
铁力市	14860	1313	1435	13614	-660	-192	3126
桦南县	9251	1721	5118	28405	2051	3967	1540
桦川县	5985	514	5476	5025	37	317	970
汤原县	5057	2939	2571	14769	540	1482	2807
抚远县	307		107	1140	12	41	45
同江市							
富锦市	2842	433	1076	27118	1697	3462	1653
勃利县	27713	2631	116	19194	-453	476	3986
穆棱市	9272	1449	6613	61111	1509	4193	5177
东宁县	7403	589	9015	13875	757	1741	2294
林口县	23818	9246	10317	33466	969	2675	3367
绥芬河市							
海林市	57885	24799	18696	114950	6259	10079	10682
宁安市	18141	59	4887	22287	-261	427	2666
北安市	8080	1222	2430	6633	30	797	3426
五大连池市	3513	310	8010	3262	-202	-121	626
嫩江县	5630	4019	2711	24368	999	1343	651
逊克县	800	1549	519	2176	56	276	286
孙吴县	8068	54	1448	2752	25	138	701
绥化市	27017	9231	5214	25209	1229	2910	3814
安达市	40003	69524	15485	46924	152	3110	5435
肇东市	93736	50129	123636	141012	4061	15761	9689
海伦市	9381	3363	10623	28764	870	2257	4528
望奎县	11772	7514	5882	10812	1126	1505	2179
兰西县	1543		284	707		42	483
青冈县	1719	699	1347	1854	23	907	1002
庆安县	40715	10149	6277	43775	1331	4410	3445
明水县	3073	396	749	3932	61	313	613
绥棱县	1919	420	212	2220	12	192	269
呼玛县							
塔河县							
漠河县							

附录1　续表34　　1998年

县(市)名称	地方财政收入(万元)	地方财政支出(万元)	公路线路里程(公里)	邮电业务总量(万元，可比价格)	电话机拥有量(部)	社会消费品零售总额(万元)
呼兰县	15071	21719	296	6994	35306	96268
宾县	8955	13878	434	4610	27358	68004
依兰县	7223	11595	594	4038	22664	50016
方正县	4773	8430	519	3370	19230	40510
阿城市	17003	24427	467	10118	54961	131185
双城市	12875	19855	416	6199	36596	180012
尚志市	13222	19175	1039	7940	56513	193052
五常市	11754	14620	834	4183	42224	147001
巴彦县	9824	14767	471	2278	12791	104198
木兰县	3708	9861	385	2508	16355	28910
通河县	3822	9602	422	3080	17114	39723
延寿县	4640	10966	367	3846	22024	28001
龙江县	7083	17440	750	2738	15031	63860
依安县	4931	12366	494	2624	16470	62194
泰来县	4170	22316	383	2666	19746	24794
甘南县	3627	15683	497	2239	13218	35442
富裕县	3279	7975	429	1804	11287	33039
克山县	6465	9814	521	3425	20808	54090
克东县	4456	9305	429	1804	11287	29748
拜泉县	7413	11338	503	2545	19635	45327
讷河市	10356	14392	645	1380	8393	79828
鸡东县	8864	12615	682	4436	21288	36755
虎林市	9043	12249	930	5752	35912	46727
密山市	9277	14499	748	6140	31100	69384
萝北县	5175	9172	572	2582	12057	22735
绥滨县	2915	7281	450	1380	8393	17032
集贤县	4704	9705	405	4436	21288	38577
友谊县	1547	3859	263	1853	13685	4884
宝清县	5239	8069	572	3655	19103	37903
饶河县	2266	6359	495	1573	8367	10002
肇州县	8420	11505	209	3125	14011	41762
肇源县	3686	24095	385	2737	18590	40015
林甸县	2008	13346	301	1795	14876	35256
杜蒙自治县	2871	19727	336	1929	13580	24753

附录1　续表35　　1998年

县(市)名称	地方财政收入(万元)	地方财政支出(万元)	公路线路里程(公里)	邮电业务总量(万元,可比价格)	电话机拥有量(部)	社会消费品零售总额(万元)
嘉荫县	1484	4365	499	1293	10765	12608
铁力市	4392	8208	758	6524	36834	56559
桦南县	4286	11937	525	2284	29647	50215
桦川县	2131	7148	235	3288	15005	26008
汤原县	3637	11193	479	1680	26827	25809
抚远县	2539	8244	231	2084	11120	11318
同江市	3939	11316	327	5084	13222	23770
富锦市	5894	15280	390	5079	27546	81075
勃利县	5899	9980	631	3771	23544	64088
穆棱市	5967	12590	646	4587	26110	73422
东宁县	5389	10697	655	4035	26119	43508
林口县	7314	12112	800	6921	21665	64804
绥芬河市	7129	10995	105	5805	13115	32030
海林市	19817	25977	368	5655	38878	90872
宁安市	8263	11980	457	8109	39780	75631
北安市	8566	12828	522	3273	54425	72948
五大连池市	5415	8294	571	6300	15152	24941
嫩江县	11308	13600	1093	1465	31414	47838
逊克县	2563	5345	418	1570	13013	20615
孙吴县	1900	5226	418	12764	8862	15000
绥化市	13399	22328	575	6148	62875	150022
安达市	9593	15871	377	9276	31976	130423
肇东市	14366	20039	450	6062	44787	145178
海伦市	12359	18055	441	3177	37091	84600
望奎县	6648	10632	466	2909	17090	53180
兰西县	4953	8132	442	2772	16660	62411
青冈县	6263	11434	289	3533	13344	47300
庆安县	7066	10494	270	2484	11742	71008
明水县	4912	11062	383	3241	14994	41100
绥棱县	5706	8310	385	1459	6858	58016
呼玛县	1644	4243	546	3108	18599	10000
塔河县	3267	1193	1004	2211	13606	21643
漠河县	3944	822	1134			16468

附录1　续表36　　1998年

县(市)名称	职工工资总额(万元)	职工平均工资(元)	普通中学在校学生数(人)	小学在校学生数(人)	学龄儿童入学率(%)	医院数(个)	医院床位数(张)
呼兰县	21540	5315	36612	70200	99.0	30	1792
宾县	14433	5629	33688	55015	95.8	25	815
依兰县	13064	4918	26470	38726	99.8	21	636
方正县	14858	5131	12983	25519	99.8	18	508
阿城市	43206	5722	37895	61200	97.2	33	1482
双城市	21246	5196	51982	68671	97.7	29	757
尚志市	33228	6480	40871	56057	97.6	29	928
五常市	31554	5613	50596	93560	98.1	34	1071
巴彦县	31664	5748	38915	75303	97.0	33	917
木兰县	9349	5464	13913	29061	100.0	17	446
通河县	9734	4818	10722	20825	97.2	19	463
延寿县	8803	5778	16310	28458	95.2	18	521
龙江县	14933	4817	37932	49927	98.3	26	772
依安县	10666	4469	28050	43597	97.3	21	629
泰来县	8741	4710	23572	30202	99.6	22	698
甘南县	7876	5315	25297	38125	97.3	22	671
富裕县	12242	5238	20804	26761	97.1	18	618
克山县	14463	5066	34764	39207	84.3	20	770
克东县	8596	4723	15704	26445	99.1	14	480
拜泉县	11038	4532	25349	61214	97.8	27	722
讷河市	19650	4821	54311	56332	98.3	28	626
鸡东县	17514	6034	15820	30416	96.1	21	825
虎林市	17262	4514	16142	27112	98.4	24	1259
密山市	15396	5885	29815	37068	100.0	20	738
萝北县	10801	4492	23953	31914	100.0	21	1078
绥滨县	8147	6219	11195	19684	100.0	17	593
集贤县	15278	5104	17667	26588	86.9	17	716
友谊县	2813	5698	5999	8244	98.7	14	730
宝清县	10277	4265	26231	44969	94.7	23	928
饶河县	5919	6182	6912	14376	100.0	19	489
肇州县	10736	3694	26494	44405	99.8	18	595
肇源县	10676	4530	24727	27109	99.6	22	590
林甸县	8317	5186	12291	31009	100.0	13	374
杜蒙自治县	6975	3731	13369	27109	100.0	14	327

注:职工工资总额和平均工资为县属口径在岗职工情况,不含农垦系统。

附录1　续表37　　1998年

县(市)名称	职工工资总额(万元)	职工平均工资(元)	普通中学在校学生数(人)	小学在校学生数(人)	学龄儿童入学率(%)	医院数(个)	医院床位数(张)
嘉荫县	6588	6380	4660	7703	96.0	11	331
铁力市	18980	3228	18929	33244	92.8	10	315
桦南县	13140	4729	21587	42383	99.9	23	635
桦川县	7607	5129	11513	21570	99.6	15	349
汤原县	10451	4381	15085	28580	100.0	20	835
抚远县	5673	6143	3588	10256	99.6	12	155
同江市	6571	5797	8451	18823	100.0	20	441
富锦市	17699	5588	32418	39489	98.8	27	1170
勃利县	19514	5281	16918	37764	97.7	18	691
穆棱市	17577	4410	18211	36479	100.0	12	689
东宁县	14967	5409	10701	24571	99.9	12	512
林口县	13394	4679	20031	46200	99.5	20	697
绥芬河市	6799	7702	2765	6316	100.0	3	230
海林市	22507	4515	21430	41444	99.0	20	1113
宁安市	18916	4601	25747	43480	100.0	21	997
北安市	18610	4122	28389	37163	97.8	29	2702
五大连池市	14770	3699	20634	31079	96.5	31	1021
嫩江县	15050	5616	36918	40972	97.4	32	1243
逊克县	5232	6278	6255	10355	94.9	13	224
孙吴县	6565	6187	6444	9925	95.9	13	159
绥化市	45851	5560	59808	75823	99.2	38	2013
安达市	17217	5105	32280	44728	99.1	23	851
肇东市	27264	5215	59465	86042	100.0	30	1059
海伦市	19208	4972	50141	68364	99.2	33	1179
望奎县	9362	4506	34442	44071	100.0	21	563
兰西县	9791	4214	32905	48670	99.2	22	325
青冈县	8568	4200	22871	40074	100.0	23	950
庆安县	11001	4922	24575	32231	100.0	22	415
明水县	9536	4808	19356	33623	99.2	17	348
绥棱县	17129	4277	15351	25743	99.5	19	696
呼玛县	5696	5261	2836	5957	94.9	11	199
塔河县	11968	3753	3774	9741	92.9	12	467
漠河县	18105	4636	3687	8716	94.2	7	302

附录二 各类开发区情况

GENERAL SURREY OF ALL KINDS EXPERIMENTAL DERELOPMENT

附录 2－1　各类开发区情况

1998 年

开发区名称	已批准项目数（个）	#外商投资企业	内资企业投资总额（万元）	外商投资企业（万美元）合同投资额	外商投资企业（万美元）实际利用外资额	基础设施投资额（万元）
合　计	**504**	**66**	**285737**	**20201**	**9098**	**62184**
国家批准	449	58	242905	16607	7770	34323
1.哈尔滨经济技术开发区	167	30	57132	10452	5084	13975
2.哈尔滨高新技术产业开发区	146	17	23480	2280	721	15880
3.大庆高新技术产业开发区	116	9	149000	3373	1800	4138
4.黑河边境经济合作区	12		7178			330
5.绥芬河边境经济合作区	8	2	6115	502	165	
省批准	55	8	42832	3594	1328	27861
1.齐齐哈尔外商投资区	9		8427	10	12	500
2.牡丹江经济技术开发区	1	1		10	10	
3.佳木斯经济技术开发区	2	1	704			26
4.双城经济技术开发区	19	4	15596	982	129	800
5.绥化经济技术开发区	1		5000			
6.海林韩国投资区	1		1200	89	89	1000
7.鸡西优势资源产业开发区						
8.省农垦哈尔滨经济开发区	1	1		2443	1028	
9.双鸭山经济技术开发区						
10.逊克边境经济合作区	8		954			40
11.孙吴边境经济合作区	4		35			10
12.同江边境经济合作区	3	1	945	60	60	18865
13.东宁边境经济合作区						
14.虎林边境经济合作区			4191			4191
15.省农垦吉祥边境经济合作区						
16.密山边境经济合作区						
17.省农垦档壁镇边境经济合作区	1		100			
18.塔河边境经济合作区						
19.呼玛边境经济合作区						
20.省农垦宝泉岭边境经济合作区	1		2500			2199
21.镜泊湖旅游渡假区						
22.五大连池旅游渡假区	2		3050			130
23.亚布力滑雪旅游渡假区	2		130			100

附录2－2 经济技术开发区情况

1998年

开发区名称	占地面积（万平方米）	企业数（个）	#三资企业	#盈利企业	总人数（人）	总收入（万元）	总产值（万元）	总利润（万元）
合　计	**1762**	**1330**	**364**	**54**	**44146**	**727705**	**534647**	**13631**
国家批准	1000	1250	328	50	35714	681941	484075	13339
哈尔滨经济技术开发区	1000	1250	328	50	35714	681941	484075	13339
省批准	762	80	36	4	8432	45764	50572	292
齐齐哈尔外商投资区	331	26	13	1	4067	18570	15299	－28
牡丹江经济技术开发区		1	1		16	1910	1980	210
佳木斯经济技术开发区	25	21	12	2	2412	12500	15500	100
双城经济技术开发区	51	19	4		200	254	6468	154
绥化经济技术开发区	2				200			
海林韩国投资区	342	11	5	1	1159	8825	7750	－54
鸡西优势资源产业开发区								
双鸭山经济技术开发区								
省农垦哈尔滨经济开发区	11	2	1		378	3705	3575	－90

附录2－2　续表　　　　1998年

开发区名称	利税总额（万元）	出口总额（万美元）	#三资企业（个）	利用外资项目（个）	#批准个数	#投产个数	实际利用外资额（万美元）
合　计	**42085**	**2229**	**1462**	**37**	**37**	**18**	**5339**
国家批准	38900	1288	521	30	30	15	5084
哈尔滨经济技术开发区	38900	1288	521	30	30	15	5084
省批准	3185	941	941	7	7	3	255
齐齐哈尔外商投资区	2159	791	791	1	1	1	12
牡丹江经济技术开发区	182			1	1	1	10
佳木斯经济技术开发区	282	10	10	1	1	1	15
双城经济技术开发区	100			4	4		129
绥化经济技术开发区							
海林韩国投资区	462	140	140				89
鸡西优势资源产业开发区							
双鸭山经济技术开发区							
省农垦哈尔滨经济开发区							

附录 2－3　边境经济合作区情况

1998 年

开发区名称	占地面积(万平方米)	企业数(个)	#三资企业	年末职工人数(人)	出口总额(万美元)	#三资企业	进口总额(万美元)	#三资企业
合　计	**65389**	**125**	**48**	**8443**	**14113**		**448**	
国家批准	120	97	42	3246	14026		328	
黑河边境经济合作区	120	79	37	1646	14026		328	
绥芬河边境经济合作区		18	5	1600				
省批准	65269	28	6	5197	87		120	
逊克边境经济合作区	4500	8		347				
孙吴边境经济合作区	170	4	4	50				
同江边境经济合作区								
东宁边境经济合作区								
虎林边境经济合作区	5	1		4180	87		120	
省农垦吉祥边境经济合作区								
密山边境经济合作区	440	13	2	620				
省农垦档壁镇边境经济合作区	154	1						
塔河边境经济合作区								
呼玛边境经济合作区								
省农垦宝泉岭边境经济合作区	60000	1						

附录 2－3　续表

1998 年

开发区名称	外商直接投资协议额(万美元)	外商直接投资实际额(万美元)	#工业性	#非工业性	内联企业直接投资协议额(万美元)	内联企业直接投资实际额(万美元)	#工业性	#非工业性
合　计	**482**	**145**			**8025**	**12054**	**890**	
国家批准	482	145			7898	7748	890	
黑河边境经济合作区					7178	7178	320	
绥芬河边境经济合作区	482	145			720	570	570	
省批准					127	4306		
逊克边境经济合作区					127	115		
孙吴边境经济合作区								
同江边境经济合作区								
东宁边境经济合作区								
虎林边境经济合作区						4191		
省农垦吉祥边境经济合作区								
密山边境经济合作区								
省农垦档壁镇边境经济合作区								
塔河边境经济合作区								
呼玛边境经济合作区								
省农垦宝泉岭边境经济合作区								

附录2-4 高新技术产业开发区情况

1998年

开发区名称	企业数（个）	总人数（人）	总产值（亿元）	总收入（亿元）	#技术性收入	#产品销售收入	利税总额（万元）	出口总额（万元）
合　计	**1492**	**68932**	**128.0**	**156.0**	**1.8**	**124.0**	**66000**	**10840**
国家批准	1492	68932	128.0	156.0	1.8	124.0	66000	10840
哈尔滨高新技术产业开发区	1008	56932	90.0	101.0	1.2	88.0	44000	10600
大庆高新技术产业开发区	484	12000	38.0	55.0	0.6	36.0	22000	240

附录2-5 旅游度假区情况

1998年

开发区名称	占地面积（万平方米）	年末职工（人）	宾馆（饭店）（个）	接待人数（万人）	营业收入（万元）	外汇收入（万美元）	利税总额（万元）	项目总投资（万美元）
合　计	**1548**	**683**	**16**	**1.7**	**860**		**69**	
省批准	1548	683	16	1.7	860		69	
亚布力滑雪旅游渡假区	48	46	1	1.1	80		15	
镜泊湖旅游渡假区								
五大连池旅游渡假区	1500	637	15	0.6	780		54	

主要统计指标解释

边境经济合作区　经省政府或国务院批准设立的，在边境地区一定范围内集中建设并享有一定优惠政策和配套设施的开发区。边境经济合作区以与毗邻国家对外贸易、经济技术合作为主。经省政府批准的即为省级开发区，经国务院批准设立的为国家级开发区。

经济技术开发区　经省政府或国务院批准的，设在内陆地区依托中心城市集中在一定地域建设，享有一定优惠政策和配套措施的开发区。经济技术开发区以招商引资、建立出口加工基地为主，成为本地招商引资，扩大开放的窗口和基地。

高新技术产业开发区　经省政府或国务院批准设立的，依托具有一定经济实力和科技力量中心城市，享有一定的优惠政策和配套措施，通过招商引资、扩大开放，发展高新技术产业的开发区。

附录三　东北三省国民经济主要指标

MAIN INDICATORS OF NATIONAL ECONOMY BETWEEN THE THREE PROVINCES IN NORTHEAST AREA

附录3-1 东北三省国民经济主要指标

1998年

指　　标	单　位	东北三省合　计	辽　宁	吉　林	黑龙江	黑龙江省占东北三省比重（%）
人口、从业人员						
年末总人口	万人	10066.6	4090.4	2603.2	3373.0	33.5
#市镇人口	万人	7998.9	3577.9	2383.6	2037.4	25.5
年平均人口	万人	10447.5	4083.8	2601.7	3762.0	36.0
从业人员	万人	4898.5	1958.8	1239.7	1700.0	34.7
#职工人数	万人	2007.7	917.4	483.0	607.3	30.2
乡村劳动力	万人	2342.6	846.3	616.3	880.0	37.6
城镇私营和个体劳动者	万人	507.6	181.5	134.1	192.0	37.8
国内生产总值	亿元	8272.3	3881.7	1557.8	2832.8	34.2
第一产业	亿元	1424.1	531.5	429.5	463.1	32.5
第二产业	亿元	3959.3	1855.2	597.3	1506.8	38.1
第三产业	亿元	2889.1	1495.1	531.0	863.0	29.9
全社会固定资产投资总额	亿元	2275.1	1052.6	420.9	801.6	35.2
#国有单位投资额	亿元	1608.0	651.2	350.3	606.5	37.7
#基本建设投资额	亿元	913.9	438.1	200.9	274.9	30.1
集体单位投资额	亿元	184.8	118.1	38.6	28.1	15.2
城乡个人建房投资额	亿元	210.7	83.5	32.0	95.2	45.2
#住宅投资	亿元		191.0		164.9	
财政收支						
地方预算财政收入	亿元	537.5	264.6	93.6	179.3	33.4
地方预算财政支出	亿元	861.2	390.3	190.1	280.8	32.6
预算外资金收入	亿元		131.6		72.4	
人民生活						
职工工资总额	亿元	1145.7	521.3	246.6	377.8	33.0
职工平均工资	元	18426.0	5637.0	6551.0	6238.0	33.9
城镇居民人均可支配收入	元	13092.8	4617.2	4206.6	4269.0	32.6
农村居民人均纯收入	元	7216.4	2579.8	2383.6	2253.0	31.2
城乡居民年末储蓄余额	亿元	6308.4	3189.9	1211.8	1906.7	30.2
物价(上年=100)						
居民消费价格总指数	%	297.6	99.3	97.9	100.4	33.7
农副产品收购价格总指数	%	291.8	96.7	99.2	95.9	32.9
零售物价总指数	%	292.2	96.7	97.1	98.4	33.7
农　业						
农林牧渔业总产值	亿元	2389.7	986.9	666.5	736.3	30.8
农林牧渔业增加值	亿元	1386.2	527.6	429.5	429.1	31.0
耕地面积	万公顷	1740.8	416.3	400.5	924.0	53.1
主要农业产品产量						
粮　食	万吨	7343.4	1828.9	2506.0	3008.5	41.0
油　料	万吨	61.6	23.4	21.3	16.9	27.4
甜　菜	万吨	407.4	41.6	55.6	310.2	76.1
蔬　菜	万吨	3323.5	1588.1	736.9	998.5	30.0
水　果	万吨	362.6	298.6	45.5	18.5	5.1
造林面积	万公顷	61.4	21.6	9.0	30.8	50.2

附录 3－1　续表 1　　　　1998 年

指　　标	单　位	东北三省合　计	辽　宁	吉　林	黑龙江	黑龙江省占东北三省比重（%）
大牲畜年末存栏头数	万头	1426.4	382.1	494.8	549.5	38.5
#牛年末存栏	万头	1051.9	209.3	386.0	456.6	43.4
生猪年末存栏头数	万头	2853.0	1039.9	855.0	958.1	33.6
羊年末存栏只数	万只	1105.0	318.1	324.1	462.8	41.9
肉类总产量	万吨	580.4	214.0	223.7	142.7	24.6
#猪牛羊肉	万吨	399.1	138.8	148.1	112.2	28.1
水产品产量	万吨	362.6	312.7	14.2	35.7	9.8
牛奶产量	万吨	173.0	18.5	12.4	142.1	82.1
工　业						
全部工业总产值	亿元	11070.8	6674.2	1708.2	2688.4	24.3
轻工业	亿元		2292.5		950.1	
重工业	亿元		4381.7		1738.3	
主要工业产品产量						
糖	万吨	37.0	5.1	3.7	28.2	76.2
化学纤维	万吨	55.0	30.5	7.6	16.9	30.7
呢　绒	万米	1007.6	373.2	448.7	185.7	18.4
机制纸及纸板	万吨	113.7	72.0	10.6	31.1	27.4
电视机	万台	421.5	173.2	166.3	82.0	19.5
#彩　电	万台	418.9	170.6	166.3	82.0	19.6
家用洗衣机	万台		25.3			
家用电冰箱	万台		8.5	0.7		
原　煤	万吨	15008.5	5785.7	2130.4	7092.4	47.3
原　油	万吨	7443.0	1452.1	397.1	5593.8	75.2
发电量	亿千瓦小时	1313.2	608.1	281.3	423.8	32.3
天然气	亿立方米		15.6		23.3	
生　铁	万吨	1661.7	1419.0	166.0	76.7	4.6
钢	万吨	1637.6	1406.5	152.0	79.1	4.8
成品钢材	万吨	1336.3	1149.2	119.9	67.2	5.0
平板玻璃	万重量箱	2000.9	1546.9	119.2	334.8	16.7
水　泥	万吨	3035.6	1663.7	627.8	744.1	24.5
木　材	万立方米	1562.7	132.0	508.3	922.4	59.0
汽　车	万辆	34.9	4.3	23.5	7.1	20.3
金属切削机床	台	445.3	9.0	0.3	436.0	97.9
农用化肥(折纯量)	万吨	149.1	76.8	25.6	46.7	31.3
全部国有及销售收入 500 万元以上工业企业主要财务指标						
工业增加值	亿元	2028.0	858.0	355.3	814.7	40.2
流动资产年平均余额	亿元	5233.5	2638.4	1131.5	1463.6	28.0
年末固定资产原价	亿元	8819.8	4537.0	1775.3	2507.5	28.4
利税总额	亿元	510.1	183.7	76.8	249.6	48.9
#利润总额	亿元	62.4	－16.5	－3.8	82.7	132.5

附录3－1 续表2　　1998年

指　　标	单　位	东北三省合　计	辽　宁	吉　林	黑龙江	黑龙江省占东北三省比重（%）
运输、邮电						
铁路：货运周转量	亿吨公里	1970.8	900.7	385.4	684.7	34.7
旅客周转量	亿人公里	548.9	276.7	116.2	156.0	28.4
公路：货运周转量	亿吨公里	425.6	206.5	78.7	140.4	33.0
旅客周转量	亿人公里	413.9	159.1	67.9	186.9	45.2
邮电业务总量	亿元	262.6	124.9	53.8	83.9	31.9
年末电话机总数	万部	1155.3	559.3	277.4	318.6	27.6
国内外经济贸易						
社会消费品零售总额	亿元	3198.8	1568.7	680.4	949.7	29.7
城乡集市贸易成交额	亿元	2085.6	1173.9	352.9	558.8	26.8
商品进口总额	亿美元	74.5	47.7	9.0	17.8	23.9
商品出口总额	亿美元	111.4	83.6	7.5	20.3	18.2
实际利用外资额	亿美元	45.9	31.4	5.8	8.7	19.0
金　融						
银行现金收入	亿元	22234.2	10171.1	4925.9	7137.2	32.1
银行现金支出	亿元	22551.9	10170.2	5113.4	7268.3	32.2
教育、科技						
高等学校在校学生	万人	44.2	19.9	11.8	12.5	28.3
中等专业学校在校学生	万人	42.9	15.5	15.0	12.4	28.9
普通中学在校学生	万人	531.6	188.5	127.9	215.2	40.5
大中型工业企业技术开发人员	万人	15.1	7.5	3.2	4.4	29.1
国有单位各类专业技术人员	万人		155.7		95.3	
# 中级以上技术人员	万人		61.7		40.5	
文化、卫生						
广播人口覆盖率	%	278.7	93.8	92.0	92.9	33.3
电视人口覆盖率	%	282.4	94.0	93.4	95.0	33.6
报纸出版	亿份	22.0	10.5	4.1	7.4	33.6
杂志出版	亿册	2.6	1.3	0.5	0.8	30.8
图书出版	亿册	4.6	2.4	1.1	1.1	23.9
医疗卫生机构数	个	18191.0	6739.0	3832.0	7620.0	41.9
# 医　院	个	5571.0	2162.0	1428.0	1981.0	35.6
医疗病床数	万张	40.9	19.6	9.3	12.0	29.3
# 医　院	万张	37.7	17.6	8.7	11.4	30.2
卫生技术人员	万人	54.2	23.1	13.6	17.5	32.3
# 医　生	万人	23.3	9.8	5.9	7.6	32.6

附录 3-2 东北三省国民经济主要指标指数

1998 年,1997 年 = 100

指　　标	辽　宁	吉　林	黑龙江	指　　标	辽　宁	吉　林	黑龙江
国内生产总值	108.3	109.0	108.3	原　煤	98.3	88.4	94.0
第一产业	113.0	113.3	100.0	原　油	96.5	99.2	99.7
第二产业	107.6	107.6	110.0	发电量	98.8	97.1	97.9
第三产业	107.9	108.0	111.5	天然气	81.7		99.1
全社会固定资产投资总额	110.4	115.5	119.7	生　铁	104.4	113.1	93.2
#国有单位投资额	107.9	118.7	114.2	钢	103.8	113.7	89.5
集体单位投资额	121.3	117.3	120.8	成品钢材	94.0	111.7	89.0
个人建房投资额	163.6	87.7	137.9	水　泥	90.9	106.3	104.8
#住宅投资	124.9		142.3	木　材	170.3	98.4	80.2
地方预算财政收入	116.0	111.9	119.1	汽　车	109.1	104.6	115.0
地方预算财政支出	114.6	106.8	120.2	农用化肥	90.7	88.6	104.7
城镇居民人均可支配收入	102.2	100.4	103.4	铁路:货运周转量	86.0	87.3	85.4
农村居民人均纯收入	112.1	109.0	99.1	旅客周转量	101.9	99.1	102.7
城乡居民年末储蓄余额	117.0	113.1	112.8	公路:货运周转量	69.4	100.6	103.2
农林牧渔业总产值	115.0	117.9	100.1	旅客周转量	109.3	115.4	108.0
农林牧渔业增加值	113.0	113.3	100.0	邮电业务总额	141.3	129.3	144.2
主要农林牧渔业产品产量				社会消费品零售总额	108.1	107.7	107.9
粮　食	139.2	138.6	96.9	城乡集市贸易成交额	108.0	88.3	139.9
油　料	145.3	133.6	92.9	商品进口总额	75.4	98.1	112.5
甜　菜	103.8	168.9	69.3	商品出口总额	87.8	80.3	101.6
蔬　菜	106.4	114.7	100.9	实际利用外资额	102.6	57.8	84.0
水　果	113.0	121.5	119.4	银行现金收入	142.9	128.8	129.7
造林面积	139.7	143.2	107.9	银行现金支出	142.9	127.2	128.9
猪牛羊肉	109.4	98.7	112.1	高等学校在校学生	105.9	107.0	108.1
水产品	109.7	107.6	110.4	中等专业学校在校学生	103.3	104.3	104.6
牛　奶	108.2	95.9	101.1	普通中学在校学生	96.7	99.1	108.6
全部工业总产值	105.3	114.7	110.1	大中型工业企业技术开发人员	75.0	110.3	103.3
轻工业	104.4		115.0	报纸出版	106.1	113.9	101.8
重工业	105.9		107.0	杂志出版	92.9	103.6	106.4
主要工业产品产量				图书出版	109.1	84.6	82.7
糖	96.2	75.7	77.9	医疗病床数	98.7	98.1	99.3
化学纤维	108.5	119.4	106.3	卫生技术人员数	98.1	100.4	98.0
机制纸及纸板	85.5	94.8	53.6	#医　生	99.4	104.6	98.7
彩色电视机	250.5	386.9	126.0				

附录四　投入产出表

INPUT - OUTPUT TABLE

附录 4－1 1997 年四十个部门

按当年生产

	项目	代码	中间				
			农业	煤炭采选业	石油和天然气开采业	金属矿采选业	非金属矿采选业
	代码		D01	D02	D03	D04	D05
中间投入	农业	01	7288895	653			2
	煤炭采选业	02	253814	191504	182994	24809	52044
	石油和天然气开采业	03		12739	63582		4817
	金属矿采选业	04		68	378	12810	239
	非金属矿采选业	05	186992	193017	52128	2610	8219
	食品制造及烟草加工业	06	7288721	15	303		
	纺织业	07	192427	21726	135803	16154	6257
	服装皮革羽绒及其他纤维制品制造业	08	447950	42399	75127	6037	28481
	木材加工及家具制造业	09	745275	19941	173315	19845	15810
	造纸印刷及文教用品制造业	10	82531	35219	111738	5785	31833
	石油加工及炼焦业	11	1711853	620762	1278404	83664	1252093
	化学工业	12	7262675	487058	1647415	178439	211473
	非金属矿物制品业	13	523139	243435	337308	30737	79553
	金属冶炼及压延加工业	14	111774	490483	683796	134833	89153
	金属制品业	15	729120	577251	370740	72312	102653
	机械工业	16	1172166	645697	1373222	72054	541344
	交通运输设备制造业	17	41270	149909	239019	26845	284770
	电气机械及器材制造业	18	400168	332611	545853	14337	126540
	电子及通信设备制造业	19	8815	34939	184181	1218	19302
	仪器仪表及文化办公用机械制造业	20	31573	29218	330698	5018	15956
	机械设备修理业	21	192282	59294	144587	6535	36588
	其他制造业	22	3404	27110	143587	16107	32249
	废品及废料	23	141840	4			
	电力及蒸汽生产和供应业	24	311971	221460	1450396	101250	108921
	煤气生产和供应业	25	1	25			2
	自来水的生产和供应业	26	5242	12160	2601	195	3422
	建筑业	27	86395	5140	30890	1030	5250
	货物运输及仓储业	28	1081452	766533	359502	108806	708332
	邮电业	29	64788	10084	15111	2614	21939
	商业	30	3491341	165399	799968	39191	104775
	饮食业	31	6844	155200	20953	22347	71524
	旅客运输业	32	241468	32734	28505	12550	62988
	金融保险业	33	541928	308311	236765	28989	81145
	房地产业	34	5049	12884	365	111	1211
	社会服务业	35	225892	39416	52337	13024	63019
	卫生体育和社会福利业	36	27204	17415	7023	713	4981
	教育文化艺术及广播电影电视业	37	45483	12497	2567	1441	8087
	科学研究事业	38	4830	10	185	379	241
	综合技术服务业	39	648617	648	2408	3565	13583
	行政机关及其他行业	40					
	中间投入小计	I1	35605189	5974968	11083754	1066354	4198796
增加值	固定资产折旧	N5	1289000	880108	3296741	155295	623182
	劳动者报酬	N6	41794000	3308887	2670863	337014	3506427
	生产税净额	N7	1817000	1260502	8449980	178342	1866172
	营业盈余	N8	3954811	65867	27637442	146603	435164
	增加值合计	NN	48854811	5515364	42055026	817254	6430945
	总投入	VA	84460000	11490332	53138780	1883608	10629741

投入产出流量表

者价格计算　　　　单位:千元

使用								代码
食品制造及烟草加工业	纺织业	服装皮革羽绒及纤维制品业	木材加工及家具制造业	造纸印刷及文教用品制造业	石油加工及炼焦业	化学工业	非金属矿物制品业	
D06	D07	D08	D09	D10	D11	D12	D13	
17771121	787655	15921	385	4		391299	4466	01
699008	103486	26657	176422	152151	360435	491875	652236	02
65142	88		12447	150	7769968	2275303	470	03
23	92		4877	18	4	901	1115	04
67084	1769	319	1873217	923442	6868	116724	1034738	05
10226197	799	231	5529	23023	712	312652	572	06
23534	890351	697708	2596	47017	4469	115328	14499	07
48546	8676	381476	100564	22962	23917	46694	13363	08
73766	9659	2774	2049721	76698	18196	30232	18553	09
1230255	25477	17388	169515	1502257	12944	274463	74870	10
190188	44663	12472	225361	59576	2160227	1215495	293770	11
2230897	714093	203120	510566	550680	474646	6185855	396506	12
502836	15435	4271	39226	26031	56133	221328	4013598	13
50969	14086	42	617535	45183	89966	55022	149990	14
300576	24672	9031	238844	91511	64309	255089	346947	15
252937	70323	5993	105439	78074	222342	233705	217857	16
130410	5350	629	46717	9254	15610	73748	190614	17
69085	17557	1943	43805	24432	68634	94699	64907	18
36461	8886	2945	12322	19928	17553	65666	11096	19
51516	4936	2290	9255	6551	87318	116104	11969	20
62335	4882	4275	44944	10587	78069	256040	20272	21
85442	16606	23867	45245	46645	55375	82327	33433	22
4097	10102		499	16018		38644	67118	23
840723	127117	41423	204909	153049	499638	679174	459833	24
	72		1			60	102	25
54456	10406	5176	29755	6229	20806	51206	19779	26
17558	453	232	2557	263	1209	4433	1190	27
1703931	147186	67451	275407	135335	446946	1006331	756636	28
55637	8842	13975	26875	12627	8160	31649	32284	29
4688766	372596	382632	832953	581994	697060	1603919	768458	30
151192	25493	26906	59891	22618	14676	62443	51185	31
95558	27853	36378	77079	27356	15132	96576	68243	32
805519	162310	109843	90868	84704	179283	356908	243795	33
42165	27626	87395	34121	2737	10382	12906	26321	34
279521	31859	52516	117083	38131	30596	174915	111094	35
2668	199	1	3855	5206	2026	2584	5188	36
11500	4834	3299	3301	4178	4773	6970	4119	37
2233	96		134	1009	21307	13929	115	38
10261	321	1036	8074	3069	11355	29519	11479	39
								40
42934113	3726906	2241615	8101894	4810697	13551044	17082715	10192780	I1
2752403	294758	277951	679411	522903	1266672	4198706	635151	N5
5508870	1059617	536784	2163746	1145705	1175888	3579176	2402134	N6
6781366	520726	238924	2119268	655501	3541689	3253388	1224600	N7
967893	-33434	-103690	1001248	268590	1517672	678807	-178676	N8
16010532	1841667	949969	5963673	2592699	7501921	11710077	4083209	NN
58944645	5568573	3191584	14065567	7403396	21052965	28792792	14275989	VA

附录 4－1　续表 1　　按当年生产

项目		代码	中间				
			金属冶炼及压延加工业	金属制品业	机械工业	交通运输设备制造业	电气机械及器材制造业
代码			D14	D15	D16	D17	D18
中间投入	农业	01	17	3	92	6	1837
	煤炭采选业	02	86607	37581	219036	94280	33347
	石油和天然气开采业	03	21558	1	657	69	288
	金属矿采选业	04	542322	18290	22491	4717	20224
	非金属矿采选业	05	22846	6332	15345	4588	542
	食品制造及烟草加工业	06	6	587	1687	35	379
	纺织业	07	1207	276	7337	4464	1481
	服装皮革羽绒及其他纤维制品制造业	08	10125	8758	17803	47251	2404
	木材加工及家具制造业	09	33036	71369	64806	34099	17079
	造纸印刷及文教用品制造业	10	5935	99510	36231	9897	25537
	石油加工及炼焦业	11	554370	67668	182017	37553	38114
	化学工业	12	93887	313827	326969	110717	354012
	非金属矿物制品业	13	87994	58205	153492	42741	51285
	金属冶炼及压延加工业	14	3054560	3747580	2827532	821772	1157169
	金属制品业	15	20329	1002125	1103780	51382	107808
	机械工业	16	98526	83666	2255928	702289	172064
	交通运输设备制造业	17	16555	11552	152312	1082396	10306
	电气机械及器材制造业	18	27796	20041	290687	53482	337273
	电子及通信设备制造业	19	6240	11365	38161	9295	134808
	仪器仪表及文化办公用机械制造业	20	14952	12145	50188	23083	26686
	机械设备修理业	21	17713	7510	19734	4083	9299
	其他制造业	22	22923	5238	24543	4455	2711
	废品及废料	23	134022	1273	35308	942	1688
	电力及蒸汽生产和供应业	24	241484	129038	306275	70371	60791
	煤气生产和供应业	25	361	146	4493	2255	1357
	自来水的生产和供应业	26	6354	4658	22431	7454	3333
	建筑业	27	2775	170	1918	767	1139
	货物运输及仓储业	28	190269	276467	320677	108883	93971
	邮电业	29	5377	16416	33541	6032	8304
	商业	30	350165	388494	541173	218940	227000
	饮食业	31	13551	11438	77868	7795	36054
	旅客运输业	32	14559	81745	103282	14314	23902
	金融保险业	33	75144	37974	226837	57859	84893
	房地产业	34	6909	1193	24632	119	19085
	社会服务业	35	21824	96690	136564	29654	38084
	卫生体育和社会福利业	36	1402	870	10202	1796	148
	教育文化艺术及广播电影电视业	37	2648	976	11515	5214	3101
	科学研究事业	38	691	244	6166	1039	878
	综合技术服务业	39	15172	1291	22797	14967	6586
	行政机关及其他行业	40					
	中间投入小计	I1	5822211	6632712	9696507	3691055	3114967
增加值	固定资产折旧	N5	426478	576174	1417387	364942	452978
	劳动者报酬	N6	709614	1870662	3673737	1129810	1036035
	生产税净额	N7	605275	863697	1656498	570290	405743
	营业盈余	N8	101964	252774	278953	48072	－132681
	增加值合计	NN	1843331	3563307	7026575	2113114	1762075
总投入		VA	7665542	10196019	16723082	5804169	4877042

者价格计算　　　　单位:千元

使用								代码
电子及通信设备制造业	仪器仪表及文化办公用机械制造业	机械设备修理业	其他制造业	废品及废料	电力及蒸汽热水生产和供应业	煤气生产和供应业	自来水的生产和供应业	
D19	D20	D21	D22	D23	D24	D25	D26	
	1	1			1	1		01
2637	21585	24934	83762		2750064	29146	1702	02
139		4332	4385		4656	82422	4	03
		1111	16		564			04
18	372	8766	7009		3008	560	90	05
	323	7	166		341			06
65	283	13054	47361		1422	116	59	07
1575	1672	3781	920		8023	601	258	08
4380	5075	10131	8319		6220	130	281	09
20178	16307	5167	162712		10018	1135	282	10
2002	14391	248985	66571		145374	26285	4295	11
51712	34651	104004	532354		35423	8296	6559	12
4026	6453	57119	20233		29994	1675	1733	13
67553	64848	139826	268164		22485	6910	1154	14
11358	48394	77139	28992		24048	1310	840	15
3712	53919	112869	32839		152465	3994	1974	16
3600	1689	756845	6938		33867	23374	1158	17
16098	117773	58668	14302		90572	2851	6209	18
1986756	132084	3604	8560		25736	753	766	19
2888	75238	26856	7287		47443	704	926	20
2275	947	13351	1181		51309	236	133	21
1440	4050	43946	62968		6975	97	97	22
5		125			1			23
23668	19365	30310	20204		118885	6348	33134	24
5		1208	368			5974		25
932	3104	3306	2287		21112	383	296	26
328	49	327	333		5370	3	1	27
73800	26148	75152	73858		109363	4028	2098	28
4318	3167	3034	6472		10370	771	418	29
141391	60187	130753	137362		206575	11414	6712	30
5531	4779	2481	28023		8557	1041	381	31
10537	9738	7001	17035		16114	917	722	32
27372	16853	20677	29565		228300	9474	1897	33
3004	2685	4897	39321		269		92	34
15377	12126	10115	13555		29841	2288	1527	35
177	1461	1104	10		3737	192	235	36
833	252	1346	641		7393	781	566	37
335	347	160			2136	18	171	38
6373	2020	1246	1490		2464	139	189	39
								40
2496398	762336	2007738	1735563		4220495	234367	76959	I1
274658	44983	147904	437371		3453767	20779	237295	N5
202098	225888	381763	1223773		2009917	165394	297199	N6
189287	140792	142700	477520		1294476	9796	120563	N7
111154	75095	－29230	－211144	503900	281420	－44566	45784	N8
777197	486758	643137	1927520	503900	7039580	151403	700841	NN
3273595	1249094	2650875	3663083	503900	11260075	385770	777800	VA

附录 4－1　续表 2　　　　按当年生产

项目		代码	中间				
			建筑业	货物运输及仓储业	邮电业	商　业	饮食业
代码			D27	D28	D29	D30	D31
中间投入	农　业	01		283		10898	1127168
	煤炭采选业	02	49793	435927	619	18059	83312
	石油和天然气开采业	03		10222			
	金属矿采选业	04					
	非金属矿采选业	05	3101145	18403		17511	337
	食品制造及烟草加工业	06		2329		148721	1572492
	纺织业	07	454	18871	16	41394	4210
	服装皮革羽绒及其他纤维制品制造业	08	35010	27119	22951	59232	60493
	木材加工及家具制造业	09	536958	28975	25841	102840	41307
	造纸印刷及文教用品制造业	10	30332	37713	326589	264380	21758
	石油加工及炼焦业	11	2406687	1937643	69948	133722	53520
	化学工业	12	1220407	79547	30413	202112	35235
	非金属矿物制品业	13	9789056	110273	9850	212520	37374
	金属冶炼及压延加工业	14	4398785	187874	2855	18772	15927
	金属制品业	15	3226683	29712	14600	112231	42616
	机械工业	16	938549	76868	17525	301316	9210
	交通运输设备制造业	17	97083	461534	65211	91521	7818
	电气机械及器材制造业	18	1425115	46908	427900	556961	11478
	电子及通信设备制造业	19	43680	16810	41675	477600	11127
	仪器仪表及文化办公用机械制造业	20	285358	8883	47058	58724	238
	机械设备修理业	21	125335	124202	314074	66323	2773
	其他制造业	22	158932	3161	2317	2984	2
	废品及废料	23		2669			
	电力及蒸汽生产和供应业	24	270457	188116	113565	373896	105130
	煤气生产和供应业	25		1583			26769
	自来水的生产和供应业	26	24505	11884	5992	32318	15062
	建筑业	27	14997	120108	43861	67289	1004
	货物运输及仓储业	28	1325300	168679	95644	202009	60955
	邮电业	29	237	86103	33927	495794	35345
	商业	30	2187411	205794	124832	319457	442523
	饮食业	31	127717	37657	16159	298333	17648
	旅客运输业	32	981	13935	23239	253021	276
	金融保险业	33	218634	365601	51818	4866623	317505
	房地产业	34	86	38839	9474	646628	82601
	社会服务业	35	641153	261404	62739	505129	25193
	卫生体育和社会福利业	36		24448		3521	658
	教育文化艺术及广播电影电视业	37	38173	17656	10869	47593	3512
	科学研究事业	38	2937	933		3860	
	综合技术服务业	39	13641	1856		15453	
	行政机关及其他行业	40					
	中间投入小计	I1	32735591	5210522	2011561	11028745	4272576
增加值	固定资产折旧	N5	792000	1005905	2789000	2234000	125000
	劳动者报酬	N6	7779000	6580064	1006000	9002000	870000
	生产税净额	N7	2386000	502469	243000	2930000	253000
	营业盈余	N8	3647409	905235	68439	11315255	1073424
	增加值合计	NN	14604409	8993673	4106439	25481255	2321424
总投入		VA	47340000	14204195	6118000	36510000	6594000

者价格计算　　　　单位:千元

使用								代码
旅客运输业	金融保险业	房地产业	社会服务业	卫生体育和社会福利业	教育文艺广播电影电视业	科学研究事业	综合技术服务业	
D32	D33	D34	D35	D36	D37	D38	D39	
17	132		106554	3855	15679	28	306	01
107177	165056	199861	601968	58139	418740	26490	45377	02
				302		419		03
	174157		2302		621			04
3209	31	48509	51407	354	201		57590	05
2624	22120	18103	82109	16590	10994	220	37529	06
29956	46000	13583	169330	21926	15626	266	3936	07
8601	121939	41293	23738	2288	35963	5234	7932	08
10197	539496	47465	88499	7446	133810	1534	1492	09
28403	1808656	547976	212480	31558	1238886	14039	97510	10
647335	360708	267356	866648	20130	114043	12472	118041	11
14185	279980	84539	875246	1765435	181317	30334	320361	12
19914	63925	804621	231107	15172	102312	39128	113590	13
5446		8215	136575	25668	732	973	360079	14
11929	34701	62289	167635	13393	55784	36793	32891	15
25031	186090	238219	30141	380668	93016	34694	24538	16
378134	181749	165849	28969	12866	62334	154	13247	17
22733	70392	135093	185492	8999	58564	1667	2695	18
5163	792448	29446	36228	33185	154506	933	52264	19
6845	76878	10811	17347	7115	66986	5039	5219	20
46239	107814	90499	237270	40429	49249	16652	37946	21
965	17244	10365	7208	3288	24874	29054	2396	22
114								23
28962	74247	101270	476480	39997	232473	9535	65415	24
6	9507	19201	19941	524	27895	56	1268	25
3469	21948	10938	88497	8177	66700	1662	6273	26
26523	303601	352076	61652	99537	182930	1534	43959	27
67725	147750	97543	203129	55911	99347	12280	63242	28
22259	649675	224010	348643	35730	345480	34655	111913	29
84458	694010	158980	425931	398853	334077	28160	134991	30
22379	383556	363210	207147	20324	104625	10404	70480	31
9576	226334	63376	141558	17616	147778	10856	58037	32
20276	56285	565459	195490	15108	29474	3372	59589	33
23858	1031995	74647	184046	2627	46883	38368	2609	34
40808	1193787	468010	445994	29806	254688	26152	56848	35
2689	38194	19650	46182	4936	47013	285	6256	36
5892	15515	12664	24690	6437	41512	2394	15402	37
484				1436	8077	4193	37870	38
1002	819	13888	6396	9775	25102	727	7033	39
								40
1734583	9896739	5369014	7034029	3215600	4828291	440756	2076124	I1
200289	354795	3192000	743084	330000	687000	42000	214000	N5
1199739	1191623	851000	2973795	2698000	3764000	426000	1921000	N6
114917	1742571	216000	430613	15000	91000	15000	91000	N7
70664	-1857728	799986	1352889	249400	228709	13244	115876	N8
1585609	1431261	5058986	5500381	3292400	4770709	496244	2341876	NN
3320192	11328000	10428000	12534410	6508000	9599000	937000	4418000	VA

附录 4－1　续表 3　　　　按当年生产

	项目	代码	中间使用：行政机关及其他行业	中间使用：中间使用小计	最终：农村居民消费	最终：城镇居民消费	最终：居民消费小计
	代码		D40	ZJSYHJ	NYXF	FNXF	JMXF
中间投入	农　业	01	1753	27529033	12443293	11736493	24179786
	煤炭采选业	02	5548	8968182	685236	1421866	2107102
	石油和天然气开采业	03		10334160			
	金属矿采选业	04		807340			
	非金属矿采选业	05	19640	7854940	95898		95898
	食品制造及烟草加工业	06	13805	19789921	5170261	21737806	26908067
	纺织业	07	75135	2685697	1045514	2485998	3531512
	服装皮革羽绒及其他纤维制品制造业	08	106375	1907531	1564435	8034666	9599101
	木材加工及家具制造业	09	36443	5111013	26119	927609	953728
	造纸印刷及文教用品制造业	10	716559	9344023	533640	493916	1027556
	石油加工及炼焦业	11	363530	17907936	24194	712811	737005
	化学工业	12	24046	28168991	1280859	4311900	5592759
	非金属矿物制品业	13	17516	18174338	1023083	745573	1768656
	金属冶炼及压延加工业	14		19874286	30675		30675
	金属制品业	15	84077	9585894	64693	118508	183201
	机械工业	16	4106	11025369	67879	34859	102738
	交通运输设备制造业	17	627936	5509142	923301	326879	1250180
	电气机械及器材制造业	18	67763	5862083	143753	1305045	1448798
	电子及通信设备制造业	19	2674	4479179	981087	1690123	2671210
	仪器仪表及文化办公用机械制造业	20	103379	1690678	69644	219929	289573
	机械设备修理业	21	301574	2608840	718	1695	2413
	其他制造业	22	14897	1068527	104581	759302	863883
	废品及废料	23		454469			
	电力及蒸汽生产和供应业	24	179157	8518437	623719	1922962	2546681
	煤气生产和供应业	25	11082	134262		251508	251508
	自来水的生产和供应业	26	14033	608541	383	168876	169259
	建筑业	27	451423	1940274		107317	107317
	货物运输及仓储业	28	76031	11594107	487130	1653386	2140516
	邮电业	29	680304	3506880	228130	2286192	2514322
	商业	30	350624	22839319	2711261	9451990	12163251
	饮食业	31	251980	2820390	643424	3130186	3773610
	旅客运输业	32	188493	2277362	618597	387607	1006204
	金融保险业	33	58689	10871136	21728	435136	456864
	房地产业	34	1937531	4485671	1803123	3002888	4806011
	社会服务业	35	450645	6099404	428770	2851068	3279838
	卫生体育和社会福利业	36	12140	306369	395964	1218177	1614141
	教育文化艺术及广播电影电视业	37	85588	476212	707008	1124806	1831814
	科学研究事业	38		116443			
	综合技术服务业	39	125530	1039891			
	行政机关及其他行业	40					
	中间投入小计	I1	7460006	298376270	34948100	85057077	120005177
增加值	固定资产折旧	N5	1268994	38705064			
	劳动者报酬	N6	7086000	129463222			
	生产税净额	N7	161000	47575665			
	营业盈余	N8		55622594			
	增加值合计	NN	8515994	271366545			
总投入		VA	15976000	569742815			

者价格计算　　　　单位：千元

使用							总产出	代码
政府消费	最终消费合计	固定资本形成	存货增加	资本形成合计	净调出	最终使用合计		
ZFXF	ZXF	GDZB	KCZJ	ZBXCHJ	JDC	ZZSYHJ	ZCC	
	24179786	2734014	11916423	14650437	18100744	56930967	84460000	01
	2107102		167391	167391	247657	2522150	11490332	02
			2644	2644	42801976	42804620	53138780	03
			11240	11240	1065028	1076268	1883608	04
	95898		162824	162824	2516079	2774801	10629741	05
	26908067		1977794	1977794	10268863	39154724	58944645	06
	3531512		255257	255257	－903893	2882876	5568573	07
	9599101		392203	392203	－8707251	1284053	3191584	08
	953728	375610	399681	775291	7225535	8954554	14065567	09
	1027556		183844	183844	－3152027	－1940627	7403396	10
	737005		91138	91138	2316886	3145029	21052965	11
	5592759		1155568	1155568	－6124526	623801	28792792	12
	1768656		382430	382430	－6049435	－3898349	14275989	13
	30675		71917	71917	－12311336	－12208744	7665542	14
	183201	433227	163778	597005	－170081	610125	10196019	15
	102738	12361957	680019	13041976	－7447001	5697713	16723082	16
	1250180	1955953	295474	2251427	－3206580	295027	5804169	17
	1448798	1326914	155692	1482606	－3916445	－985041	4877042	18
	2671210	4694534	256456	4950990	－8827784	－1205584	3273595	19
	289573	217813	69089	286902	－1018059	－441584	1249094	20
	2413		39622	39622		42035	2650875	21
	863883		108061	108061	1622612	2594556	3663083	22
					49431	49431	503900	23
	2546681				194957	2741638	11260075	24
	251508					251508	385770	25
	169259					169259	777800	26
	107317	45292409		45292409		45399726	47340000	27
	2140516	418446	88151	506597	－37025	2610088	14204195	28
	2514322				96798	2611120	6118000	29
	12163251	1494808	417229	1912037	－404607	13670681	36510000	30
	3773610					3773610	6594000	31
	1006204				36626	1042830	3320192	32
	456864					456864	11328000	33
	4806011	1136318		1136318		5942329	10428000	34
3155168	6435006					6435006	12534410	35
4587490	6201631					6201631	6508000	36
7290974	9122788					9122788	9599000	37
820557	820557					820557	937000	38
3378109	3378109					3378109	4418000	39
15976000	15976000					15976000	15976000	40
35208298	155213475	72442003	19443925	91885928	24267142	271366545	569742815	II
								N5
								N6
								N7
								N8
								NN
								VA

附录 4－2 1997 年四十个部门投入

项目	代码	农业	煤炭采选业	石油和天然气开采业	金属矿采选业	非金属矿采选业
代码		D01	D02	D03	D04	D05
农业	01	0.08630	0.00006			
煤炭采选业	02	0.00301	0.01667	0.00344	0.01317	0.00490
石油和天然气开采业	03		0.00111	0.00120		0.00045
金属矿采选业	04		0.00001	0.00001	0.00680	0.00002
非金属矿采选业	05	0.00221	0.01680	0.00098	0.00139	0.00077
食品制造及烟草加工业	06	0.08630		0.00001		
纺织业	07	0.00228	0.00189	0.00256	0.00858	0.00059
服装皮革羽绒及其他纤维制品制造业	08	0.00530	0.00369	0.00141	0.00321	0.00268
木材加工及家具制造业	09	0.00882	0.00174	0.00326	0.01054	0.00149
造纸印刷及文教用品制造业	10	0.00098	0.00307	0.00210	0.00307	0.00299
石油加工及炼焦业	11	0.02027	0.05402	0.02406	0.04442	0.11779
化学工业	12	0.08599	0.04239	0.03100	0.09473	0.01989
非金属矿物制品业	13	0.00619	0.02119	0.00635	0.01632	0.00748
金属冶炼及压延加工业	14	0.00132	0.04269	0.01287	0.07158	0.00839
金属制品业	15	0.00863	0.05024	0.00698	0.03839	0.00966
机械工业	16	0.01388	0.05619	0.02584	0.03825	0.05093
交通运输设备制造业	17	0.00049	0.01305	0.00450	0.01425	0.02679
电气机械及器材制造业	18	0.00474	0.02895	0.01027	0.00761	0.01190
电子及通信设备制造业	19	0.00010	0.00304	0.00347	0.00065	0.00182
仪器仪表及文化办公用机械制造业	20	0.00037	0.00254	0.00622	0.00266	0.00150
机械设备修理业	21	0.00228	0.00516	0.00272	0.00347	0.00344
其他制造业	22	0.00004	0.00236	0.00270	0.00855	0.00303
废品及废料	23	0.00168				
电力及蒸汽生产和供应业	24	0.00369	0.01927	0.02729	0.05375	0.01025
煤气生产和供应业	25					
自来水的生产和供应业	26	0.00006	0.00106	0.00005	0.00010	0.00032
建筑业	27	0.00102	0.00045	0.00058	0.00055	0.00049
货物运输及仓储业	28	0.01280	0.06671	0.00677	0.05776	0.06664
邮电业	29	0.00077	0.00088	0.00028	0.00139	0.00206
商业	30	0.04134	0.01439	0.01505	0.02081	0.00986
饮食业	31	0.00008	0.01351	0.00039	0.01186	0.00673
旅客运输业	32	0.00286	0.00285	0.00054	0.00666	0.00593
金融保险业	33	0.00642	0.02683	0.00446	0.01539	0.00763
房地产业	34	0.00006	0.00112	0.00001	0.00006	0.00011
社会服务业	35	0.00267	0.00343	0.00098	0.00691	0.00593
卫生体育和社会福利业	36	0.00032	0.00152	0.00013	0.00038	0.00047
教育文化艺术及广播电影电视业	37	0.00054	0.00109	0.00005	0.00077	0.00076
科学研究事业	38	0.00006			0.00020	0.00002
综合技术服务业	39	0.00768	0.00006	0.00005	0.00189	0.00128
行政机关及其他行业	40					

产出直接消耗系数

食品制造及烟草加工业	纺织业	服装皮革羽绒及纤维制品业	木材加工及家具制造业	造纸印刷及文教用品制造业	石油加工及炼焦业	化学工业	非金属矿物制品业	代码
D06	D07	D08	D09	D10	D11	D12	D13	
0.30149	0.14145	0.00499	0.00003			0.01359	0.00031	01
0.01186	0.01858	0.00835	0.01254	0.02055	0.01712	0.01708	0.04569	02
0.00111	0.00002		0.00088	0.00002	0.36907	0.07902	0.00003	03
	0.00002		0.00035			0.00003	0.00008	04
0.00114	0.00032	0.00010	0.13318	0.12473	0.00033	0.00405	0.07248	05
0.17349	0.00014	0.00007	0.00039	0.00311	0.00003	0.01086	0.00004	06
0.00040	0.15989	0.21861	0.00018	0.00635	0.00021	0.00401	0.00102	07
0.00082	0.00156	0.11953	0.00715	0.00310	0.00114	0.00162	0.00094	08
0.00125	0.00173	0.00087	0.14573	0.01036	0.00086	0.00105	0.00130	09
0.02087	0.00458	0.00545	0.01205	0.20291	0.00061	0.00953	0.00524	10
0.00323	0.00802	0.00391	0.01602	0.00805	0.10261	0.04222	0.02058	11
0.03785	0.12824	0.06364	0.03630	0.07438	0.02255	0.21484	0.02777	12
0.00853	0.00277	0.00134	0.00279	0.00352	0.00267	0.00769	0.28114	13
0.00086	0.00253	0.00001	0.04390	0.00610	0.00427	0.00191	0.01051	14
0.00510	0.00443	0.00283	0.01698	0.01236	0.00305	0.00886	0.02430	15
0.00429	0.01263	0.00188	0.00750	0.01055	0.01056	0.00812	0.01526	16
0.00221	0.00096	0.00020	0.00332	0.00125	0.00074	0.00256	0.01335	17
0.00117	0.00315	0.00061	0.00311	0.00330	0.00326	0.00329	0.00455	18
0.00062	0.00160	0.00092	0.00088	0.00269	0.00083	0.00228	0.00078	19
0.00087	0.00089	0.00072	0.00066	0.00088	0.00415	0.00403	0.00084	20
0.00106	0.00088	0.00134	0.00320	0.00143	0.00371	0.00889	0.00142	21
0.00145	0.00298	0.00748	0.00322	0.00630	0.00263	0.00286	0.00234	22
0.00007	0.00181		0.00004	0.00216		0.00134	0.00470	23
0.01426	0.02283	0.01298	0.01457	0.02067	0.02373	0.02359	0.03221	24
	0.00001						0.00001	25
0.00092	0.00187	0.00162	0.00212	0.00084	0.00099	0.00178	0.00139	26
0.00030	0.00008	0.00007	0.00018	0.00004	0.00006	0.00015	0.00008	27
0.02891	0.02643	0.02113	0.01958	0.01828	0.02123	0.03495	0.05300	28
0.00094	0.00159	0.00438	0.00191	0.00171	0.00039	0.00110	0.00226	29
0.07955	0.06691	0.11989	0.05922	0.07861	0.03311	0.05571	0.05383	30
0.00256	0.00458	0.00843	0.00426	0.00306	0.00070	0.00217	0.00359	31
0.00162	0.00500	0.01140	0.00548	0.00370	0.00072	0.00335	0.00478	32
0.01367	0.02915	0.03442	0.00646	0.01144	0.00852	0.01240	0.01708	33
0.00072	0.00496	0.02738	0.00243	0.00037	0.00049	0.00045	0.00184	34
0.00474	0.00572	0.01645	0.00832	0.00515	0.00145	0.00607	0.00778	35
0.00005	0.00004		0.00027	0.00070	0.00010	0.00009	0.00036	36
0.00020	0.00087	0.00103	0.00023	0.00056	0.00023	0.00024	0.00029	37
0.00004	0.00002		0.00001	0.00014	0.00101	0.00048	0.00001	38
0.00017	0.00006	0.00032	0.00057	0.00041	0.00054	0.00103	0.00080	39
								40

附录 4－2　续表 1

项　　目	代码	金属冶炼及压延加工业	金属制品业	机械工业	交通运输设备制造业	电气机械及器材制造业
代　　码		D14	D15	D16	D17	D18
农　业	01			0.00001		0.00038
煤炭采选业	02	0.01130	0.00369	0.01310	0.01624	0.00684
石油和天然气开采业	03	0.00281		0.00004	0.00001	0.00006
金属矿采选业	04	0.07075	0.00179	0.00134	0.00081	0.00415
非金属矿采选业	05	0.00298	0.00062	0.00092	0.00079	0.00011
食品制造及烟草加工业	06		0.00006	0.00010	0.00001	0.00008
纺织业	07	0.00016	0.00003	0.00044	0.00077	0.00030
服装皮革羽绒及其他纤维制品制造业	08	0.00132	0.00086	0.00106	0.00814	0.00049
木材加工及家具制造业	09	0.00431	0.00700	0.00388	0.00587	0.00350
造纸印刷及文教用品制造业	10	0.00077	0.00976	0.00217	0.00171	0.00524
石油加工及炼焦业	11	0.07232	0.00664	0.01088	0.00647	0.00781
化学工业	12	0.01225	0.03078	0.01955	0.01908	0.07259
非金属矿物制品业	13	0.01148	0.00571	0.00918	0.00736	0.01052
金属冶炼及压延加工业	14	0.39848	0.36755	0.16908	0.14158	0.23727
金属制品业	15	0.00265	0.09829	0.06600	0.00885	0.02211
机械工业	16	0.01285	0.00821	0.13490	0.12100	0.03528
交通运输设备制造业	17	0.00216	0.00113	0.00911	0.18649	0.00211
电气机械及器材制造业	18	0.00363	0.00197	0.01738	0.00921	0.06916
电子及通信设备制造业	19	0.00081	0.00111	0.00228	0.00160	0.02764
仪器仪表及文化办公用机械制造业	20	0.00195	0.00119	0.00300	0.00398	0.00547
机械设备修理业	21	0.00231	0.00074	0.00118	0.00070	0.00191
其他制造业	22	0.00299	0.00051	0.00147	0.00077	0.00056
废品及废料	23	0.01748	0.00012	0.00211	0.00016	0.00035
电力及蒸汽生产和供应业	24	0.03150	0.01266	0.01831	0.01212	0.01246
煤气生产和供应业	25	0.00005	0.00001	0.00027	0.00039	0.00028
自来水的生产和供应业	26	0.00083	0.00046	0.00134	0.00128	0.00068
建筑业	27	0.00036	0.00002	0.00011	0.00013	0.00023
货物运输及仓储业	28	0.02482	0.02712	0.01918	0.01876	0.01927
邮电业	29	0.00070	0.00161	0.00201	0.00104	0.00170
商业	30	0.04568	0.03810	0.03236	0.03772	0.04654
饮食业	31	0.00177	0.00112	0.00466	0.00134	0.00739
旅客运输业	32	0.00190	0.00802	0.00618	0.00247	0.00490
金融保险业	33	0.00980	0.00372	0.01356	0.00997	0.01741
房地产业	34	0.00090	0.00012	0.00147	0.00002	0.00391
社会服务业	35	0.00285	0.00948	0.00817	0.00511	0.00781
卫生体育和社会福利业	36	0.00018	0.00009	0.00061	0.00031	0.00003
教育文化艺术及广播电影电视业	37	0.00035	0.00010	0.00069	0.00090	0.00064
科学研究事业	38	0.00009	0.00002	0.00037	0.00018	0.00018
综合技术服务业	39	0.00198	0.00013	0.00136	0.00258	0.00135
行政机关及其他行业	40					

电子及通信设备制造业	仪器仪表及文化办公用机械制造业	机械设备修理业	其他制造业	废品及废料	电力及蒸汽热水生产和供应业	煤气生产和供应业	自来水的生产和供应业	建筑业	代码
D19	D20	D21	D22	D23	D24	D25	D26	D27	
									01
0.00081	0.01728	0.00941	0.02287		0.24423	0.07555	0.00219	0.00105	02
0.00004		0.00163	0.00120		0.00041	0.21366	0.00001		03
		0.00042			0.00005				04
0.00001	0.00030	0.00331	0.00191		0.00027	0.00145	0.00012	0.06551	05
	0.00026		0.00005		0.00003				06
0.00002	0.00023	0.00492	0.01293		0.00013	0.00030	0.00008	0.00001	07
0.00048	0.00134	0.00143	0.00025		0.00071	0.00156	0.00033	0.00074	08
0.00134	0.00406	0.00382	0.00227		0.00055	0.00034	0.00036	0.01134	09
0.00616	0.01306	0.00195	0.04442		0.00089	0.00294	0.00036	0.00064	10
0.00061	0.01152	0.09393	0.01817		0.01291	0.06814	0.00552	0.05084	11
0.01580	0.02774	0.03923	0.14533		0.00315	0.02151	0.00843	0.02578	12
0.00123	0.00517	0.02155	0.00552		0.00266	0.00434	0.00223	0.20678	13
0.02064	0.05192	0.05275	0.07321		0.00200	0.01791	0.00148	0.09292	14
0.00347	0.03874	0.02910	0.00791		0.00214	0.00340	0.00108	0.06816	15
0.00113	0.04317	0.04258	0.00896		0.01354	0.01035	0.00254	0.01983	16
0.00110	0.00135	0.28551	0.00189		0.00301	0.06059	0.00149	0.00205	17
0.00492	0.09429	0.02213	0.00390		0.00804	0.00739	0.00798	0.03010	18
0.60690	0.10574	0.00136	0.00234		0.00229	0.00195	0.00098	0.00092	19
0.00088	0.06023	0.01013	0.00199		0.00421	0.00182	0.00119	0.00603	20
0.00069	0.00076	0.00504	0.00032		0.00456	0.00061	0.00017	0.00265	21
0.00044	0.00324	0.01658	0.01719		0.00062	0.00025	0.00012	0.00336	22
		0.00005							23
0.00723	0.01550	0.01143	0.00552		0.01056	0.01646	0.04260	0.00571	24
		0.00046	0.00010			0.01549			25
0.00028	0.00249	0.00125	0.00062		0.00187	0.00099	0.00038	0.00052	26
0.00010	0.00004	0.00012	0.00009		0.00048	0.00001		0.00032	27
0.02254	0.02093	0.02835	0.02016		0.00971	0.01044	0.00270	0.02800	28
0.00132	0.00254	0.00114	0.00177		0.00092	0.00200	0.00054	0.00001	29
0.04319	0.04818	0.04932	0.03750		0.01835	0.02959	0.00863	0.04621	30
0.00169	0.00383	0.00094	0.00765		0.00076	0.00270	0.00049	0.00270	31
0.00322	0.00780	0.00264	0.00465		0.00143	0.00238	0.00093	0.00002	32
0.00836	0.01349	0.00780	0.00807		0.02028	0.02456	0.00244	0.00462	33
0.00092	0.00215	0.00185	0.01073		0.00002		0.00012		34
0.00470	0.00971	0.00382	0.00370		0.00265	0.00593	0.00196	0.01354	35
0.00005	0.00117	0.00042			0.00033	0.00050	0.00030		36
0.00025	0.00020	0.00051	0.00017		0.00066	0.00202	0.00073	0.00081	37
0.00010	0.00028	0.00006			0.00019	0.00005	0.00022	0.00006	38
0.00195	0.00162	0.00047	0.00041		0.00022	0.00036	0.00024	0.00029	39
									40

附录 4－2　续表 2

项　　　目	代码	货物运输及仓储业	邮电业	商　业	饮食业	旅　客运输业
代　　　码		D28	D29	D30	D31	D32
农　业	01	0.00002		0.00030	0.17094	0.00001
煤炭采选业	02	0.03069	0.00010	0.00049	0.01263	0.03228
石油和天然气开采业	03	0.00072				
金属矿采选业	04					
非金属矿采选业	05	0.00130		0.00048	0.00005	0.00097
食品制造及烟草加工业	06	0.00016		0.00407	0.23847	0.00079
纺织业	07	0.00133		0.00113	0.00064	0.00902
服装皮革羽绒及其他纤维制品制造业	08	0.00191	0.00375	0.00162	0.00917	0.00259
木材加工及家具制造业	09	0.00204	0.00422	0.00282	0.00626	0.00307
造纸印刷及文教用品制造业	10	0.00266	0.05338	0.00724	0.00330	0.00855
石油加工及炼焦业	11	0.13641	0.01143	0.00366	0.00812	0.19497
化学工业	12	0.00560	0.00497	0.00554	0.00534	0.00427
非金属矿物制品业	13	0.00776	0.00161	0.00582	0.00567	0.00600
金属冶炼及压延加工业	14	0.01323	0.00047	0.00051	0.00242	0.00164
金属制品业	15	0.00209	0.00239	0.00307	0.00646	0.00359
机械工业	16	0.00541	0.00286	0.00825	0.00140	0.00754
交通运输设备制造业	17	0.03249	0.01066	0.00251	0.00119	0.11389
电气机械及器材制造业	18	0.00330	0.06994	0.01526	0.00174	0.00685
电子及通信设备制造业	19	0.00118	0.00681	0.01308	0.00169	0.00156
仪器仪表及文化办公用机械制造业	20	0.00063	0.00769	0.00161	0.00004	0.00206
机械设备修理业	21	0.00874	0.05134	0.00182	0.00042	0.01393
其他制造业	22	0.00022	0.00038	0.00008		0.00029
废品及废料	23	0.00019				0.00003
电力及蒸汽生产和供应业	24	0.01324	0.01856	0.01024	0.01594	0.00872
煤气生产和供应业	25	0.00011			0.00406	
自来水的生产和供应业	26	0.00084	0.00098	0.00089	0.00228	0.00104
建筑业	27	0.00846	0.00717	0.00184	0.00015	0.00799
货物运输及仓储业	28	0.01188	0.01563	0.00553	0.00924	0.02040
邮电业	29	0.00606	0.00555	0.01358	0.00536	0.00670
商业	30	0.01449	0.02040	0.00875	0.06711	0.02544
饮食业	31	0.00265	0.00264	0.00817	0.00268	0.00674
旅客运输业	32	0.00098	0.00380	0.00693	0.00004	0.00288
金融保险业	33	0.02574	0.00847	0.13330	0.04815	0.00611
房地产业	34	0.00273	0.00155	0.01771	0.01253	0.00719
社会服务业	35	0.01840	0.01025	0.01384	0.00382	0.01229
卫生体育和社会福利业	36	0.00172		0.00010	0.00010	0.00081
教育文化艺术及广播电影电视业	37	0.00124	0.00178	0.00130	0.00053	0.00177
科学研究事业	38	0.00007		0.00011		0.00015
综合技术服务业	39	0.00013		0.00042		0.00030
行政机关及其他行业	40					

金融 保险业	房地产业	社会 服务业	卫生体育 和社会 福利业	教育文艺 广播电影 电视业	科学研究 事业	综合技术 服务业	行政机关 及其他 行业	代码
D33	D34	D35	D36	D37	D38	D39	D40	
0.00001		0.00850	0.00059	0.00163	0.00003	0.00007	0.00011	01
0.01457	0.01917	0.04803	0.00893	0.04362	0.02827	0.01027	0.00035	02
			0.00005		0.00045			03
0.01537		0.00018		0.00006				04
	0.00465	0.00410	0.00005	0.00002		0.01304	0.00123	05
0.00195	0.00174	0.00655	0.00255	0.00115	0.00023	0.00849	0.00086	06
0.00406	0.00130	0.01351	0.00337	0.00163	0.00028	0.00089	0.00470	07
0.01076	0.00396	0.00189	0.00035	0.00375	0.00559	0.00180	0.00666	08
0.04763	0.00455	0.00706	0.00114	0.01394	0.00164	0.00034	0.00228	09
0.15966	0.05255	0.01695	0.00485	0.12906	0.01498	0.02207	0.04485	10
0.03184	0.02564	0.06914	0.00309	0.01188	0.01331	0.02672	0.02275	11
0.02472	0.00811	0.06983	0.27127	0.01889	0.03237	0.07251	0.00151	12
0.00564	0.07716	0.01844	0.00233	0.01066	0.04176	0.02571	0.00110	13
	0.00079	0.01090	0.00394	0.00008	0.00104	0.08150		14
0.00306	0.00597	0.01337	0.00206	0.00581	0.03927	0.00744	0.00526	15
0.01643	0.02284	0.00240	0.05849	0.00969	0.03703	0.00555	0.00026	16
0.01604	0.01590	0.00231	0.00198	0.00649	0.00016	0.00300	0.03930	17
0.00621	0.01295	0.01480	0.00138	0.00610	0.00178	0.00061	0.00424	18
0.06995	0.00282	0.00289	0.00510	0.01610	0.00100	0.01183	0.00017	19
0.00679	0.00104	0.00138	0.00109	0.00698	0.00538	0.00118	0.00647	20
0.00952	0.00868	0.01893	0.00621	0.00513	0.01777	0.00859	0.01888	21
0.00152	0.00099	0.00058	0.00051	0.00259	0.03101	0.00054	0.00093	22
								23
0.00655	0.00971	0.03801	0.00615	0.02422	0.01018	0.01481	0.01121	24
0.00084	0.00184	0.00159	0.00008	0.00291	0.00006	0.00029	0.00069	25
0.00194	0.00105	0.00706	0.00126	0.00695	0.00177	0.00142	0.00088	26
0.02680	0.03376	0.00492	0.01529	0.01906	0.00164	0.00995	0.02826	27
0.01304	0.00935	0.01621	0.00859	0.01035	0.01311	0.01431	0.00476	28
0.05735	0.02148	0.02781	0.00549	0.03599	0.03699	0.02533	0.04258	29
0.06127	0.01525	0.03398	0.06129	0.03480	0.03005	0.03055	0.02195	30
0.03386	0.03483	0.01653	0.00312	0.01090	0.01110	0.01595	0.01577	31
0.01998	0.00608	0.01129	0.00271	0.01540	0.01159	0.01314	0.01180	32
0.00497	0.05423	0.01560	0.00232	0.00307	0.00360	0.01349	0.00367	33
0.09110	0.00716	0.01468	0.00040	0.00488	0.04095	0.00059	0.12128	34
0.10538	0.04488	0.03558	0.00458	0.02653	0.02791	0.01287	0.02821	35
0.00337	0.00188	0.00368	0.00076	0.00490	0.00030	0.00142	0.00076	36
0.00137	0.00121	0.00197	0.00099	0.00432	0.00255	0.00349	0.00536	37
			0.00022	0.00084	0.00447	0.00857		38
0.00007	0.00133	0.00051	0.00150	0.00262	0.00078	0.00159	0.00786	39
								40

附录4－3 1997年四十个部门投入

项目	代码	农业	煤炭采选业	石油和天然气开采业	金属矿采选业	非金属矿采选业
代码		D01	D02	D03	D04	D05
农业	01	0.13930	0.00922	0.00280	0.01139	0.00507
煤炭采选业	02	0.01893	0.04499	0.01863	0.05166	0.02511
石油和天然气开采业	03	0.03134	0.05117	0.02191	0.05320	0.06634
金属矿采选业	04	0.00340	0.01412	0.00449	0.02271	0.00640
非金属矿采选业	05	0.00976	0.02653	0.00497	0.01242	0.00634
食品制造及烟草加工业	06	0.12288	0.00860	0.00208	0.00929	0.00474
纺织业	07	0.00715	0.00645	0.00468	0.01485	0.00372
服装皮革羽绒及其他纤维制品制造业	08	0.00868	0.00732	0.00270	0.00693	0.00526
木材加工及家具制造业	09	0.01551	0.00943	0.00624	0.01935	0.00611
造纸印刷及文教用品制造业	10	0.01578	0.02158	0.00868	0.02089	0.01349
石油加工及炼焦业	11	0.05203	0.11376	0.04384	0.10749	0.16610
化学工业	12	0.14859	0.09181	0.05388	0.15952	0.05191
非金属矿物制品业	13	0.01945	0.04444	0.01439	0.03853	0.02027
金属冶炼及压延加工业	14	0.03955	0.18044	0.05742	0.20890	0.08031
金属制品业	15	0.02006	0.07333	0.01525	0.05974	0.02349
机械工业	16	0.02990	0.08920	0.03914	0.06917	0.07776
交通运输设备制造业	17	0.00899	0.03152	0.01076	0.03266	0.04418
电气机械及器材制造业	18	0.01199	0.04179	0.01601	0.01943	0.02071
电子及通信设备制造业	19	0.01267	0.02789	0.01768	0.01973	0.01640
仪器仪表及文化办公用机械制造业	20	0.00274	0.00640	0.00817	0.00681	0.00455
机械设备修理业	21	0.00634	0.01042	0.00472	0.00951	0.00736
其他制造业	22	0.00170	0.00495	0.00378	0.01156	0.00490
废品及废料	23	0.00303	0.00380	0.00127	0.00432	0.00181
电力及蒸汽生产和供应业	24	0.01882	0.04361	0.03661	0.08068	0.02782
煤气生产和供应业	25	0.00010	0.00025	0.00007	0.00023	0.00016
自来水的生产和供应业	26	0.00107	0.00247	0.00063	0.00171	0.00133
建筑业	27	0.00294	0.00354	0.00146	0.00339	0.00249
货物运输及仓储业	28	0.03396	0.09618	0.01799	0.08942	0.08547
邮电业	29	0.00534	0.00731	0.00245	0.00755	0.00600
商业	30	0.08284	0.06021	0.03293	0.07040	0.04048
饮食业	31	0.00416	0.01971	0.00265	0.01801	0.01045
旅客运输业	32	0.00665	0.00805	0.00251	0.01186	0.00903
金融保险业	33	0.02788	0.05072	0.01481	0.04186	0.02417
房地产业	34	0.00525	0.00881	0.00262	0.00720	0.00446
社会服务业	35	0.01191	0.01752	0.00569	0.02036	0.01458
卫生体育和社会福利业	36	0.00073	0.00224	0.00037	0.00109	0.00097
教育文化艺术及广播电影电视业	37	0.00111	0.00186	0.00034	0.00158	0.00132
科学研究事业	38	0.00032	0.00027	0.00012	0.00052	0.00031
综合技术服务业	39	0.00928	0.00119	0.00049	0.00310	0.00203
行政机关及其他行业	40					

产出完全消耗系数

食品制造及烟草加工业	纺织业	服装皮革羽绒及纤维制品业	木材加工及家具制造业	造纸印刷及文教用品制造业	石油加工及炼焦业	化学工业	非金属矿物制品业	代码
D06	D07	D08	D09	D10	D11	D12	D13	
0.42040	0.20097	0.06527	0.00675	0.01075	0.00361	0.03041	0.00761	01
0.03729	0.04959	0.04117	0.03707	0.05122	0.04053	0.04555	0.09691	02
0.02992	0.04093	0.03368	0.03805	0.03837	0.43034	0.13896	0.04301	03
0.00411	0.00497	0.00466	0.01123	0.00603	0.00460	0.00467	0.00920	04
0.01443	0.01039	0.01109	0.16408	0.16556	0.00577	0.01358	0.11018	05
0.25945	0.02918	0.01702	0.00655	0.01207	0.00316	0.02355	0.00681	06
0.00576	0.19557	0.30038	0.00572	0.01406	0.00382	0.00955	0.00566	07
0.00620	0.00632	0.14021	0.01232	0.00761	0.00367	0.00488	0.00510	08
0.01201	0.01141	0.01115	0.17624	0.02126	0.00623	0.00730	0.00953	09
0.05056	0.03033	0.04005	0.03157	0.27271	0.01188	0.02966	0.02860	10
0.04824	0.05754	0.05211	0.08004	0.06979	0.14968	0.09501	0.09592	11
0.13149	0.24347	0.17763	0.08590	0.15248	0.06587	0.30786	0.08653	12
0.02932	0.02017	0.02136	0.01777	0.01980	0.01548	0.02478	0.40747	13
0.04451	0.05231	0.04356	0.14158	0.07149	0.05614	0.05367	0.11108	14
0.02190	0.02114	0.01808	0.03461	0.03173	0.01638	0.02435	0.05506	15
0.02846	0.03870	0.02669	0.03650	0.04254	0.03805	0.03207	0.05615	16
0.01457	0.01420	0.01575	0.02114	0.01858	0.01172	0.01822	0.04136	17
0.01268	0.01537	0.01425	0.01455	0.01643	0.01541	0.01477	0.02045	18
0.02141	0.02786	0.03304	0.01831	0.02825	0.01908	0.02533	0.02426	19
0.00398	0.00473	0.00469	0.00381	0.00452	0.00954	0.00870	0.00493	20
0.00690	0.00767	0.00877	0.00859	0.00741	0.00814	0.01550	0.00813	21
0.00366	0.00581	0.01157	0.00632	0.01047	0.00537	0.00574	0.00580	22
0.00209	0.00401	0.00192	0.00291	0.00446	0.00128	0.00304	0.00892	23
0.03539	0.04777	0.04120	0.03703	0.04589	0.04876	0.04794	0.06728	24
0.00017	0.00023	0.00036	0.00017	0.00018	0.00010	0.00016	0.00024	25
0.00234	0.00371	0.00401	0.00365	0.00240	0.00189	0.00329	0.00340	26
0.00369	0.00390	0.00569	0.00264	0.00287	0.00195	0.00275	0.00375	27
0.06143	0.05952	0.05627	0.05400	0.05637	0.04068	0.06404	0.10759	28
0.00857	0.01019	0.01704	0.00808	0.00917	0.00436	0.00716	0.01096	29
0.14977	0.13001	0.19969	0.10506	0.13706	0.06454	0.10286	0.11522	30
0.00904	0.01243	0.02037	0.01105	0.01082	0.00453	0.00777	0.01274	31
0.00769	0.01172	0.02083	0.01132	0.01024	0.00377	0.00812	0.01236	32
0.05037	0.06684	0.08920	0.03401	0.04602	0.02791	0.04057	0.05543	33
0.00954	0.01598	0.04649	0.00950	0.00877	0.00522	0.00748	0.01153	34
0.01999	0.02303	0.04116	0.02134	0.02016	0.00958	0.01869	0.02649	35
0.00078	0.00080	0.00091	0.00092	0.00155	0.00055	0.00069	0.00139	36
0.00116	0.00191	0.00242	0.00104	0.00155	0.00071	0.00095	0.00137	37
0.00028	0.00030	0.00023	0.00022	0.00040	0.00127	0.00082	0.00026	38
0.00405	0.00237	0.00164	0.00168	0.00152	0.00112	0.00209	0.00214	39
								40

附录4－3　续表1

项　　目	代码	金属冶炼及压延加工业	金属制品业	机械工业	交通运输设备制造业	电气机械及器材制造业
代　　码		D14	D15	D16	D17	D18
农　业	01	0.00593	0.00537	0.00603	0.00570	0.00917
煤炭采选业	02	0.05524	0.03864	0.04424	0.04911	0.03941
石油和天然气开采业	03	0.07712	0.04619	0.03559	0.03329	0.04421
金属矿采选业	04	0.12453	0.05449	0.03295	0.03035	0.04117
非金属矿采选业	05	0.01491	0.01277	0.01060	0.01085	0.01150
食品制造及烟草加工业	06	0.00556	0.00506	0.00587	0.00494	0.00841
纺织业	07	0.00523	0.00402	0.00405	0.00713	0.00443
服装皮革羽绒及其他纤维制品制造业	08	0.00571	0.00460	0.00447	0.01442	0.00420
木材加工及家具制造业	09	0.01580	0.01797	0.01319	0.01635	0.01353
造纸印刷及文教用品制造业	10	0.01864	0.02804	0.01928	0.01845	0.02671
石油加工及炼焦业	11	0.17917	0.10055	0.07788	0.07134	0.08481
化学工业	12	0.07299	0.08569	0.06699	0.06931	0.14054
非金属矿物制品业	13	0.04178	0.03088	0.03204	0.03086	0.03621
金属冶炼及压延加工业	14	0.73473	0.72647	0.42608	0.39628	0.49998
金属制品业	15	0.02428	0.12446	0.09759	0.03728	0.04415
机械工业	16	0.05129	0.03888	0.18095	0.19417	0.06976
交通运输设备制造业	17	0.01987	0.01614	0.02529	0.24271	0.01737
电气机械及器材制造业	18	0.01855	0.01430	0.03193	0.02559	0.08732
电子及通信设备制造业	19	0.02345	0.02055	0.02549	0.02486	0.09725
仪器仪表及文化办公用机械制造业	20	0.00746	0.00570	0.00725	0.00903	0.01053
机械设备修理业	21	0.00935	0.00707	0.00653	0.00601	0.00842
其他制造业	22	0.00830	0.00481	0.00470	0.00410	0.00431
废品及废料	23	0.03082	0.01328	0.01028	0.00787	0.00973
电力及蒸汽生产和供应业	24	0.07977	0.05445	0.05045	0.04527	0.04875
煤气生产和供应业	25	0.00026	0.00020	0.00052	0.00071	0.00055
自来水的生产和供应业	26	0.00272	0.00221	0.00297	0.00316	0.00247
建筑业	27	0.00358	0.00278	0.00283	0.00283	0.00348
货物运输及仓储业	28	0.07252	0.06915	0.05379	0.05547	0.05866
邮电业	29	0.00795	0.00806	0.00852	0.00779	0.00932
商业	30	0.11535	0.10469	0.08725	0.09823	0.11170
饮食业	31	0.01027	0.00799	0.01155	0.00857	0.01533
旅客运输业	32	0.00844	0.01431	0.01242	0.00894	0.01144
金融保险业	33	0.04713	0.03642	0.04231	0.04207	0.05176
房地产业	34	0.00947	0.00739	0.00895	0.00783	0.01301
社会服务业	35	0.01830	0.02369	0.02242	0.02005	0.02389
卫生体育和社会福利业	36	0.00101	0.00081	0.00135	0.00111	0.00078
教育文化艺术及广播电影电视业	37	0.00142	0.00103	0.00157	0.00199	0.00160
科学研究事业	38	0.00051	0.00033	0.00067	0.00053	0.00051
综合技术服务业	39	0.00430	0.00221	0.00302	0.00474	0.00334
行政机关及其他行业	40					

电子及通信设备制造业	仪器仪表及文化办公用机械制造业	机械设备修理业	其他制造业	废品及废料	电力及蒸汽热水生产和供应业	煤气生产和供应业	自来水的生产和供应业	建筑业	代码
D19	D20	D21	D22	D23	D24	D25	D26	D27	
0.00571	0.00664	0.00706	0.01195		0.00383	0.00510	0.00102	0.00630	01
0.02248	0.04497	0.04699	0.04587		0.26320	0.10166	0.01585	0.04230	02
0.02197	0.03153	0.07268	0.04438		0.02348	0.26707	0.00627	0.05613	03
0.01000	0.01770	0.02190	0.01259		0.00581	0.00862	0.00127	0.02095	04
0.00889	0.01111	0.01501	0.01641		0.00940	0.00964	0.00162	0.09574	05
0.00575	0.00664	0.00564	0.00901		0.00367	0.00466	0.00094	0.00591	06
0.00324	0.00402	0.01113	0.01938		0.00287	0.00442	0.00070	0.00405	07
0.00384	0.00467	0.00810	0.00307		0.00353	0.00533	0.00086	0.00447	08
0.01007	0.01309	0.01476	0.00865		0.00557	0.00742	0.00144	0.02132	09
0.03645	0.03740	0.02164	0.07135		0.01416	0.01987	0.00332	0.01948	10
0.04150	0.06443	0.16658	0.06769		0.05306	0.11881	0.01312	0.13081	11
0.07580	0.08659	0.10515	0.22095		0.03622	0.06775	0.01659	0.08514	12
0.01573	0.02434	0.05138	0.02190		0.01845	0.02086	0.00547	0.30497	13
0.12692	0.22782	0.28109	0.16712		0.06893	0.10660	0.01514	0.27821	14
0.01859	0.06467	0.05779	0.02187		0.02474	0.02130	0.00405	0.09957	15
0.01828	0.07695	0.12410	0.02971		0.04350	0.04911	0.00742	0.05716	16
0.01472	0.01499	0.36681	0.01304		0.01638	0.08698	0.00393	0.02324	17
0.02186	0.11984	0.04140	0.01344		0.02233	0.02155	0.01082	0.04625	18
1.56343	0.31184	0.02932	0.02156		0.02195	0.02509	0.00655	0.02463	19
0.00486	0.06813	0.01676	0.00539		0.00707	0.00675	0.00199	0.01066	20
0.00631	0.00627	0.01118	0.00571		0.00858	0.00559	0.00117	0.00882	21
0.00282	0.00609	0.02041	0.02019		0.00247	0.00290	0.00049	0.00712	22
0.00256	0.00454	0.00578	0.00361		0.00150	0.00225	0.00035	0.00664	23
0.03466	0.04291	0.04683	0.02837		0.02658	0.04184	0.04621	0.04318	24
0.00019	0.00024	0.00081	0.00028		0.00014	0.01592	0.00003	0.00022	25
0.00183	0.00415	0.00337	0.00197		0.00287	0.00223	0.00067	0.00245	26
0.00340	0.00301	0.00311	0.00256		0.00257	0.00257	0.00046	0.00318	27
0.07517	0.05683	0.06944	0.04778		0.03945	0.03708	0.00735	0.07870	28
0.01055	0.01007	0.00851	0.00710		0.00547	0.00773	0.00164	0.00748	29
0.14098	0.11050	0.11696	0.08301		0.04441	0.06831	0.01545	0.11042	30
0.00998	0.01160	0.00853	0.01328		0.00775	0.00867	0.00159	0.01060	31
0.01243	0.01486	0.00959	0.00906		0.00504	0.00663	0.00176	0.00739	32
0.05038	0.04665	0.04431	0.03319		0.04024	0.04773	0.00752	0.03998	33
0.01090	0.01094	0.01026	0.01693		0.00577	0.00694	0.00138	0.00813	34
0.02490	0.02591	0.02029	0.01494		0.01218	0.01759	0.00412	0.03000	35
0.00074	0.00193	0.00126	0.00056		0.00112	0.00118	0.00043	0.00084	36
0.00136	0.00113	0.00172	0.00084		0.00134	0.00277	0.00088	0.00177	37
0.00046	0.00058	0.00050	0.00026		0.00032	0.00029	0.00027	0.00036	38
0.00569	0.00349	0.00280	0.00144		0.00077	0.00129	0.00040	0.00187	39
									40

附录 4－3　续表 2

项　　目	代码	货物运输及仓储业	邮电业	商　业	饮食业	旅　客运输业
代　　码		D28	D29	D30	D31	D32
农　业	01	0.00421	0.00397	0.00940	0.29922	0.00762
煤炭采选业	02	0.05049	0.01874	0.01769	0.03807	0.05734
石油和天然气开采业	03	0.07042	0.01976	0.01494	0.02536	0.09758
金属矿采选业	04	0.00573	0.00612	0.00534	0.00466	0.00719
非金属矿采选业	05	0.00851	0.01387	0.01147	0.01205	0.00978
食品制造及烟草加工业	06	0.00386	0.00374	0.01248	0.32527	0.00654
纺织业	07	0.00460	0.00378	0.00521	0.00792	0.01464
服装皮革羽绒及其他纤维制品制造业	08	0.00462	0.00639	0.00534	0.01537	0.00671
木材加工及家具制造业	09	0.00761	0.01002	0.01454	0.01840	0.00967
造纸印刷及文教用品制造业	10	0.01681	0.07756	0.04737	0.03755	0.02338
石油加工及炼焦业	11	0.17999	0.04375	0.03199	0.04711	0.25322
化学工业	12	0.03546	0.03998	0.03582	0.08094	0.04473
非金属矿物制品业	13	0.02319	0.01444	0.02106	0.02630	0.02431
金属冶炼及压延加工业	14	0.06898	0.07368	0.03972	0.04510	0.08995
金属制品业	15	0.01365	0.01491	0.01274	0.02188	0.01976
机械工业	16	0.02810	0.02420	0.02389	0.02334	0.04910
交通运输设备制造业	17	0.05073	0.03820	0.01469	0.01316	0.15460
电气机械及器材制造业	18	0.01236	0.08362	0.02508	0.01308	0.01945
电子及通信设备制造业	19	0.01718	0.03543	0.06714	0.02925	0.01930
仪器仪表及文化办公用机械制造业	20	0.00377	0.01106	0.00449	0.00312	0.00654
机械设备修理业	21	0.01287	0.05481	0.00724	0.00621	0.01884
其他制造业	22	0.00217	0.00290	0.00164	0.00218	0.00296
废品及废料	23	0.00168	0.00169	0.00104	0.00171	0.00202
电力及蒸汽生产和供应业	24	0.03024	0.03275	0.02300	0.03641	0.03212
煤气生产和供应业	25	0.00029	0.00018	0.00035	0.00435	0.00024
自来水的生产和供应业	26	0.00189	0.00195	0.00206	0.00376	0.00244
建筑业	27	0.01069	0.00887	0.00789	0.00468	0.01027
货物运输及仓储业	28	0.03111	0.03344	0.02189	0.04067	0.04667
邮电业	29	0.01106	0.00969	0.02565	0.01495	0.01173
商业	30	0.04409	0.05406	0.04352	0.13745	0.06713
饮食业	31	0.00722	0.00682	0.01713	0.01079	0.01188
旅客运输业	32	0.00422	0.00727	0.01263	0.00646	0.00687
金融保险业	33	0.04164	0.02560	0.14949	0.08360	0.02924
房地产业	34	0.00864	0.00638	0.03390	0.02454	0.01273
社会服务业	35	0.02822	0.01894	0.03641	0.02265	0.02283
卫生体育和社会福利业	36	0.00226	0.00046	0.00100	0.00090	0.00142
教育文化艺术及广播电影电视业	37	0.00180	0.00234	0.00200	0.00148	0.00254
科学研究事业	38	0.00033	0.00015	0.00022	0.00020	0.00053
综合技术服务业	39	0.00080	0.00075	0.00107	0.00292	0.00144
行政机关及其他行业	40					

金融保险业	房地产业	社会服务业	卫生体育和社会福利业	教育文艺广播电影电视业	科学研究事业	综合技术服务业	行政机关及其他行业	代码
D33	D34	D35	D36	D37	D38	D39	D40	
0.02224	0.01701	0.02628	0.01330	0.01102	0.00887	0.01381	0.01149	01
0.05576	0.04957	0.08180	0.03101	0.07153	0.05323	0.03558	0.02410	02
0.04873	0.03327	0.05768	0.04686	0.02687	0.02819	0.03971	0.02720	03
0.02350	0.00694	0.00704	0.00529	0.00500	0.00690	0.01369	0.00519	04
0.04750	0.03239	0.01802	0.00895	0.03149	0.01410	0.02631	0.01937	05
0.02314	0.01867	0.02047	0.01259	0.01004	0.00859	0.02049	0.01147	06
0.01621	0.00734	0.02084	0.00797	0.00745	0.00581	0.00498	0.01133	07
0.01836	0.00855	0.00562	0.00296	0.00754	0.00915	0.00496	0.01115	08
0.06842	0.01530	0.01522	0.00645	0.02345	0.00787	0.00676	0.00970	09
0.23550	0.09264	0.04151	0.02162	0.17819	0.03886	0.04463	0.08030	10
0.10516	0.07501	0.12506	0.04645	0.05438	0.05633	0.07843	0.06347	11
0.11342	0.05880	0.13359	0.37022	0.07229	0.08069	0.12564	0.04001	12
0.04687	0.13190	0.04358	0.02039	0.03313	0.07575	0.05201	0.03459	13
0.09587	0.07554	0.08294	0.06446	0.05993	0.08642	0.18175	0.06282	14
0.03062	0.02766	0.03171	0.01966	0.02391	0.06047	0.02191	0.02074	15
0.05504	0.05231	0.02841	0.08466	0.03391	0.06323	0.02700	0.02737	16
0.04570	0.03747	0.02350	0.01479	0.02312	0.01982	0.01928	0.06830	17
0.03061	0.02787	0.03006	0.01203	0.02080	0.01553	0.01192	0.01940	18
0.20677	0.03218	0.02693	0.02887	0.05863	0.01837	0.04580	0.01757	19
0.01248	0.00481	0.00557	0.00500	0.01057	0.00890	0.00467	0.01016	20
0.02214	0.01558	0.02653	0.01256	0.01175	0.02458	0.01495	0.02626	21
0.00629	0.00387	0.00341	0.00304	0.00558	0.03401	0.00343	0.00344	22
0.00278	0.00240	0.00210	0.00200	0.00181	0.00224	0.00380	0.00161	23
0.04363	0.03405	0.06233	0.02792	0.04515	0.03068	0.03760	0.02986	24
0.00158	0.00232	0.00193	0.00023	0.00319	0.00038	0.00052	0.00123	25
0.00485	0.00286	0.00877	0.00275	0.00841	0.00321	0.00279	0.00234	26
0.03434	0.03798	0.00840	0.01729	0.02173	0.00539	0.01255	0.03484	27
0.05810	0.04120	0.04665	0.03661	0.03775	0.03957	0.04197	0.02697	28
0.07156	0.03131	0.03520	0.01075	0.04222	0.04379	0.03148	0.05115	29
0.14587	0.06838	0.08121	0.10662	0.08244	0.07031	0.07495	0.06250	30
0.04793	0.04335	0.02376	0.00821	0.01721	0.01820	0.02147	0.02511	31
0.02958	0.01236	0.01652	0.00736	0.02037	0.01667	0.01768	0.01677	32
0.05327	0.08060	0.04339	0.02949	0.02854	0.02826	0.03698	0.03034	33
0.10407	0.01869	0.02258	0.00631	0.01112	0.04772	0.00746	0.12823	34
0.13240	0.06401	0.04998	0.01588	0.03871	0.04130	0.02479	0.04489	35
0.00487	0.00286	0.00449	0.00124	0.00565	0.00102	0.00201	0.00161	36
0.00297	0.00217	0.00287	0.00165	0.00521	0.00336	0.00424	0.00630	37
0.00033	0.00021	0.00028	0.00055	0.00106	0.00468	0.00885	0.00024	38
0.00190	0.00235	0.00155	0.00253	0.00350	0.00164	0.00268	0.00884	39
								40

《投入产出表》简介

一、什么是投入产出表

国民经济是一个由许多部门和生产单位组成的有机整体,任何部门和单位进行生产,都必然要消耗其他部门生产的原材料、燃料、动力、服务等,还要消耗一定的设备(以折旧方式计提)、工资等,这就是我们所说的"投入";同时,每个部门和单位生产的产品(或服务)又要提供给别的部门和单位用于生产、消费、固定资产投资等,这就是我们所说的"产出"。投入产出表就是从"投入"和"产出"的两个方面,描述国民经济各部门之间这种经济技术联系的一张纵横交错的表格。

二、投入产出表的基本结构和主要平衡关系

投入产出表可分为三大部分:

1.第一部分(第Ⅰ象限):是投入产出表的核心部分,反映国民经济各部门之间相互依存和相互制约的技术经济联系。从横向看是"中间使用",从纵向看是"中间投入"。

2.第二部分(第Ⅱ象限):反映不参加本期生产活动而为最终需求所提供的各类物质产品和服务,即"最终使用"。

3.第三部分(第Ⅲ象限):反映国民经济各部门在进行生产活动时,首先所需要的固定资产和劳动的投入,即"最初投入",也就是"增加值"。

将投入产出表的第Ⅰ象限和第Ⅱ象限连接起来,即从表的横向看,反映国民经济各部门的"产出",即各部门生产的产品(或劳务)的分配使用去向。

横向平衡关系:总产出 = 中间使用 + 最终使用

把第Ⅰ象限和第Ⅲ象限连接起来,即从表的纵向看,反映各部门的"投入",即各部门产品(或服务)的价值构成情况。

纵向平衡关系:总投入 = 中间投入 + 增加值

每个部门的总投入 = 该部门的总产出

三、投入产出分析中的主要系数及计算方法

1.直接消耗系数

直接消耗系数表示某一部门生产单位产品需直接消耗各个部门产品的数量,反映各个部门之间的技术经济联系,其计算公式为:

$$a_{ij} = x_{ij} / X_j (i, j = 1, 2, \cdots\cdots, n)$$

式中 a_{ij} 是直接消耗系数,x_{ij} 是投入产出表中第一部分(第Ⅰ象限)i 行和 j 列的交叉项,X_j 是第 j 部门的总投入(或总产出)。

2.完全消耗系数

在国民经济各部门中,除了直接联系外,还存在间接联系,如:采煤生产中要直接消耗电力,同时也要消耗钢材,而生产钢材也要消耗电力,因此,通过钢材对电力的直接消耗,形成采煤对电力的一次间接消耗。同样,在生产钢材时,除直接消耗电力外,还要直接消耗焦炭,生产焦炭所消耗的电力对钢材来说,是对电力的一次间接消耗,而对采煤来说,则是采煤对电力的二次间接消耗,依此类推,可以计算出采煤对电力的各次间接消耗。完全消耗,是指直接消耗和全部间接消耗之和,它反映部门之间错综复杂的联系,完全消耗系数 bij 则是指 j 部门生产单位最终产品,需要直接消耗和间接消耗 i 部门产品的数量,其计算公式用矩阵表示:

$$B = (I - A)^{-1} - I$$

式中,B 为完全消耗系数矩阵;A 为直接消耗系数矩阵;I 为单位矩阵。

四、几点说明

1.投入产出表中所使用的部门是指产品部门,即指一个或一群同质产品的集合,与现行统计中的企业部门分类不同,一个企业部门可分解为几个或若干个产品部门。

2.继编制 1981 年、1985 年、1987 年、1992 年投入产出表之后,1997 年投入产出表是我省第五次编制投入产出表(1990 年和 1995 年还编制了投入产出延长表),我们分别编制了 6×6、40×40、124×124 等不同容量的投入产出表和系数表,由于篇幅所限,在此仅列了 40×40 个部门的投入产出表和系数表。

中国统计出版社最新资料书简目

中国统计年鉴－1999（汉英）
中国统计摘要－1999
国际统计年鉴－1999
中国农村统计年鉴－1999
中国城市统计年鉴－1998
中国劳动统计年鉴－1999（汉英）
中国人口统计年鉴－1999
中国建筑业统计年鉴－1999
中国对外经济统计年鉴－1998
中国固定资产投资统计年鉴－1999
中国物价及城镇居民家庭
　收支调查统计年鉴－1999
北京统计年鉴－1999（汉英）
天津统计年鉴－1999
河北经济年鉴－1999
山西统计年鉴－1999
内蒙古统计年鉴－1999
辽宁统计年鉴－1999
吉林统计年鉴－1999（汉英）
黑龙江统计年鉴－1999
上海统计年鉴－1999（汉英）
江苏统计年鉴－1999（汉英）
浙江统计年鉴－1999（汉英）
安徽统计年鉴－1999
福建统计年鉴－1999
江西统计年鉴－1999
山东统计年鉴－1999
河南统计年鉴－1999
湖北统计年鉴－1999
湖南统计年鉴－1999
广东统计年鉴－1999（汉英）
广西统计年鉴－1999
海南统计年鉴－1999
重庆统计年鉴－1999（汉英）
新疆生产建设兵团统计年鉴－1999
柳州地区社会经济统计年鉴－1999
南宁地区统计年鉴－1999
开封统计年鉴－1999
郑州统计年鉴－1999
邢台经济统计年鉴－1999
南通统计年鉴－1999
四川统计年鉴－1999
云南统计年鉴－1999
西藏统计年鉴－1999
陕西统计年鉴－1999
青海统计年鉴－1999
宁夏年鉴－1999
新疆统计年鉴－1999
石家庄统计年鉴－1999
唐山统计年鉴－1999
邯郸统计年鉴－1999
衡水统计年鉴－1999
廊坊经济统计年鉴－1999
呼和浩特经济统计年鉴－1999
四平统计年鉴－1999
延吉统计年鉴－1999
哈尔滨统计年鉴－1999
双鸭山社会经济统计年鉴－1999
延边统计年鉴－1999
徐州统计年鉴－1999
杭州统计年鉴－1999
苏州统计年鉴－1999
无锡统计年鉴－1999
常州统计年鉴－1999
宁波统计年鉴－1999
绍兴统计年鉴－1999
嘉兴统计年鉴－1999
金华统计年鉴－1999
舟山统计年鉴－1999
温州统计年鉴－1999
台州统计年鉴－1999
济南统计年鉴－1999
青岛统计年鉴－1999
泰安统计年鉴－1999
潍坊统计年鉴－1999
德州统计年鉴－1999
南昌统计年鉴－1999
齐齐哈尔经济社会统计年鉴－1999
贵阳统计年鉴－1999
三门峡统计年鉴－1999
平顶山统计年鉴－1999
洛阳统计年鉴－1999
武汉统计年鉴－1999
十堰统计年鉴－1999
宜昌统计年鉴－1999
海口统计年鉴－1999
广州统计年鉴－1999
惠州统计年鉴－1999
珠海统计年鉴－1999
东莞统计年鉴－1999
南宁统计年鉴－1999
宜春统计年鉴－1999
西安统计年鉴－1999
成都统计年鉴－1999
西宁统计年鉴－1999
乌鲁木齐统计年鉴－1999
巴音郭楞统计年鉴－1999
吐鲁番统计年鉴－1999
宁安统计年鉴－1999
九江经济统计年鉴－1999
深圳统计信息年鉴－1999
桂林经济社会统计年鉴－1999
临汾统计年鉴－1999
上海浦东新区统计年鉴－1999（汉英）
大理统计年鉴－1999
甘肃年鉴－1999
沈阳年鉴－1999
福州年鉴－1999
宝山年鉴－1999
兰州年鉴－1999
厦门经济特区年鉴－1999
福州经济技术开发区马尾区年鉴－1999
黑龙江垦区统计年鉴－1999
广东农村统计年鉴－1999
湖北农村统计年鉴－1999
福建农村统计年鉴－1999
柳州经济统计年鉴－1999

欲购以上图书请与中国统计出版社发行部联系。　电　话：（010）63459084　63262295
通讯地址：北京市西城区三里河月坛南街75号。　邮政编码：100826　同楫行书店电话：68585978
《黑龙江统计年鉴》编辑部地址：哈尔滨市中山路202#　黑龙江省统计局综合处　（0451）2625446